Die Schatzkammer Ägyptens

Die berühmte Sammlung des Ägyptischen Museums in Kairo

Frederking & Thaler

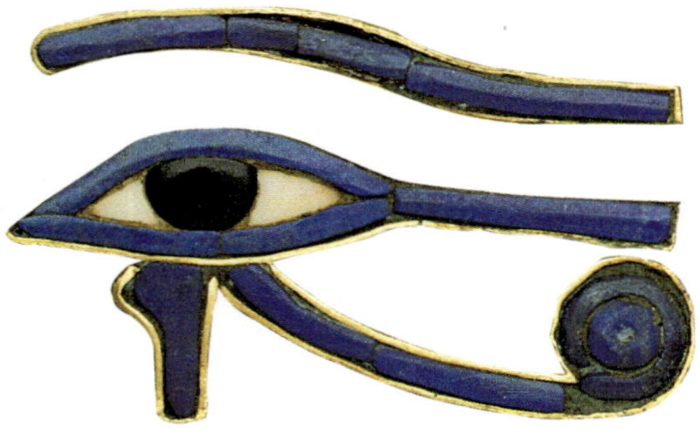

Mehr als 160 Jahre sind vergangen, seit zum ersten Mal Kunstwerke aus dem alten Ägypten in Kairo ausgestellt wurden, und fast 100 Jahre, seit das heutige Ägpytische Museum am Tahrir-Platz im Herzen der Stadt dem Publikum seine Pforten öffnete. Dieses Buch soll die lange, ruhmreiche Geschichte des Ägyptischen Museums Kairo und die Wissenschaftler würdigen, die als Pioniere der Ägyptologie Kunst und Kultur der alten Ägypter wiederentdeckt und für uns Heutige zugänglich gemacht haben.

Noch bedeutsamer als die archäologischen, kunsthistorischen und konservatorischen Leistungen der vergangenen zwei Jahrhunderte sind aber natürlich die in diesem Museum ausgestellten Kunstwerke selbst und die Geschichte ihrer Schöpfer. Das Ägyptische Museum enthält an die 150 000 Exponate, die in einem Zeitraum von über 5000 Jahren entstanden sind, darunter so bedeutende Meisterwerke wie die im Grab Tutanchamuns entdeckten Stücke, deren Bilder sich dem Gedächtnis von Millionen Menschen rund um die Welt unauslöschlich eingeprägt haben.

Daher ist es sicher gerechtfertigt, wenn diese Leistungen – die der alten Künstler und die der modernen Gelehrten – in dem prachtvollen Band, den Sie hier in Händen halten, gemeinsam gefeiert werden. Es ist kaum zu beschreiben, welche Freude ich beim Durchblättern dieser Seiten empfand und wie sehr mich einmal mehr Ehrfurcht und Bewunderung für die Werke und das Leben jener Menschen erfassten, die viele tausend Jahre lang Ägypten bewohnten und prägten. Es ist meine Hoffnung und Überzeugung, dass andere Leser genauso bewegt und begeistert sein werden wie ich und, angeregt durch diese Seiten über eines der glänzendsten Kapitel der Menschheitsgeschichte, prägende und bleibende Eindrücke mitnehmen werden.

Das Erbe des alten Ägypten ist jedoch nicht Alleinbesitz des modernen Ägypten. Vielmehr gehört es der ganzen Menschheit. Die an den Ufern des Nils entstandene Kultur hat alle heute lebenden Völker auf die eine oder andere Weise beeinflusst. Darum ist es besonders erfreulich, dass hervorragende Ägyptologen aus aller Welt an diesem Buch mitgearbeitet haben. Neben den von ägyptischen Gelehrten verfassten Kapiteln stehen Beiträge von amerikanischen, belgischen, deutschen, englischen, französischen und italienischen Autoren. Das spiegelt nicht nur die Faszination wider, die das alte Ägypten immer noch weltweit ausübt, sondern auch die Internationalität der wissenschaftlichen Bemühungen um die ägyptische Geschichte und ein kontinuierlich wachsendes Verständnis der ägyptischen Kultur. Aus der Zusammenarbeit international renommierter Gelehrter entsteht auf diesen Seiten ein Überblick über die gesamte Geschichte des alten Ägypten, von der vordynastischen Zeit über die monumentale Glanzperiode des Alten Reiches, das »Goldene Zeitalter« des Mittleren Reiches, das bilderstürmerische Experiment der Amarna-Epoche und den imperialistischen Militarismus des Neuen Reiches bis zur Spätzeit und dem schließlichen Synkretismus der ptolemäischen und römischen Ära. Zusätzlich enthält das Buch ein Kapitel über die Geschichte des Museums selbst und detaillierte Beschreibungen Hunderter von Kunstwerken, die in großartigen Reproduktionen abgebildet sind.

Die Leistungen der alten Ägypter können Ansporn sein für uns, die heutigen Bewohner des Landes. Sie waren es, die mit der Kultivierung des Landes an den Ufern des Nils begannen, der ihnen schon damals, vor sieben Jahrtausenden, Leben spendete. Beim Übergang in ein neues Jahrtausend können wir viel von ihnen lernen und viel an ihnen bewundern. Ich hoffe, dass dieses ganz besondere Buch all seine Leser begeistern und viele davon dazu anregen wird, das Museum, falls sie es noch nicht gesehen haben, selbst zu besuchen und seine fabelhaften Schätze in Augenschein zu nehmen.

Suzanne Mubarak

Rechte der englischen Ausgabe:
Originaltitel: »EGYPTIAN TREASURES.
From the Egyptian Museum in Cairo«

Fotos: Araldo De Luca
Herausgeber: Francesco Tiradritti
Redaktion: Valeria Manferto De Fabianis,
Laura Accomazzo
Bildbeschreibungen: Francesco Tiradritti,
Silvia Einaudi, Anna Leone, Rosanna Pirelli.
Die Initialen unter den Bildbeschreibungen
bezeichnen den Autor.
Grafik und Design: Patrizia Balocco Lovisetti,
Clara Zanotti

Übersetzung aus dem Englischen von
Frank Auerbach, Dr. Konrad Dietzfelbinger,
Evelyn Köhler, Helga Künzel, Walter Spiegl
Lektorat, Herstellung und Satz:
Verlagsservice Dr. Helmut Neuberger &
Karl Schaumann GmbH, Heimstetten

Druck und Bindung: Rotolito Lombarda, Milano
Printed in Italy
ISBN 3-89405-418-2

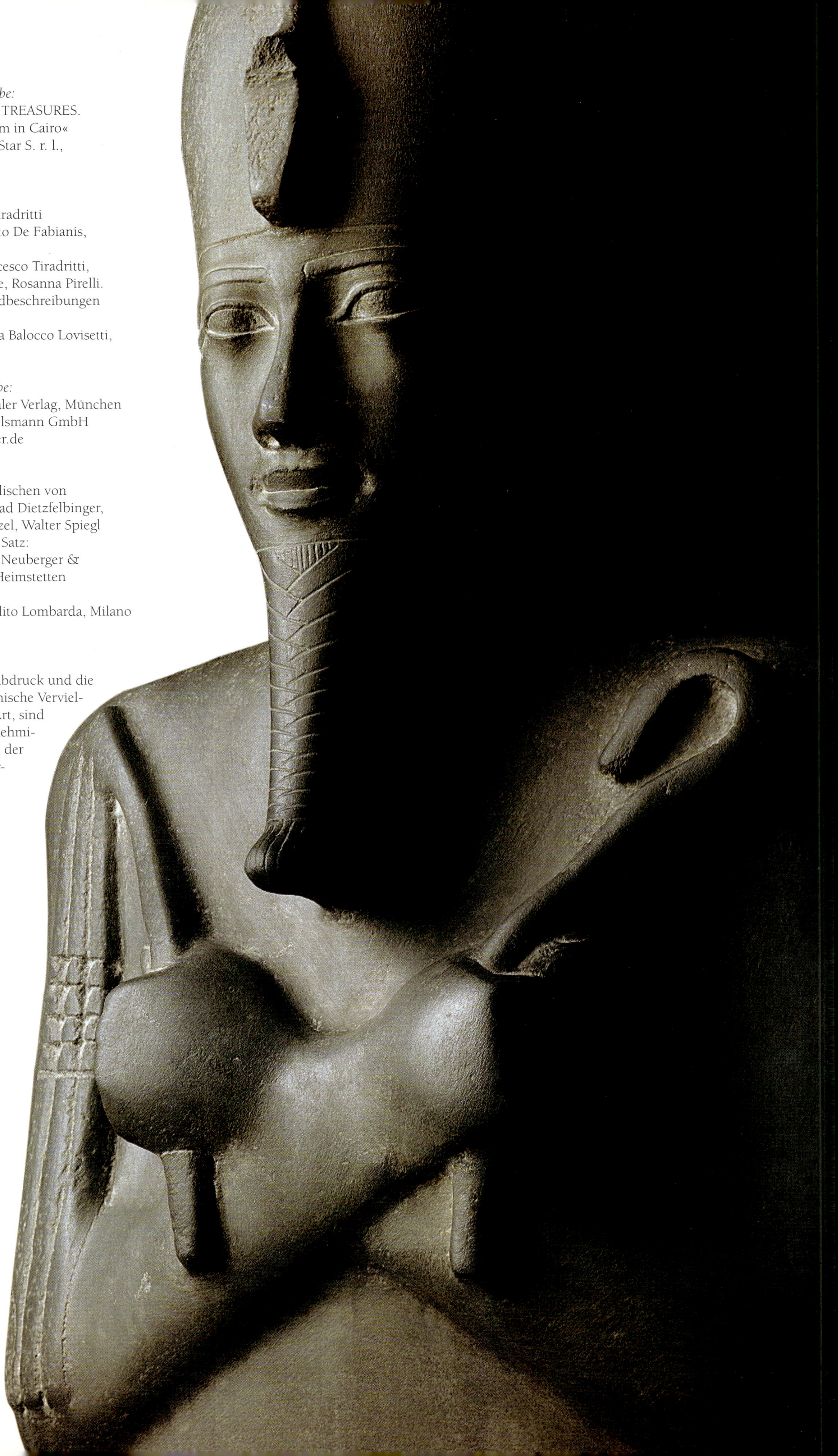

1, 3, 4, 7 RECHTS
PEKTORAL DES
TUTANCHAMUN
MIT SKARABÄUS
(S. 236)
JE 61884

2
RÜCKSEITE DES
GOLDENEN THRONS
DES TUTANCHAMUN
(DETAIL) (S. 218)
JE 62028

5
KOPF EINER STATUE
AUS DEM MUMIEN-
VERSTECK VON
KARNAK (S. 158)
JE 38248 =
CG 42101

6
STATUE DES OSIRIS
AUS DEM GRAB DES
PSAMMETICH (S. 367)
CG 38358

7
INSCHRIFT EINER
SCHALE DES
WENDJEBAUENDJED
(DETAIL) (S. 302)
JE 85897

Mitarbeiter

Araldo De Luca
Araldo De Luca ist als Spezialist für die Fotografie von Kunst und Schmuck weit über die Grenzen Italiens hinaus bekannt geworden.

Francesco Tiradritti
Beratender Ägyptologe an der Archäologischen Sammlung der Stadt Mailand, leitet Francesco Tiradritti gegenwärtig die Arbeiten des für die Ausgrabungen am Harwa-Grab in Luxor zuständigen italienischen Archäologenteams.

Mohammed Saleh
Direktor des Ägyptischen Museums in Kairo in den Jahren von 1981 bis 1998, ehemaliger Inspekteur der Altertümer in Luxor und Autor zahlreicher Fachbücher, lehrt Mohammed Saleh außerdem als Dozent Ägyptologie an der Universität Kairo.

Christiane Ziegler
Als Direktorin der Abteilung für Ägyptische Altertümer am Musée du Louvre in Paris hat Christiane Ziegler an Katalogen größerer Ausstellungen über das alte Ägypten in Frankreich und den Vereinigten Staaten mitgearbeitet. 1997 leitete sie die vom Louvre veranstalteten archäologischen Ausgrabungen in Saqqara, am Ramesseum und im Tal der Königinnen.

Zahi Hawass
Zahi Hawass ist Generaldirektor der Pyramiden von Giza und Saqqara. In dieser Eigenschaft koordinierte er die Ausgrabungen der geheimnisvollen Arbeitergräber in Giza und beaufsichtigte das kürzlich abgeschlossene Projekt der Sphinxrenovierung. Er lehrt Archäologie an der Universität Kairo.

Dieter Arnold
Dieter Arnold ist Konservator an der Abteilung für Ägyptische Kunst im Metropolitan Museum of Art und hat seit 1963 Ausgrabungen in Ägypten durchgeführt, vor allem in Theben, Lischt und Dahschur. Er ist ordentlicher Professor für Ägyptologie an der Universität Wien.

Adela Oppenheim
Als wissenschaftliche Mitarbeiterin der Abteilung für Ägyptische Kunst im Metropolitan Museum of Art, New York, hat Adela Oppenheim an den Ausgrabungen in Lischt mitgewirkt.

Dietrich Wildung
Dietrich Wildung ist Direktor der Abteilung für Ägyptische Kunst an den Staatlichen Museen Berlin und Professor für Ägyptologie an der Universität Berlin. Von 1992 bis 1996 war er Präsident der Internationalen Gesellschaft für Ägyptologie und leitete zwischen 1978 und 1989 das Ausgrabungsprojekt im östlichen Delta.

Anna Maria Donadoni Roveri
Anna Maria Donadoni Roveri hat sich auf Orientalische Archäologie an der La-Sapienza-Universität Rom spezialisiert und ist derzeit Superintendentin am Ägyptischen Museum Turin. Sie verfasste zahlreiche Beiträge zu Publikationen und Ausstellungen und wirkte an neuen Ausgrabungen in Gebelein mit.

Jean Yoyotte
Als Honorarprofessor für Ägyptologie am Collège de France, Paris, und Fachmann für historische Geografie leitete Jean Yoyotte die Ausgrabungen des französischen Teams in Tanis von 1965 bis 1985.

Herman de Meulenaere
Seit 1965 ist Herman de Meulenaere Direktor der Fondation Égyptologique Reine Élisabeth in Brüssel. Er leitete das Comité des Fouilles Belges in Ägypten von 1966 bis 1988 und ist Honorarprofessor an der Universität Gent.

Edna R. Russmann
Assoziierte Konservatorin an der Abteilung für Ägyptische Kunst am Brooklyn Museum of Art in New York, ist Edna R. Russmann außerdem Autorin zahlreicher Publikationen und liest an größeren amerikanischen Universitäten über ägyptische Kunst.

Donald M. Bailey
Donald M. Bailey war von 1955 bis 1996 Mitarbeiter der Abteilung für griechische und römische Altertümer am British Museum in London. Er ist Fachmann für die Archäologie des römischen Ägypten und hat an zahlreichen Ausgrabungen teilgenommen.

Silvia Einaudi
Nach Abschluss ihres Studiums der Ägyptologie an der Universität Turin ging Silvia Einaudi ans Ägyptische Museum Turin, wo sie gegenwärtig arbeitet.

Anna Leone
Anna Leone hat Klassische Archäologie an der La-Sapienza-Universität Rom studiert und spezialisiert sich derzeit auf die Geschichte der römischen Provinz Africa.

Rosanna Pirelli
Rosanna Pirelli ist Dozentin für alte ägyptische Sprache an der literaturwissenschaftlichen Fakultät des Instituts für Orientalistik an der Universität Neapel.

Der Verlag dankt besonders:

Faruk Hosny, *Minister für Kultur, Ägypten*
Gaballah Ali Gaballah, *Generalsekretär des Obersten Altertümerrates*
Francesco Aloisi di Larderel, *italienischer Botschafter in Ägypten*
Ali Hassan, *Ehemaliger Generalsekretär des Obersten Altertümerrates*
Mohammed Saleh, *Direktor des Ägyptischen Museums Kairo*
Carla Maria Burri, *Direktorin des Italienischen Kulturinstituts Kairo*
Samir Gharib, *Kunstsachverständiger beim Ministerium für Kultur*
Mauro Accornero, *Direktor der IEOC*
Filippo Capurso, *Generaldirektor der IEOC*
Uldarigo Masoni, *Ehemaliger Generaldirektor der IEOC*
Nabil Osman, *Vorsitzender des staatlichen ägyptischen Informationsdienstes*
Zaki Gazi, *Direktor des Pressezentrums Kairo*
und Gamal Shafik *vom Pressezentrum Kairo für die Beschaffung der Fotos*
Den Mitarbeitern und Konservatoren des Ägyptischen Museums Kairo
Alessandro Cocconi, *Fotoassistent*
Ramses *Hilton Hotel in Kairo*
Egyptair

Der Herausgeber dankt außerdem der italienischen Energiebehörde ENI und deren ägyptischer Tochtergesellschaft IEOC, die die Veröffentlichung dieses Werkes unterstützt und gefördert haben.

Inhalt

GELEITWORT 4
Suzanne Mubarak

VORWORT 10
Mohammed Saleh

GESCHICHTE DES ÄGYPTISCHEN MUSEUMS 12
Francesco Tiradritti

CHRONOLOGIE 24

VORDYNASTISCHE UND FRÜHDYNASTISCHE PERIODE 26
Christiane Ziegler

DER GLANZ DES ALTEN REICHES 50
Zahi Hawass

DAS MITTLERE REICH UND DER WANDEL DES KÖNIGTUMS 90
Dieter Arnold

DIE KÖNIGSSCHÄTZE DER ZWÖLFTEN DYNASTIE 136
Adela Oppenheim

DIE ACHTZEHNTE DYNASTIE 154
Dietrich Wildung

8–9
PEKTORAL
SCHESCHONKS II.
MIT GEFLÜGELTEM
SKARABÄUS (S. 328)
JE 72170

TUTANCHAMUN,
SEIN LEBEN UND SEINE SCHÄTZE 194
Mohammed Saleh

DAS ENDE DES NEUEN REICHES UND
DIE DRITTE ZWISCHENZEIT 244
Francesco Tiradritti

DAS TAL DER KÖNIGE UND DAS MUMIEN-
VERSTECK IN DEIR EL-BAHARI 280
Anna Maria Donadoni Roveri

DER SCHATZ VON TANIS 302
Jean Yoyotte

DIE »CACHETTE« VON KARNAK 334
Herman de Meulenaere

DIE KUNST ÄGYPTENS
IN DER SPÄTZEIT 356
Edna R. Russmann

DAS RÖMISCHE ÄGYPTEN –
PROVINZ EINES IMPERIUMS 378
Donald M. Bailey

LISTE DER OBJEKTE 410

DIE NUMMERIERUNG
DER FUNDSTÜCKE UND
LITERATURVERZEICHNIS 413

Mohammed Saleh

Vorwort

Das heutige Ägyptische Museum ist das nunmehr fünfte Gebäude zur Aufnahme der Sammlung ägyptischer Altertümer in Kairo. Die erste Ausstellung wurde 1835 in den Esbekiah-Gärten im Zentrum der Stadt eröffnet. Danach wurden die Exponate in einer zweiten Ausstellungshalle in der Zitadelle Saladins untergebracht. 1855 machte der ägyptische Vizekönig Said Pascha die Schätze in diesen Räumlichkeiten dem österreichischen Erzherzog Maximilian zum Geschenk. Die dritte Sammlung stellte der französische Ägyptologe Auguste Mariette ab 1863 am Nilufer in Bulaq aus. 1878 machte eine Überschwemmung die Gefährdung von Gebäuden und Kunstwerken deutlich. Ab 1890 wurde die Sammlung an ihren mittlerweile vierten Standort, einen Anbau der Residenz des Khediven Ismail in Giza, gebracht.

Am 15. November 1902, unter der Regierung des Khediven Abbas Helmi, wurde das heutige Museum am Tahrir-Platz unter seinem Direktor Gaston Maspero eröffnet. Es verfügte anfangs über etwa 50 000 Objekte. Heute sind es mehr als 150 000. Sie sind auf Datenbasis registriert. Die Museumskonservatoren können die Beschreibungen der Stücke also immer wieder problemlos ergänzen, Wissenschaftler benötigte Informationen ohne weiteres abrufen. Die meisten der in Ägypten ausgegrabenen, angekauften oder konfiszierten Stücke haben schließlich ihren Weg ins Ägyptische Museum Kairo gefunden und wurden dort entweder ausgestellt oder aufbewahrt. Neue Entdeckungen werden heute aber auch in den benachbarten regionalen Museen aufbewahrt, von denen es bisher 27 gibt.

Das Ägyptische Museum Kairo beherbergt die weltweit schönste und umfangreichste Sammlung alter ägyptischer Kunstwerke. Aus dem Alten Reich seien nur erwähnt die Statuen des Chephren und Mykerinos, des Rahotep und der Nofret, des Kaaper (mit dem Spitznamen »Sheich el-Beled«, »Dorfschulze«) und des Zwerges Seneb mit seiner Familie. Dazu gehören auch die Funde aus dem Grab der Hetepheres, der Mutter des Cheops (unter anderem Mobiliar ihr Baldachin, ihr Bett, ihr Stuhl, ihre Sänfte, ja auch ihr Sarkophag). Sie sind in einer besonderen Galerie im Erdgeschoss ausgestellt. Aus dem Mittleren Reich wären die Statue Mentuhoteps II., die Krieger-Holzfiguren des Mesehti, die Holzfiguren des Meketre, die Statuen Sesostris' III. und Amenemhets III., und der Schmuck der Prinzessinnen Chnumet, Sit-Hathor, Sit-Hathor-Junet, Mereret, Weret, Ita, Itaweret und Neferuptah zu nennen.

Aus dem Neuen Reich verweisen wir auf den Schmuck der Ahhotep, die Statuen der Hatschepsut und des Senenmut, Thutmosis' III. und Amenhoteps (Amenophis') III., auf die Kunstwerke des Juja und der Tuja, die Statuen des Architekten Amenhotep, Sohn des Hapu, die des Echnaton und der Nofretete und die Skulpturen Ramses' II. sowie Nachtmins und seiner Gemahlin. Die herrlichen Schätze Tutanchamuns sind im oberen Stockwerk in der langen Ostgalerie, im Nordflügel und in Halle 3 zu bewundern.

Aus der Spätzeit besitzt das Museum die großartigen, zwischen 1939 und 1940 in Tanis entdeckten Schätze, bestehend aus mehr als sechshundert Stücken. Sie und eine bedeutende Schmucksammlung aus verschiedenen Perioden sind heute gut zugänglich und in einbruchsicheren Vitrinen ausgestellt – mit verbesserter Beleuchtung und den erforderlichen modernen Klimaanlagen.

Mit Texten führender Ägyptologen aus vielen Ländern der Welt und Bildern eines hervorragenden Fotografen stellt dieses Buch die ungeheure Vielfalt der Altertümer des Ägyptischen Museums zum ersten Mal in aller Breite und Gründlichkeit vor.

Texte wie Fotos dieses großformatigen Bandes verdienen das ungeteilte Interesse aller Liebhaber der ägyptischen Kunst und ihrer Denkmäler. Wir hoffen außerdem, dass die kürzlich erfolgte Modernisierung der Ausstellungsräume des Ägyptischen Museums – bessere Beleuchtung und moderne Technik – diese bedeutenden Objekte in neuem Licht zeigen und die Liebe der in- und ausländischen Besucher zur ägyptischen Kunst weiter fördern wird.

Das geplante neue Ägyptische Museum in Giza wird das bestehende Gebäude entlasten und mehr Ausstellungsraum für den Museumsbesitz zur Verfügung stellen. Geplant ist außerdem, den regionalen Museen mehr Exponate zu überlassen, um die Depots zu räumen und sie für Ausstellungszwecke und andere Funktionen verfügbar zu machen. Neue Ausstellungen, Neuerwerbungen und monatliche Sonderschauen werden unseren Gästen in Zukunft immer wieder Lust auf weitere Besuche machen.

10 Hintergrund
Anhänger des Tutanchamun in Gestalt eines Falken (Detail) JE 61893

10 links
Deckel von Kanopenkrügen des Tutanchamun
JE 60687

11
Kopf der Königin Nofretete aus Tell el-Amarna
JE 59286

Francesco Tiradritti

Geschichte des Ägyptischen Museums

Mag Napoleons Ägyptenexpedition auch ein militärisches Fiasko gewesen sein – ein positives Ergebnis war zumindest, dass das Niltal und die Kultur der Pharaonen wieder in den Blickpunkt der damaligen Mittelmeeranrainer-Staaten rückten. Die Konsuln der großen europäischen Mächte in Alexandria und Kairo gerieten in den Bann der ägyptischen Kunst, und während ihrer Dienstzeit in Ägypten legten sie umfangreiche Altertümer-Sammlungen an, die sie dann bei ihrer Abreise in die Metropolen Europas mitzunehmen pflegten. So entwickelte sich ein blühender Handel mit ägyptischen Kunstwerken, der die Vorliebe der Europäer für alles Ägyptische weiter begünstigte. Entsprechende Spuren finden sich überall im Stil der Möbel und Dekorationskunst vom Beginn des 19. Jahrhunderts.

Dieses wieder auflebende, weit verbreitete Interesse an Ägypten und seinen Altertümern veranlasste zahlreiche Mitglieder des europäischen Adels, persönlich zu den Ufern des Nils aufzubrechen. Mit allem erdenklichen Komfort ausgestattete Schiffe befuhren den großen Strom. Aber wenn die damaligen Touristen die bedeutendsten Monumente an Ort und Stelle bewunderten und zeichneten, so versäumten sie es auch niemals, sich einige Objekte zu sichern, um sie Freunden und Verwandten zu Hause zu zeigen. Diese Souvenirs des 19. Jahrhunderts waren nicht selten von beträchtlicher Größe. Unter den begehrtesten Stücken befanden sich Sarkophage. Auch Mumien waren sehr beliebt, besonders wenn sie noch mit Binden umwickelt waren. Und wenn sie in Europa vorgeführt und dabei ihrer

Binden entledigt wurden, pflegten sensible Damen der Gesellschaft pflichtschuldigst in Ohnmacht zu fallen. Neben dem schwunghaften Handel mit Mumien und Särgen entwickelte sich auch ein ebensolcher mit Königs- und Götterstatuen, Stelen, Uschebti-Figuren, Papyri, Möbeln, Vasen, Amuletten und Skarabäen. Viele mit Verzierungen oder Inschriften versehene Stücke verfallener Monumente wurden abtransportiert, während intakte Denkmäler Gefahr liefen, von beutelüsternen europäischen

12 Hintergrund:
Totenmaske des Amenemope
JE 86059

Blattgold, Bronze, gefärbte Steine, Höhe 30 cm
Tanis, Grab von Psusennes I., Grabkammer des Amenemope
Ausgrabungen von P. Montet (1940)
21. Dynastie
Regierungszeit des Amenemope (993–984 v. Chr.)

12 oben
Gelehrte der napoleonischen Ägypten-Expedition

Die Ergebnisse des gewaltigen Fleisses der zahlreichen Mitglieder der Kommission für Kunst und Wissenschaft wurden in der *Description de l'Égypte* veröffentlicht, einem riesigen, aus neun Text- und zehn Bildbänden bestehenden Werk, gedruckt in Paris zwischen 1809 und 1828.

13 links
Statue der Isis
CG 38884

rechts
Statue der Hathor mit Psammetich
CG 784

Schiefer, Höhe 90 und 89,5 cm
Saqqara
Grab des Psammetich, Ende der 26. Dynastie (erste Hälfte des 6. Jahrhunderts v. Chr.)

Besuchern buchstäblich auseinander genommen zu werden.

Selbst Jean-François Champollion (1790–1832), Entzifferer der Hieroglyphen, konnte der unvergleichlichen Schönheit der farbigen Reliefs im Grab Sethos' I. nicht widerstehen und entschloss sich, einen Türpfosten zu entfernen (heute im Louvre in Paris ausgestellt). Champollions toskanischer Kollege Ippolito Rosellini (1800–1843) wollte da nicht nachstehen und schaffte den gegenüberliegenden Pfosten nach Florenz.

Anfangs war den Ägyptern das Interesse der Europäer an den nackten Steinen, die da aus dem Boden ragten – nichts anderes waren für sie die alten Säulen und Mauern –, ein Rätsel. Bald aber machten Gerüchte die Runde, unter diesen Steinen seien ungeheure Schätze verborgen. Dorfbewohner, die in der Nähe von Ausgrabungsstätten lebten, zerstörten blindlings Gräber, Tempel und Statuen in der vergeblichen Hoffnung, darin kostbare Edelsteine und Wertgegenstände zu finden. Bald kamen die Ägypter dahinter, dass es tatsächlich die Steine selbst waren, für die sich die Fremden interessierten, nicht die vermeintlich unter ihnen verborgenen Schätze. Zwar konnten sie nicht begreifen, was an gemeißelten Steinbrocken so Anziehendes sein sollte, aber sie brachten es schnell zur Meisterschaft im Aufspüren von Altertümern. Und wenn Mangel an echten Stücken herrschte, so war auch das kein Problem – die Leute stellten flugs Fälschungen her, so täuschend ähnlich, dass sich sogar die damaligen Ägyptologen geschlagen geben mussten. Dreißig Jahre nach der napoleonischen Expedition wimmelte es in Ägypten von Leuten, die aus dem einen oder anderen Grund am Handel und dem Export von Antiquitäten interessiert waren. Auch die lokalen Behörden förderten den kontinuierlichen Strom von Altertümern ins Ausland.

Damals stand Ägypten unter der Herrschaft Mohammed Alis (1769–1849), der vom türkischen Sultan in Konstantinopel zum Vizekönig ernannt worden war. Im Gefolge der napoleonischen Expedition betrieb Mohammed Ali eine breit angelegte politische Kampagne zur Öffnung Ägyptens für den Westen. Ausländer, vor allem die Vertreter der Großmächte, durften sich nahezu alles erlauben. Nichts war leichter für sie,

14 LINKS
EINE AUF DEM NIL VOR DEM TEMPEL VON LUXOR VORBEIFAHRENDE *DAHABIJE*. DAS SCHIFF, DIE »*PRINZ VON AVON UND CARNARVON*«, GEHÖRTE EINST ÉMIL PRISSE D'AVENNES. DIESER FRANZÖSISCHE ARCHITEKT UND KÜNSTLER ENTFERNTE DIE RELIEFS DER »AHNENHALLE« THUTMOSIS' III. AUS DEM TEMPEL DES AMUN ZU KARNAK UND SANDTE SIE NACH FRANKREICH, WO SIE BIS HEUTE IM LOUVRE IN PARIS AUFBEWAHRT WERDEN (ÉMIL PRISSE D'AVENNES, ORIENTAL ALBUM, LONDON 1864).

14 MITTE
SZENE BEIM ABTRANSPORT EINER KOLOSSALBÜSTE RAMSES' II. AUS DEM RAMESSEUM. DIE OPERATION WURDE DANK DES BEWUNDERNSWERTEN EINSATZES GIOVANNI BATTISTA BELZONIS, DER DAMALS FÜR DEN BRITISCHEN KONSUL HENRY SALT ARBEITETE, IM NOVEMBER 1816 DURCHGEFÜHRT. DIE BÜSTE STEHT HEUTE IM BRITISH MUSEUM, LONDON.

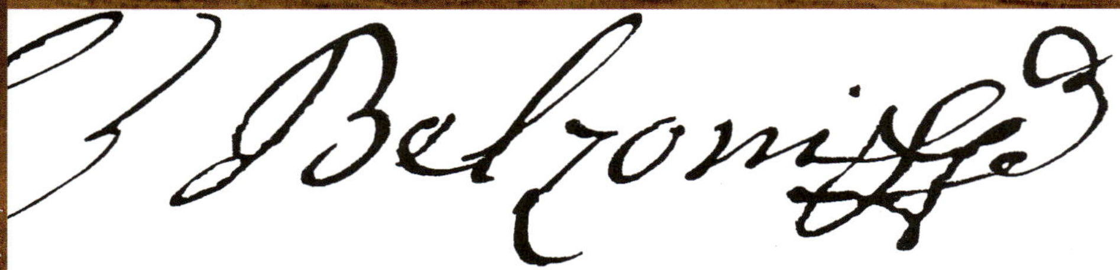

14 UNTEN
GIOVANNI BATTISTA BELZONI, 1778 IN PADUA GEBOREN, WAR EINER DER ERSTEN EUROPÄER, DER ÄGYPTEN SYSTEMATISCH NACH ALTERTÜMERN DURCHFORSCHTE. DABEI ERZIELTE ER AUFSEHEN ERREGENDE ERFOLGE. UNTER ANDEREM LEGTE ER DEN EINGANG ZUM TEMPEL RAMSES' II. IN ABU SIMBEL FREI, ENTDECKTE DIE GRÄBER RAMSES' I. UND SETHOS' I. IM TAL DER KÖNIGE UND ÖFFNETE DIE CHEPHREN-PYRAMIDE IN GIZA.

als sich einen »Firman« zu beschaffen (das persische Wort für »Anweisung«), eine Erlaubnis zu Ausgrabungen überall in Ägypten. Die großzügige Vergabe von Ausgrabungslizenzen schien ein geringer Preis für die vielen wirtschaftlichen und geschäftlichen Vorteile, die man sich von besonders herzlichen Beziehungen zu den europäischen Mächten erhoffte.

Dank ausländischer Hilfe gelang es Mohammed Ali, einen Prozess der Modernisierung einzuleiten, der zu einer beträchtlichen Steigerung des Lebensstandards der ägyptischen Mittelschichten führte, ohne freilich das Los der breiten Unterschichten, die in bitterer Armut lebten, nennenswert zu verbessern.

Mohammed Alis Projekte hatten überdies die

15 Mitte
Auf diesem Aquarell des Engländers John Gardner Wilkinson sucht eine ägyptische Frau unter den Mumien eines thebanischen Grabes nach Wertgegenständen, um diese an europäische Antikensammler zu verkaufen. (John Gardner Wilkinson, Manners and Customs of the Ancient Egyptians, London 1878).

15 rechts
Ippolito Rosellini, der zusammen mit Jean-François Champollion die 1828–1829 durchgeführte französisch-toskanische Ägyptenexpedition leitete. Die beiden entdeckten hunderte von Gräbern und erforschten sie, fanden bedeutende Altertümer und fertigten über 1400 Zeichnungen an. Champollion entzifferte als erster die Namen und Inschriften der Pharaonen.

15 unten
Karl Richard Lepsius leitete die preussische Ägyptenexpedition (1842–1846). Er machte zahlreiche Entdeckungen, vor allem im oberen Nubien. Auf diesem von den Künstlern der Expedition angefertigten Bild wird eine Kolossalstatue des Gottes Amun in Widdergestalt abtransportiert, nachdem sie im Amuntempel am Gebel Barkal abgebaut worden war. Nicht weniger als 92 Nubier waren dabei im Einsatz.
Die Statue wurde dann in die Staatlichen Museen Berlin geschafft.
(Karl Richard Lepsius, Denkmäler aus Ägypten und Äthiopien, Berlin 1848–1859).

15 Hintergrund
Das Schiff des französischen Forschers Frédéric Cailliaud, der sich zwischen 1816 und 1822 in Ägypten aufhielt, kämpft mit den Stromschnellen im Nil unweit des zweiten Kataraktes, wo im Mittleren Reich die Festung Semna stand. (F. Cailliaud, Voyage à Méroé, Paris 1826).

Zerstörung zahlloser unschätzbarer Denkmäler zur Folge. Viele wurden einfach abgetragen und die Steine in die Kalköfen gebracht oder zum Bau neuer Gebäude verwendet. Eine Anzahl Fabriken besaß sogar die offizielle Genehmigung zur industriellen Verarbeitung von Mumien, aus denen Knochenkohle gewonnen wurde. Wenn man die Mumien verbrannte, blieb feine Kohle zurück, die gemahlen und zur Raffinierung und Weißfärbung von Zucker benutzt wurde. Solche Mumienprodukte wurden in Ägypten, einem bedeutenden Rohrzuckerproduzenten, in großem Stil eingesetzt und sogar in erheblichen Mengen nach Nordfrankreich für die dortigen Zuckerraffinerien exportiert.

So war das Ägypten, das Champollion im Jahr 1828 besuchte, ausschließlich auf seine Zukunft fixiert und total desinteressiert an seiner ruhmreichen Vergangenheit. Beim Vergleich von für die *Description de l'Égypte* angefertigten Zeichnungen – einer außerordentlichen Leistung der Gelehrten, die Napoleons Armee begleitet hatten – mit dem vorgefundenen Zustand der Monumente musste dem jungen französischen Akademiker auffallen, wie sehr viele Denkmäler in den drei Jahrzehnten unter der Raffgier der Menschen gelitten hatten. Ganze Tempelkomplexe waren spurlos vom Erdboden verschwunden. An Stelle der Säulen und Statuen, die einst Tempelhöfe und Prozessionsstraßen geschmückt hatten, fand Champollion nur noch riesige Löcher im Sand vor, hinterlassen von den räuberischen Fremden.

Besonders schockierte Champollion, dass Privatleute alles mitnehmen durften, was ihnen gefiel. Der Staat zeigte so gut wie kein Interesse daran, den Strom der außer Landes geschafften Kunstschätze auch nur ansatzweise einzudämmen. Auch Champollion selbst bekümmerte in erster Linie der Umstand, dass wertvolle Altertümer – meist auf Nimmerwiedersehen – in den Privathäusern reicher Europäer verschwanden, während er gegen die Entfernung von Antiquitäten zum Zweck von Ausstellungen in Museen oder an öffentlichen Plätzen Europas nichts einzuwenden hatte. Insofern war seine Einstellung zur Bewahrung der ägyptischen Kulturgüter nach heutiger Sicht einigermaßen widersprüchlich. Einerseits kritisierte er die Leichtfertigkeit, mit der Ausgrabungslizenzen an Privatleute vergeben wurden, andererseits hatte er keine Skrupel, Ausstellungsstücke für den Louvre zu beschaffen. Wie erwähnt, entfernte er bedenkenlos ein farbiges Relief aus dem Grab Sethos' I. Er schlug auch den Abtransport eines der beiden Obelisken vor, die vor dem Pylon des Tempels von Luxor standen. 1836, vier Jahre nach seinem Tod, wurde die Operation fachgerecht durchgeführt.

Einer der begeistertsten Förderer Champollions war der damalige französische Konsul Jean-François Mimaut (1774–1837). Doch war dieser auch verantwortlich für eine der ersten offiziellen Demarchen, die der ägyptischen Regierung zu Bewusstsein bringen sollte, über welch großartiges historisches und künstlerisches Erbe das Land verfügte. Es war geplant, eine der Pyramiden von Giza abzutragen, um ihre Kalksteinblöcke für den Bau von Nil-Staudämmen zu verwenden. Als Mimaut davon erfuhr, richtete er als leidenschaftlicher Liebhaber dieser Bauwerke sofort einen geharnischten Protest an Mohammed Ali.

Vielleicht war es ebenfalls Mimaut, der dem Vizekönig den Vorschlag machte, er solle Champollion mit einem Bericht über die Konservierung der ägyptischen Denkmäler beauftragen. Champollion lieferte diesen Bericht gegen Ende seines Ägyptenaufenthaltes. Er hob darin die historische Bedeutung der Monumente hervor und erklärte, viele der prominenten europäischen Besucher des Niltals seien bestürzt über die Zerstörung dieser Bauwerke und die Zerstreuung der Kunstwerke in alle Welt. Ohne konkrete Empfehlungen zur Lösung des Problems zu geben, plädierte er jedenfalls für strengere Bestimmungen zur Regelung der Ausgrabungs- und Ausfuhrpraxis.

Der Bericht wurde Mohammed Ali zugeleitet. Doch nur sehr wenige Menschen hatten ein Interesse daran, Champollions Empfehlungen in die Tat umzusetzen. Die Altertümer warfen für die Händler beträchtlichen Profit ab, und weder die

ägyptischen Verkäufer noch ihre reichen europäischen Kunden waren wirklich am Schutz der alten Kulturdenkmäler interessiert.

Trotzdem war die Zeit reif für eine neue Einstellung der Ägypter zum alten Erbe ihres Landes. Rifa'a al-Tahtawi (1801–1873), ein führender Experte für ägyptische Kultur, der längere Zeit in Paris gelebt und studiert hatte, unternahm die ersten konkreten Schritte zur Rettung des kulturellen Erbes Ägyptens. Die von ihm vertretene Philosophie trug wesentlich dazu bei, daß sich im 19. Jahrhundert ein neues ägyptisches Nationalbewusstsein entwickelte und das Interesse an der eigenen Kultur neu erwachte. Es gelang al-Tahtawi, in der Öffentlichkeit ein neues Bewusstsein für den Wert der ägyptischen Altertümer zu wecken. Am 15. August 1835 wurde unter seiner Mitwirkung ein Dekret erlassen, das den Handel mit ägyptischen Altertümern zum ersten Mal einem Reglement unterwarf. Der Export »gemeißelter Steine und Gegenstände« wurde verboten, und man legte fest, wo in Kairo die Objekte aus dem Altertum hinfort aufbewahrt und dem Publikum gezeigt werden sollten – schließlich hatten alle großen europäischen Städte längst ihre Museen. Mit dem Sammeln der ersten Antiquitäten für das kleine Gebäude in den Esbekiah-Gärten wurde Louis M. A. Linant de Bellefonds-Bey (1799–1883) betraut, ein seit langem in Kairo ansässiger französischer Ingenieur und Geograph. Es blieb allerdings bei dem Versuch. Denn der Erlass von 1835 wurde viele Jahre einfach ignoriert. Der Handel mit ägyptischen Altertümern und die wahllose Zerstörung von Monumenten gingen unkontrolliert weiter. Mohammed Ali und seine Nachfolger betrachteten die neue Sammlung von Altertümern eher als private Schatzkammer, der sie nach Lust und Laune kostbare Geschenke für prominente Gäste entnehmen konnten. Schon nach wenigen Jahren war das Museum so ausgeplündert, dass es in noch kleinere Räume verlegt werden konnte. Ein einziger Saal im Unterrichtsministerium in der Zitadelle schien ausreichend, die noch nicht verschenkten Objekte aufzunehmen. Und 1855 nahm die Geschichte des ersten Kairoer Museums definitiv ein unrühmliches Ende, als Abbas Pascha die Reste der Sammlung dem Erzherzog Maximilian von Österreich während eines Staatsbesuchs in Ägypten zum Geschenk machte.

Fünf Jahre zuvor war Auguste Mariette (1821–1881), ein Konservator des Louvre, nach Kairo gekommen. Er hatte den Auftrag, eine Sammlung koptischer Manuskripte zur Aufstockung der Pariser Sammlung zu erwerben. Doch der koptische Patriarch verbot seinen Mönchen kategorisch, irgendein in den Klöstern aufbewahrtes Manuskript zu verkaufen. Daraufhin entschloss

16
MOHAMMED ALI (1769–1849) GILT ALS DER SCHÖPFER DES MODERNEN ÄGYPTEN. SEINE POLITIK DER ÖFFNUNG DES LANDES NACH WESTEN ERMÖGLICHTE ES DEN KONSULN DER EUROPÄISCHEN MÄCHTE, SICH RIESIGE ALTERTÜMERSAMMLUNGEN ANZULEGEN. (L.N.P.A. FORBIN, VOYAGE DANS LE LEVANTE, PARIS, 1819).

16–17
HINTERGRUND
DIESES BILD, ENTNOMMEN DER DESCRIPTION DE L'ÉGYPTE, STELLT EINE DER BEIDEN KOLOSSALSTATUEN RAMSES' II. DAR, DIE DEN ERSTEN PYLON DES TEMPELS VON LUXOR SCHMÜCKEN. ZUR ZEIT DER NAPOLEONISCHEN EXPEDITION WAREN SIE BIS ZUR BRUST IM SAND BEGRABEN.

17 LINKS
JEAN-FRANÇOIS CHAMPOLLION, HIER AUF EINEM 1831 VON LÉON COGNIET GEMALTEN PORTRÄT, LEITETE DIE SEHR ERFOLGREICHE FRANZÖSISCH-TOSKANISCHE ÄGYPTENEXPEDITION. BEI MEHR ALS EINER GELEGENHEIT BEKUNDETE DER ENTZIFFERER DER HIEROGLYPHEN SEIN MISSFALLEN ÜBER DEN AUSVERKAUF DES ÄGYPTISCHEN KULTURREICHTUMS AN EUROPÄISCHE SAMMLER.

17 RECHTS
LINANT DE BELLEFONDS KAM 1818 NACH ÄGYPTEN UND BEKLEIDETE WICHTIGE ÄMTER IM DIENST MOHAMMED ALIS. ER WURDE MIT DER AUFGABE BETRAUT, IN EINEM KLEINEN GEBÄUDE IN DEN ESBEKIAH-GÄRTEN ALTERTÜMER ZU SAMMELN.

sich Mariette, in Saqqara Ausgrabungen durchzuführen, wo er nach einem knappen Jahr mühevoller Arbeit den Eingang zum Serapeum entdeckte. Drei weitere Jahre setzte er seine Forschungen an diesem Begräbnisplatz der Apis-Stiere fort. Dann musste er wieder nach Frankreich zurück. Doch die Erfahrung hatte ihn sensibel gemacht. Die Probleme, mit denen er in diesen drei Jahren konfrontiert worden war, hatten ihn zu der Überzeugung gebracht, dass Ägypten eine wirksame Gesetzgebung zum Schutz seiner Altertümer brauchte. Er ergriff deshalb die Gelegenheit, die ihm die geplante Reise Napoleons III. zum Nil bot, und ließ sich unter dem Vorwand, den Besuch vorbereiten zu müssen, wieder nach Ägypten schicken. Dort führte er eine weitere Serie von Ausgrabungen durch und bemühte sich parallel dazu, bei den lokalen Behörden um Maßnahmen für den Schutz der alten Kulturschätze zu werben.

1858 genehmigte der Vizekönig die Gründung der Ägyptischen Altertümer-Verwaltung, einer Behörde, der die Beaufsichtigung der Ausgrabungen oblag. Selbstverständlich war Mariette für den Posten des Generaldirektors vorgesehen. Sofort nach seiner Ernennung nahm er intensive archäologische Forschungen auf. Bald hatte sich eine ansehnliche Menge von Objekten aus ganz Ägypten in Kairo angesammelt.

In den ersten Jahren der Altertümer-Verwaltung sah sich Mariette allen nur denkbaren Schwierigkeiten gegenüber. Dabei hatte er mit der Gier der Ägypter nicht weniger zu kämpfen als mit jener der Europäer, die ihren Handel mit Antiquitäten um keinen Preis aufgeben wollten. Ein Paradebeispiel dafür war die Entdeckung des Grabkomplexes der Ahhotep durch Arbeiter Mariettes in den Bergen von Dra Abu el-Naga im Jahr 1859. Der Sarg der Königin wurde sofort vom Gouverneur von Kena beschlagnahmt, der sich beim Vizekönig beliebt machen wollte und unverzüglich den Transport der Schätze nach Kairo in die Wege leitete. Mariette gelang es, das Schiff mit den Objekten abzufangen und die kostbare Fracht unter massiven Drohungen wieder unter seine Kontrolle zu bringen. 1867 wurde der Schatz der Ahhotep anlässlich der Weltausstellung in Paris gezeigt. Aber sogar hier sah sich Mariette gezwungen, der Kaiserin Eugénie, die ein Auge auf den Schmuck geworfen hatte, eine Absage zu erteilen.

Trotz all dieser Schwierigkeiten und der prekären finanziellen Lage des ägyptischen Staates gelang es Mariette 1863, das erste wirkliche Ägyptische Museums für das Publikum zu eröffnen, und zwar in den Gebäuden der Transitverkehrs-Verwaltung. Bis zum Bau der Eisenbahn Kairo-Alexandria waren dort Handelsgüter und Material zur Versorgung der Reisenden der Indien-England-Route gelagert worden. Die weitläufigen Gebäude lagen oberhalb des Nils im Bezirk Bulaq. In den darauffolgenden Jahren wurde das Museum immer wieder erweitert. Dank der Ausgrabungen, die Mariette und seine Mitarbeiter Jahr für Jahr organisierten, wuchs die Sammlung rasch. Zur Beschreibungen der Exponate wurde ein Führer gedruckt, der es zwischen 1864 und 1876 auf sechs Nachauflagen brachte. Doch hatten die Gebäude im Bezirk Bulaq den Nachteil, dass sie den alljährlichen Überschwemmungen des Nils schutzlos ausgesetzt waren. 1878 stiegen die Fluten so hoch, dass zahlreiche Objekte verloren gingen. Mariette hatte diese Hallen immer nur als Provisorium betrachtet. Jetzt ergriff er die Gelegenheit, mit Nachdruck darauf hinzuweisen, daß das Museum in Räumen untergebracht werden musste, die erstens hochwassersicher gelegen waren und zweitens die schnell wachsende Sammlung auch in Zukunft würden aufnehmen können.

Längst schon hatte die ägyptische Regierung den Bau eines monumentalen Museums an der Südspitze der Insel Gezireh genehmigt. Trotzdem schleppte sich die Angelegenheit hin, obwohl Mariette immer wieder insistierte. Das Museum blieb noch zehn Jahre in Bulaq.

Nach dem Tod Mariettes lag die Direktion des Museums für eine Interimsperiode in den Händen Luigi Vassallis (1812–1887), Mariettes langjährigem Mitarbeiter. Ihm folgte Gaston Maspero (1846–1916). Auch er tat alles, um das Museum aus dem Bezirk Bulaq zu verlegen – ebenfalls vergeblich. Aber während der Amtszeit seines Nachfolgers Eugène Grébaut (1846–1915) wurde die Situation vollends unerträglich. 1889 war die Kapazität der Räume restlos erschöpft. Weder in den Ausstellungshallen noch in den Lagerräumen fand sich noch ein Quadratzentimeter Platz, und die in diesem Jahr ausgegrabenen Objekte mussten für lange Zeit auf Schiffen in Oberägypten gelagert werden.

Diese wahrhaft katastrophale Situation veranlasste den Khediven Ismail, eine seiner eigenen

Garnison. Die Grundsteinlegung wurde am 1. April desselben Jahres feierlich begangen – in Gegenwart von Prinz Abbas Helmi und Maspero, der zum zweiten Mal zum Direktor der Altertümer-Verwaltung ernannt worden war und das von Grébaut initiierte Projekt jetzt endlich verwirklichen konnte.

Im November 1901 nahm Alessandro Barsanti (1858–1917), ein bei der Altertümer-Verwaltung beschäftigter Architekt, die Schlüssel zum Museum in Empfang, und ab März 1902 begann die Überführung der Sammlung aus dem Palast in Giza. 5000 Holzkisten brauchte man für das Unternehmen. Zum Transport der großen Monumente mussten zwei Güterzüge neunzehn Mal zwischen Giza und Qasr el-Nil hin und herfahren. Der erste Zug transportierte 48 Steinsarkophage mit einem Gesamtgewicht von über tausend Tonnen.

Der Umzug ging in aller Eile und ziemlich chaotisch vonstatten. Als zum Beispiel die Kunstwerke in ihrem neuen Heim eingetroffen waren, stellten Beamte der Altertümer-Verwaltung fest, dass die schöne Holzstatue des Pharao Hor fehlte. Erst geraume Zeit später konnte das rätselhafte Verschwinden aufgeklärt werden. Man entdeckte das wertvolle Stück in einem Winkel der Lagerräume im Keller. Es war beim Umzug beschädigt worden, was die Arbeiter aus Furcht vor Strafe hatten vertuschen wollen.

Am 13. Juli wurde abschließend auch Mariettes Mausoleum in die Gartenanlagen vor dem neuen Gebäude geschafft und dort aufgestellt, hatte dieser doch testamentarisch darum gebeten, man möge seine sterblichen Überreste inmitten der Altertümer, die er zu Lebzeiten gesammelt hatte, zur letzten Ruhe betten. Damit war der Umzug definitiv beendet, und am 15. November des Jahres wurde 1902 das Kairoer Museum der Ägyptischen Altertümer offiziell eingeweiht.

Die Exponate waren Halle für Halle entsprechend den Ende des 19. Jahrhunderts geltenden Vorstellungen über die Chronologie Ägyptens angeordnet. Die Zwischenperioden zum Beispiel berücksichtigte man kaum, weil man sie für bedeutungslos hielt. Auch wurden die Stücke vor allem nach ästhetischen Kriterien aufgestellt. Hauptsächlich aus statischen Gründen platzierte man andererseits die größten und schwersten Stücke im Erdgeschoß, während die erste Etage Grabbeigaben und -ausstattungen in chronologischer Ordnung enthielt. Gegenstände des täglichen Lebens wurden in mehreren Räumen entsprechend ihrem einstigen Verwendungszweck gruppiert.

1908 mussten die großen Fensterflächen an beiden Enden der großen Galerie renoviert werden.

21 OBEN LINKS
EIN HISTORISCHER MOMENT: DER MIT DEM HAUPT DER ISIS VERZIERTE SCHLUSSSTEIN WIRD AUFGESETZT.

21 OBEN RECHTS
DAS HAUPTGEBÄUDE DES MUSEUMS AM MIDNAN AL-TAHRIR IST FAST FERTIG.

21 UNTEN LINKS
DIE GROSSE GALERIE IM PARTERRE, IM RECHTEN WINKEL ZUM HAUPTGEBÄUDE ANGELEGT, ERINNERT AN DIE PYLONE DER ÄGYPTISCHEN TEMPEL.

21 UNTEN MITTE
MITARBEITER DER BAUFIRMA UND MITGLIEDER DER VERWALTUNG STELLEN SICH 1901 AM HAUPTEINGANG DER KAMERA.

21 UNTEN RECHTS
DER GRUNDRISS DES NEUEN MUSEUMS (HIER DAS ERDGESCHOSS) ERINNERT AN EINEN ÄGYPTISCHEN TEMPEL DER SPÄTZEIT.

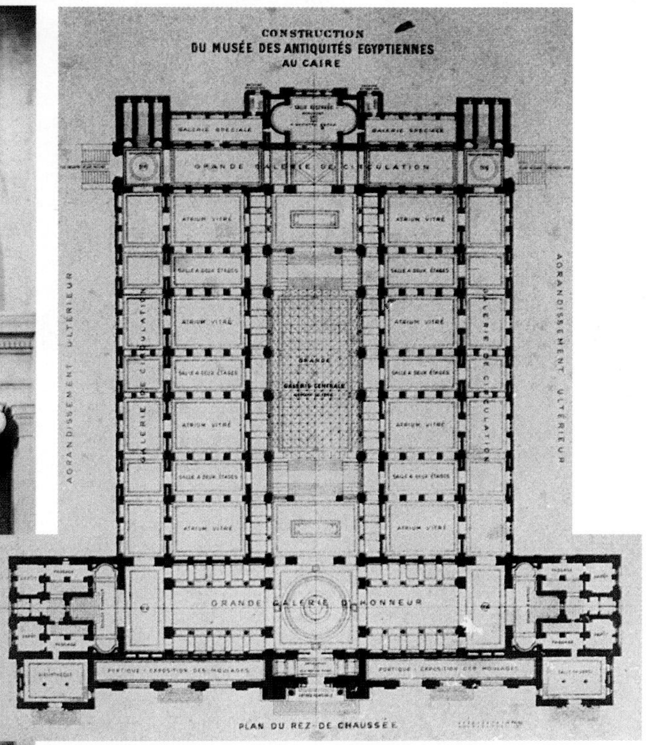

22 RECHTS
Auch der Garten zeugt von der architektonischen Grundidee Dourgnons: Das Museum sollte ein Ort sein, an dem sich der Besucher ungehindert zwischen den Überresten des alten Ägypten bewegt.

Damit wurde die französische Firma Daydé, Pillé und Charvaut beauftragt. Die Arbeiten waren nach etwa einem Jahr abgeschlossen. Vielleicht errichtete man bei dieser Gelegenheit auch die Balkons am Treppenhaus in die obere Etage. Man wollte dadurch Ausstellungsfläche für die zahllosen Särge thebanischer Priester gewinnen, die im so genannten zweiten Versteck von Deir el-Bahari entdeckt worden waren. Viele davon wurden auch europäischen und amerikanischen Sammlungen überlassen.
Wenig später wurde ein weiterer Umbau erforderlich, da die Sammlung wiederum dramatisch angewachsen war. So konnten einige Räume im ersten Stock geschlossen und als Lagerräume genutzt werden. Auch die Eingangshalle, in der

22 UNTEN LINKS
Diese Statue eines sitzenden Löwen (JE 41902) steht im Garten des Museums. Sie wurde in Tell el-Moqdam (Leontopolis) gefunden und stammt aus der ägyptischen Spätzeit (664–332 v. Chr.).

22 MITTE
Der mittlere Saal im Erdgeschoss wird von den Statuen Amenophis III. und der Königin Teje beherrscht.

22 UNTEN
Der Umzug ins neue Museum fand 1902 mit der Verlegung von Mariettes Mausoleum seinen Abschluss. Dieser wollte inmitten seiner geliebten Antiken ruhen.

23 OBEN
Die äussere Architektur des Museumsbaus ist klassisch. Innen entspricht die Anlage mit ihrer symmetrischen Anordnung der Räume zu beiden Seiten des grossen mittleren Saals hingegen ägyptischen Tempeln, etwa dem in Edfu, der heute noch zu sehen ist.

23 UNTEN
Dieser prachtvolle Sphinx aus der Regierungszeit Thutmosis' III. (1479–1425 v. Chr.) (JE 15208 = CG576) steht vor dem Museum. Er ist in Granit gehauen, 262 cm lang und wurde von Mariette im Amuntempel zu Karnak gefunden.

Gipsabgüsse von Monumenten aufgestellt waren, wurde schon bald geschlossen, da man Platz für die Erweiterung der Bibliothek und einige Diensträume benötigte.
Der ununterbrochene Zustrom neuer Funde machte ständige Abänderungen der Ausstellungsanordnung notwendig. Die Ausgrabungen in Tell el-Amarna zum Beispiel und die außerordentliche Popularität, die die Kunst dieser Epoche erlangte, führten dazu, dass man einen ganzen Bereich des Museums für diesen Fundort reservierte. Geeignete Räumlichkeiten mussten auch für die Schätze des Tutanchamun-Grabes gefunden werden, die ab 1923 ins Museum gelangten. Dazu war eine radikale Umorganisation der Ausstellungsfläche in der ersten Etage erforderlich. Um all die im Grab des jungen Pharao gefundenen Objekte angemessen präsentieren zu können, mussten die Särge anderer Könige aus dem königlichen Versteck von Deir el-Bahari in andere Teile des Museums ausgelagert werden.
Das Äußere des Ägyptischen Museums hat sich seit seiner Errichtung nicht wesentlich verändert. während seine Umgebung inzwischen ein völlig neues Aussehen zeigt. Wo einst die Kasernen der britischen Garnison in Kairo standen, erhebt sich heute das imposante Nile Hilton. Hinter dem Museum ragt der schlanke Wolkenkratzer des Ramses Hilton empor, während sich vor dem Bau der zentrale Midan el-Tahrir ausdehnt, ein pulsierender Verkehrsknotenpunkt im Herzen der Stadt.
Vom Tahrir-Platz trennt das Museum ein kleiner, von eisernen Gittern umgebener Garten. In der Mitte dieses Gartens sprudelt eine Fontäne, und mehrere schöne Statuen sind darum herumgruppiert.
Mariettes Mausoleum, das nach den ursprünglichen Plänen im Gebäude selbst stehen sollte – im Parterre, wo jetzt die Objekte der Amarna-Periode ausgestellt sind –, befindet sich heute in der Westecke des Gartens. Die sterblichen Überreste Auguste Mariettes, des Mannes, dem das Kairoer Museum mehr als irgendeinem anderen Menschen seine Existenz verdankt, ruhen bis heute in einem Steinsarkophag, ähnlich denen des Alten Reiches.

CHRONOLOGIE

Das hier benützte chronologische Schema ist abgeleitet aus John Baines und Jaromír Málek, *Atlas of Ancient Egypt*, Oxford 1988.

24–25 Sarkophag der Königin Aschait (Detail)
JE 47267

Bemalter Kalkstein
Höhe 97 cm, Länge 250 cm, Breite 97 cm
Deir el-Bahari
Tempel Mentuhoteps II.
Ausgrabungen des Metropolitan Museum of Art (1920)
12. Dynastie
Regierungszeit Mentuhoteps II.
(2061–2010 v. Chr.)

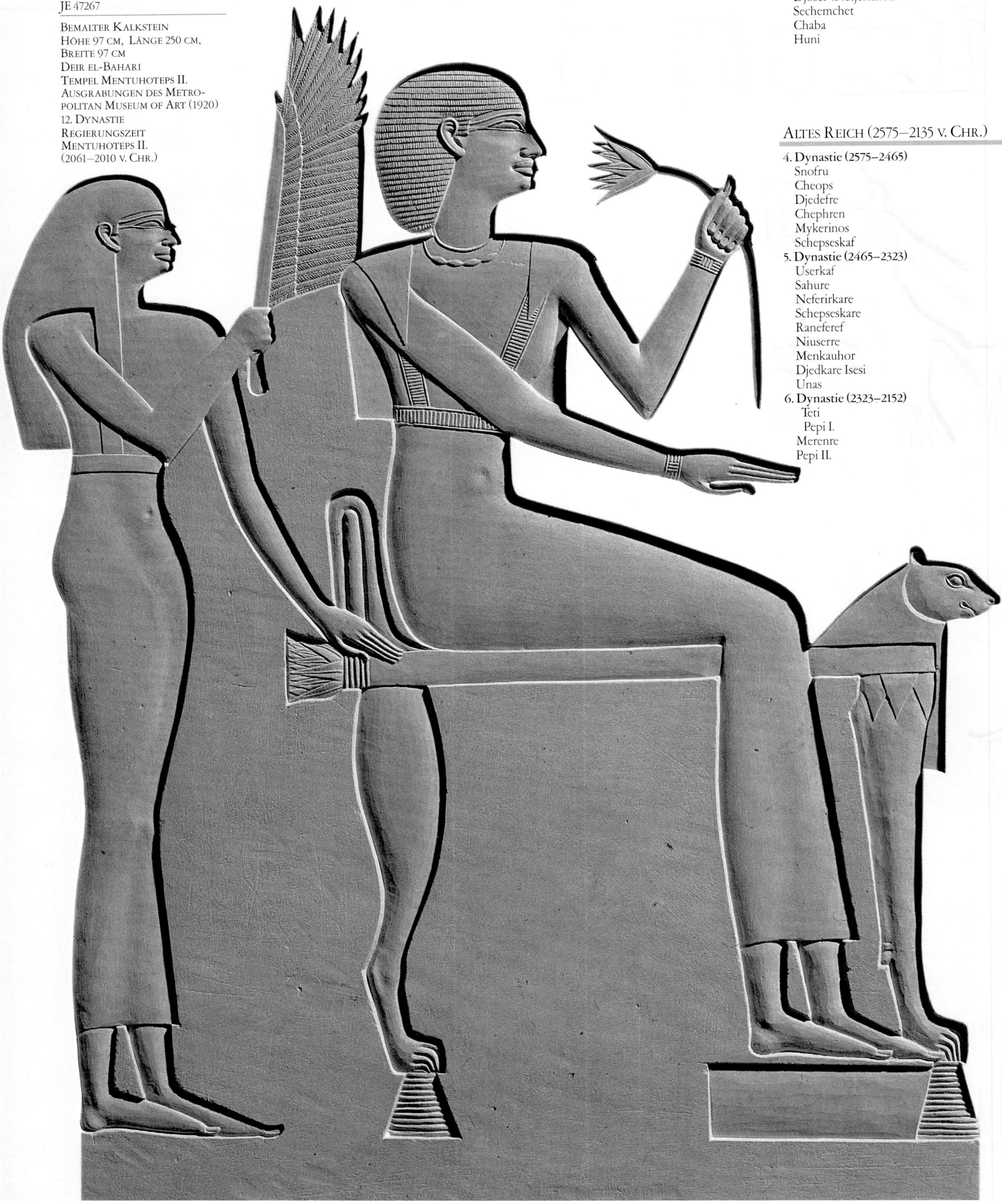

Vordynastische Periode (4000–3000 v. Chr.)

Naqada I	(4000 – 3500)
Naqada II	(3500 – 3100)

Dynastie 0 (ca. 3000)
Narmer

Frühdynastische Periode (2920–2575 v. Chr.)

1. Dynastie (2920–2770)	
Aha (Menes ?)	
Djer	
Djet	
Den	
Anedjib	
Semerchet	
Kaa	
2. Dynastie (2770–2649)	
Hetepsechemui	
Raneb	
Ninetjer	
Peribsen	
Chasechem / Chasechemui	
3. Dynastie (2649–2575)	
Sanacht	2649 – 2630
Djoser (Netjerichet)	2630 – 2611
Sechemchet	2611 – 2603
Chaba	2603 – 2600
Huni	2600 – 2575

Altes Reich (2575–2135 v. Chr.)

4. Dynastie (2575–2465)	
Snofru	2575 – 2551
Cheops	2551 – 2528
Djedefre	2528 – 2520
Chephren	2520 – 2494
Mykerinos	2490 – 2472
Schepseskaf	2472 – 2467
5. Dynastie (2465–2323)	
Userkaf	2465 – 2458
Sahure	2458 – 2446
Neferirkare	2446 – 2426
Schepseskare	2426 – 2419
Raneferef	2419 – 2416
Niuserre	2416 – 2392
Menkauhor	2396 – 2388
Djedkare Isesi	2388 – 2356
Unas	2356 – 2323
6. Dynastie (2323–2152)	
Teti	2323 – 2291
Pepi I.	2289 – 2255
Merenre	2255 – 2246
Pepi II.	2246 – 2152

Erste Zwischenperiode (2150–2040 v. Chr.)

7. Dynastie
Eine nur fingierte Dynastie. Manetho erwähnt »siebzig Könige von Memphis, die siebzig Tage regierten«, um eine Zeit des Interregumus und der Wirren in Ägypten zu kennzeichnen.
8. Dynastie (2150–2134)
Über zwanzig sehr kurz regierende Könige.
9. und 10. Dynastie (2130–2040)
In dieser Zeit ging die Herrschaft über einen Großteil Ägyptens auf die Stadt Herakleopolis über.
11. Dynastie, Theben (2134–2040)

Intef I.	2134 – 2118
Intef II.	2118 – 2069
Intef III.	2069 – 2061
Mentuhotep II. Nebhepetre	2061 – 2010

Mittleres Reich (2040–1640 v. Chr.)

11. Dynastie, ganz Ägypten (2040–1991)

Mentuhotep II./Nebhepetre	2061 – 2010
Mentuhotep III.	2010 – 1998
Mentuhotep IV.	1998 – 1991

12. Dynastie (1991–1783)

Amenemhet I.	1991 – 1962
Sesostris I.	1971 – 1926
Amenemhet II.	1929 – 1892
Sesostris II.	1897 – 1878
Sesostris III.	1878 – 1841?
Amenemhet III.	1844 – 1797
Amenemhet IV.	1799 – 1787
Königin Sobek Nofru	1787 – 1783

13. Dynastie (1783–nach 1640)
Etwa siebzig kurzzeitig regierende thebanische Herrscher.
14. Dynastie
Mehrere kurz regierende Herrscher.

Zweite Zwischenperiode (1640–1532 v. Chr.)

15. Dynastie

Salitis	
Schechi	
Chian	
Apophis	ca. 1585 – 1542
Chamudi	ca. 1542 – 1532

16. Dynastie
Kleinere Hyksos-Herrscher, gleichzeitig mit der 15. Dynastie.
17. Dynastie (1640–1550)
Fünfzehn thebanische Könige, darunter die wichtigsten:
Intef V.
Sebekemsaf I.
Sebekemsaf II.
Intef VI.
Intef VII.
Seqenenre Tao I.
Seqenenre Tao II.
Kamose

Neues Reich (1550–1075 v. Chr.)

18. Dynastie (1550–1070)

Ahmose	1550 – 1525
Amenophis I.	1525 – 1504
Thutmosis I.	1504 – 1492
Thutmosis II.	1492 – 1479
Hatschepsut (Königin)	1479 – 1458
Thutmosis III.	1479 – 1425
Amenophis II.	1427 – 1401
Thutmosis IV.	1401 – 1391
Amenophis III.	1391 – 1353
Amenophis IV. /Echnaton	1353 – 1335
Semenchkare	1335 – 1333
Tutanchamun	1333 – 1323
Eje	1323 – 1319
Haremhab	1319 – 1307

19. Dynastie (1307–1196)

Ramses I.	1307 – 1306
Sethos I.	1306 – 1290
Ramses II.	1290 – 1224
Merenptah	1224 – 1214
Sethos II.	1214 – 1204
Amenmesse – Usurpator unter Sethos' I.	
Siptah	1204 – 1198
Tausert (Königin)	1198 – 1196

20. Dynastie (1196–1070)

Sethnacht	1196 – 1194
Ramses III.	1194 – 1163
Ramses IV.	1163 – 1156
Ramses V.	1156 – 1151
Ramses VI.	1151 – 1143
Ramses VII.	1143 – 1136
Ramses VIII.	1136 – 1131
Ramses IX.	1131 – 1112
Ramses X.	1112 – 1100
Ramses XI.	1100 – 1070

Dritte Zwischenperiode (1070–712 v. Chr.)

21. Dynastie (1070–945)

Smendes I.	1070 – 1044
Amenemnes	1044 – 1040
Psusennes I.	1040 – 992
Amenemope	993 – 984
Osorkon I.	984 – 978
Siamun	978 – 959
Psusennes II.	959 – 945

22. Dynastie (945–712)

Scheschonk I.	945 – 924
Osorkon II.	924 – 909
Takelothis I.	909 –
Scheschonk II.	– 883
Osorkon III.	883 – 855
Takelothis II.	860 – 835
Scheschonk III.	835 – 783
Pemu	783 – 773
Scheschonk IV.	773 – 735
Osorkon V.	735 – 712

23. Dynastie (ca. 828–712)
Verschiedene kurzzeitig regierende Dynastien mit Regierungssitz an verschiedenen Orten, deren genaue Reihenfolge noch unklar ist, unter ihnen:

Pedubaste I.	828 – 803
Scheschonk IV.	
Osorkon IV.	
Takelothis III.	

24. Dynastie, Sais (724–712)

Tefnachte	724 – 717
Bokchoris	717 – 712

25. Dynastie, Nubien und Theben (770–712)

Kaschta	770 – 750
Pije	745 – 713

Spätzeit (712–332 v. Chr.)

25. Dynastie Nubien und Ägypten (712–657)

Schabaqo	712 – 698
Schabitqo	698 – 690
Taharqo	690 – 664
Tanotamun	664 – 657

26. Dynastie (664–525)

Psammetich I.	664 – 610
Necho	610 – 595
Psammetich II.	595 – 589
Apries	589 – 570
Amasis	570 – 526
Psammetich III.	526 – 525

27. Dynastie, Persien (525–404)

Kambyses	525 – 522
Darius I.	521 – 486
Xerxes I.	486 – 466
Artaxerxes I.	465 – 424
Darius II.	424 – 404

28. Dynastie (404–399)

Amyrtaios	404 – 399

29. Dynastie (399–380)

Nepherites I.	399 – 393
Hakoris	393 – 380

30. Dynastie (380–343)

Nektanebis I.	380 – 362
Teos	365 – 360
Nektanebo II.	360 – 343

31. Dynastie (343–332)

Artaxerxes III.	343 – 338
Arses	338 – 336
Darius III.	335 – 332

Hellenistische Periode (332–30 v. Chr.)

Die Makedonier (332–304)

Alexander der Große	332 – 323
Philipp Arrhidaios	323 – 316
Alexander IV.	316 – 304

Ptolemäische Dynastie (304–30)

Ptolemäus I. Soter	304 – 284
Ptolemäus II. Philadelphus	285 – 246
Ptolemäus III. Euergetes	246 – 221
Ptolemäus IV. Philopator	221 – 205
Ptolemäus V. Epiphanes	205 – 180
Ptolemäus VI. Philometor	180 – 164, 163 – 145
Ptolemäus VII. Neos Philopator	145
Ptolemäus VIII. Euergetes	170 – 163, 145 – 116
Ptolemäus IX. Soter	116 – 110, 109 – 107, 88 – 81
Ptolemäus X. Alexander	110 – 109, 107 – 88
Ptolemäus XI. Alexander	80
Ptolemäus XII. Neos Dionysos	80 – 58, 55 – 51
Berenike IV.	58 – 55
Kleopatra VII. Philopator	51 – 30
Ptolemäus XV. Caesarion	44 – 30

Römische Periode (30 v. Chr.–311 n. Chr.)

Nur die in den Hieroglyphen- und demotischen Texten erwähnten Kaisernamen:

Augustus	30 v. – 14 n. Chr.
Tiberius	14 – 37
Caligula	37 – 41
Claudius	41 – 54
Nero	54 – 68
Galba	68 – 69
Otho	69
Vespasian	69 – 79
Titus	79 – 81
Domitian	81 – 96
Nerva	96 – 98
Trajan	98 – 117
Hadrian	117 – 138
Antoninus Pius	138 – 161
Marcus Aurelius	161 – 180
Lucius Verus	161 – 169
Commodus	180 – 192
Septimius Serverus	193 – 211
Caracalla	198 – 217
Geta	209 – 212
Macrinus	217 – 218
Didumenianus	218
Severus Alexander	222 – 235
Gordian III.	238 – 244
Philipp	244 – 249
Decius	249 – 251
Gallus und Volusianus	251 – 252
Valerian	253 – 260
Gallienus	253 – 268
Macrianus und Quietus	260 – 261
Aurelian	270 – 275
Probus	276 – 282
Diokletian	284 – 305
Maximian	286 – 305
Galerius	293 – 311

Die Hochkultur der ägyptischen Pharaonen trat das Erbe kultureller Elemente an, die sich in der Jungsteinzeit herausgebildet und dann im vierten Jahrtausend v. Chr. weiterentwickelt hatten. Zwischen 7000 und 5000 v. Chr. begannen die Ägypter mit Ackerbau und Viehzucht. Seit etwa 4000 v. Chr. tritt eine Kultur, bekannt unter dem Namen Naqada, in Erscheinung. Naqada ist eine Ausgrabungsstätte in Oberägypten, wo die Archäologen auf über 2000 Gräber mit reicher Ausstattung stießen. Ähnliche Funde wurden in anderen Friedhöfen gemacht. Sie beweisen, dass die damaligen Menschen sehr differenzierte Vorstellungen von einem Leben nach dem Tod hatten und über großes handwerkliches Geschick verfügten. Die Gräber sind eigentlich nur einfache Gruben, in die die Toten mit einigen Gebrauchsgegenständen gebettet wurden: mit Schmuck, Kämmen und Haarnadeln aus Elfenbein, Schminkpaletten und vielen Tongefäßen. Manche davon weisen nur ein reizvolles Hellrot, umrahmt

26 OBEN
DETAIL EINES BEHÄLTERS IN FORM EINER MUSCHEL
JE 92656

GOLD
LÄNGE 5,3 CM
SAQQARA, GRABKOMPLEX DES SECHEMCHET,
AUSGRABUNGEN DER ALTERTÜMER-VERWALTUNG (1950)
3. DYNASTIE
REGIERUNGSZEIT DES SECHEMCHET
(2611–2603 V. CHR.)

CHRISTIANE ZIEGLER

VORDYNASTISCHE UND FRÜH-DYNASTISCHE PERIODE

von schwarz poliertem Firnis auf, andere sind reich verziert.

Die Formentwicklung dieser Gefäße ermöglicht eine Einteilung in Entstehungsphasen mit jeweils gemeinsamem, an allen Ausgrabungsstätten sich wiederholendem Motiv- und Farbenrepertoire. In der Naqada I-Periode (ca. 4000–3500 v. Chr.) waren geometrische Zeichnungen beliebt, besonders in ziegelroten Untergrund eingeritzte cremegelbe Vierecke und Zickzackmuster. In der Naqada II-Periode (ca. 3500–3100 v. Chr.) tauchen bauchige Vasen mit Figurenschmuck auf, zum Beispiel mit Menschen- und Tiergestalten oder Schiffen in dunklem Rot vor hellem Hintergrund. Manche Gefäße hatten Füße oder zeigen sich in Tiergestalt. Auch stilisierte Menschenfiguren kommen in dieser Periode schon vor, etwa in Form von Stein-, Elfenbein oder Terrakotta-Statuetten.

26–27
DIE NARMER-PALETTE
JE 32169 = CG 14716

SCHIEFER
HÖHE 64 CM, BREITE 42 CM, STÄRKE 2,5 CM
HIERAKONPOLIS
AUSGRABUNGEN VON J. QUIBELL (1894)
VORDYNASTISCHE PERIODE
(ENDE DES 4. JAHRTAUSENDS V. CHR.)

Glanzstück all dieser Kunstwerke ist zweifellos die berühmte Narmer-Palette. Sie erinnert an die Siege des traditionell mit Menes gleichgesetzten Herrschers, der Ober- und Unterägypten einte. Die Palette gehört zu einem 1897 in Hierakonpolis gefundenen Schatz. Er lag in einem aus Lehmziegeln errichteten großen Tempelkomplex, der in seinen ältesten Teilen bis auf vordynastische Zeiten zurückgeht. Narmer und später Chasechemui hatten den Tempel reich ausgestattet, und zahlreiche Votivgaben mit den Namen der beiden Pharaonen lagen an der Hauptfundstelle, einem Versteck, das erst zu einem späteren Zeitpunkt angelegt worden ist.

Auf die vordynastische Periode folgte der explosionsartige kulturelle Aufschwung im so genannten Zeitalter der Pharaonen. Die sesshaften Hirten- und Bauernkulturen im Norden, die auf den Routen über Maadi oder Buto Handelsbeziehungen zum Nahen Osten geknüpft hatten, verschmolzen mit der Naqada-Kultur. Im Süden war dieser Wandel durch die Bildung einer herrschenden Klasse mit neuem Bewusstsein und die Entstehung von Städten charakterisiert. Ob dieser Assimilationsprozess gewaltsam oder friedlich vor sich ging, wissen wir nicht. Sicher ist, dass daraus um 3000 v. Chr. einer der ersten großen Staaten der Menschheit hervorging. Herrschaftsform war jetzt die Monarchie, die allerdings in ihren Hauptzügen wohl schon vorher entwickelt worden war. An der Spitze des Staates stand der Pharao – Gottkönig und verantwortlicher Garant für die Harmonie des Kosmos. Seine Macht war absolut. Die Gräber der Könige unterschieden sich von denen ihrer Untertanen durch ihre imposante Größe und die zahllosen Opfergaben, die neben den Toten niedergelegt wurden. Auch die großen steinernen Stelen, die tote Könige der Obhut der Götter anvertrauten, sprechen von deren außergewöhnlicher Stellung. Wir verfügen über Beweisstücke, die zeigen, dass diese besondere Stellung auch durch spezifische Rituale gewürdigt und gefestigt wurde, zum Beispiel durch die Krönung und die *Sed*-Feier, bei der der König seine Lebenskraft und herrscherliche Majestät immer wieder magisch erneuerte. Aus den Bildern auf den Paletten, die die Hauptereignisse aus der Regierungszeit solcher Könige wiedergeben, lässt sich schließen, dass besonderer Wert auf die Siege des Pharao über rebellische Völker gelegt wurde, die Unordnung und Disharmonie verkörperten. Die vom Pharao beherrschten Länder zeichneten sich durch eine straff geführte hierarchische Verwaltung aus, die sich eines neuen Instrumentes bediente: der Schrift. Beamten- und Hand-

Vom Alltagsleben dieser Periode wissen wir wenig. Man baute Gerste und frühe Kornsorten an und züchtete Rinder, Schafe und Ziegen, wobei auch Jagd und Fischerei zur Bereicherung des Speisezettels beitrugen. Die Naqada-Ägypter wohnten in Hütten aus Lehm und Schilf, kannten die Kunst des Webens, waren geschickte Kupferschmiede und Töpfer.

Am Ende der manchmal als Naqada III bezeichneten Periode hatte sich die Bevölkerung Ägyptens schon in großen Gemeinschaften konzentriert. Flachrelief-Schnitzereien finden sich zum ersten Mal als Verzierungen auf Dolchgriffen aus Elfenbein und großen Schieferpaletten. Bevorzugte Themen sind Kampf und Krieg, besonders denkwürdige Ereignisse wie Jagden und Stammesfehden. Diese Motive sind bereits Vorboten der historischen Periode. Es finden sich auch Standarten mit Fetischen darauf – Symbole, die an die späteren Hieroglyphen erinnern – oder mit einem seinen Gegner niedertrampelnden Stier.

28 LINKS
KOSMETIKLÖFFEL IN FORM EINES ISISKNOTENS
JE 87485

ELFENBEIN
LÄNGE 12,5 CM
EZBET EL-WALDA (HELUAN)
VORDYNASTISCHE PERIODE
(ENDE 4. JAHRTAUSEND V. CHR.)

28 MITTE
HALSKETTE
JE 87499

FAYENCE UND SCHIEFER
LÄNGE 29 CM
EZBET EL-WALDA (HELUAN)
VORDYNASTISCHE PERIODE
(ENDE 4. JAHRTAUSEND V. CHR.)

28–29
MESSER
JE 69920

FEUERSTEIN
LÄNGE 36,5 CM, BREITE 9 CM
SAQQARA, GRAB DES HEMAKA
AUSGRABUNGEN VON W. B. EMERY (1936)
1. DYNASTIE
(2920–2770 V. CHR.)
REGIERUNGSZEIT DES DEN

werkerschaft konzentrierten sich in wichtigen Städten wie Hierakonpolis und Memphis.

Auch die pharaonische Religion scheint damals in ihren Grundzügen bereits etabliert gewesen zu sein. Figürliche Götterdarstellungen sind zwar äußerst selten, aber die später verehrten Hauptgottheiten Horus, Seth, Hathor, Min, Neith und Re tauchen schon in mehreren Inschriften auf. Der Apis-Stier, Symbol der Fruchtbarkeit, ist auf einem Kalksteinfragment mit Eigenschaften abgebildet, die dann drei Jahrtausende lang nicht mehr abgeändert wurden. Obwohl keiner der uralten Tempel vollständig erhalten ist, legen doch einige wenige, vor allem auf Gründungsrituale bezogene figürliche Darstellungen und Inschriften die Vermutung nahe, dass die ägyptische Religion im Kern damals schon voll ausgebildet war.

Gräberfelder in Abydos und Saqqara liefern hinlänglichen Aufschluss über die damals üblichen Bestattungsrituale. Tausende von Opfergaben wurden gefunden, Beweise für den Glauben an ein Weiterleben im Jenseits, wo der Mensch dieselben Bedürfnisse wie im diesseitigen Leben hatte (Nahrung, Kleidung, Waffen und Werkzeuge). Auf den Gräbern standen Stelen mit eingemeißelten Bildern und Inschriften, die dem Geist des Toten ein Fortleben garantieren sollten. Trotz mancher Lücke im Stand der Forschung demonstrieren die Erzeugnisse dieser Periode das hoch entwickelte Können des damaligen ägyptischen Handwerks. Es arbeitete bereits im Rahmen streng definierter Konventionen. Zum Beispiel weisen schon die Reliefs von Hierakonpolis und die ersten Königsstatuen, etwa die des Chasechem, trotz ihrer relativ bescheidenen Abmessungen den für die ägyptische Kunst typischen Monumentalcharakter auf. Leider ist unsere Kenntnis dieser Epoche unvollständig, doch kann uns die Archäologie eine annähernde Vorstellung von den damaligen, jetzt verloren gegangenen Kunstwerken vermitteln. Zwei Sockel und einige Fragmente gemeißelter Füße zum Beispiel deuten auf die Existenz lebensgroßer Skulpturen aus der Zeit des Pharaos Kaa hin. Und die ersten königlichen Annalen berichten von Statuen aus Kupfer. Gräber in Abydos, Saqqara und Heluan haben Kunstwerke preisgegeben, die Zeugnis von dem großen Geschick der Goldschmiede, Juweliere und Bildhauer ablegen. Die Handwerker vermochten auch den härtesten Stein zu bearbeiten. Besonders erwähnenswert sind: die schönen Juwelen des Königs Djer, die rätselhaften Scheiben mit eingelegten Mustern, die wundervoll zise-

29 LINKS
KLAPPER MIT KÖPFEN VON AUSLÄNDERN
JE 64771 A, B

ELFENBEIN
LÄNGE 20 CM
ERWERB
1.–2. DYNASTIE
(2920–2649 V. CHR.)

29 RECHTS
MIT GEOMETRISCHEN MOTIVEN VERZIERTE SCHEIBE
JE 70162

SCHIEFER UND KALKSTEIN
DURCHMESSER 10 CM
SAQQARA, GRAB DES HEMAKA
AUSGRABUNGEN VON W. B. EMERY (1936)
1. DYNASTIE (2920–2770 V. CHR.)
REGIERUNGSZEIT DES DEN

30–31
ETIKETT DES DJER
JE 70114

Elfenbein
Breite 9,5 cm, Höhe 8,5 cm, Dicke 0,4 cm
Saqqara, Grab des Hemaka
Ausgrabungen von W. B. Emery (1936)
1. Dynastie (2920–2770 v. Chr.)
Regierungszeit des Djer

30 RECHTS
VERSIEGELTE VASE
JE 34942

Dolomit und Gold
Höhe 7,2 cm
Durchmesser 10,5 cm
Abydos, Grab des Chasechem
Ausgrabungen von W. M. F. Petrie (1900–1901)
2. Dynastie, Regierungszeit des Chasechem
(28. Jahrhundert v. Chr.)

lierten Vasen aus dem Grab des Hemaka, die feinen Elfenbeingegenstände, etwa die mit dem Isis-Gewandknoten geschmückten Löffel, die Bettpfosten in Form von Stierhufen und schlanke Säulen.
Der Übergang von der Zweiten zur Dritten Dynastie ging dank der Vermittlung einer Königin, Nimaathep, offenbar reibungslos vonstatten. Von fünf Pharaonen dieser Dynastie kennen wir die Namen: Sanacht, Djoser, Sechemchet, Chaba und Huni. Nur von zweien sind der Erwähnung werte Denkmäler auf uns gekommen. Alle fünf wählten sich Memphis zur Reichshauptstadt, wo sie die Fundamente für die klassische Hochkultur des Alten Reiches legten. Spuren ihrer weitreichenden Macht finden sich in Elephantine am ersten Nilkatarakt, wo sie eine Festung errichteten, und sogar in der Wüste Sinai mit ihren Kupfer- und Türkisbergwerken. Diese Könige der Dritten Dynastie gaben dem Staat eine effiziente Organisation, führten Einkommenszensus ein und erhoben alle zwei Jahre Steuern. Mit dem Wesir wurde ein neues Amt an die Spitze der Verwaltung gestellt und mit großen Machtbefugnissen ausgestattet. Wohlstand und effiziente Organisation gingen einher mit einer Hochblüte der Monumentalkunst.
Unter der Regierung Djosers begann das Zeitalter der monumentalen Baukunst in Stein. Es war auch die Zeit, in der die Königsgräber erstmals Pyramidenform annahmen, wodurch sie sich von denen gewöhnlicher Sterblicher unterschieden. Zu jeder Pyramide gehörten Gebäude, in denen der Kult für den toten König zelebriert und seine Bedürfnisse im Leben nach dem Tod befriedigt wurden. Die erste Pyramide wurde auf dem Saqqara-Plateau bei Memphis, der neuen Hauptstadt, errichtet. Der Name des bahnbrechenden Architekten Imhotep, auf den die Erfindung der Bauweise mit behauenen Steinen zurückgeht, ist in den Sockel einer Statue des Königs Djoser eingemeißelt. Über Jahrhunderte wurden die Lehren Imhoteps von Generation zu Generation weitergereicht.
Bereits die Architekten der ersten Dynastien hatten es zu großer Meisterschaft gebracht. Sie benutzten als Werkstoffe Holz und Schilf, dazu Lehm und Stroh in Form von ungebrannten Ziegeln. Doch erst nachdem sie gelernt hatten, Lehm durch Steinblöcke zu ersetzen, die erstens schöner aussahen und zweitens viel haltbarer waren, eröff-

31 oben
Henkelvase mit Goldüberzug
CG 14341

Porphyrit und Gold
Höhe 14,5 cm
Durchmesser 22 cm
Hamrah Dom
2. Dynastie (2770–2649 v. Chr.)

31 Mitte
Kleine versiegelte Vase
JE 34941

Karneol und Gold
Höhe 4,2 cm
Durchmesser 6,5 cm
Abydos
Grab des Chasechem
Ausgrabungen von W. M. F. Petrie (1900–1901)
2. Dynastie
Regierungszeit des Chasechem
(28. Jahrhundert v. Chr.)

31 rechts
Halskette
JE 87494

Fayence und Steine
Länge 82 cm
Ezbet el-Walda (Heluan)
vordynastische Periode
(Ende des 4. Jahrtausends v. Chr.)

neten sich neue architektonische Möglichkeiten. Bauten die Meister der Steinbauweise anfangs noch ganz nach dem Muster der in vergänglichem Material ausgeführten Bauwerke, so zeigte sich schon recht bald, dass diese analoge Verwendung der neuen Materialien technische Probleme aufwarf.

Außer durch die systematische Verwendung von Kalkstein zeichnet sich Djosers Grab auch durch seine Form aus: Es ist eine Stufenpyramide. Ihr endgültiges Aussehen erhielt sie offensichtlich in mehreren Etappen. Schicht für Schicht aus Kalksteinblöcken errichtet, erhebt sie sich am Ende eines geschlossenen, von einer Mauer umgebenen Bezirks von 15 Hektar Fläche. Ursprünglich hatte sie die Form einer riesigen Mastaba (vom arabischen Wort für »Bank«), doch wurde sie später nach oben erweitert, um die Gräber der königlichen Familie aufzunehmen. Imhotep setzte der Mastaba-Basis zunächst vier Stufen auf, später zwei weitere. Jetzt ragten sechs Stufen als erste Stufenpyramide zum Himmel. Das Bauwerk, 60 Meter hoch und am Fuß 109 x 121 Meter breit, war schon von weitem zu sehen. Im Sinn der alten Vorstellungen vom Leben im Jenseits sollte es den Geist des toten Königs zu seiner Wohnstätte unter den Sternen geleiten. Die Konturen erinnern auch an den charakteristischen Urhügel, aus dem die Sonne emportauchte. Diese Vorstellung entstammte dem mit Heliopolis assoziierten Schöpfungsmythos, war aber auch eine Anspielung auf die Bahn der Sonne, mit der sich der Tod zu vereinigen suchte. Unter der Pyramide befindet sich ein Labyrinth von unterirdischen Kammern und Magazinen, die Tausende von Steinvasen enthalten. Viele davon entstanden vor der Regierungszeit Djosers. Ebenfalls unter der Pyramide lag die Grabkammer des Königs, deren Wände mit wunderschönen blauen Fayencekacheln ausgekleidet waren. Scheintür-Stelen mit in Kalkstein eingemeißelten Flachreliefs zeigen ihn, wie er die vorgeschriebenen Rituale zelebriert. Seine Gestalt ist umgeben von Inschriften in herrlichen Hieroglyphen. Einige sehr ähnliche Reliefszenen fand man im »Südgrab«, einer Nachbildung der eigentlichen Räumlichkeiten unterhalb der Pyramide. Der gesamte Komplex war von einer zehn Meter hohen Mauer aus sorgfältig behauenen Kalksteinblöcken im »Palastfassaden«- oder Nischengliederungsstil umschlossen. Diese große Mauer wird von nur einem Tor durchbrochen. Es führt zu einer imposanten Eingangshalle mit kannelierten Säulen. Diese geht in den großen Innenhof über, der im Westen von einer Mauer mit einem Uräenfries begrenzt wird.

Versorgungsmagazine und Kultbauten, von denen einige jedoch nur massive Scheinbauten sind, liegen rund um die Pyramide. Die Dächer der Heiligtümer sind verpicht, die Pilaster gleichen in die Wände eingelassenen Baumstämmen und Pflanzenbündeln, Blumenornamenten und Schilfmustern. In die Decke sind nachgemachte Astknoten eingemeißelt. Nichts wirkt unbeholfen oder gar schlecht ausgeführt. Die vom Boden emporstrebenden pflanzenähnlichen Säulen sind noch nicht völlig von der Wand getrennt, doch zeigen sie schon große Variationen in der Ausführung: kanneliert, protodorisch oder mit Kapitellen in Papyrusform. Zum ersten Mal wurden hier Elemente einer Bauweise, die organische, leichtere Materialien verwandt hatte, in den schönen Turakalkstein gemeißelt.

Djoser trat mit der Welt der Lebenden durch seine Statue in Verbindung. Diese stand in einer kleinen Kammer am Fuß der Pyramide, wo sie durch enge Öffnungen in Augenhöhe vom stärkenden Hauch des Nordwinds getroffen werden konnte. Die prachtvolle Sitzfigur Djosers in bemaltem Kalkstein war das erste lebensgroße Bildnis eines ägyptischen Königs. Es wirkt ungeheuer eindringlich wegen des sprechenden Gesichtes mit seinen harten Zügen, den hervortretenden Wangenknochen und dem schweren Mund. Einst waren auch Augen eingelegt, doch starren jetzt nur noch leere Höhlen den Betrachter an. Djoser ist in derselben Haltung wie sein Vorgänger Chasechemui dargestellt. Er trägt den *nemes*, die charakteristische gestreifte Kopfbedeckung, und einen langen Bart – beides Symbole der königlichen Würde.

Andere Statuen aus derselben Zeit sind selten, aber deutlich dem königlichen Vorbild nachempfunden. Ein gutes Beispiel ist die Skulptur des Hetepdief, ausgeführt in Granit. Der Priester ist als kniender Beter abgebildet. Sein übergroßer Kopf scheint direkt auf den Schultern zu ruhen,

32 LINKS
BEHÄLTER IN MUSCHELFORM
JE 92656

Gold
Länge 5,3 cm
Saqqara, Grabbezirk des Sechemchet
Ausgrabungen der Altertümer-Verwaltung (1950)
3. Dynastie
Regierungszeit des Sechemchet (2611–2603 v. Chr.)

32 UNTEN
STEINVASE MIT DEN NAMEN VORDYNASTISCHER KÖNIGE
JE 88345

Höhe 12 cm
Durchmesser 23 cm
Saqqara
3. Dynastie
(2649–2575 v. Chr.)

die Glieder sind schwer und massig, doch alle Einzelheiten der Kleidung, des Körpers und der Haare sind mit großer Sorgfalt wiedergegeben.
Von Djosers Nachfolger Sechemchet ist keine Statue erhalten. Trotzdem hielt seine unweit der Djosers gelegene Pyramide einige Überraschungen bereit. Neben vielen Steingefäßen lagen in seinem Grab zahlreiche Schmuckstücke, etwa aus Perlenschnüren verfertigte Armreifen und eine herrliche Goldmuschel. Den Kalzit-Sarkophag fand man zwar noch an Ort und Stelle und anscheinend versiegelt – aber er war leer.
In Saqqara wurden auch die wichtigsten Hofbeamten in großen Mastabas aus Tonziegeln begraben. Einige Gräber waren mit Steinreliefs geschmückt, die Totenmahlszenen darstellten. Die Toten wurden in unterirdischen Grabkammern beigesetzt und mit Gebrauchsgegenständen und Speisen versehen, damit es ihnen im anderen Leben an nichts fehlte. Außen am Grab befand sich stets eine Nische zum Deponieren der Opfergaben. Diese sicherten dem Toten das Weiterleben. Auch auf den Scheintür-Stelen oder auf den Wänden der Totenkapelle sind solche Gaben abgebildet.
Die Mastaba des Hesire, eines hohen Beamten am Hof Djosers, illustriert die Fortschritte, die die Künstler in der Relieftechnik und Malerei inzwischen gemacht hatten. Die elf in der Kapelle angebrachten Nischen waren mit geschnitzter Holztäfelung ausgekleidet, auf welcher der Tote dargestellt war. Es sind sehr schöne Reliefs. Sie zeigen den verstorbenen Beamten, wie er geht oder bequem vor einem üppig mit Speisen beladenen Tisch sitzt. Das ernste, von gekräuseltem Haar umrahmte Gesicht ist in überaus realistischer Manier ausgeführt, ebenso die Einzelheiten der Kleidung, die Zepter und die Utensilien des Schreibers.
Dieselbe Detailtreue kennzeichnet die Malerei im Korridor der Mastaba. Hier wurden die dem Dahingegangenen geopferten Gegenstände mit minutiöser Genauigkeit abgebildet. Nicht einmal die Maserung des Holzes haben die Künstler vergessen.

33 LINKS
TÄFELUNG DES HESIRE
CG 1428

HOLZ
HÖHE 111 CM
SAQQARA
MASTABA DES HESIRE (A3)
AUSGRABUNGEN VON A. MARIETTE
3. DYNASTIE
(2649–2575 V. CHR.)

33 OBEN
JUBILÄUMSVASE
JE 64872

KALZIT
HÖHE 37 CM
DURCHMESSER 28 CM
SAQQARA, PYRAMIDE DES DJOSER, UNTERIRDISCHE GALERIE
AUSGRABUNGEN DER ALTERTÜMER-VERWALTUNG (1932–1933)
2. DYNASTIE
(2770–2649 V. CHR.)

ÜBER DIE AUTORIN

CHRISTIANE ZIEGLER hat an der Sorbonne promoviert und arbeitet gegenwärtig als Direktorin der Abteilung für ägyptische Altertümer am Musée du Louvre, Paris. Sie hat in führenden Verlagen und den wichtigsten Fachzeitschriften veröffentlicht, unter anderem die Bücher Naissance de l'écriture: cuneiformes et hieroglyphes *(Paris, 1982),* Tanis, trésor des pharaons *(Freiburg, 1987) und* Égypte prédynastique, Thinite et Ancien Empire *(Paris, 1998). Sie war verantwortlich für die Kataloge der großen Ausstellungen über das alte Ägypten in Frankreich und den Vereinigten Staaten und hat dabei zum Beispiel mit dem Metropolitan Museum of Art, New York, dem Musée Canadien des Civilisations in Ottawa, dem Royal Ontario Museum, Toronto, und der Universität Warschau zusammengearbeitet. Außerdem war sie für die fachliche Richtigkeit der sechzig Folgen* Les secrets du Nil *zuständig, die im französischen Fernsehen ausgestrahlt wurden.*
1997 leitete sie die archäologische Expedition des Louvre nach Saqqara, zum Ramesseum und ins Tal der Königinnen. Gegenwärtig bereitet sie die Ausstellung Les temps des pyramides *im Grand Palais in Paris und die dazugehörige Dokumentation vor.*

JE 97472

MÄNNERKOPF

Terrakotta mit Spuren früherer Bemalung
Höhe 10,3 cm, Breite 6,7 cm
Merimde Beni Salama
Ausgrabungen des Deutschen Archäologischen Instituts Kairo (1982)
Jungsteinzeit (Ende des 5. Jahrtausends v. Chr.)

Bei jüngsten Ausgrabungen nahe Merimde Beni Salama, einem Dorf im westlichen Delta, ist man auf Schichten gestoßen, die zwischen das 6. und 5. Jahrtausend v. Chr. zurückdatiert werden können. Es handelt sich um eine der ältesten bis dato in Ägypten gefundenen jungsteinzeitlichen Siedlungen, die uns das Bild einer Gesellschaft vermittelt, die noch vorwiegend vom Jagen und Sammeln lebt, aber erste Spuren einer auf Ackerbau und Viehzucht beruhenden Wirtschaftsweise durchaus bereits erkennen lässt.

Die Interpretation dieser möglicherweise ältesten Bestattungsrituale im Niltal ist immer noch problematisch. In ersten Ausgrabungen war eine Anzahl Ringgräber mit Toten gefunden worden. Die Gräber lagen verstreut zwischen den Häusern eines Dorfes. Erst in jüngster Zeit konnte mit Hilfe immer genauerer stratigrafischer Methoden der Nachweis erbracht werden, dass Häuser und Gräber in Wirklichkeit zwei ganz verschiedenen Perioden angehören. Auch konnte nachgewiesen werden, dass das Gräberfeld auf dem Areal erst angelegt worden war, nachdem die Einwohner das Dorf schon verlassen hatten. Die Existenz spärlicher Grabbeigaben zeigt, dass man an das Weiterleben der Toten im Jenseits glaubte.

Dieser Terrakotta-Kopf, gefunden in den jüngsten Schichten der Siedlung, gibt Rätsel auf. Das in Form eines vollkommenen Ovals gestaltete Gesicht zeigt Vertiefungen unterschiedlicher Größe und Form. Sie stellen Augen, Nasenlöcher und Mund dar. Nur die Nase springt reliefartig leicht hervor. Man hat vermutet, dass die über den Kopf, das Kinn und die Wangen verstreuten Löcher einst wirkliche Haarbüschel enthielten, was den Kopf zweifelsfrei als den eines Mannes ausweisen würde.

Übrigens finden sich auch Spuren einer Bemalung auf dem Objekt, und am Hals ist ein tiefes Loch, in das wahrscheinlich ein Stock gesetzt wurde. Wenn das tatsächlich der Fall war, könnte der Kopf auf ein Zepter aufgesetzt worden sein, das bei magisch-religiösen Zeremonien benutzt wurde, um eine Art Lebenskraft zu übertragen.

Diese Deutung beruht allerdings ausschließlich auf anthropologischen Parallelen zu heutigen Ritualen. Es gibt nur sehr wenige ähnliche Objekte aus so alter Zeit, und im prähistorischen Ägypten hat sich bisher jedenfalls nichts annähernd Vergleichbares gefunden.

Die Datierung ergibt, dass es sich um eine der ältesten jemals in Afrika entdeckten Darstellungen des Menschen handelt.

(F.T.)

JE 38284 = CG 18804

Schale mit Reliefverzierung

Ton
Höhe 11 cm, Durchmesser 19,5 cm
Vielleicht aus Gebelein / erworben 1906
vordynastische Periode, Naqada I
(4000–3500 v. Chr.)

Diese bauchige Schale mit flachem Rand ist typisch für die Töpferware der frühen vordynastischen Periode. Die Keramik dieser Zeit zeichnet sich im Allgemeinen durch die rote Farbe der Oberfläche aus. Die Verzierungen bestehen aus geometrischen Motiven und stilisierten Pflanzen oder Tieren, mit raschen Pinselstrichen in weißer Farbe hingeworfen.

An der Außenseite dieses Gefäßes jedoch befindet sich eine außerordentlich ungewöhnliche und für diese Periode seltene Verzierung. Vier Krokodile aus Lehm sind diagonal außen an der Schale angebracht, und zwar so, dass sie mit ihrer Nase fast den Rand berühren. Das Rückgrat der Tiere tritt reliefartig hervor, und am Rücken haben sie weiße Flecken. Auch die Flankenwölbungen, die Schwanzspitzen und die Klauen sind mit weißer Farbe hervorgehoben. Zwischen den vier Reptilien verlaufen diagonale Flechtbänder, die ebenfalls in Weiß gehalten sind.

Der Schalenrand ist durchgehend mit weißem Fischgrätenmuster bemalt, während das Innere Verzierungen zeigt, die aus zwei Dreiecken desselben Flechtbandmusters wie außen bestehen. Die beiden Dreiecke liegen eines über dem anderen und weisen mit der Spitze zum Boden der Schale. Zwischen ihnen verläuft ein unregelmäßiges Band aus Vierecken bis zum Schalengrund, wobei die Vierecke nach unten hin immer kleiner werden.

Die Schale ist nicht unbeschädigt geblieben. Ein Krokodil fehlt ganz, nur eins der anderen drei ist völlig erhalten. Die Außenfläche hat sehr gelitten, und die Bemalung, ursprünglich hell weiß, ist an manchen Stellen in ein trübes Gelb übergegangen oder ganz verschwunden.

(S.E.)

JE 41247 – 41251 – 26530 = CG 20087

Tongefässe mit schwarzem Rand

Ton
Doppelvase (JE 41247): Höhe 7,6 cm, Breite 6,5 cm;
Rundvase (JE 41251): Höhe 7 cm, Durchmesser 6,6 cm;
Abydos, Ausgrabungen von E. R. Ayrton (1909)
Dreifuß-Becher (JE 26530 = CG 20087): Höhe 13,2 cm,
Durchmesser 5,7 cm; Gebelein; gefunden 1885
vordynastische Periode, Naqada I (4000–3500 v. Chr.)

In der vordynastischen Periode wurden in Ägypten große Mengen an Tongefäßen der mannigfaltigsten Formen hergestellt. Manche davon fand man sogar noch im Süden Nubiens. Wasserkrüge, Schalen, Teller und Rundvasen wurden aus dem überall vorhandenen Lehm handgeformt und zum Trocknen in die Sonne gestellt.

Die Oberfläche wurde dann sorgfältig mit Schmirgelsteinen poliert und entweder in der natürlichen Terrakottafarbe belassen oder mit einer dünnen Farbschicht überzogen.

Die so genannten »Tongefäße mit schwarzem Rand« stammen aus der Naqada I-Periode und zeichnen sich durch ein charakteristisches schwarzes Band um den Rand aus. Der Rest der Außenfläche ist mit Hämatit rot gefärbt, während das Innere vollkommen schwarz ist. Diese ungewöhnliche Doppelfärbung entstand dadurch, dass man das Gefäß am Schluss noch in eine Schicht langsam brennender Kohlen legte. Dort gab es keinen Sauerstoff, so verkohlte die Oberfläche, und der Ton wurde schwarz. Die drei hier abgebildeten Tongefäße mit schwarzer Mündung geben einen kleinen Eindruck von der Formenvielfalt dieses Keramiktyps.

Die merkwürdige Doppelvase hat einen leicht konvexen Boden und zwei Öffnungen in unterschiedlicher Höhe mit verschiedenen Durchmessern. Die Rundvase mit ihrer raffinierten, sehr klaren Form weist einen schön aufgebogenen Rand auf. Der hohe, schlanke Becher steht auf drei Füßen. Über den Füßen verläuft ein weißes Band mit dekorativem Fischgrätenmuster.

Die Gefäße konnten zur Aufbewahrung von Flüssigkeiten oder Lebensmitteln dienen und wurden als einfache Beigaben in Gräbern deponiert. (S.E.)

JE 64910

Bemalter Krug

Bemalter Ton
Höhe 22 cm, Durchmesser 15 cm
Herkunft unbekannt
vordynastische Periode,
Naqada II (3500–3100 v. Chr.)

Im Verlauf der Naqada II-Periode, früher unter dem Namen Gerzéen bekannt, nahm die Keramikproduktion einen beträchtlichen Aufschwung. Es gab zahlreiche Neuerungen in Form, Verzierung und Technik. Die Keramik dieser Epoche ist durch die Verwendung eines fahlgelben Lehms gekennzeichnet, der vielleicht zunächst auf einer Töpferscheibe bearbeitet wurde. Das naturbelassene Material verzierte man dann mit Motiven in roter Farbe – stilisierten Tieren, Pflanzen, Menschen und Schiffen. Sie alle erinnern an die Landschaft des Niltals mit ihrer typischen Flora und Fauna. Der am häufigsten gefundene Gefäßtyp war eine Vase mit enger Öffnung, Henkeln und sehr ausgeprägten individuellen Merkmalen.

Der hier abgebildete Krug weist einen leicht ausgebauchten Boden auf. Unterhalb der Öffnung mit flachem, scharfem Rand befinden sich zwei mit kleinen runden Löchern durchbohrte Henkel (so genannte Schnurösenhenkel). Die Außenfläche ist mit Bildern in Rot verziert. An der breitesten Stelle ist ein großes Boot zu sehen, von dem vierzig Linien vertikal nach unten verlaufen. Man hat sie als Ruder gedeutet. Auf dem Boot stehen zwei Kajüten, vom Deck der einen weht ein Wimpel. Das Symbol darauf lässt an die göttlichen Embleme denken, mit denen die verschiedenen Gaue (Distrikte) Ägyptens bezeichnet wurden. Am Bug flattert eine Standarte. Und schließlich hängt ein Anker an einer Kette bereit, ins Wasser gelassen zu werden. Unterhalb des Bootes sind fünf stilisierte Strauße dargestellt, flankiert von zwei Aloepflanzen, die sich auf der anderen Seite fortsetzen. Dort findet sich eine ähnliche Szene: ein Boot mit einem stilisierten Zweig darüber. Weiter oben stehen wiederum fünf Strauße in einer Reihe, daneben zwei Aloepflanzen. Die Darstellung des Wassers darf in einer Flusslandschaft natürlich nicht fehlen. Es wird durch Wellenlinien auf den Henkeln und um den Boden des Krugs angedeutet. (S.E.)

JE 43103

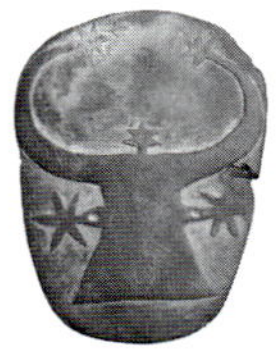

Schminkpalette

Schiefer
Höhe 15 cm
Gerzeh, Grab 59, Ausgrabungen von W.M.F. Petrie (1911)
vordynastische Periode, Naqada II (3500–3100 v. Chr.)

Die ältesten in Ägypten gefundenen Paletten datieren aus der Zeit zwischen 5000 und 4000 v. Chr. Man legte sie damals als Beigaben in die Gräber. Anfangs waren sie rechteckig und dienten zum Mischen verschiedener Mineralfarben – Malachit und Galenit – für Augenschminke. In der Naqada I- und II-Periode tauchten neue Palettentypen auf, geschnitten in Tierform (Schildkröten, Fische und Vögel) oder auch in Form eines Schildes. In diesem Fall war ihre Oberseite mit mehr oder weniger stilisierten Reliefs mit magisch-religiösen Motiven verziert. Ab dem Ende der prädynastischen Periode dienten diese Paletten dann weniger als Grabbeigaben denn als Tempelopfergaben. Sehr große Exemplare mit überaus reichen figürlichen Verzierungen wurden von Gläubigen als Exvotos in Tempeln niedergelegt.

Die hier gezeigte, sehr ungewöhnliche Schieferpalette gehörte zu einer Sammlung von Grabbeigaben aus vordynastischen Jahrhunderten, in der sich auch gewöhnliche Gefäße befanden. Sie hat die Form eines sich nach oben leicht verbreiternden Ovals und ist durchbohrt, so dass sie aufgehängt werden konnte. Die weitgehend stilisierte Reliefverzierung auf der einen Seite stellt den Kopf einer Kuh mit weit geschwungenen Hörnern und abstehenden Ohren dar. Fünf Sterne sind auf dem Bild zu sehen: zwei an den Spitzen der Hörner, einer oben am Kopf und zwei neben den beiden Ohren. Vielleicht sollte das Bild eine Gottheit in Rindergestalt beschwören – die größte von ihnen war Hathor –, wie sie damals mit dem Himmel identifiziert wurden. Die Palette wurde in der Tat zum Anreiben von Schminke benutzt, wie die auf der Rückseite noch erkennbaren Malachitspuren beweisen. (S.E.)

JE 27434 = CG 14238

Unteres Fragment der »Libyer-Palette«

Schiefer
Höhe 19 cm, Breite 22 cm
Abydos
vordynastische Periode (um 3000 v. Chr.)

Nur der untere Teil dieser Palette ist erhalten, weshalb sich nicht sagen lässt, welches die Vorder- oder Rückseite ist. Die Vorderseite war jedenfalls mit einer flachen Vertiefung versehen, in der die Mineralfarbe zerrieben wurde, und sie war mit der Darstellung irgendeines denkwürdigen Ereignisses verziert.

Vier Bildregister sind auf der einen Seite erhalten. Im ersten, nur teilweise intakten Feld ist eine Reihe nach rechts gewandter Stiere zu sehen. Die ersten drei sind deutlich voneinander abgesetzt, während sich der Kopf des letzten, offensichtlich aus Raumgründen, mit den hinteren Partien des »Vordermannes« überschneidet. Alle drei gut erhaltenen Tiere sind mit gesenkten Köpfen dargestellt und leicht vorwärts gebeugt, als ob sie angreifen wollten. Die Augen sind groß und durch Brauenlinien noch betont. Die Beinmuskeln sind stilisiert und geben einen Eindruck von der Stärke der Bullen, die diese gegenüber den Tieren in den beiden Registern darunter auszeichnen. Die Reihe mit den Eseln wirkt weniger dynamisch und spannungsgeladen. Die Gesichter der Tiere sind nicht so detailliert ausgeführt und bilden keinen so scharfen Kontrast zu dem leeren Raum, aus dem sie herausgemeißelt sind.

Der letzte Esel ist, wieder aus Platzmangel, kleiner ausgefallen als der vor ihm gehende, doch überschneiden sich die beiden nicht.

Das dritte Bildfeld zeigt vier Widder im Gänsemarsch. Hier ist das Problem, die Tiere in dem verfügbaren Raum unterzubringen, insofern elegant gelöst, als der letzte Widder, ohnehin kleiner als die anderen, nach hinten blickt.

Der untere Teil der Palette enthält im letzten Register acht in zwei Reihen angeordnete Bäume, wohl Olivenbäume. Der Name der Palette beruht auf einer Lesart der beiden Hieroglyphen rechts oberhalb dieser Szene: ein Stück Land, auf dem ein Wurfstock steht. Das entspricht dem Namen »Tjehenu«, der das Gebiet des heutigen Libyens bezeichnet. Ob schon zu so früher Zeit Oliven angebaut wurden, ist unsicher.

Die Darstellungen auf dieser Palettenseite sind als Feier eines Sieges über libysche Völker interpretiert worden. Dann würden die Reihen der Tiere wohl die Kriegsbeute bedeuten.

Die auf der anderen Palettenseite erhaltene Szene hält die Mitte zwischen bildlicher Darstellung und Hieroglyphenschrift. Sie steht unter der Grundlinie einer anderen Szene, von der nur noch drei Füße zu sehen sind. Eine Anzahl von Tieren, alle mit einer Hacke versehen – ein Falke, ein Löwe, ein Skorpion und zwei auf Fahnen sitzende Falken – thronen jeweils auf den Mauern einer Stadt. Innerhalb der turmbewehrten Mauern der sieben Städte sind Vierecke zu erkennen – sie stellen Gebäude dar – und jeweils eine Hieroglyphe. Man hat die Szene als Darstellung von Städtegründungen eines Herrschers interpretiert. Dieser wäre dann von den Tieren versinnbildlicht, während die eingeschriebenen Hieroglyphen die Namen der Siedlungen bezeichnen. (FT.)

JE 34210 = CG 64868

Feuersteinmesser mit Goldgriff

Feuerstein und Blattgold
Länge 30,6 cm, Breite 6 cm
Vielleicht aus Gebelein
1900 in Kena erworben
vordynastische Periode, Naqada II (3500–3100 v. Chr.)

Dieses Feuersteinmesser mit goldenem Griff war gewiss nicht für den Alltagsgebrauch bestimmt. Die feine Handwerksarbeit lässt darauf schließen, dass es nur bei religiösen Zeremonien und Ritualen verwendet wurde.

Die Feuersteinklinge mit sorgfältig polierter Oberfläche weist eine gabelförmige Spitze auf und verjüngt sich leicht zum Griff hin, in den sie eingelassen ist. Die Schneiden sind zur besseren Wirkung sehr fein gezackt.

Der Griff besteht aus zwei mit drei Nieten aneinander befestigten Goldplatten, wobei den untersten Teil der Klinge ein Gipsüberzug bedeckt. Zu beiden Seiten des Griffes ist dort, wo er mit der Klinge verbunden ist, in der Mitte eine kleine, halbkreisförmige Kerbe ausgeschnitten. Der Knauf hat die Form des zunehmenden Mondes.

Ins Gold am Knauf sind stilisierte Motive aus der klassischen Ikonografie der Naqada-Periode eingeritzt, wie sie vor allem auf Tongefäßen üblich waren. Auf einer Seite sieht man drei stilisierte weibliche Figuren, vielleicht Tänzerinnen, die sich an den Händen halten. Die Tänzerin links hält eine Art Fächer in der Hand. Neben der Figur rechts sind vier Wellenlinien eingeritzt, die Wasser symbolisieren. Auf der anderen Knaufseite ist ein Boot dargestellt, dessen Rumpfkonturen der Krümmung des Griffes folgen. Auf dem mit Wimpeln geschmückten Boot stehen mittschiffs zwei schmale Kajüten. Gleich daneben ist eine kleine stilisierte Aloepflanze zu erkennen, die den verbleibenden Raum ausfüllt.

Bootsszenen wie diese wurden seit der vordynastischen Zeit häufig zu Dekorationszwecken verwendet, was in einem Land, in dem alles Leben vom Nil abhing, nicht weiter überrascht. (S.E.)

JE 32169 = CG 14716

Die Narmer-Palette

Grüner Schiefer
Höhe 64 cm, Breite 42 cm
Hierakonpolis (Kom al-Ahmar),
Ausgrabungen von J. Quibell (1894)
Dynastie 0, Regierungszeit des Narmer (um 3000 v. Chr.)

Die Narmer-Palette gehörte zu einer Votivgabensammlung, die bei Ausgrabungen im Horustempel von Hierakonpolis gefunden wurde. Sie enthielt unter anderem mehrere Paletten. In der ägyptischen Mythologie galt das Auge des Horus als Manifestation der Sonnenscheibe. Die im Horusheiligtum gefundenen Paletten könnten daher dort deponiert worden sein, um das Auge des Gottes magisch vor Schaden zu bewahren. Denn durch Zerreiben von Malachit oder Galenit auf einer Palette hergestellte Augenschminke diente als Schutz vor dem blendenden Glanz der Sonne und sollte das Sehvermögen erhalten.

Die ägyptischen Könige ließen ihre Taten gern auf solchen Votivpaletten darstellen. Auf dieser hier steht der Name Narmer als Inschrift ganz oben, innerhalb des *serech*, flankiert von zwei Frauenköpfen mit Kuhohren und -hörnern – mit die frühesten Abbildungen der Göttin Hathor.

Die Vorderseite der Palette ist in drei Register aufgeteilt. Im oberen schreitet Narmer mit der Roten Krone auf dem Haupt, gefolgt von seinem Sandalenträger. Ihm voraus gehen nacheinander fünf Figuren, von denen die vier kleineren Standarten tragen. Sie könnten als Personifizierung ägyptischer Regionen interpretiert werden. Vor ihnen liegen zehn Männerleichen mit abgeschlagenen Köpfen. Über ihnen ist ein Boot zu sehen. Im mittleren Bildfeld halten zwei Männer mit aller Kraft zwei so genannte Schlangenhalspanther an Leinen fest. Die gewundenen Hälse umschließen die Schminkpfanne, in der bei königlichen Paletten die Farben zerrieben wurden. Das untere Register zeigt einen Stier, zweifellos ein Symbol für den König, wie er mit seinen Hörnern gegen die Mauern einer Stadt anrennt und einen Feind zertritt.

Auf der Palettenrückseite ist die schlanke Gestalt eines Königs mit der Weißen Krone zu sehen. Er bedroht mit geschwungener Keule einen vor ihm gestürzten Feind und packt ihn an den Haaren. Hinter dem König steht, in kleinerer Ausführung, wieder sein Sandalenträger.

Rechts oben wird die Szene durch eine Hieroglyphenkomposition entschlüsselt, die zugleich figürlich und sinnbildlich ist: Ein Falke mit Menschenarm hält einen Mann an einem durch die Nase gezogenen Strick. Der Mann erhebt sich gerade aus einem mit Papyruspflanzen bestandenen Stück Land. Das Ganze lässt sich lesen als: »Der Falke [der König] hat den Mann des Papyrusbettes [des Deltas] gefangen genommen.«

Unterhalb dieser Darstellung befindet sich ein weiteres Register, in dem zwei Männer abgebildet sind.

Die Darstellung Narmers mit Weißer Krone und Keule ist eines der ersten Bildnisse eines Königs in seiner Eigenschaft als Garant von Recht und Ordnung. Der Sieg über die Feinde war auch Sinnbild für die Vernichtung des Bösen schlechthin. Die Vorderseite der Palette zeigt die Tapferkeit des Königs: Narmer blickt auf seine enthaupteten Feinde hinunter. (R.P.)

JE 31773 = CG 14142

ETIKETT-TAFEL DES AHA

Elfenbein; Höhe 4,8 cm, Breite 5,6 cm
Naqada, Ausgrabungen des Jahres 1897,
ein Fragment wurde von J. Garstang entdeckt (1904)
1. Dynastie (2920–2770 v. Chr.), Regierungszeit des Aha

Krüge mit Öl – ein Produkt, das im alten Ägypten hohe Wertschätzung genoss – waren normalerweise mit unterschiedlichen Elfenbein-Etiketten gekennzeichnet. Auf kleineren Etiketten standen Zahlen und schriftliche Angaben zu den Inhalten des jeweiligen Kruges und zum Ort (wahrscheinlich der Herstellung). Größere informierten außerdem über die Ölsorte, den gerade regierenden König und das Datum. Dieses wurde durch ein besonders wichtiges Ereignis des betreffenden Jahres angegeben.

Die Bruchstücke dieses Tableaus mit dem Namen König Ahas wurden bei zwei verschiedenen Gelegenheiten im Grab einer seiner königlichen Gemahlinnen gefunden. Eine Inschrift mit zwei Namen des Pharao befindet sich in der Ecke rechts oben neben der Bohrung für die Schnur, mit der das Etikett am Krug festgebunden wurde. Die Inschrift mit Ahas Horusnamen steht innerhalb des *serech*, einer symbolischen Palastfassade. In diesem Fall ragen die Füße des ganz oben sitzenden Falken in die Zeichnung hinein und gehen in zwei Arme über, die eine Keule und einen Schild halten. Diese Figur ist die Hieroglyphe, die als Aha gelesen werden kann und »Kämpfer« bedeutet. Rechts davon steht inmitten eines Pavillons der *Nebti*-Name des Königs. *Nebti* bedeutet im Ägyptischen »zwei Frauen« und bezieht sich hier auf die beiden Göttinnen, die zusammen die Einheit des Landes versinnbildlichen. Es sind dies die Geiergöttin Nechbet für Oberägypten und die Kobragöttin Wadjet für Unterägypten. Die beiden Göttinnen sind über einem Symbol ausgemeißelt, das große Ähnlichkeit mit der Hieroglyphe für das *Senet*-Brettspiel besitzt. Sie ist als *men* zu lesen und bedeutet auch »aushalten« oder »festigen«. Auf Grund dieser möglichen Lesart hat man den *Nebti*-Namen Ahas dem des Königs Menes zugeordnet, der nach Manethos Zählung der erste Herrscher über ein vereinigtes Ägypten war. Menes ist auch mit Narmer identifiziert worden, doch wurde durch archäologische Hinweise der letzten Jahre eher ein Zusammenhang mit Aha gestützt.

Links vom Namen Ahas ist ein Boot mit reich geschmücktem Bug und einer Kajüte in der Mitte zu sehen. Darüber sitzt ein Falke auf einem anderen Boot. Es kann als Überschrift gelesen werden, die den Bootseigentümer bezeichnet – vielleicht den König selbst. Möglicherweise handelt es sich aber auch um ein Symbol des Gottes Horus. Wenn das zutrifft, bezieht sich der Falke wahrscheinlich auf ein Fest, bei dem das göttliche Bildnis des Königs in feierlicher Prozession aus dem Tempel getragen wurde. Links auf dem Etikett ist eine Anzahl ziemlich verwitterter Hieroglyphen zu erkennen, die vielleicht auf eine vom König geschlagene Schlacht oder ein von ihm errichtetes Bauwerk verweisen.

Rechts im mittleren Register befinden sich drei Gestalten in einem Gebäude. Ein vierter Mann mit einem Stock in der Hand steht davor. Er blickt zur Mitte des Bildes, wo zwei weitere Männer zu beiden Seiten eines großen, auf einer Unterlage aufruhenden Gefäßes – so scheint es wenigstens – stehen. Links sieht man gebundene Gefangene, einen enthaupteten Stier und einen mit Haltestrick, und schließlich ein paar Tonkrüge und Brotlaibe auf einer Strohmatte (was wiederum mit der Hieroglyphe »Opfergaben« korrespondiert).

Im unteren Register bewegt sich eine Anzahl männlicher Figuren mit verschränkten Armen im Gänsemarsch nach links, wo der Name einer Ölsorte zu lesen ist. (F.T.)

JE 35054

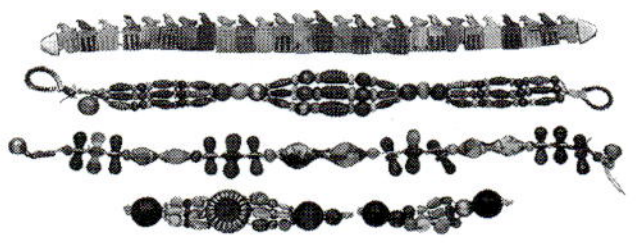

Armbänder aus dem Grab des Djer

Gold, Lapislazuli, Türkis, Amethyst
Länge zwischen 10,2 und 15,6 cm
Abydos, Grab des Djer; Ausgrabungen von W.M.F. Petrie (1901)
1. Dynastie (2920–2770 v. Chr.), Regierungszeit des Djer

Diese vier Armbänder wurden von Petrie im Grab des Djer gefunden, des dritten Pharaos der Ersten Dynastie. Das Grab lag im königlichen Friedhof zu Abydos, einem wichtigen Zentrum der ersten Könige des vereinigten Ägypten. Irgendwann während des Alten Reichs drangen Räuber in das Grab und plünderten es. Im Neuen Reich galt der Ort als die geheimnisvolle Begräbnisstätte des Gottes Osiris.

Die vier Armbänder befanden sich, als man sie entdeckte, noch am Arm – wahrscheinlich einer Frau –, der, in Leinenbinden gehüllt, in einer Wandnische des Grabes versteckt war.

Die Armbänder sind sehr schön gearbeitet und von origineller Form: Perlen mit harmonisch abwechselnden Farben sind in immer neuen Mustern angeordnet. Sie zeugen von der großen technischen Meisterschaft der Handwerker bei der Verarbeitung der für die damalige Periode typischen Materialien des ägyptischen Kunsthandwerks.

Das erste Armband besteht aus 27 kleinen Plaketten: Ein Falke, Symbol des Gottes Horus, sitzt auf dem *Serech*-Motiv, das den Grundriss und die Fassade eines Königspalastes andeutet. In diesem *Serech*-Symbol stand auch immer eine Inschrift mit dem »Horusnamen« des Pharaos, wobei der erste und älteste der fünf Namen das Königsgeschlecht bezeichnete. Die Größe der Plaketten nimmt zu den Enden hin kontinuierlich ab. Sie bestehen abwechselnd aus Gold und Türkis, wodurch ein interessanter Farbkontrast erreicht wird. Die Plaketten sind mit feinen Bohrungen versehen, an denen sie aufgefädelt sind, und die Kette endet auf beiden Seiten mit einem Dreieck aus Gold.

Das zweite Armband ist aus drei Perlenreihen zusammengesetzt. Diese sind an insgesamt vier Punkten miteinander verbunden, wodurch sich drei identische Abschnitte ergeben. Zu beiden Seiten des mittleren Abschnitts sind jeweils drei Perlen in Gold, Türkis und Lapislazuli aufgereiht, flankiert von kleinen Türkisscheiben. Die Perlen des mittleren Segments sind größer als die der beiden anderen, doch in derselben strengen Reihenfolge aufgefädelt. In der Mitte befindet sich immer eine tonnenförmige, geriefte Lapislazuli-Perle. Zu beiden Seiten folgen je drei Perlen, die mittlere aus Gold oder Lapislazuli, die anderen beiden aus Türkis, gefolgt von je einer weiteren spindelförmigen Perle. Diese besteht aus einem kleinen zylindrischen Kern, der mit Golddraht umwickelt ist.

Den Verschluss bildet ein kleiner Goldknopf, der durch Schlaufen an den beiden Enden gezogen wurde.

Das dritte Armband besteht aus zwölf Perlen in Form einer Sanduhr. Sie sind in vier Dreiergruppen vertikal aufgereiht. Zwischen diesen Dreiergruppen befinden sich paarweise angeordnete spindelförmige Türkisperlen. Jede Gruppe der Sanduhr-Perlen enthält in der Mitte eine Perle aus Amethyst. Nur in einem Fall ist diese durch eine braune Glasperle ersetzt, daneben jeweils eine Perle aus Gold. Merkwürdigerweise sind die Perlen nicht durchbohrt, sondern mittels eines Drahtes verbunden, der jeweils um die Perlentaille gewickelt ist und von einem schmalen Goldring an Ort und Stelle gehalten wird. Die spindelförmigen Türkisperlen haben Käppchen aus Blattgold an den Enden und sind zum Durchfädeln des Drahtes durchbohrt.

Das vierte und letzte Armband ist das kleinste und lag dem Handgelenk der Mumie am nächsten. Es besteht aus zwei Teilen, die am Fundort noch durch eine Borte aus Goldfäden und Haaren, möglicherweise aus einem Giraffenschwanz, verknüpft waren. Der Teil des Armbands, der oben am Handgelenk sichtbar sein sollte, ist feiner gearbeitet. In der Mitte befindet sich eine Goldrosette, zu ihren beiden Seiten drei parallele Perlenreihen. Jede Reihe setzt sich aus Türkisperlen unregelmäßiger Größe zusammen, getrennt durch kleine Goldringe und -kügelchen. An den Enden von je drei Reihen sitzt eine große Lapislazuliperle, an die sich an einem Ende noch eine kleine Goldkugel anschließt.

Der andere Teil des Armbands, der unter dem Gelenk gelegen haben dürfte, besteht ebenfalls aus einigen Perlenreihen, doch fehlt die Rosette. Auch ist die Reihenfolge der letzten beiden Lapislazuli- und Goldperlen umgekehrt.

(S.E.)

JE 70164

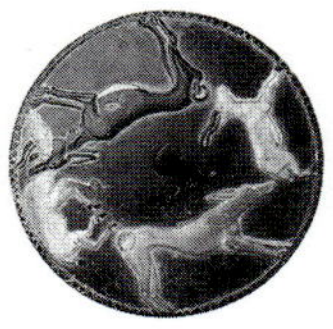

Scheibe aus dem Grab des Hemaka

Schwarzer Steatit mit Einlagen
Durchmesser 8,7 cm, Dicke 0,7 cm
Saqqara, Grab des Hemaka, Ausgrabungen von W. B. Emery (1936)
1. Dynastie (2920–2770 v. Chr.),
Regierungszeit des Den

Hemaka lebte zur Zeit der Ersten Dynastie. Er bekleidete bedeutende politische Ämter, gehörte aber selbst nicht zur königlichen Familie. Sein Grab zu Saqqara enthielt reiche Beigaben, unter anderem zahllose verzierte Scheiben aus Stein, Kupfer, Holz, Horn und Elfenbein. Sie alle wurden 1936 zusammen mit kurzen Holzstäben in einer offenen Kiste entdeckt.

Ihre Funktion ist immer noch unklar. Emery, der sie entdeckte, meinte, sie hätten vielleicht als Spinnwirtel gedient. Alle Scheiben sind in der Mitte durchbohrt, und wahrscheinlich diente die Bohrung zur Aufnahme der Holzstäbe.

Die hier abgebildete Steatitscheibe weist eine flache und eine leicht gewölbte Seite auf. Auf der gewölbten befindet sich eine herrliche Jagdszene in Relief mit sehr gekonnt komponierten Elementen, so dass der Eindruck von Ausgewogenheit und Symmetrie entsteht. Zwei Hunde und zwei Gazellen bilden innerhalb des Scheibenumfangs ein Rechteck. Die Wirkung der Figuren wird noch durch meisterliche Farbkontraste gesteigert. Einer der Hunde, dazu Hörner und Hufe der Gazellen, sind als Hochrelief aus der Steatitscheibe herausgearbeitet, während der zweite Hund und die Körper der beiden Gazellen in rosageädertem Kalzit eingelegt sind.

Der Künstler wollte offenbar nicht zwei gleichzeitige Ereignisse darstellen, sondern eine Sequenz: Ein Hund jagt eine Gazelle. Zuerst verfolgt er seine Beute, dann springt er sie an und durchbeißt ihr den Hals.

Die Gestalten der Tiere unterstreichen die strenge Symmetrie der Komposition und geben dem Bild seine besondere Dynamik. Der Hund mit seinem beweglicheren und biegsamen Körper kann als Symbol für den Sieg, die gedrungenere Gestalt der Gazelle mit ihrem gekrümmtem Rücken als Sinnbild der Niederlage aufgefasst werden.

Diese verzierte Seite der Scheibe ist außerdem mit einer Randborte eingefaßt, in die ein Muster sich durchkreuzender Zickzacklinien eingeritzt ist.

(S.E.)

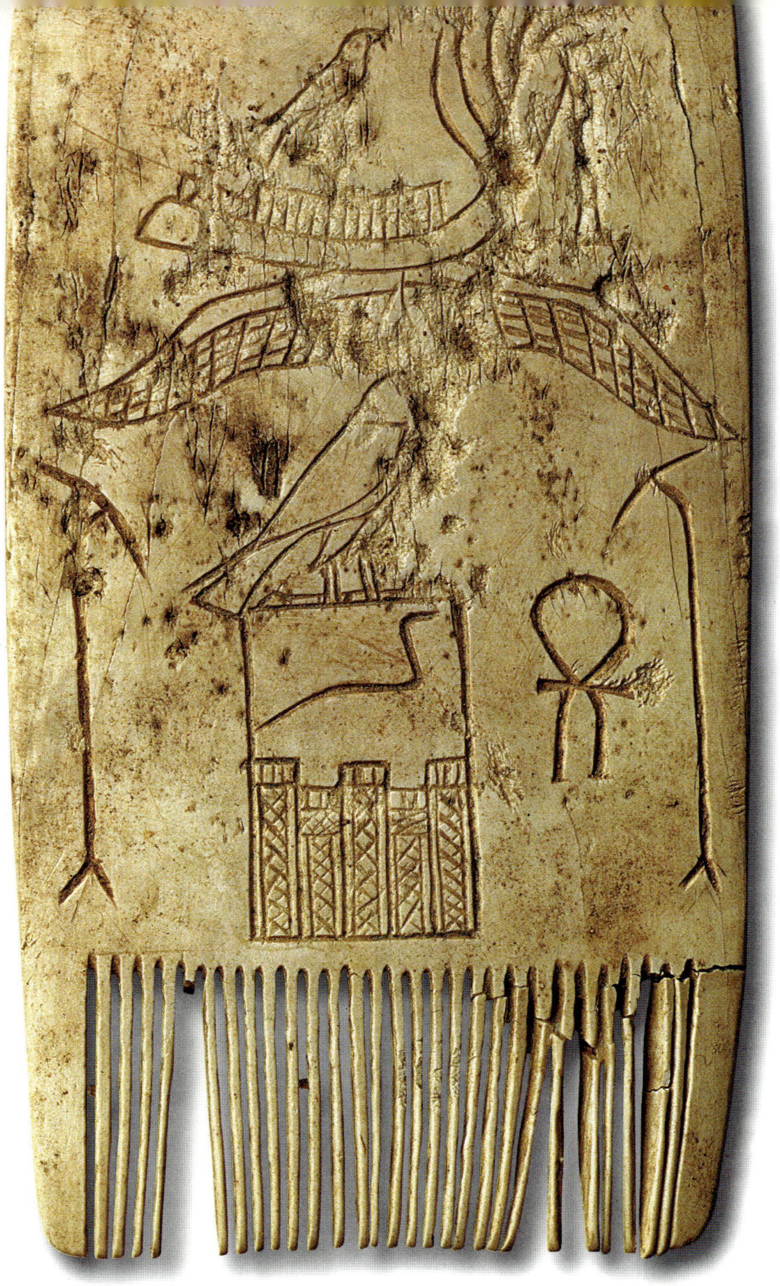

JE 47176

KAMM MIT NAMEN DES KÖNIGS DJET

Elfenbein
Länge 8 cm, Breite 4,5 cm
Abydos
1. Dynastie (2920–2770 v. Chr.),
Regierungszeit des Djet

Im alten Ägypten konnte jeder Gegenstand, unabhängig von seiner normalen Funktion, zum Träger religiöser Symbole werden. So stellte man zum Beispiel in allen Epochen mit Vorliebe Artefakte her, die möglichst große Ähnlichkeit mit in der Natur vorkommenden Objekten aufwiesen. Denn diesen wurden besondere Schutzkräfte zugesprochen. Dieses Prinzip wurde vor allem bei der Körperpflege dienenden Gegenständen angewandt, kamen diese doch direkt mit dem menschlichen Körper in Berührung.

Es nimmt daher kaum wunder, dass sich auf einem simplen Kamm wie diesem Exemplar aus Abydos eine Inschrift mit dem Namen eines Königs befindet. Denn allein die Erwähnung des königlichen Namens verlieh dem Objekt Schutzkräfte. Dieser Kamm gehörte vielleicht zu den Grabbeigaben König Djets, was eine weitere Erklärung für die Inschrift wäre.

Im Zentrum der Verzierungen steht das *Serech*-Symbol, eine stilisierte Palastfassade, darauf ein Falke, dem der Name Djet eingeschrieben ist. Zu beiden Seiten des *serech* stehen zwei *Was*-Zepter, Symbole der königlichen Macht. Rechts ist auch noch ein *Anch*-Kreuz zu sehen, das Sinnbild des Lebens.

Den oberen Teil der Bildfläche nimmt ein Paar Vogelschwingen ein. Auf den Schwingen ruht ein Boot, und auf der Bootskajüte sitzt wiederum ein Falke. Es handelt sich um eine allegorische Darstellung des Himmels (die Schwingen), der von der Sonne (dem Boot) überquert wird. Denn die Vorstellung war, dass die Sonne jeden Tag von Osten nach Westen über den Himmel fuhr. Das Boot ist den gemalten Booten auf den Gefäßen der Naqada II-Periode sehr ähnlich und ist auch der echten Sonnenbarke des Cheops vergleichbar, die 1954 in einer Grube am südlichen Fuß seiner Pyramide in Giza entdeckt wurde.

Djets Kamm ist das älteste uns bekannte Beispiel für dieses Schwingen-Motiv. Weiterentwickelt zu dem ikonografisch kanonisierten Bild der geflügelten Sonnenscheibe, kommt es in den folgenden Epochen der ägyptischen Geschichte sehr häufig vor, besonders auf Stelen und Architekturelementen. (I.T.)

JE 71298

FLACHE SCHALE MIT KORBMUSTER

Schiefer
Höhe 4,8 cm, Länge 22,7 cm, Breite 13,8 cm
Saqqara-Nord, Ausgrabungen von W.B. Emery (1937–1938)
2. Dynastie (2770–2649 v. Chr.).

Die Herstellung von Steingefäßen gehörte zu den charakteristischen Fähigkeiten der frühdynastischen Kultur Ägyptens. Die Künstler dieser Jahrhunderte brachten es darin zu höchster Meisterschaft und vermochten auch noch bei härtestem Stein den Eindruck von Elastizität zu erwecken. Sie meißelten Gefäße, die Gegenstände aus viel vergänglicheren Werkstoffen imitierten, und legen damit Zeugnis ab für die geistige Tendenz des archaischen Ägypten, vergänglichen Objekten Ewigkeitscharakter zu verleihen, indem man sie in Stein nachbildete. Diesem Drang nach Unvergänglichkeit ist es seit der Regierungszeit König Djosers auch zu verdanken, dass statt der vorgeschichtlichen Heiligtümer aus Holz, Stroh und Lehmziegeln jetzt ähnliche Bauwerke in Kalkstein errichtet wurden.

Dieses im Grab eines Beamten, der während der Zweiten Dynastie lebte, gefundene Schiefergefäß reproduziert mit großer Genauigkeit einen Korb aus Papyrus. Der Künstler ahmte aber nicht etwa nur oberflächlich die Papyrusstängel nach, sondern beobachtete genau, wie sich diese krümmten und aneinander legten. So vermied er jede stilistische Schematisierung. Die einzelnen Stängel sind durch geschwungene Linien wiedergegeben, die sogar berücksichtigen, dass die Stängel in der Natur unterschiedlich dick sind. Auch die Schnüre, die den Korb zusammenhalten, sind mit außerordentlichem Realismus dargestellt. Wie in der Wirklichkeit liegen sie einer über dem anderen.

Am einen Ende einer Längsseite findet sich das Hieroglyphensymbol für Gold. Es bezieht sich vielleicht auf den Inhalt des ursprünglichen Papyruskorbes bzw. auf dessen Verwendungszweck. Szenen aus späteren Perioden (vor allem aus dem Neuen Reich) zeigen tatsächlich Figuren, die Objekte aus kostbarem Edelmetall in Papyruskörben und auf Tabletts überbringen oder tragen. Doch ist keineswegs sicher, dass auch dieses Exemplar aus Saqqara einmal wirklich mit Gold gefüllt war. Wahrscheinlicher ist, dass die Inschrift »Gold« auf dem Objekt den kostbaren Inhalt nur symbolisieren sollte, damit er dem Verstorbenen im Jenseits zur Verfügung stand. Der Behälter ist daher unter dem gleichen Aspekt zu sehen wie ein anderes Steingefäß, das sich ebenfalls im Museum befindet und die Form eines Vorratskruges aufweist. Die Form des Kruges allein stellte schon sicher, dass der übliche Inhalt, Gerste für Brot und Bier, für das ewige Leben des Toten zur Verfügung standen.

(F.T.)

JE 32161

Sitzbild des Chasechem

Schiefer
Höhe 56 cm
Hierakonpolis (Kom al-Ahmar), Ausgrabungen von J. Quibell (1898)
2. Dynastie (2770–2649 v. Chr.), Regierungszeit des Chasechem

Diese Skulptur ist eine der ältesten Königsstatuen im Ägypten der Pharaonen. Sie wurde, neben einem ähnlichen Exemplar aus Kalkstein, das sich heute im Ashmolean Museum Oxford befindet, in Hierakonpolis entdeckt, einer Stadt, die während der ganzen frühdynastischen Periode eine herausragende Rolle spielte.

Die Statue bricht mit dem Stil der vorangegangenen Periode und nimmt Merkmale der Rundplastik des Alten Reiches

vorweg. Das zeigt sich vor allem in der betonten Dreidimensionalität dieser Figur. Der Künstler behält zwar die gewohnte Frontalperspektive bei und unterstreicht sie noch, erzielt aber, verglichen mit früheren Statuen, größere Tiefe und Ausdruckskraft. Indem er den König auf einem Thronsessel mit niedriger Lehne sitzend und mit der Weißen Krone auf dem Haupt darstellt, verleiht er der Figur Stolz und Würde sowie eine gewisse Leichtigkeit, die im Gegensatz steht zu dem Bestreben der Bildhauer der vorangegangenen Epoche, die Komposition so geschlossen und kompakt wie möglich zu gestalten. Die neue Tendenz entspricht den für die alte ägyptische Kunst typischen ästhetischen Maßstäben, nach denen das Kunstwerk möglichst aus einem einzigen Steinblock herauszumeißeln war.

Chasechem trägt die übliche Kleidung für den Anlass, das *Sed*-Fest, das im 30. Jahr der Regierungszeit eines Königs gefeiert zu werden pflegte, um dessen herrscherliche Macht und Autorität neu zu festigen. Die Kleidung bestand aus einem weiten, den ganzen Körper bis zu den Waden bedeckenden Obergewand, das vor dem Körper rechts über links geschlossen wurde. Der vor dem Bauch gekreuzte linke Arm ist offenbar von einem weiten Ärmel mit breitem Saumband bedeckt. Der rechte Arm ruht auf dem Schenkel. Beide Hände sind zu Fäusten geschlossen und weisen Löcher auf, in denen wohl einst die königlichen Insignien steckten. Im Gegensatz zu den fast geometrisch stilisierten Händen sind die Füße mit äußerster Sorgfalt modelliert. Sie stehen auf demselben Sockel wie der Thron mit niedriger Lehne.

An der Vorderseite dieser Unterlage sind der Name des Königs und die Anzahl der von ihm besiegten Feinde eingeritzt (47209). Darstellungen ihrer Leichname mit abgeschlagen Gliedern zieren die Seiten des Sockels. Diese Bilder besiegter Krieger, flüchtig eingeritzt und in den verrenkten Stellungen Erschlagener, bilden den Gegenpol zu der feierlichen, würdevollen und beherrschten Haltung des Königs.

Die beiden Darstellungsweisen werfen ein Licht auf die Institution des Königtums. Der Herrscher galt als Garant für den Bestand einer Ordnung, die in dauerndem Kampf mit dem überall lauernden Chaos (den Feinden) stand.

Historisch gesehen könnten die in den Sockel der Statue eingeritzten Figuren toter Feinde als Erinnerungen an Chasechems Sieg über die Völker des Nordens gedeutet werden, die sich gegen die Zentralmacht erhoben hatten. Nach seinem großen Triumph änderte der Pharao seinen Namen in »Chasechemui« (»Die beiden Mächte erheben sich«), ein Hinweis auf die erneute Vereinigung Ägyptens nach einer kurzen Zeit innerer Machtkämpfe. Nach anderen Theorien sind aber Chasechem und Chasechemui zwei verschiedene Herrscher, die aufeinander folgten. (F.T.)

JE 68921

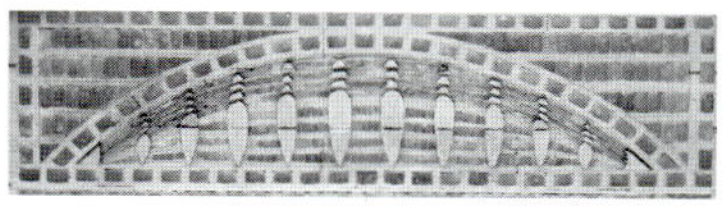

Gekachelte Wand

Kalkstein und Fayence
Höhe 181 cm, Breite 203 cm
Saqqara, Grabbezirk des Djoser, Ausgrabungen der Altertümer-Verwaltung (1928), 3. Dynastie (2630–2611 v. Chr.), Regierungszeit des Djoser

Diese Wandverkleidung, im Ägyptischen Museum als Rekonstruktion aufgestellt, ist ein Beispiel für die geschmückten Wände der unterirdischen Grabkammern (auch als »blaue Zimmer« bekannt) König Djosers, die unter seiner Stufenpyramide in Saqqara liegen. König Djosers Grabbezirk ist in mancher Hinsicht ein Meilenstein in der Geschichte der ägyptischen Königsbauten: Die wichtigsten Merkmale sind die Pyramidenform und die Steinbauweise des Pharaonengrabs.
Diese beiden Aspekte stellen entscheidende Neuerungen dar, während andere Elemente in der Kontinuität der Überlieferung stehen. So weisen alle Gebäude im Grabbezirk Djosers, obwohl aus Stein errichtet und damit Symbole für die ewige Einheit von Königtum und göttlicher Welt, traditionelle Motive des Dekors auf, die schon früher in leichteren, vergänglicheren Materialien in Erscheinung getreten waren. Die Umfassungsmauer zum Beispiel ist mit dem »Palastfassaden«-Motiv geschmückt, einer für die aus ungebrannten Lehmziegeln errichteten Mastabas der ersten beiden Dynastien typischen Oberflächenstruktur. Die Kapellen in den die Pyramide umgebenden Höfen ahmen die Holzarchitektur der Heiligtümer im Süden und Norden nach. Und auch die Grabkammern des Königs gehen vom gleichen Konzept aus.
Die hier abgebildete Wandverkleidung aus blauen, in die Kalksteinmauer eingelassenen Fayencekacheln, ist eine raffinierte, dauerhafte Nachbildung von gewebten, bemalten Schilfmatten. Der obere Teil wird durch das Motiv eines von zwölf *Djed*-Pfeilern gestützten Bogens belebt, deren Höhe von der Mitte zu den Rändern hin abnimmt.
Ähnliche Verkleidungen schmückten die Wände des »Südgrabes«, einer Art Kopie des Königsgrabes. Es lag auf der gegenüberliegenden Seite des Hofes, der von Djosers Pyramide beherrscht wurde. (R.P.)

JE 49158

Statue des Königs Djoser

Bemalter Kalkstein
Höhe 142 cm
Saqqara, Serdab im Grabbezirk des Djoser, Ausgrabungen der Altertümer-Verwaltung (1924–1925), 3. Dynastie, Djoser (2630–2611 v. Chr.)

Djoser ist in majestätischer Haltung auf einem Thron mit niederer Rückenlehne dargestellt. Sein rechter Arm – die Hand ist geschlossen – liegt quer über der Brust, während der linke, Handfläche nach oben, auf dem linken Schenkel ruht. Der Pharao trägt ein Festgewand, das seinen ganzen Körper bedeckt und nur die Hände frei lässt. Seine schwere, schwarze, dreiteilige Perücke fällt in dichten Strähnen zu beiden Seiten des Halses herab und ist teilweise hinter einer archaischen Version des *nemes* verdeckt, der königlichen Kopfbedeckung, die hier die Form eines einfachen, vor die Stirn gebundenen Tuches annimmt. Die Ohren stehen im rechten Winkel vom Kopf ab – ein Merkmal, dem man bei Statuen späterer Perioden, besonders des Mittleren Reiches, öfter begegnet. Die steife Körperhaltung wird durch das lebendige, plastische Gesicht ausgeglichen. Tiefe, eng beieinanderstehende Augen werden von dichten, eingelegten Augenbrauen überschattet. Die hohen Backenknochen, hohlen Wangen, der leicht vorspringende Unterkiefer und der große Mund werden von dem langen Zeremonialbart noch besonders betont und vermitteln den Eindruck erhabener Macht. An der Vorderseite des Sockels sind Titel und Namen des Königs Netjerichet (»Göttlicher Leib«) zu lesen. Der Name Djoser, unter dem der König heute bekannt ist, findet sich erst in Dokumenten späterer Perioden.
Die Skulptur, das erste Beispiel für eine lebensgroße ägyptische Königsfigur, wurde im *serdab* des Grabkomplexes König Djosers in Saqqara gefunden. An der Nordwand der Stufenpyramide gelegen, hatte dieser kleine Raum zwei genau in Augenhöhe der Statue befindliche Löcher in der Wand. So konnte der Pharao hinaussehen und an den Ritualen und Feiern teilnehmen, die im Tempel draußen stattfanden. Ein Gipsabguss steht heute dort an Stelle der Originalplastik, die sich im Ägyptischen Museum befindet. (R.P.)

JE 28504 = CG 1426 – 1427 – 1428

Die Wandtäfelung des Hesire

Holz, Höhe ca. 114 cm, Breite ca. 40 cm
Saqqara, Mastaba des Hesire (A3), Ausgrabungen von A. Mariette
3. Dynastie (2649–2575 v. Chr.), Regierungszeit des Djoser

Die hier reproduzierten Holztafeln gehören zu insgesamt sechs Exemplaren, die man in der Mastaba des Hesire im Norden von Djosers Stufenpyramiden-Komplex in Saqqara entdeckte. Die letzte Ruhestätte Hesires, eines hohen Beamten, bestand wie üblich aus zwei Teilen: einer unterirdischen Anlage mit der Grabkammer, wo der Leichnam bestattet wurde, und oberirdischen Gebäuden. Dieser oberirdische Teil enthielt den *serdab*, einen Raum, in dem eine Statue aufgestellt war, und die Kapelle für Opfergaben. Dabei handelte es sich um einen langen, schmalen Raum mit mehreren Nischen, ausgeschmückt mit Mustern, die Schilfmatten nachempfunden waren. Aus diesem Bereich stammen die wunderschönen Reliefpaneele, die Hesire in verschiedenen Stellungen und Gewändern wiedergeben. Alle Holztafeln haben oben ein rechteckiges Loch, an dem sie an der Rückwand der jeweiligen Kultnische angebracht werden konnten. Auf der ersten Tafel (CG 1426) sitzt Hesire, nach rechts blickend, auf einem Stuhl, dessen Füße in Löwentatzen enden. Er trägt eine kurze Löckchenperücke und einen langen Umhang, der ihm bis zu den Fußknöcheln reicht, rechts aber Schulter und Arm frei lässt. Den rechten Arm streckt er zu dem vor ihm stehenden Opfertisch aus. Der linke liegt quer über der Brust, und in der linken Hand hält Hesire einen langen, dünnen Stab. Die Utensilien seines Metiers als Schreiber hängen ihm über der rechten Schulter: Es sind dies eine Palette mit Scheiben für die beiden Farben (Rot und Schwarz), eine Wasserflasche und ein Schreibgriffel, der am rechten Schulterblatt hervorragt. Die Palette ist mit einem Band an Wasserflasche und Griffel befestigt.

Über dem Opfertisch vor Hesire sind die dem Toten dargebrachten Opfergaben aufgelistet: Weihrauch, Wein, Fleisch und Brot. Der obere Teil des Paneels enthält den Namen Hesires und dessen Titel. Dabei wird er abwechselnd als Chefzahnarzt, königlicher Schreiber, Hauptmann von Buto und Priester des Horus bezeichnet.

Auf Paneel CG 1427 ist Hesire stehend abgebildet. Sein linkes Bein ist vorangestellt, in der linken Hand hält er die Utensilien des Schreibers und einen Stab, in der Rechten das *Cherep*-Zepter, ein Symbol der Macht. Hier trägt er eine lange Perücke, die ihm bis auf die Schultern herabfällt, und einen Schurz mit Gürtel. Die hoch gewachsene, schlanke Gestalt des Beamten ist mit großer Sorgfalt geschnitzt: Arm- und Beinmuskeln sind mittels Licht- und Schatteneffekten geschickt hervorgehoben. Wie auf den beiden anderen Tafeln ist der Gesichtsausdruck streng und ernst. Die Züge sind sehr ausgeprägt: geschwungene Augenbrauen, wache Augen, hohe Wangenknochen und ein schmaler Mund mit Schnurrbärtchen. Im oberen Teil der

Tafel, von der Figur durch eine dünne geritzte Linie getrennt, sind einige Titel Hesires und sein Name zu lesen.

Auch auf Tafel CG 1428 ist Hesire stehend abgebildet. Die Arme fallen am Körper herab, die Hände sind frei. Auf der rechten Schulter trägt er die Ausstattung eines Schreibers. Er ist bekleidet mit einem kurzen Rock. Eine schwarze Lockenperücke umrahmt das weiche Gesicht. Vor dem Beamten dürfte einst ein Opfertisch gestanden haben, darüber eine Liste mit den ihm dargebrachten Opfergaben. Doch leider ist die Täfelung an dieser Stelle schwer beschädigt. Wie in den beiden anderen Fällen nehmen Titel und Name des Toten den oberen Teil ein. (R.P.)

JE 34557=CG 1

Statue des Hetepdief

Roter Granit
Höhe 39 cm
Memphis (1888), späte 3. Dynastie
(2649–2575 v. Chr.)

Die Skulptur stellt eine kniende männliche Figur dar. Die Hände liegen, Handflächen nach unten, offen auf den Knien. Der Mann trägt eine kurze Lockenperücke mit horizontalen Einkerbungen rund um den Kopf, durchschnitten von senkrechten Linien. Das Gesicht wirkt streng: große, ernste Augen, lange gerade Nase, hohe Backenknochen, volle Wangen und breite Lippen.

In starkem Kontrast zur Detailtreue beim Gesicht ist der kleine gedrungene Körper ziemlich roh gearbeitet. Er ist mit einem kurzen Schurz bekleidet, der nur von hinten erkennbar ist, wo der Stoff an der Hüfte reliefartig hervortritt.

Auf dem Sockel in Flachrelief eingemeißelt steht der Name der Figur: »Hetepdief«. Wahrscheinlich handelte es sich um einen Priester, betraut mit dem Kult der ersten drei Könige der Zweiten Dynastie, deren Namen auf seiner rechten Schulter eingraviert sind: Hetepsechemui, Raneb und Ninetjer.

Die Einordnung der Statue erschließt sich bei einem Vergleich mit etwa zwanzig so genannten archaischen Skulpturen, mit denen sie bestimmte typologische und stilistische Merkmale gemeinsam hat. Alle sind aus hartem Stein gemeißelt, haben nur roh gearbeitete Körper, kurze, dicke Hälse und sehr detailliert ausgeführte, relativ große Köpfe. Keine ist *in situ* gefunden worden, und nur ein paar tragen kurze Inschriften.

Höchstwahrscheinlich stammen sie meist aus dem Grab der durch sie dargestellten Personen. Doch im Fall der Statue des Hetepdief, die in Gebetshaltung verharrt, wäre auch ein Standort in einem Heiligtum der drei Könige, die auf der Schulter genannt sind, denkbar.

Deutliche stilistische Parallelen und Vergleiche mit anderen Inschriften erlauben eine Datierung dieser Skulptur auf die der Regierungszeit König Djosers folgende Periode. Zu dieser Zeit wurde auch die Aufstellung von Standbildern in den Pyramiden üblich. Wie erwähnt, können andere archaische Statuen mit Sicherheit auf dieselbe Periode datiert werden.

(R.P.)

Zahi Hawass

Der Glanz des alten Reiches

Von der Vierten Dynastie zur Sechsten Dynastie

Das Alte Reich bildet, vor allem von der Vierten bis zum Ende der Sechsten Dynastie, den Höhepunkt der altägyptischen Kultur. In dieser Periode entstanden der besondere Stil und die ästhetischen Maßstäbe der Kunst und Architektur Ägyptens schlechthin. Es scheint, als habe in der Vierten Dynastie ein Meister einen großen Plan, ein allgemeines Programm entworfen, auf dem dann alle individuellen Formen, Proportionen und Regeln der späteren Kunst und Architektur aufbauten. Sämtliche Rituale, ob es sich um eine Staatshandlung des Königs oder sein Begräbnis handelte, folgten einer genau definierten, kanonisierten Ordnung von einzelnen Bestandteilen. Die einzelnen Elemente waren mit jedem anderen unauflöslich verbunden. Ziel dieser organischen Einheit war es, die Herrschaft des Königs als in sich geschlossene, vollkommene Ganzheit zu untermauern und seine besondere Beziehung zur göttlichen Welt sicherzustellen. Dieses System behielt bis zum Ende der Geschichte des alten Ägypten seine Gültigkeit.

Unser Wissen über das Alte Reich ist hauptsächlich den Altertümern und Denkmälern zu verdanken, die in den Wüstenfriedhöfen von Giza, Abu Roasch, Zawijet el-Arijan, Abusir, Saqqara, Dahschur und Meidum gefunden wurden – alles Fundstätten in der Nachbarschaft der alten Hauptstadt Memphis. Als das alte Ägypten im 19. Jahrhundert wieder entdeckt wurde, kam es

zunächst zur rücksichtslosen Ausplünderung dieser Stätten: Was nicht niet- und nagelfest war, wurde, ob klein oder groß, einfach mitgenommen, um die Sammlungen ausländischer Antiquitätenliebhaber zu bereichern. Diese Beutezüge nahmen aber mit der Gründung der Altertümer-Verwaltung im Jahr 1858 durch Mariette ein Ende. Der junge Franzose, Schützling des ägyptischen Khediven, stellte ganze Heere von Arbeitern ein, die die großen Friedhöfe und unter dem Sand begrabenen Tempel freilegen mussten. Zum ersten Mal blieben jetzt bedeutende Kunstwerke nach ihrer Ausgrabung in Ägypten. Doch bezahlte Mariette seine Arbeiter nach dem Wert ihrer Funde. Es ging daher das Gerücht, dass die Leute, wenn sie nicht genug zu Tage förderten, Objekte auf dem blühenden Antiquitätenbasar kauften und als ihre eigenen Ausgrabungen ausgaben. Manche sollen auch, wenn sie auf ein besonders ergiebiges Lager stießen, Objekte für »regnerische Tage« vorsorglich zurückbehalten haben.

In späteren Jahren beaufsichtigten die Archäologen ihre Leute besser. Daher ist die Herkunft der Objekte, die unter der Leitung von Herman Junker, George Reisner, Abd al-Munim Abu Bakr, Ahmed Fakhry und Selim Hassan gefunden wurden, gut dokumentiert. Sie tragen viel zu unserem Wissen über das alte Ägypten bei.

Die ersten eigentlichen Pyramiden entstanden gleich zu Beginn der Vierten Dynastie als Weiterentwicklung der Stufenpyramiden der Dritten Dynastie. Zuerst waren es eher noch Experimente, wie die von Snofru, dem ersten Herrscher der Vierten Dynastie, errichteten Bauten. Doch entwickelten sie sich innerhalb nur einer einzigen Generation schnell zu den gewaltigen Monumenten aus Stein, wie wir sie aus der alten Welt kennen. Snofru baute vier Pyramiden: Zwei unweit des Zugangs zur Oase Faijum bei Meidum und Seila, und zwei in Dahschur – die so genannte Knick- und die Nordpyramide. Die Meidumpyramide wurde anscheinend noch als Stufenpyramide begonnen, dann aber, nach Snofrus 15. Regierungsjahr, als glatte Pyramide fertig gestellt. Die Dahschurpyramiden, in einem späteren Abschnitt der Regierungszeit Snofrus vollendet, zeigen, welch rasche Fortschritte die Ingenieure und Steinmetzen in der Zwischenzeit gemacht hatten. Die Pyramiden standen übrigens nicht für sich, sondern waren immer Teil eines ganzen Gebäudekomplexes. Eine derartige Anlage enthielt etwa vierzehn architektonische Komponenten mit jeweils besonderer Funktion und Anordnung. Die Meidumpyramide ist das erste Beispiel für diesen Typus eines Königsgrabes, der im ganzen Alten Reich mit wenigen, topografisch bedingten Änderungen vorherrschte.

Die Pyramidengruppe von Giza, von den Nachfolgern Snofrus errichtet, folgt demselben architektonischen Muster. Jede Pyramide stand auf dem Wüstenplateau über dem Tal, enthielt das Grab des Königs und war eigentlicher Bezugspunkt des Kultes, der in dem durch einen Aufweg

50 links
Triade des Mykerinos
JE 40678

Graugrüner Schiefer
Höhe 93 cm
Giza, Taltempel des Mykerinos
Ausgrabungen von G. Reisner (1908)
4. Dynastie, Regierungszeit des Mykerinos
(2490–2472 v. Chr.)

50 Mitte
Grabstele des Snofru
JE 89289 C

Kalkstein
Höhe 372 cm, Breite 127 cm, Dicke 32 cm
Dahschur
4. Dynastie
(2575–2465 v. Chr.)

51 rechte Seite
Statue des Chephren
JE 10062 = CG 14

Anorthositgneis
Höhe 168 cm, Breite 57 cm, Länge 96 cm
Giza
Taltempel des Chephren
Ausgrabungen von A. Mariette (1860)
4. Dynastie
Regierungszeit des Chephren (2520–2494 v. Chr.)

52 OBEN
KISTE FÜR BESTANDTEILE EINES TRAGBAREN PAVILLONS
JE 72030

HOLZ MIT EINLAGEN
LÄNGE 157 CM, BREITE 22,5 CM, HÖHE 19 CM
GIZA, GRAB HETEPHERES' I. (G 7000 X)
AUSGRABUNGEN VON G. REISNER (1925)
4. DYNASTIE, REGIERUNGSZEIT DES SNOFRU (2575–2551 V. CHR.)

52 RECHTS
GOLDGEFÄSSE
JE 52404–52405

GOLD; SCHALE MIT AUSGUSSSCHNABEL: 5,2 CM DURCHMESSER 8,5 CM; SCHALE: HÖHE 2,4 CM, DURCHMESSER 8,2 CM
GIZA , GRAB HETEPHERES' I. (G. 7000 X)
AUSGRABUNGEN VON G. REISNER (1925)
4. DYNASTIE, REGIERUNGSZEIT DES SNOFRU (2575–2551 V. CHR.)

52 UNTEN
ERSATZKOPF
JE 46217

KALKSTEIN
HÖHE 26 CM
GIZA, WESTFRIEDHOF
MASTABA G 4340
AUSGRABUNGEN DER HARVARD-UNIVERSITÄT, BOSTON (1913)
4. DYNASTIE
REGIERUNGSZEIT DES CHEPHREN (2520–2494 V. CHR.)

52–53
RELIEF MIT FISCHERN
JE 30191 = CG 1535

BEMALTER KALKSTEIN
BREITE 145 CM
SAQQARA
UNBEKANNTES GRAB
5. DYNASTIE
(CA. 2365–2323 V. CHR.)

verbundenen oberen und unteren Tempel durchgeführt wurde. In diesen Tempeln befanden sich alle zum Vollzug der Rituale für den Geist des Königs und die Götter benötigten Säle, Kammern und Korridore. Auch boten sie Raum für Statuen und Wandreliefs.

Die meisten dieser Gebäude haben im Lauf der Jahrtausende durch den Vandalismus von Grab- und Steinräubern schwer gelitten. Trotzdem konnten durch Forschungen und Ausgrabungen noch Kunstwerke für die Nachwelt gerettet werden, die zu den schönsten der in Ägypten geschaffenen Skulpturen gehören. Einer der ersten Funde dieser Art gelang Mariette, als er in den 1850er-Jahren den Taltempel König Chephrens freilegte, wobei in einer Schachtanlage die herrliche Sitzfigur Chephrens zum Vorschein kam.

Schriftliche Zeugnisse aus der damaligen Zeit sind selten und beziehen sich fast alle auf Erfordernisse der Religion oder Bedürfnisse des Königs. Politische Inschriften enthalten nur die nackten Tatsachen. Die religiösen und Grabtexte haben auch magischen Charakter. Beamte der Vierten Dynastie verewigten überhaupt nur ihre Titel. Unterlagen zu Wirtschaft und Handel, die auf jeden Fall existiert haben müssen, hat man noch nicht gefunden. Doch allein schon die Komplexität und Größe der Monumente der Vierten Dynastie läßt Rückschlüsse auf den Umfang der geleisteten Vorarbeit und die Effizienz der Verwaltung zu.

Der König hatte die absolute Kontrolle über den Reichtum des Landes an landwirtschaftlichen Produkten und Bodenschätzen. Diese übte er mittels einer starken Zivilverwaltung aus, deren hohe Beamte aus dem Umkreis der königlichen Familie stammten. Ein Indiz für eine straff organisierte Verwaltung ist die erstaunliche Menge an Steinen, die für den Pyramidenbau bewegt werden mussten – insbesondere während der Regierungszeit der ersten drei Könige des Alten Reiches. Seit Snofru war der Pyramidenbau in Ägypten das staatliche Projekt mit der höchsten Priorität. Bei der ungeheuer genauen Bauweise und Richtungsorientierung dieser kolossalen Steinbauten der Vierten Dynastie müssen die Architekten über gründliche Kenntnisse in Astronomie und Mathematik verfügt haben. Doch schriftliche Beweise dafür stehen immer noch aus. Die gewaltigen Arbeitermassen müssen aus den Dörfern des ganzen Landes zusammengezogen und nach Abteilungen organisiert worden sein, möglicherweise nach Herkunftsbezirken. Ihre Unterbringung und Ernährung dürften nach demselben Abteilungsprinzip funktioniert haben. Dass diese Mammutbauten wirklich ausgeführt werden konnten, setzt also eine entsprechende Organisation und administrative Fähigkeiten voraus.

Vor einigen Jahren stolperte das Pferd eines Mannes, der durch den niedrigen Wüstenstreifen südlich des Großen Sphinx ritt, über ein Loch. Dabei legten die Hufe Stücke einer Tonziegelmauer frei. Als wir nachgruben, kam ein kleiner Friedhof mit dicht beieinander liegenden Gräbern aus Tonziegeln und Stein und in unterschiedlicher Form und Größe zum Vorschein: sehr kleine, oben flache, rechteckige Mastabas, kegelförmige »Bienenkörbe« und überwölbte Gänge in allen Variationen, oft aus Granit- und Basaltblöcken. Es stellte sich heraus, dass es sich hier um die Gräber der am Bau der Pyramiden beteiligten Arbeiter und Tagelöhner handelte. Eine schmale Treppe führte von diesem Friedhof den Fels hinauf zu größeren, teils in Stein gehauenen Gräbern. Das waren die Ruhestätten der Handwerker und Aufseher. Bei einem Grab konnte man durch ein kleines Loch in der Tonziegelmauer schauen und begegnete einem Paar funkelnder Augen: Vor viereinhalbtausend Jahren hatte man einige Statuen in dieser Nische eingemauert. Nur ein kleines Loch war freigelassen worden, durch das sie hinaussehen konnten.

Die Könige der Fünften und Sechsten Dynastie legten ihre Gräber in Saqqara und Abusir an. Ihre Pyramiden sind zwar nicht so berühmt wie die von Giza, aber sie weisen mehrere Neuerungen auf. Der letzte König der Fünften Dynastie, Unas, bedeckte die Wände der Innenräume seiner Pyramide mit vertikalen Hieroglyphenkolumnen – die so genannten *Pyramidentexte*: Zaubersprüche und von der damaligen Sonnenreligion und dem Osirismythos inspirierte Verse. Sie sollten dem König ein glückliches Weiterleben nach dem Tod sichern. Für so mächtig hielt man die Magie des geschriebenen Wortes, dass dessen bloße Gegenwart die Erfüllung der darin ausgedrückten Wünsche nach einem zukünftigen Leben garantierte. Mit der Entdeckung dieser Texte – in den letzten Jahren Mariettes – wurde ein neues Kapitel in der Erforschung der altägyptischen Religion aufgeschlagen.

Wie die Innenräume der Pyramiden waren auch die Tempel vor diesen Bauwerken mit Wandreliefs reich verziert und mit Statuen des Königs und der Götter geschmückt. In Abusir wurden zu Beginn des 20. Jahrhunderts von einem deutschen Team unter Leitung Ludwig Borchardts Pyramiden und Tempel ausgegraben, wobei man schätzungsweise zehntausend Quadratmeter Wandrelieffläche freilegte. Kaum zu glauben, dass es dann doch noch etwas zu entdecken gab. Aber etwa 80 Jahre später ordnete der Oberste Altertümerrat die Beseitigung von Sandverwehungen am Pyramidenaufgang mit einem Bulldozer an. Da fiel der Blick eines Fahrers auf mit Bildern verzierte Steine. Weil er dachte, man würde ihm nicht glauben, fotografierte er die gemeißelten Szenen, auf denen zu sehen war, wie Scharen ausgemergelter Arbeiter den Schlussstein der Pyramide zogen. Der Fund rief bei allen Kollegen fassungsloses Staunen hervor. Er zeigte die Fotos dann auch mir, und sofort begannen wir mit Grabungen und fanden noch weitere Steinblöcke mit fantastischen Szenen.

Alle künstlerischen Leistungen im Alten Reich müssen im Zusammenhang mit den Vorstellungen von Königtum und Religion gesehen werden. Der menschliche Körper galt als Abbild des ihn bewohnenden Geistes und wurde als solches verehrt. Und wenn eine Statue durch das so genannte »Mundöffnungsritual« belebt war, konnte sie der Seele als Wohnstatt dienen, die so praktisch in Ewigkeit fortleben konnte. Deshalb bemühten sich die ägyptischen Bildhauer, dem Geist des Toten eine schöne, bequeme Wohnstätte zu schaffen, an der er verehrt und wo ihm geopfert werden konnte.

Viele Wandreliefs und Königsstatuen, die heute im Museum stehen, schmückten einst die Pyramidenkomplexe. Gegenwärtig können ihre ursprünglichen Positionen nur noch auf dem Papier rekonstruiert werden. Doch lässt sich auch daraus noch die einstige Wechselbeziehung zwischen Kunstwerk und Architektur gut ablesen.

Ihre zeitlose, suggestive Wirkung erzielte die ägyptische Kunst durch harmonische Proportionen und höchste künstlerische Meisterschaft. Alle Formen entsprachen einem strikten Kanon für die Darstellung der menschlichen Gestalt, bei dem das Verhältnis zwischen den Körperteilen unabhängig von deren realer Größe immer das gleiche blieb. Die ikonografischen Grundlagen wurden in der Dritten und Vierten Dynastie gelegt und seitdem nicht wesentlich abgeändert.

Auf Gemälden und Reliefs wurde der menschliche Körper mit dem Kopf im Profil abgebildet, Schultern und Brust frontal, Unterleib und Beine wieder im Profil. Solche Gestalten sind zwar anatomisch unmöglich, wirken aber besonders

lebensecht. Bedeutende Personen – der König, eine Gottheit oder der Eigentümer des Grabes – wurden weit überlebensgroß dargestellt. Dieselbe Regel galt für plastische oder Relieffiguren, ebenso für die Hieroglyphen, die häufig die Bildkunst noch steigerten und ergänzten.

Weitere Traditionen wurden zu dieser Zeit begründet. Zum Beispiel legte man Wert auf subtile Unterschiede in der Darstellung von männlichen und weiblichen Personen, um deren unterschiedliche Rolle in der damaligen Gesellschaft zum Ausdruck zu bringen. Männer schreiten stets entschlossen voran, während die Frauen zumeist stehen, einen Fuß leicht vor- oder beide Füße ruhig zusammengestellt. Diese Unterscheidung zwischen dem aktiven, nach außen orientierten Leben der Männer und der stilleren, häuslicheren Existenz der Frauen wird auch dadurch akzentuiert, dass die Haut der Frauen hellgelb im Gegensatz zum tiefen Rotbraun bei den Männern dargestellt ist. Manchmal wurden Augen eingelegt, wobei die Iris aus glänzendem Bergkristall mit einem schwarz gemalten Loch als Pupille bestand. Die Wirkung ist überraschend lebensecht, besonders im trüben Licht eines Grabes, wie es bei der Entdeckung der berühmten Statuen des Rahotep und der Nofret herrschte.

Die Handwerker, die die Statuen und den Wandschmuck herstellten, arbeiteten in Teams unter Anleitung eines Meisters. Lehrlinge mussten längere Zeit in Werkstätten üben. Erst wenn sie ein gewisses Geschick erlangt hatten, wurden ihnen schwierigere Arbeiten anvertraut.

Bei der Anfertigung einer Statue wurde zuerst der Umriss der Figur auf den rohen Steinblock aufgemalt, woraufhin Helfer des Meisters das überflüssige Material mit Kupfermeißeln und Steinschlegeln entfernten. Der Umriss wurde sodann neu gemalt, und die ganze Operation wiederholt, bis die Statue im Rohentwurf fertig war. Jetzt vollendeten geübte Bildhauer den Körper und seine Glieder, während der Meister selbst letzte Hand an den Kopf legte.

Werkstätten wurden vom Palast des Königs und einigen Tempeln unterhalten. Wahrscheinlich wurde der ästhetische Kanon zuerst in den Tempelwerkstätten formuliert, während die sich mit der Zeit verändernden stilistischen Details wohl aus den königlichen Werkstätten stammten und sicher weitgehend durch die idealisierten offiziellen Porträts des Königs und der königlichen Familie geprägt waren. Arbeiten aus Provinzwerkstätten fehlen Finesse und Eleganz.

Statuen hatten immer eine Funktion und gehörten deshalb zu einem architektonischen Gesamtprogramm. Größe, Typus und Platzierung entsprachen einem ästhetischen Konzept, nach dem sie dem von ihnen geschmückten Gebäude eingegliedert wurden.

Sitzende und stehende Figuren sind die ersten Beispiele für Königsstatuen. Von Snofru, dem ersten Herrscher der Vierten Dynastie, ist uns nur eine einzige Statue überkommen. Als Fakhry sie in Dahschur fand, war sie in drei Stücke zerbrochen, und es fehlte ein Teil des Kopfes. Mit Hilfe des Deutschen Archäologischen Instituts wurde das Kunstwerk vor kurzem restauriert und soll jetzt im Ägyptischen Museum ausgestellt werden.

Noch schlechter steht es mit Statuen des Cheops, des zweiten Herrschers der Dynastie. Es gibt nur

noch eine winzig kleine Statuette von ihm, und sie wurde nicht einmal bei seiner großen Pyramide gefunden, sondern in Abydos, über 500 Kilometer entfernt – von Flinders Petrie, dem »Vater der Ägyptologie«. Als ihm seine Arbeiter die kopflose Statuette brachten, bemerkte er sofort, dass die Bruchstelle am Hals noch frisch war, und gab Anweisung, allen Sand durchzusieben und den Antiquitätenbasar am Ort zu durchsuchen. Drei Wochen später war der Kopf gefunden und konnte dem Rumpf wieder aufgesetzt werden.

Die berühmteste Königsstatue aus dieser Zeit ist aber zweifellos die Statue des Chephren aus Anorthositgneis, die ursprünglich in dessen granitenem Taltempel in Giza stand. Sie ist die vollkommene Verkörperung der Institution des Gottkönigtums. Der thronende Pharao zeigt neben Eleganz und Majestät eine bis dahin nicht gesehene Monumentalität. Die anatomischen Einzelheiten vermitteln den Eindruck von Kraft und Dauer im Reich der Menschen, während der göttliche Falke hinter dem Haupt des Königs schwebt, als wolle er mit

54 OBEN
STATUE DES MERSUANCH MIT SEINEN BEIDEN TÖCHTERN
JE 66617

BEMALTER KALKSTEIN
HÖHE 43,5 CM BREITE 21 CM, TIEFE 20,5 CM
GIZA, MASTABA DES MERSUANCH
AUSGRABUNGEN VON S. HASSAN (1929–1930)
ENDE 5. DYNASTIE (2. HÄLFTE DES 24. JAHRHUNDERTS V. CHR.)

54 RECHTS
DOPPELSTATUE DES MERSUANCH
JE 66620

BEMALTER KALKSTEIN
HÖHE 59,5 CM BREITE 21 CM, TIEFE 20,5 CM
GIZA, MASTABA DES MERSUANCH
AUSGRABUNGEN VON S. HASSAN (1929–1930)
ENDE 5. DYNASTIE (2. HÄLFTE DES 24. JAHRHUNDERTS V. CHR.)

54 RECHTS UND 55
RELIEF MIT VÖGELN UND PAPYRUSSTAUDEN
JE 56001

KALKSTEIN MIT RESTEN VON BEMALUNG
HÖHE 102 CM
SAQQARA, TEMPEL DES USERKAF
AUSGRABUNGEN VON C. M. FIRTH (1928–1929)
5. DYNASTIE
REGIERUNGSZEIT DES USERKAF (2465–2458 V. CHR.)

diesem ins Reich der Götter emporfliegen. Die Statue repräsentiert auch die Dreiheit von Osiris, Isis und Horus. Der Falke ist Horus, der Thron das Hieroglyphenzeichen für die Göttin Isis, der König stellt Osiris dar, den Herrscher der Unterwelt. Man schätzt, dass sich im Pyramidenkomplex des Chephren in Giza einmal 58 Statuen befunden haben. Nur einige wenige sind noch erhalten, und diese sind beschädigt. Sockel für vier kolossale Sphingen, jede mehr als acht Meter lang, flankieren noch die Eingänge zum Taltempel. Im Innern der Eingangspassagen befinden sich kleine Nischen, die einst ebenfalls Kolossalstatuen, möglicherweise Paviane, enthielten. Im Taltempel standen 23 fast lebensgroße Statuen des Königs. Bruchstücke von einigen davon hat man gefunden. Und im Totentempel müssen sich in den Innenräumen mindestens sieben große Standbilder des Pharao befunden haben. Weitere zwölf königliche Kolossalskulpturen umgaben den offenen Hof. Im Sphinxtempel neben dem Taltempel standen ebenfalls zehn riesige Statuen des Königs Chephren. Kein anderer Pyramidentempel des Alten Reiches wies so viele und so große Standbilder auf.

Die größte Skulptur aus der Regierungszeit Chephrens ist aber natürlich der Große Sphinx. Er ist aus dem Ableger eines großen Felsblocks – er liegt noch heute in dem Steinbruch, in dem die Bausteine für die Pyramiden und Tempel gebrochen wurden – gemeißelt und steht in einer künstlichen Senke am Fuß der Wüstenberge, direkt beim Aufweg und Taltempel des Chephren-pyramiden-Komplexes. Am Kinn des Antlitzes, das dem Chephrens ähnelt, besaß der Sphinx einst einen langen, geflochtenen Zeremonialbart, wie er Götter oder vergöttlichte Könige zu schmücken pflegte. Bruchstücke davon fand Giovanni Battista Caviglia im Jahr 1817. Ungeklärt ist, ob der Bart zum ursprünglichen Entwurf gehört hatte oder erst im Neuen Reich hinzugefügt wurde. Die Stücke bestehen offensichtlich aus demselben Kalkstein wie der Körper, sind aber nur etwa 30 Zentimeter dick und haben eine aufgeraute Rückfläche, als hätten sie die Steine des Rumpfes stützen sollen. Nur 13 Prozent des Bartes sind erhalten, weshalb man ihn ohne umfangreiche Restaurierungsarbeiten nicht wieder anbringen könnte. Ein solcher Versuch würde auch eines der uns vertrautesten Gesichter der alten Welt radikal verändern. Die Nase wurde im 14. Jahrhundert weggemeißelt – vielleicht eine Reaktion auf eine Serie von Katastrophen, die damals das Land heimsuchten – Pest, Hunger und Krieg – und für die man die »Götzenbilder« verantwortlich machte. Auch in modernen Zeiten hat der Sphinx gelitten. Sein Gesicht bröckelt langsam ab, und die alten Steine der Verkleidung sind, wie auch ein Brocken Kerngestein an der Schulter, teilweise herabgefallen. Neuere Konservierungsarbeiten haben immerhin Früchte getragen und den Verfall aufgehalten. Trotzdem hat der ruinöse Zustand des Sphinx zu Spekulationen Anlass gegeben, dass er im Grunde viel älter sein müsse als die ihn umstehenden Bauten der Vierten Dynastie. Diese Spekulationen können sich allerdings nur auf geologische Vermutungen stützen. Die Architektur der Anlage zeigt jedenfalls klar, dass der Sphinx zur selben Zeit wie der untere Tempel und der Aufweg des Königs Chephren geschaffen worden sein muss.

Chephrens Nachfolger Mykerinos schmückte seinen Pyramidenkomplex ebenfalls mit Statuen. Als Reisner die Tempel ausgrub, fand er mehrere ganze Skulpturen und viele Bruchstücke vor, unter anderem Fragmente einer überlebensgroßen Kalzitstatue, die einmal in der Zentralachse des Totentempels stand. Einige der besterhaltenen Figuren sind die Triaden vom Taltempel, die den König in Begleitung der Göttin Hathor und einer Gaugottheit zeigen. Der König wird hier immer mit der Weißen Krone Oberägyptens auf dem Haupt dargestellt. Auch die Gaugötter sind die der Provinzen Oberägyptens. Viel-

leicht standen alle Statuen ursprünglich um den mittleren Hof, wo auch noch viele Bruchstücke anderer Bildwerke gefunden wurden. Auch diese Dreiheit – König, Hathor und Gaugottheit – lässt sich als Horus (der König), Hathor und Re (dargestellt als Sonnenscheibe auf Hathors Krone) interpretieren. Sie wäre dann das Zentrum für den Kult des Sonnengottes Re gewesen, des Schöpfers und Erhalters der Welt. Hathor, Res Tochter und Gattin, trägt die Züge der Königin, der Gemahlin des Pharao und Mutter seines Nachfolgers. So legt diese Dreiheit nahe, dass die Pyramidenkomplexe des Alten Reiches dem König und diesen Gottheiten geweiht waren und das Band zwischen ihnen stärken sollten.

Aus der Fünften Dynastie sind nur wenige Monumentalskulpturen auf uns gekommen. Aber die erhaltenen beweisen, dass die Bildhauer dieser Zeit denen der Frühzeit des Alten Reiches nicht nachstanden. Der Kopf des Userkaf aus seinem Sonnenheiligtum ist von außerordentlicher Qualität, ebenso der in Saqqara entdeckte kolossale Kopf dieses Königs in rotem Granit.

In Abusir haben die vor einigen Jahren durchgeführten Ausgrabungen eines tschechischen Teams unter Miroslav Verner in der unvollendeten Pyramide des Königs Raneteref sechs kleine Porträtstatuen dieses wenig bekannten Königs zu Tage gefördert, sehr schön und in verschiedenem Stein gearbeitet. Und dabei hatte ein deutsches Team die Arbeit in dieser Pyramide siebzig Jahre zuvor als unergiebig abgebrochen! Im Grabtempel entdeckte die tschechische Mannschaft auch Statuetten der traditionellen Feinde Ägyptens: der Asiaten, Libyer und Nubier.

Vor kurzem sind zwei Statuen in getriebenem Kupfer aus der Regierungszeit Pepis I. (Sechste Dynastie) restauriert worden, die eine lebensgroß, die andere etwas kleiner. Beide stellen den König dar. Den Quellen ist zu entnehmen, dass Kupferstatuen schon in der Zweiten Dynastie hergestellt wurden. Aber diese beiden sind die einzigen noch existierenden Exemplare aus dem Alten Reich.

Auch der Brauch, Tempelwände mit Reliefdarstellungen zu schmücken, entwickelte sich im Alten Reich. Zur Zeit Snofrus finden sich solche Reliefs erst im Taltempel. Während der Regierungszeit des Cheops tauchen sie aber schon im gesamten Pyramidenkomplex auf, und in der Fünften und Sechsten Dynastie ist die neue Errungenschaft voll entfaltet.

Die Wandreliefs wurden ähnlich gearbeitet wie die Skulpturen. Zuerst skizzierte man die Umrisse in roter Tinte auf die Wand, und korrigierte mit blauer Tinte. Maurer entfernten danach den Hintergrund, so dass die Bilder schön hervortraten. Die Einzelheiten wurden schließlich von erfahrenen Bildhauern modelliert.

Die Bildinhalte der Reliefs lassen sich in mehrere Kategorien einteilen. An erster Stelle steht die Darstellung herrscherlicher Macht: Der Pharao unterwirft sich Elemente der kosmischen Unordnung, zum Beispiel wilde Tiere und fremde Völker, oder er gibt seiner souveränen Macht über das Reich Ausdruck. Diesem Themenkreis sind auch Szenen wie die Jagd auf wilde Wüstentiere, das Erschlagen von Feinden und die Entgegennahme von Tributen aus dem In- und Ausland zuzurechnen. Die beigefügten Ehrentitel des Königs unterstreichen diesen Aspekt der Herrschaft.

Auf anderen Bildern wird der König mit Gottheiten identifiziert und als Falkengott Horus dargestellt. Er befindet sich dann stets in Gesellschaft von Göttern und Göttinnen, und eine seiner Hauptpflichten ist, diesen Opfer darzubringen.

Daneben stehen Szenen, auf denen der König das Jubiläumsfest, das *Sed*-Fest, feiert. Diese zeigen, wie er mit seinen Beamten und Höflingen in der *Heb-sed*-Palastkapelle sitzt und das Ritual zur Erneuerung des Königtums und zur Stärkung des Pharao für seine königlichen Pflichten zelebriert.

Schließlich treten auf den Reliefs Götter auf, die die Herrschaft des Königs autorisieren. Indem sie ihm die Hieroglyphensymbole für Macht, Autorität, Herrschaft und langes Leben überreichen, unterstreichen sie die Legitimität und Macht seines Königtums. Solche Szenen dienten dazu, für alle Zeiten die Vollkommenheit der Machtausübung des Pharao zu beschwören und sie kulminierten in dessen Vergöttlichung.

War eine Szenenfolge einmal in den Motivkatalog aufgenommen, wurde sie in späteren Tempeln immer wiederholt, wenn auch nicht unbedingt in derselben Reihenfolge und mit allen Bildern. Abweichungen beeinträchtigten nicht ihre magische Wirkung. So stellt zum Beispiel eine Szene aus dem Sahuretempel (Fünfte Dynastie) den

56 OBEN
STATUE EINES SCHREIBERS
JE 30272 = CG 36

BEMALTER KALKSTEIN
HÖHE 51 CM, BREITE 41 CM,
TIEFE 31 CM
SAQQARA
AUSGRABUNGEN DER ALTERTÜMER-VERWALTUNG (1893)
ANFANG 5. DYNASTIE
(MITTE 25. JAHRHUNDERT V. CHR.)

König dar, wie er seine libyschen Feinde vernichtet. Die gleiche Szene wurde mit allen Einzelheiten, einschließlich der Namen der Feinde, zweihundert Jahre später im Tempel Pepis II. wiedergegeben. Wichtig waren also nicht historische Fakten, sondern die magische Kraft der Szene, die den Triumph des gegenwärtigen Pharao über die Feinde Ägyptens sicherte.

Auch Gegenstände, seien es solche des alltäglichen Gebrauchs, seien es Grabbeigaben, gehörten zu dem genau vorgeschriebenen Programm, das, wie Wandreliefs und Statuen beweisen, die Doppelfunktion von Tempel und Palast widerspiegelt. In den Tempeln des Alten Reiches enthielten die südlichen Magazinkammern die für Kultzwecke benötigten Objekte, die nördlichen die Gegenstände, die dem König für das Leben nach dem Tod dienen sollten. Andere Gegenstände waren, ebenfalls nach einem vorgeschriebenen Programm, in der Grabkammer untergebracht.

Leider ist bisher noch kein Königsgrab des Alten Reiches ganz unbeschädigt aufgefunden worden. Selbst die Nebenpyramiden der königlichen Gemahlinnen wurden von den Plünderern heimgesucht, die wahrscheinlich im Zuge des Zusammenbruch der Zentralgewalt Ende der Sechsten Dynastie ihr Unwesen trieben. Immerhin entdeckte man 1925 an der Ostseite der Großen Pyramide ein nicht markiertes Schachtgrab. Verschiedene mit Inschriften versehene Objekte aus der Grabkammer zeigen, dass es sich um die letzte Ruhestätte von Hetepheres handelt, der Gemahlin des Snofru und Mutter des Cheops. Unter den Funden waren auch ein leerer Kalzitsarkophag, ein kompletter Kanopenkasten und viele zur Ausstattung gehörende Gegenstände mit Goldüberzug und den Namen und Titeln der Königin oder Snofrus. Dass der Schacht nicht überbaut war und keine Mumie enthielt, hat die unterschiedlichsten Spekulationen ausgelöst. Reisner, der das Grab freilegte, vertrat die These, die Königin sei schon bald nach Regierungsantritt des Cheops gestorben und in Dahschur, unweit der Pyramide ihres Gemahls, bestattet worden. Noch während der Regierungszeit des Cheops sei man in ihr Grab eingebrochen und habe den Leichnam gestohlen, weshalb ihr Sohn die Reste des Grabinhalts nach Giza bringen und dort in aller Eile neben seiner eigenen Pyramide habe begraben lassen.

Nach jüngeren Vermutungen wurde die Königin während der ersten Jahre der Errichtung des Pyramidenkomplexes in dem Schachtgrab zu Giza provisorisch bestattet. Es sei noch der Bau einer kleineren Pyramide über dem Grab geplant gewesen. Stattdessen habe man aber dann die kleineren Pyramiden weiter im Süden gebaut, um Platz für den Aufweg der Großen Pyramide zu gewinnen, und den Leichnam der Königin dorthin überführt. Sarg, Ausstattung und Kanopenkasten beließ man an Ort und Stelle. Eine dritte Theorie besagt, dass die Königin ursprünglich in der Königinnenpyramide im Norden beigesetzt, diese aber in der Zeit der Wirren gegen Ende des Alten Reiches geplündert worden sei. Die für den Kult des Cheops zuständigen Priester hätten dann die Grabausstattung und den leeren Sarkophag in ein sicheres, unmarkiertes Schachtgrab transportiert.

Da Wohnhäuser aus Lehmziegeln erbaut wurden, sind die einzigen erhaltenen Beispiele nicht-höfischer Architektur die Privatgräber. Diese sind nicht ganz so einheitlich und nach unveränderlichem Muster angelegt wie die königlichen Pyramidenkomplexe, und ihre Architektur war im Lauf des Alten Reiches größeren Entwicklungen unterworfen. Zu Beginn dieser Epoche wurden die Familienangehörigen und Beamten des Pharao gewöhnlich in der Nähe seines Grabes bestattet. Später wurden diese Gräber immer größer und immer reicher ausgeschmückt.

Der Großteil unseres Wissens über Geschichte und Kultur der Pyramidenzeit stammt nicht aus den großen Städten des Alten Reiches, die weitgehend zerstört sind, sondern aus den Gräberfeldern der Wüste. Diese erstrecken sich in einem großen Bogen von Abu Roasch im Norden bis nach Meidum im Süden. Am Fuß der königlichen Pyramiden liegen dicht gedrängt die Gräber der königlichen Beamten, teils hoher Höflinge wie Ti und Mereruka in Saqqara, teils niedrigerer Chargen wie Debhen in Giza, dazu die Arbeitergräber. In Giza bilden die Privatgräber eine ganze Totenstadt mit regelmäßigen Straßen und Alleen. Als Mariettes Mitarbeiter diese oben flachen, länglichen und seitlich abgeschrägten Bauten zum ersten Mal sahen, fühlten sie sich an die Lehmziegelsitze vor ihren Häusern erinnert und nannten sie darum »Mastaba« – das arabische Wort für »Bank«. Der Name ist ihnen seither geblieben.

Die Grabkapelle, zentraler Bezugspunkt des Privatgrabes, hat sich aus der Opferstele mit dem

56 UNTEN
STATUE EINES SCHREIBERS
CG 78

BEMALTER KALKSTEIN
HÖHE 49 CM
SAQQARA
5. DYNASTIE (2465–2323 V. CHR.)

57
STATUE DES PTAHSCHEPSES ALS SCHREIBER
CG 83

BEMALTER KALKSTEIN
HÖHE 42 CM
SAQQARA, MASTABA C 10
5. DYNASTIE (2465–2323 V. CHR.)

Namen und den Titeln des Eigentümers und der »Scheintür« entwickelt, die dem Toten Zugang zur Welt der Lebenden gewährte. Im alten Reich platzierte man diese beiden architektonischen Elemente in einer Grabkapelle, und zwar an der Westwand. Aber als diese Hauptelemente immer größer wurden und man zunehmend Platz an der Wand brauchte, wurden die Privatgräber schrittweise erweitert. Zuerst gaben die Inschriften nur Namen und Titel des Bestatteten an, später lieferten sie auch Aussagen über seine Familie und sein Leben. Die ursprünglich schlichte Opferstele wurde so im Lauf der Zeit mit Darstellungen ganzer Prozessionen von Opfergabenträgern und Szenen aus dem öffentlichen und privaten Leben des Toten versehen. Und am Ende des Alten Reiches hatte sich die einfache, einräumige Kapelle zu einem Labyrinth schön dekorierter Räume und Korridore entwickelt.

Immer wiederkehrende Themen der Grabreliefs reichen von allgemeinen Szenen im Freien, wie Bootsfahrten, Landwirtschaft und Viehhaltung, bis zu spezielleren Darstellungen aus Werkstatt und Büro. Bei den weiter innen liegenden Räumen handelt es sich gewöhnlich um Opferszenen, mit Prozessionen von Opferträgern, Tieren und Schlachtungen. Die Liste mit den Opfern und der Opfertisch waren ganz im Innern der Kultkammer dicht neben der Scheintür angebracht.

Auch das Aussehen der Grabkapelle veränderte sich mit der schrittweisen Erweiterung des Gebäudes, doch blieb sich der Grundriss im Wesentlichen gleich. Er war aber flexibel genug, um auch architektonische Varianten zuzulassen. In Stein gehauene Felsgräber am Nil haben jedoch unterschiedliche Lagen, da dort die Position des Kapelleneingangs vom Terrain, weniger vom Architekten abhing.

Wie die Königsstatuen galten auch die Abbilder von Privatpersonen als Wohnstätten für den Geist des Toten und standen im Zentrum von Ritualen und Opfern. Statuen von Privatleuten bestanden jedoch meist aus Kalkstein oder Holz – Materialien, die leichter zu bearbeiten waren als härteres Gestein. Ein paar Holzstatuen sind uns erhalten geblieben, etwa die berühmte Statue des so genannten »Scheich el-Beled«, des »Dorfschulzen«, eines wohlhabenden Beamten mittleren Alters, der in Wirklichkeit Kaaper hieß. Das weichere Material gestattete die sehr feine Modellierung von Augen und Ohren, ja sogar der Haarsträhnen am Kopf.

Eine Seltenheit, die Basaltstatue einer nicht königlichen Persönlichkeit, wurde vor kurzem in Giza entdeckt. Sie stellt Per-nianchu dar, einen Zwerg, aber versehen mit Stab und Herrschaftszepter. Die Inschrift neben dem rechten Bein lautet: »Der Seiner Majestät alle Tage gefällt«. Neuere Hinweise lassen vermuten, dass es sich um den Vater des Zwergs Seneb handelt.

Privatstatuen stellen fast immer Personen männlichen Geschlechts dar, wobei die Porträtierten im Allgemeinen stehend abgebildet werden. Seltener kommt es vor, dass der Abgebildete auf einem kleinen Stuhl oder wie ein Schreiber mit gekreuzten Beinen auf dem Boden sitzt. Häufig hält er einen Stab oder ein anderes Hoheitssymbol in der

Hand. Es war zwar üblich, die Menschen in voller Jugendfrische und mit straffen Muskeln wiederzugeben, aber zuweilen finden sich auch ältere Bürokraten mit dem jovialen Habitus des gesetzteren Alters. Frauen allerdings werden praktisch immer schlank und jung dargestellt. Sogar bei Schwangeren ist nur eine unauffällige Rundung des sonst flachen Bauches zu bemerken.

Es gibt nur wenige Statuen, die Frauen einzeln darstellen. Die bekannteste ist die Sitzfigur der Nofret. Aber eigentlich bildet auch ihre Statue ein Paar mit der ihres Gemahls Rahotep. Die realistische Manier, in der dieses hochrangige Paar porträtiert ist, weist auf einen plötzlichen Sprung in der Entwicklung der Bildhauerkunst Anfang der Vierten Dynastie hin.

Bei den Statuen, die Mann und Frau gemeinsam zeigen, ist die Frau meist kleiner und zarter als der Mann dargestellt, was ja in aller Regel auch den anatomischen Gegebenheiten entspricht. Kinder sind fast immer nackt dargestellt, manchmal mit einem Finger im Mund. Ihre Körperproportionen entsprechen aber, obwohl die Figuren insgesamt kleiner sind, denen der Erwachsenen.

Ehemann und Ehefrau werden häufig in enger Gemeinschaft abgebildet, bei Statuen von Paaren zum Beispiel in Tuchfühlung. Die Frau legt einen Arm um die Hüfte ihres Mannes und berührt mit dem andern in einer Geste rührender Liebe den seinen. Oft wirkt es so, als schöbe sie ihren Mann nach vorne, damit er die dem Ehepaar zugedachten Opfer in Empfang nimmt. Dieser Eindruck wird noch unterstrichen durch die traditionelle Gepflogenheit, die Frau mit geschlossenen Füßen, den Mann hingegen schreitend abzubilden – auch dies Ausdruck der gesellschaftlichen Realität im alten Ägypten, wo der Mann für den Broterwerb zuständig war und Frau und Kinder zu ernähren hatte. Entsprechend dieser Rolle nimmt er jetzt im Grab die Gaben für seine Familie in Empfang.

Bei einer anderen gebräuchlichen Anordnung der Figuren ist die Frau weit kleiner als der Mann abgebildet. Sie kniet vor seinen Knien und umschlingt in Demutsgeste ein Bein. Dabei ist sie oft nicht viel größer als die kleinen Kinder neben den Eltern.

Ungewöhnlich aber ist die Paarstatue, die den Zwerg Seneb und seine Frau zeigt. Die Kürze seiner Beine wird dadurch ausgeglichen, dass er sich im Schneidersitz auf einer Bank niedergelassen hat. Damit ist er genau so groß wie seine neben ihm sitzende Frau. An der Stelle, an der sich normalerweise seine Beine befinden würden, stehen hier seine winzigen Kinder – eine taktvolle, kluge Art, von Senebs Zwergenwüchsigkeit abzulenken und doch die Spielregeln bei der Darstellung solcher Familiengruppen einzuhalten.

Neben den Statuen hochrangiger Privatpersonen verfertigten die Künstler des Alten Reiches noch die so genannten Dienerfiguren, ein weiteres Genre ihrer Kunst. Es handelt sich um kleine Figuren von Männern und Frauen bei alltäglichen Arbeiten, etwa beim Mahlen von Korn, Brauen von Bier, beim Hüten des Feuers, beim Backen von Brot oder auch beim Schlachten von Tieren. Vielleicht sicherte die Aufstellung solcher Figuren im Grab auf magische Weise die Bequemlichkeit des Toten. Ob es sich dabei um Diener, Helfer oder gar Familienangehörige handelt, ist nicht geklärt.

Eine weitere Gruppe des privaten Rundbildes sind die geheimnisvollen »Ersatzköpfe«. Es handelt sich dabei um realistisch geformte Köpfe, wobei es aber keinen Hinweis darauf gibt, dass sie jemals mit einem Körper verbunden gewesen wären. Sie

wurden während der Vierten Dynastie an den Eingang zur Grabkammer bestimmter Personen gelegt. Bekannt sind nur 37 Exemplare. Bei einigen handelt es sich um Meisterwerke der Porträtkunst, hergestellt in den königlichen Werkstätten. Dies lässt darauf schließen, dass es sich um Geschenke des Königs handeln könnte.
Möglicherweise sollten diese Köpfe als Ersatzwohnsitz für den Geist des Verstorbenen dienen für den Fall, dass die Mumie oder die Statue des Toten beschädigt oder gestohlen wurde. Auffällig ist, dass diesen Köpfen in fast allen Fällen die Ohren entweder fehlen oder dass diese willentlich zerstört worden sind. Ob dieser Umstand auf Vandalismus von Grabräubern oder auf absichtliche Verstümmelung zu unbekannten kultischen Zwecken zurückgeht, ist ungeklärt.
Dem Zusammenbruch der Zentralgewalt im Reich von Memphis am Ende der Sechsten Dynastie folgte ein Jahrhundert der Hungersnöte und Wirren. Vielleicht war es die lange Regierungszeit Pepis II., die zur Erschlaffung führte und die Zentralregierung nachhaltig schwächte. Alte Quellen sprechen von einer über 90-jährigen Herrschaft. Vielleicht waren auch zu niedrige oder zerstörerisch hohe Nilüberschwemmungen für die Hungersnöte verantwortlich. Jedenfalls wurden keine Monumentalgebäude mehr errichtet und keine Kunstwerke mehr produziert.
Wahrscheinlich geschah es in dieser Zeit, dass die Gräber und Pyramiden aufgebrochen und geplündert wurden. Erst nachdem das Land unter einem neuen Herrschergeschlecht aus der Stadt Theben im Süden, zur Zeit der Elften Dynastie, wieder geeinigt war, kehrten Glück und Wohlstand zurück.

58 LINKS OBEN
STATUE DES TI
JE 10065 = CG 20

BEMALTER KALKSTEIN
HÖHE 198 CM
SAQQARA, MASTABA DES TI
5. DYNASTIE
REGIERUNGSZEIT DES NIUSERRE
(2416–2392 V. CHR.)

58 MITTE
STATUE EINER STEHENDEN FRAU
CG 134

KALZIT
HÖHE 50 CM
SAQQARA
5. DYNASTIE
(2465–2323 V. CHR.)

59 RECHTS
FRAGMENT EINER STATUE DES URCHUI
JE 72221

KALKSTEIN MIT RESTEN DER SCHMUCKBEMALUNG
HÖHE 35 CM
HERKUNFT UNBEKANNT
6. DYNASTIE
(2323–2150 V. CHR.)

ÜBER DEN AUTOR

ZAHI HAWASS ist Generaldirektor der Pyramiden von Giza und Saqqara. Er entdeckte die Gräber der Bauarbeiter, die die Pyramiden errichteten, und die der Beamten des Cheops westlich der Großen Pyramide. Seine Rolle bei der Entdeckung der beim Pyramidenbau angewendeten Methoden war herausragend.
Unter seinen jüngsten archäologischen Leistungen sind von besonderer Bedeutung die Leitung der Ausgrabungen im Bereich der Pyramide des Mykerinos und die Auffindung der Doppelstatue Ramses II. Nachdem Zahi Hawass das von Präsident Mubarak im Mai 1998 initiierte Projekt der Restauration des Sphinx beendet hatte, wandte er sich einer gründlichen Bestandsaufnahme des gesamten Plateaus bei Giza zu. In Kürze wird er einen Plan vorlegen, nach dem Archäologie und Massentourismus in Einklang gebracht werden sollen.
In Anerkennung seiner Verdienste als Ägyptologe hat er ein Fulbright-Stipendium und die Ehrendoktorwürde der University of Pennsylvania erhalten. Er war außerdem Mitarbeiter an zahlreichen enzyklopädischen Werken zur Archäologie Ägyptens und des Nahen Ostens und ist Autor von Büchern über die Pyramiden, die Rolle der Frau in den Königsfamilien des alten Ägypten und viele ähnliche Themen. Er lehrt Archäologie an der Universität Kairo, hat Vorlesungen an der Universität Los Angeles und überall auf der Welt Vorträge gehalten.

JE 34571 = CG 1742

DIE »MEIDUM-GÄNSE«

Bemalter Stuck
Höhe 27 cm, Breite 172 cm
Meidum, Mastaba des Nefermaat, Ausgrabungen von A. Mariette (1871)
4. Dynastie, Regierungszeit des Snofru
(2575–2551 v. Chr.)

Dieses Fragment aus bemaltem Stuck gehörte zur Wandverzierung der Mastaba des Nefermaat und der Itet in Meidum. Genauer: Es schmückte den unteren Teil der Wand des Korridors, durch den man zur Kultkapelle der Itet gelangte. 1871 wurde es bei Ausgrabungen Mariettes entdeckt und sogleich als eines der größten Werke der Malerei des alten Ägypten eingestuft.

Es ist in Temperatechnik unter Verwendung von in Wasser gelösten Mineralfarben gemalt. Das Bindemittel ist nicht bekannt, es dürfte aber eine gummiähnliche Substanz oder Eiweiß gewesen sein.

Das Bild zeigt sechs Gänse auf dem Feld. Kleine Abänderungen mildern die sonst starre Symmetrie. Dies ist typisch für die ägyptische Kunst im Allgemeinen und für die des Alten Reiches im Besonderen. Die sechs Gänse sind in zwei Dreiergruppen angeordnet, die in entgegengesetzte Richtung blicken. Vier halten den Kopf hoch, die beiden anderen, jeweils ganz außen, beugen den Hals und picken auf dem Boden Futter auf. So manches Detail, vor allem

JE 43809

Zwei Wandfragmente mit eingelegten Bildern

Kalkstein, gefärbter Gips
Höhe 61,5 cm und 62 cm, Breite 138 cm und 124 cm
Meidum, Mastaba des Nefermaat, Ausgrabungen von W. M. F. Petrie (1892)
4. Dynastie, Regierungszeit des Snofru
(2575–2551 v. Chr.)

Die beiden Fragmente stammen aus der Mastaba des Nefermaat, eines Sohnes des Snofru. Sie gehören zu einer ganzen Gruppe von Wandteilen, die bei zwei Gelegenheiten aus dem Grab entfernt und abtransportiert wurden: bei den Ausgrabungen Mariettes 1871 und bei denen Petries 1892.

Die Kunstwerke zeigen, dass hier mit revolutionären neuen Techniken experimentiert wurde. Aber die ägyptischen Künstler waren offenbar mit den Ergebnissen nicht sehr zufrieden, hat man doch keine weiteren Beispiele für diese Technik entdecken können.

Bei dem hier angewandten Verfahren wurden die Figuren zunächst in den Kalkstein eingemeißelt. Daraufhin hat man die entstandenen flachen Hohlräume mit farbigem Gips ausgefüllt. Wenn der Gips jedoch trocknete, fiel er leicht wieder heraus, und vielleicht war dies auch der Grund dafür, dass diese neue Art der Einlegetechnik nicht weiter verfolgt wurde. Es gibt zwar einige Beispiele aus dem Neuen Reich, aber dort wurde Glasmasse verwendet.

Der Anblick wirkte grandios, teils wegen der Lebhaftigkeit der Farben, teils wegen des Tiefeneindrucks, den die ägyptischen Künstler durch diese Relieftechnik erzielten.

Auf dem rechts abgebildeten Fragment sind die Szenen in zwei Bildfeldern angeordnet. Beide Male handelt es sich um Jagdszenen. Im unteren Register verfolgt ein Hund drei Füchse und beißt den letzten in den Schwanz. Das obere Register zeigt einen Mann, der sich von hinten an einen Leoparden anschleicht. In den Händen hält er zwei Wurfstöcke – eine Art nicht zurückkehrender Bumerang –, mit denen er das Raubtier aus größerer Entfernung zu erlegen sucht.

Vom zweiten Fragment sind drei Register erhalten, das oberste allerdings in sehr schlechtem Zustand. Doch lassen sich noch die Beine verschiedener Tiere und ein paar Pflanzen erkennen.

Im mittleren Bildfeld wird eine andere Jagdszene geschildert: Zwei Männer haben ein sechseckiges Netz ausgelegt, um Wasservögel zu fangen. Sie knien links von dem Netz, beugen sich zurück und ziehen das Netz mit ihrer Beute – vier Gänsen – mit einem Strick zusammen.

Unter dem Netz sind auf gleicher Ebene zwei weitere Gänse abgebildet, die irgend etwas im Gras aufpicken. Zwischen den Männern und dem Netz steht als Überschrift zur ganzen Szene das Hieroglyphenzeitwort *sech*, was »Schließen« (des Netzes) bedeutet.

Das untere Register enthält eine Szene aus der Landwirtschaft. Rechts zieht ein Ochse, nur noch als Vertiefung zu erkennen, da die Füllung aus farbigem Gips herausgefallen ist, einen von einem Mann geführten Pflug. Hinter ihm gehen ein weiterer Ochse und ein anderer Mann in derselben Haltung. Man erkennt das Wort *seka*, »Pflug«, zwischen den Männern und den Ochsen.

Diese Darstellungen sind Teil des Repertoires an Alltagsszenen, mit dem in dieser Periode oberirdische Grabanlagen ausgeschmückt wurden. Sie sollten die Beziehung der Toten zur Welt der Lebenden aufrecht erhalten.

Neben solchen Bildern wird der Verstorbene häufig beim Entgegennehmen von Totenopfern dargestellt. Die Ausstattung der Gräber mit derartigen Szenen sollte sicherstellen, dass der Tote im Jenseits ein Leben führen konnte, wie er es im Diesseits gewohnt war.

(R.P.)

bei der Farbgebung, belebt das Ganze und kompensiert die fehlende Dynamik, wodurch aus einer eigentlich ziemlich trivialen Komposition ein Meisterwerk wird.

Das rechte Gänsepaar mit aufrechtem Hals variiert die Farbsequenz des Federkleides im Vergleich zum linken, während die Schwänze mehr aufeinander abgestimmt sind. Daraus ergibt sich eine sehr wirkungsvolle, enge Wechselbeziehung gerade an der kompositorischen Spiegelachse. Jede Gruppe für sich bildet wieder ein Ganzes, um das sich – zum Beispiel links – ein imaginärer Halbkreis vom Schnabel der Gans mit gebogenem Hals bis zum Schwanz des Vogels in der Mitte beschreiben lässt. Diese Dreiergruppierung ist übrigens nicht zufällig. Mittels Dreiergruppen wurde in der alten ägyptischen Schrift das Prinzip der Pluralität ausgedrückt. Die drei Gänse rechts und links stellen demnach nicht nur jeweils drei, sondern eine unbestimmte Vielzahl von Vögeln dar.

In diesem Sinn ist die Szene mehr als nur eine Abbildung im Rahmen künstlerischer Konventionen. Sie kann als Beispiel für ein Piktogramm gelten.

Die Absicht des Künstlers war es also nicht, ein paar Gänse naturgetreu wiederzugeben. Die Merkmale der dargestellten Typen lassen keine Identifizierung mit bestimmten Arten zu. Er hat eher archetypische Gänse dargestellt, in Anbetracht der weitgehenden Stilisierung mehr Hieroglyphen als wirkliche Vögel. Der Hintergrund, ein neutrales, rosa getöntes Grau, vor dem sich die Gänse scharf abheben, liefert den zusätzlichen Beweis, dass es sich hier in Wirklichkeit eher um einen »Text« handelt.

Die zwischen den Gänsefüßen wachsenden Grasbüschel bilden ein entschiedenes Gegengewicht zur sonstigen Statik der Szene. Sie setzen das Wechselspiel zwischen Aufbau und Abbau von Symmetrie fort, das aus dem Gemälde ein vollkommenes Meisterwerk macht.

(F.T.)

CG 3–4

Rahotep und Nofret

Bemalter Kalkstein
Rahotep (CG 3): Höhe 121 cm, Nofret (CG 4): Höhe 122 cm
Meidum, Mastaba des Rahotep, Ausgrabungen von A. Mariette (1871)
4. Dynastie, Regierungszeit des Snofru
(2575–2551 v. Chr.)

Diese Rahotep und seine Gemahlin Nofret darstellenden Statuen fand man in Rahoteps Mastaba im Norden der Snofru-Pyramide. Die beiden Figuren sitzen auf ziemlich soliden, quadratischen Sesseln mit hohen, breiten Rückenlehnen, die nur wenig niedriger als die Köpfe sind. Rahoteps Sitz ist etwas breiter als der seiner Frau. Der Mann legt den rechten Arm quer über die Brust und lässt den linken auf dem linken Schenkel ruhen. Beide Hände sind geschlossen. Er trägt eine kurze, schwarze Perücke, die das schmale Gesicht und die hohe Stirn ganz frei lässt. Seine Gesichtszüge sind ungemein realistisch gemeißelt. Die großen Augen sind eingelegt und bestehen aus Quarz und Bergkristall. Sie sind dick umrahmt von Schminkfarbe und überwölbt von gemalten Brauenbögen. Die Nase ist wohlgeformt, der Mund wird von einem aufgemalten schwarzen Schnurrbart betont. Um den Hals trägt Rahotep eine dünne Kette mit Anhänger. Bekleidet ist er nur mit einem kurzen weißen Schurz. Rumpf und Arme zeigen eine schön ausgeprägte, kräftige Muskulatur, Beine und Füße sind relativ massig.

Auf der Rückenplatte zu beiden Seiten des Kopfes stehen drei gemalte Hieroglyphenkolumnen, die Rahoteps Titel und Namen wiedergeben. Er wird bezeichnet als »Leiblicher Königssohn«, andere Titel sind »Priester des Re in Heliopolis«, »Aufseher der Arbeitsprojekte« und »Aufseher der Expeditionen«.

Nofret ist mit vor der Brust verschränkten Armen dargestellt und in einen Umhang gehüllt. Dieser Umhang, aus dem die rechte Hand hervorschaut, ist um das enge Untergewand geworfen und lässt gut die Körperformen erkennen. Um den Hals trägt sie eine *Usech*-Kette mit Perlenbändern in alternierenden Farben: einmal Hell-, dann Dunkelblau, dann wieder Rot. Am letzten Band hängt eine Reihe blauer Anhänger. Die schwere schwarze Perücke Nofrets fällt ihr bis auf die Schulter und wird um die Stirn von einem mit Blumenmotiven geschmückten Band zusammengehalten. Aus ihrem vollen Gesicht mit den feinen Zügen blicken eingelegte Augen, etwas schmaler als die Rahoteps. Die kleine Nase ist leicht gebogen, auch der Mund ist trotz der üppigen Lippen schmal. Auf der Rückenplatte steht beidseits des Kopfes eine Inschrift: »Sie, die den König kennt – Nofret«.

Die unterschiedliche Hautfarbe der beiden Figuren entspricht der üblichen ägyptischen Praxis bei der Darstellung von Männern und Frauen. Männliche Figuren sind ocker (zuweilen fast rot), weibliche haben hellgelbe Haut.

Trotz ihrer strengen Haltung und dem starren Blick zeugen die beiden Gestalten vom Geschick des Künstlers, dem Stein Leben einzuhauchen. Auch wenn wir keine Inschriften hätten, die die beiden als Mitglieder der königlichen Familie kennzeichnen, würde die hohe Qualität der Ausführung die Skulpturen als Arbeiten von Künstlern des Hofes ausweisen. (R.P.)

JE 53263

Armsessel der Hetepheres

Holz und Blattgold
Höhe 79,5 cm, Breite 71 cm
Giza, Grab Hetepheres' I. (G 7000 X),
Ausgrabungen von G. Reisner (1925)
4. Dynastie, Regierungszeit des Snofru (2575–2551 v. Chr.)

Dieser Armsessel wurde zusammen mit einem ähnlichen Exemplar und anderem Mobiliar im Grab der Hetepheres in einem unbeschreiblichen Durcheinander von Möbeln neben dem Kalzitsarg der Königin entdeckt. Sitz und Rückenlehne bestehen aus Holz und sind von einfachen Holzleisten mit Goldüberzug umrahmt.

Die hohen, vergoldeten Armlehnen wurden auf die Rahmenhölzer aufgesetzt. Sie bestehen aus waagrechten Leisten, deren Oberfläche gewölbt und mit parallelen Einkerbungen versehen ist. Die vertikale Armlehnstütze bilden weitere mit einem Flechtmuster geschmückte Holzleisten.

Der Raum zwischen den Armlehnen, dem Sitz und der Rückenlehne ist von einem eleganten Blumenmotiv ausgefüllt, das den eigentlichen Schmuck und Reiz des Sessels ausmacht. Es besteht aus drei Papyrusdolden, dem Wappensymbol für Unterägypten. Ihre Stängel sind von einem seilartigen Band umwunden. Die Dolde in der Mitte steht senkrecht, die beiden ihr zur Seite sind gebogen: ein wirklich feines, elegantes Schnitzwerk!

Die Sesselrückenlehne, hinten durch eine Mittelstütze verstärkt, war ursprünglich noch mit einer Einlage verziert, deren man unter den Grabbeigaben viele gefunden hat. Vielleicht war es das direkt unter dem Stuhl liegende Paneel. Auf ihm riecht eine Frau an einer Lotosblüte.

Die Stuhlbeine aus vergoldetem Holz haben die Form von Löwentatzen auf kleinen zylindrischen Podesten. Das vordere Paar ist höher als das hintere, so dass der tiefe, breite Sitz nach hinten zu leicht abfällt. (S.E.)

JE 53261

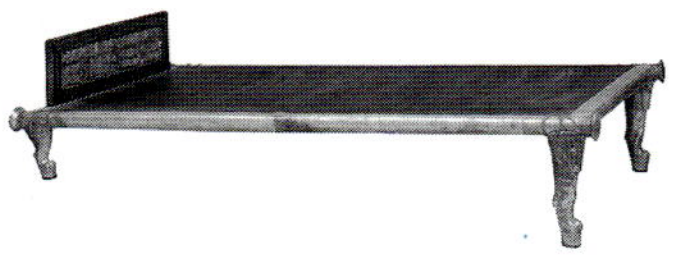

Bett der Hetepheres

Holz und Blattgold
Länge 178 cm, Breite 97 cm, Höhe 21,5–35,5 cm
Giza, Grab Hetepheres I. (G 7000 X)
Ausgrabungen von G. Reisner (1925)
4. Dynastie, Regierungszeit des Snofru
(2575–2551 v. Chr.)

Das Bett der Hetepheres stand zu Lebzeiten der Königin wahrscheinlich unter dem ebenfalls in ihrem Grab gefundenen tragbaren Baldachin aus vergoldetem Holz. Es gehörte zu ihren reichen Grabbeigaben. Einer Theorie zufolge wurden ihre Grabschätze vom ursprünglichen Grab in Dahschur in ein anderes, sichereres Grab in Giza verbracht.

Im Grab herrschte, als man es entdeckte, ein furchtbares Durcheinander. Das Bett war umgekippt und die Füße ragten zur Decke, das Kopfende zeigte zum Kammereingang.

Das mit einer dicken Schicht Blattgold überzogene Holzgestell besteht aus zwei langen, in stilisierten Papyrusdolden endenden Seitenleisten, die durch zwei hölzerne Querleisten verbunden sind. Dieser Rahmen steht auf vier vergoldeten Füßen in Gestalt von Löwenbeinen, die mit Lederbändern am Gestell befestigt sind. Das Kopfende ist etwas höher als das Fußende, so dass sich eine schräge Liegefläche ergibt. Die mit zwei langen Holzlatten verstärkte Matratzenunterlage ist am Außenrahmen befestigt. Wahrscheinlich wurde eine dünne Matratze darauf gelegt. Am Kopfende lag wohl die in einer goldenen Kiste gefundene vergoldete und versilberte Kopfstütze. Am Fußende des Bettes befindet sich ein senkrecht stehendes Holzpaneel. Es ist mit Holzzapfen an der unteren Querleiste befestigt, die in Kupferhalterungen eingelassenen sind. Die dem Bett zugewandte Seite ist mit zwei Bändern verziert, das obere mit einem durchlaufenden Federmotiv, während das untere zusätzlich zu den Federn noch drei Rosetten aufweist. Die äußere Paneelfläche wurde in einfachem Holz belassen. (S.E.)

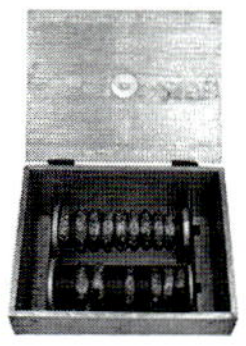

JE 53265 – 53266 – 52281

Kästchen mit Armreifen

Kästchen (JE 53265): Holz mit Goldüberzug;
Länge 41,9 cm, Breite 33,7 cm, Höhe 21,8 cm
Armreifen (JE 53266–52281): Silbereinlegearbeit mit Karneol, Lapislazuli und Türkis; Durchmesser 9–11 cm
Giza, Grab Hetepheres' I. (G. 7000 X),
Ausgrabungen von G. Reisner (1925)
4. Dynastie, Regierungszeit des Snofru (2575–2551 v. Chr.)

Hetepheres I. war die Gemahlin Snofrus, des ersten Herrschers der Vierten Dynastie, außerdem die Mutter des Cheops, der nach dem Tod seines Vaters den Thron Ägyptens bestieg. Ihr Grab könnte ursprünglich in Dahschur, dicht bei der Pyramide ihres Gemahls, gelegen haben. Doch als es Grabräuber kurz nach der Bestattung aufbrachen, beschloss man, den Grabinhalt in ein neues, sichereres unterirdisches Grab bei der Cheopspyramide zu überführen.
Das Königinnengrab war besonders reich ausgestattet und zeugt von den außergewöhnlich schönen Möbeln der Königsgräber des Alten Reiches. Unter den zahlreichen Objekten, die im Grab

wahllos herumlagen, befand sich in einer Truhe auch dieses Kästchen aus vergoldetem Holz. Innen und außen ist es mit horizontal anliegendem Blattgold bedeckt, wobei an den Rändern strohmattenartige Muster verlaufen.
Der hinten am Kästchen mittels Scharnieren befestigte Deckel lässt sich durch einen Elfenbeinknopf in der Mitte öffnen. Zu beiden Seiten des Knopfes steht horizontal eine Hieroglypheninschrift. Sie lautet links: »Schachtel mit Armreifen«, und rechts: »Mutter des Königs von Ober- und Unterägypten – Hetepheres«. Unter dieser zweiten Inschrift ist noch das Wort »Armreifen« in schwarzer Tinte von einem Schreiber hinzugefügt. Vielleicht geschah das, als man anlässlich der Überführung ins neue Grab in Giza ein Inventar des Grabinhalts anfertigte.
Das Kästchen ist sorgfältig gearbeitet und enthält zwei Reihen mit jeweils zehn Armreifen. Diese sind auf Holzwalzen aufgereiht, an deren Enden Goldscheiben angebracht sind. Die zwanzig Armreifen, von denen manche schwer beschädigt waren, sind jeweils aus einem innen konkaven, gebogenen Silberstreifen gefertigt. Die Außenfläche eines jedes Reifens weist flache Vertiefungen mit polychromen Einlagen auf. So entstanden sehr schöne Schmuckstücke in glänzenden Farben.
Auf jedem Reifen sind vier stilisierte Schmetterlinge zu sehen, jeweils durch ein Scheibchen aus rotem Karneol voneinander getrennt. Die Körper der Insekten und teilweise die Flügel bestehen aus eingelegten Lapislazulisteinen; die Köpfe und restlichen Flügelpartien aus Türkisen, und die Schwanzspitzen aus Karneol.
Gewiss trug die Königin diese zur Hand hin immer kleiner werdenden Reifen am Unterarm, wie es auf zahllosen Reliefdarstellungen in Gräbern des Alten Reiches zu sehen ist, und nicht an den Fußknöcheln, wie Reisner, der Entdecker, ursprünglich glaubte. (S.E.)

JE 36143

Statuette des Cheops

Elfenbein
Höhe 7,5 cm
Abydos, Ausgrabungen von W.M.F Petrie (1903)
4. Dynastie, Regierungszeit des Cheops (2551–2528 v. Chr.)

Die Elfenbeinminiatur stellt Cheops, den Erbauer der Großen Pyramide in Giza dar, wie er auf einem Thron mit niedriger Lehne sitzt. Er hält seine rechte Hand, die eine Geißel umschließt, vor der Brust, während die linke auf dem linken Knie liegt. Er trägt die Rote Krone Unterägyptens und ist mit einem kurzen *Schendjt*-Schurz mit feinem, durch Ritzungen angedeuteten Plissée bekleidet. Trotz der Winzigkeit der Figur ist das Antlitz des Herrschers überaus sorgfältig gearbeitet. Alle Einzelheiten der schmalen Augen, der breiten Nase, des ziemlich großen Mundes und des vorspringenden Kinns sind deutlich sichtbar. Der leicht vorgeneigte Kopf sitzt auf breiten Schultern. Auch sonst ist der Körper ziemlich massig. Die links an der Thronseite angebrachte königliche Kartusche ist leider unleserlich. Doch der *serech* mit dem Horusnamen des Königs auf der rechten Seite ist erhalten.

Es war einem glücklichen Zufall zu verdanken, dass diese Miniatur als einziges uns überkommenes vollständiges Bildnis des Erbauers der größten Pyramide Ägyptens identifiziert werden konnte. Denn als man bei Ausgrabungen in Abydos unter Leitung Petries die Statuette entdeckte, fehlte der Kopf. Petrie stellte aber fest, dass die Bruchstelle noch ganz frisch war, und da er sich der Bedeutung seines Fundes bewusst war, ließ er den Schutt in nächster Umgebung genauestens durchsuchen. Erst nach drei Wochen fand man den fehlenden Kopf. Die Ausgrabungen, die Petrie damals leitete, fanden auf dem Areal eines dem Totengott Osiris geweihten, zerstörten Tempels statt. Das Heiligtum war ursprünglich dem Gott Chentamenti (der später mit Osiris verschmolz) geweiht gewesen und existierte schon seit der frühdynastischen Periode. In späteren Perioden war es mit Statuen und Votivstelen immer weiter verschönert worden. Die Spender, Könige und Privatleute, brachten sie dem Osiris dar, dem großen Herrn der Toten, der in der ägyptischen Mythologie auch als Gründer des Pharaonenstaates und Urahn aller ägyptischer Herrscher galt. (R.P.)

JE 46216 = CG 6005

Ersatzkopf

Kalkstein
Höhe 25,5 cm
Giza, Westfriedhof, Mastaba G 4640
4. Dynastie, Regierungszeit des Chephren (2520–2494 v. Chr.)

Unter der Regierung der drei großen Pharaonen Cheops, Chephren und Mykerinos wurden die Gräber der bedeutendsten Staatsbeamten, von denen viele direkt oder indirekt mit den Königen verwandt waren, in den Friedhöfen von Giza bei den königlichen Pyramiden angelegt. Besonders im westlichen Friedhof fanden sich unter den vielen Grabbeigaben für die Toten recht rätselhafte Skulpturen, die so genannten »Ersatzköpfe«. An die dreißig davon wurden entdeckt. Sie lagen dicht bei den Särgen, stellten höchstwahrscheinlich die Toten selbst dar und könnten als Ersatz für komplette Statuen gedient haben. Denn ganze Standbilder tauchen in diesen Gräbern, die meist aus der Regierungszeit König Chephrens datieren, niemals auf.

Andererseits weisen die Skulpturen eine Reihe von Merkmalen auf, die doch eine andere Deutung nahe legen. Bei allen uns bekannten Exemplaren fehlt nämlich die Perücke, sonst ein wesentliches Statussymbol. Auch die Ohren fehlen oder sind abgeschlagen. Ebenso wenig gibt es Inschriften, die Auskunft über den Namen oder die Titel der dargestellten Persönlichkeiten geben könnten.

Eine andere Hypothese lautet dementsprechend, dass diese Köpfe als Modelle für die Totenmaske gedient haben könnten, die den Prozess der Mumifizierung, also der Rekonstruktion der Körperlichkeit des Toten, abschloss. Genauso wie andere beim Begräbniskult benutzte Objekte wären diese Köpfe dann neben der Mumie deponiert worden. Diese Deutung würde sowohl erklären, warum das Gesicht mit so extremer Sorgfalt modelliert war, als auch, warum die Ohren fehlen. Bei einer Anzahl dieser Stücke jedoch hat es den Anschein, als seien sie absichtlich verstümmelt worden. Von dieser Beobachtung geht eine weitere Hypothese aus jüngster Zeit aus. Sie besagt, die Köpfe seien bei Ritualen zur Abwehr potentieller Gefahren für den Geist des Toten verwendet worden. Diese Theorie klingt verführerisch, scheint aber den Tatsachen ebenfalls nicht voll gerecht zu werden.

Das hier reproduzierte sehr reizvolle Exemplar besitzt große, mandelförmige Augen, umrahmt von tief eingemeißelten Lidfalten und überwölbt von geschwungenen, etwas verlängerten Augenbrauen in Hochrelief. Die gerade Nase ist unten breit und fleischig. Wo sie die Gesichtsoberfläche berührt, ist eine scharfe Kerbe sichtbar. Auf dem vollen Mund liegt ein kleines Lächeln, und der wuchtige Kiefer mit dem breiten Kinn vermittelt den Eindruck großer innerer Stärke. (R.P.)

JE 10062 = CG 14

Statue des Chephren

Anorthositgneis
Höhe 168 cm
Giza, Taltempel des Chephren, Ausgrabungen von A. Mariette (1860)
4. Dynastie, Regierungszeit des Chephren
(2520–2494 v. Chr.)

Eines der größten Meisterwerke der ägyptischen Kunst ist diese majestätische Statue des Chephren. Sie zeigt den Pharao auf einem Thron, der auf einen hohen Sockel gesetzt ist. Die Rückenlehne reicht ihm bis zu den Schultern, auf der Lehne steht ein Falke und umfängt den Kopf des Pharao schützend mit den Flügeln. Die Thronfüße sind als Löwentatzen gemeißelt, die dazugehörigen Löwenköpfe erscheinen vorn an der Sitzfläche.

An den Thronwangen, zwischen den Tiertatzen, ist das charakteristische *Sema-taui*-Motiv in Reliefausführung zu sehen, das Symbol der »Vereinigung der beiden Länder«. Es besteht aus den Wappenpflanzen für Unter- und Oberägypten, dem Papyrus und dem Lotus, deren Stängel die Hieroglyphe einer Luftröhre und Lunge umwinden und die in der Übersetzung »Vereinigung, vereinen« bedeutet.

Chephren trägt das mit einem Uräus geschmückte *Nemes*-Kopftuch und einen *Schendjt*-Schurz. In der Rechten hält er ein Stück Tuch, während die Linke, Handfläche nach unten, auf dem linken Knie ruht. Das Antlitz des Königs ist breit und mit einem Zeremonialbart versehen. Über den kleinen Augen liegen die in Relief ausgeführten Brauen. Auch die Nase ist breit. Zu beiden Seiten des etwas hervortretenden Mundes haben sich tiefe Linien eingekerbt. Der vom Gesicht vermittelte Eindruck großer innerer Kraft und Stärke wird von der mit Könnerschaft gemeißelten prachtvollen Muskulatur bestätigt.

Entdeckt wurde die Statue in einem Schacht im Taltempel der Chephrenpyramide. Mit großer Wahrscheinlichkeit stand sie einst in diesem noch gut erhaltenen, großartigen Bauwerk. Schmale Schlitze oben in den hohen Granitmauern ließen Licht ins Heiligtum fallen, wo es vom Kalzit-Fußboden gespiegelt wurde und seinen Schein auf die Statuen des Königs warf. Chephrens Tempel, ein Meisterwerk der Architektur, steht in nächster Nähe zu einem anderen großen Werk des Chephren: dem Sphinx, dem Wächter an der heiligen Begräbnisstätte des Pharao.

(R.P.)

JE 40678

TRIADE DES MYKERINOS

Grauwacke, Höhe 93 cm
Giza, Taltempel des Mykerinos, Ausgrabungen von G. Reisner (1908)
4. Dynastie, Regierungszeit des Mykerinos
(2490–2472 v. Chr.)

In dieser Triade steht rechts von Mykerinos wiederum die Göttin Hathor, links von ihm eine männliche Figur, die aber viel kleiner ist als er. Sie trägt eine dreigeteilte Strähnenperücke, hat einen kleinen Bart und ist vorwärts schreitend dargestellt. Auf dem Kopf trägt sie das Symbol für den Gau von Theben. Im Gegensatz zu anderen ähnlichen Gruppen stehen die Figuren zwar nahe beieinander, berühren einander aber nicht. Die Göttin lässt ihre Arme beidseits des Körpers herabhängen, die Handflächen den Schenkeln zugekehrt. Die Hände des Königs und der dritten Figur umschließen rollenartige Gegenstände.

Weitere zwei Mykerinos-Triaden stehen im Museum of Fine Arts in Boston. Leider ist eine davon schwer beschädigt. Bei der anderen sitzt die Göttin Hathor, und links von ihr steht der Pharao. Wiederum links von ihm ist die weibliche Personifizierung des Hasen-Gaues abgebildet.

Einer gängigen Theorie zufolge gab es ursprünglich dreißig solcher Dreiergruppen: für jeden ägyptischen Gau eine. Doch unlängst wurde die Hypothese aufgestellt, der Pharao habe diese Skulpturen nur für jene Provinzen vorgesehen, in denen der Kult der Hathor besonders gepflegt wurde. Wenn das stimmt, hätte es insgesamt acht Triaden gegeben. Zwar sind es immer dieselben Figuren: Der Pharao, die Göttin und die Personifizierung eines südlichen Distriktes, aber jede Triade zeigt wieder andere Details und Stellungen. Wahrscheinlich dienten sie den Privatstandbildern der folgenden Dynastie als Modelle.

Die Entscheidung für den Werkstoff Grauwacke war eine glückliche Wahl. Der Stein erlaubte dem Künstler – im Gegensatz zum viel härteren Gneis, der unter der Regierung Chephrens verwendet wurde –, eine äußerst präzise und daher ausdrucksstarke Durchmodellierung der Figuren. (R.P.)

JE 46499

TRIADE DES MYKERINOS

Grauwacke, Höhe 95,5 cm
Giza, Taltempel des Mykerinos, Ausgrabungen von G. Reisner (1908)
4. Dynastie, Regierungszeit des Mykerinos
(2490–2472 v. Chr.)

Die abgebildete Triade zeigt Mykerinos mit der Weißen Krone Oberägyptens auf dem Haupt und mit einem *Schendjt*-Schurz bekleidet. Zu seiner Rechten steht die Göttin Hathor und hält ihn an der Hand. Ihm zur Linken befindet sich eine andere Frauengestalt, fast ebenso groß wie die Göttin. Auf ihrem Haupt trägt sie das Symbol des Diospolis-Gaues, des siebten Verwaltungsbezirks Oberägyptens. Gauhauptstadt war Hu (Diospolis Parva).

Podest, Rückenplatte und Figuren sind aus einem einzigen Grauwackestück gemeißelt. Vor den Füßen der Figuren stehen Hieroglyphentexte mit dem Namen der Göttin, den Opfergaben des Distrikts und den Namen des Pharao: Als Herrscher von Ober- und Unterägypten heißt er Mykerinos, als Verkörperung des Horus aber »Kachet«. Es wurde die Meinung vertreten, daß die Mykerinos-Triade zu einer Serie von acht ähnlichen Skulpturen gehören könnte, die einst einen Raum im Taltempel der königlichen Pyramidenanlage schmückten. Der Pharao hatte sie der Göttin Hathor geweiht. Jene oberägyptischen Gaue, in denen ihr Kult besonders populär war, pflegten ihr dort Opfer darzubringen. (R.P.)

JE 40679

Triade des Mykerinos

Grauwacke, Höhe 92,5 cm, Breite 46,5 cm
Giza, Taltempel des Mykerinos, Ausgrabungen von G. Reisner (1908)
4. Dynastie, Regierungszeit des Mykerinos (2490–2472 v. Chr.)

Auch diese Statuengruppe zeigt drei auf einem Sockel stehende Figuren vor einer breiten Rückenplatte. In der Mitte befindet sich der Pharao Mykerinos mit der Weißen Krone Oberägyptens. Er ist schreitend dargestellt. Ihm zur Rechten steht die Göttin Hathor und links die weibliche Personifizierung des 17. oberägyptischen Gaus. Symbol für diese Provinz ist das Emblem über dem Kopf der Gottheit. Der Pharao trägt einen Zeremonialbart, Sinnbild seiner Göttlichkeit, und einen *Schendjt*-Faltenschurz mit glattem, breitem Gürtel. Die Arme hält er zu beiden Seiten des Körpers, die Hände umfassen zwei zylindrische Rollen. Man sieht solche Gegenstände immer wieder in den Händen des Königs, aber ihre genaue Bedeutung ist unklar.

Mykerinos' Gesicht ist ziemlich rundlich. Der Umriss seiner Augen ist durch tief eingekerbte Linien gezogen, während die geschwungenen Brauen die Kurve des Nasenrückens fortsetzen. Die Nase selbst ist ebenfalls breit und rundlich. Die Ohren sind betont und liegen flach am Kopf. Der Körper des Pharao ist mit großer Sorgfalt durchgebildet: Breite Schultern und Brust, schön modellierte Bein- und Armmuskeln zeugen von Stärke, Kraft und Selbstsicherheit.

Hathor, auch sie in schreitender Stellung, trägt eine dreiteilige Perücke mit durch tiefe Rillen wiedergegebenen Haarsträhnen. Auf ihrem Kopf befindet sich das für sie typische Emblem der Sonnenscheibe im Kuhgehörn.

Sie trägt ein eng anliegendes, bis zu den Fußknöcheln reichendes Gewand, das ihre Körperformen reizvoll hervortreten lässt. Den rechten Arm lässt sie am Körper herabhängen, in der Hand hält sie das *Schen*-Symbol der Ewigkeit. Der linke Arm schlüpft hinter dem Rücken des Königs vorbei, die linke Hand wird am linken Oberarm des Königs wieder sichtbar.

Die weibliche Figur an der anderen Seite ist etwas kleiner als Hathor und steht anders als die beiden anderen mit geschlossenen Füßen. Ähnlich wie Hathor trägt sie Perücke und enges Gewand. Ihr rechter Arm gleitet hinter dem Pharao vorbei, und mit der Rechten umfasst sie seinen rechten Arm. Wie bei den Statuen des Alten Reiches üblich, gleichen die Gesichter der beiden weiblichen Figuren dem des Pharao. Textkolumnen vor den Füßen der drei Gestalten enthalten Namen und Titel des Königs und der Göttin: »Herrscher von Ober- und Unterägypten, Mykerinos, in Ewigkeit geliebt«, »Hathor, Herrin des Sykomorenhauses an all seinen Wohnorten«, und einen Opferspruch, in dem die Gaugottheit dem König »alle guten Dinge und Opferleistungen, wenn du erscheinst als König von Ober- und Unterägypten bis in alle Ewigkeit« verspricht. (R.P.)

JE 90220

Kopf des Userkaf

Grauwacke, Höhe 45 cm
Abusir, Sonnenheiligtum des Userkaf
Ausgrabung des Deutschen und Schweizerischen Archäologischen Instituts Kairo (1957)
5. Dynastie, Regierungszeit des Userkaf
(2465–2458 v. Chr.)

Dieser Kopf des Pharao Userkaf stammt aus der ersten der fünf Anlagen, die die Könige der Fünften Dynastie dem Sonnengott Re in Abu Gurob errichteten. Wie bei den berühmten Statuen des Mykerinos ermöglichte der Werkstoff Grauwacke dem Bildhauer die Anfertigung eines Königsporträts, das bei einfachster Linienführung durch die feinen, wie in ewiger Jugend erstarrten Gesichtszüge Leben und Anmut ausstrahlt. Der ovale Schnitt des Gesichtes nimmt die schräg nach unten verlaufenden Konturen der Roten Krone auf, setzt sie fort und lässt sie in den sanften Schwung des Kinns einmünden. Die in Relief gearbeiteten Augenbrauen sind zu den Schläfen hin verlängert, ebenso die Schminkstriche, die einen erweiterten Umriss der ausdrucksstarken Augen nachzeichnen. Diese Züge erhalten eine bogenförmige Rahmung durch die an der Stelle, wo die Krone auf der unteren Stirn aufsitzt, eingemeißelte Linie. Die breite, rundliche Nase ähnelt der des Mykerinos', steht aber hier über einem etwas breiteren, entschiedeneren Mund mit dem in ganz schwachem Relief hervortretenden Schnurrbart. Von vorn sind die kleinen Ohren gerade noch zu sehen. Dieses sehr fein empfundene Porträt ist höchst anziehend. Es ist eins der wenigen Beispiele für Rundplastiken im Alten Reich, bei denen der König mit der Roten Krone Unterägyptens dargestellt ist, und bezeichnet einen entscheidenden Entwicklungsschritt in der ägyptischen Bildhauerkunst.

(R.P.)

JE 98171

Statuette des Raneferef

Rosa Kalkstein, bemalt, Höhe 34 cm
Abusir, Totentempel des Raneferef
Ausgrabungen des tschechischen Archäologenteams (1984–1985)
5. Dynastie, Regierungszeit des Raneferef
(2419–2416 v. Chr.)

Der Pharao Raneferef sitzt auf einem würfelförmigen Thron mit vorspringendem Fußsockel, auf dem noch das Fragment eines Fußes zu sehen ist. Der Kopf ist leicht nach rechts gedreht. Der rechte Arm liegt angewinkelt vor der Brust, in der Rechten hält der König eine Keule als Zepter. Vom linken Arm ist nur der obere Teil erhalten, wahrscheinlich ruhte die Hand auf dem linken Oberschenkel. Der König trägt eine schwarz bemalte Lockenperücke. Mitten auf der Stirn ist ein Loch, wohl um die königliche Kobra dort anzubringen, deren Windungen an der Kopfbedeckung noch erkennbar sind. Bekleidet ist Raneferef mit einem kurzen Schurz, von dem ein Stückchen unter dem glatten Gürtel hervorschaut. Vom Körper ist eigentlich nicht allzu viel erhalten. Umso besser lässt sich am Kopf ablesen, mit welcher Sorgfalt die Figur gearbeitet ist. Das runde Gesicht ist von einer Perücke mit Seitenlappen eingerahmt. Die Augen, überwölbt von Brauen in Reliefausführung, sind auf leicht konvexer Oberfläche ausgemeißelt. Von der kleinen, geraden Nase laufen zwei tiefe Falten zu den Winkeln des großen, lächelnden Mundes mit seinem dünnen, aufgemalten Schnurrbart. Der einst am Kinn befestigte Zeremonialbart fehlt jetzt. Wie bei der Sitzfigur des Chephren wird Raneferef von einem in seinem Nacken sitzenden Falken beschützt, der mit seinen Flügeln Kopf- und Halspartien des Königs unter den Ohren umfasst hält. Der Vogel, Verkörperung des Gottes Horus, hält zwei *Schen*-Symbole in den Fängen, die für Schutz und Dauer stehen.

(R.P.)

CG 34

Standbild des Kaaper

Sykomorenholz, Höhe 112 cm
Saqqara, bei der Userkafpyramide,
Mastaba C8; Ausgrabungen von A. Mariette (1860)
5. Dynastie Regierungszeit des Userkaf (2465–2458 v. Chr.)

Die Figur ist unter dem Namen »Scheich el-Beled« (arabisch: »Dorfschulze«) bekannt. Mariettes Arbeiter hatten sie so getauft, weil sie dem Bürgermeister ihres Dorfes so ähnlich sah. In Wahrheit stellt sie einen Vorlesepriester mit Namen Kaaper dar.
Sockel und Beine des Standbilds sind rekonstruiert, und zwar abweichend von konventionellen Skulpturen. Der hohe Beamte setzt den linken Fuß vor und schreitet voran, das Körpergewicht ruht auf dem vorderen Bein, während das hintere sich gerade vom Boden hebt.
Die Arme wurden, wie bei Holzfiguren üblich, einzeln geschnitzt und dann am Körper befestigt. Der rechte Arm hängt gerade am Körper herab, der linke ist im Ellbogen angewinkelt und weist nach vorne, wobei die Hand einen Stock hält – es handelt sich dabei freilich um eine moderne Rekonstruktion –, auf den sich Kaaper zu stützen scheint.
Die Figur wirkt insgesamt gedrungen, mit rundem Kopf, massigem Körper und kräftigen Beinen. Kaaper hat gekräuseltes Haar, das durch eine den Haaransatz kennzeichnende Linie und kleine Punktierungen auf dem Schädel nur leicht angedeutet ist. Unter der hohen glatten Stirn wölben sich die plastisch wiedergegebenen Brauenbögen über blitzenden Augen. Die Kupferumrandung soll die Schminklinien imitieren. Die Augäpfel sind mit Bergkristall eingelegt. Die Nase ist klein und gerade, der Mund ziemlich groß. Der wuchtige Unterkiefer erhält durch fleischige Wangen und ein formidables Doppelkinn weichere Konturen. Der runde Bauch steckt in einem Umschlagschurz, der bis zu den Knien reicht und an der Taille mit einer großen Schärpe verknotet ist.
Zwar ist die Figur mit extremem Realismus und sehr individuell gestaltet, aber sie verkörpert trotzdem den psychologischen und physiologischen Typus des reichen und mächtigen Mannes, der sich seinem Rang entsprechend mit gemessener Würde bewegt.
Als prachtvolles Beispiel für die Privatplastik der Fünften Dynastie ist die Figur mit vollem Recht eines der am häufigsten abgebildeten und beliebtesten Kunstwerke des Alten Reiches.

(R.P.)

JE 51280

Statuengruppe des Zwerges Seneb mit seiner Familie

Bemalter Kalkstein, Höhe 34 cm, Breite 22,5 cm
Giza, Grab des Seneb, Ausgrabungen von H. Junker (1926–1927)
Ende 5., Anfang 6. Dynastie (24. bis 23. Jahrhundert v. Chr.)

Der Sinn für Harmonie und Ordnung, der sich in allen Bereichen der ägyptischen Kunst zeigt, drückt sich auch in diesem Familienbild aus. Es enthält eine ungewöhnliche Gestalt: Das Familienoberhaupt, Seneb, war Leiter der königlichen Gewandkammer und bediente außerdem den Kult der Pharaonen Cheops und Djedefre aus der Vierten Dynastie.
Seneb ist zwergwüchsig, was sehr realitätsnah dargestellt wird. Sein Kopf ist übergroß im Vergleich zu den relativ kurzen Gliedern und dem Rumpf. Trotzdem ist dem ägyptischen Künstler eine Komposition gelungen, bei der das Ungewöhnliche der Figur in keiner Weise störend wirkt.
Seneb sitzt neben seiner Frau auf einer rechteckigen Bank, die Arme über der Brust verschränkt und die Beine in der Stellung eines Schreibers gekreuzt. Seine Frau nimmt die konventionelle Sitzhaltung ein. Im Raum unter der Bank, der bei anderen Statuen von den Beinen des Porträtierten ausgefüllt wäre, stehen die beiden Kinder des Paares.
Seneb hat kurze Haare, große, schräg nach oben blickende Augen und kleine Ohren. Nase und Mund sind stark ausgeprägt. Er trägt einen kurzen weißen Rock, die Haut ist ockerfarbig bemalt. Seine Frau, Senetites, hat hingegen sehr helle Haut. Sie trägt eine glatte, schwarze Perücke, die ihr bis auf die Schultern fällt, und ein knöchellanges Frauengewand. Mit den Armen hält sie ihren Mann liebevoll umfasst. Ihre Rechte ruht auf seiner rechten Schulter, ihre Linke auf seinem linken Arm.
Die Kinder sind nackt, beide haben den Finger im Mund. Bei dem Jungen ist die bei Kindern typische Jugendlocke hinter dem rechten Ohr zu sehen. Auf den Bankflächen und unten am Sockel sind Namen und Titel der vier Figuren eingraviert.
Die Gruppe wurde in einem kleinen Kalkstein-*naos* von Senebs Grab in Giza gefunden.

(R.P.)

JE 30272 = CG 36

SCHREIBERFIGUR

Bemalter Kalkstein
Höhe 51 cm
Saqqara, Ausgrabungen der Altertümer-Verwaltung (1893)
Anfang 5. Dynastie (Mitte 25. Jahrhundert v. Chr.)

Die Statue auf einer schwarz bemalten, rechteckigen Basis stellt einen mit gekreuzten Beinen auf dem Boden sitzenden Schreiber dar. Eine teilweise entrollte Papyrusrolle, die er mit der linken Hand hält, liegt auf dem straff gespannten Schurz. Die rechte Hand, einst mit einer Schreibbinse (aus Metall?) ausgestattet, schwebt schreibend über dem offenen Papyrus.

Der Mann trägt eine schwarze Strähnenperücke, die die Ohrläppchen frei lässt und die strengen Gesichtszüge elegant umrahmt. Das Gesicht ist rund, die Stirn breit. Die großen, eingelegten Augen sind in dicke, die Schminke nachahmende Kupferfassungen eingebettet. Darüber wölben sich die Brauenbögen in sehr wirkungsvoller Reliefausführung.

Die Nase ist gerade, regelmäßig geformt, der Mund mit den vollen Lippen klar gezeichnet.

Der Schreiber scheint geistesabwesend in die Ferne zu blicken. Ein unbemalter Streifen am Hals lässt darauf schließen, dass hier einmal ein Halskragen mit mehreren Schnüren hing. Die Haut an Gesicht und Hals ist in intensivem Orange gehalten, geht dann aber in Gelb über. Die breiten Schultern und die Brust, deren Muskeln besonders betont sind, wollen nicht ganz zu der sonst relativ entspannten Sitzhaltung passen.

Der Mann trägt einen kurzen weißen Schurz, zusammengehalten von einem Gürtel, an dem neben dem Nabel eine Schlaufe sichtbar ist. Die unteren Körperpartien sind weniger gut ausgearbeitet. Die Beine sind ziemlich roh modelliert und wirken recht steif im Gegensatz zu den fließenden Linien des übrigen Körpers.

Schreiberfiguren wie die hier abgebildete wurden im Bereich der ägyptischen Privatplastik sehr populär. Sie tauchten im Lauf der Vierten Dynastie auf, das erste Beispiel ist das des Prinzen Kawab, der unter Cheops lebte. (R.P.)

JE 30273 = CG 35

MÄNNLICHE SITZFIGUR

Bemalter Kalkstein
Höhe 61 cm
Saqqara, Ausgrabungen der Altertümer-Verwaltung (1893)
Anfang 5. Dynastie
(Mitte 25. Jahrhundert v. Chr.)

Die Statue stellt eine männliche Figur dar. Sie sitzt auf einem kubischen Hocker mit vorspringender Platte, auf dem die Füße aufliegen. Der Mann trägt eine helmartige Löckchenperücke, die ursprünglich schwarz bemalt war, und einen kurzen, weißen Faltenschurz. Beide Hände ruhen auf den Knien, die rechte senkrecht und zur Faust geballt, die linke offen und mit der Handfläche auf dem Schenkel.

Das runde Gesicht, auf dem ein intensives Leuchten liegt, ist etwas nach oben gewandt. Die großen, eingelegten Augen sind von Kupferfassungen umrändert, die die Linien der Augenschminke imitieren, darüber wölben sich Reliefbrauen. Die Nase ist breit und gerade, aber relativ klein, ebenso der Mund mit den vollen Lippen. Das stille Leuchten auf dem Gesicht, die lebhaft blickenden Augen und die Form des Mundes sprechen von Heiterkeit und Lebensfreude.

Im Vergleich zum Kopf ist der Körper etwas unterproportioniert und weniger sorgfältig durchgebildet. Besonders die Arme wirken ziemlich grob. Die breiten Schultern, der quadratische Rumpf und die muskulösen Beine bilden einen scharfen Kontrast zu der glückstrahlenden Miene.

Die Figur wurde in Saqqara gefunden, unweit der oben beschriebenen schönen Statue eines Schreibers (CG 36), so dass beide Bildnisse wohl denselben Beamten vorstellen. (R.P.)

CG 119

Kniefigur des Kaemked

Mit Stuck überzogener bemalter Kalkstein
Höhe 43 cm
Saqqara, Grab des Schatzmeisters Werirni (Nr. 62)
Ausgrabungen von A. Mariette (1860)
Zweite Hälfte der 5. Dynastie
(Anfang 24. Jahrhundert v. Chr.)

Kaemked kniet auf einem rechteckigen Podest, die Hände vor dem Schoß gefaltet. Auf seinem Kopf sitzt eine mittellange Strähnenperücke, deren Haarsträhnen durch regelmäßige vertikale Rillen angedeutet sind. Perücken dieses Typs sind in der Privatplastik dieser Zeit sehr häufig.
Der Priester trägt einen eleganten, kurzen Schurz mit Faltenwurf und einem zugeknoteten Gürtel mit vier Perlenschnüren. Sein zartes Gesicht hat ausgeprägte Züge: eingelegte Augen mit durch dicke Kupferränder angedeuteten Schminkstrichen, breite, unten runde Nase, und einen recht großen, heiteren Mund mit üppigen Lippen. Der breitschultrige Rumpf lässt ausgeprägte Brustmuskulatur und eine Mittelfurche erkennen, die bis zum kaum sichtbaren Nabel verläuft.
Die künstlerisch wertvolle Statue steht in vollkommenem Gegensatz zum Standbild des Grabherrn, des Schatzmeisters Werirni (Kaemked war sein Totenpriester). Sie wurde im Grab des hohen Beamten unter anderen Dienerfiguren gefunden.
Die kniende Stellung ist im Alten Reich relativ selten, doch gibt es ein noch früheres Beispiel: die archaische Statue des Hetepdief, eines mit dem Totenkult der Könige der Zweiten Dynastie betrauten Priesters. (R.P.)

CG 133

Doppelstandbild des Nimaatsed

Bemalter Kalkstein
Höhe 57 cm
Saqqara, Mastaba des Nimaatsed (D 56)
Ausgrabungen von A. Mariette (1860)
Zweite Hälfte der 5. Dynastie (Anfang 24. Jahrhundert v. Chr.)

Die Skulptur besteht aus einem Doppelbildnis des Priesters und Richters Nimaatsed, der im Sonnenheiligtum des Neferirkare Kakai den Hathor- und Re-Kult versah. Nimaatseds Name und Titel sind in der kurzen Inschrift enthalten, die in den schwarz bemalten Sockel eingraviert und mit Weiß hervorgehoben ist. Eine senkrechte Rückenplatte erhebt sich vom Sockel bis zur Schulterhöhe der beiden Figuren. Der einzige substanzielle Unterschied zwischen den beiden Figuren, abgesehen von einer kaum merklichen Drehung der rechten Statue um ihre Achse, besteht in der Größe. Die linke Figur ist etwas größer als die rechte. In beiden Fällen aber wird Nimaatsed in der üblichen schreitenden Stellung mit zu beiden Seiten herabhängenden Armen dargestellt. Er trägt eine schwarze Strähnenperücke, ein recht häufiges Merkmal der Privatplastik dieser Epoche. Sie lässt die Ohrläppchen frei und umrahmt das ovale Gesicht mit den großen, gemalten Augen. Beide Figuren zeigen fleischige Lippen und einen dünnen, schwarzen Schnurrbart. Um den Hals hängen jeweils Ketten mit mehreren, abwechselnd blauen und weißen Perlenschnüren.
Der schlanke, nackte Brustkasten zeigt athletische Muskulatur und verjüngt sich zu schmalen Hüften. Die Haut ist in kräftigem Ocker gehalten. Ein weißer Schurz reicht bis knapp über die Knie, wobei eine gefältelte, gelb bemalte Schärpe schräg über die rechte Seite verläuft. Ein Ende der Schärpe steht unter dem Gürtel, neben dem Nabel, hervor. Die Beine sind schlank, aber muskulös.
Mariette fand mehrere Statuen des Nimaatsed in dessen Mastaba in Saqqara. Das hier wiedergegebene Exemplar ist zweifellos ein bedeutendes und interessantes Beispiel, das die gewohnte Formschönheit der Plastiken dieser Periode mit ungewöhnlich gut erhaltenen, leuchtenden Farben kombiniert.
(R.P.)

JE 30272 = CG 36

Schreiberfigur

Bemalter Kalkstein
Höhe 51 cm
Saqqara, Ausgrabungen der Altertümer-Verwaltung (1893)
Anfang 5. Dynastie (Mitte 25. Jahrhundert v. Chr.)

Die Statue auf einer schwarz bemalten, rechteckigen Basis stellt einen mit gekreuzten Beinen auf dem Boden sitzenden Schreiber dar. Eine teilweise entrollte Papyrusrolle, die er mit der linken Hand hält, liegt auf dem straff gespannten Schurz. Die rechte Hand, einst mit einer Schreibbinse (aus Metall?) ausgestattet, schwebt schreibend über dem offenen Papyrus.

Der Mann trägt eine schwarze Strähnenperücke, die die Ohrläppchen frei lässt und die strengen Gesichtszüge elegant umrahmt. Das Gesicht ist rund, die Stirn breit. Die großen, eingelegten Augen sind in dicke, die Schminke nachahmende Kupferfassungen eingebettet. Darüber wölben sich die Brauenbögen in sehr wirkungsvoller Reliefausführung.

Die Nase ist gerade, regelmäßig geformt, der Mund mit den vollen Lippen klar gezeichnet.

Der Schreiber scheint geistesabwesend in die Ferne zu blicken. Ein unbemalter Streifen am Hals lässt darauf schließen, dass hier einmal ein Halskragen mit mehreren Schnüren hing. Die Haut an Gesicht und Hals ist in intensivem Orange gehalten, geht dann aber in Gelb über. Die breiten Schultern und die Brust, deren Muskeln besonders betont sind, wollen nicht ganz zu der sonst relativ entspannten Sitzhaltung passen.

Der Mann trägt einen kurzen weißen Schurz, zusammengehalten von einem Gürtel, an dem neben dem Nabel eine Schlaufe sichtbar ist. Die unteren Körperpartien sind weniger gut ausgearbeitet. Die Beine sind ziemlich roh modelliert und wirken recht steif im Gegensatz zu den fließenden Linien des übrigen Körpers.

Schreiberfiguren wie die hier abgebildete wurden im Bereich der ägyptischen Privatplastik sehr populär. Sie tauchten im Lauf der Vierten Dynastie auf, das erste Beispiel ist das des Prinzen Kawab, der unter Cheops lebte. (R.P.)

JE 30273 = CG 35

Männliche Sitzfigur

Bemalter Kalkstein
Höhe 61 cm
Saqqara, Ausgrabungen der Altertümer-Verwaltung (1893)
Anfang 5. Dynastie
(Mitte 25. Jahrhundert v. Chr.)

Die Statue stellt eine männliche Figur dar. Sie sitzt auf einem kubischen Hocker mit vorspringender Platte, auf dem die Füße aufliegen. Der Mann trägt eine helmartige Löckchenperücke, die ursprünglich schwarz bemalt war, und einen kurzen, weißen Faltenschurz. Beide Hände ruhen auf den Knien, die rechte senkrecht und zur Faust geballt, die linke offen und mit der Handfläche auf dem Schenkel.

Das runde Gesicht, auf dem ein intensives Leuchten liegt, ist etwas nach oben gewandt. Die großen, eingelegten Augen sind von Kupferfassungen umrändert, die die Linien der Augenschminke imitieren, darüber wölben sich Reliefbrauen. Die Nase ist breit und gerade, aber relativ klein, ebenso der Mund mit den vollen Lippen. Das stille Leuchten auf dem Gesicht, die lebhaft blickenden Augen und die Form des Mundes sprechen von Heiterkeit und Lebensfreude. Im Vergleich zum Kopf ist der Körper etwas unterproportioniert und weniger sorgfältig durchgebildet. Besonders die Arme wirken ziemlich grob. Die breiten Schultern, der quadratische Rumpf und die muskulösen Beine bilden einen scharfen Kontrast zu der glückstrahlenden Miene.

Die Figur wurde in Saqqara gefunden, unweit der oben beschriebenen schönen Statue eines Schreibers (CG 36), so dass beide Bildnisse wohl denselben Beamten vorstellen. (R.P.)

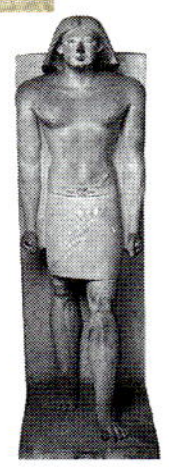

JE 10063 = CG 19

Ranefer mit Perücke

Bemalter Kalkstein
Höhe 178 cm
Saqqara, Mastaba des Ranefer (Nr. 40)
Ausgrabungen von A. Mariette (1860)
Erste Hälfte der 5. Dynastie
(Mitte 25. Jahrhundert v. Chr.)

Das Standbild des Hohenpriesters Ranefer wurde zusammen mit dem auf der gegenüberliegenden Seite abgebildeten in dessen Grab in Saqqara gefunden. Beide Statuen zeigen, zu welcher Meisterschaft es die ägyptischen Bildhauer des Alten Reiches inzwischen gebracht hatten.

Ranefer ist schreitend dargestellt. Der Sockel, der die Figur trägt, geht in eine senkrechte Steinplatte über, die bis zum Kopf reicht und eine breite, die Figur in voller Höhe gleichsam stützende Rückenstele bildet.

Der Priester trägt eine Strähnenperücke, die seine Ohrläppchen frei lässt und das sehr ausdrucksstarke Gesicht elegant umrahmt. Die Augenlider sind mit schwarzer Farbe betont und senken sich an den inneren Augenwinkeln leicht nach unten. Ihrem Schwung folgen die gemalten Reliefbrauen. Die gerade Nase verbreitert sich etwas nach unten. Der Mund ist klein, mit klar gezogenen Linien. Die Härte der Backenknochen und des breiten Kiefers wird durch die runden, weichen Wangen etwas gemildert. Der starke Hals ruht auf breiten Schultern und wächst aus einem mächtigen, muskulösen Rumpf hervor, der durch eine bis zum Nabel reichende vertikale Furche betont ist. Tief eingekerbt sind die Achselhöhlen zwischen den Armen und den Rundungen der Brust. Da der Mann zwei zylindrische Objekte in Händen hält, treten die Armmuskeln hervor und wirken deutlich angespannt.

Ranefer trägt einen kurzen Umschlagschurz mit Faltenklappe, der von einem verknoteten Gürtel in der Mitte gehalten wird. Auch die Beinmuskeln sind sorgfältig modelliert und sprechen wie die ganze Figur von der Vitalität und Kraft des gesunden jungen Mannes.

Auf dem Sockel sind neben dem vorderen Fuß Ranefers Name und Titel, unter anderem der eines Hohenpriesters des Ptah und von Memphis, eingraviert. (R.P.)

JE 10064 = CG 18

Standbild des Ranefer

Bemalter Kalkstein
Höhe 186 cm
Saqqara, Mastaba des Ranefer (Nr. 40)
Ausgrabungen von A. Mariette (1860)
Erste Hälfte der 5. Dynastie (Mitte 25. Jahrhundert v. Chr.)

Wie ihr Gegenstück, so zeigt auch diese Statue den Hohenpriester Ranefer auf einem Sockel stehend, der rechtwinklig in eine Rückenplatte übergeht. Diese erstreckt sich bis fast zur vollen Höhe der Figur. Der Priester nimmt dieselbe Haltung ein wie bei der anderen Statue: Die Arme hängen zu beiden Seiten des Körpers herab, die Hände umschließen zwei Gegenstände. Trotzdem unterscheidet sich das Standbild in Tracht und Physiognomie sehr auffällig vom ersten.

Ranefer trägt jetzt einen losen, bis zu den Knien reichenden Schurz mit steifer Schärpe, die von einem an der Taille verknoteten Gürtel schräg nach unten fällt. Das schwarz bemalte Haar ist sehr kurz und liegt wie eine Kappe eng am Kopf. Die Gesichtszüge ähneln denen auf dem anderen Standbild, doch sind hier die Wangen hohler, und der ganze Ausdruck ist strenger, schwerer. Auch hat der Priester jetzt ein kleines Doppelkinn.

Der stattliche Körper mit breiten Schultern und mächtigen Gliedern ist ebenfalls wie früher, doch sind die Muskeln nicht so gespannt und zeigen sanftere, breitere Rundungen, die die darunter liegenden Knochen verbergen. Die die Brust senkrecht kerbende Mittelfurche ist weniger ausgeprägt, der Bauch etwas rundlicher. Das alles zeigt deutlich, dass der Künstler den Priester im reiferen Alter darstellen wollte.

Die beiden Skulpturen wurden in zwei Nischen an der Rückwand der Kultkapelle der Mastaba Ranefers im Friedhof zu Saqqara gefunden – an einer Stelle, an der auch eine Sitzfigur seiner Gemahlin Hekenu lag. Die Abmessungen der Mastaba und die künstlerische Qualität der Figuren zeugen von Ranefers hohem gesellschaftlichem Rang und machen sehr wahrscheinlich, dass Bildhauer des Königshofes diese herrlichen Bildwerke geschaffen haben. (R.P.)

CG 119

Kniefigur des Kaemked

Mit Stuck überzogener bemalter Kalkstein
Höhe 43 cm
Saqqara, Grab des Schatzmeisters Werirni (Nr. 62)
Ausgrabungen von A. Mariette (1860)
Zweite Hälfte der 5. Dynastie
(Anfang 24. Jahrhundert v. Chr.)

Kaemked kniet auf einem rechteckigen Podest, die Hände vor dem Schoß gefaltet. Auf seinem Kopf sitzt eine mittellange Strähnenperücke, deren Haarsträhnen durch regelmäßige vertikale Rillen angedeutet sind. Perücken dieses Typs sind in der Privatplastik dieser Zeit sehr häufig.

Der Priester trägt einen eleganten, kurzen Schurz mit Faltenwurf und einem zugeknoteten Gürtel mit vier Perlenschnüren. Sein zartes Gesicht hat ausgeprägte Züge: eingelegte Augen mit durch dicke Kupferränder angedeuteten Schminkstrichen, breite, unten runde Nase, und einen recht großen, heiteren Mund mit üppigen Lippen. Der breitschultrige Rumpf lässt ausgeprägte Brustmuskulatur und eine Mittelfurche erkennen, die bis zum kaum sichtbaren Nabel verläuft.

Die künstlerisch wertvolle Statue steht in vollkommenem Gegensatz zum Standbild des Grabherrn, des Schatzmeisters Werirni (Kaemked war sein Totenpriester). Sie wurde im Grab des hohen Beamten unter anderen Dienerfiguren gefunden.

Die kniende Stellung ist im Alten Reich relativ selten, doch gibt es ein noch früheres Beispiel: die archaische Statue des Hetepdief, eines mit dem Totenkult der Könige der Zweiten Dynastie betrauten Priesters. (R.P.)

CG 133

Doppelstandbild des Nimaatsed

Bemalter Kalkstein
Höhe 57 cm
Saqqara, Mastaba des Nimaatsed (D 56)
Ausgrabungen von A. Mariette (1860)
Zweite Hälfte der 5. Dynastie (Anfang 24. Jahrhundert v. Chr.)

Die Skulptur besteht aus einem Doppelbildnis des Priesters und Richters Nimaatsed, der im Sonnenheiligtum des Neferirkare Kakai den Hathor- und Re-Kult versah. Nimaatseds Name und Titel sind in der kurzen Inschrift enthalten, die in den schwarz bemalten Sockel eingraviert und mit Weiß hervorgehoben ist. Eine senkrechte Rückenplatte erhebt sich vom Sockel bis zur Schulterhöhe der beiden Figuren. Der einzige substanzielle Unterschied zwischen den beiden Figuren, abgesehen von einer kaum merklichen Drehung der rechten Statue um ihre Achse, besteht in der Größe. Die linke Figur ist etwas größer als die rechte. In beiden Fällen aber wird Nimaatsed in der üblichen schreitenden Stellung mit zu beiden Seiten herabhängenden Armen dargestellt. Er trägt eine schwarze Strähnenperücke, ein recht häufiges Merkmal der Privatplastik dieser Epoche. Sie lässt die Ohrläppchen frei und umrahmt das ovale Gesicht mit den großen, gemalten Augen. Beide Figuren zeigen fleischige Lippen und einen dünnen, schwarzen Schnurrbart. Um den Hals hängen jeweils Ketten mit mehreren, abwechselnd blauen und weißen Perlenschnüren.

Der schlanke, nackte Brustkasten zeigt athletische Muskulatur und verjüngt sich zu schmalen Hüften. Die Haut ist in kräftigem Ocker gehalten. Ein weißer Schurz reicht bis knapp über die Knie, wobei eine gefältelte, gelb bemalte Schärpe schräg über die rechte Seite verläuft. Ein Ende der Schärpe steht unter dem Gürtel, neben dem Nabel, hervor. Die Beine sind schlank, aber muskulös.

Mariette fand mehrere Statuen des Nimaatsed in dessen Mastaba in Saqqara. Das hier wiedergegebene Exemplar ist zweifellos ein bedeutendes und interessantes Beispiel, das die gewohnte Formschönheit der Plastiken dieser Periode mit ungewöhnlich gut erhaltenen, leuchtenden Farben kombiniert. (R.P.)

JE 87818

Statuette einer Frau beim Getreidemahlen

Bemalter Kalkstein, Höhe 32 cm
Friedhof von Giza
5. Dynastie (2465–2323 v. Chr.)

Zahllose Dienerstatuetten wurden in den Mastabas des Alten Reiches gefunden. Sie lassen sich, nach Entstehungszeit und Werkmaterial, in zwei Hauptgruppen einteilen. Die älteren bestehen aus Kalkstein, reichen bis in die Vierte Dynastie zurück und wurden noch in der Fünften Dynastie hergestellt. Sie kommen vor allem im Gebiet von Memphis vor, einige fanden sich jedoch auch in Dara in Mittelägypten. Die jüngeren sind aus Holz gefertigt und wurden meist in Provinzfriedhöfen ausgegraben. Solche Holzstatuetten tauchten erstmals in der Fünften Dynastie auf und wurden bis zum Ende des Mittleren Reiches hergestellt – ein hervorragendes Beispiel ist die Opferträgerin aus dem Grab des Mektire.
In den meisten Fällen zeigen diese Kleinfiguren Dienstboten bei der Arbeit. Aus dem Mittleren Reich kennt man jedoch auch ganze militärische Formationen, vermutlich im Dienst des Grabherrn stehende Krieger. Die Figuren des Alten Reiches zeigen Bedienstete bei den verschiedensten häuslichen Verrichtungen. Am häufigsten sind sie mit dem Einfangen und Schlachten von Tieren oder mit dem Backen von Brot und Kuchen beschäftigt. Die Männer putzen Krüge oder formen Vasen. Die Frauen brauen Bier, kneten Teig oder mahlen, wie hier, Getreide.
Die Frau liegt auf den Knien und beugt sich, auf die gestreckten Arme gestützt, vor. In den Händen hält sie den zylindrischen Reibstein, den sie auf einem länglichen Stein mit aufgebogenen Rändern vor- und zurückrollt. Bei manchen Darstellungen finden sich Behälter zur Aufnahme des Korns an beiden Enden des Steins. Wie die auf der gegenüberliegenden Seite beim Bierbrauen abgebildete Dienerin ist diese nur mit einem kurzen Schurz bekleidet, und ihre kräftigen Arm- und Brustmuskeln sind gut zu erkennen. Ihr Gesicht ist sehr sorgfältig gearbeitet und ungemein ausdrucksstark. Sie hebt den Kopf und schaut in die Ferne, als dächte sie an etwas ganz Anderes als an ihre anstrengende Arbeit.
Das bis ins Detail ausgearbeitete Haar fällt ihr zu beiden Seiten des Gesichts herab. Es wird von einem Band zusammengehalten, dessen Enden bis in den Nacken reichen. Das Gesicht ist rund, mit langen, schmalen Augen und etwas schrägen Lidern. Auch die Augenbrauen darüber verlaufen schräg. Die regelmäßig geformte Nase ist recht klein, und die fleischigen Lippen sind leicht geöffnet. (R.P.)

JE 72232

Statuette eines Dieners beim Rupfen einer Gans

Bemalter Kalkstein, Höhe 28 cm
Saqqara, Ausgrabungen von S. Hassan (1935)
5. Dynastie (2465–2323 v. Chr.)

Diese Statuette eines Gänse rupfenden Mannes gehört ebenfalls zu den in den Mastabas des Alten Reiches gefundenen Dienerfiguren. Bis zu Beginn der Sechsten Dynastie wurden diese Skulpturen im *serdab* neben der Statue des Grabherrn aufgestellt. Später fanden sie auch in Schächten oder Nischen ihren Platz. Dieses Exemplar ruht auf einer unregelmäßigen Basis und zeigt einen mit dem rechten Bein auf dem Boden knienden Mann. Das linke hat er bis zur Brust hochgezogen. Er hat kurze, nur schwach angedeutete Haare, die die Ohren frei lassen, und trägt einen weißen Schurz.
Sein Gesicht mit den markanten Zügen hat asymmetrische, lange, schmale Augen, eine regelmäßig geformte Nase und einen breiten Mund mit aufgemaltem dünnem Schnurrbart. Die Haut ist, wie bei männlichen Figuren üblich, ockerfarben. Die Hände streckt er mit rechtwinklig gebogenen Armen zu einem kleinen Tischchen aus, auf dem eine geschlachtete Gans mit abgeknicktem langem Hals liegt.
Von den frühesten Zeiten an galten Gänseopfer neben Rinderschlegeln als kostbarste Gaben für Götter und Tote. Die Darstellung von Gänseopfern spielte bei der dekorativen Ausgestaltung von Gräbern, besonders im Alten und Mittleren Reich, geradezu eine Hauptrolle. Immer waren solche Darstellungen mit Listen von Grabbeigaben und Szenen gekoppelt, auf denen Rinder geschlachtet und ihr Fleisch dem Toten dargereicht wurde.
Wie so oft im alten Ägypten sind auch die Gänsesymbole in ihrem Zusammenhang mit den Toten- und Götterkulten keineswegs eindeutig. Sie können ganz unterschiedlich, ja manchmal sogar gegensätzlich interpretiert werden. Die Gans ist einerseits mit dem Gott Amun assoziiert und gilt als Symbol der Lebenskraft. Andererseits wird sie auch mit dem Gott Seth identifiziert und kann dann als Sinnbild für einen besiegten und geopferten Feind gelten. Letztere Bedeutung wird durch die *Senedsch*-Hieroglyphe in Gestalt einer geschlachteten Gans illustriert und mit »Furcht« oder »Schrecken« übersetzt. (R.P.)

JE 66624

STATUETTE EINER BIERBRAUERIN

Bemalter Kalkstein
Höhe 28 cm
Friedhof von Giza, Mastaba des Mersuanch
Ausgrabungen von S. Hassan (1929–1930)
Ende der 5. Dynastie (erste Hälfte 24. Jahrhundert v. Chr.)

Die hübsche Figur zeigt eine Frau, die sich über einen Kessel in einem Fass oder großen Krug mit Spundloch beugt. Wahrscheinlich mischt sie gerade die Zutaten eines Bierrezepts der alten Ägypter: Gerstenbrotlaibe, Wasser und Dattelsaft, den letzteren zum Süßen.

Die Frau trägt nur einen eng anliegenden, mittellangen weißen Rock und einen Halskragen, der sich in schönem Hellblau deutlich vom Hals abhebt. Ihren Kopf bedeckt eine halblange Perücke mit Haarwellen, die durch vertikale Rillen einzeln herausgemeißelt sind. Ihr natürliches Haar schaut unter der Perücke an der Stirn hervor. Das Gesicht ist voll, mit ungemein sprechenden Zügen: großen, schräg nach unten blickenden Augen mit stark betonten Brauen, einer platten, unregelmäßigen Nase und einem Mund, auf dem die Andeutung eines Lächelns liegt. Ihr Leib mit den schweren Brüsten und kräftigen Armen vermittelt den Eindruck von Vitalität und Kraft. Der restliche Körper ist weniger gründlich ausgearbeitet. Die Figur als Ganzes wirkt etwas plump, ist aber nichtsdestoweniger sehr lebensecht und voller Bewegung. Das Kunstwerk gehört zu einer Anzahl gleichartiger Dienerfiguren, die man in Mastabas des Alten Reiches entdeckt hat. Wie erwähnt, tauchten sie erstmals in Gräbern der Vierten Dynastie auf und zeigen die Alltagsbeschäftigungen, die in reicher ausgestatteten Gräbern auf Wandreliefs dargestellt wurden. (R.P.)

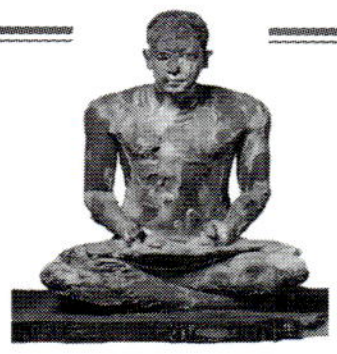

JE 93165

Statue des Mitri als Schreiber

Stucküberzogenes, bemaltes Holz
Höhe 76 cm, Breite 50 cm
Saqqara, Mastaba des Mitri
Ausgrabungen der Altertümer-Verwaltung (1925–1926)
Ende 5. Dynastie, Anfang 6. Dynastie (24. bis 23. Jahrhundert v. Chr.)

Elf Holzfiguren, die den hohen Beamten Mitri, seine Frau oder die beiden zusammen darstellen, wurden im *serdab* seiner Mastaba im Südosten der Umfassungsmauer der Grabanlage König Djosers in Saqqara gefunden. Heute befinden sich fünf davon im Ägyptischen Museum, weitere fünf im Metropolitan Museum of Art, New York, und die elfte in Stockholm.

Mitri, der als »Gauverwalter«, »Großer der Zehn Oberägyptens« und »Priester der Maat« amtierte, ist hier als Schreiber abgebildet. Er sitzt mit gekreuzten Beinen auf dem Boden und hält eine teilweise entrollte Papyrusrolle auf den Knien. Auf dem Außenrand der dünnen, rechteckigen Basis, auf der die Skulptur befestigt ist, sind Name und Titel eingraviert.

Die Oberfläche der mit Stuck überzogenen, bemalten Holzfigur hat schwer gelitten. Ein Großteil der einstigen Bemalung ist dabei verloren gegangen. Doch das Gesicht des hohen Beamten, besonders eindrucksvoll durch die glänzenden, eingesetzten Augen, fasziniert durch Lebendigkeit und Realismus. Der Kopf ist mit kurzem Haar bedeckt, das die leicht abstehenden Ohren frei lässt und das runde Gesicht umrahmt. Die leuchtenden Augen sind mit dünner Kupfereinfassung umrändert. Das Weiße der Augen besteht aus Kalkstein, die Iris aus dunklem Stein. Die Wangen sind voll, die Nase ist wohlgebildet, der Mund ziemlich breit mit fleischigen Lippen, geziert mit einem dünnen, aufgemalten Schnurrbart. Stellenweise haben sich Spuren der rötlichen Hautfarbe erhalten. Um den Hals der Statue läuft eine breite Kette mit mehreren Bändern. Auch hier sind noch Reste der ursprünglichen Bemalung zu sehen (Hellblau, Grün und Weiß). Die Brust ist nackt, die Lenden bedeckt ein kurzer Schurz, dessen eines Ende unter den Gürtel gesteckt ist. Im Gegensatz zum Gesicht mit der heiter-unschuldigen Miene, die jugendliche Frische ausdrückt, weisen Körper und Glieder eine voll ausgebildete, reife Muskulatur auf, sind aber nicht so sorgfältig ausgearbeitet.

Dieser Kontrast zwischen Physiognomie und Körper findet sich häufig bei Statuen sowohl von Privatpersonen als auch von Königen verschiedener Perioden, etwa der Kupferstatue König Pepis I. aus der Sechsten Dynastie. (R.P.)

JE 72201

Scheintür des Ika

Akazienholz
Höhe 200 cm, Breite 150 cm
Saqqara, Ausgrabungen der Altertümer-Verwaltung (1939)
5. Dynastie (2465–2323 v. Chr.)

Speiseopfer für den *ka* eines Toten wurden üblicherweise vor der Scheintür im Grab niedergelegt. Im Allgemeinen waren Scheintüren in Stein gehauen, doch diese hier, dem Ika geweiht, ist eines der wenigen uns bekannten Exemplare aus Holz. Die Scheintür bildet alle Eigenschaften einer wirklichen Tür genauestens nach: So ist über der Öffnung eine zylindrische Rolle angebracht, die die aufgerollte Strohmatte darstellen soll, die über die Tür herabgelassen werden konnte. Zu beiden Seiten der Tür befinden sich Nischenpaneele, darüber der Türsturz. In der Architravzone liegt ein rechteckiges Bildfeld mit der Speisetischszene. Weitere Pfosten zu beiden Seiten bilden den Außenrahmen, auf dem ein zweiter Türsturz ruht.

Ika trug den Titel eines *Wab*-Priesters (Reinigungspriesters) und Vorstehers des Palastes. Er ist in der Öffnung des Portals mit seinem Sohn Tjenti, und auf dem Türpfosten links mit einem anderen Sohn, Akedu, abgebildet. Das Bildnis von Ikas Gemahlin, Ij-meret, befindet sich auf dem Pfosten rechts, gemeinsam mit der Tochter Tjentet. Weiterhin ist das Paar auf dem Paneel im Architrav dargestellt. Dort sitzen die Eheleute an einem Tisch mit Brotlaiben. Die sie umgebende Fläche ist mit Hieroglyphen ausgefüllt, welche die dem Paar dargebrachten Opfergaben aufzählen.

In der Nische linker Hand ist Ika schreitend dargestellt. In der Rechten hält er ein Zepter, in der Linken einen langen, den Boden berührenden Stock. Er trägt einen Schurz mit Faltenschärpe und eine schulterlange Perücke, die der des Hesire ähnelt, eines drei Jahrhunderte früher, während der Dritten Dynastie, lebenden Beamten. Tatsächlich spricht alles – die Modellierung der Figuren, ihre Kleidung, die ihnen beigegebenen Embleme und die Wahl von Holz als Werkstoff für die Scheintür – dafür, dass Ika in seiner Grabanlage die Holztäfelung seines großen Vorgängers Hesire nachahmen wollte.

In ähnlicher Stellung ist der Grabherr innerhalb der Tür wiedergegeben, diesmal aber mit einer kurzen Perücke. Im rechten Paneel steht seine Gemahlin Ij-meret, Priesterin der Hathor, Herrin der Sykomore. Sie hält die Füße geschlossen und trägt ein langes Gewand mit breiten Trägern, die ihre Brüste frei lassen. Die rechte Hand ist zu Ikas Gesicht ausgestreckt und hält eine Lotosblüte. In die Türpfosten, Stürze und Friese sind Hieroglyphentexte eingekerbt, die die traditionellen Opferformeln wiedergeben. Dann folgen Titel und Name Ikas.

(R.P.)

JE 87807–87806
87804–87805

Die Familie Neferherenptahs

Bemalter Kalkstein
Meretites (JE 87807): Höhe 39 cm; Satmeret (JE 87806): Höhe 53 cm;
Neferherenptah (JE 87804): Höhe 65 cm; Itisen (JE 87805): Höhe 37 cm
Friedhof von Giza, Mastaba des Neferherenptah
Ausgrabungen von S. Hassan (1936)
Ende 5., Anfang 6. Dynastie
(Mitte 24. Jahrhundert v. Chr.)

Die Figurengruppe stellt die Familie Neferherenptahs dar, eines *Wab*-Priesters, der für den Totenkult der beiden großen Könige der Vierten Dynastie, Cheops und Mykerinos, verantwortlich war. Sie wurde von Selim Hassan im Jahr 1936 bei Ausgrabungen im Mastaba-Grab des Priesters auf dem Gräberfeld von Giza entdeckt. Neferherenptah, auch unter dem Namen Fifi bekannt, war das Oberhaupt der Familie und ist in der für männliche Standbilder charakteristischen Haltung wiedergegeben. Seine Statue steht auf einem Sockel, der hinten in eine hohe, breite Rückenplatte übergeht. Platte und Sockel sind schwarz übermalt, wenn auch die Farbe stellenweise abgeblättert ist.

Fifi trägt eine halblange schwarze Lockenperücke, die seine Ohren ganz bedeckt. Um seinen Hals hängt ein weißblauer *Usech*-Kragen. Bekleidet ist er mit einem kurzen, weißen Schurz mit einem Gürtel in Reliefausführung um die Hüfte. Das Gesicht mit den relativ groben Zügen hat große, gemalte Augen mit blauer Iris, darüber geschwungene Brauenbögen, die der Form der Augen folgen und an den Außenenden leicht schräg nach unten verlaufen. Er scheint ruhig zum Himmel emporzublicken. Seine Nase ist ziemlich groß und fleischig, ein Schnurrbärtchen auf der Oberlippe ziert den kleinen, üppigen Mund.

Fifi ist nicht von so kräftiger Statur wie andere hier beschriebene Figuren. Doch ist er wohlproportioniert und die Muskeln sind gut sichtbar, wenn auch nicht bessonders ausgeprägt. Obwohl relativ klein und etwas steif, ist die Statue ein reizvolles Beispiel für die Ende der Fünften Dynastie übliche Form der Rundplastiken. Im *serdab* von Fifis Grab war seine Statue in der Mitte zwischen seiner Tochter (links) und seiner Frau (rechts) platziert, während der Sohn außen neben der Schwester stand.

Auch die Statuette Satmerets, Fifis Gemahlin, steht auf einem flachen Sockel mit Rückenplatte. Die starre Haltung steht in Kontrast zu den lebhaften Farben, die ein auffälliges Merkmal dieses Kunstwerks sind. Kleiner als ihr Mann, ist Satmeret ebenfalls stehend dargestellt. Sie hält die Arme eng an den Körper gepresst, die Hände liegen an den Schenkeln an. Sie trägt eine halblange Perücke, deren Locken durch kleine Rillen angedeutet sind. Die Starre des Körpers wird von der Physiognomie wieder aufgenommen:

weit aufgerissene Augen mit großen, schwarz aufgemalten Pupillen, kurze Nase und fest geschlossener Mund. Um den Hals trägt Satmeret ein eng anliegendes Band und einen breiten *Usech*-Kragen aus mehreren blauen, weißen und roten Bändern. An dem Kragen hängt noch ein weiterer Brustschmuck: eine breite, rechteckige Borte aus bunten Perlenreihen, die dem weißen Gewand einen kräftigen Farbakzent geben. Das Gewand selbst ist eng anliegend und reicht bis zu den Waden. Der Stoff ist elegant und dünn und das Kleid lässt die weiblichen Körperformen erkennen. Ihre gerundeten Brüste, Bauchmuskeln und wohlgeformten Beine, alles kaum verhüllt, bilden einen starken, vielleicht sogar gewollten Kontrast zu der steifen, konventionellen Haltung der Figur im Ganzen.

Die Statuette Itisens, des Sohnes, ist kleiner als die der Eltern, doch wird er als Erwachsener und nicht als Kind dargestellt. Er sitzt auf einem würfelförmigen Sitz mit vorspringender Fußplatte ohne Rückenlehne. Die zur Faust geschlossene rechte Hand ruht senkrecht auf dem Knie, die linke Handfläche ist geöffnet. Er trägt eine schwarze Lockenperücke, die sich seinem Gesicht schön anschmiegt und kürzer ist als die seines Vaters. Rund um den Hals verlaufen die weißen Umrisse eines breiten Halsbandes – an dieser Stelle hat der Künstler einfach die Hautfarbe weggelassen. Bekleidet ist der Junge mit einem kurzen weißen Schurz mit Faltenrand, der von einem Gürtel gehalten wird. Ein Stück Stoff schaut darunter hervor.

Itisen hat ein ziemlich rundes Gesicht und große Augen mit schwarz gemalten Pupillen, darüber bemalte Reliefbrauen. Seine Nase ist hübsch geformt, der leicht vortretende Mund nicht groß, aber mit fleischigen Lippen. Der schmale Hals des Knaben ruht auf breiten Schultern, die einen starken Gegensatz zu dem mageren Körper bilden. Der Brustkasten wird von einer zur Hüfte hin merklich schmäler werdenden Furche mittig geteilt. Knie und Beine sind schlank und so präzise modelliert, dass man die Knochen darunter erkennen kann. Die Haut ist in dunklem Ocker gehalten. Wie die der Eltern, so ist auch die Statue des Itisen durch eine gewisse Starre charakterisiert, die zum Teil durch die kräftigen Farben ausgeglichen und gemildert wird.

Von den vier im *serdab* der Mastaba des Neferherenptah gefundenen Statuetten ist die der Meretites, der Schwester Itisens, die ausdrucksvollste. Zwar fehlen ihr die Farben, die den anderen Figuren Leben und Glanz verleihen, aber die fast ekstatische Miene und die weichen Körperformen geben ihr eine besondere Eleganz und geradezu hieratische Anmut. Etwas größer als ihr Bruder, ist Meretites in klassischer Sitzhaltung dargestellt, die Handflächen auf den Knien. Sie trägt ein knöchellanges Kleid und als nur angedeuteten Schmuck einen breiten, nicht bemalten Halskragen. Ihren Kopf bedeckt eine relativ große, mittellange Perücke mit winzigen, vom Mittelscheitel ausgehenden Flechten. Unter dem Perückenrand schaut der eigene Haaransatz hervor. Sie legt den Kopf kaum merklich zurück, so dass das ziemlich breite Gesicht emporgewandt wirkt. Auch ihre Augen scheinen einen Punkt in der Höhe anzuvisieren. Die Nase ist regelmäßig, der Mund zeigt weiche, klare Linien und hervortretende Lippen. Meretites sitzt in aufrechter Haltung. Ihre Brüste sind kleiner als die der Mutter, Rumpf und Hüften rundlicher. Man hat den Eindruck, als sei ihre Figur nach einem älteren ästhetischen Kanon gefertigt und stamme aus der Zeit zwischen dem Ende der Dritten und dem Anfang der Vierten Dynastie. (R.P.)

JE 32158

FALKENKOPF

Gold und Obsidian
Höhe 37,5 cm
Hierakonpolis, Horustempel
Ausgrabungen von J. Quibell und F. W. Green (1897–1898)
6. Dynastie (2323–2150 v. Chr.)

Als der alte Tempel des Gottes Horus zu Hierakonpolis im Neuen Reich vollständig neu erbaut wurde, verwahrte man eine Anzahl von Kultobjekten aus der alten Tempelausstattung sorgfältig in einem Magazin unter den neuen Kammern. Diese wurden von James Quibell und F. W. Green bei zwischen 1897 und 1898 stattfindenden Ausgrabungen sukzessive entdeckt.

Dieser herrliche Falkenkopf aus getriebenem Gold wurde unter dem Fußboden der Hauptkammer gefunden und stellt den Gott Horus dar. Zwar gibt es die unterschiedlichsten Hypothesen über seine Entstehungszeit – die plausibelste datiert ihn in die Sechste Dynastie –, aber eine eindeutige Zuordnung zu einer bestimmten Periode ist bisher nicht möglich.

Das Problem liegt in der extrem naturgetreuen Wiedergabe der besonderen Eigentümlichkeiten dieses Vogels, eine Eigentümlichkeit, die für die naturalistische Tendenz der ägyptischen Kunst aller Epochen typisch ist. Trotzdem sind gewisse Details mehr geometrisch-abstrakt gehalten, so zum Beispiel die dünnen Gravuren, die farblich abweichende Stellen des Federkleids an den Backen und am Hinterkopf markieren.

Besonders eindrucksvoll ist die Gestaltung der Augen mittels eines einzigen Obsidianriegels, der durch den Kopf geschoben wurde. Das macht den Blick des Vogels so durchdringend und scharf, täuschend ähnlich dem eines wirklichen Falken, und verleiht dem Kunstwerk eine Aura herber, ja geradezu bedrohlicher Strenge.

Der Kopf gehörte ursprünglich zu einem aus verschiedenen Materialien gefertigten Kultbild. Der Rumpf bestand aus Kupfer und war mit Kupfer- und Goldnägeln am Kopf befestigt. Unterhalb des Falkenkopfes wurde später die Statuette eines Königs aufgestellt, der sich auf diese Weise dem Schutz des Gottes Horus anvertraute.

Der zweigliedrige Kronenaufbau, vorne mit der königlichen Uräus-Schlange geschmückt, wurde ebenfalls später hinzugefügt, wahrscheinlich im Neuen Reich und kurz bevor der Kopf unter dem Tempelboden gelagert wurde.

(F.T.)

JE 33034–33035

Zwei Statuen Pepis I.

Kupfer
JE 33034: Höhe 177 cm; JE 33035: Höhe 65 cm
Hierakonpolis, Horustempel
Ausgrabungen von J. Quibell und F.W. Green (1897–1898)
6. Dynastie, Regierungszeit Pepis I. (2289–2255 v. Chr.)

Bei der Ausgrabung des Horustempels von Nechen wurde eine Grube entdeckt. Sie enthielt ein Schieferstandbild des Chasechem, einen Löwen aus Ton (heute im Ashmolean Museum Oxford) und zwei Statuen aus getriebenem Kupfer. Die kleinere war in mehrere Stücke zerlegt und im Rumpf der – ebenfalls zerlegten – größeren untergebracht worden. Darüber lag eine dünne Kupferplatte. Sie war mit der gehämmerten Hieroglypheninschrift ver-

sehen: »Lang lebe Horus, Herr der beiden Länder, König von Ober- und Unterägypten, Sohn des Re, Pepi, gesegnet mit Lebenskraft. Am ersten Tag des Jubiläumsfestes …«
Im Lauf der Jahrtausende hat das Metall der Statuen durch den Oxydationsprozess schwer gelitten. Sofort nach ihrer Entdeckung begann man mit Restaurationsarbeiten, die sich sehr langwierig und kompliziert gestalteten. Die beiden Statuen wurden wieder zusammengesetzt und in einer gemeinsamen Glasvitrine ausgestellt, als gehörten sie zusammen. Weitere Restaurierungsarbeiten, ebenso heikel und problematisch wie die früheren, wurden in letzter Zeit erforderlich. Doch brachten sie neue Fakten zu Tage, die eine Neubewertung der beiden Kunstwerke, vor allem auch ihres Verhältnisses zueinander, ermöglichten.
Nach der Entdeckung konnte die größere Statue dank einer Inschrift auf der Kupferplatte ohne weiteres als Pepi I. identifiziert werden. Nicht so leicht war es, die Identität der kleineren festzustellen, und es gab hierzu mehrere Hypothesen. Die verführerischste war, dass es sich um ein Bildnis des Pharao Merenre handle, der neben seinem Vater Pepi I. porträtiert worden sei, da er im Jahr des königlichen Jubiläums mit diesem den Thron geteilt habe.
Ein Alternativvorschlag war, dass beide Statuen Bildnisse des Königs Pepi I. seien, wobei aber die kleinere einen durch die Jubiläumsrituale verjüngten Pharao darstelle.
Beide Hypothesen gingen davon aus, dass die Statuen, da sie gemeinsam gefunden worden waren, auch inhaltlich zusammengehörten. Doch der gemeinsame Fundort beweist noch nicht die gemeinsame Aufstellung. Dass die kleinere im Rumpf der größeren entdeckt wurde und die größere unter einer Platte mit dem Namen Pepis I. lag, konnte ja auch einfach bedeuten, dass es sich bei beiden Bildnissen nur um ein und dieselbe Person handelte.
Die Standbilder sind aus mit Nägeln verbundenen getriebenen Kupferplatten zusammengesetzt. Die Augen sind mit Kalkstein und Obsidian eingelegt. Bei

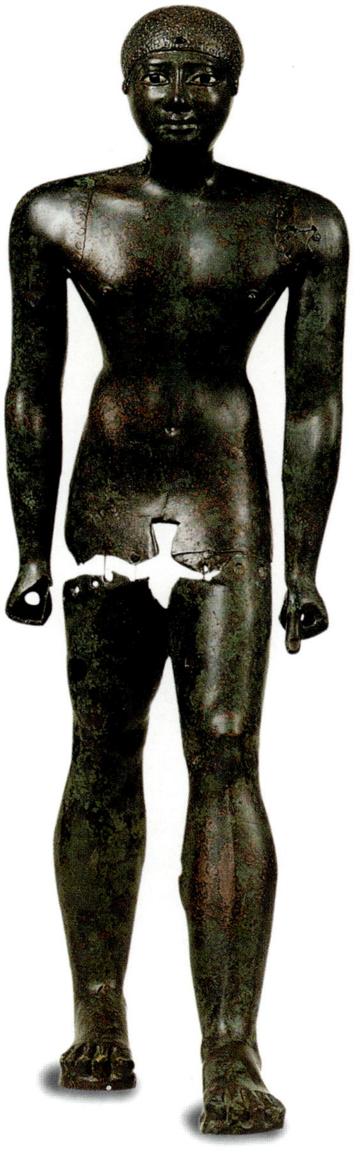

der größeren Statue schreitet der König, lässt den rechten Arm seitlich herabhängen und streckt den linken vor. Einst hielt er wahrscheinlich Zepter und Stab. Der Hinterkopf fehlt, dort dürfte eine Krone gesessen haben. Die Lücke am Becken wurde sicher einmal von einem Rock aus anderem Material ausgefüllt. Die Fußnägel waren mit Blattgold überzogen, wie winzige Reste noch erkennen lassen.
Auch die kleinere Figur des Königs ist schreitend dargestellt, doch hält er jetzt beide Arme am Körper. In den Händen trug er einst zwei königliche Insignien, die einzeln hergestellt wurden, genauso wie der Schurz um den Bauch. Hier trägt der König eine eng anliegende Kurzhaarfrisur. Am Loch in der Stirn war einst eine Uräus-Schlange aus anderem Material befestigt. Auch bei dieser Statue waren die Fußnägel mit Blattgold überzogen. (R.P.)

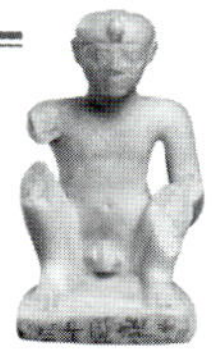

JE 50616

Statuette Pepis II.

Kalzit, Höhe 16 cm
Saqqara-Süd, Totentempel Pepis II.
Ausgrabungen von G. Jequier (1926–1927)
6. Dynastie, Regierungszeit Pepis II. (2246–2152 v. Chr.)

Laut Inschrift auf dem Sockel stellt diese kleine Kalzitplastik den Pharao Pepi II. dar. Er ist als Kind und in einer Stellung wiedergegeben, die sowohl bei privaten als auch königlichen Statuen höchst unüblich ist: Er sitzt mit angezogenen, leicht auseinander gestellten Beinen auf dem Boden. Die linke Hand ruht auf dem Knie, während er die Finger der rechten (die jetzt fehlt) wohl nach der klassischen Art des Horuskindes in den Mund gesteckt hatte.
Pepi II. ist vollständig nackt. Nur auf dem Kopf trägt er eine Kappe, die mit einer Kobra geschmückt ist. Auch diese Kopfbedeckung ist ein bei Königsstatuen sehr ungewöhnliches ikonografisches Element. Eines der wenigen vergleichbaren Beispiele ist eine Büste des Schepseskaf, des letzten Königs der Vierten Dynastie, die den Pharao mit einer ähnlichen Kappe zeigt, die aber nicht glatt ist, sondern parallele Gravierungen aufweist. Sie ist ebenfalls mit einer Kobra geschmückt. Zu nennen wäre auch eine fragmentarische Statue des Raneferef (Fünfte Dynastie), dessen Kopfbedeckung jedoch richtiger als kurze Lockenperücke mit vorn aufgesetzter Kobra zu beschreiben wäre und nicht als Kappe.
Die rundliche Physiognomie der Figur ist eher die eines Jugendlichen als jene eines Kindes. Die Züge sind recht unregelmäßig, die Augenbrauen in Relief gearbeitet. Unten ist die Nase breit. Der Mund ist relativ groß und teilweise vom Zeigefinger der rechten Hand verdeckt. Die zarten Gliedmaßen und ein etwas rundlicher Bauch lassen auf die Absicht des Künstlers schließen, wirklich einen Knaben darzustellen.
Die einzige andere Rundplastik, die diesen König wiedergibt, ist ebenso ungewöhnlich. Eine Figurengruppe im Brooklyn Museum zeigt Königin Anchnesmerire, die Mutter Pepis II., wie sie das königliche Kind auf den Knien hält. Pepi wird dabei als erwachsener Pharao mit einem *Nemes*-Kopftuch und einem

Schendjt-Schurz dargestellt, aber seine Gestalt ist so klein wie die eines Kindes. Bis zur Amarna-Periode sind keine Statuengruppen dieser Art mehr gefunden worden. Was die Werke Pepis II. betrifft, so fällt hier zweierlei auf. Erstens hat man überhaupt nur zwei Statuen von ihm gefunden, obwohl er als einer der Pharaonen gilt, die am längsten gelebt haben – Quellen sprechen von einer 90-jährigen Regierungszeit! Zweitens ist er auf beiden Statuen als Kind dargestellt. Das ließe sich noch damit erklären, dass Pepi II. als gerade Sechsjähriger den Thron bestieg. Seltsam ist aber allemal, dass aus seiner äußerst langen Regierungszeit keine weiteren Bildnisse von ihm überliefert sind.
Trotzdem gehören beide Skulpturen wahrscheinlich an den Beginn seiner Regierungszeit, in der seine Mutter Anchnesmerire als Regentin fungierte. Sie sollten die wichtige Rolle unterstreichen, die seine Mutter bei der Regierung des Landes spielte, bis der kleine Pharao erwachsen war.

(R.P.)

DIETER ARNOLD

DAS MITTLERE REICH UND DER WANDEL DES KÖNIGTUMS

Die im Ägyptischen Museum Kairo gezeigte Sammlung von Kunstwerken aus dem Mittleren Reich übertrifft nach Umfang und Qualität alle ägyptischen Sammlungen der Welt bei weitem, einschließlich der des Metropolitan Museum of Art in New York oder der ähnlich großartigen Sammlung im Louvre. Die spektakulärste Abteilung des Ägyptischen Museums ist dabei die Sammlung von Königsstatuen aus dem Mittleren Reich. Sie illustriert mit hervorragenden Beispielen die Entwicklung der ägyptischen Kunst von der Elften bis zur Dreizehnten Dynastie. Gleichzeitig demonstrieren diese Rundbilder den gewandelten Charakter des Königtums, insbesondere auch die Art seiner Selbstdarstellung im Mittleren Reich. Diese Epoche unterscheidet sich wesentlich von den vorhergehenden, in denen der gottgleiche König als Verkörperung des Falkengottes Horus und als Sohn des Re galt.

Am Ende der Sechsten Dynastie kam es zu einem Niedergang des Machtzentrums Memphis, mit dem Ergebnis, dass der Staat in mehrere kleinere Einheiten auseinander fiel. Diese politische Dezentralisation hatte auch die Befreiung der bis dahin wenig beachteten Kunst der Provinz – besonders im oberägyptischen Hinterland – von der Vormundschaft des dominierenden memphitischen Kanons zur Folge. So vollzog sich in den 160 Jahren vom Ende der sechsten bis zum Ende der Elften Dynastie ein radikaler Bruch mit der bis dahin herrschenden Tradition, was sich im Wandschmuck und auf den bemalten Stelen der Privatgräber Mittel- und Oberägyptens, wie in Naga el-Deir, Theben und Mo'alla, deutlich bemerkbar macht. Die jetzt überlangen, manieristisch disproportionierten Figuren, die wegen fehlender Grundlinien oft im Raum zu schweben scheinen, dokumentieren überzeugend diese Loslösung vom strengen Proportionskanon des Alten Reiches.

90 LINKS DETAIL EINES PFEILERS SESOSTRIS' I.
JE 36809

KALKSTEIN
HÖHE 434 CM, BREITE 95 CM
KARNAK, TEMPEL DES AMUN-RE
AUSGRABUNGEN DER ALTERTÜMER-VERWALTUNG (1901)
12. DYNASTIE
REGIERUNGSZEIT SESOSTRIS' I. (1971–1926 V. CHR.)

91 SITZSTATUE SESOSTRIS' I.
JE 31139 = CG 414

KALKSTEIN
HÖHE 200 CM
LISCHT, TEMPEL DER PYRAMIDE SESOSTRIS' I.
INSTITUT FRANÇAIS D' ARCHÉOLOGIE ORIENTALE (1894)
12. DYNASTIE
REGIERUNGSZEIT SESOSTRIS' I.
(1971–1926 V. CHR.)

90–91 PYRAMIDION DER PYRAMIDE AMENEMHETS III. IN DAHSCHUR
JE 35122

BASALT
HÖHE 140 CM, BREITE AN DER BASIS 185 CM
DAHSCHUR, PYRAMIDE AMENEMHETS III.
12. DYNASTIE
REGIERUNGSZEIT AMENEMHETS III.
(1844–1797 V. CHR.)

Doch wurde diese Phase einer blühenden Selbstständigkeit der Provinzen Oberägyptens bald wieder von der neuen politischen Ordnung und vom ästhetischen Kanon der thebanischen Herrscher aus der Mitte der Elften Dynastie abgelöst, besonders des mächtigsten Königs dieser Zeit, Mentuhotep Nebhepetres. Aber trotz des Versuchs der thebanischen Künstler, den memphitischen Stil zu neuem Leben zu erwecken, sind ihre Werke stark von oberägyptischer Motivik und Formgebung beeinflusst. Diese Stilmischung lässt sich gut an so manchem bedeutenden Werk im Kairoer Museum beobachten, und zwar seit den ersten Jahren der Regierungszeit Mentuhotep Nebhepetres. Hier sei nur auf die Kalksteinsarkophage der Prinzessin Kawit und der Königin Aschait verwiesen, die man im Totentempel zu Deir el-Bahari fand. Ihr Reliefschmuck trägt die Handschrift von Künstlern, die erkennbar in der Kunst des Holzschnitzens ausgebildet waren. Ihr eigenständiger, sehr expressiver Provinzialismus und ihre neuartigen Themen sind unabhängig von memphitischen Vorbildern des Alten Reiches und rücken bisher weniger gängige Motive in den Vordergrund, etwa die Verehrung der Königin durch ihre Diener.

Nach längeren Auseinandersetzungen löste Mentuhotep II. in der Mitte seiner Regierungszeit die bisherigen, in Herakleopolis residierenden Herrscher ab. Eine kleine Kapelle des Königs in Dendera kann als Denkmal für diesen Sieg interpretiert werden. Ihre Darstellungen und Inschriften beweisen, dass sie im Heiligtum der Göttin Hathor erbaut wurde, um den denkwürdigen Sieg des Königs und die Wiedervereinigung des Landes zu feiern. Ein Relief an der hinteren Wand der Kapelle stellt das Thema »militärischer Ruhm« dar: Der Pharao zerschmettert die Wappenpflanzen der beiden Länder – das einzige Mal, dass gezeigt wird, wie ein ägyptischer König gegen seine eigenen Landsleute Krieg führt. Andere Wandreliefs betonen göttliche Eigenschaften des Herrschers, was den Schluss nahe legt, dass die Kapelle eine Königsstatue beherbergt und als Kultheiligtum für den König gedient hat. Thematik und Ausführung der Reliefs illustrieren einen neuartigen oberägyptischen Stil.

Es ist kein Zufall, dass der Kult mit königlichen Standbildern unter den Schutz der Hathor von Dendera gestellt wurde. Die Göttin spielte während der Elften Dynastie nicht nur eine bedeutende Rolle im religiösen Leben Oberägyptens, sondern galt seit frühesten Zeiten auch als Mutter der Könige. Sie gab ihnen das Leben und garantierte ihr Weiterleben nach dem Tod. Einen anderen kleinen Tempel weihte Mentuhotep dem Gott Month von Tod, dem man wahrscheinlich den Sieg Mentuhoteps über seine Feinde zuschrieb. Einige Reliefblöcke aus diesem Heiligtum sind gute Beispiele für die Freisetzung neuer künstlerischer Energien nach turbulenten Zeiten in Oberägypten.

Das bedeutendste architektonische Denkmal dieser Epoche ist der Tempel des Mentuhotep in Deir

el-Bahari, Theben, der dem König, Month und später Amun-Re geweiht war. Seine Terrassenarchitektur mit offenen Säulenhallen, die das Innere des Tempels umgeben, ist offensichtlich oberägyptischen Bauvorstellungen entsprungen. In einer eigenen Grabkammer 70 Meter unterhalb des Tempels wurde eine lebensgroße sitzende Statue des Königs aus bemaltem Sandstein bestattet. Die Statue wurde auf dem Boden liegend gefunden, der Kopf vom Körper getrennt, was zusammen mit der dunklen Farbe darauf schließen lässt, dass sie im Zusammenhang mit einem Osirisritual begraben wurde. Der mächtige Leib, das runde Gesicht und die großen Augen sprechen vom Erwachen bisher latenter, rustikaler Tendenzen.

Mentuhotep Nebhepetres weithin im Dunkel der Geschichte verschollener Nachfolger Seanchkare ersetzte die von seinem Vorgänger in Tod erbaute Monthkapelle durch ein größeres, dreigeteiltes Sanktuar. Aus diesem Bauwerk sind einige verzierte Steinblöcke erhalten geblieben, die jetzt im Kairoer Museum ausgestellt werden. Es ist interessant zu beobachten, wie in der auf Mentuhotep Nebhepetre folgenden Generation die Kunst der oberägyptischen Provinzen einen neuen, deutlich von memphitischen Vorbildern beeinflussten Stil entwickelte, was sich auch an den Privatstelen dieser Zeit ablesen lässt.

Mit der auf den Mastabawänden des Alten Reiches dargestellten farbenprächtigen Bilderwelt war es gegen Ende der Sechsten Dynastie so gut wie vorbei. Von da an zogen sich die Szenen aus dem Alltag in den Untergrund zurück und erschienen nur noch als Wandgemälde in Grabkammern und als Holzminiaturen (so genannten Modellen) von Werkzeugen, Waffen und Schiffen, auch als Statuetten von Tieren oder von Menschen bei den mannigfaltigsten Verrichtungen. Sicher sollten diese Modelle den jenseitigen häuslichen Bedürfnissen des Verstorbenen dienen. Die Modell-Sammlung des Ägyptischen Museums ist unübertroffen. Eine besonders schöne Gruppe stammt aus dem Grab (TT 280) des Kanzlers Mektire (Elfte Dynastie), unter anderem Modelle von Fischerbooten mit Schleppnetz, eine Küchenszene, ein Garten mit Portiko, eine Zimmermannswerkstatt, eine Spinn- und Webstube, und, am allerschönsten, Aufseher bei der Viehinspektion.

Die 1,23 Meter große Figur einer prachtvollen Opferträgerin übertrifft an Größe und Qualität alle anderen Statuetten dieses Grabes. Der herrlich modellierte Frauenkörper ist eine der erlesensten Frauendarstellungen aus dem alten Ägypten. Zwei andere erstaunliche Beispiele für die Modellschnitzkunst Anfang des Mittleren Reiches sind die bunt bemalten Formationen marschierender Krieger aus dem Grab des Mesehti in Assiut

92
STATUE DER KÖNIGIN NOFRET
JE 37487 = CG 381

SCHWARZER GRANIT
HÖHE 165 CM, BREITE 51 CM
TANIS, AUSGRABUNGEN VON A. MARIETTE (1860–1861)
12. DYNASTIE
REGIERUNGSZEIT SESOSTRIS' II.
(1897–1878 V. CHR.)

93
RECHTE SEITE OBEN
MODELL EINES BOOTES OHNE SEGEL
JE 46716

BEMALTES HOLZ
HÖHE 61 CM, LÄNGE 139 CM, BREITE 25 CM
THEBEN, GRAB DES MEKTIRE (TT 280)
AUSGRABUNGEN DES METROPOLITAN MUSEUM OF ART (1919–1920)
11. DYNASTIE (ENDE 21. JAHRHUNDERT V. CHR.)

93
RECHTE SEITE UNTEN
MODELL EINES BOOTES OHNE SEGEL
JE 46720

BEMALTES HOLZ
LÄNGE 124 CM
THEBEN, GRAB DES MEKTIRE (TT 280)
AUSGRABUNGEN DES METROPOLITAN MUSEUM OF ART (1919–1920)
11. DYNASTIE (ENDE 21. JAHRHUNDERT V. CHR.)

(Anfang Mittleres Reich). Die beiden Trupps unterscheiden sich nur nach Hautfarbe, Kleidung und Ausrüstung – vermutlich bildeten sie die Leibgarde des Toten.
Thebens Unabhängigkeit und Vorherrschaft fand ihr Ende, als Amenemhet I. aus unbekannten Gründen seine Residenz in die Gegend von Memphis, der Hauptstadt des Alten Reiches verlegte, nämlich nach Iti-taui, das heutige Lischt. Die Regierungszeit Amenemhets war offensichtlich von schweren Auseinandersetzungen geprägt. Doch sein Sohn und Nachfolger Sesostris I. stellte den alten Glanz Ägyptens wieder her. Das beweisen der große Pyramidenbezirk bei Lischt, der in dieser Zeit entstand, wie auch die rege Bautätigkeit auf allen bedeutenden Gräberfeldern des Landes. In dieser Periode sind Architektur, Rundbild und Reliefkunst von einer Rückkehr zu den Traditionen des Alten Reiches gekennzeichnet, ja in vielen Fällen kam es zur engen Anlehnung an die alten Vorlagen. Diese rückwärts gewandte, archaisierende Tendenz der Zwölften Dynastie ist die erste einer Reihe von Rückbesinnungen auf die Kunst des Alten Reiches.
Die erste Entwicklungsphase der Zwölften Dynastie lässt sich an einer Gruppe von zehn überlebensgroßen Sitzfiguren Sesostris' I. aus dem Pyramidenkomplex des Königs in Lischt belegen. Die aus weißem, unbemaltem Kalkstein bestehenden Statuen wurden allerdings, wahrscheinlich auf Grund geänderter Baupläne, nie im Tempel aufgestellt. Der Reliefschmuck zu beiden Seiten des Throns preist den König als den Gründerheros, der Macht und Größe Ägyptens durch die Vereinigung beider Länder wiederherstellte. Der starre, leidenschaftslose Gesichtsausdruck des Königs und sein gefroren erscheinendes Lächeln stellen den Zusammen-

hang mit der Bildhauerkunst am Ende des Alten Reiches her. Es fehlen individuelle Merkmale, und eben das macht die Statuen zu Denkmälern der damaligen offiziellen Auffassung vom Königtum.
Ebenfalls im Ägyptischen Museum befinden sich einige der hundert dekorierten Architekturteile, die einst die innere Steinumfriedung des Pyramidenkomplexes Sesostris' I. in Lischt schmückten. Einst waren diese Elemente in immer gleichen Abständen an der Außen- und Innenseite der 5,60 Meter hohen Mauer angebracht. Sie zeigen jeweils eine Fruchtbarkeitsfigur, die Opfergaben, etwa frisches Wasser und Brot, Richtung Tempeleingang trägt. Über dieser Figur befindet sich immer eine schön und bis in alle Einzelheiten ausgemeißelte Darstellung der Fassade des Königspalasts mit den Namen des Pharaos. Wie einst thront der Horusfalke auf dem Fries und gibt zu erkennen, dass der umgrenzte Pyramidenbezirk eine Wohnstätte des Horus-Königs ist.
Der zur Pyramide Sesostris' I. führende Aufweg war von so genannten Osirispfeilern gesäumt. Sie bestanden aus einem mumienartigen, gegen einen Rückenpfeiler gelehnten Körper, auf dem ein

Kopf mit den Zügen des Königs saß. Die Ähnlichkeit dieser Standbilder mit Mumien hat zu dem Missverständnis geführt, es handle sich um Osirisbildnisse. Aber da Bildwerken dieses Typs in der Regel jede Individualität fehlt, repräsentieren sie die Institution des Königtums in seiner allgemeinsten, noch nicht ikonisierten Form.
Sesostris I. errichtete im Zusammenhang mit dem Erneuerungsfest des Königtums, dem *Heb-sed*, Heiligtümer auch in Karnak. Das prachtvollste war die so genannte Weiße Kapelle, die jetzt als Rekonstruktion im Freilichtmuseum von Karnak steht. Ein ähnliches Bauwerk enthielt mächtige, reich verzierte Kalksteinpfeiler, verziert unter anderem mit Szenen, in denen der Gott Ptah den König umarmt, und Hieroglyphen, die schöne Licht- und Schattenwirkungen auf der Oberfläche hervorrufen.
Eine Neuerung in der Rundplastik der Privatgräber der Zwölften Dynastie war, nach einigen schon ab der Fünften Dynastie erkennbaren Ansätzen, der »Würfelhocker«. Frühe Beispiele sind die beiden Statuen des Kämmerers und königlichen Siegelbewahrers Hetep aus Saqqara. Bei den meisten späteren Würfelhockern ist der Porträtierte hockend und mit einem engen Mantel umhüllt dargestellt, unter dem die angezogenen Beine kaum noch

sichtbar sind. Hier aber liegen Beine und Arme noch völlig frei und sind gut durchmodelliert.
Die Königsplastik der nun folgenden Regierungszeit Amenemhets II. und Sesostris' II., der »klassischen« Phase der Kunst der Zwölften Dynastie, wird ideal verkörpert von zwei monumentalen Sitzfiguren Sesostris' II. und zwei kleineren Statuen seiner königlichen Gemahlin Nofret, gefunden in Tanis im nordöstlichen Delta. Das Antlitz des Königs, umgeben und betont durch die breiten Flügel der *Nemes*-Haube, strahlt göttliche Harmonie und Erhabenheit aus. Nofret trägt die königliche Uräus-Schlange und die gewaltige Zeremonialperücke mit eingedrehten Enden der beiden Brustzöpfe, die im Allgemeinen mit Hathor assoziiert war. Auf diese Weise wurde die Königin mit ihrer göttlichen Herrin identifiziert. Auch ein kleines, schönes, in Lischt gefundenes Holzporträt einer Königin, Prinzessin oder Hofdame datiert wahrscheinlich aus der Mitte der Zwölften Dynastie. Der Kopf gehörte zu einer zusammengesetzten Statue von Unterlebensgröße. Die schwere schwarze Perücke war mit Goldornamenten verziert. Das sanfte Gesicht ist liebevoll gearbeitet und poliert, doch leider sind die ursprünglich eingelegten Augen verloren gegangen.
1860 wurde ein anderer sehr schöner Kopf einer jungen Frau in Saqqara gefunden. Auch er dürfte aus der Mitte der Zwölften Dynastie stammen, wurde aber in einer anderen Holzschnitzerwerkstatt hergestellt. Das jugendfrische, ovale Gesicht der jungen Frau ist von einer Masse wallenden Haares umrahmt.
Dasselbe Niveau der Bildhauerkunst um die Mitte der Zwölften Dynastie illustriert eine bemalte Holzstatuette, ursprünglich Teil einer Komposition mit zwei königlichen Figuren. Die beiden Bildwerke wurden in einer kleinen Nische in der Ziegelumfassungsmauer der Mastaba des Imhotep in Lischt (Mitte Zwölfte Dynastie) versteckt gefunden. Man trennte die beiden, und die Statue mit der Roten Krone kam ins Metropolitan Museum of Art, die mit der Weißen Krone nach Kairo. Da den Figuren sowohl eine Beschriftung mit dem Namen eines Pharaos als auch die königliche Uräus-Schlange vorne an der Krone fehlt, können sie unmöglich einen bestimmten König darstellen. Daher symbolisieren sie wohl das Gottkönigtum schlechthin und hatten eine uns unbekannte Funktion beim Totenkult. Obwohl sie also nicht unmittelbar mit einem der damaligen Herrscher in Verbindung gebracht werden können, zeigen die Gesichter der Figuren – eckig, mit tief verschatteten Augen – trotzdem unverkennbar die Züge der Könige um die Mitte der Zwölften Dynastie, höchstwahrscheinlich jene Amenemhets II.
Werke aus der Mitte der Zwölften Dynastie strahlen die Aura einer sicheren, harmonischen, jugendlichen Welt aus, regiert von der ewigen, vollkommenen Maat, der den ägyptischen Kosmos lenkenden Macht. Diese optimistische Weltsicht verdüsterte sich in der darauf folgenden Periode, der dritten und letzten Phase der Dynastie, die von den hervorragenden Herrschern Sesostris III. und Amenemhet III. geprägt wurde. Deren Regierungszeiten zeichneten sich zwar durch materiellen Überfluss aus, wurden aber gleichwohl von großen politischen und religiösen Spannungen und Umbrüchen in der Kunstauffassung erschüttert. Kein Wunder, dass die Gesichter königlicher und privater Skulpturen zum ersten Mal in der Geschichte Ägyptens Zweifel und Ent-

94 LINKS
STELE DES NEMTIEMHAT
CG 20088

BEMALTER KALKSTEIN
HÖHE 57 CM, BREITE 23 CM
ABYDOS
12. DYNASTIE, UM 1980 V. CHR.

94 RECHTS UND 95
STELE DES IBI
CG 20525

BEMALTER KALKSTEIN
HÖHE 49 CM, BREITE 38 CM
ABYDOS
12. DYNASTIE, UM 1950 V. CHR.

einer auf dem Türsturz eingravierten Szene: Der König wird, bekleidet mit seinem Festgewand, unter dem Pavillon mit dem Doppelthron inthronisiert. Und als Höhepunkt des neue Jugend schenkenden *Sed*-Fest-Rituals verleihen ihm Standarten, die Horus und Seth verkörpern, ewiges Leben. Die Funktion dieser Szenen ist vielschichtig und reicht weit in die ägyptische Frühzeit zurück. Schließlich wird auch noch ein Pakt zwischen dem Pharao und den Göttern im Stein des Eingangsportals zu den königlichen Kultgebäuden verewigt: Die Götter statten den König mit neuer Macht und Kraft aus, und der König verspricht ihnen Opfer und unerschütterlichen Glauben.

Eine große Zahl Königsstatuen von Sesostris' III. Sohn Amenemhet III. sind erhalten. Grabungen in den Tempelruinen von Tanis im nordöstlichen Delta förderten mindestens sieben Granitsphingen Amenemhets III. zu Tage. Diese prachtvollen Bildwerke unterscheiden sich durch die bei ihnen vorherrschende starke Tierkomponente beträchtlich von den sonst bekannten Sphinxdarstellungen. Normalerweise zeigt der Kopf des Sphinx ein vollkommen menschliches Aussehen, doch hier wird das Antlitz des Königs von einer gewaltigen Löwenmähne umrahmt – furchtbarer Ausdruck der übermenschlichen Stärke des in einem Löwen verkörperten Pharao.

Ebenfalls aus Tanis stammt ein ungewöhnliches Doppelbildnis Amenemhets III. aus Granodiorit. Die Statue zeigt den König zweifach, Seite an Seite, angetan mit der langen, schweren Perücke und dem Zeremonialbart, den Attributen der ursprünglichen Schöpfergottheiten des Landes. Der Herrscher trägt reiche Opfergaben und geht leicht gebeugt unter ihrer Last. Seine demütige Haltung legt die Vermutung nahe, dass er hier ein uraltes

täuschung ausdrücken, ja auch Zeichen vorgerückten Alters der Dargestellten aufweisen. Wie weit dabei persönlich-individuelle Züge in offizielle Porträts des Hofes Eingang gefunden haben, ist schwer zu entscheiden, übrigens auch nicht weiter von Belang, da die ägyptischen Künstler immer danach strebten, vor allem Bildnisse des »Königs an sich« zu schaffen. Ein Wandel in der Darstellung des Pharao spiegelt daher immer einen Wandel in der Rolle, nicht in den persönlichen Eigenschaften der Herrscher wider.

In der Nekropole Theben-West fanden sich mehrere monumentale Granitstatuen Sesostris' III., hatte dieser doch dem Tempel König Mentuhotep Nebhepetres in Deir el-Bahari eine Gruppe von sechs lebensgroßen Standfiguren zum Geschenk gemacht. Das gewaltigste Stück dieser Gruppe ist in Kairo ausgestellt. Da Sesostris hier in Beterstellung wiedergegeben ist, könnten diese Statuen den König in seiner priesterlichen Funktion und bei der Verehrung seines bewunderten Ahnherrn abgebildet haben. Eine andere herrliche Statue des Königs stammt aus dem Monthtempel in Medamud bei Theben. Sie zeigt einen kraftstrotzenden, jugendlichen Herrscher in majestätischer Pose, also möglicherweise in der Rolle des jungen, seinen Vater Osiris rächenden Horus.

Ein wesentlicher Aspekt des Königtums wird außerdem durch ein monumentales Kalksteinportal Sesostris' III. vergegenwärtigt. Von diesem Portal wurden zahlreiche verzierte Steinblöcke in Medamud gefunden und im Ägyptischen Museum wieder zusammengesetzt. Das Monument, das an sich einem verbreiteten architektonischen Typus entspricht, weist unter anderem auch eine Reliefverzierung in Form eines *Sed*-Fest-Portals auf. Normalerweise enthielten Darstellungen auf solchen Portalen auch Abbilder großer ägyptischer Gottheiten, die vor den ihnen geweihten Kapellen standen. Ein Torpfosten zum Beispiel zeigt die Götter Ober-, der andere die Unterägyptens. Sie gesellen sich dem König anlässlich des *Sed*-Festes zu und feiern mit ihm das Jubiläum seines Regierungsantritts. Diese Fest-Reliefs kulminieren in

Opferritual vollzieht. Diese Auffassung wird noch durch den archaischen Bildschmuck gestützt, der an die fruchtbaren Urzeiten der Schöpfung gemahnt. Beide Statuentypen – der Löwenkönig und der Fruchtbarkeitskönig – könnten Teil eines ungewöhnlichen, aber wesentlichen Statuenprogramms gewesen sein, das die Erinnerung an bestimmte Aspekte des Königtums und die Rolle des Pharao bei der Erschaffung der Welt wach halten sollte.

Die Auffassung vom menschlichen Herrscher als Inkarnation eines archaischen, übermenschlichen Königtums offenbart sich auch in der majestätischen Granitbüste Amenemhets III., die im Krokodilheiligtum zu Medinet el-Faijum gefunden wurde. Auf diesem ungemein beeindruckenden Bildnis trägt der König die Tracht eines Priesters und die schwere Perücke einer frühzeitlichen Gottheit und demonstriert damit die beiden Hauptmerkmale des Königtums: die Gottnatur des menschlichen Herrschers und das Amt des Hohepriesters der Götter. In einem solchen Zusammenhang hat die Darstellung des Königs als alter Mann den Sinn, einen Bezug des Königtums zur Erschaffung der Welt und zur Urzeit – der idealisierten Vergangenheit – herzustellen. Die immer wiederkehrenden Anspielungen auf den »König der alten Zeiten« spiegeln offenbar den Versuch, die Idee des Königtums – die seit der Zeit Sesostris' III. immer mehr an Gewicht eingebüßt hatte – wieder zu beleben. Die königliche Rundplastik vom Ende der Zwölften und der Dreizehnten Dynastie stellt also keine alten Herrscherpersönlichkeiten, sondern die ehrwürdige Institution des Königtums dar.

Als sich beim Bau der ersten Pyramide Amenemhets III. in Dahschur unüberwindliche statische Probleme ergaben, wurden eine zweite Pyramide und ein Tempel als Begräbnisstätte nahe Hawara am Eingang zur Oase Faijum errichtet. Reisende aus Griechenland und Rom verknüpften später seinen riesigen Tempel mit der Sage vom Labyrinth. Mehrere bedeutende Statuen Amenemhets III. wurden dort gefunden, die besterhaltene ist eine lebensgroße Sitzfigur in Kalkstein. Hier erscheint Amenemhet als gebrechliches Menschenwesen, was insofern recht passend ist, als das Bildnis wahrscheinlich im Sanktuar seiner Totenkapelle aufgestellt war, wo es Mittelpunkt der von den königlichen Priestern vollzogenen Rituale wurde.

Königliche Kolossalstatuen waren im Mittleren Reich selten. Das Ägyptische Museum Kairo beherbergt einen 76 cm großen Granitkopf Amenemhets III. aus Bubastis, der zu einem 3,5 bis 4 Meter hohen Koloss gehörte. In die heute leeren Augenhöhlen waren ursprünglich Augäpfel eingelegt, die das Standbild mit Furcht einflößendem magischem Leben erfüllt hatten.

Im Ägyptischen Museum sind auch fünf mehr oder weniger vollständige Pyramidions (Pyramidenschlusssteine) aus dem Mittleren Reich zu bewundern. Aus schwärzlichem, hartem Stein gehauen, bildeten sie den eindrucksvollen Abschluss der vier riesigen weißen Kalksteinflächen der Pyramidenverkleidung. Für die weit verbreitete Vorstellung, die Pyramiden des Alten Reiches hätten vergoldete Spitzen getragen, gibt es keinen Anhaltspunkt. Das spektakulärste Exemplar ist das Pyramidion der von Amenemhet III. in den Anfangsjahren seiner Regierung in Dahschur erbauten Pyramide. Es hat die Form einer Miniaturpyramide, ist 1,31 Meter hoch und besteht aus einem besonders sorgfältig gemeißelten und polierten Stein. Wie eine Inschrift beschreibt, »betrachten« riesige Augen auf der Ostfläche die Schönheit des Sonnengottes Re, wenn seine Strahlen bei Sonnenaufgang das Pyramidion treffen.

In der Zwölften Dynastie trat eine neue Kategorie von Statuen in Erscheinung: die private Tempelstatue. Diese Skulpturen beanspruchten keinen besonderen Kult, sondern wurden als schlichte Zaungäste am Portal oder im Opfersaal eines einer Gottheit geweihten Tempels zugelassen, wo sie der ständigen Aufmerksamkeit und Pflege der Tempelpriester sicher sein konnten. Bei den privaten Tempelstatuen wurden die Abgebildeten in ihrer beruflichen Funktion und meist bescheiden auf dem Boden sitzend dargestellt. Da sie oft weit vom Grabherrn entfernt aufgestellt waren, bedurfte es langer Inschriften, um den Eigentümer kenntlich zu machen und die Aufmerksamkeit und Gebete der vorbeischreitenden Priester auf sich zu lenken. Es hat den Anschein, als hätte sich der Status dieser Plastiken auf Grund ihrer untergeordneten Position und öffentlichen Aufstellung allmählich gewandelt: Einst lebendige Wohnstätten ihres *ka*, wurden sie im Lauf der Zeit zu bloßen Erinnerungsmälern.

Eine der großen Leistungen der Architektur des Mittleren Reiches war der Bau großer Felsgräber, zumeist in Mittel- und Oberägypten, etwa an Orten wie Beni Hasan, Berscha, Assiut, Qaw el-Kebir, Theben und Assuan. Mit Ausnahme einiger Exemplare schöner Reliefs, die sich heute in Museen befinden, lässt sich die Architektur dieser Gräber nur an Ort und Stelle besichtigen. Aber die Grabkammer (TT 314) des königlichen Großsiegelbewahrers Harhetep aus Theben (Zwölfte Dynastie) ist im Ägyptischen Museum als Rekonstruktion aufgestellt. Die Kammer gehörte nicht zu den Ritualräumen des Grabes, zu denen es noch einen Zugang gab, sondern ist ein gutes Beispiel für die oft verschwenderisch ausgestatteten unterirdischen Grabkammern, in denen der Steinsarkophag mit dem Toten ruhte. In Theben und an anderen Orten wurde der bröckelige Fels häufig mit schönen weißen Kalksteinplatten verkleidet, die mit aufgemaltem Grabmobiliar, Scheintüren, Opferlisten und Grabtexten geschmückt waren.

Auch die Kleinkunst für die Toten spielte im Mittleren Reich eine große Rolle, was zum Beispiel im Kairoer Museum durch eine eindrucksvolle Sammlung von königlichen und privaten Kanopenkrügen und -kästen aus Friedhöfen des Mittleren Reiches belegt wird. Kanopenbeisetzungen hatte es in bescheidenem Ausmaß auch schon im Alten Reich gegeben. Während der Zwölften Dynastie jedoch gelangten sie zu größerer Bedeutung. Daraus entwickelte sich eine Art

96 LINKE SEITE
GRABSTELE DES DEDUSOBEK
CG 20596

BEMALTER KALKSTEIN
HÖHE 28,5 CM
BREITE 18,5 CM
ABYDOS, NORDNEKROPOLE
MITTLERES REICH
(2040–1640 V. CHR.)

97 OBEN
DETAIL VOM SARG DES SENBI
JE 42948

BEMALTES HOLZ
HÖHE 63 CM, LÄNGE 212 CM
MEIR, AUSGRABUNGEN VON A. KAMAL (1910)
12. DYNASTIE (ENDE 20. JAHRHUNDERT V. CHR.)

97 LINKS
STELE EINES GENERALS
JE 45969

BEMALTER KALKSTEIN
HÖHE 80 CM, BREITE 55 CM
NAGA ED-DEIR
12. DYNASTIE (ENDE 20. JAHRHUNDERT V. CHR.)

selbstständiges, sekundäres Grab mit steinernen Kanopenkästen in Gestalt rechteckiger Sarkophage. Ein solcher Kasten bestand aus Kalzit und enthielt vier Kanopenkrüge mit den einbalsamierten Eingeweiden des Toten. Sie wurden mit Stöpseln in Form menschlicher Köpfe verschlossen.

Die außerordentlich große Zahl von Herrschern der Dreizehnten Dynastie – insgesamt etwa 70 –, die in Königslisten späterer Epochen genannt werden, ist noch nicht befriedigend erklärt. Es liegt zwar auf der Hand, dass es mit der Königsherrlichkeit der Zwölften Dynastie zu Ende war. Aber wir wissen nicht, ob die Ursache ein Verfall der Königsmacht, Machtkämpfe oder politisches und wirtschaftliches Chaos waren. Die Zentralgewalt in der Region Memphis scheint sich noch 130 Jahre lang gehalten zu haben, doch Anzahl und Qualität der königlichen und privaten Monumente und Statuen gingen drastisch zurück. Der während der Dreizehnten Dynastie erfolgende Übergang eines Großteils der Königsmacht auf den Wesir findet seine Parallele in dem Umstand, dass jetzt eher höhere Beamte als der König selbst abgebildet wurden. Diese Figuren älterer Beamter stellen weise »alte« Bürokraten mit kahlen, nur mitunter von langen, schweren Perücken bedeckten Häuptern dar. Die Abgebildeten sind in lange Röcke gehüllt, deren Enden unter der Brust zusammengeknotet sind, oder sie haben weite Mäntel um die Schultern geschlagen. Das Kairoer Museum besitzt die Hälfte der uns bekannten Königsstatuen aus dieser Zeit. Mit ihren durchdringenden Augen und ernsten, ja düsteren Mienen und den großen Ohren manifestieren diese Standbilder die alte Auffassung vom Königtum aus der Zeit Sesostris' III. und Amenemhets III. Die athletische Statur der Könige scheint der militärischen Stärke der Herrscher zu entsprechen. Doch könnte der leblos starre Gesichtsausdruck die Erschöpfung der Königsmacht in dieser Periode widerspiegeln und die Theorie bestätigen, dass Ägypten jetzt von Beamten verwaltet wurde.

Das früheste Beispiel einer Königsskulptur der Dreizehnten Dynastie, die lebensgroße Holzfigur des Königs Auibre Hor, zeugt von einem weiteren wichtigen Aspekt des Königtums: der ewigen Dauer des Königs. Wie das Paar ausgestreckter Arme auf dem Kopf, Symbol des *ka*, zeigt, stellt die Statue das zweite Selbst des Pharao dar. Der *ka* war eine unkörperliche Lebenskraft, die sich nach dem Tod vom Körper trennte und vorübergehend in einem Statuenkörper Wohnung nahm.

Außer Standbildern der Könige Neferhotep I. Chasechemre und Sobekhotep IV. Chaneferre aus Karnak und Tanis besitzt das Ägyptische Museum zwei kolossale Sitzfiguren des Semenchkare Mermeschan, die größten jemals in Tanis entdeckten Skulpturen. Sie zeichnen sich durch stechenden, fast misstrauischen Blick aus, geometrisierte

98 OBEN
DOPPELSTATUE
AMENEMHETS III.
JE 18221 = CG 392

GRAUER GRANIT
HÖHE 160 CM
TANIS
12. DYNASTIE
REGIERUNGSZEIT
AMENEMHETS III.
(1844–1797 V. CHR.)

98–99
PYRAMIDION
DER PYRAMIDE
AMENEMHETS III.
IN DAHSCHUR
JE 35122

BASALT
HÖHE 140 CM,
BREITE AN DER BASIS 185 CM
DAHSCHUR
12. DYNASTIE
REGIERUNGSZEIT
AMENEMHETS III.
(1844–1797 V. CHR.)

99 RECHTS
STATUE DES
SAKAHERKA
JE 43928

QUARZIT
HÖHE 62 CM
KARNAK
TEMPEL DES AMUN-RE
ENDE 12.–ANFANG
13. DYNASTIE
(18. JAHRHUNDERT V. CHR.)

Oberflächen von Körper und Beinen und schmale Hüften.

Um 1650 v. Chr. hatte das Machtvakuum der Dreizehnten Dynastie das allmähliche Einsickern fremder Völker aus dem Nordosten im Delta zur Folge, was später als Hyksos-Invasion bezeichnet wurde. Die Machtübernahme durch die Hyksos, die das Ende der Dreizehnten Dynastie bedeutete, schlägt ein neues Kapitel der ägyptischen Geschichte auf: die Zweite Zwischenzeit.

ÜBER DEN AUTOR

Dieter Arnold arbeitet seit 1985 als Konservator in der Abteilung für Ägyptische Kunst am Metropolitan Museum of Art, New York. Er leitete von 1963 an Ausgrabungen in Ägypten, vor allem an den Fundstätten des Mittleren Reiches, Theben, Lischt und Dahschur, arbeitete mit dem Deutschen Archäologischen Institut in Kairo zusammen und wurde auf den Lehrstuhl für Ägyptologie an der Universität Wien berufen. Im Lauf der Jahre hat er sich zum Experten für die Architektur und Bautechnik der Pharaonen, insbesondere die Kunst und Archäologie des Mittleren Reiches, entwickelt.

JE 30810 = CG 241

Statuette eines Korbträgers

Bemaltes Holz, Höhe 36,5 cm
Meir, Grab des Nianch-Pepi, der »Schwarze« (A 1)
Ausgrabungen der Altertümer-Verwaltung (1894)
6. Dynastie, Regierungszeit Pepis I.
(2289–2255 v. Chr.)

Wie die Inschriften auf dem Sockel dieser Holzstatue verraten, war Nianch-Pepi, genannt Hepi, der Schwarze, Vorsteher von Oberägypten, Siegelbewahrer des Königs von Unterägypten, Einziger Freund, geehrt beim großen Gott, Vorsteher der Priesterschaft.

Nianch-Pepi war in der Tat Gouverneur des 14. Gaus von Oberägypten und besaß in Meir, dem Friedhof der Hauptstadt der Region Qusae, ein Felsengrab. Dass der Name König Pepis I. in seinem Namen enthalten ist, weist darauf hin, dass er am Ende der Sechsten Dynastie lebte, einer Krisenepoche in der Geschichte Ägyptens: Es war eine Zeit der Auflösung, in der sich einige der größten Distrikte zu autonomen Kleinstaaten entwickelten.

Die Holzstatue mit den Haupttiteln Nianch-Pepis wurde im Grab in einem zwei Meter tiefen Schacht gefunden, umgeben von übereinander gestapelten Statuen, Darstellungen der Diener des Toten, darunter auch der abgebildete Träger. Die Statue ist besonders formschön und farbenprächtig. Der Träger ist in schreitender Bewegung wiedergegeben, trägt eine kurze Perücke und einen schlichten weißen Schurz. Auf dem Rücken sitzt ein Ranzen, gehalten von einem weißen Gurt um den Hals. Wir wissen nichts über den Inhalt des Ranzens, aber er muss schwer gewesen sein, da noch ein zweites Trageband um den linken Arm gebunden ist. Diesen winkelt der Träger nach hinten ab und stützt damit seine Last.

Unten am Ranzen sind zwei spitze Fortsätze zu sehen. Wahrscheinlich sollten sie sich in den Boden bohren, wenn der Ranzen abgesetzt wurde, so dass dieser auch auf weichem Untergrund aufrecht stand. Den rechten Arm, der einen Korb trägt, hält der Träger waagrecht vor der Brust. Der Korb ist aus Pflanzenfasern geflochten, hat einen Henkel und ist mit kleinen schwarzen, grünen und roten Vierecken verziert, die ein schönes geometrisches Muster bilden. (F.T.)

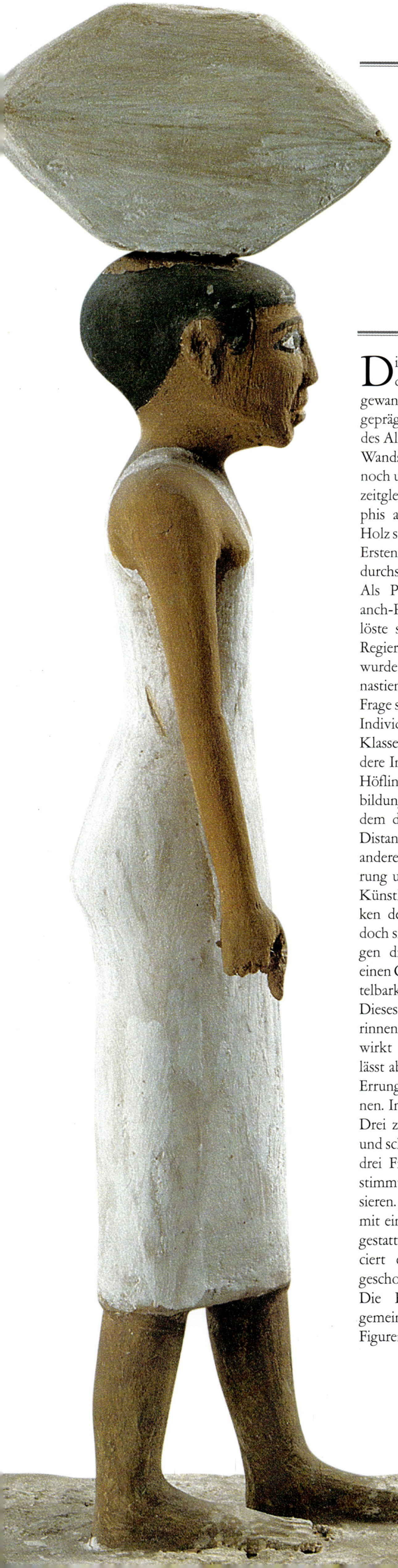

CG 250

Modellgruppe dreier Opfergabenträgerinnen

Bemaltes Holz
Höhe 59 cm, Länge 56 cm
Meir, Grab des Nianch-Pepi, der »Schwarze« (A 1)
Ausgrabungen der Altertümer-Verwaltung (1894)
6. Dynastie, Regierungszeit Pepis I. (2289–2255 v. Chr.)

Die Grabausstattung Nianch-Pepis, des Schwarzen, ist stark von dem gewandelten ästhetischen Empfinden geprägt, das sich in Ägypten am Ende des Alten Reiches entwickelt hatte. Der Wandschmuck lehnt sich zwar immer noch unmittelbar an die Szenen auf den zeitgleichen Mastabamauern von Memphis an, aber die Grabstatuetten aus Holz sind eine Neuerung, die sich in der Ersten Zwischenzeit immer mehr durchsetzte.

Als Provinzgouverneur gehörte Nianch-Pepi zur neuen Aristokratie und löste sich bewusst von der zentralen Regierungsgewalt. Sein Geschlecht wurde zu einer der vielen lokalen Dynastien, die die Autorität des Pharao in Frage stellten und Selbstständigkeit und Individualismus betonten. Diese neue Klasse von Provinzbürokraten hatte andere Interessen als die alteingesessenen Höflinge in Memphis, was zur Herausbildung eines originären Stils führte, aus dem die geografische und ästhetische Distanz zur Hauptstadt sprach, dem andererseits aber auch die lange Erfahrung und technische Meisterschaft der Künstler des Hofes fehlten. In den Werken der Provinzkünstler kommen jedoch sichtlich die kulturellen Spannungen dieser Zeit zum Ausdruck, was einen Gewinn an Dynamik und Unmittelbarkeit bedeutet.

Dieses Modell dreier Opfergabenträgerinnen aus dem Grab Nianch-Pepis wirkt zwar sehr schlicht und einfach, lässt aber gut die neuen künstlerischen Errungenschaften der Epoche erkennen. Im alten Ägypten diente die Zahl Drei zur Bezeichnung einer Mehrzahl und schließlich auch einer Vielzahl. Die drei Figuren sollen daher eine unbestimmte Anzahl Trägerinnen symbolisieren. Jede von ihnen trägt ein weißes, mit einem einzigen Schulterträger ausgestattetes Leinengewand und balanciert einen Behälter auf dem kurz geschorenen Kopf.

Die Komposition von drei einer gemeinsamen Tätigkeit nachgehenden Figuren bezieht ihr Vorbild noch aus der memphitischen Kunst. Ebenso wenig neu war auch die Vermeidung strenger Symmetrie dadurch, dass man eine Gestalt eine etwas andere Haltung einnehmen ließ als die beiden anderen. In diesem Fall zum Beispiel lässt die erste Trägerin den rechten Arm hängen. Das Neue an dieser Modellgruppe ist aber, dass der Blickwinkel hier nicht mehr frontal ist wie in der Periode zuvor, sondern dass vom Künstler eine Dreiviertel-Perspektive gewählt wurde. So entsteht durch die abnehmende Größe der Figuren der Eindruck zunehmender Entfernung.

Die drei Opfergabenträgerinnen wirken also unterschiedlich groß. Dass dahinter nicht nur einfach die Absicht des Künstlers steckte, drei verschieden groß gewachsene Frauen darzustellen, beweist die sonst absolute Gleichartigkeit der Kleidung und der Gesichtszüge. Auch erfasst die Tendenz zum Kleiner-Werden nicht die ganze Figur, sondern nur den Oberkörper – die Beine bis zu den Hüften sind bei allen dreien gleich lang. Die drei Figuren sind also so dargestellt, dass der Eindruck von im Gänsemarsch schreitenden Gestalten entsteht, die umso größer werden, je näher sie dem Beobachter kommen.

Die Komposition kann übrigens auch als Versuch gewertet werden, gehende Bewegung überhaupt wiederzugeben. Man könnte die drei Figuren daher auch so interpretieren, dass sie eigentlich nur eine einzige Trägerin darstellen sollen, aber dies in verschiedenen Momenten der Annäherung an den Betrachter.

(F.T.)

CG 244

Modellgruppe eines Bäckers und Bierbrauers

Bemaltes Holz, Höhe 35 cm, Länge 53 cm
Meir, Grab des Nianch-Pepi, der »Schwarze« (A 1)
Ausgrabungen der Altertümer-Verwaltung (1894)
6. Dynastie, Regierungszeit Pepis I. (2289–2255 v. Chr.)

Brot und Bier waren Hauptnahrungsmittel im alten Ägypten. Krüge und Brotlaibe wurden häufig, zusammen mit rituellen Sprüchen und Namen und Titeln des Verstorbenen, auf Opfertischen dargestellt. Solche Kompositionen hat man an vielen Orten und aus allen Perioden der ägyptischen Geschichte gefunden.

Wie wichtig den Ägyptern das Brot als Nahrungsmittel war, zeigt sich daran, dass man heute die altägyptischen Bezeichnungen von über vierzig Brotsorten kennt. Sie unterschieden sich nach Form, Zutaten und vor allem nach dem verbackenen Mehl. Bei der Zubereitung wurde zuerst das Korn gemahlen, dann das Mehl gereinigt und gesiebt. Man mischte den Teig durch Zugabe von Milch und der erforderlichen Zutaten, die das Brot würzen oder süßen sollten. Schließlich wurden Formen aus Ton auf dem Feuer erhitzt und mit dem Teig gefüllt. Im Neuen Reich verbesserte man die Backtechnik durch Verwendung wesentlich leistungsfähigerer Öfen.

Das zweite Grundnahrungsmittel war Bier. Es wurde aus Gerste hergestellt, die man mahlte und mit Wasser mischte. Der flüssige Brei wurde in einem Behälter kurz erhitzt und dann in mit Datteln gesüßtes Wasser geschüttet. Sobald die Gerste vergoren war, goss man die Flüssigkeit durch einen Filter in ein anderes Gefäß um.

Das hier abgebildete Modell aus dem Grab Nianch-Pepis zeigt die letzten Stadien der Brot- und Bierherstellung. Die beiden Arbeiter haben sehr kurzes, gepflegtes Haar und tragen einfache, kurze weiße Schurze. Die linke Figur steht etwas vorgebeugt und taucht die Hände in eine auf einem Untersatz ruhende Schüssel mit dem gärenden Bier. Die sitzende Figur hat eine Tonform zwischen den ausgestreckten Beinen und füllt sie mit Teig. Vor ihr steht eine ganze Anzahl Formen, in denen das Brot schon gebacken wird. (F.T.)

CG 249

Modell eines Feldarbeiters

Bemaltes Holz, Höhe 29 cm
Meir, Grab des Nianch-Pepi, der »Schwarze« (A 1)
Ausgrabungen der Altertümer-Verwaltung (1894)
6. Dynastie, Regierungszeit Pepis I. (2289–2255 v. Chr.)

Von den vielen im Grab Nianch-Pepis gefundenen Arbeiterstatuetten illustriert diese Figur eines die Hacke schwingenden Bauern am besten, wie sehr sich die Kunstauffassungen am Ende des Alten Reiches gewandelt hatten. Die Statue zeugt von einem ästhetischen Interesse an Bewegung, von sorgfältiger Beobachtung des Alltagslebens und einem gewissen Impressionismus, bei dem der Gesamteindruck wichtiger ist als die präzise Wiedergabe von Details. Dieser ästhetische Wandel nimmt das Konzept der nächsten Periode vorweg, in der Spontanität und Unmittelbarkeit höher eingeschätzt werden als Schönheit und Ausgewogenheit der Komposition.
Diese neuen Tendenzen werden insbesondere in den extrem langen Gliedern und Formen erkennbar, die bewusst alle früheren Maßstäbe sprengen. Die unnatürlichen Proportionen und die Auflösung des kompakten Körpers in eine Reihe geschwungener Linien und Elemente vermitteln mehr als das bloße Äußere eines auf dem Feld arbeitenden Bauern. Es zählten nicht mehr nur Erscheinung und Form, sondern vor allem die die Gestalt bewegende und von ihr ausstrahlende Kraft. Der Künstler hatte unverkennbar die Absicht, in seiner Skulptur die Dynamik eines alltäglichen Geschehens einzufangen: Ein Mann, der mittags, wenn die glühende Sonne vom Himmel brennt und der Leib in den flirrenden Hitzewellen zu zittern scheint, unverdrossen den Acker bearbeitet.
Der Schnitzer ahmt auch nicht einfach nach, er schildert stattdessen. Er schaut genau hin und beschreibt das Wechselspiel von Umwelt und sich darin bewegender menschlicher Gestalt. Daraus erklärt sich auch, dass der Figur die Füße fehlen. Vielmehr wachsen seine Knöchel unmittelbar aus dem Boden heraus. Auf diese Weise wird dargestellt, dass der Bauer auf vom Wasser überfluteten Feldern arbeitet.
Diese Statue eines ackernden Bauern kann darum als epochales Kunstwerk gelten. Denn es nimmt die charakteristischen Merkmale der Kunst der Ersten Zwischenzeit vorweg, die oft irrigerweise als Zeit der Dekadenz bewertet worden ist.
Als dekadent könnte man diese kleine Holzfigur nur bezeichnen, wenn man sie nach dem ästhetischen Kanon des Alten Reichs beurteilte. Dort war tatsächlich formale Ordnung oberstes Gebot. Ein Echo der strengen Kompositionsregeln dieser Epoche ließe sich höchstens noch in dem langen Schritt der Figur ausmachen, der sich in dem spitzen Winkel der Hacke wiederholt. Doch im Großen und Ganzen fehlt eine an traditionellen Regeln orientierte Struktur, was freilich durch die Frische und Unmittelbarkeit, wie sie sich bei früheren Kunstwerken in diesem Grad nur selten finden, mehr als ausgeglichen wird. (F.T.)

CG 245

Modell eines Mannes, der eine Ente brät

Bemaltes Holz, Höhe 24 cm
Meir, Grab des Nianch-Pepi, der »Schwarze« (A 1)
Ausgrabungen der Altertümer-Verwaltung (1894)
6. Dynastie, Regierungszeit Pepis I. (2289–2255 v. Chr.)

So manche im Grab Nianch-Pepis gefundene Holzfigur gibt Alltagsszenen wieder, wie sie in den Epochen zuvor in Reliefs auf den Mastabawänden der höchsten Würdenträger der memphitischen Beamtenschaft abgebildet worden waren. Die häufigsten Themen sind Darstellungen der Nahrungszubereitung. Hier handelt es sich um einen Mann mit einem einfachen, kurzen Schurz und sehr kurzer Frisur, der vor einem Kohlenbecken sitzt. In der Linken hält er einen Stock mit einer am Ende aufgespießten Ente, in der Rechten einen Fächer zum Anfachen der Glut im Becken.
In Ägypten galten Enten- und Rindfleisch als willkommene Abwechslung im Rahmen einer Ernährung, die im Wesentlichen auf Gemüse basierte. Fleisch war sehr teuer und kam nur bei den Wohlhabenden regelmäßig auf den Tisch. Die Armen mussten ihren Eiweißbedarf in erster Linie durch Fische decken, die der Nil jedoch im Überfluss bot.
Entenjagden waren ein beliebtes Motiv auf den Grabwänden des Alten Reiches. Sie fanden in Sümpfen statt und wurden mit Hilfe von Vogelnetzen durchgeführt, die man in Schilflichtungen aufspannte. Dabei wurde der Grabherr oft mit einem Wurfstock bei der Vogeljagd dargestellt, und unter den Grabbeigaben des Alten Reiches fanden sich immer wieder Modelle aus Stein, die gebratene Enten darstellten. Ja sogar mumifizierte Enten, gebettet in weiß bemalte Holzbehälter in Form des gebratenen Vogels, pflegte man als Totenopfer in den Herrschergräbern des Neuen Reiches zu deponieren.
(F.T.)

JE 362195

Sitzfigur des Mentuhotep II. Nebhepetre

Bemalter Sandstein, Höhe 138 cm
Deir el-Bahari, Scheingrab im Totentempel Mentuhoteps II.
Entdeckt von H. Carter (1900)
11. Dynastie, Regierungszeit Mentuhoteps II. Nebhepetre
(2061–2010 v. Chr.)

Der König sitzt mit über der Brust gekreuzten Armen auf einem unverzierten, kubischen Thron, der seinerseits auf einem länglich-rechteckigen Podest steht. Er trägt die Rote Krone Unterägyptens, einen Zeremonialbart – Symbol seiner Göttlichkeit – und einen kurzen weißen, bis knapp über die Knie reichenden Umhang. Die Haut ist, in scharfem Gegensatz zum Gewand, das die Hände und Teile der Brust frei lässt, schwarz bemalt.

Die Statue ist zwar lebensgroß, wirkt aber größer und vermittelt das Bild eines bedeutenden, befehlsgewohnten Königs, ohne überflüssige Details wiederzugeben. Der Körper scheint nur in Umrissen aus dem Sandsteinblock gemeißelt, Beine und Füße sind unverhältnismäßig groß und relativ plump im Vergleich zur übrigen Gestalt. Nur bei der Wiedergabe der Physiognomie und des Kopfes legte der Künstler Wert auf Einzelheiten. Die majestätische Rote Krone umrahmt das quadratisch geschnittene Gesicht, die Ohren bleiben unbedeckt. Die dicht beeinander stehenden Augen sind weiß bemalt, die Pupillen schwarz. Es geht ein intensives Leuchten von diesen Augen aus. Zu den Schläfen hin sind sie durch Schminkstriche verlängert und werden von dichten Brauen in Relief überwölbt. Die Nase ist gerade und regelmäßig, der volllippige Mund ziemlich groß. Aus diesen Elementen baut sich das strenge, feierlich-ernste Bildnis des zweiten großen Einigers des Pharaonenreiches nach Menes auf.

Die Statue symbolisiert außerdem die doppelte Funktion des Herrschers: In der Welt der Lebenden verkörpert er den Falkengott Horus, den mächtigen Eroberer, in der Welt der Toten Osiris, den König der Unterwelt.

Die Sitzfigur wurde im Jahr 1900 auf dem Boden eines Schachtes aufgefunden, der im Nordwestteil vom Hof des Totentempels Mentuhoteps in Deir el-Bahari lag. Sie war umhüllt mit vielen Schichten feiner Leinenbinden. Der Eingang zum Korridor, der zur Grabkammer führte, wurde nur durch Zufall entdeckt, als das Pferd Howard Carters, des damaligen Inspekteurs der Altertümer-Verwaltung, stolperte. Dabei legte das Tier mit den Hufen eine Steinplatte frei, die den unterirdischen Zugangsweg bedeckte. An diesen sonderbaren Vorfall erinnert der Name des Schachtes, unter dem die gefundene Statue begraben war: Bab el-Hosan, was im Arabischen »Pferdetor« bedeutet.

Zahllose Hypothesen über die Funktion dieses unterirdischen Raumes wurden aufgestellt. Manche sagten, es habe sich um das ursprüngliche Königsgrab gehandelt, das nach Vollendung des weit größeren Tempelbauwerks wieder verlassen worden sei. Andere meinten, der Raum könnte als Kenotaph gedient und das zweifache Begräbnis des Pharao (als des Herrschers der beiden vereinigten Länder) symbolisiert haben. Eines ist jedenfalls sicher: Der Raum hatte rituelle Bedeutung. Es war der Ort, an dem Mentuhotep anlässlich des Regierungsjubiläums den traditionellen Umhang anlegte – die Zeremonie, durch die Macht und Heiligkeit des Pharaos erneuert wurden. (R.P.)

JE 45626

Grabstele des Amenemhet

Bemalter Kalkstein, Höhe 30 cm, Breite 50 cm
Theben-West, Assasif (TT R4)
Ausgrabungen des Metropolitan Museum of Art (1915–1916)
Späte 11. Dynastie (2134–1991 v. Chr.)

Die Stele bildet ein flaches Rechteck und ist mit einer farbenprächtigen Totenopferszene geschmückt. Am oberen Rand verläuft horizontal eine Hieroglypheninschrift zwischen zwei tief eingravierten, ebenfalls horizontalen Linien. Links sitzen drei Figuren auf einer schwarzen Bank mit löwentatzenartigen Beinen. Unter der Bank steht ein Korb, aus dem oben der Griff eines Handspiegels herausschaut. Den Platz rechts außen auf der Bank nimmt der Grabherr, Amenemhet ein, den Platz links seine Gemahlin Iji, und zwischen ihnen sitzt der gemeinsame Sohn Antef.

Sehr bewegend ist die Menschlichkeit der Szene. Alle drei Gestalten wenden sich in inniger Zuneigung einander zu. Die Mutter umschlingt mit den Armen die Schultern des Sohnes, während dieser seinen linken Arm mit Amenemhets rechtem kreuzt und dessen linke Hand mit seiner rechten umfasst hält.

Alle drei Figuren tragen breite, grün bemalte Halskragen. Auf Ijis Kopf sitzt eine lange, schwarze Perücke, und ihren Körper umhüllt ein enges weißes Trägergewand, das ihre Brüste und mehrere Fuß- und Armbänder frei lässt. Die männlichen Figuren tragen kurze, weiße Schurze, ihr Haar ist kurz und schwarz. Der Vater zeigt überdies einen schönen schmalen Backenbart, der ums Kinn in einer gestutzten Spitze ausläuft.

Zur Rechten der Personengruppe befindet sich ein Opfertisch, darauf gehäuft ist ein Stapel Lebensmittel, während am rechten Außenrand der Stele eine weibliche Figur steht. Diese ist im Vergleich zu den anderen dreien kleiner, aber wie Iji gekleidet. Eine Hieroglyphenzeile nennt ihren Namen: Hapi.

Die Inschrift enthält eine dem Osiris geweihte Opferformel: »Für den verehrungswürdigen Amenemhet und die verehrungswürdige Iji.« (R.P.)

JE 89858 – 91169

Statue des Generals Antef

Bemalter Sandstein
Höhe 58 cm
Theben-West, Assasif, Grab des Generals Antef
Ausgrabungen des Deutschen Archäologischen Instituts (1963–1964)
11. Dynastie, Regierungszeit Mentuhoteps II. Nebhepetre
(2061–2010 v. Chr.)

Die hier abgebildete, nicht mehr ganz vollständige Statue hat man aus zwei Fragmenten wieder zusammengesetzt, die das Ägyptische Museum zu unterschiedlicher Zeit erreichten: Kopf und Torso haben deshalb verschiedene Inventarnummern.

Die Sitzfigur wurde in der Grabanlage des Generals Antef entdeckt, nicht weit vom Totentempel Mentuhoteps II. in Deir el-Bahari. Das Grab wies eine Fassade mit Portikus auf, ein charakteristisches Merkmal der thebanischen Grabarchitektur dieser Periode. Antef war Feldherr des königlichen Heeres, bekleidete somit ein Amt in nächster Nähe des Königs. Das zeigt sich auch an Ort und Größe seines Grabmals.

Der General ist sitzend dargestellt, die Hände auf den Knien. Er trägt eine kurze Perücke, die die Ohren bedeckt und deren Locken durch feine Meißellinien wiedergegeben sind. Sein rundes Gesicht ist dem des Königs, seines Herrn, sehr ähnlich: Die eng beieinander stehenden Augen sind mit derselben Schminkfarbe verziert, und die gerade, regelmäßige Nase sitzt über einem klar gezeichneten Mund. Der Kopf ruht auf einem kräftigen Hals und breiten Schultern.

Der quadratische Rumpf ist optisch durch eine Querlinie unter der oberen Brustpartie zweigeteilt. Die Oberarme sind eher massig als muskulös und liegen eng am Körper an, während die Unterarme schwer auf den Schenkeln ruhen. Antef trägt einen kurzen Faltenschurz mit Gürtel, wie er ähnlich auch von den Pharaonen getragen wurde.

(R.P.)

JE 30986 = CG 258

Trupp ägyptischer Soldaten

Bemaltes Holz
Höhe 59 cm, Breite 62 cm, Länge 169,5 cm
Assiut, Grab des Mesehti
11. Dynastie (2134–1991 v. Chr.)

Der aus vierzig ägyptischen Soldaten bestehende Trupp ist aus zehn Reihen zu jeweils vier Mann zusammengesetzt und steht auf einer durchgehenden Unterlage. Ihre Haut ist hell, wenngleich von einem etwas dunkleren Braun als bei der Darstellung von Würdenträgern und Pharaonen üblich. Ihr schwarzes Haar ist mittellang und helmartig frisiert. Alle sind nackt bis auf kurze weiße Schurze mit einer kleinen Schärpe in der Mitte. In der rechten Hand halten sie Lanzen, mit der linken lange, oben spitz zulaufende Schilde. Sie marschieren in streng geordneter, kompakter Formation, doch weist das Kunstwerk auch viele individuelle Einzelheiten auf, so dass trotz aller Uniformität von Bewegung und Kleidung niemals der Eindruck von Starre entsteht. Jeder Schild ist etwas anders und nach dem Muster verschiedener Tierfelle bemalt, und auch die Größe der Figuren variiert, was Leben und Bewegung in die schematische Uniformität bringt. Jede Physiognomie ist individuell gestaltet, und alle Krieger haben große, gemalte, von einer dünnen Schminklinie umrandete Augen, die kühn aus dem Gesicht blitzen.

Dass in dieser Zeit Modelle von bewaffneten Kriegern in Gräbern auftauchen, ist zweifellos Folge der veränderten sozialen und politischen Situation. Die Lokalfürsten spürten offensichtlich die Notwendigkeit, zu ihrer Selbstdarstellung neue ikonografische Elemente einzuführen und so die neu gewonnene Macht und Autonomie augenfällig zu machen. (R.P.)

JE 30969 = CG 257

Trupp nubischer Bogenschützen

Bemaltes Holz
Höhe 55 cm, Breite 72,3 cm, Länge 190,2 cm
Assiut, Grab des Mesehti
11. Dynastie (2134–1991 v. Chr.)

Auch diese Kriegerformation ist in zehn Reihen zu vier Mann angeordnet und steht auf einer durchgehenden Unterlage. Es handelt sich um Holzmodelle von Bogenschützen. Dass es Nubier sind, ergibt sich aus der schwarzen Haut und der Tracht. Alle tragen nur ein gelbes oder rotes Hüfttuch um Taille und Oberschenkel mit einer Schärpe in der Mitte, die mit blaugrünen geometrischen Motiven auf rotem Grund verziert ist.

Barfuß marschieren sie in gemessenem Gleichschritt. Sie tragen schwarze Lockenperücken mit einem weißen Band um die Stirn und eine dünne Kette um den Hals. Auch an den Fußknöcheln finden sich Kettchen oder Reifen. In der Linken halten sie einen Bogen, in der Rechten Pfeile.

Jedes Gesicht ist individuell gestaltet, aber alle haben große, weiß gemalte Augen, die sich lebhaft von der schwarzen Haut abheben. Die leuchtenden Farben, individuellen Physiognomien und verschiedenen Größen der Soldaten erzeugen ein Moment der Bewegung und Lebhaftigkeit in einer sonst uniformen Gruppe. Wahrscheinlich gehörte diese Einheit zum Heer des Fürsten Mesehti, in dessen Grab das Modell gefunden wurde.

Die Gewohnheit, den Toten Statuetten von Dienern und Arbeitern als Beigaben mit ins Grab zu legen, war schon im Alten Reich verbreitet, wobei man Motive aus dem häuslichen oder handwerklichen Bereich bevorzugte. Im Zeitraum zwischen der Ersten Zwischenperiode und dem Mittleren Reich wurden jedoch neben Holzmodellen, die mit dem früheren Leben des Toten irgendwie verbundene Verrichtungen darstellten, auch ganze Soldatenformationen abgebildet. Auch die Einheit ägyptischen Fußvolks auf der gegenüberliegenden Seite stammt aus dem Grab Mesehtis. (R.P.)

JE 46725

Opfergabenträgerin

Bemaltes Holz, Höhe 123 cm
Deir el-Bahari, Grab des Mektire (TT 280)
Ausgrabungen des Metropolitan Museum of Art (1919–1920)
11. Dynastie (2134–1991 v. Chr.)

Diese zu etwa zwei Dritteln lebensgroße Holzfigur gehörte zu einer im Grab Mektires gefundenen Reihe von 25 Modellen. Es ist ein meisterhaftes, eindrucksvolles Beispiel für eine Darstellung der menschlichen Gestalt, bei der vollkommene Formschönheit und harmonischer Zusammenklang von Farben und Einzelheiten ein wunderbares Ganzes ergeben.

Die Figur steht auf einem rechteckigen Untersatz und stellt eine gehende Frau mit einem geflochtenen Korb auf dem Kopf dar. Die Ecken des Korbes sind besonders hervorgehoben. Er enthält vier rote mit konischen Deckeln verschlossene Weinkrüge. Die Frau hebt ihre linke Hand über den Kopf und stützt damit den Korb, während der rechte Arm zur Seite herabhängt und die Hand eine lebende Ente bei den Flügeln gepackt hält.

Die Frau ist mit farbigen Armreifen um beide Gelenke und einer Halskette aus mehreren roten, grünen, weißen und blauen Bändern geschmückt. Sie trägt eine schwarze, dreiteilige Perücke, deren vordere Seitenlappen ihr hinter den Ohren und am feinen Gesicht vorbei auf die Brust fallen. Zwei große Mandelaugen in Weiß mit schwarzen Pupillen sind aufgemalt, umrändert mit schwarzen Schminklinien. Die lang geschwungenen schwarzen Brauen wiederholen die Form der Augen. Die Nase ist gerade, der Mund klein und rund. Das bis fast zu den Fußknöcheln reichende enge Gewand wird von zwei breiten Trägern gehalten, die die Brüste bedecken und farblich auf die Halskette abgestimmt sind. Besonders elegant ist die Verzierung des Kleides: ein Netzmuster, bei dem Rot und Grün sich abwechseln. Um den unteren Saum läuft ein doppeltes Band mit Diamantmuster. Die Frau ist barfuß, trägt aber breite Fußreifen. Ganz herrlich ist ihr gertenschlanker Leib durchgebildet: mit schmaler Taille, hohen Hüften und langen Beinen, alles von dem Gewand mehr hervorgehoben als verhüllt.

Die immer noch kräftigen, lebhaften Farben und der glückliche Umstand, dass die Figur völlig unversehrt geblieben ist, ermöglichen es uns, dieses exquisite, viertausend Jahre alte Kunstwerk gebührend zu würdigen. (R.P.)

JE 46721

Modell eines Hauses mit Garten

Bemaltes Holz, Höhe 43 cm, Breite 40 cm, Länge 87 cm
Deir el-Bahari, Grab des Mektire (TT 280)
Ausgrabungen des Metropolitan Museum of Art (1919–1920)
11. Dynastie (2134–1991 v. Chr.)

Archäologische Funde und in Gräbern bewahrt gebliebene Malereien, Reliefs und Modelle sowie überlieferte Texte liefern uns detaillierte Informationen über die verschiedenen Häusertypen, die einst im Niltal standen. Im Allgemeinen waren sie aus ungebrannten Ziegeln erbaut und hatten Dächer aus sehr leichtem Material. Natürlich variierten sie nach Größe und Einrichtung, je nach Reichtum und Ansehen ihrer Bewohner. Sie konnten ein oder mehrere Stockwerke hoch, bescheiden oder ungemein geräumig und luxuriös sein. Meist waren sie von einem Garten, einem kleinen Stück Land oder gar ausgedehnten bewirtschafteten Gütern umgeben.

Zu einem mittelgroßen Haus gehörten in der Regel ein paar Gemüsebeete und ein Teich mit Ziergarten, wo sich ein Großteil des Familienlebens und der häuslichen Arbeiten abspielte.

Dieses Modell aus dem Grab des Mektire zeigt den Innenhof eines Hauses. Zwischen Haus und Garten befindet sich ein Portikus. Zwei Reihen mit je vier Lotosbündelsäulen mit geschlossenen Kapitellen und runder Basis tragen das Vordach. Die Farben der Säulen sind frisch wie am ersten Tag, auf den einzelnen »Stängeln« wechseln weiße, blaue und hellgelbe Farbbänder. Die Kapitelle sind grün und rot. Ebenso frisch geblieben sind die Farben der mit bunten Matten behängten Hausfassade. Vor dem Portikus ist ein rechteckiges Bassin angelegt, an drei Seiten von Sykomoren umsäumt, deren Blätter und Früchte detailliert wiedergegeben sind.

Die geschickte Farbkomposition und die sorgfältige Bemalung der architektonischen Elemente und Pflanzen des Modells legen Zeugnis ab vom Geschmack reicher ägyptischer Hausbesitzer, aber auch vom hohen künstlerischen Können der Verfertiger solcher Modelle. (R.P.)

JE 46724

Inspektion der Rinderherden

Bemaltes Holz
Höhe 55 cm, Breite 72 cm, Länge 173 cm
Deir el-Bahari, Grab des Mektire (TT 280)
Ausgrabungen des Metropolitan Museum of Art (1919–1920)
11. Dynastie (2134–1991 v. Chr.)

Durch dieses Modell aus dem Grab Mektires gewinnen wir einen lebendigen Eindruck vom Leben der ägyptischen Bauern. Der Hausherr Mektire überwacht die Zählung und Inspektion seiner Rinder, die von Bauern an ihm vorbeigetrieben werden. Er selbst und ein paar Gefolgsleute sitzen in einem schattigen Pavillon und beobachten das an ihnen vorbeitrottende buntscheckige Vieh.

Der Pavillon hat ein von vier hellblau und weiß bemalten Lotosbündelsäulen gestütztes Dach. Mektire sitzt im Innenraum auf einem großen Stuhl, während einige Schreiber und sein Sohn neben ihm auf dem Boden kauern. Jeder Schreiber hält eine offene Papyrusrolle auf dem Schoß und vor ihm steht ein kleines niedriges Tischchen mit Federn und Tinte darauf. Zwei andere Figuren mit Stöcken in der rechten Hand stehen bereit, jeden empfindlich zu strafen, der sich eine Unregelmäßigkeit zu Schulden kommen lässt. Tatsächlich hebt vor dem Pavillon und unter den Augen des Hausherrn soeben ein Aufseher seinen Stock gegen einen dort stehenden Mann – wahrscheinlich einen nachlässigen Rinderhirten – der sich etwas vorbeugt.

Weitere zwölf Männer treiben die eigenwilligen Tiere und passen auf, dass sie in die gewünschte Richtung gehen. Einige der Männer sind mit Stöcken bewaffnet, andere halten Rinder an um die Hörner gebundenen Stricken. Vier Angestellte des Grabherrn lehnen aufrecht an der schwarzen Mauer, vielleicht um den ganzen Vorgang zu beobachten. Die Kleidung der Männer ist teilweise aus richtigem Tuch gefertigt, was die bunte Szene besonders lebensecht wirken lässt.

Solche Modelle sind für moderne Gelehrte und Wissenschaftler von erheblichem Wert, nicht nur unter ästhetischen Gesichtspunkten, sondern auch als Dokumentationsmaterial. Sie gewähren uns tiefe Einblicke ins Alltagsleben der alten Ägypter. (R.P.)

JE 46715

MODELL EINER FISCHFANGSZENE

Bemaltes Holz, Höhe 31,5 cm, Breite 62 cm, Länge 90 cm
Deir el-Bahari, Grab des Mektire (TT 280)
Ausgrabungen des Metropolitan Museum of Art (1919–1920)
11. Dynastie (2134–1991 v. Chr.)

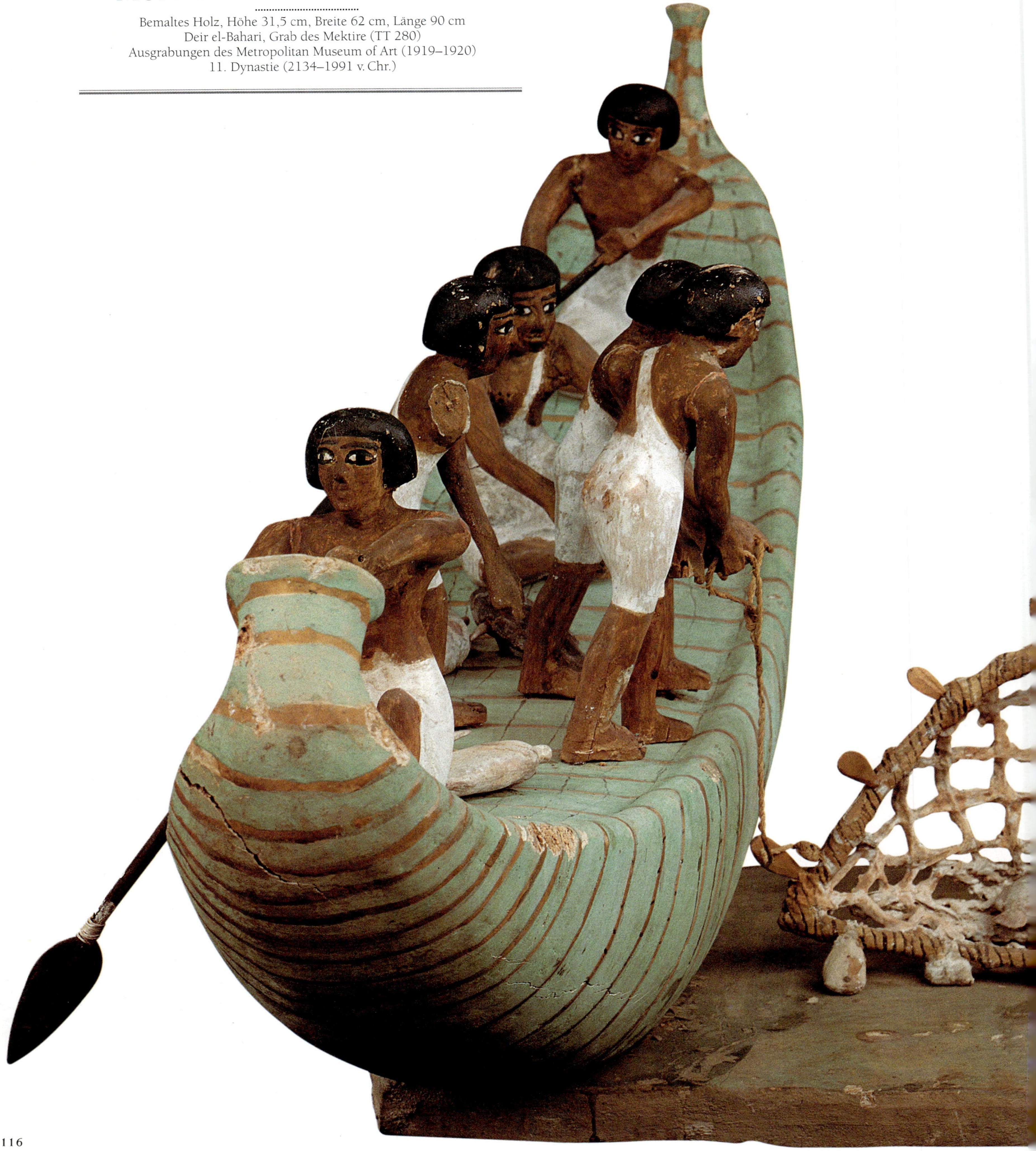

Auf den Wänden ägyptischer Gräber des Alten Reiches finden sich zahlreiche Bilder mit Alltagsszenen, darunter auch Jagd und Fischfang. Man fischte entweder mit Wurfnetzen vom Ufer aus oder auf Schilfbooten mit Schleppnetzen. Von den im Grab Mektires gefundenen Modellen ist diese Fischfangszene mit zwei Booten sicher eines der lebendigsten. Die Farben sind kräftig, die ganze Szene ist realistisch und voller Bewegung und Aktivität.

Zwei Boote fahren parallel zueinander, in einem befinden sich fünf, im anderen sechs Männer: Einer sitzt jeweils im Bug, einer am Heck, die anderen stehen in der Mitte. Bei den beiden sitzenden Gestalten liegt ein Bein angewinkelt auf dem Deck, das andere ist zur Brust hinaufgezogen. Sie rudern mit langen, an Steuerbord befestigten Rudern. Alle vier tragen sie bis zum Knie reichende lose Röcke. Die stehenden Männer beugen sich zum zwischen den Booten ausgespannten Netz vor. Die an der Bordwand stehenden Fischer halten ein Seil, an dem das Netz befestigt ist. Sie tragen kurze, bis zum Knie reichende Hosen, die von einem diagonal über die Brust laufenden einzigen Träger gehalten werden. Alle haben sie braune Haut und halblange, noch die Ohren bedeckende Perücken.

Die Boote sind in hellgrüner Farbe gehalten. Gelbe Farbstreifen stellen die Stricke dar, mit denen die Schilfbündel zusammengebunden waren. An den Enden sind die Bündel hochgewölbt und bilden eine Art Steven. Der am Bug ähnelt einer Lotosblüte, der Achtersteven ist weit schmäler.

Die beiden Boote, auch das Netz, sind auf einem grün angemalten Holzsockel befestigt. Das runde Netz hängt in einem dicken Tau, das mit Schwimmern versehen ist, und verschiedene Fische zappeln darin. Diese sind anhand ihrer Bemalung ohne weiteres als bekannte und dort verbreitete Arten zu identifizieren, so z. B. als Nilbarsche.

(R.P.)

JE 46723

Modell einer Webstube

Bemaltes Holz
Höhe 25 cm, Breite 42 cm, Länge 93 cm
Deir el-Bahari, Grab des Mektire (TT 280)
Ausgrabungen des Metropolitan Museum of Art (1919–1920)
11. Dynastie (2134–1991 v. Chr.)

Wir haben einen rechteckigen, sandgelb bemalten Raum mit einer leicht angelehnten Tür in der Ecke vor uns. Drinnen geht es geschäftig zu: Mehrere Frauen sind mit Weben und Hilfsarbeiten beschäftigt.
Zwei kniende Gestalten arbeiten an zwei in der Mitte der Stube und einander fast genau gegenüberliegend aufgebauten Webstühlen. Weitere acht Frauen stehen und spinnen oder wickeln den gesponnenen Faden auf Garnspulen auf. Verschiedene Werkzeuge und Körbe stehen griffbereit auf dem Boden. Drei weitere Frauen hocken an der Wand auf dem Boden.

Die Arbeiterinnen haben braune Haut, dunkler als bei ranghohen Personen, und hübsche, halblange Frisuren. Ihre Kleidung besteht aus einfachem, ungefärbtem Stoff, der ursprünglich wahrscheinlich rot war, und ist denkbar schlicht: Ein um den Körper gehülltes und, damit es hält, über eine Schulter geschlagenes Stück Tuch.
Weben war im alten Ägypten ein Erwerbszweig, bei dem die Frauen dominierten. Durch diese Arbeit konnten sie sich ein Einkommen, unabhängig von dem ihrer Männer, verschaffen und Geschäfte auf eigene Rechnung abschließen. Außerdem waren sie, wie ein Papyrus aus der Regierungszeit Setos' I. berichtet, häufig bei richtiggehenden Webmanufakturen angestellt, die Stoffe und Kleider für den Pharao und seinen Hof produzierten. (R.P.)

JE 46722

Modell einer Zimmermannswerkstatt

Bemaltes Holz, Höhe 26 cm, Breite 52 cm, Länge 93 cm
Deir el-Bahari, Grab des Mektire (TT 280)
Ausgrabungen des Metropolitan Museum of Art (1919–1920)
11. Dynastie (2134–1991 v. Chr.)

In dieser Szene werden nicht nur die Tätigkeiten in einer solchen Werkstatt gezeigt, sondern auch die Arbeitsbedingungen der Handwerker. Ein Dutzend Zimmerleute arbeitet in einer ziemlich kleinen Werkstatt mit einer Tür in der Ecke.

In einer anderen Ecke steht eine große Truhe mit Deckel. Sie enthält eine Anzahl Werkzeuge, die zum Teil den auch heute noch gebräuchlichen gleichen, unter anderem Stecheisen, Äxte, Sägen und Sägeblätter unterschiedlicher Größen. Die Truhe war mit einem Strick befestigt, an dem sich noch ein unbeschädigtes Tonsiegel befand.

Mitten in der Werkstatt zersägt ein stehender Arbeiter ein großes, an einen senkrechten Pfosten gebundenes Stück Holz. Andere Männer sitzen an den Seitenwänden und bearbeiten Holzbohlen. Mehrere kniende Arbeiter härten ihre Werkzeuge im Feuer. Alle Männer in der Werkstatt arbeiten mit nacktem Oberkörper. Manche sind barhäuptig, andere tragen halblange Perücken. Die Haut ist bei allen ziemlich dunkel.

Die Farben dieses Modells sind relativ gedämpft (von Hellgelb zu Ocker, vom Schwarz der Perücken bis zum Braun der Haut). Doch macht das Ganze wegen der Vielfalt der Verrichtungen und Tätigkeiten einen sehr lebendigen Eindruck. (R.P.)

JE 48851

Osirispfeiler Sesostris' I.

Bemalter Kalkstein
Höhe 470 cm
Karnak, Tempel des Amun-Re
12. Dynastie, Regierungszeit Sesostris' I. (1971–1926 v. Chr.)

Zahlreiche Statuen Sesostris' I. porträtieren diesen vor einem Pfeiler in Gestalt des Osiris. Die meisten kommen aus Lischt, wo der König und sein Vorgänger Amenemhet I. ihre Pyramiden errichteten, umgeben von den Gräbern ihrer Verwandten und ranghöchsten Würdenträger. Ein Osirispfeiler Sesostris' I. wurde in Abydos gefunden, aber auch dessen Stil beweist, dass er derselben Künstlerschule entstammt wie die anderen. Ein weiteres, hier abgebildetes, Exemplar fand man in Karnak. Sesostris ist in der traditionellen Mumienstellung mit vor der Brust gekreuzten Armen abgebildet. In jeder Hand hält er ein *Anch*-Zeichen, das Symbol des Lebens. Interessanterweise sind hier, im Gegensatz zu anderen kolossalen Osirisfiguren, Arme und Hände deutlich vom Körper abgesetzt, als wären sie nicht von den Mumienbinden bedeckt, die die ganze übrige Figur einhüllen. Die beiden *Anch*-Symbole sind in Hochrelief ausgemeißelt.
Sesostris trägt die Weiße Krone Oberägyptens. In dem Loch vorn in der Mitte war einmal die königliche Uräus-Schlange befestigt. Das quadratisch geformte Gesicht, hellorange bemalt, hat stark ausgeprägte Züge: Große, mandelförmige Augen mit klar gezeichneten Lidern sind von dichten Augenbrauen in Flachrelief überwölbt. Die Nase ist unten breit, auf dem großen Mund mit vollen Lippen liegt ein heiteres Lächeln. Pupillen und Brauen sind schwarz bemalt.
Eine Inschrift auf dem Pfeiler zu beiden Seiten des königlichen Hauptes lautet rechts: »Sohn des Re, Sesostris«, und links: »erwählt von Amun-Re, dem Herrn des Himmels«. Die Pfeilerplastik aus Karnak, die mehr der Statuenkunst der Elften als der Zwölften Dynastie verwandt scheint, unterscheidet sich merklich von anderen Osirisstatuen des Pharao, die die innere Kraft und Stärke dieses Kolosses vermissen lassen.

(R.P.)

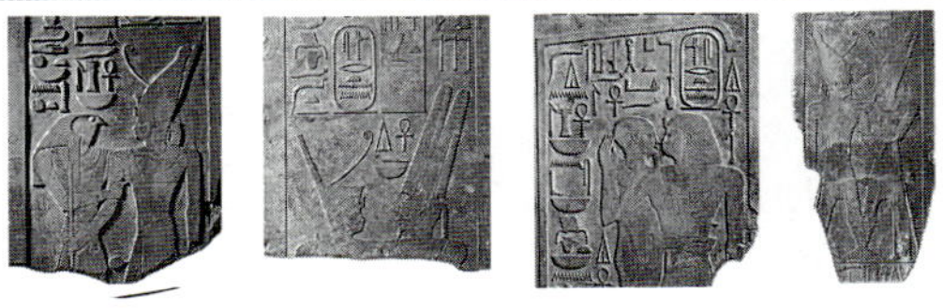

JE 36809

Pfeiler Sesostris' I.

Bemalter Kalkstein, Höhe 434 cm, Breite 95 cm
Karnak, Tempel des Amun-Re
Ausgrabungen der Altertümer-Verwaltung (1901)
12. Dynastie, Regierungszeit Sesostris' I. (1971–1926 v. Chr.)

Der Pfeiler stellt den zweiten Pharao der Zwölften Dynastie dar. Auf jeder der vier Seiten ist der König von einer Gottheit begleitet. Das Kunstwerk ist leider nicht mehr vollständig, aber es zeugt eindrucksvoll vom Können der ägyptischen Bildhauer – nicht nur bei der Fertigung gewaltiger Rundbilder, sondern auch großartiger Reliefs.
Sesostris I. hat uns mehrere Monumente und Kunstwerke höchster Qualität hinterlassen, zum Beispiel die Weiße Kapelle. Dieser Bau wurde vollständig rekonstruiert, und zwar aus den als Füllmaterial im dritten Pylon des Amun-Re-Tempels zu Karnak gefundenen Einzelblöcken.
Werke wie diese illustrieren, genauso wie die älteren, gewaltigen Denkmäler des Alten Reiches, dass es damals in Ägypten unvergleichliche Künstler gab, die ihre Götter und Herrscher in Zeiten der Stabilität und zentralisierten Staatsgewalt verherrlichten.
Auf den vier Seiten des Monumentalpfeilers umarmt der König vier verschiedene Gottheiten. Die eine ist der falkenköpfige Horus von Edfu (obwohl er in der Inschrift »Herr von Dendera« genannt wird), eine andere der thebanische Gott Amun. Er ist in Menschengestalt abgebildet und trägt eine archaische Variante der königlichen Kopfbedeckung mit Doppelfeder. Eine Hieroglypheninschrift gibt ihm den Beinamen *kamutef*, was wörtlich übersetzt heißt »Stier seiner Mutter«. Drittens tritt Ptah auf, der Schutzgott der Handwerker. Er steht in einem Schrein und hat eine Haarkappe auf. Atum wird als Vierter dargestellt, angetan mit der Doppelkrone, dem Sinnbild der königlichen Macht über ein vereinigtes Ägypten.

Sesostris selbst trägt in Gesellschaft von Atum und Horus die Doppelkrone, vor Amun die Rote Krone Unterägyptens, und in Gegenwart des Ptah das *nemes*, das vorne mit der königlichen Uräus-Schlange geschmückte Kopftuch. Über ihm und den Göttern stehen kurze Hieroglyphenkolumnen, die die Personen mit Namen nennen und Segenssprüche für den König enthalten, wie sie auch auf den Überresten der Inschriften unten auf dem Pfeiler zu lesen sind.

(R.P.)

JE 44951

Königsstatuette

Zedernholz, stuckiert und bemalt; Höhe 56 cm
Lischt, Grab des Imhotep unweit der Pyramide Sesostris' I.
Ausgrabungen des Metropolitan Museum of Art (1915)
12. Dynastie, Regierungszeit Sesostris' I. oder Amenemhets II.
(1971–1892 v. Chr.)

Die kleine, auf einem rechteckigen Sockel befestigte Holzfigur zeigt einen schreitenden Pharao. Der rechte Arm fällt am Körper herab. Die Hand hielt einst ein *Cherep*-Zepter, das jetzt fehlt. Die linke Hand umfasst einen langen Stab, der oben gekrümmt ist und somit dem *Heqa*-Zepter ähnelt. Wie bei Holzfiguren üblich, wurden die Arme und andere Bestandteile erst einzeln geschnitzt und dann mit Zapfen am Körper befestigt.

Der Pharao trägt die Weiße Krone Oberägyptens und einen kurzen weißen Schurz mit zwei am Gürtel befestigten, symmetrischen, gefältelten Klappen. Das ovale Gesicht ist sorgfältig gearbeitet, jede Einzelheit genau wiedergegeben. Die großen dunklen Augen werden durch geschwungene Linien, die sich zu den Schläfen weiterziehen, betont und wirken durch das Weiß der Hornhaut und das Schwarz der vergrößerten Pupillen besonders lebhaft. Der Blick geht etwas nach unten. Die Nase ist lang und dünn, der Mund klein, aber mit vollen Lippen.

Zwar ist der Körper nicht besonders kräftig, aber die Muskeln treten deutlich hervor: Brust- und Bauchmuskeln teilen den Rumpf in drei Teile. Knie und Wadenmuskeln sind gut modelliert.

Eine andere, dieser ähnliche Holzstatuette, die aber die Rote Krone Unterägyptens trägt, befindet sich heute im Metropolitan Museum of Art, New York. Beide Figuren wurden in einer Kammer im Privatgrab des Kanzlers Imhotep entdeckt, der sein Grabmal nicht weit von dem Sesostris' I. erbaut hatte. Die Statuette wurde, da Imhoteps Grab in unmittelbarer Nachbarschaft von des Königs Pyramide liegt, früher als Bildnis Sesostris' I. gedeutet. Doch weist sie keine Merkmale auf, die das bestätigen würden. Jüngere Stilanalysen legen stattdessen nahe, dass es sich bei beiden Statuetten um Darstellungen Amenemhets II. handelt.

(R.P.)

JE 39390

Kopf einer Frauenfigur

Bemaltes Holz, teils vergoldet, Höhe 10,5 cm
Lischt, Pyramidenbezirk Amenemhets I.
Ausgrabungen des Metropolitan Museum of Art (1907)
12. Dynastie, Regierungszeit Amenemhets I. (1991–1962 v. Chr.)

Dieser elegante Kopf, gefunden auf dem Gelände der Pyramide Amenemhets I., gehörte ursprünglich zu einer weiblichen Statue, deren Arme später ebenfalls entdeckt wurden. Es ist unbekannt, ob die Skulptur eine Prinzessin der königlichen Familie oder gar eine Königin darstellt. Die hohe Qualität des Kunstwerks und die Goldverzierungen auf der Perücke lassen allerdings darauf schließen, dass die Statue mit größter Wahrscheinlichkeit in einer königlichen Werkstatt gefertigt wurde.

Der kleine Kopf ist aus zwei Teilen zusammengesetzt: dem Gesicht und der Perücke. Diese sind mit Zapfen aneinander befestigt. Das eigene schwarze Haar der Prinzessin wird in leicht erhabenem Relief oberhalb der Stirn sichtbar. Es ist von der großen, langen Perücke nahezu vollständig bedeckt, die als schöner, kostbarer Rahmen das Gesicht umgibt. Viereckige Goldmosaiksteinchen, teilweise erhalten, sind schachbrettmusterartig in die Oberfläche der Perücke eingelassen. Dass die Perücke im Vergleich zu den sehr breiten Seitenteilen oben weit dünner modelliert ist, lässt darauf schließen, dass früher einmal eine Krone oder ein Diadem darauf saß.

Das zarte, glatte Gesicht strahlt Würde und Güte aus und könnte einem Mädchen an der Schwelle zur weiblichen Reife gehören. Die reizvollen Züge bilden ein ausgewogenes Ganzes: Eine hohe Stirn mit feinen Augenbrauen in Reliefausführung wölbt sich über schmalen, länglichen Augen, die ursprünglich eingelegt waren, aber leider verloren gegangen sind. Furchen in der Verlängerung der äußeren Augenwinkel deuten die Schminkstriche an. Die Nase ist schmal und gerade, der wohlgeformte Mund verleiht dem Gesicht Ernst und Anmut zugleich.

Trotz der geringen Größe zeigt auch dieses Kunstwerk jenes Streben nach Vollkommenheit, das auch die ägyptische Monumentalplastik auszeichnet und in allen Perioden der ägyptischen Geschichte für königliche und private Statuen typisch ist. (R.P.)

JE 48858

Würfelhocker des Hetep

Grauer Granit
Höhe 73 cm
Saqqara, Grabbau des Hetep
Anfang 12. Dynastie (20. Jahrhundert v. Chr.)

Würfelhocker, auf dem Boden sitzende Figuren mit bis zur Brust angezogenen Beinen und über den Knien gekreuzten Armen, tauchten in Ägypten zuerst im Mittleren Reich auf, und dies zunächst nur vereinzelt. Dann aber entwickelte sich dieser Typus und wurde im Lauf der Zeit immer beliebter. Die beiden im Ägyptischen Museum stehenden Statuen des Hetep, eine in Kalkstein, die andere in Granit, sind die ältesten bisher gefundenen Exemplare.

Beide Male wird Hetep wie in einer Sänfte sitzend dargestellt. Er hält die Arme über der Brust verschränkt, der Kopf lehnt an einer gerundeten Rückenlehne. Nur der Kopf, die Arme und die vorderen Bein- und Fußpartien treten aus dem Würfel hervor. Mit wenigen Ausnahmen verschwand später die Sänfte, ein Statussymbol, aus diesen Würfelhockern, und die in solchen Stellungen dargestellten Personen wurden in der Regel nur noch mit einem großen Umhang versehen, der die Arme, manchmal auch die Füße frei ließ.

In diesem Beispiel eines Würfelhockers aus Granit trägt Hetep eine glatte, weit ausladende Perücke mit leicht angedeutetem Mittelscheitel, die die abstehenden Ohren frei lässt. Im Vergleich zum ziemlich grob modellierten Körper ist das Gesicht mit seinen weichen, zarten Linien sorgfältig durchgebildet. Die Augen sind groß und mit der typischen Schminke umrandet. Die Nase ist regelmäßig geformt, der volllippige Mund klein. Der Beamte schiebt das mit einem kurzen Zeremonialbart geschmückte Kinn etwas vor. Die Arme ruhen flach auf der Oberfläche des Kubus, während die großen Beine mit dicken Knöcheln und breiten Füßen unten deutlich hervortreten. Tiefe Einkerbungen deuten Knochenbau und Muskulatur an.

Zu beiden Seiten der Beine und dazwischen sind eine Opferformel sowie Name und Titel des Abgebildeten eingraviert.

(R.P.)

JE 45625

Stele des Nitptah

Bemalter Kalkstein
Höhe 23 cm, Breite 30 cm
Theben-West, Assasif (TT R6)
Ausgrabungen des Metropolitan Museum of Art (1915–1916)
12./13. Dynastie (2. Hälfte des 18. Jahrhunderts v. Chr.)

Die rechteckige Stele stellt eine Reihe bunt bemalter Figuren mit ihren Namen dar. Quer über die ganze Komposition verläuft ein Hieroglyphenband und verkündet, dass der Tote und die Mitglieder seiner Familie in Gegenwart des Gottes Ptah-Sokaris jetzt den Status von *imachu* genießen würden, was im Allgemeinen als »verehrte« oder »geehrte« Personen übersetzt wird. Ptah-Sokaris wird gebeten, ihnen beizustehen und dafür zu sorgen, dass ihr *ka* »Bier, Fleisch und Geflügel« bekommt.

Der Verstorbene, Nitptah, Sohn der Iij, ist außen rechts auf der Stele schreitend dargestellt. Er hält einen Stab in der Linken und eine Art Peitsche in der Rechten. Er trägt eine halblange Perücke, einen weißen Schurz mit einem dreieckigen Stück Tuch an der Vorderseite, dazu eine breite Halskette und zwei Armreifen ums Handgelenk. Sein Kinn schmückt ein kurzer Bart. Die Figur hinter Nitptah ist vermutlich seine Frau. Die Hieroglypheninschrift identifiziert sie als »Seni, Tochter der Tai«. Die Frau hält sich eine offene Lotosblüte an die Nase und trägt eine weitere Lotosblume, noch als Knospe, in der rechten Hand. Auf dem Kopf sitzt eine lange, dreiteilige Perücke, den Hals schmückt eine grüne Halskette mit einem einzigen Band. Seni ist mit einem Trägerkleid angetan, das die Brüste frei lässt. Das Gewand ist von einem Netz bunter Perlen überzogen.

Hinter den Eltern kommen die beiden Kinder: »Antef, geboren von Seni«, in der gleichen Stellung und Bekleidung wie sein Vater, und »Dedu, Tochter der Seni«. Anders als ihre Mutter ist Dedu schreitend abgebildet und trägt ein einfarbig grünes Gewand. Aber auch sie riecht an einer Lotosblüte und hält eine Lotosknospe in der rechten Hand. Beide, Dedu und ihre Mutter Seni, tragen Arm- und Fußreifen.

Alle vier Figuren stehen auf einer Basiszone, angedeutet durch ein dreireihiges Banddekor in Schwarz, Ocker und Grün. Wie es im alten Ägypten bei Darstellungen von Menschen der Brauch war, hatten die Frauen hellere Haut (hellgelb) als die Männer (ziegelrot).

Die Figuren und die Szene selbst wirken etwas konventionell. Aber die leuchtenden Farben verleihen dem Kunstwerk Leben und Schönheit. (R.P.)

JE 36445

Sarg des Chui

Bemaltes Holz, Länge 189 cm
Assiut, Grab 8, Ausgrabungen des Französischen
Archäologischen Instituts (1910)
Frühe 12. Dynastie (20. Jahrhundert v. Chr.)

Für die alten Ägypter waren Särge nicht nur einfach Behälter für die sterblichen Überreste des Toten, sondern vor allem auch Mittel, den Körper für das ewige Leben zu konservieren. Diese tief verwurzelte Vorstellung, die in allen Perioden der ägyptischen Geschichte gültig blieb, kam recht gut in den Bezeichnungen zum Ausdruck, die man für die Särge fand: *neb anch* (»Herr des Lebens«) und *hen en anch* (»Behälter des Lebens«).

Die ältesten Exemplare, die bis zum Anfang des Alten Reiches zurückdatiert werden können, bildeten in Nischengliederung die so genannte »Palastfassade« nach. Damit zeigten sie, dass nicht das Grab – der physische Raum, in dem die Ewigkeit doch immer noch vom Alltag befleckt wurde –, sondern der Sarg die ewige Ruhestätte des Toten war. Eine an der Ostseite des Sarges aufgemalte Tür und ein ebensolches Augenpaar gestatteten es dem Toten, mit den Lebenden Kontakt aufzunehmen. Diese wiederum stellten mit ihren Opfergaben die für eine dauernde spirituelle Existenz erforderlichen Lebensmittel zur Verfügung.

Als am Ende des Alten Reiches hohe Beamte nicht mehr in imposanten Mastabas beigesetzt wurden, deren Wände ganz mit Reliefdarstellungen bedeckt waren, begann man die Särge selbst zu dekorieren. Auf der Innenseite brachte man Bilder und Texte an, die, so glaubte man, dem Toten in der Unterwelt dienlich sein könnten.

Auf einem Außenfries wurden die wichtigsten Opfergaben und -speisen dargestellt, die das Grab enthielt, und schließlich war die ganze Sargoberfläche von Textkolumnen mit Gebeten, Mythen, Zaubersprüchen und Vorschriften überzogen, die man für den Aufenthalt in der Ewigkeit als unentbehrlich erachtete.

Im Lauf der Zeit wurden viele königliche Privilegien und Machtbefugnisse auf die Hofbeamten und herrschenden Schichten übertragen. Entsprechend entsprach der Großteil der Texte auf den Särgen den Bestattungsritualen der früheren Könige – oder war zumindest von diesen abgeleitet. Aber auch mit religiösen Texten anderen Ursprungs und Inhalts wurden im Mittleren Reich die Särge beschriftet. Allmählich wurden diese Texte standardisiert, sie sind heute als *Sargtexte* bekannt.

Der Sarg des Chui ist in die Zwölfte Dynastie zu datieren, eine Zeit, in der dieser Standardisierungsprozess im Wesentlichen abgeschlossen war. Hier findet sich nichts, was nicht auch an anderen Särgen derselben Zeit zu finden gewesen wäre – mit einer Ausnahme: An der Außenseite seines Sarges und neben dem Augenpaar, seinem Tor in die Außenwelt, ist Chui mit einem Hund, wahrscheinlich seinem Lieblingshund Iupu, abgebildet.

Es ist ein sehr einfaches Bild in dem anschaulichen, unkomplizierten Stil der Provinzkunst dieser Zeit. Es gibt keinen Untergrund, auf dem die beiden Figuren stehen, sie hängen sozusagen in der Luft. Chui ist gehend dargestellt, nur mit einem schlichten weißen Schurz bekleidet. Sein linker Arm liegt quer über der Brust, die linke Hand umfasst ein Zepter, das in eine menschliche Hand ausläuft. Sein rechter Arm hängt am Körper herab. In der Rechten hält er die Hundeleine. Der Hund Iupu hat ein geflecktes Fell und einen aufgestellten Schwanz. Damit ähnelt er den Hunden, die auch heute noch in den Dörfern Ägyptens umherstreifen.

Die erkennbare Sorge, mit der sich der Herr seines treuen vierbeinigen Dieners annimmt, ist typisch für den Geist des Mittleren Reiches, in dem Emotionen häufig über den Formwillen triumphierten. Das führte zu wunderschönen Kunstwerken, die sich durch unmittelbare Frische und Lebendigkeit auszeichnen. (F.T.)

JE 32868 = CG 28083

Sarg des Sepi

Bemaltes Holz
Höhe 70 cm, Länge 233 cm, Breite 65 cm
Deir el-Berscheh, Grab Sepis III.
Ausgrabungen der Altertümer-Verwaltung (1897)
Mitte 12. Dynastie (20. Jahrhundert v. Chr.)

Abgebildet ist das Innere einer Schmalseite vom Außensarkophag des Generals Sepi, eines Heerführers aus dem 15. Gau Oberägyptens, dem Gau des »Hasen«. In dieser Provinz wurde auch sein Doppelsarkophag entdeckt: eine rechteckige Außentruhe, die einen mumienförmigen Innensarg umschloss. Auch dieser steht im Kairoer Museum. Außen ist der Sarg mit dem traditionellen »Palastfassaden«-Motiv verziert, darüber die beiden *Udjat*-Augen.

Diese symbolischen Augen wurden an jener Seite des Sarges aufgemalt, der sich das Gesicht des Toten zuwandte. Dieses Gesicht war mit der schützenden Totenmaske bedeckt, wie auch auf die Sargwände Schutzsprüche gemalt und graviert waren.

Das Sarginnere ist mit weiteren Sprüchen, die böse Geister abwehren sollten, und einer Anzahl Sargtexten dekoriert. Sie hatten den Zweck, dem Toten seine Reise in die Unterwelt zu ermöglichen und sicherzustellen, dass er seine spirituelle Bestimmung erfüllte. Diese Texte sind von den Grabtexten des Alten Reiches, den so genannten *Pyramidentexten*, abgeleitet und erweitern diese. Die *Pyramidentexte* heißen so, weil sie ursprünglich nur im Innern königlicher Pyramiden ab der Fünften Dynastie eingemeißelt waren.

Dieses Paneel von Sepis Sarg hat an drei Seiten einen gemalten Rahmen aus Vierecken in alternierenden Farben. Die eigentliche Dekoration auf dem Paneel innerhalb des Rahmens ist in zwei fast gleich große Felder unterteilt. Darüber steht eine Reihe von Sternen, die den Nachthimmel darstellen. Im oberen Teil ist ein Text in großen Hieroglyphen aufgemalt, der sich auf den Toten bezieht: »Verehrungswürdig in Gegenwart der Nephthys, die unterhalb deines Hauptes ist, (daraus ergibt sich, dass es sich um das Paneel am Kopfende des Sarges handeln muss), Oberbefehlshaber des Heeres, Sepi, gerechtfertigt.« Unterhalb dieser Inschrift verläuft ein schmales Band weiterer Hieroglyphen, die die auf zwei Tischen stehenden Opfergaben auflisten: Salbengefäße, ein Leinenbeutel, zwei Kopfstützen, zwei Tücher und eine Lampe mit brennender Flamme. Der untere Teil ist fast ganz von einem funerären Text ausgefüllt (in Kursivhieroglyphen), dem so genannten *Zweiwege-Buch*, sowie einer Darstellung der Unterwelt. Sie besteht aus einer Reihe konzentrischer Ovale, in deren Mitte Osiris, der Gott der Toten, auf einem Thron sitzt. (R.P.)

RT 7.9.33.1

Mumienmaske

Stuckűberzogene und bemalte Leinwand
Höhe 50 cm
Herkunft unbekannt
Mittleres Reich (2040–1640 v. Chr.)

Durch die Mumifizierung sollte der Leichnam konserviert werden, nachdem man ihm die inneren Organe und Körperflüssigkeiten, Ursache von Verwesung und Verfall, entnommen hatte. Der Tote sollte wie ein gesunder Mensch aussehen, der nach dem Tod ein neues Leben beginnt. Deshalb wurde die Mumie, wenn nach der Organentnahme der Hohlraum wieder gefüllt und die Binden, die an die Wiederauferstehung des Osiris erinnerten, angelegt waren, vom Ende des Alten Reiches an auch mit einer Totenmaske versehen. Ihre Funktion war es, die Gesichtszüge des Verstorbenen in allen Einzelheiten zu verewigen. In manchen Fällen wurde ihr noch eine Art Pektoral umgehängt. Angefertigt wurde die Maske aus Leinwandschichten, die dann mit Stuck überzogen wurden – die so genannte Kartonage. Das Ganze wurde schließlich bemalt.
Das abgebildete Beispiel stellt einen Mann mit ovalem Gesicht und großen, mit schwarzen Schminkstrichen umränderten Augen dar. Über den Augen sind dicke, eng beieinander stehende Brauenbögen gezogen. Die Nase ist schmal und ebenmäßig. Der ziemlich breite Mund mit klar konturierten Lippen ist von einem in der Mitte geteilten Schnurrbart und einem schwarzen Backenbart umrahmt, der in einem viereckig gestutzten Ziegenbart endet. Auch die relativ kompakte Perücke ist schwarz bemalt und fällt vorne in zwei Lappen herab, die ein Halsband aus mehreren, verschiedenfarbigen Streifen überdecken. Oberhalb dieses *Usech*-Halsbandes ist noch eine Kette zu erkennen, die aus je zwei länglichen schwarzen und roten Perlen besteht.
Der fragmentarische Zustand des Brustschmucks zeigt, dass das Halsband an der Seite nur teilweise erhalten ist. Deutlich erkennbar läuft es aber in ein Band mit blau bemalten, ovalen Perlen aus. Stilvergleiche mit ähnlichen Masken erlauben eine Datierung auf das Mittlere Reich.

(R.P.)

JE 46774

Kanopenkrüge des Inpuhotep

Kalkstein und vergoldetes Holz
Höhe 34 cm, Durchmesser 11 cm
Saqqara, Friedhof im Norden der Teti-Pyramide
Ausgrabungen der Altertümer-Verwaltung (1914)
Anfang 12. Dynastie (20. Jahrhundert v. Chr.)

Das Grab des Inpuhotep und der Usermut, die während der Zwölften Dynastie lebten, wurde nördlich der Teti-Pyramide in Saqqara entdeckt. Zu der für die damalige Zeit typischen Grabausstattung gehörten unter anderem Holzsärge, Kanopenkrüge, Schiffsmodelle, Dienerfiguren aus Holz und Tongefäße verschiedener Typen und Formen.
Die vier Kanopenkrüge mit den inneren Organen Inpuhoteps standen ohne besondere Ordnung in einer Kiste aus kostbarem Importholz. Der Kanopenkasten trug eine Inschrift, in der der Kurzname des Toten (Inepu) mit dem Namen einer bestimmten Gottheit verknüpft wurde.
Die nur grob gearbeiteten Krüge sind insofern atypisch, als sie aus Kalkstein bestehen und einen Deckel aus bemaltem Holz in Form eines Menschenkopfes aufweisen. Diese Deckel stellen die vier Horussöhne dar, unter deren Schutz die inneren Organe gestellt wurden, nachdem man sie dem Leichnam bei der Einbalsamierung entnommen hatte.
Auf den vier Köpfen sitzen schwarze, schulterlange Perücken. Die Augen sind in Schwarz und Weiß gemalt. Drei der Gesichter haben dunkelrötliche Hautfarbe, aufgemalte Schnurrbärte und Bänder am Kinn, die den Zeremonialbart halten sollen. Dieser ist nur in zwei Fällen erhalten.
Der vierte Deckel hingegen ist gelb bemalt und unterscheidet sich von den anderen auch dadurch, dass das Gesicht keinen Schnurrbart, kein Kinnband und keinen falschen Bart besitzt. Dieser Deckel porträtiert Amset, den Schutzgott der Leber.
Amset wurde auch noch im Neuen Reich, als die anderen drei Horussöhne auf den Kanopendeckeln schon Tierköpfe trugen, mit menschlichen Zügen dargestellt. Duamutef wurde später mit einem Schakal-, Kebehsenuef mit einem Falken- und Hapi mit einem Paviankopf abgebildet. (S.E.)

JE 21365

Nilpferd

Blaue Fayence
Höhe 11,5 cm, Länge 21,5 cm
Theben-West bei Dra Abu el-Naga
Ausgrabungen von A. Mariette (1860)
Zweite Zwischenzeit (1640–1532 v. Chr.)

Nilpferde kommen in der ägyptischen Kunst und Literatur immer wieder vor. Darstellungen in Form von Tonfigürchen wurden in Gräbern und Siedlungen entdeckt, die bis in die vordynastische Periode zurückreichen.

Nilpferdfiguren aus Fayence dagegen fanden sich häufig in Gräbern des Mittleren Reiches und der Zweiten Zwischenzeit. Am Ende der Siebzehnten Dynastie verschwanden sie aber abrupt. Die Fayencefiguren in den Gräbern kommen in der Regel zusammen mit weiblichen Fruchtbarkeitsidolen vor, denn beide spielten offensichtlich eine Rolle bei der Wiedergeburt des Toten, handelt es sich doch um Symbole für Fruchtbarkeit und Zeugung.

Taweret zum Beispiel, die Göttin der weiblichen Fruchtbarkeit und Schutzpatronin der Geburt, nahm die Gestalt eines Nilpferds an. Diesem wurden darüber hinaus auch noch Eigenschaften anderer Tiere beigelegt. An Tempelwänden erscheint Taweret in Szenen mit Götterhochzeiten und Geburten von Gottkönigen.

Die hier abgebildete Figur gibt nicht nur die Gestalt des Tieres selbst wieder, sondern spielt in seiner Bemalung auch auf dessen Lebensraum, die sumpfigen Nilniederungen, an. Auf dem massigen Körper sind Wasserpflanzen, offene Papyrusdolden und Lotosblüten wiedergegeben. Maul, Augen und Ohren sind gegen das leuchtende Blau in Schwarz hervorgehoben. (R.P.)

JE 30742

Igel

Blaue Fayence
Höhe 5,3 cm, Länge 7cm
Theben-West
Mittleres Reich (2040–1640 v. Chr.)

Auch der Igel hat seinen festen Platz unter den vielen Tieren, die von ägyptischen Künstlern in Rundbild, Relief oder Malerei dargestellt wurden. In dem hier abgebildeten Figürchen gibt der Künstler das Tier völlig naturgetreu wieder. Es hat die charakteristische längliche Schnauze, kleine Augen und runde Ohren, kurze Beine, die den vergleichsweise großen Rumpf tragen müssen, und ist über und über mit Stacheln bedeckt. Diese sind jedoch insofern stilisiert dargestellt, als einander überkreuzende Linien auf dem gewölbten Rücken eingraviert wurden. Die Figur steht auf einer ovalen, in derselben Form ausgeführten Basis.

Der Name, den die alten Ägypter dem Igel gaben – man kann ihn auf Kunstwerken übrigens oft kaum vom Stachelschwein unterscheiden –, ist unbekannt. Das Tierchen taucht in Gräbern des Alten Reiches auf Flachreliefs auf und schmückt dabei Schiffssteven, oder es steht als Tonfigur für sich.

Für gewöhnlich wird der Igel aber als Tier der Wüste aufgefasst und tritt in Jagdszenen oder als Opfergabe in Erscheinung. Solche Figuren wurden wahrscheinlich als Amulette in den Gräbern deponiert, vielleicht in Verbindung mit den Gottheiten Mut und Bes, die beide mit dem Geburtsvorgang zu tun hatten: Mut als Idol der göttlichen Mutter, Bes als Schutzgottheit von Mutter und Kind.

Igel dienten auch als Vorbild für tiergestaltige Salbgefäße, besonders für die Fayence-*Aryballoi* (Behälter für Öl oder Parfüm), die zumeist aus dem 6.–4. Jahrhundert v. Chr. datieren und häufig in Naukratis (Delta) gefunden wurden.

(R.P.)

JE 47710

»Konkubine« des Toten

Blaue Fayence
Höhe 13 cm, Breite 5 cm
Theben-West, Deir el-Bahari, Grab des Neferhotep (TT 316)
Ausgrabungen des Metropolitan Museum of Art (1922–1923)
11. Dynastie, Regierungszeit Mentuhoteps II. (2061–2010 v. Chr.)

Schon in der vordynastischen Periode wurden in Ägypten weibliche Figürchen mit aufgemalten oder eingravierten Schmuckmotiven hergestellt. Sie werden heute als Fruchtbarkeitssymbole und -amulette interpretiert. Wie bei vielen Beispielen aus Grabausstattungen des Mittleren Reiches fehlen auch bei diesem Stück die Beine unterhalb der Knie. Es ist nicht klar, ob mit dieser auffälligen Wiedergabe irgendein magischer Zweck oder ein Abwehrzauber verbunden war. Vielleicht sollte durch diese Art der Abbildung die Figur daran gehindert werden, das Grab, in dem sie deponiert war, zu verlassen. Vielleicht sollte aber auch einfach nur die Aufmerksamkeit auf den übrigen Körper gelenkt werden, der bis ins kleinste Detail ausgearbeitet ist.

Die Frauenfigur leuchtet in intensivem Blau. Sie trägt eine glatte, dreiteilige Perücke, die die Ohren frei lässt. Das Gesicht ist herzförmig mit großen, wie Perücke und Brauen schwarz bemalten Augen und kleinem, nur angedeutetem Mund. Die Brüste sind klein, die Hüften wohlgerundet. Das Dreieck der Scham ist durch ein gepunktetes Muster betont. Auf den Schenkeln sind gepunktete Rautenmuster zu erkennen, die bei lebenden Menschen Tätowierungen gewesen wären.

Die Frau ist nackt, doch mit einer langen Kette mit Anhängern sowie Armreifen und zwei Perlenschnüren geschmückt, die von den Schultern herabfallen und mit einer um die Taille laufenden Kette verbunden sind. Ein Gürtel, bei dem sich Kaurimuscheln und Perlen abwechseln – Ähnliches fand man auch in den Gräbern von Prinzessinnen der Zwölften Dynastie – liegt um die Hüften dieses reizvollen Figürchens.

(R.P.)

JE 15210 = CG 394

Mähnensphinx Amenemhets III.

Grauer Granit
Höhe 150 cm, Länge 236 cm
Tanis, Ausgrabungen von A. Mariette (1863)
12. Dynastie, Regierungszeit Amenemhets III. (1844–1797 v. Chr.)

Die Mähnensphingen Amenemhets III. erfreuten sich bei Herrschern späterer Perioden großer Beliebtheit. König Nehes (Hyksos-Zeit) usurpierte sie durch Neubeschriftung ebenso wie Ramses II. und Merenptah in der Ramessidenzeit und schließlich Psusennes in der Einundzwanzigsten Dynastie. Der ursprüngliche Aufstellungsort dieser Figur ist noch umstritten. Wahrscheinlich war es aber der der Göttin Bastet in Bubastis geweihte Tempel. Aufgefunden wurde sie in Tanis, wohin sie Psusennes zusammen mit anderen Monumenten aus früherer Zeit, die die Hauptstadt des Pharaonenstaates der Einundzwanzigsten und Zweiundzwanzigsten Dynastie verschönern sollten, verbringen ließ. Das Ansehen, das diese Skulpturen damals genossen haben müssen, lässt sich auch an dem Umstand ablesen, dass Königin Hatschepsut aus der Achtzehnten Dynastie sie zum Vorbild für ihre eigene Sphinx nahm, die sich ebenfalls im Kairoer Museum befindet.
Der König ist in der traditionellen Sphinx-Haltung dargestellt, mit dem Leib eines Löwen und dem Kopf eines Menschen. In diesem Fall jedoch ist der Kopf nicht von dem *nemes* umgeben, der üblichen Kopftracht eines als Sphinx abgebildeten Herrschers, sondern von einem langen, dichten Mähnenkranz, aus dem Löwenohren hervorschauen. An der Stirn ist eine Kobra, Symbol des Königtums, angebracht.
Das strenge Gesicht, charakteristisch für Königsstatuen dieser Periode, hat kleine, konkave Augen und eine Nase, von der tiefe Falten schräg nach unten verlaufen. Sie betonen den entschlossenen, ausgeprägten Mund und das energische Kinn.
An verschiedenen Stellen des Sphinx sind die Titel der Pharaonen sichtbar, die die Statue aufstellen ließen. So verläuft um den leicht beschädigten Sockel eine Inschrift mit der Titulatur Ramses II.: »Der Horus, starker Stier, Geliebter der Maat, Besitzer von Jubiläen wie sein Vater Ptah; der König von Ober- und Unterägypten *Usermaatre Setepenre*; der Sohn des Re, Ramses *Meriamun*.« Dieselben Namen und Titel stehen vorne am Sockel. (R.P.)

JE 20001 = CG 395

Statue Amenemhets III. im Priestergewand

Schwarzer Granit
Höhe 100 cm
Faijum, Krokodilopolis (Mit Fares), Ausgrabungen 1862
12. Dynastie, Regierungszeit Amenemhets III. (1844–1797 v. Chr.)

Nur der obere Teil dieser aufregenden Statue ist erhalten. Aber die imposanten Abmessungen des Fragments beweisen, dass das ganze Werk weit überlebensgroß gewesen sein muss. Der König ist in einem sehr ungewöhnlichen Gewand abgebildet, doch unverkennbar in einem Stil, der auch all seine übrigen Porträts charakterisiert. So ähnelt das ausdrucksstarke Gesicht vollkommen den in Tanis gefundenen und jetzt im Kairoer Museum aufgestellten Mähnensphingen Amenemhets III. Die Augen wirken wegen der halb geschlossenen Lider schwer verhangen, die Wangen sind von Furchen durchzogen, die Lippen fleischig und geschwungen, das Kinn springt leicht vor. Die mächtige Perücke ist um den Schädel besonders breit und besteht aus dichten Haarwülsten, die in lang gezogenen Bögen über den Vorderkopf verlaufen, bevor sie als Zopfsträhnen zu beiden Seiten des Gesichtes auf die Schultern herabfallen. Mitten in der Stirn ist ein Loch, in dem einst ein Uräus befestigt war, dessen gewundener Körper oben auf dem Kopf noch erkennbar ist.
Amenemhet III. ist in ein Leopardenfell gehüllt. Eine Pranke des Tieres ist an der rechten, der Kopf an der linken Schulter zu sehen. Das Fell selbst wird von zwei diagonal über die Brust verlaufenden Bändern gehalten. Um den Hals hängt ein *Menat*-Halsschmuck. Vom Zeremonialbart sind nur noch Spuren an Kinn und Brust übrig. Zu beiden Seiten der Perücke sieht man die Spitzen zweier in Falkenköpfen endender Ritualstäbe, die der König einst am Körper hielt. Diese Einzelheit stützt die Hypothese, dass es sich bei der Skulptur um das erste Beispiel eines Stabträgers handelt, wie er in der Ramessidenzeit sehr häufig auch für Darstellungen von Beamten und Priestern benutzt wurde.
Das Standbild mit einer archaischen Ikonografie des Königs in seiner priesterlichen Rolle wurde in Krokodilopolis, der Hauptstadt der Oase Faijum, gefunden, unweit der Gegend, wo Amenemhet seine Grabanlagen, die später »Labyrinth« genannt wurden, erbaute.
(R.P.)

JE 30948 = CG 259

KA-STATUE DES KÖNIGS HOR IN EINEM SCHREIN

Holz, Blattgold
Höhe der Statue 170 cm, Höhe des Schreins 207 cm
Dahschur, Gelände der Pyramide Amenemhets III.
Ausgrabungen von J. de Morgan (1894)
13. Dynastie, Regierungszeit des Auibre Hor
(18. bis 1. Hälfte des 17. Jahrhunderts v. Chr.)

Diese großartige Statue stellt den *ka* des Königs Hor dar, eines Herrschers der Dreizehnten Dynastie. Für die alten Ägypter war der *ka* das immaterielle Double eines Menschen – eine Art göttlicher Geist oder Lebenskraft. Der *ka* lebte nach dem Tod des Betreffenden fort. Ihm waren die auf Altären vor den Grabstelen niedergelegten Opfergaben geweiht. Und wenn der *ka* einer Gottheit in einer Statue Wohnung nahm, konnte sich diese Gottheit auf Erden manifestieren. Dieser immaterielle Aspekt eines Menschen oder Gottes wurde hieroglyphisch in Form zweier an den Ellbogen abgewinkelter und nach oben ausgestreckter Arme dargestellt, wie sie hier über der Kopftracht des Auibre Hor zu sehen sind.

Einige Teile der Statue – die Arme, das linke Bein und die Zehen – wurden, wie bei Holzstatuen üblich, einzeln geschnitzt und mit Hilfe von Zapfen am Körper angebracht.

Der König ist auf einer rechteckigen Sockelplatte schreitend abgebildet. Der rechte Arm fällt am Körper herab. In dieser Hand hielt er einst ein *Cherep*-Zepter. Der linke Arm ist etwas nach vorne ausgestreckt, die Hand umfasste einen langen Stab, der sich auf dem Boden abstützte. Der Mann trägt eine lange, dreiteilige Strähnenperücke, die die Ohren frei lässt und ihm bis zur Brust reicht. Im Übrigen ist er nackt. Um die Hüfte sind Spuren eines Gürtels erkennbar, unterhalb des Nabels einige Löcher, an denen früher wahrscheinlich ein Leinentuch oder ein Schurz befestigt war.

Das ovale Gesicht des Königs mit von Bronzefassungen umrahmten, eingelegten Augen ist besonders fein durchgebildet. Die Nase ist gerade, der Mund klein. Ein langer, dünner Bart, Symbol des Gottkönigtums, hängt an seinem Kinn. Den Hals schmückte einst ein *Usech*-Kragen mit Goldüberzug. Geringfügige Reste des kostbaren Metalls sind noch an den unteren Rändern beider Brustlappen der Perücke zu sehen.

Die Skulptur ist ein sehr schönes Beispiel für die ägyptische Holzplastik im fortgeschrittenen 2. Jahrtausend v. Chr., die sich in mancher Hinsicht auf Traditionen des Alten Reiches zu berufen scheint.

Als die Sammlungen des Ägyptischen Museums seinerzeit in ziemlicher Eile von Giza ins jetzige Gebäude am Tahrir-Platz geschafft wurden, wurde die Statue an einigen Stellen von ungeschickten Arbeitern leicht beschädigt. Um nicht bestraft zu werden, versteckten sie das Stück in den unterirdischen Magazinräumen des Museums. Man glaubte das wertvolle Kunstwerk schon verloren, als es ein paar Jahr später wieder entdeckt wurde. Man restaurierte es und stellte es von neuem aus.

(R.P.)

ADELA OPPENHEIM

DIE KÖNIGSSCHÄTZE DER ZWÖLFTEN DYNASTIE

Die außergewöhnliche Geschicklichkeit der Kunsthandwerker des Mittleren Reiches zeigt sich am deutlichsten in den Schmuckstücken, die sie für die Königinnen und Prinzessinnen der Zwölften Dynastie schufen. Die in verfeinertem Geschmack gestalteten und in leuchtenden Farben gehaltenen Kronen, Halsgehänge, Armbänder, Fußreifen und Ringe, mit denen sich diese Frauen schmückten, gehören zu den herausragenden Schöpfungen der ägyptischen Goldschmiede. Während die größeren Stücke aus dem Neuen Reich und der Dritten Zwischenzeit den Betrachter durch die verschwenderische Verwendung von Gold und Schmucksteinen in ihren Bann ziehen, sind die Geschmeide der Zwölften Dynastie von so subtiler Feinheit, dass es sich lohnt, die Einlegearbeiten der komplizierten Strukturen in Ruhe zu studieren.

Die Hofgoldschmiede der Zwölften Dynastie verwendeten meistens nur wenige Materialien für ihre Kunstwerke: Gold, Fayence, Amethyst, Lapislazuli, Karneol, Türkis, Feldspat und gelegentlich Silber. Für die Einlegearbeiten wurden geschliffener Lapis, Karneol, Türkis und Feldspat in kleinen, schön geformten Stücken herangezogen, die in auf einer goldenen Grundplatte befestigte Zellen aus Goldstegen (Goldcloisonné)

eingesetzt wurden. Das Ergebnis verbindet prachtvolle Arrangements in satten, leuchtenden Farben mit überragender technischer Ausführung. Bisweilen wurden Einzelteile auch aus einem einzigen Material geschaffen wie Gold oder Amethyst, mit getriebenem, ziseliertem oder graviertem Dekor. Aus solchen Komponenten entstanden dann, zusammen mit verschiedenfarbigen Perlen aus Schmucksteinen, die Schmuckstücke. Selten nur hat man Gegenstände in Goldgranulierung gefunden, und es wird vermutet, dass sie aus dem nördlichen Mittelmeerraum stammen und in Ägypten eingeführt wurden.

Die Geschmeide der Königinnen und Prinzessinnen des Mittleren Reichs waren mit Ornamenten und Symbolen verziert, die den Träger schützen und seinen Rang unterstreichen sollten. Manche Schmuckelemente, wie die Uräus-Schlange und Pektoral mit den Namen und Symbolen des Königs, gaben den Träger als Mitglied der Herrscherfamilie zu erkennen. Andere Arten von Schmuck wurden gewöhnlich von der Oberschicht getragen. Die Schmuckstücke hatten oft die Form von Amuletten und sollten dazu dienen, den Träger vor bösen Mächten zu schützen und positive Ergebnisse zu erbringen, zum Beispiel gesunde Kinder.

Zwar stammen viele der königlichen Schmuckstücke der Zwölften Dynastie aus Grabanlagen, die nicht von Grabräubern geplündert worden waren, aber die Auflösung der Fäden, die einst die Einzelteile zusammenhielten, hat dazu geführt, dass die ursprüngliche Zusammensetzung der Schmuckstücke rekonstruiert werden musste.

Wie diese Schmuckstücke aussahen und wie sie getragen wurden, wissen wir zum Teil von Malereien, Reliefs und Statuen, die sowohl Frauen der Herrscherfamilie als auch Privatpersonen mit verschiedenem Schmuck darstellen. Außerdem hat man auf zerfallenen Überresten von Mumien gelegentlich Schmuckstücke gefunden, die zeigten, an welchem Körperteil das jeweilige Stück getragen wurde.

Nur wenige königliche Diademe aus der Zwölften Dynastie sind erhalten geblieben, jedes mit einem einzigartigen Arrangement aus floralen Motiven. Wandmalereien, Reliefs und Statuen zeigen häufig Frauen mit Blumen als Kopfschmuck, und die

136 LINKS
DETAIL EINES PEKTORALS SESOSTRIS' II.
JE 30857 = CG 52001

GOLD, LAPISLAZULI, TÜRKIS, KARNEOL
PEKTORAL: HÖHE 4,9 CM
DAHSCHUR, PYRAMIDENKOMPLEX SESOSTRIS' III.
GRAB DER SAT-HATHOR
AUSGRABUNGEN VON J. DE MORGAN (1894)
12. DYNASTIE
REGIERUNGSZEIT SESOSTRIS' III.
(1878–1841 V. CHR.)

136–137
RÜCKSEITE DES PEKTORALS DER MERERET
JE 30875 = CG 52002

GOLD, KARNEOL, TÜRKIS, LAPISLAZULI, AMETHYST
HÖHE 6,1 CM,
BREITE 8,6 CM
DAHSCHUR, PYRAMIDENKOMPLEX SESOSTRIS' III.
GRAB DER MERERET
AUSGRABUNGEN VON J. DE MORGAN (1894)
12. DYNASTIE
REGIERUNGSZEIT SESOSTRIS' III.
(1878–1841 V. CHR.)

138 Links
Schliesse des Halsbands der Sat-Hathor
JE 30862

Gold, Karneol, Lapislazuli, Türkis
Höhe 2,7 cm
Dahschur, Pyramidenkomplex Sesostris' III.
Grab der Sat-Hathor
Ausgrabungen von J. de Morgan (1894)
12. Dynastie
Regierungszeit Sesostris' III.
(1878–1841 v. Chr.)

138 Unten
Armband der Königin Weret
JE 98785 A, B = 98788 A, B – 98790 D – 98792 D – 98793 D

Gold, Türkis, Lapislazuli, Karneol
Höhe 4 cm,
Länge 15,5 cm
Dahschur, Pyramidenkomplex Sesostris' III.
Pyramide der Weret
Ausgrabungen des Metropolitan Museum of Art (1994)
12. Dynastie
Periode zwischen der Regierungszeit Amenemhets II. und Sesostris' III.
(spätes 20.– frühes 19. Jahrhundert v. Chr.)

139 Gegenüber oben
Pektoral der Mereret
JE 30875 = CG 52002

Gold, Karneol, Türkis, Lapislazuli, Amethyst
Höhe 6,1 cm,
Breite 8,6 cm
Dahschur, Pyramidenkomplex Sesostris' III.
Grab der Mereret
Ausgrabungen von J. de Morgan (1894)
12. Dynastie
Regierungszeit Sesostris' III.
(1878–1841 v. Chr.)

königlichen Diademe sind vermutlich die Umsetzung natürlichen Blumenschmucks in beständiges Material. Auch Blumen sind reich vertreten, etwa auf Szenen von Jagden in den Sumpfgebieten des Nils und Festveranstaltungen, wo sie die Symbolik der Fruchtbarkeit und der Wiedergeburt ergänzen, die allen diesen Darstellungen zu Grunde liegt. Das Diadem der Sat-Hathor-Junet zeigt neben Blumenmotiven einen Uräus, während man auf einem der Diademe der Chnumet einen Geier mit ausgebreiteten Schwingen erkennt. Symbole wie diese geben den Träger als Mitglied der Herrscherfamilie zu erkennen und machen aus einem Schmuckstück, das auch von einer Frau der Oberschicht getragen werden konnte, ein Herrschaftssymbol, das einer Königin oder Prinzessin vorbehalten war.

Breite Halskragen waren beliebte Schmuckstücke im alten Ägypten. Eines der schönsten Stücke dieser Art, die aus dem Mittleren Reich erhalten geblieben sind, gehörte der Prinzessin Neferuptah. Es besteht aus einer mehrreihigen Perlenkette, die von einer Schulter zu anderen reicht. Ein Gehänge aus senkrechten Perlenreihen bildete ein Gegengewicht zwischen den Schulterblättern auf dem Rücken und sorgte dafür, dass das erlesene Stück an seinem Platz blieb. Neferuptahs Halskragen ist mit drei Falkenköpfen geschmückt: jeweils einer an den Enden der breiten Kette und ein dritter am Ansatz des Gegengewichts. Der göttliche Falke Horus wurde mit dem lebenden König identifiziert. Dass das Halsband diese Symbole aufweist, unterstreicht die Nähe der Besitzerin zum regierenden Pharao.

Ein nur selten erhalten gebliebener Typ von Halsschmuck besteht aus einem großen, aufwändig gearbeiteten Anhänger, einem so genannten Pektoral, das an einer Perlenkette auf der Brust getragen wurde. Die ältesten bekannten Pektorale datieren aus der Mitte der Zwölften Dynastie, und die Ornamente enthalten Namen und Titel des Herrschers. Beispiele aus der ausgehenden Zwölften Dynastie zeigen figurenreiche Szenen, in denen die Überlegenheit des Königs über seine ausländischen Feinde dargestellt wird. Feinste Ziselierungen auf der Rückseite der Pektorale – die ja nur beim Anlegen des Schmucks ins Blickfeld der edlen Damen gerieten, zeugen von der überragenden Kunstfertigkeit der ägyptischen Goldschmiede.

Eine Gruppe von Amuletten mit Einlegearbeiten hängt vermutlich mit den Halskragen zusammen. Die kleinen Amulette bestehen aus eingelegten Hieroglyphen, die Begriffe wie »Freude«, »Geburt« oder »Die Herzen der beiden Götter sind zufrieden« darstellen. Letzeres bezieht sich auf die Versöhnung der verfeindeten Gottheiten Horus und Seth. Weil wir keine Abbildungen solcher Amulette aus der Geschichte des Mittleren Reichs besitzen und auch auf Mumien keine gefunden wurden, bleibt ihre genaue Funktion ungewiss. Jedes Stück hat eine sorgfältig gearbeitete Öse zum Durchziehen von Fäden, so dass diese Stücke vielleicht als Verschlüsse für einfache Perlenketten und Pektorale benutzt worden sein könnten.

Der häufigste Typ von Armbändern aus dieser Periode besteht aus breiten Feldern mit vielen Reihen kleiner Perlen aus verschiedenen Schmucksteinen. Zwischen den Feldern liegen schmale Streifen aus fest zusammengelöteten Goldperlen. Solche Armbänder sind auf ägyptischen Kunstwerken häufig zu sehen. Armbänder von Damen königlicher Abkunft hatten oft reich eingelegte Schließen, verziert mit dem Namen des Königs oder Symbolen wie dem *Djed*-Pfeiler, eine Hieroglyphe, die Stabilität und Beständigkeit bedeutet. Andere Armbänder bestehen aus größeren Perlen mit Amuletten in Gestalt ruhender Löwen aus Gold, Symbole des Herrschers und der königlichen Macht. Die am kunstvollsten gearbeiteten Löwenamulette sind eigentlich kleine Skulpturen mit ausdrucksvollen Gesichtern und detaillierter Zeichnung des Fells. Wir kennen aus der ägyptischen Kunst keine Abbildungen

von Amuletten mit ruhenden Löwen, aber weil man auf Mumien aus dem Mittleren Reich solche Anhänger im Bereich der Handgelenke gefunden hat, wird angenommen, dass sie zu Armbändern gehörten.

Fußreifen aus Steinperlenreihen und festen Goldperlenstreifen, ähnlich ausgeführt wie die Armreifen, waren ebenfalls verbreitete Schmuckstücke. Auch Kettchen aus größeren Perlen wurden gern um die Fußknöchel getragen. Bei einigen Beispielen sind klauenförmige Anhänger aus massivem Gold oder Gold mit eingelegten Schmucksteinen zwischen die Perlenreihen eingefügt. Der Zusammenhang zwischen Klauenanhängern und Fußkettchen ist belegt durch eine Wandmalerei aus Qau el-Kebir in Mittelägypten, die Tänzerinnen mit diesem Schmuck zeigt.

In der Zwölften Dynastie hat man vermutlich Skarabäen als Fingerringe getragen. Der Skarabäus wurde an der Längsachse durchbohrt und ein Stück zusammengedrehter Golddraht durch die Bohrung geschoben, aus dem man den Ring formte. Bei den in Gräbern gefundenen Skarabäenringen war der Golddraht entfernt worden, woraus zu schließen ist, dass man aus tragbarem Schmuck Totenamulette gemacht hat. Die Unterseiten der Skarabäen sind mit verschiedenen Motiven verziert. Manche tragen Namen und Ti-

139 Rechts
Halskette der Mereret
JE 30884 A – 30923 =
CG 53169 – 53170

Gold und Amethyst
Länge 34 cm
Dahschur, Pyramidenkomplex Sesostris' III.
Grab der Mereret
Ausgrabungen von J. de Morgan (1894)
12. Dynastie
Regierungszeit Sesostris' III. und Amenemhets III.
(1878–1797 v. Chr.)

tel herrschaftlicher Damen, denen sie gehörten, andere wurden leer gelassen. Gegen Ende der Zwölften Dynastie hat man die Skarabäen mit Namen und Titeln der Pharaonen beschriftet.

Die alten Ägypter glaubten, dass ein göttlicher Skarabäus die aufgehende Sonne über den Horizont schiebt – eine Vorstellung, deren Ursprung in der Gewohnheit des Käfers zu suchen ist, seine Eier in Kugeln aus Dung abzulegen. Die Dungkugeln mit den daraus hervorgehenden jungen Käfern wurden mit der Sonne gleichgesetzt und galten als mächtige Symbole der Wiedergeburt.

Malereien und Statuen aus dem Mittleren und Neuen Reich zeigen häufig junge Frauen mit Gürteln aus Kaurimuscheln, ein Zeichen dafür, dass diese Gürtel lange Zeit in Mode waren. Die ansonsten nackten Frauen tragen die Gürtel tief auf den Hüften. Die ovale Form der Kaurimuschel mit der schmalen Längsöffnung hat Ähnlichkeit mit der Vulva, so dass anzunehmen ist, dass diese Schmuckstücke im Zusammenhang mit Fruchtbarkeitsriten standen.

Unsere Kenntnisse über die Geschmeide der Zwölften Dynastie stammen von Ausgrabungen neun unversehrter Grabanlagen, die während der letzten hundert Jahre entdeckt wurden – Schätze, die in der neuen Schmuckkollektion des Ägyptischen Museums in Kairo ausgestellt sind. Die Umstände, die zur Entdeckung dieser Sammlungsstücke führten, und die unterschiedlichen Grabungstechniken belegen die Entwicklung der Archäologie in Theorie und Praxis im Verlauf eines ganzen Jahrhunderts. Ältere Ägyptologen neigten dazu, den materiellen Wert der Gegenstände in den Vordergrund zu stellen, während jüngere Gelehrte sich eingehender mit der Symbolik der Stücke befassen, mit ihrer Bedeutung bei rituellen und zeremoniellen Handlungen sowie mit ihrer chronologischen Einordnung. Dank der größeren Sorgfalt, mit der die späteren Funde ausgegraben wurden, und mit Hilfe der wachsenden Zahl von aufgefundenen Frauendarstellungen – in Form von Plastiken, Reliefs oder Wandmalereien –, die ähnliche Schmuckstücke zeigen wie die, die ausgegraben werden konnten, wurde eine weithin originalgetreue Rekonstruktion der Objekte möglich.

Zu den ersten Beispielen ägyptischen Schmucks, die seit dem Ende des 19. Jahrhunderts ausgegraben wurden, gehören die Funde aus sechs Grabanlagen des Mittleren Reichs. Jacques de Morgan hatte sie 1894 und 1895 in Dahschur, etwa 40 Kilometer südlich von Kairo, entdeckt. In der Presse wurde ausführlich darüber berichtet, denn die Entdeckungen waren eine große Sensation in einer Zeit wiederauflebenden Interesses am Ägypten der Antike und seiner Kunstschätze. Die ersten beiden Gräber lagen im Pyramidenkomplex Sesostris' III., in einer großen Grabanlage, die ursprünglich die Überreste von acht Damen der königlichen Familie enthalten hatte. An zwei aufeinander folgenden Tagen des Jahres 1894 entdeckte de Morgan die Juwelen der Prinzessinnen Sat-Hathor und Mereret, vergraben im Boden vor den vermeintlichen Sarkophagen der Prinzessinnen. Obwohl die Frauengräber geplündert worden waren, hatten die Räuber die Verstecke der Schmuckschatullen übersehen, die prachtvolle Pektorale, Armbänder, Fußreifen, Gürtel, Skarabäen und Gefäße zur Aufbewahrung von Kosmetika enthielten.

Im Jahr darauf stieß de Morgan auf vier weitere Schätze im Pyramidenkomplex Amenemhets II., des Königs, der für den Großvater Sesostris' III. gehalten wird. Obwohl die Gräber in einem Pyramidenkomplex aus der Mitte der Zwölften Dynastie lagen, könnten die Gräber aus einer etwas späteren Zeit stammen. Die angrenzenden Gräber der Prinzessinnen Ita und Chnumet waren unversehrt, weil die Eingänge zugemauert worden waren. In Itas Grab fand man verhältnismäßig einfache Armbänder, Fußreifen, einen breiten Halskragen und einen Gürtel aus langen Perlenketten, die senkrecht von der Taille herabhingen. Besonderes Aufsehen erregte ein Bronzedolch mit eingelegtem Griff. Der größte Teil von Itas Schmuck lag auf der Mumie, was die Rekonstruktion wesentlich erleichterte. Der kostbarere Schmuck Chnumets befand sich zum Teil auf dem Leichnam, zum Teil in dem kleinen Opferschrein an der Längsseite des Sarkophags. Die ungewöhnlichen Diademe, Halskragen und Armbänder im Opferschrein lagen in einem unordentlichen Haufen unter einem Kästchen mit Salbengefäßen. Die in der Nähe liegenden unversehrten Gräber der Prinzessinnen Ita-Weret und Sat-Hathor-Merit enthielten mehrere Armbänder und einen breiten Halskragen.

Englische Ausgrabungen Anfang des Jahres 1914 im Pyramidenkomplex Sesostris' II. bei Illahun im Becken des Faijum legten das Grab der Prin-

140 LINKS
GEISSEL DER NEFERUPTAH
JE 90200

FAYENCE, KARNEOL, BLATTGOLD, HOLZ (MODERN)
GEGENWÄRTIGE LÄNGE 36,5 CM
HAWARA, PYRAMIDE DER NEFERUPTAH
AUSGRABUNGEN DER ALTERTÜMER-VERWALTUNG (1956)
REGIERUNGSZEIT AMENEMHETS III.
(UM 1800 V. CHR.)

140–141
ANHÄNGER DER PRINZESSIN MERERET
JE 53070

GOLD, TÜRKIS, LAPISLAZULI, KARNEOL
HÖHE 4,6 CM
DAHSCHUR, PYRAMIDENKOMPLEX SESOSTRIS' III.
GRAB DER MERERET
AUSGRABUNGEN VON J. DE MORGAN (1894)
12. DYNASTIE
REGIERUNGSZEIT SESOSTRIS' III. UND AMENEMHETS III.
(1878–1797 V. CHR.)

141 Unten
Diadem der
Sat-Hathor-Junet
JE 44919 = CG 52841

Gold, Lapislazuli,
Karneol, grüne Fayence
Höhe 44 cm, Breite 19,2 cm
Dahschur, Pyramidenkomplex Sesostris' III.
Grab der Prinzessin
Sat-Hathor-Junet
Ausgrabungen von
J. de Morgan (1894)
12. Dynastie
Regierungszeit
Amenemhets III.
(1844–1797 v. Chr.)

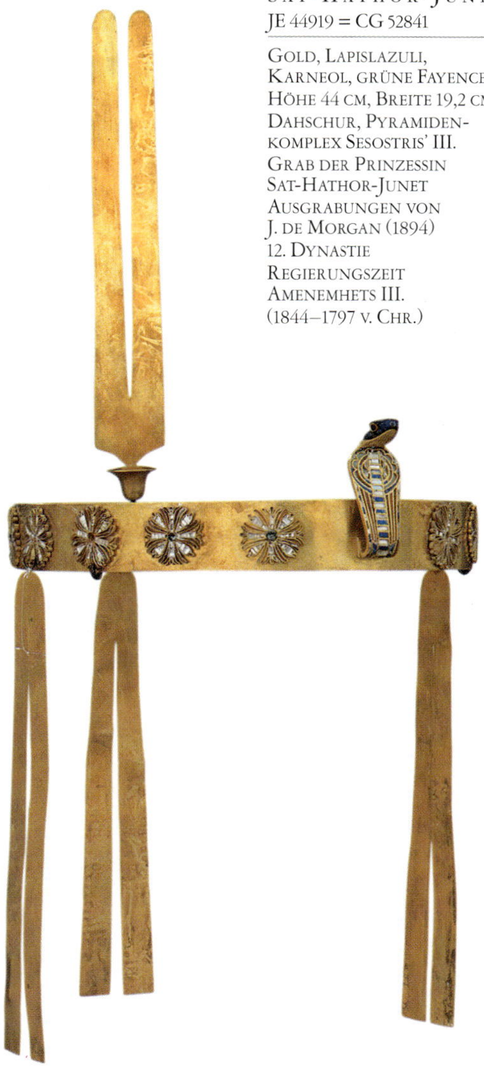

zessin Sat-Hathor-Junet frei. Es enthielt eine eindrucksvolle Sammlung von Geschmeiden und Kosmetikgegenständen. Das Grab der Sat-Hathor-Junet war schon in der Antike ausgeraubt worden, aber die enge Nische mit dem Schmuck hatten die Räuber nicht gefunden. Zu diesem reichen Fund gehörten unter anderem ein Diadem, Halsketten mit Pektoralen, zwei Arten von Gürteln, Armbänder, Fußreifen, ein Spiegel und Skarabäen. Die Stücke waren teilweise schlammbedeckt, und teilweise lagen sie vollständig unter Schlamm begraben. Alles organische Material wie das Holz der Schatullen und die Fäden, die die Schmuckteile zusammenhielten, waren vollständig zerfallen. Infolgedessen lagen die Einzelteile an zwei Stellen verstreut, und man konnte nicht erkennen, wie die Schmuckstücke ursprünglich ausgesehen hatten. Guy Brunton brauchte acht Tage, um die Teile mit größter Sorgfalt auszugraben. Um keine auch noch so winzige Perle zu übersehen, arbeitete Brunton mit einem kleinen Taschenmesser und bisweilen mit der Nadel. Nachdem man die Funde aus dem Grab gebracht hatte, löste man den Schlamm in Wasser auf, um sicherzustellen, dass auch wirklich nichts übersehen worden war.

Die Ausgrabungen in der Pyramide Sesostris' II. bei Illahun 1920 führten zur Entdeckung eines Uräus in der königlichen Grabanlage, eines der wenigen erhalten gebliebenen Beispiele persönlicher Herrschaftsinsignien eines Königs aus der Zeit vor dem Neuen Reich. Das Stück lag unter den Trümmern auf dem Boden der so genannten Opferkammer. Weil die Grabräuber im trüben Licht ihrer Öllampen plünderten, kann man sich leicht vorstellen, dass sie den verhältnismäßig kleinen Gegenstand übersehen haben.

1956–1957 entdeckte man bei der ägyptischen Ausgrabung in der Faijum-Oase unter der Leitung von Nagib Farag und Zaki Iskander das unversehrte Grab der Prinzessin Neferuptah aus der späten Zwölften Dynastie. Man hatte diese Prinzessin in einer kleinen Pyramide bestattet, etwa zwei Kilometer südöstlich von Hawara, der Stätte des Pyramidenkomplexes ihres Vaters Amenemhets III. Zwar stand das Grab zur Hälfte unter Wasser und Schlamm, aber der Inhalt war unberührt. Sieben Kalksteinblöcke hatten das Eindringen von Grabräubern verhindert. Neferuptahs Grabschmuck lag in ihrem Sarkophag. Aber das Wasser hatte die Mumie, die Tücher und alle organischen Bestandteile einschließlich der Fäden, die die Schmuckelemente zusammenhielten, vollkommen zerstört. Nur die Goldteile und Perlen des Schmucks waren übrig geblieben und wurden auf der Grundlage der Verteilung, in der man sie gefunden hatte, und im Vergleich mit anderen Schmuckstücken aus dem Mittleren Reich rekonstruiert. Neferuptahs Schmuck bestand aus schlicht zusammengefügten Stücken, darunter ein Brustgehänge, ein Halsband, einfache Arm- und Fußreifen und ein Perlenschurz.

Weil die Entdeckung vollständiger Schmuckkollektionen aus dem Mittleren Reich ein äußerst seltenes Ereignis ist, war es eine große Überraschung, als die Ausgrabungen des Metropolitan Museum of Art unter Leitung von Dieter Arnold im Pyramidenkomplex Sesostris' III. in Dahschur 1994 einen kleinen Juwelenschatz ans Licht brachten. Die Gegenstände gehörten Königin Weret, von der angenommen wird, dass sie eine der Gemahlinnen Sesostris' III. war. Die Juwelen der Königin lagen versteckt in einer kleinen Nische am Fuß des vertikalen Schachtes, der zu den Grabkammern führt.

Es ist dies eine für diese Art von Gegenständen ungewöhnliche Fundstelle und wohl die Erklärung dafür, dass die Grabräuber bei der brutalen Verwüstung der Begräbnisstätte das Versteck übersehen hatten. Nach der inzwischen erfolgten Rekonstruktion enthält der Fund zwei breite Armbänder mit Schließen aus *Djed*-Pfeilern, zwei Armbänder mit Löwenamuletten, ein Armband mit Knoten-Amuletten aus Fayence, einen Halskragen, zwei Armbänder mit Klauenanhängern, einen Gürtel aus Kaurimuscheln, zwei Amethyst-Skarabäen mit dem Namen Amenemhets II. und einen kleinen Türkis-Skarabäus ohne Inschrift.

Schmuck aus dem Mittleren Reich gehört zu den bezauberndsten Beispielen altägyptischer Steinarbeiten. Nachdem die meisten dieser Funde im Ägyptischen Museum ausgestellt sind, bietet der Besuch der Schmucksammlung des Museums eine einzigartige Gelegenheit, diese Kunstwerke zu studieren und zu bewundern.

ÜBER DIE AUTORIN

Adela Oppenheim ist Research Associate in der Abteilung Ägyptische Kunst am Metropolitan Museum of Art in New York. Sie hat an zehn Grabungsexpeditionen nach Lischt und Dahschur teilgenommen und leitete die Forschungsarbeiten über königliche Reliefs aus dem Mittleren Reich sowie über den kürzlich entdeckten Schmuck der Königin Weret.

JE 31116 = CG 53018

HALSBAND DER PRINZESSIN CHNUMET

Gold, Karneol, Türkis, Lapislazuli
Länge 35 cm
Dahschur, Pyramidenkomplex Amenemhets II.
Grab der Prinzessin Chnumet
Ausgrabungen von J. de Morgan (1895)
12. Dynastie, Regierungszeit Amenemhets II. (1929–1892 v. Chr.)

Dieses schöne Halsband ist eines der zahlreichen Schmuckstücke aus der Grabkammer der Prinzessin Chnumet. Das Grab wurde 1895 von Jacques de Morgan auf dem Gebiet westlich der Pyramide Amenemhets II. gefunden. Bei ihrer Entdeckung lagen die Einzelteile des Halsbandes zwischen den Binden der Mumie und mussten wieder zusammengesetzt werden.

Das Halsband besteht aus zwei Reihen von Goldperlen, zwischen denen zehn Hieroglyphen in gegenständigen Paaren eingehängt sind. Die Reihung beginnt zu beiden Seiten der zentralen Hieroglyphe, bestehend aus dem *Anch*-Zeichen, dem Symbol des Lebens, auf dem *hetep*, der einen Opfertisch darstellt. Davon ausgehend zeigen die Hieroglyphen den hundsköpfigen Anubis, zwei weibliche Gottheiten (die Geiergöttin Nechbet und die Schlangengöttin Wadjet), Symbole der Königreiche Ober- und Unterägypten, das Sistrum der Hathor, das heilige Auge des Horus, die *Chenem*-Vase, den *Djed*-Pfeiler, einen weiteren *anch*, das *Sema*-Zeichen für Luftröhre und Herz, ein Symbol der Einheit, und eine Biene, die Unterägypten repräsentiert. Eine Reihe dreifarbiger, tropfenförmiger Anhänger ist an die untere Perlenreihe angefügt, und zwei Falkenköpfe bilden die beiden Enden des Halsbands. Mit Ausnahme der Perlenketten bestehen alle Einzelteile aus goldgefassten Schmucksteinen: Türkis, Lapislazuli und Karneol, die abwechselnd angebracht sind und eine kunstvolle, harmonische Farbkomposition ergeben.

(R. P.)

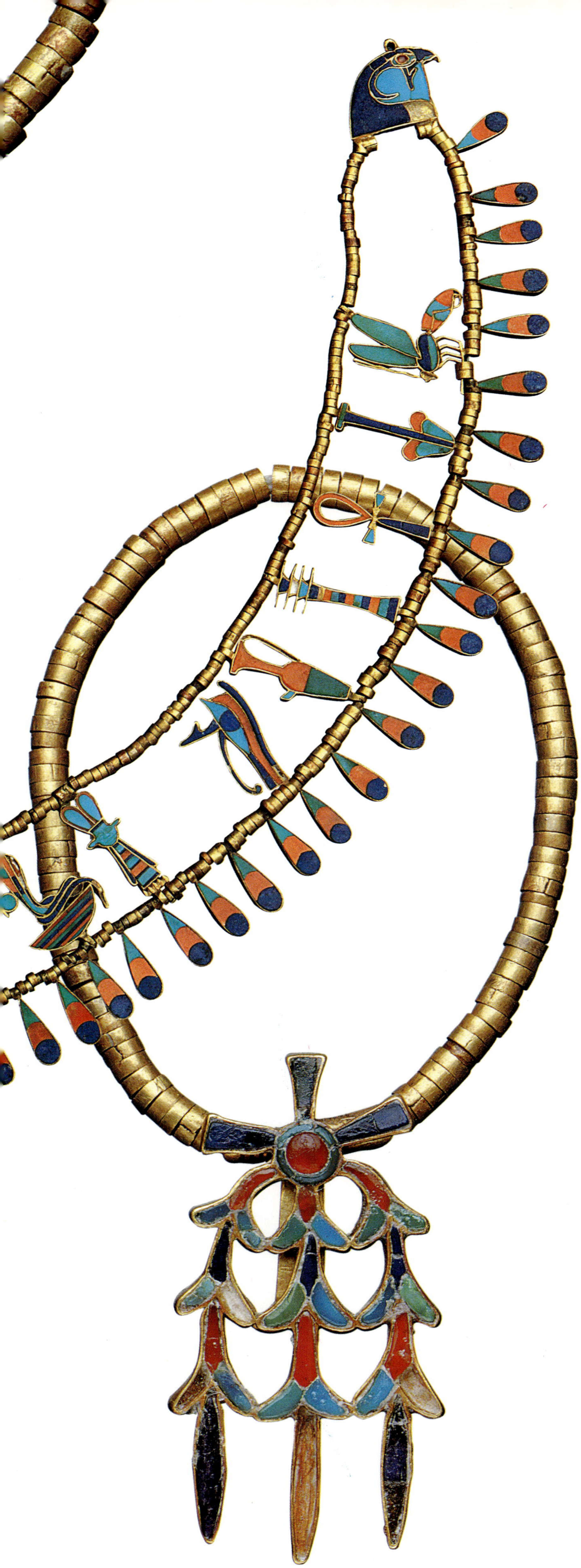

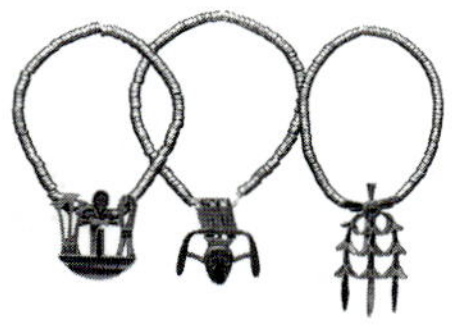

CG 52958
52956 – 52955

Armbänder der Prinzessin Chnumet

Gold, Karneol, Lapislazuli, Türkis
Höhe der Anhänger 3,3 cm; 1,9 cm; 1,9 cm
Dahschur, Pyramidenkomplex Amenemhets II.
Grab der Prinzessin Chnumet
Ausgrabungen von J. de Morgan (1895)
12. Dynastie, Regierungszeit Amenemhets II.
(1929–1892 v. Chr.)

Das unversehrte Grab der Prinzessin Chnumet wurde westlich der so genannten »weißen Pyramide« Amenemhets II. in Dahschur gefunden. Einige Schmuckstücke lagen auf der Mumie selbst, und in einem Nebenraum der Grabkammer fand man noch einen weiteren reichen Schatz. Er bestand zum größten Teil aus kunstvoll gefertigten Schmuckstücken, die wahre Meisterwerke ägyptischer Goldschmiedekunst darstellen. Die Armbänder, Ringe, Halskragen und Diademe legen Zeugnis ab von der außerordentlichen Geschicklichkeit der Handwerker dieser Zeit und der Eleganz der von ihnen entwickelten Stilformen.

Die drei Armbänder sind denen der Prinzessin Mereret sehr ähnlich und bestehen aus prachtvollen Anhängern mit Herrschersymbolen an ansonsten einreihigen, schlichten Ketten aus vergoldeten Scheibenperlen.

Die Schmucksteine sind in Goldcloisonné eingelassen. Der erste Anhänger (CG 52958) besteht aus vier Hieroglyphen, die eine Formel für Chnumet beinhalten: »Aller Schutz und Leben mögen hinter (dir) sein« (»*Sa anch neb ha*«). Das Zeichen *neb* besteht aus sechs parallelen, waagerechten Streifen aus abwechselnd eingelegtem Lapislazuli, Karneol und Türkis. Dieses Symbol bildet die Basis, auf der die Symbole für Schutz (*sa*), Leben (*anch*) und ein Papyrusbüschel (*ha*) stehen. Die Schriftzeichen werden von rechts nach links gelesen. Das Zeichen »Sa« ist vorwiegend in Türkis ausgeführt, mit zwei schmalen Streifen aus Lapislazuli und dazwischen einem weiteren aus Karneol, und unten in Karneol.

Das Symbol des Lebens (*anch*) in der Mitte besteht hauptsächlich aus Lapislazuli mit einer Karneoleinlage im oberen Teil. Das kleine Verbindungsstück im Zentrum des Kreuzes ist aus Gold. Die Blüten und Stängel des Papyrusbüschels sind aus Türkis gebildet und die gemeinsamen Stängelansätze aus kleinen Karneolstücken.

Der zweite Anhänger (CG 52956) setzt sich aus zwei Zeichen zusammen, die das Wort »Herzensfreude« bilden (*aaut-ib*). Das obere repräsentiert möglicherweise ein Stück der Wirbelsäule mit Rippen und setzt sich aus einer Reihe schräger Bänder aus Türkis mit Spitzen aus Lapislazuli zusammen. Unter diesem verläuft auf zwei kleinen Rechtecksockeln aus Lapislazuli ein waagerechter Karneolstreifen, dessen verdickte Enden aus Lapislazuli abwärts gerichtet sind. Die zweite Hieroglyphe stellt ein Herz dar und ist mit dem oberen Zeichen durch eine trapezförmige Bekrönung in Türkis verbunden. Das Herz besteht aus Karneol mit sichelförmiger Türkiseinlage und einem ovalen Lapislazuli. Für die beiden seitlichen Stege wurde Türkis verwendet.

Der dritte Anhänger (CG 52955) stellt das Schriftzeichen »Mes« dar, das Symbol für Geburt. Von einem in Türkis gefassten runden Karneol zweigen drei Arme in Kreuzform ab. Sie sind aus Lapislazuli gefertigt. Drei teils geschwungene Bänder aus Karneol führen abwärts und bilden die Aufhängung für drei stilisierte Fuchsbälge. Die goldenen Rückseiten der Anhänger sind teils getrieben, teils glatt und weisen zwei Ösen zum Befestigen der Kette auf. Die eine Öse ist fest angelötet, die andere ist in einem Schlitz verschiebbar und lässt sich zum Öffnen der Kette abnehmen. (S. E.)

JE 31091 =
CG 52044 – 52045

Schliessen vom Armschmuck der Prinzessin Chnumet

Gold, Türkis, Lapislazuli, Karneol, Höhe 3,9 cm
Dahschur, Pyramidenkomplex Amenemhets II.
Grab der Prinzessin Chnumet
Ausgrabungen von J. de Morgan (1895)
12. Dynastie, Regierungszeit Amenemhets II. (1929–1892 v. Chr.)

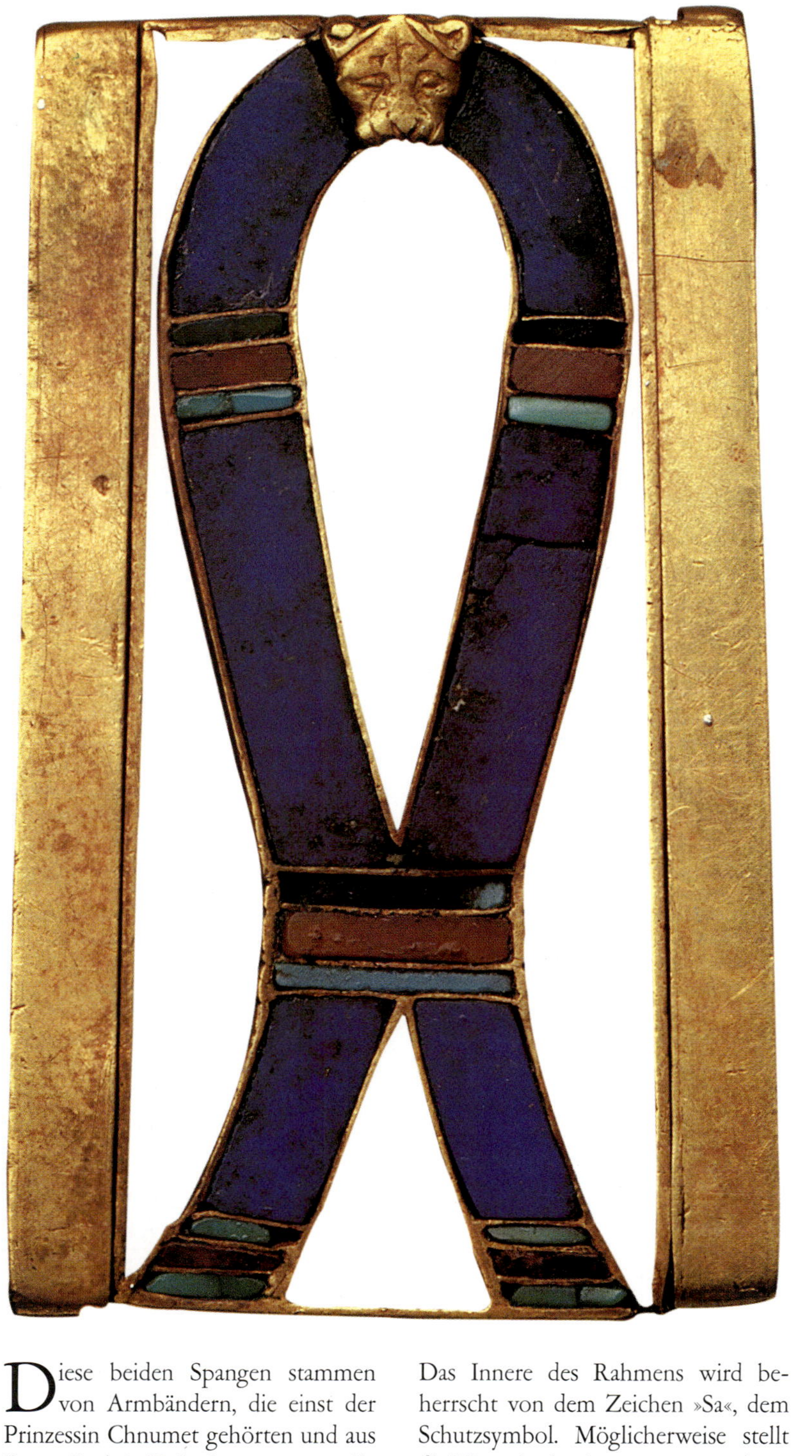

Diese beiden Spangen stammen von Armbändern, die einst der Prinzessin Chnumet gehörten und aus ihrem Grab in Dahschur stammen. Sie dienten als Schließen zur Befestigung von Perlenschnüren, die abwechselnd aus Gold, Karneol, Lapislazuli und Türkis zusammengefügt waren. Die Schließen bestehen aus einem dünnen Goldrahmen mit breiten Längsseiten. Sechzehn Bohrungen in den Längsstreifen dienten zum Befestigen der Perlenschnüre.

Das Innere des Rahmens wird beherrscht von dem Zeichen »Sa«, dem Schutzsymbol. Möglicherweise stellt die Hieroglyphe eine zusammengelegte Schilfmatte dar, wie sie von Schafhirten benutzt wurde, um sich vor dem Wind zu schützen. Daher auch der Symbolgehalt dieses Zeichens. Das Amulett besteht aus Goldstegen mit Lapislazuli-Einlagen sowie mehrfarbigen Bändern aus Karneol zwischen Türkis. Ein angelöteter kleiner goldener Leopardenkopf bildet einen zusätzlichen Schmuck am Scheitel des *Sa*-Zeichens. Die goldenen Rückseiten der beiden Anhänger zeigen in feiner Ziselierung *Sa*-Hieroglyphen und Bündel aus sieben Zweigen, die an sechs Stellen, entsprechend der Anordnung der Leopardenköpfe und der waagrechten Schmucksteinbänder auf der Vorderseite, von Dreifachbändern zusammengehalten werden. (S. E.)

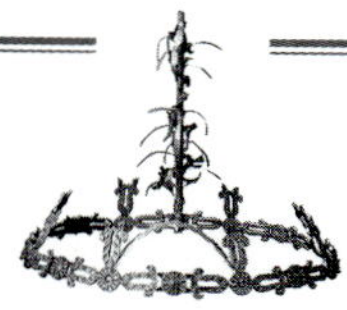

CG 52860

Diadem der Chnumet

Silber, Gold, Karneol, Lapislazuli, Türkis, Durchmesser 64 cm
Dahschur, Pyramidenkomplex Amenemhets II., Grab der Prinzessin Chnumet, Ausgrabungen von J. de Morgan (1895)
12. Dynastie, Regierungszeit Amenemhets II. (1929–1892 v. Chr.)

Dieses Diadem gehörte der Prinzessin Chnumet und besteht aus jeweils acht horizontalen und vertikalen Ornament-Kompositionen, die in alternierender Verbindung ein harmonisches Formenspiel ergeben. Die Anfertigung erfolgte in Cloisonné-Technik, und die Schmucksteine sind in Zellen aus Goldstegen auf einer massiven Unterlage eingesetzt, die das Gerüst des Diadems bildet.

Alle horizontalen Schmuckelemente haben im Zentrum eine Rosette mit einem Karneol in der Mitte, der von vierzehn sternförmigen Blütenblättern aus Türkis auf einer Lapislazuliunterlage umgeben ist. Zu beiden Seiten schließen sich zwei stilisierte gegenständige Pflanzenblüten an, verziert mit kleinen blattförmigen Einlagen aus Karneol, Lapislazuli und Türkis. Aus dem Blütenkelch und dessen oberem Rand sprießen vier stilisierte Trichterblüten hervor, zwei aus Karneol, zwei aus Lapislazuli. Diese stellen die Verbindung zur Mittenrosette her.

Die aufrecht stehenden Schmuckelemente des Diadems bestehen aus einer ähnlichen Rosette wie oben beschrieben, die ebenfalls von einer von vier Trichterblüten aus Karneol bzw. Lapislazuli bekrönten Pflanzenblüte überragt wird. Die bunten Einlagen der aufrechten Blütenkelche zeigen ein Fischgrätenmuster. Die Einzelteile des Diadems sind durch auf die Rosetten genietete kleine Goldbänder verbunden und mit den horizontalen Pflanzenmotiven zu beiden Seiten der Rosette verlötet. Die Innenseite aus Gold ist mit einem Muster in den Umrissen der Einlegearbeiten auf der Vorderseite ziseliert.

Das Diadem weist zwei dekorative Bekrönungen auf, eine vorn, die andere hinten. Die vordere hat die Gestalt einer schlanken, sich nach oben verengenden Röhre, die den Zweig eines Baumes darstellt, an dem Blätter aus dünnem Gold angebracht sind. Diese werden ergänzt durch Blüten, die mit Perlen aus Karneol, Lapislazuli, Türkis und in Silber eingelegtem Gold gestaltet sind. Dieses feingliedrige Ornament, das in einer Halterung an der Innenseite des Diadems steckt, wurde in einem sehr schlechten Zustand vorgefunden; viele der Blätter und Perlen fehlten.

Die zweite Bekrönung zeigt die Geiergöttin Nechbet mit ausgebreiteten Schwingen und *Schen*-Hieroglyphen. Diese symbolisieren die Ewigkeit, die die Göttin in den Klauen hält. Dieses Schmuckelement stellte die Prinzessin unter den Schutz der Göttin, solange sie das Diadem trug.

Der Rücken und die langen, abwärts gebogenen Schwingen des Geiers sind aus einem massiven Stück Gold gefertigt, mit feiner Ziselierung des Gefieders. Kopf, Rumpf und die Beine wurden separat gearbeitet und an das Hauptstück angelötet. Die Augen bestehen aus eingelegtem Obsidian, die *Schen*-Hieroglyphen sind mit kleinen Karneolstücken besetzt. (S. E.)

JE 30942

Halskragen der Prinzessin Chnumet

Gold, Lapislazuli, Türkis, Karneol, Granat, Feldspat
Maße der Schliessen: Höhe 3,8 cm, Breite 4,3 cm
Dahschur, Pyramidenkomplex Amenemhets II., Grab der Prinzessin Chnumet, Ausgrabungen von J. de Morgan (1895)
12. Dynastie, Regierungszeit Amenemhets II. (1929–1892 v. Chr.)

Dieser zarte, aufwändig gearbeitete *Usech*-Halskragen (*usech* bedeutet auf Ägyptisch »breit«) lag bei seiner Entdeckung um den Hals der Mumie. Er wurde in Einzelteilen geborgen und von de Morgan neu zusammengefügt. Allerdings wirken die beiden Falkenköpfe an den Enden zu klein für diesen breiten Halsschmuck, so dass Zweifel an der Genauigkeit der Rekonstruktion durchaus angebracht sind.

Den oberen Abschluss des Halskragens bildet eine Schnur aus Goldperlen, die zur Mitte hin größer werden. Darunter befinden sich sechs Reihen von Anhängern zwischen Perlenschnüren, die den Eindruck eines Spitzenmusters vermitteln. Vier Ornamentreihen setzen sich aus drei fortlaufend wiederholten Hieroglyphen zusammen: *anch*, *was* und *djed*, den Symbolen für Leben, Macht und Beständigkeit. Diese sind aus Gold mit Einlagen aus bunten Schmucksteinen ausgeführt. Von Reihe zu Reihe nach unten werden die Zeichen allmählich größer. Die beiden oberen und unteren Amulettreihen sind durch eine dichte Reihe ovaler Röhrenperlen aus Gold getrennt.

Die untere Reihe besteht aus locker verteilten goldenen Tropfenanhängern zwischen Schnüren aus goldenen Flachperlen.

Die Falkenköpfe aus getriebenem Gold sind an den Enden des Halsbands befestigt und waren ursprünglich wohl miteinander verbunden, möglicherweise durch eine Perlenschnur. Die Köpfe sind mit bunten Schmucksteinen eingelegt. Die Schnäbel bestehen aus Lapislazuli, die Augen aus dunkelrotem Granat. Sie sind mit Einlagen aus Lapislazuli umgeben, um die verschiedenfarbige Zeichnung des Gefieders hervorzuheben. Als weiterer Schmuck der Vogelköpfe dient ein tropfenförmiger Karneol über einer Sichel aus Feldspat.

Die Rückseiten der Köpfe bestehen aus glattem Gold. Den Abschluss des Halses bildet eine kleine Goldplatte mit sieben Bohrungen. Durch diese wurden die Schnüre des Halskragens ins hohle Innere der Köpfe gefädelt. (S. E.)

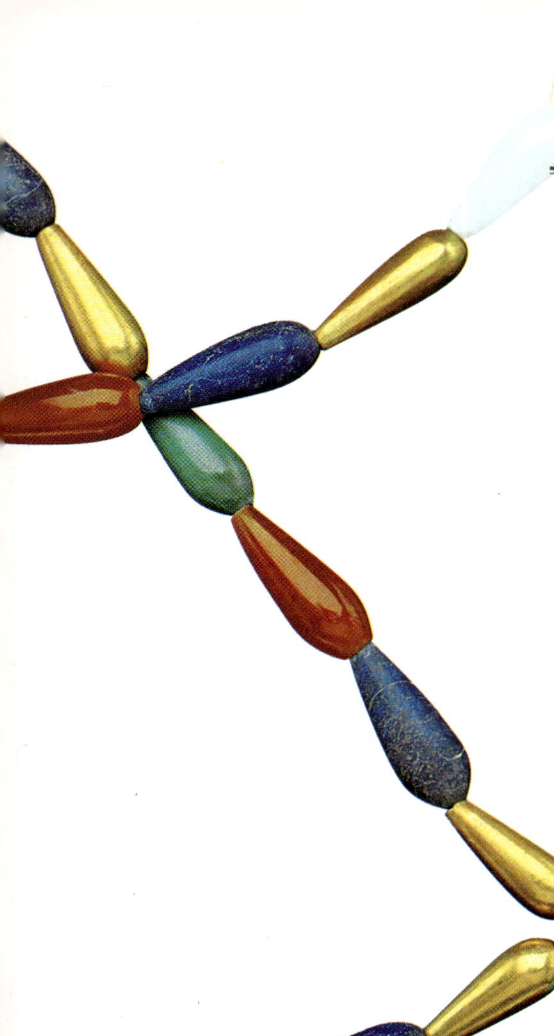

JE 98783 – 98790 C – 98791 C – 98792 C – 98793 C

Halskette der Königin Weret

Gold, Türkis, Lapislazuli, Karneol
Halsband: Länge 62,9 cm, Anhänger: Höhe 1,7 cm, Breite 1,7 cm
Dahschur, Pyramidenkomplex Sesostris' III., Pyramide der Weret
Ausgrabungen des Metropolitan Museum of Art (1994); 12. Dynastie
Regierungszeit Amenemhets II. und Sesostris' III. (1929–1841 v. Chr.)

Im Jahr 1994 fand man in einer Nische am Fuß des Schachts, der zur Grabkammer der Königin Weret in Dahschur führt, eine Anzahl kunstvoll gearbeiteter Schmuckstücke, darunter 68 tropfenförmige Röhrenperlen von einer Halskette und einen Anhänger, der als Schließe gedient haben könnte. Alle Schmuckstücke der Weret lagen lose im Erdreich der Grube, wo man sie vergraben hatte.

Die Rekonstruktion erfolgte anhand von Darstellungen entsprechender Schmuckgegenstände auf Malereien, Wandreliefs und Skulpturen sowie im Vergleich mit besser erhaltenen Beispielen aus der Zeit des Mittleren Reichs.

Bei der Zusammenstellung des Halsbands orientierte man sich an der allgemeinen Verwendungsweise von Perlen für Halsbänder. Die Größenverhältnisse der Perlen und des Anhängers sind ausgewogen, und der Schließmechanismus auf seiner Rückseite legt nahe, dass er zur Befestigung der Halskette diente. Perlen und Anhänger bestehen aus Gold, Lapislazuli, Karneol und Türkis – Materialien, die im Mittleren Reich häufig für hochwertige Schmuckstücke verwendet wurden.

Der Anhänger setzt sich aus vier fein gearbeiteten, eingelegten Hieroglyphen zusammen. Zwei *Netjer*-Zeichen, die »zwei Götter« bedeuten, bilden die obere und seitlichen Begrenzungen. Der waagerechte *Hetep*-Opfertisch am unteren Rand lässt sich als »Zufriedenheit« deuten. Im Innern des Anhängers befindet sich ein *Ib*-Zeichen in Form eines Herzens. Zusammen bilden die Hieroglyphen den Satz »das Herz der beiden Götter ist zufrieden«, was sich auf die mythologische Aussöhnung von Horus und Seth, der Horus' Vater Osiris getötet hatte, bezieht. (Adela Oppenheim)

JE 98786 A, B – 98781 A, B – 98790 B – 98791 B – 98792 B – 98793 B

Armbänder der Königin Weret

Gold, Türkis, Lapislazuli, Karneol
Höhe 4,1 cm, Länge 15 cm
Dahschur, Pyramidenkomplex Sesostris' III., Pyramide der Weret
Ausgrabungen des Metropolitan Museum of Art (1994–1995)
12. Dynastie, Regierungszeit Amenemhets II.
und Sesostris' III. (1929–1841 v. Chr.)

Die Grabkammer der Königin Weret enthielt mehrere Teile, aus denen diese beiden Armbänder zusammengefügt wurden: zwei goldene Löwenanhänger, goldene Schließen in der Form von Kreuzknoten und kleine Rundperlen aus Gold, Lapislazuli, Karneol und Türkis. Man hat Löwenanhänger verschiedentlich an den Handgelenken von Mumien gefunden, was vermuten lässt, dass sie zu Armbändern gehörten. Dieses Paar zählt zu den besterhaltenen Beispielen dieses Amulettypus, den man in den Gräbern herrschaftlicher Damen in Dahschur und Illahun gefunden hat. Die Löwen sind in liegender Stellung dargestellt, mit ausgestreckten Vorderpfoten und um die linke Hinterhand gelegtem Schwanz. Die goldenen Knotenschließen entsprechen formal solchen aus weniger kostbarem Material an Armbändern von geringerer Qualität. (Adela Oppenheim)

JE 98778 A, B

Skarabäen Amenemhets II.

Amethyst, Gold
JE 98778 A: Länge 2,57 cm, Breite 1,64 cm
JE 98778 B: Länge 2,51 cm, Breite 1,64 cm
Dahschur, Pyramidenkomplex Sesostris' III., Pyramide der Weret
Ausgrabungen des Metropolitan Museum of Art (1994)
12. Dynastie, Regierungszeit Amenemhets II. (1929–1892 v. Chr.)

Für die Ägypter repräsentierte der *Scarabäus sacer* den Gott Chepri (»Der sich selbst erschuf«). Dieser galt als Gott der Wiedergeburt, sein Symbol demzufolge als ein besonders mächtiges Amulett. Die mythologische Verbindung der Wiedergeburt mit den Skarabäen entsprang dem Verhaltensmuster der weiblichen Käfer, die Eier in Dungkugeln abzulegen und diese über den Boden zu rollen. Sobald die jungen Käfer ausgeschlüpft waren, kamen sie aus den Kugeln hervor. In den Kugeln sah man die aufgehende Sonne verkörpert und glaubte, dass diese an jedem Morgen von einem Skarabäus über den Horizont gehoben werde. Die Käfer wurden so zu einem Symbol für die Erneuerung der Sonne.

In der Spätzeit des Alten Reichs tauchten die Skarabäen zum ersten Mal auf. Sie wurden aus unterschiedlichen Werkstoffen gefertigt, etwa aus Fayence und verschiedenen Schmucksteinen. Auch ihre Funktionen als Zauberamulette und Siegelsteine waren vielfältig. Später hat man Skarabäen auch zu Gedenktagen oder wichtigen Festen angefertigt, um die Bedeutung des jeweiligen Ereignisses hervorzuheben.

Die beiden nahezu identischen Beispiele aus dem Grab der Weret, einer der Gemahlinnen Sesostris' III., sind kunstvoll geschnitten und reich an körperlichen Details. Die gravierten Inschriften auf der Unterseite sind auf ungewöhnliche Weise von einer mehrmals spiralig eingerollten Schlange gerahmt. Beide Inschriften zeigen oben das königliche Attribut »der gute Gott«, gefolgt vom Geburtsnamen Amenemhets II., der vermutlich der Vater Königin Werets war.

Für die beiden Stücke wurde eine besonders kostbare, dunkle Amethystvarietät gewählt. Hält man sie gegen das Licht, glühen sie dunkelviolett, und dank der Reinheit des Steins sind die Inschriften auch von der Oberseite lesbar. (Adela Oppenheim)

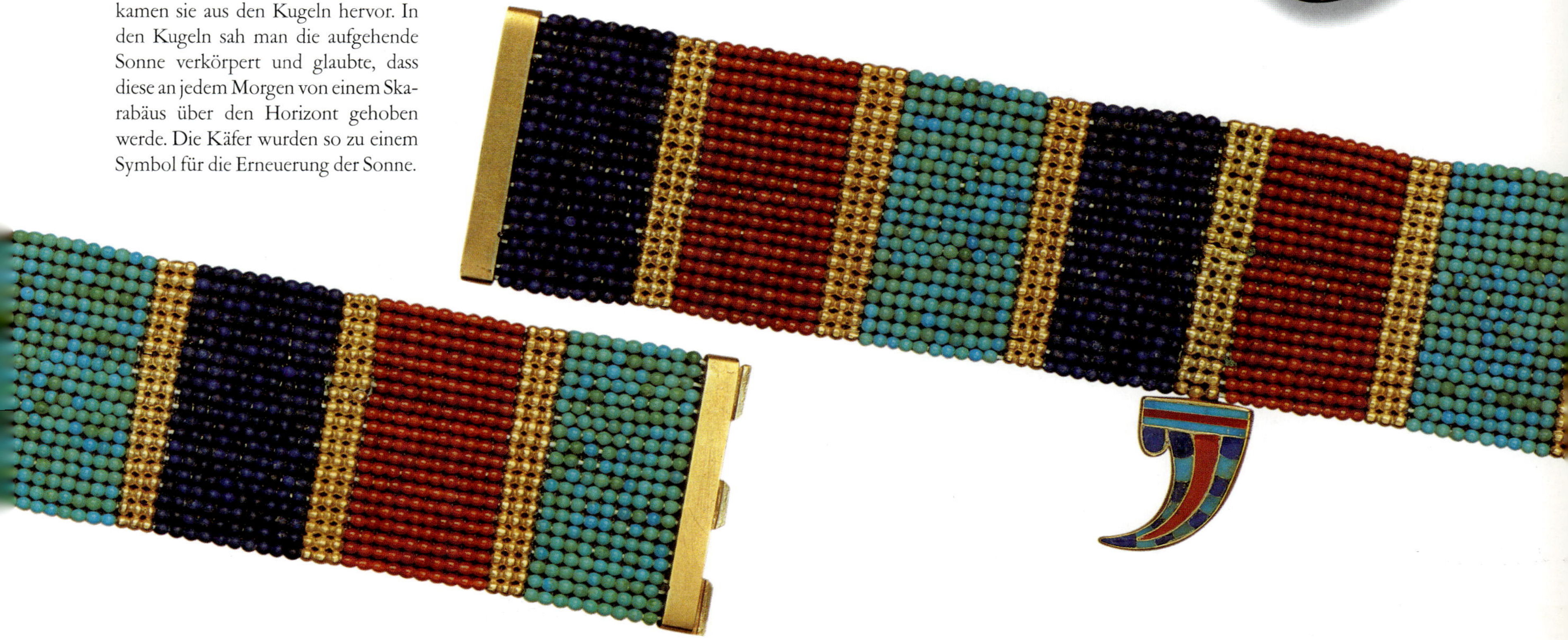

JE 98784 A, B
98789 – 98780 A, B
98790 D – 98792 D
98793 D

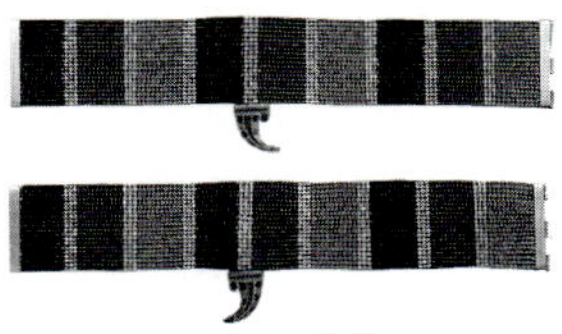

Fussbänder der Königin Weret

Lapislazuli, Türkis, Karneol, Gold; Höhe 3,8 cm, Länge 21,5 cm
Anhänger: Höhe 2,1 cm; Dahschur, Pyramidenkomplex Sesostris' III.,
Pyramide der Weret; Ausgrabungen des Metropolitan Museum of Art (1994)
12. Dynastie, Regierungszeit Amenemhets II.
und Sesostris' III. (1929–1841 v. Chr.)

Die reichen Funde von Dahschur aus der Zeit des Mittleren Reichs konnten kürzlich durch die Entdeckung der Grabkammer der Königin Weret ergänzt werden, einer Gemahlin Sesostris' III. Die Grabungen im Jahr 1994 wurden vom Metropolitan Museum of Art unter Leitung von Dieter Arnold durchgeführt. Südlich der Königspyramide entdeckte man einen Schacht, der zu einem kleinen Schrein unter der westlichen Seitenpyramide und zu den Grabkammern führte, die unmittelbar unter der Königspyramide liegen.

Wie auch bei anderen Schatzfunden in den Gräbern königlicher Damen des Mittleren Reichs (Sat-Hathor, Mereret und Sat-Hathor-Junet) befanden sich die Juwelen der Weret an einem Ort außerhalb der Grabkammer, was sie wahrscheinlich vor dem Zugriff der Grabräuber bewahrt hat. Werets Schmuck war in einer kleinen Vertiefung am Fuß des Schachts zu ihrer Grabkammer verborgen.

Viele der ausgegrabenen Schmuckstücke zeigen Gebrauchsspuren, was bedeutet, dass sie von ihren Besitzerinnen zu Lebzeiten tatsächlich getragen wurden. Bei den meisten Gegenständen handelt es sich vermutlich um Geschenke des Pharaos an die Damen seiner Familie. Möglich ist aber auch, dass die Arbeiten schon von den jeweiligen Müttern in Auftrag geben worden waren und später als Erbe an die Töchter gelangten.

Die beiden farbenprächtigen Fußbänder bestehen aus zwanzig Reihen kleiner Perlen in abwechselnden Feldern aus Lapislazuli, Karneol und Türkis. Die Felder sind durch schmale Streifen fest miteinander verlöteter Goldperlen getrennt. Die goldenen Endstücke lassen sich ineinander schieben und dienen als Schließen. An jedem Perlenband hängt ein Klauenanhänger aus Gold mit Schmucksteineinlagen. An der Oberkante des Anhängers befindet sich eine kleine Goldperle, die in eine Öffnung an einem der Trennstreifen eingesteckt werden kann.

Eine Wandmalerei in einer Grabkammer aus dem Mittleren Reich zeigt unter anderem Tänzerinnen mit solchen Amuletten. Diese lieferte die Vorlage für die Rekonstruktion unserer beiden Beispiele.

(Adela Oppenheim)

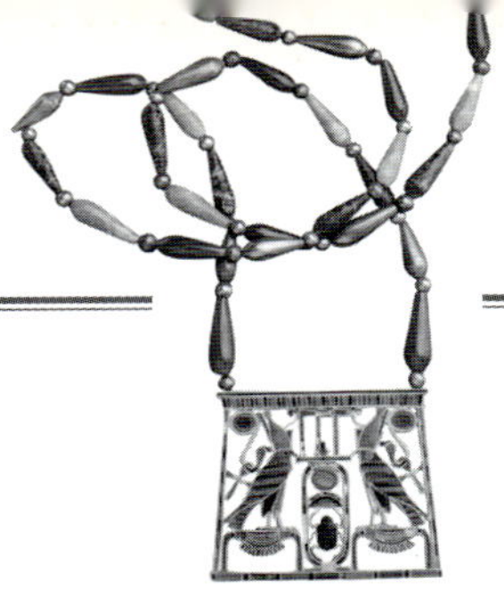

JE 30857 = CG 52001

Halskette mit Pektoral

Gold, Lapislazuli, Türkis, Karneol
Höhe des Pektorals 4,9 cm
Dahschur, Pyramidenkomplex Sesostris' III.
Grab der Prinzessin Sat-Hathor
Ausgrabungen von J. de Morgan (1894)
12. Dynastie, Regierungszeit Sesostris' II. (1897–1878 v. Chr.)

Sat-Hathor war möglicherweise eine der Töchter Sesostris' II. Ihr Grab liegt nördlich der Pyramide Sesostris' III. Wie auch in den Kammern anderer Prinzessinnen dieser Periode hat man in ihrem Grab eine Reihe von wertvollen Objekten gefunden: Skarabäen, Perlen, kleine Löwenplastiken und Pektorale, aus denen die Fachleute inzwischen prachtvolle Schmuckstücke rekonstruiert haben. Unter diesen befindet sich diese schöne Halskette mit Pektoral, die dem Fund im Grab der Prinzessin Sat-Hathor-Junet sehr ähnlich ist, von der ebenfalls angenommen wird, dass sie eine Tochter Sesostris' II. war.

Das Geschmeide besteht aus einer Kette tropfenförmiger Röhrenperlen in Gold, Türkis, Lapislazuli und Karneol. Als Zwischenstücke dienen goldenen Rundperlen. Das überaus prächtige, leicht trapezförmig gestaltete Pektoral hat die Form eines Schreins mit einem ägyptischen Hohlgesims. Das Innere des Rahmens zeigt zwei gegenständige Falken mit der Doppelkrone. Sie stehen auf einer *Nub*-Hieroglyphe, die als Halsband gestaltet und als »Gold« zu lesen ist. Das ist die bildliche Wiedergabe des »Goldhorus«-Namens – einer der fünf Bestandteile der Titulatur des Pharao bei der Inthronisierung. Der »Goldhorus«-Name Sesostris' II. (*Hetep-netjeru* = »die Götter sind zufrieden«) befindet sich zwischen den beiden Falken über der königlichen Namenskartusche mit dem Thronnamen *Chacheperre*. In den oberen Ecken hinter den Falken hängen von Sonnenscheiben Kobras mit dem *Anch*-Zeichen herab.

Die ganze Komposition ist eine kunstvolle Zusammenstellung von Titulaturelementen des Pharaos. Möglicherweise handelt es sich bei diesem Halsschmuck um ein Geschenk des Pharao Sesostris II. an seine Tochter.

(R. P.)

JE 30858 =
CG 53123 – 53136

Gürtel der Sat-Hathor

Gold, Lapislazuli, Feldspat, Karneol
Länge 70 cm
Dahschur, Pyramidenkomplex Sesostris' III., Grab der Sat-Hathor
Ausgrabungen von J. de Morgan (1894)
12. Dynastie, Regierungszeit Sesostris' III. (1878–1841 v. Chr.)

Prinzessin Sat-Hathors Grabkammer enthielt zahlreiche schöne und kostbare Schmuckstücke. Deren sorgfältige Restaurierung erfolgte auf der Grundlage erhalten gebliebener vergleichbarer Stücke aus der selben Periode, die man bei Ausgrabungen in Illahun gefunden hat. Dieser Gürtel, den man früher für eine Halskette gehalten hat, setzt sich aus acht goldenen Kaurimuscheln zusammen. Als Zwischenglieder dienen Doppelreihen von Flachperlen aus verschiedenfarbigen Materialien. Das prachtvolle Schmuckstück ist unvollständig, weil einige der ursprünglichen Bestandteile nicht auffindbar waren.

Die Flachperlen aus Karneol, Lapislazuli und Feldspat haben die Form von Akaziensamen und sind zum Auffädeln an Schnüren durchbohrt. Eine der Muscheln lässt sich auseinander ziehen und zeigt auf den Innenseiten den Schließmechanismus aus Nut und Zapfen. Die anderen Muscheln enthielten kleine Kugeln, welche die Bewegungen der Trägerin mit einem Klingeln untermalten. Sat-Hathors Gürtel ist ein charakteristisches und gut dokumentiertes Beispiel für den Einfallsreichtum der Goldschmiede in der mittleren Periode der Zwölften Dynastie. Prinzessin Sat-Hathor-Junet, die im Pyramidenbezirk Sesostris' II. in Illahun bestattet wurde, besaß ein sehr ähnliches Geschmeide.

(R. P.)

JE 30879 – 30923
= CG 53075

Gürtel der Mereret

Gold, Amethyst; Länge 60 cm
Dahschur, Pyramidenkomplex Sesostris' III.
Grab der Prinzessin Mereret; Ausgrabungen von J. de Morgan (1894)
12. Dynastie, Regierungszeit Sesostris' III. und Amenemhets III.
(1878–1797 v. Chr.)

JE 30875 = CG 52003

Halskette und Pektoral mit Namen Amenemhets III.

Gold, Karneol, Fayence, Lapislazuli
Höhe 7,9 cm, Länge 10,5 cm
Dahschur, Pyramidenkomplex Sesostris' III.
Grab der Prinzessin Mereret; Ausgrabungen von J. de Morgan (1894)
12. Dynastie, Regierungszeit Amenemhets III. (1844–1797 v. Chr.)

Dieser Gürtel aus den Grabbeigaben der Prinzessin Mereret verbindet den Glanz des Goldes mit den kräftigen, dunklen Farben des Amethysts in einem prachtvollen Spiel der Kontraste. Zwei Reihen Amethystperlen wechseln einander ab mit kunstvoll getriebenen Goldamuletten aus gegenständigen Leoparden-Doppelköpfen.
Die Verwendung des Tiermotivs zeigt eindeutige Assoziationen mit den magischen Schutzkräften, die dem jeweiligen Tier zugeschrieben wurden. Tatsächlich begegnet man Leopardenköpfen häufig als Schmuckmotiv auf männlichen und weiblichen Kleidungsstücken, und sie wurden häufig bei herrschaftlichen Gewändern als Ornamente benutzt.
Leopardenfelle symbolisierten den Nachthimmel und waren außerdem Bestandteile der Zeremonialgewänder von Totenpriestern. Man sah in ihnen Symbole von Fruchtbarkeit und Wiedergeburt.
Neben diesem Gürtel befand sich unter den Juwelen der Mereret auch ein Fußreif aus denselben Materialien – Gold und Amethyst. (R. P.)

Das Pektoral in der Form eines Schreins mit ägyptischem Hohlgesims bildet ein klassisches Motiv ab: Es zeigt den Pharao, wie er die Feinde Ägyptens niederwirft. Das Schmuckstück hängt an einer Halskette mit Perlen aus Karneol, Gold und Lapislazuli. Das Geschehen vollzieht sich unter dem Schutz der Geierkönigin Nechbet, die mit ausgebreiteten Schwingen das obere Drittel des Rahmens einnimmt. In beiden Klauen hält die Göttin sowohl die *Anch*-Hieroglyphe, das Symbol des Lebens, als auch den *Djed*-Pfeiler, das Zeichen der Beständigkeit, über den Pharao.
Zu beiden Seiten des Geierkopfes ist einer der besonders charakteristischen Beinamen, »Herrin des Himmels«, eingeschrieben, und an den Enden der Schwingen stehen die Zeichen für »Gebieterin beider Länder«.
Die Gestalt des Pharaos ist spiegelbildlich wiedergegeben. Sie zeigt den König mit erhobener Streitkeule, wie er einen Gefangenen erschlägt, den er an den Haaren hält. Der König trägt den *Chat*-Kopfschmuck, einen *Usech*-Halskragen und ein kurzes Wams, das von einem über die Schulter gezogenen Träger gehalten wird, dazu einen kurzen Schurz mit bunt gestreiftem Latz.
Der Feind kniet vor ihm und bietet ihm zum Zeichen der Unterwerfung seine Waffen an. Die Hieroglyphen weisen ihn als einen Angehörigen der *Mentiu Setjet* (asiatischen Beduinen) aus. Im Zentrum der Darstellung befinden sich die Epithets und Namen des Herrschers: »Der gute Gott, der Herr der beiden Länder und aller fremden Gebiete, *Nimaatre*.« Hinter Amenemhet III. hält ein *Anch*-Zeichen einen Fächer, der den König beschirmt.

Die Figuren und Hieroglypheninschriften ergänzen einander, so dass sich die Darstellung wie ein fortlaufender Text lesen lässt: »Nechbet, Dame des Himmels und Herrin beider Länder, verleiht Leben und Beständigkeit dem guten Gott, dem Herrn der zwei Länder und aller fremden Gebiete, Nimaatre, der die asiatischen Beduinen besiegt.«

Als weiterer Schmuck des prächtigen Pektorals aus massivem Gold dienen Einlagen aus verschiedenen Schmucksteinen, mit deren Hilfe die Figuren mit großer Genauigkeit charakterisiert werden. Besondere Sorgfalt wurde bei der Auswahl der Farben für das Gewand des Herrschers verwendet.

Das für die Kartusche benutzte helle Blau und Gold (Symbole der Gottheit) sowie das Rot der Sonnenscheibe als Teil des Namens des Pharao verdienen ebenfalls Erwähnung. Die Farbe Rot steht seit frühesten Zeiten in Beziehung zum Sonnenkult, was durch die Verwendung von rosa Granit oder rotem Quarzit für den Bau von Obelisken bestätigt wird. (R. P.)

JE 90199

Halskragen der Neferuptah

Gold, Karneol, Feldspat, Glaspaste
Länge 36,5 cm, Höhe 10 cm
Hawara, Pyramide der Neferuptah
Ausgrabungen der Altertümer-Verwaltung (1956)
12. Dynastie, Regierungszeit Amenemhets III. (1844–1797 v. Chr.)

Die unversehrte Grabkammer der Prinzessin Neferuptah, einer Tochter Amenemhets III., wurde unter der eingestürzten Ziegelpyramide südöstlich der Königspyramide entdeckt. '

Der zum Zeitpunkt der Ausgrabung zerfallene Holzsarg stand in einem äußeren Sarkophag aus Granit und enthielt die Mumie der Verstorbenen. Der Leichnam war mit Schmuck bedeckt, der nach langwierigen und aufwändigen Restaurierungsarbeiten wieder in seinem ursprünglichen Glanz erstrahlt. Der reichhaltige Fund umfasst einen Perlengürtel, Halsbänder, Ringe und Armbänder in Gold und Schmucksteinen in der besten Handwerkstradition der Zwölften Dynastie. Die Schmuckstücke vieler Prinzessinnen stammen aus den Werkstätten der Goldschmiede dieser Zeit.

Der *Usech*-Halskragen, der auf der Brust der Mumie Neferuptahs lag, entspricht einer im alten Ägypten weit verbreiteten Schmuckform. Wandmalereien und Statuen zeigen häufig Gottheiten, Pharaonen, Königinnen und Bürger, die diesen Halsschmuck während des Lebens und auch nach dem Tod trugen. Der Halskragen diente nicht nur der Repräsentation, sondern hatte auch apotropäische Bedeutung, indem er Unheil abwenden sollte.

Neferuptahs Halskragen ist aus sechs alternierenden, durch goldene Perlenreihen abgesetzten Bändern mit Röhrenperlen aus Feldspat und Karneol zusammengefügt. Die zwischen zwei Goldperlenreihen hängenden tropfenförmigen Perlen des unteren Abschlusses sind mit Feldspat, Karneol und blauer Glaspaste eingelegt. Falkenköpfe aus getriebenem und ziseliertem Gold zieren die Enden des Halskragens. Oben an jedem Vogelkopf ist eine Perlenreihe aus Karneol und Feldspat befestigt. Die beiden Ketten enden in einem kleineren Falkenkopf, der zum Gegengewicht gehört, das unterhalb des Nackens der Trägerin zwischen den Schulterblättern herabhängt. Das Gegengewicht wiederholt die Motive des Halsbands, nämlich nach unten breiter werdende Perlenreihen aus Karneol und Feldspat mit massiven Goldstegen dazwischen. Unten schließt das Gewicht mit einer Reihe Tropfenperlen aus Karneol ab.

Die drei Falkenköpfe zeigen an der Innenseite Spuren von Silber, Reste einer Vorrichtung, an der die Fäden der Perlenreihen festgemacht waren. (S. E.)

JE 44920 = CG 52663

Spiegel der Sat-Hathor-Junet

Silber, Gold, Obsidian, Fayence, Elektron, Schmucksteine
Höhe 28 cm; Illahun, Pyramidenkomplex Sesostris' II.
Grab der Prinzessin Sat-Hathor-Junet
Ausgrabungen von W. M. F. Petrie (1914)
12. Dynastie, Regierungszeit Amenemhets III. (1844–1797)

Dieser Spiegel ist weniger als Gebrauchsgegenstand, denn als Teil des Schmucks der Prinzessin Sat-Hathor-Junet, einer Tochter Sesostris' II., anzusehen. Sowohl die kostbaren Werkstoffe als auch die farbliche Gestaltung sowie die handwerkliche Meisterschaft der Ausführung machen ihn zu einem Kunstwerk.

Die Spiegelfläche besteht aus einer Silberscheibe, die in einen Griffansatz aus Obsidian in Form eines offenen Papyrusblütenkelchs mit Goldrändern eingesetzt ist. Unterhalb der ausschwingenden Wölbung nimmt der Ansatz die mit Elektron (Gold-Silber-Legierung) überzogenen Gesichtszüge der Göttin Hathor an. Wie bei Hathor-Kapitellen häufig der Fall, ist das goldene Antlitz als menschlicher Doppelkopf mit Kuhohren dargestellt. Die Ränder der eingelegten Augen bestehen, entsprechend der traditionellen Lidmalerei, aus Lapislazuli. Derselbe Schmuckstein wurde für die bis zu den Schläfen gezogenen Augenbrauen verwendet.

Der Kopf steckt in einem Griff aus Obsidian in Form eines Papyrusstängels. Am Hals des Griffs ist der Blütenansatz durch vier ringförmige Goldbänder hervorgehoben, jeweils eingelegt mit Karneol, Türkis und Fayence. Der durch senkrechte Goldlinien vierfach unterteilte Griff zeigt am unteren Ende ein Spitzblattmotiv in Gold mit Schmucksteineinlagen.

Bei seiner Auffindung lag der Spiegel bei den Salbengefäßen der Prinzessin.

(R. P.)

Zweifellos hat das Neue Reich (1540–1075 v. Chr.) den umfangreichsten Beitrag zur Kunstgeschichte Altägyptens geliefert. Die Grundlagen der altägyptischen Kunst werden im Alten Reich gelegt – die Grundtypen der Statuen, die Prinzipien des Proportionskanons, die kubistischen Regeln von Relief und Malerei. Ihren qualitativen Höhepunkt erreichen die ägyptischen Künstler im Mittleren Reich mit den individualisierenden Porträtstatuen von Königen und Privatleuten und mit der einzigartigen Perfektion der Tempelreliefs, Grabmalereien und Inschriften. Aber beide Epochen, die das ganze Jahrtausend von 2600 bis 1600 v. Chr. repräsentieren, haben im Vergleich zum Neuen Reich nur wenige Denkmäler hinterlassen. Eineinhalb Jahrtausende ägyptischer Geschichte, die sich bis zur Eroberung des Nillandes durch die römi-

154 OBEN
USCHEBTI DES PTAHMOSE (AUSSCHNITT)
CG 48406

POLYCHROME FAYENCE
HÖHE 20 CM
ABYDOS, AUSGRABUNGEN VON A. MARIETTE (1881)
18. DYNASTIE
REGIERUNGSZEIT AMENOPHIS' III. (1391–1353 V. CHR.)

154 RECHTS UND 155 RECHTS
USCHEBTI DES HAT
JE 39590

KALKSTEIN, BEMALT
HÖHE 20,5 CM
HERKUNFT UNBEKANNT
ERWORBEN IN KAIRO (1908)
18. DYNASTIE
REGIERUNGSZEIT DES ECHNATON (1353–1335 V. CHR.)

DIETRICH WILDUNG

DIE ACHTZEHNTE DYNASTIE

schen Kaiser hinziehen, überlagern und zerstören die Hinterlassenschaft der nationalen Vergangenheit. Kaum ein Tempel des Alten und Mittleren Reiches ist erhalten geblieben, und von ihrem Statuenschmuck sind meist nur Fragmente gefunden worden.

Ganz anders stellt sich die archäologische Fundlage für die Zeit des Neuen Reiches dar. In einer einzigartigen Konzentration liegen Tempel und Gräber der Achtzehnten bis Zwanzigsten Dynastie im Bereich des oberägyptischen Theben (heute Luxor) dicht beieinander. Der Reichstempel von Karnak erfährt als religiöses Zentrum des Landes die besondere Aufmerksamkeit aller Könige. Hier zu bauen, ist religiöse Pflicht und zugleich herrscherliche Repräsentation. Hierher Statuen zu stiften, ist der Ehrgeiz der Großen des Landes. Mehrmals in der Geschichte dieses Heiligtums waren dessen Höfe und Hallen so überfüllt mit Weihegaben, dass die Statuen abgeräumt und in Gruben deponiert wurden, um Platz zu schaffen. Eine dieser Statuendeponien, die »Cachette« von Karnak, hat den Archäologen bei ihrer Freilegung zu Beginn des 20. Jahrhunderts nicht weniger als 17 000 Figuren unterschiedlichsten Ausmaße geliefert.

154–155 MITTE
RELIEFPLATTE MIT PROFIL DER NOFRETETE
JE 59396

KALKSTEIN
HÖHE 27 CM, BREITE 16,5 CM, TIEFE 4 CM
TELL EL-AMARNA
GROSSER TEMPEL (GEMATON)
18. DYNASTIE
REGIERUNGSZEIT DES ECHNATON (1353–1335 V. CHR.)

Auf der Westseite des Niltals gegenüber von Karnak liegen die riesigen Nekropolen. Im Tal der Könige werden alle Herrscher des Neuen Reiches in Felsgräbern bestattet, deren Kultstätten als große Tempelanlagen am Rand der Wüste zu Füßen der thebanischen Berge erbaut wurden. Königinnen und Königskinder erhalten ihre Gräber im Tal der Königinnen. In Hunderten von Felsgräbern, die sich über Kilometer am Berghang von Theben hinziehen, ruhen die Angehörigen der mittleren und oberen Gesellschaftsschichten. Die Künstler und Handwerker, die diese Gräber und Tempel geschaffen haben, besitzen ihre eigene Nekropole im Seitental von Deir el-Medineh.

Thebens Bedeutung für die Kunstgeschichte Ägyptens ist politisch bedingt. Zweimal war die Stadt Ort einer Reichsgründung. Um 2050 v. Chr. hatte Mentuhotep II. von Theben aus das am Ende des Alten Reiches zerfallene Pharaonenreich zu neuer Blüte geführt. Seit jener Zeit war Theben das Rom des alten Ägypten. Als am Ende des Mittleren Reiches um 1650 v. Chr. Ägypten wiederum in eine historische Krise gerät und die vorderasiatischen Hyksoskönige als Fremdherrscher über das Niltal regieren, kommt die Rettung wiederum aus Theben. Der aus einem thebanischen Fürstengeschlecht stammende König Kamose schlägt den Hyksoskönig und bewahrt Ägypten auch vor der Bedrohung von Süden durch das nubische Königreich von Kerrna. Seine Nachkommen Ahmose und Amenophis I. sind die Stammväter der Achtzehnten Dynastie, deren Pharaonen noch nach Generationen als Nationalhelden verehrt werden.

Die ägyptische Kunst war in der Zeit der Hyksoskönige, der Zweiten Zwischenzeit, weitgehend zum Erliegen gekommen. Am Anfang der Achtzehnten Dynastie knüpfen die Künstler bewusst an die großen Vorbilder der Vergangenheit an. Statuen Amenophis' I. aus Theben-West sind den ein halbes Jahrtausend früheren Figuren Mentuhoteps II. fast zum Verwechseln ähnlich. In dieser Einbindung in die nationale Tradition äußert sich der Auftrag dieser königlichen Kunst der Achtzehnten Dynastie. Sie stellt im Königsbild nicht primär den individuellen Herrscher dar, sondern die staatstragende, auf einer langen Tradition beruhende Institution des Pharaonentums. Es ist nicht einfach, die Königsstatuen der ersten Hälfte der Achtzehnten Dynastie einem bestimmten Herrscher zuzuweisen. Sie sind als Darstellungen des Königtums überpersönliche, idealisierende Werke. So sehr die Individualität des Königs in diesen Statuen zurücktritt, so wenig treten individuelle Künstlerpersönlichkeiten in Erscheinung.

Eine besondere dynastische Konstellation bringt um 1475 v. Chr. einen Wandel. Für den beim Tod seines Vaters Thutmosis II. noch im Kindesalter stehenden Pharao Thutmosis III. übernimmt dessen Stiefmutter Hatschepsut die Regierungsgeschäfte. Die Frau auf dem Thron der Pharaonen – keineswegs eine erstmalige Erscheinung in der ägyptischen Geschichte – lässt sich in manchen ihrer Statuen, obwohl als Pharao gekleidet, mit weiblichen Zügen darstellen.

Nicht nur der Stil der Kunst unter Hatschepsut fällt aus dem Rahmen; auch die Thematik der Tempelreliefs im thebanischen Totentempel der Hatschepsut, im Terrassentempel von Deir el-Bahari, ist ungewöhnlich. Hatschepsut lässt in großer Ausführlichkeit und Detailgenauigkeit eine Expedition in das Weihrauchland Punt schildern, das an der jemenitischen oder eriträischen Küste des Roten Meeres zu lokalisieren ist. Mit geradezu wissenschaftlicher Präzision werden Pflanzen und Tiere, Pfahlbauten und die dickleibige Königin von Punt dargestellt.

Ungewöhnlich wie Stil und Thematik der Kunst unter Hatschepsut ist auch das Auftreten einer Künstlerpersönlichkeit. Der Oberhaushofmeister Senenmut, Erzieher von Hatschepsuts Tochter Neferure, lässt sich als Baumeister des Totentempels der Hatschepsut vielmals im Terrassentempel von Deir el-Bahari darstellen. Mit seiner Persönlichkeit ist auch die Schaffung neuer Statuentypen verknüpft. Würfel-, Sitz-, Hock- und Standfiguren

156 OBEN
KÄSTCHEN FÜR DAS *SENET*-SPIEL
JE 21462

ELFENBEIN, KNOCHEN, FAYENCE
LÄNGE 26,5 CM,
BREITE 7,8 CM
DRA ABU EL-NAGA
GRAB DES HORACHET
AUSGRABUNGEN VON L. VASSALLI (1862–1863)
SPÄTE 17. DYNASTIE
(CA. 1600–1550 V. CHR.)

156 LINKS
STELE FÜR TETISCHERI
JE 36335

KALKSTEIN
HÖHE 225 CM,
BREITE 106,5 CM
ABYDOS, AUSGRABUNGEN DER EGYPT EXPLORATION SOCIETY (1903)
18. DYNASTIE
REGIERUNGSZEIT DES AHMOSE (1550–1525)

157 LINKS
USCHEBTI DES PTAHMOSE
CG 48406

POLYCHROME FAYENCE
HÖHE 20 CM
ABYDOS
AUSGRABUNGEN VON A. MARIETTE (1881)
18. DYNASTIE
REGIERUNGSZEIT AMENOPHIS' III.
(1391–1353 V. CHR.)

157 RECHTS
TEIL EINER STATUETTE AMENOPHIS' III.
JE 37534 = CG 42083

STEATIT
HÖHE 28 CM
KARNAK
TEMPEL DES AMUN-RE
CACHETTE
AUSGRABUNGEN VON G. LEGRAIN (1905)
18. DYNASTIE
REGIERUNGSZEIT AMENOPHIS' III.
(1391–1353 V. CHR.)

zeigen ihn zusammen mit der Prinzessin Neferure. In mehreren Statuen ist er als Sistrophor dargestellt, als Kniefigur, die vor sich als Kultsymbol einer Göttin das Sistrum hält. Etwa 25 Statuen des Senenmut sind erhalten geblieben, so dass man auf ein ungewöhnlich umfangreiches künstlerisches Oeuvre dieser außergewöhnlichen Persönlichkeit schließen darf.

Die Individualismen, die unter Hatschepsut in der königlichen und privaten Kunst auftreten, nehmen in der folgenden Zeit an Bedeutung zu. Pharao Amenophis II. erscheint in seinen Statuen und Reliefs als jugendlicher, heldenhafter Herrscher. Der jung verstorbene Thutmosis IV. wirkt in seinen Bildnissen fast kindlich. Unter Amenophis III. (1390–1353 v. Chr.) schließlich verliert die idealisierende Tendenz der Kunst der frühen Achtzehnten Dynastie endgültig ihre Bedeutung. Der König zeigt sich in seinen Statuen – von kleinformatigen Holzfigürchen bis zu dem monumentalen Memnonskolossen – mit weichen Gesichtszügen und fülligen Körperformen.

Die Dominanz des persönlichen Erscheinungsbildes des Königs spiegelt den generell individuellen Charakter dieses Herrschers. Er heiratet als Große Königliche Gemahlin die aus nichtköniglicher Fa-

milie stammende Teje, deren individualistische Porträts zu den hervorragendsten Arbeiten dieser Zeit gehören.
Amenophis III. ermöglicht außergewöhnlichen Talenten den Aufstieg in höchste Staatsämter. Das interessanteste Beispiel einer solchen Karriere ist der königliche Schreiber Amenophis, Sohn des Hapu, der trotz seiner bescheidenen Herkunft aus der unterägyptischen Provinz zum Kultusminister aufsteigt. In mehreren Statuen tritt uns diese außergewöhnliche Persönlichkeit in der altehrwürdigen Schreiberhaltung als der Weise gegenüber, als der er noch Jahrhunderte nach seiner Zeit verehrt werden wird, um schließlich in der Ptolemäerzeit als Inbegriff altägyptischer Gelehrsamkeit vergöttlicht zu werden.
Unter Amenophis III. erlebt die politische Macht Ägyptens ihren Höhepunkt. Seit Thutmosis III. ist das Pharaonenreich eine der führenden Großmächte im Vorderen Orient und in Nordafrika. Durch seine wirtschaftliche Stärke, seine militärische Präsenz und durch intensive diplomatische Beziehungen, durch die Frauen ausländischer Königs- und Fürstenhöfe in großer Zahl in den Harem Amenophis' III. gelangen, ist Ägypten in einer politisch unangefochtenen Situation.
Der Lebensstil dieser Zeit reflektiert die internationalen Verbindungen. Möbel, Textilien, Schmuck zeigen viele Motive aus dem ägäischen und vorderasiatischen Raum. Das Ausgreifen Ägyptens nach Süden bis in den Sudan bringt das nubische Gold, Ebenholz und Straußenfedern nach Ägypten.
Die Weltoffenheit der Zeit Amenophis' III. gibt den Künstlern auch im stilistischen Bereich neue Gestaltungsmöglichkeiten. Diese Lockerung der strengen Regeln der Kunst der frühen Achtzehnten Dynastie unter Amenophis III. bereitet den Weg für einen tiefen Einschnitt in der Geschichte

der Kunst Ägyptens, den man mit gutem Recht als Revolution bezeichnet hat. Der aufgrund eines Zufalls auf den Pharaonenthron gekommene Amenophis IV. – sein älterer Bruder, der Kronprinz Thutmosis war in jugendlichem Alter verstorben – erhebt den von ihm verehrten Sonnengott Aton zum alleinigen Gott und begründet damit den ersten Monotheismus.

Dieser gegenüber der vielgestaltigen und vielnamigen Götterwelt tief greifende Bruch führt zu fundamentalen Veränderungen in allen Lebensbereichen und gibt auch der ägyptischen Kunst eine neue Richtung. An die Stelle der Darstellung des Bleibenden, des sich zyklisch Wiederholenden tritt die Momentaufnahme, die künstlerische Umsetzung des Augenblicks. Das menschliche Leben erfüllt sich nicht mehr in einem ewig währenden Jenseits, sondern in der kurzen Spanne zwischen Geburt und Tod, geschaffen und am Leben gehalten von Aton, der Sonne, die sich hier auf Erden im König und seiner Familie manifestiert.

Traditionell bestimmten die Gesichtszüge des Königs die allgemeine Darstellung der menschlichen Physiognomie in der Kunst. Die kolossalen Statuen, die Amenophis IV. in seinem Aton-Tempel in Karnak rings um einen offenen Sonnenhof aufstellen lässt, etablieren ein neues Ideal, das dem modernen Betrachter als eines der Hässlichkeit erscheinen muss. Die üppigen Oberschenkel und Hüften greifen das ikonographische Muster des Nilgottes als Garant der Fruchtbarkeit auf; die außergewöhnlichen Gesichtszüge sind wohl eine karikaturhafte Übersteigerung des Königsporträts. In den Darstellungen der Königin Nofretete und der Töchter des Königspaares finden sich diese Charakteristika nur leicht abgewandelt wieder.

Nicht nur der Stil der Königsporträts zeigt einen grundsätzlichen Wandel, sondern auch die Thematik der Tempelreliefs. Amenophis IV. lässt für den Sonnengott Aton unmittelbar hinter dem Reichstempel des Amun-Re in Karnak einen großen Tempel errichten, dessen Wandreliefs den König und die Königin beim Kult vor Aton zeigen, aber nicht mehr wie früher in der Feierlichkeit eines weltabgeschiedenen Raumes, sondern inmitten des lebhaften Treibens im Tempel. Gott ist in der Welt und ihren Geschöpfen.

Die neue Religion muss zum Bruch mit der Tradition führen. Amenophis IV. verlässt mit seiner Gemahlin Nofretete und dem Hofstaat die altehrwürdigen Residenzen Memphis und Theben, ändert seinen Namen Amenophis – »Amun ist zufrieden« – in Echnaton – »dem Aton wohlgefällig« – und gründet in Mittelägypten die neue Hauptstadt Achetaton, das heutige Amarna.

Da diese schon bald nach dem Tod des Echnaton wieder aufgegeben wird und in Vergessenheit gerät, sind viele ihrer Kunstwerke erhalten geblieben. Bei den Ausgrabungen in Amarna, die 1911 bis

158 GEGENÜBER
KOPF EINER STATUE
JE 38248 = CG 42101

OBSIDIAN
HÖHE 20 CM,
BREITE 15 CM
KARNAK, TEMPEL DES AMUN-RE, CACHETTE
AUSGRABUNGEN VON G. LEGRAIN (1905)
ZWEITE HÄLFTE 18. DYNASTIE
REGIERUNGSZEIT AMENOPHIS' III.
(14. JH. V. CHR.)

159
FRAGMENT EINER WANDMALEREI
JE 33030–33031

BEMALTER PUTZ
HÖHE 101 CM,
BREITE 160 CM
TELL EL-AMARNA, SÜDLICHER PALAST (MARUATON)
AUSGRABUNGEN VON A. BARSANTI (1896)
18. DYNASTIE
REGIERUNGSZEIT DES ECHNATON (1353–1335 V. CHR.)

160 OBEN LINKS
ANHÄNGER MIT ECHNATON ALS SPHINX
JE 97864

GOLD UND GLASPASTE
DURCHMESSER 4,5 CM
SAQQARA
GRAB DES HAREMHAB
AUSGRABUNGEN UNTER LEITUNG VON G. MARTIN (1977)
18. DYNASTIE
REGIERUNGSZEIT DES ECHNATON (1353–1335 V. CHR.)

160 OBEN RECHTS
STELE DES ANI
CG 34178

KALKSTEIN, BEMALT
HÖHE 27 CM
TELL EL-AMARNA,
GRAB DES ANI
AUSGRABUNGEN VON
A. BARSANTI (1891)
18. DYNASTIE
REGIERUNGSZEIT DES ECHNATON (1353–1335 V. CHR.)

161 GEGENÜBER LINKS
SARKOPHAG DES ECHNATON
JE 54934

ROTER GRANIT
LÄNGE 285–288 CM,
BREITE 121–125,5 CM
TELL EL-AMARNA,
GRAB AMENOPHIS' IV.-ECHNATON (TA 26)
AUSGRABUNGEN VON
A. BARSANTI (1891)
18. DYNASTIE
REGIERUNGSZEIT DES ECHNATON (1353–1335 V. CHR.)

161 GEGENÜBER RECHTS
FRAGMENT EINES USCHEBTI DES ECHNATON
JE 96830

GELBBRAUNER QUARZIT
HÖHE 10,5 CM
TELL EL-AMARNA
18. DYNASTIE
REGIERUNGSZEIT DES ECHNATON (1353–1335 V. CHR.)

1914 von einer deutschen Expedition unter Ludwig Borchardt und nach dem Ersten Weltkrieg von einem englischen Grabungsteam durchgeführt wurden, sind bedeutende Reste der Tempel und Paläste, Wohnhäuser und Bildhauerateliers von Amarna wiedergefunden worden.

Künstlerskizzen auf Kalksteinscherben, Bildhauermodelle und viele unvollendete Statuen des Königs, der Königin Nofretete und der Königstöchter geben einen einzigartigen Einblick in den künstlerischen Schaffensprozess und lassen diese kurze Epoche von 1348 bis 1336 v. Chr. zu einem der reichsten Abschnitte der ägyptischen Kunstgeschichte werden.

Während sonst in der ägyptischen Kunst die Persönlichkeiten einzelner Künstler nur selten greifbar werden, sind aus der Amarnazeit mehrere Künstler namentlich bekannt. Aus dem von Borchardt ausgegrabenen Atelier des Oberbildhauers Thutmosis in Amarna kommen viele der unvollendeten Darstellungen der Königsfamilie. Der Oberbildhauer Bak berichtet in einer Inschrift, dass ihn der König selbst unterwiesen habe. Der Bildhauer Iuta ist in einem Grabrelief dargestellt.

Die Malereien von den Wänden und Fußböden der Paläste von Amama erinnern mit ihren bewegten Pflanzenmotiven aus heutiger Sicht an französische Impressionisten, und der Schmelz der unvollendeten Statuen und Statuenköpfe der Nofretete ruft Analogien an Auguste Rodin wach.

In Statuen und Reliefbildern fällt das stete Miteinander von König und Königin auf. Echnaton hält seine Gemahlin auf dem Schoß und küsst sie; er tritt mit ihr beim Opfer unter die Strahlen des Aton und wird dabei häufig von seinen Töchtern begleitet.

In diesen idyllisch wirkenden Bildern äußert sich ein dogmatisches Programm. Die Liebe zwischen Gott und Mensch spiegelt sich in der Liebe des Königspaares; der seine Gemahlin küssende König verkörpert den Sonnengott Aton, der sich

in einer Heiligen Hochzeit mit der irdischen Königin vereinigt.
Die Kunst von Amarna hat aufgrund ihrer geradezu modernen Ausdrucksformen das besondere Interesse der Kunstgeschichte und der Kunstliebhaber gefunden. Es kann jedoch keinen Zweifel geben, dass diese Epoche der ägyptischen Kunstgeschichte nicht repräsentativ für ganz Ägypten ist. Sie bildet einen kurzlebigen Ausnahmefall, der durch seine Sonderstellung einen interessanten Vergleichsmaßstab für die Bewertung und das Verständnis der eineinhalb Jahrtausende ägyptischer Kunst vor der Amarnazeit und der noch folgenden eineinhalb Jahrtausende bildet.
Bereits unter Echnatons Schwiegersohn Tutanchamun kehrt die ägyptische Kunst in die traditionellen Bahnen zurück, die sie zwanzig Jahre zuvor verlassen hatte. Die altägyptische Geschichtsschreibung übergeht die Jahre des »Ketzerkönigs« mit Stillschweigen. Dennoch wirken die neu gewonnenen künstlerischen Freiheiten in die Folgezeit hinein. Der ramessidische Klassizismus der zweiten Hälfte des Neuen Reiches kann das Erbe der Amarnakunst nicht ganz verleugnen; er bezieht von ihr Anregungen, die ihm im Spannungsfeld von Tradition und Innovation besonderen Reiz verleihen.
Aus dem Blickfeld der Moderne erscheint das Intermezzo der Amarnakunst und der ihr zugrunde liegenden religiösen Revolution als ein schwer erklärbares historisches Phänomen. Inmitten einer von außergewöhnlicher Kontinuität und starkem Traditionsbewusstsein geprägten Kultur ereignet sich unter dem Einfluss einer einzigen Herrscherpersönlichkeit ein Evolutionssprung, der religionsgeschichtliche Entwicklungen vorwegnimmt, die sich erst Jahrhunderte später im Judentum und Christentum durchsetzen werden.

ÜBER DEN AUTOR

Dietrich Wildung wurde 1941 in Bayern geboren. Er studierte Ägyptologie und Archäologie an der Ludwig-Maximilians-Universität München sowie an der École des Hautes Études in Paris. Von 1977 bis 1988 war er Direktor der Staatlichen Sammlung Ägyptischer Kunst in München, seit 1989 leitet er das Ägyptische Museum und die Papyrussammlung der Staatlichen Museen, Berlin, Preußischer Kulturbesitz. Von 1976 bis 1989 Vizepräsident, 1992 bis 1996 Präsident der International Association of Egyptologists, lehrt Dietrich Wildung derzeit Ägyptologie an der Freien Universität Berlin. Zwischen 1978 und 1989 leitete er die Ausgrabungen im östlichen Nildelta. Außerdem stehen die Ausgrabungen, die seit 1995 in Naga im Sudan stattfinden, unter seiner Leitung. Für seine Verdienste um die Wissenschaft wurde Dietrich Wildung mit in- und ausländischen Orden ausgezeichnet.

JE 56259 A – 56262

Kopf einer Statue der Königin Hatschepsut

Kalkstein, bemalt; Höhe 61 cm
Deir el-Bahari, Totentempel der Hatschepsut
Ausgrabungen des Metropolitan Museum of Art (1926)
18. Dynastie, Regierungszeit der Königin Hatschepsut (1479–1458 v. Chr.)

Dieser Kopf einer Kolossalfigur der Hatschepsut könnte einst einen Osirispfeiler im Innenhof der dritten Terrasse des Tempels der Königin in Deir el-Bahari bekrönt haben. Dort wurde er 1926 von der Expedition des Metropolitan Museum of Art in New York unter Leitung von Herbert Winlock gefunden.

Der Innenhof war durch ein Granitportal, das in die Pfeilerhalle führte, in zwei Hälften geteilt, von denen man in die inneren Gemächer des Tempels und ins Heiligtum des Amun gelangte.

Einige der eigentümlichen stilistischen Eigenschaften der Hatschepsut-Statuen sind in diesem Kopf vertreten. Die Züge des dreieckigen Gesichts sind äußerst fein herausgearbeitet. Auffällig sind die mandelförmigen Augen, deren schwarz geränderte Lider sich bis zu den Schläfen ziehen. Die großen, geweiteten Pupillen vermitteln einen Eindruck von Unschuld und Reinheit. Die leicht gebogene Nase ist lang und schmal. Auf dem kleinen Mund liegt der anmutige Hauch eines Lächelns. Dieselben Gesichtszüge findet man nicht nur auf vielen anderen Statuen der Königin, sondern auch auf Standbildern von Privatpersonen dieser Zeit.

Ungewöhnlich ist nur das rotbraune Inkarnat, die man sonst vorwiegend auf männlichen Gesichtern antrifft, das aber im vorliegenden Fall gerechtfertigt ist, weil der Kopf die Königin als Pharao in osirianischer Gestalt repräsentiert. Der in Blau gefasste Zeremonialbart unterstreicht das göttliche Wesen des »Königs«. Die blaue Farbe des Lapislazuli in Verbindung mit Gold symbolisiert das Göttliche.

Aus den Resten des Kopfputzes lässt sich folgern, dass die Königin die Doppelkrone trug, Zeichen der Vereinigung Ober- und Unterägyptens. (R. P.)

JE 53113

Sphinx der Hatschepsut

Kalkstein, bemalt
Höhe 59,5 cm, Länge 105 cm
Deir el-Bahari
Totentempel der Hatschepsut
18. Dynastie, Regierungszeit der Königin Hatschepsut (1479–1458 v. Chr.)

Der Löwenkörper der Figur ist in klassischer Haltung ausgeführt, die Vorderläufe ausgestreckt, der Schwanz um den rechten Hinterlauf gelegt. Nur das Haupt, das bei solchen Darstellungen gewöhnlich mit einem *Nemes*-Kopftuch bedeckt ist, besteht hier aus einer dichten Mähne stilisierter Locken, die in einem kurzen Zopf auf dem Rücken enden. Die Ohren der Figur sind abgebrochen.

Das Gesicht der Königin ist von einem Haarkranz umsäumt, und sie trägt einen langen Zeremonialbart.

Wegen der üppigen Mähne, die es umgibt, wirkt das Antlitz der Königin besonders zierlich und anmutig. Die zarten weiblichen Züge werden etwas beeinträchtigt durch die Wahl der Farben, die der Regel folgt, die göttliche Wesenheit aller Pharaonen durch die Verwendung von Gelb für Gold und Blau für Lapislazuli auszudrücken.

Die senkrecht abwärts verlaufende Inschrift beginnt auf der Brust unter dem Bart mit dem Symbol des Himmels als Zeichen göttlichen Schutzes und verläuft auf dem Sockel zwischen den Pfoten. Sie lautet: »*Maatkare* (der Thronname der Hatschepsut), geliebt von Amun, mit dem ewigen Leben gesegnet.«

Zahlreiche Sphingen der Hatschepsut aus Stein in unterschiedlichen Größen sind erhalten geblieben. Viele stammen aus ihrem Tempel in Deir el-Bahari, der im antiken Ägypten *Djeser Djeseru* genannt wurde, übersetzt »Das Erhabene des Erhabenen«. Die Rampe von der zweiten Terrasse zum Tempeleingang war von Reihen großer Sphingen flankiert. Unser Beispiel gehörte zu einer Gruppe kleinerer Sphingen entlang des Prozessionsweges im Tempelinnern, die in Wandnischen auf der oberen Terrasse standen. (R. P.)

JE 14276 – 89661

Relieffragmente mit Szenen der Expedition nach Punt

Kalkstein, bemalt; größte Höhe 49 cm, größte Breite 45 cm
Deir el-Bahari, Totentempel der Hatschepsut
18. Dynastie, Regierungszeit der Königin Hatschepsut
(1479–1458 v. Chr.)

Die gezeigten Blöcke stammen aus dem südlichen Innenhof auf der zweiten Terrasse des Tempels der Hatschepsut. Die Reliefs zeigen Szenen von der Expedition ins Land von Punt, von Hatschepsut im neunten Jahr ihrer Regierung ausgesandt. Diese sollte exotische und kostbare Produkte beschaffen, vor allem Räucherwerk, das als Opfergabe für Amun-Re bestimmt war. Die gezeigten fünf Fragmente befanden sich an der Südwand: zwei im ersten Bildregister, die drei anderen im zweiten.

Die Reliefs sind äußerst detailliert gearbeitet und zeigen in diesem Abschnitt eine ausgeprägte Landschaft mit Dorf am Ufer einer Wasserfläche, vermutlich dem Roten Meer. Pfahlbauten wechseln mit Palmen ab. Im unteren Bereich ist die Begegnung der ägyptischen Delegation mit Einheimischen wiedergegeben, die Waren herbeitragen.

Auf den beiden Tafeln des unteren Bildfeldes treiben drei männliche Gestalten einen Esel mit einer Art Sattel an. Die waagerechte Inschrift darüber zeigt an, dass es der Esel ist, »der seine Frau trägt« – eindeutiger Hinweis auf die Königin von Punt, die etwas weiter vorn auf dem Relief dargestellt ist. Die Männer hinter dem Esel haben gelocktes Haar, das von einem Stirnband zusammengehalten wird, und kurze Bärte. Sie tragen Schurze an einem auf dem Rücken zusammengebundenen Gürtel. Jeder hält einen Stock in der Hand.

Eine der drei Tafeln des oberen Bildfelds zeigt ebenfalls einen von einer Männergestalt angetriebenen Esel mit einer Last auf dem Rücken. Im Hintergrund ragt ein edler Weihrauch-Baum auf. Auf den beiden übrigen Quadern begegnet man dem Herrscher von Punt, dessen Name Parehu lautete, und seiner Gemahlin Ati, gefolgt von drei Einwohnern von Punt. Der Fürst hat kurzes Haar und einen langen Spitzbart. Er trägt ein Halsband mit drei Anhängern. Im Gürtel seines Schurzes steckt ein Dolch, in der Linken hält er einen Stock. Die Abbildung der Königin ist bezeichnend für die ägyptische Darstellungsweise menschlicher Figuren jener Zeit, indem sie die Frau in ihrer Unförmigkeit wiedergibt. Die Wirbelsäule ist stark verkrümmt, die Beine sind unverhältnismäßig kurz und dick. Der ganze Körper ist mit Fettwülsten überzogen. Sie hat das lange Haar zurückgebunden und trägt ein knielanges Kleid mit Gürtel. Ihr Halsschmuck ähnelt dem ihres Mannes, nur mit größeren Perlen. Armreifen schmücken die Handgelenke.

Der Einheimische hinter dem Fürstenpaar ist nur halb erhalten. Auch er hat gelocktes, von einem Stirnband gehaltenes Haar und einen kurzen Bart. Sein Schurz entspricht dem des Fürsten. Ihm folgen zwei weitere Männer mit Kisten für die ägyptischen Abgesandten auf den Schultern. Alle Figuren haben negroide Gesichtszüge.

Die Reliefs wurden einst aus Hatschepsuts Tempel gestohlen. Nachdem man die Diebe gefasst und die Steine sichergestellt hatte, brachte man sie ins Ägyptische Museum nach Kairo und ließ Abgüsse davon anfertigen, die heute an den Tempelwänden angebracht sind.
(R. P.)

JE 36923 = CG 42116

Statue des Senenmut mit Neferure

Schwarzer Granit
Höhe 60 cm
Karnak, Tempel des Amun-Re, Cachette
Ausgrabungen von G. Legrain (1904)
18. Dynastie, Regierungszeit der Königin Hatschepsut (1479–1458 v. Chr.)

Senenmut sitzt auf einem hohen, rechteckigen Podest mit abgerundeten Ecken. Das auf dem Boden ruhende rechte Bein ist unter das linke geschlagen und dieses vor der Brust angewinkelt. In der so gebildeten Kuhle sitzt Neferure, umfangen von beiden Armen des Architekten. Dieser trägt eine breite, schulterlange Perücke, welche die Ohren frei lässt. Sie besteht aus schmalen Haarsträhnen, die durch vertiefte Linien angedeutet sind. Der Blick ist leicht aufwärts gerichtet. Das einzige Kleidungsstück des Mannes, ein kurzer Schurz, scheint gegen Ende des Neuen Reiches aus der Mode gekommen zu sein, aber man begegnet ihm noch häufig auf diesem Typ von Rundbildern aus der frühen Achtzehnten Dynastie wie auch in der Amarna-Zeit. Die Arme sind um das Kind gelegt und schützen es mit den großen Händen. Die rechte Hand ruht auf den Knie des Mädchens, die linke umfasst die Schultern. Neferure ist in einen Schal gehüllt, ihr Kopf ist bis auf den Kinderzopf über der rechten Schläfe kahl rasiert.

Neben ihr zieht sich eine Inschrift über den Saum von Senenmuts Gewand: »Güterverwalter der Prinzessin Neferure, Senenmut«. Zwei weitere Schriftreihen sind symmetrisch in die Seiten des Sockels graviert. Sie beginnen in der Mitte der Vorderseite und nennen einige Ämter Senenmuts: »Verwalter der Kornspeicher, der Ländereien und der Viehherden der Domäne des Amun.« Eine kurze Inschrift vor den Füßen der Statue Senenmuts wiederholt seinen Namen und den mit den Besitztümern des Gottes in Beziehung stehenden Titel. (R. P.)

JE 37417 = CG 42072

Statue der sitzenden Isis, Mutter Thutmosis' III.

Schwarzer Granit, Blattgold
Höhe 98,5 cm; Karnak, Tempel des Amun-Re, Cachette
Ausgrabungen von G. Legrain (1904)
18. Dynastie, Regierungszeit Thutmosis' III. (1479–1425 v. Chr.)

Königin Isis, die Mutter des Pharaos Thutmosis III., sitzt auf einem Thron aus einem massiven Granitblock mit Fußsockel. Die Hände liegen auf den Oberschenkeln. In der Linken hält die Königin das Lotusblütenzepter. Die Füße stehen parallel und leicht auseinander. Hände und Füße der Königin zeigen lange, schlanke Finger und Zehen mit sorgfältig ausgeführten Nägeln. Sie trägt eine schwere, dreiteilige Perücke aus geflochtenen Zöpfen und ein hautenges Gewand mit breiten Trägern über der Brust.

Den Scheitel schmückt ein zylindrisches Diadem mit Blattvergoldung. Es fehlen aber zwei der zur Vervollständigung des Kopfschmucks erforderliche Bestandteile. Vorn sind zwei Kobras zu sehen, eine mit der Roten Krone Unterägyptens, die andere mit der Weißen Krone Oberägyptens. Um den Hals liegt ein *Usech*-Halskragen.

Das ovale Gesicht der Isis zeigt eng zusammenstehende Augen unter breiten Brauen. Die Nase ist lang, schlank und leicht gebogen, der Mund verhältnismäßig klein.

Die Mutter Thutmosis' III. gehörte nicht zur königlichen Familie, sondern war eine Nebenfrau des Pharaos Thutmosis' II. In der kurzen Widmung zu beiden Seiten ihrer Beine wird keiner der Titel erwähnt, die den fürstlichen Damen des Neuen Reiches vorbehalten waren, wie »Große königliche Gemahlin«, »Gottesweib« oder »Tochter des Königs«. Stattdessen ist zu lesen: »Der vollkommene Gott, Herr der beiden Länder, *Mencheperre*, geliebt von Amun, Herr der Throne beider Länder; er hat es gemacht als sein Denkmal für seine Mutter, Isis.« Beachtenswert ist, dass Amuns Name erneut eingraviert wurde, nachdem er in der Amarna-Zeit gelöscht worden war. (R. P.)

JE 43507

Kniefigur Thutmosis' III.

Kalzit
Höhe 26 cm
Deir el-Medineh; Ausgrabungen von E. Baraize (1912)
18. Dynastie, Regierungszeit Thutmosis' III.
(1479–1425 v. Chr.)

Diese kunstvoll modellierte Statue zeigt den Pharao kniend auf einer rechteckigen Sockelplatte. In den auf den Oberschenkeln ruhenden Händen hält er zwei *Nu*-Vasen. Thutmosis trägt das königliche Kopftuch mit dem Uräus auf der Stirn und einen Kurzschurz mit durch gravierte Linien angedeuteten schmalen Falten.

Die Gesichtszüge sind fein geschnitten: kleine Augen mit durch den traditionellen Farbauftrag betonten Lidrändern, darüber kräftige Augenbrauen. Die Nase ist schmal und gerade, auf den Lippen liegt ein schwaches Lächeln. Die Ohren ragen aus dem *Nemes*-Kopftuch heraus, liegen aber ziemlich flach am Kopf an.

Der Gesamteindruck dieser Statue erinnert lebhaft an den Stil der Plastik zur Zeit der Königin Hatschepsut und datiert vermutlich aus der Anfangszeit der Herrschaft Thutmosis' III. Zwar sind die Schultern breit und der Hals kräftig ausgebildet, aber die Betonung liegt hier nicht auf der athletischen Erscheinung und kraftvollen Physis des Königs, wie sie in anderen Bildnissen zum Ausdruck kommt. Es ist vielmehr die Heiligkeit seiner Verkörperung als Hoherpriester, der Ausdruck verliehen werden soll. Die Haltung ist würdevoll und hieratisch.

Obwohl die Statue in der Umgebung des westlichen Abschnitts der Umfassungsmauer vom Hathor-Tempel in Deir el-Medineh gefunden wurde, stand sie vermutlich ursprünglich in einem der Tempel Amuns, dem der Pharao auch die vertikale Inschrift auf dem rückseitigen Stützpfeiler gewidmet hat. (R. P.)

JE 38574

Kapelle der Hathor

Kalkstein, bemalt
Höhe 225 cm, Breite 157 cm, Tiefe 404 cm
Deir el-Bahari
18. Dynastie, Regierungszeit Thutmosis' III. (1479–1425 v. Chr.)

Thutmosis III. hat diese kleine Kapelle für Hathor in Deir el-Bahari, zwischen den Tempeln Mentuhoteps II. und der Königin Hatschepsut errichten lassen. Möglicherweise war sie ein Ersatz für das dieser Göttin geweihte Heiligtum im Tempel der Königin oder lediglich eine weitere Pilgerstation auf dem Prozessionsweg der göttlichen Barken, die am thebanischen Westufer während des »Schönen Festes vom Wüstental« anlegten.

Die von Thutmosis erbaute Kapelle wiederholt in wesentlich kleinerem Maßstab die figuralen Kompositionen im vergleichbaren Schrein der Hatschepsut: die Darbringung von Opfern an Amun, die Göttin Hathor, die in Gestalt einer jungen Kuh auftritt, sowie die Säugung des Königs in Gestalt eines Knaben durch Hathor.

Die Kapelle ist unter einem mit dem Sternenhimmel bemalten Gewölbe rechteckig angelegt. Die Rückwand zeigt Thutmosis beim Trank- und Räucheropfer für den thronenden Amun-Re. Die Inschriften in der linken Bildhälfte enthalten zwei Namenskartuschen des Königs und erklären seine Handlungen. Die Inschriften in der rechten Bildhälfte der Wand benennen den Gott als »Amun-Re, Herr der Throne beider Länder, Herr des Himmels«, der folgende Worte an den Pharao richtet: »Ich verleihe dir alles Leben, Macht, Stabilität und Freude dank meines Amtes wie Re in Ewigkeit.«

Die Darstellungen an den Längswänden der Kapelle zeigen Hathor. Von der Rückwand ausgehend, erkennt man die Göttin zuerst stehend, mit der Sonnenscheibe zwischen den Kuhhörnern auf ihrem Kopf, wie sie das von Thutmosis III. dargebrachte Opfer entgegennimmt. Dann sieht man sie in Kuhgestalt, wie sie den jungen Pharao säugt, der unter ihr kniet. Der König ist noch ein weiteres Mal gegenwärtig in Gestalt eines Erwachsenen, welcher der Göttin Opfer darbringt.

Auf der linken Längswand wird Thutmosis von seiner Gemahlin Meritre begleitet, auf der rechten von zwei Prinzessinnen. Der Szene mit der Säugung des Königs durch die Kuhgöttin begegnet man auch auf einer Figur Amenophis' II., des Nachfolgers Thutmosis' III., die bei den Grabungen Navilles im Jahr 1906 in dieser kleinen Kapelle gefunden wurde. (R. P.)

JE 39394

Statue Amenophis' II. mit Meretseger

Granit
Höhe 125 cm
Karnak, Tempel des Amun-Re
18. Dynastie, Regierungszeit Amenophis' II. (1427–1401 v. Chr.)

Diese Statue zeigt den König, wie er die neun Bogen unter den Füßen zermalmt, die traditionell die Feinde Ägyptens symbolisieren. Er hat die Arme am Körper ausgestreckt, die Hände ruhen auf dem festen Latz seines Schurzes. Der König trägt die Weiße Krone mit dem Uräus. Das ovale Gesicht zeigt große, sorgfältig modellierte Augen, eine lange, gerade Nase und einen kleinen Mund mit leicht aufgeworfenen Lippen. Der Schurz ist mit einem in zwei Kobras endenden Mittelstreifen vom Gürtel bis zum unteren Rand verziert.

Das trapezförmige Podest, auf und vor dem der Pharao steht, weist eine etwa in Kniehöhe der Königsfigur ansetzende und diese überragende Bekrönung in Gestalt der Göttin Meretseger auf. Diese ist als Schlange dargestellt. Ihr Kopf wird von der Sonnenscheibe bekrönt, die von Hörnern umrahmt ist. Mit ihrem breit gespreizten Körper schützt sie Kopf und Schultern des Pharaos.

Die Rückseite der Figur der Göttin ist wie üblich als Schlangenkörper gebildet, der hier von kräftigen Papyrusstauden teilweise bedeckt ist. Die Inschriften zu beiden Seiten des Königs lauten: »Der vollkommene Gott, Aacheperre, geliebt von Amun-Re, mit Leben gesegnet« und »Der Sohn des Re, Amenophis, geliebt von Amun-Re, mit Leben gesegnet.«

Einer von mehreren Deutungen zufolge soll die Skulptur zur ersten Gruppe vom Bildwerken des Pharaos gehören. Sie erinnert zweifelsfrei an ein weiteres Bildnis Amenophis' II., das in der Hathor-Kapelle seines Vaters Thutmosis' III. in Deir el-Bahari gefunden wurde und das den König in derselben Stellung zeigt, dort beschützt von der Göttin Hathor in Gestalt einer jungen Kuh an seiner Schulter. Auch hier entspringt die Figur der Göttin einem Bündel von Papyrusrohren, die ihren Kopf umgeben. Gruppenstandbilder aus menschlichen Figuren und Gottheiten in Tiergestalt wurden in späterer Zeit auch für private Auftraggeber geschaffen. (R. P.)

JE 36680 = CG 42077

STANDFIGUR AMENOPHIS' II.

Grauwacke
Höhe 68 cm; Karnak, Tempel des Amun-Re, Cachette
Ausgrabungen von G. Legrain (1904)
18. Dynastie, Regierungszeit Amenophis' II (1427–1401 v. Chr.)

Diese Statue Amenophis' II. zeigt den König vorwärts schreitend. Beide Arme hängen an den Seiten herab. Er trägt das *Afnet*-Kopftuch, das von einem Stirnband mit der Uräus-Schlange gehalten wird. Der plissierte *Schendjt*-Schurz ist mit einem Gürtel befestigt, dessen Schnalle eine Schriftkartusche mit dem Thronnamen des Pharaos aufweist: *Aacheperure*.

Obwohl das ovale Gesicht des Pharaos durchgehend poliert ist, treten die Gesichtszüge markant hervor. Die eng beieinander stehenden Augen sind zu den Schläfen hin verlängert. Der Schnitt der Augenlider wird durch deutlich modellierte Brauen betont. Die Ohren sind verhältnismäßig groß. Die lange Nase ist an den Flügeln ziemlich breit, und die deutlich gezeichneten Lippen sind fest geschlossen. Dies alles verleiht dem Gesicht einen kraftvollen, würdigen Ausdruck. Der in die Ferne gerichtete Blick signalisiert die Entschlossenheit des jungen Königs, die von seinem Vater eingeleitete, auf die östlichen Gebiete abzielende Eroberungspolitik fortzusetzen.

Die präzise gezeichnete Faltenstruktur des Schurzes und die fein herausgearbeiteten Gesichtszüge bilden einen deutlichen Kontrast zur etwas weniger sorgfältigen Ausführung der anderen Körperpartien: Die Schultern sind leicht eingesunken, die Muskulatur ist kaum angedeutet, und die Beine wirken etwas zu stämmig. Es ist unübersehbar, dass sich der Bildhauer vornehmlich auf das Gesicht des Pharaos konzentriert hat, das die Blicke des Betrachters auf sich lenkt.

Trotz dieser partiellen Unausgewogenheit ist das Standbild ein hervorragendes Beispiel für die Bildhauerkunst des Neuen Reiches und darüber hinaus eine der beeindruckendsten Darstellungen Amenophis' II., die bisher gefunden wurden.

(R. P.)

CG 42080

STATUENGRUPPE THUTMOSIS' IV. MIT SEINER MUTTER

Grauer Granit
Höhe 111,5 cm, Breite der Rückenlehne 69 cm
Karnak, Tempel des Amun-Re
18. Dynastie, Regierungszeit Thutmosis' IV. (1397–1387 v. Chr.)

Der Pharao und seine Mutter sitzen auf einer einfachen Thronbank mit hoher Rückenlehne, die einen geschweiften Abschluss aufweist. Thutmosis IV. ist etwas größer dargestellt als die andere Figur. Sein Arm liegt auf dem Rücken Tias, die ihren Arm hinter den König geschoben hat. In der Mitte der Komposition kreuzen sich die Arme, und die Hände liegen auf den Schultern des anderen. Die Hände der anderen Arme ruhen auf den Oberschenkeln. Thutmosis hält einen *anch*, das Zeichen des Lebens, Tias Finger sind zum Knie ausgestreckt.

Der König trägt eine Kugelperücke. Diese bedeckt fast die gesamte Stirn sowie die Ohren. Sie ist aufwändig gestaltet und erinnert an ähnliche Abbildungen auf Standbildern von Privatpersonen. Vorn an der Perücke ist eine Kobra befestigt, die sich über den Scheitel schlängelt und den Kopf über der Stirn des Königs aufrichtet. Thutmosis trägt einen Schurz, dessen Gürtel mit konzentrischen Rautenmotiven verziert ist. Auf der Schnalle steht sein Name. Zwischen den leicht geöffneten Beinen ist ein Stierschwanz zu erkennen. Die Füße ruhen auf den neun Bogen, welche die Feinde Ägyptens darstellen.

Die Königin trägt eine lange, dreiteilige Perücke mit eingeritzten Zopfsträhnen unterhalb des um den Kopf gelegten Geiergefieders – ein Attribut der Königin-Mutter des Thronfolgers. Über der Stirn ragt die königliche Kobra aus dem Kopfputz. Das lange, eng anliegende Gewand zeigt zwei Rosetten auf der Brust. Als Schmuck trägt sie einen *Usech*-Halskragen und breite Armbänder. Die Gesichter der beiden Figuren sind nahezu identisch – bis auf die gemalten Lidkonturen des Königs, die dessen Augen deutlicher hervortreten lassen und die Winkel bis zu den Schläfen verlängern. Das ovale Gesicht zeigt volle Wangen, hervortretende Jochbeine, eine gerade Nase, schmale Augen mit modellierten Brauen und einen schmallippigen, geschlossenen Mund.

Die Vorderseiten der Thronbank zeigen Hieroglyphen mit den Namen und Titeln des königlichen Paares. Neben Thutmosis liest man: »Der vollkommene Gott, *Mencheperure*, geliebt von Amun-Re, Herr der Throne beider Länder, mit Leben gesegnet.« Die auf die Königin bezügliche Inschrift besagt: »Die Große Königin, von ihm geliebt, Königsmutter, Tia, gerechtfertigt.« Die letzte Bezeichnung ist normalerweise Verstorbenen vorbehalten. Vermutlich war Tia bereits tot, als das Gruppenbild geschaffen wurde.

(R. P.)

Statuette der Ibentina

Sykomorenholz, bemalt
Naos: Höhe 62 cm; Statuette: Höhe 38 cm
Deir el-Medineh, Grab des Satnem (Nr. 1379)
Ausgrabung des Institut Français d'Archéologie Orientale (1933–1934)
18. Dynastie (um 1490–1450 v. Chr.)

Die schlanke, elegant wirkende Frauengestalt aus geschnitztem Sykomorenholz stellt Ibentina dar, die Gemahlin des Satnem, in dessen Grab sie gefunden wurde. Zu den Grabbeigaben gehörte auch eine Statuette Satnems als Gegenstück zur Figur der Ibentina. Die beiden kleinen, sorgfältig gearbeiteten Figuren waren mit Leinen umwickelt.
Ibentina ist stehend wiedergegeben. Der rechte Arm hängt an der Seite herab. Um den in Taillenhöhe angewinkelten linken schlingt sich eine Kette aus winzigen Fayenceperlen. Sie trägt eine dreigeteilte Perücke aus zusammengebundenen Zopfsträhnen und ein langes, enges Gewand. Ihr Schmuck beschränkt sich auf Armbänder. Sie hat ein kleines Gesicht mit großen, mandelförmigen Augen, eine schmale Nase und einen zart geschwungenen Mund. Die Standplatte der Figur ist in eine rechteckige Holzbasis eingelassen. Auf den Seiten des Sockels befindet sich eine aufgemalte Anweisung zur Opferung an Osiris, den Gott der Toten, der hier als Herr von Busiris und Abydos angesprochen wird.
Die Statuette steht in einem hölzernen *naos* mit Schiebedeckel. Der Ausdruck der Frau und die kunstvolle Ausführung der Schnitzerei erlauben die Datierung der Statuette in die Zeit Hatschepsuts oder Thutmosis' III. (R. P.)

Kopf einer Statue Amenophis' III.

Gebrannter Ton, grundiert, bemalt
Höhe 38 cm; Karnak, Tempel des Amun-Re, Cachette
Ausgrabungen von G. Legrain (1904)
18. Dynastie, Regierungszeit Amenophis' III. (1391–1353 v. Chr.)

Von keinem anderen ägyptischen Pharao haben sich so viele Statuen erhalten wie von Amenophis III., nämlich mehr als zweihundertfünfzig. Diese große Zahl erlaubt es der Forschung, die Entwicklung der Bildniskunst mit dem Motiv dieses Herrschers über einen längeren Zeitraum hinweg nachzuzeichnen. Die Porträts wandeln sich von der Stilisierung über eine zunehmend ausgewogenere ästhetische Ausdrucksform bis zu einer radikalen Veränderung des Repräsentationsstils und Hinwendung zu einer ausgeprägten ikonographischen Gestaltung in den letzten Jahren seiner Herrschaft. In der Schlussphase zeigen sie den König mit glatten, jugendlichen Gesichtszügen.
Dieser Tonkopf aus Karnak kann aus formalstilistischen Gründen dem letzten Abschnitt der Regierungszeit zugeordnet werden. Er nimmt eine Anzahl von Darstellungformen vorweg, die für die anschließende Amarna-Zeit und die Herrschaft Amenophis' IV./Echnaton, des Sohns Amenophis' III., charakteristisch sind.
Dieses Beispiel zeigt Amenophis III. mit der Blauen Krone, die gewöhnlich auf jenen Darstellungen zu sehen ist, die kriegerische Ereignisse zeigen. In der Entstehungszeit der Statue war sie das bevorzugte Herrschaftssymbol, weil das regelmäßige, plastisch hervorgehobene Kreismotiv der Krone einen augenfälligen Kontrast zu den geglätteten Flächen der Gesichtszüge lieferte. Vorn an der Krone erhebt sich die Kobra als Zeichen der Königswürde. Der Schlangenkörper bildet einen Kreis über der Stirn und verläuft über die Scheitelmitte nach hinten.
Die großen, mandelförmigen Augen des Königs sind extrem lang gezogen. Die kräftigen Brauen folgen dem Schnitt der Lider und heben deren obere Wölbung noch deutlicher hervor. Die Nase mit der abgebrochenen Spitze ist klein und an den Flügeln breit. Der Mund weist in verhältnismäßig flachem Relief volle Lippen auf. Zwei tief eingedrückte Grübchen an den Mundwinkeln lassen die Wangen prägnanter hervortreten. (F. T.)

CG 51004

Innensarg des Juja

Holz, Blattgold, Blattsilber, Glaspasten, Kalzit, Karneol, Höhe 204 cm
Tal der Könige, Grab des Juja und der Tuja (KV 46)
Ausgrabungen der Altertümer-Verwaltung
auf Veranlassung von Th. Davis (1905)
18. Dynastie, Regierungszeit Amenophis' III. (1391–1353 v. Chr.)

Jujas Mumie ruhte in vier Behältnissen. Im äußeren Sarkophag befanden sich drei jeweils kleinere, ineinander gefügte Särge in Mumienform. Wenn es in der Antike Grabräubern gelang, in die Grabkammer einzudringen, öffneten sie die Särge, um die Mumie zu berauben.

Von den drei mumienförmigen Särgen ist der Innerste zweifellos am prachtvollsten und sorgfältigsten ausgeführt. Das Gesicht wird von einer üppigen, dreigeteilten Perücke eingerahmt, die die Ohren frei lässt. Augenbrauen und Lider sind mit blauer Glaspaste eingelegt, die Augäpfel mit Kalzit und die Pupillen mit schwarzem Glasfluss. Eine Spur roter Pigmentierung in den Augenwinkeln verstärkt die natürliche Wirkung des Ausdrucks.

Die Nase ist schmal und gerade, der Mund ist klein. Ein offener Halskragen bedeckt die Brust. Das große Schmuckstück besteht aus Reihen tropfenförmiger Perlen in floralen Motiven und wird an den Seiten von Falkenkopfschließen zusammengehalten. Unter dem Brustschmuck breitet ein Geier aus eingelegter Glaspaste und Karneol die Schwingen aus. In den Klauen hält er die *Schen*-Hieroglyphe, die einen Kreis bildende Schnur als Sinnbild all dessen, was die Sonne umgibt, also des Unendlichen und Ewigen. Unter dem Geier befindet sich ein getriebenes Bildnis der Himmelsgöttin Nut. Sie steht mit erhobenen Armen auf der Hieroglyphe für Gold und trägt ein enges Gewand, das mit einem Netz-Motiv verziert ist.

Zu beiden Seiten der Figur befinden sich in farbiger Glaspaste eingelegte Hieroglyphen in kolumnenförmiger Anordnung. Die linke Spalte enthält eine Bitte um Opfergaben für den Verstorbenen, die rechte ist eine Anrufung der Göttin Nut, ausgesprochen von Juja, der als »Gottesvater [ein Priestertitel] und Günstling des vollkommenen Gottes [des Königs]« bezeichnet wird. Eine weitere Inschrift verläuft an der unteren Außenkante des Sargdeckels. Unterhalb der Füße befindet sich eine Darstellung der Göttin Isis, die auf der Goldhieroglyphe kniet und ein Zeichen, wahrscheinlich das *Schen*-Symbol, vor sich her rollt.

Die Deckelinnenseite ist mit Silberblech ausgekleidet, in das ein zweites Bild der Göttin Nut graviert ist, die auch hier auf der Goldhieroglyphe steht.

Der untere Teil des Sarges ist außen mit Bildern der Schutzgötter des Verstorbenen verziert (Thot, Anubis und die vier Horussöhne). Die trennenden Säulen aus Hieroglyphen bezeichnen die Gottheiten und erklären ihre Aufgaben. Links, etwa in Schulterhöhe, ist über einem Schrein ein Augenpaar dargestellt, durch das der Verstorbene hinausschauen sollte.

Die Innenseite des unteren Sargteils ist wie die des Deckels mit Silberblech beschlagen und zeigt wiederum eine eingeritzte Figur der Göttin Nut. Die unbekleideten Körperpartien sowie das Band um ihre Perücke sind vergoldet. Über dem Kopf der Göttin erstreckt sich eine Inschrift in Abwandlung des 166. Kapitels des *Totenbuchs*, das den Schutz des Hauptes des Verstorbenen beschwor. Die Innenseiten des Sarges zeigen ähnliche Dekormotive wie die Außenseiten, mit den Schutzgöttern und deren Beschreibung in Hieroglyphenschrift. (F. T.)

CG 51113

Sessel der Satamun

Holz mit Stuck, Blattgold, Pflanzenfasern
Höhe 77 cm, Sitzhöhe 34 cm
Tal der Könige, Grab des Juja und der Tuja (KV 46)
Ausgrabungen der Altertümer-Verwaltung auf Veranlassung von Th. Davis (1905)
18. Dynastie, Regierungszeit Amenophis' III. (1391–1353 v. Chr.)

Die Maße dieses Sessels entsprechen der Größe eines Erwachsenen. Die vorderen und hinteren Beinpaare sind durch eine Strebe mit blattvergoldeten Enden verbunden. Die Schnitzereien zeigen Löwenpfoten, deren stilisierte Muskulatur und Sehnen deutlich hervortreten. Vor den Armlehnen sind zwei Frauenköpfe eingefügt. Gesichter, Halsbänder und Kronen sind mit Blattgold belegt. Bei den kurzen, von einem Band gehaltenen Perücken wurde das Holz in natürlichem Zustand belassen.

Die Sitzfläche besteht aus geflochtenen Pflanzenfasern. Die Lehne hat auf der Rückseite eine Stütze aus drei senkrechten Holzleisten. Die Konstruktion des Sessels wird durch Nut-und-Zapfen-Verbindungen zusammengehalten. Auf der Rückseite ist die Verbindung der Beine mit dem Sitzrahmen durch zwei Bronzenägel verstärkt.

Die Innenseiten des Sessels weisen eine spiegelbildlich angeordnete figurale Szene aus blattvergoldetem Stuck über Holz auf, die sich, von der Mitte der Rücklehne ausgehend, über die Seiten der Armlehnen hinzieht und eine zusammenhängende Komposition ergibt. Das Bildfeld der Rücklehne ist von der geflügelten Sonnenscheibe bekrönt, der eine erklärende Beischrift zugefügt ist: »Er, der in Edfu weilt« – ein Hinweis auf den Gott Horus, der dort verehrt wurde.

Der obere Rand des Bildfelds zeigt abwechselnd geöffnete und geschlossene Lotosblüten in hängender Reihung. Die figurale Szene darunter ist in bis auf geringe Abweichungen spiegelbildlicher Entsprechung zweigeteilt. Auf einem Stuhl sitzt eine weibliche Gestalt, von den Hieroglyphen als »Tochter des Königs, die Große, von ihm geliebt, Satamun« bezeichnet. Die Prinzessin trägt eine kurze Perücke, von der ein langer, kunstvoll geflochtener Zopf herabhängt. Der Kopfputz wird von einem Band gehalten, das auf der Stirn in einem Gazellenkopf endet. Über ihrem Kopf ist eine Papyruspflanze wiedergegeben, das Symbol für Fruchtbarkeit und Wiedergeburt. Mit Ausnahme des langen, durchsichtigen Rocks mit Wellenornamenten ist die Prinzessin unbekleidet. In der einen Hand hält sie ein Sistrum, in der anderen einen *Menat*-Halsschmuck. Geschmückt ist die Prinzessin mit Ohrringen, einem breiten Halsschmuck und Armbändern.

Vor ihr steht ein Mädchen, das ihr auf einem Tablett einen Brustschmuck reicht. Es trägt eine kurze, von einem Band gehaltene Perücke, Ohrringe, ein breites Halsband, Armbänder und einen knöchellangen Schurz. Bei dem rechteckigen Gegenstand auf ihrem Kopf könnte es sich um ein Gefäß mit Duftstoffen handeln. Ähnlichen Gegenständen begegnet man auf den Köpfen von Tänzerinnen auf Wandmalereien in zeitgenössischen Gräbern. Sie weisen dort allerdings meist eine konische Form auf. Die Hieroglyphen über der Gestalt beschreiben das Mädchen als »Überbringerin des Goldes aus den fremden Ländern des Südens«. Die Szene setzt sich auf der Innenfläche der Armlehnen fort. Vier ähnlich wie das Erste gekleidete Mädchen halten Tabletts mit Goldringen. Wie Satamun tragen sie Hieroglyphen der Papyruspflanze auf dem Kopf. Auch die beiden Szenen auf den Außenseiten der Armlehnen sind aus blattvergoldetem Stuck über Holz gefertigt und von einem Rahmen umgeben. Die rechte Seite zieren der Gott Bes, der eine Handtrommel schlägt, die Göttin Taweret und noch einmal Bes, mit Messern tanzend. Die linke Außenseite zeigt drei Bilder des Bes, zweimal als Trommler, einmal als Messertänzer.

Satamun war vermutlich die erstgeborene Tochter Amenophis' III. und Tejes und somit die Enkelin Jujas und Tujas. Möglicherweise hat sie den Sessel selbst in die Grabkammer der Großeltern gestellt – als eines der zahlreichen Totenopfer. Die figürlichen Darstellungen, insbesondere von Bes und Taweret, verweisen auf die Glaubenswelt der ägyptischen Frauen, in der diese Gottheiten eine fundamentale Rolle spielten, vor allem im Zusammenhang mit Fruchtbarkeit, Schwangerschaft und Geburt. Das Darbringen goldener Schätze an Satamun ist ebenfalls in diesem Sinn zu verstehen. (F. T.)

JE 95248 = CG 51118

Schmucktruhe der Tuja

Holz, Blattgold, Fayence, Ebenholz, bemaltes Elfenbein
Höhe 41 cm, Länge 38,5 cm, Breite 26,8 cm
Tal der Könige, Grab des Juja und der Tuja (KV 46)
Ausgrabungen der Altertümer-Verwaltung
auf Veranlassung von Th. Davis (1905)
18. Dynastie, Regierungszeit Amenophis' III. (1391–1353 v. Chr.)

Vor den Ausgrabungen im Jahr 1905 waren mindestens einmal Räuber ins Grab Jujas und Tujas eingedrungen und hatten es geplündert. Sie hatten auch die prachtvolle Schmucktruhe mit den Juwelen Tujas aufgebrochen und geleert. Man fand sie unter einem Bett; der Deckel lag ganz in der Nähe, links vom Eingang zur Grabkammer, zusammen mit Tujas Perücke und einer Kalzitvase.

Die Verzierungen der Truhe wirken gediegen und elegant. Die vier Beine sind mit rechteckigen Plättchen aus Fayence und rosa bemaltem Elfenbein eingelegt, wobei Stege aus Ebenholz und Elfenbein die einzelnen Felder trennen. Das gleiche Muster zeigen auch die Rahmen der Seiten und des Deckels, dessen Oberseite auf diese Weise in zwei Paneele geteilt wird.

Der Deckel ist gewölbt, mit Lünetten aus Fayence. Zwei rechteckige Tafeln aus Fayence sind in die Deckeloberseite eingelegt und mit Hieroglyphen und Figuren aus vergoldetem Holzrelief verziert. In zwei Kartuschenpaaren stehen die Namen Amenophis' III., bekrönt von einer Doppelfeder und der Sonnenscheibe.

Die unteren Bildfelder zeigen Heh, den Gott der »Millionen Jahre«, der auf einer Hieroglyphe für »Gold« kniet. Der Palmenzweig, den er in der Hand hält, symbolisiert das Jahr. Die Komposition als Ganzes ist deshalb als Verheißung zu verstehen, die dem König eine lange Regierungszeit prophezeit – eine außergewöhnlich lange sogar, wenn man den Hinweis auf die Unendlichkeit der Zeit berücksichtigt.

Der knopfförmigen Scheibe auf dem Deckel entspricht eine weitere an einer der Schmalseiten der Truhe. Beide wurden mit einer Schnur verbunden, um den Deckel auf dem Kasten zu befestigen.

Der Truhenkasten ist mit seinem am oberen Rand umlaufenden Hohlgesims wie ein Schrein gestaltet. Darunter sind allseitig in die obere Paneelreihe Fayencetafeln eingelassen, in Relief verziert mit Hieroglypheninschriften aus vergoldetem Holz. Sie enthalten die Namen Amenophis' III. und seiner Gemahlin Teje, der Tochter Tujas. Die untere Paneelreihe zeigt einen Fries aus durchbrochen geschnitztem, vergoldetem Holz mit den zusammengefassten Zeichen *anch*, *was* und *neb* in umlaufendem Rapport. Die Zeichenkomposition hat apotropäische Bedeutung und überträgt »allumfassendes Leben und große Macht« auf den Besitzer der Truhe. Darüber hinaus erinnert die Gruppierung an die Form der Hieroglyphe *heb-sed*, das königliche Jubiläumsfest, die ebenfalls Gutes verheißt.

Die hervorragende handwerkliche Qualität der Truhe, das Fehlen jeglichen Verweises auf Tuja und die auf Amenophis III. und seine Gemahlin Teje bezogenen Inschriften lassen vermuten, dass das Möbel in den königlichen Werkstätten für Königin Teje persönlich angefertigt wurde. Demzufolge könnte es sich um eine Grabbeigabe Tejes zu Ehren ihrer verstorbenen Mutter handeln.

(F. T.)

JE 95254 = CG 51009

Mumienmaske der Tuja

Kartonage, Blattgold, Glaspaste, Kalzit
Höhe 40 cm; Tal der Könige, Grab des Juja
und der Tuja (KV 46); Ausgrabungen der Altertümer-Verwaltung
auf Veranlassung von Th. Davis (1905)
18. Dynastie, Amenophis' III. (1391–1353 v. Chr.)

Die Totenmaske der Tuja ist aus Kartonage gefertigt und mit Blattgold überzogen. Als man sie fand, war sie vollständig mit den Überresten eines Leinentuchs bedeckt, die vom Restaurator entfernt wurden, der 1982 die in zwei Teile zerbrochene Maske reparierte. Von der Zeit geschwärzte Fragmente des Leichentuchs haften noch auf der Perücke und Teilen des Brustschmucks.

Die Mumie Tujas, der Gemahlin Jujas und Mutter Tejes, ruhte im kleineren von zwei ineinander gefügten, mu-

mienförmigen Särgen, die in einem äußeren Sarkophag lagen.

Wie es in Kapitel 151b des *Totenbuchs* heißt, bildet die Totenmaske die letzte Schutzschicht für das Antlitz der Mumie. Tuja ist mit idealisierten Zügen wiedergegeben. Das quadratisch-ovale Gesicht wird von einer dreiteiligen Perücke umrahmt, welche die Ohren frei lässt. Der Kopfputz wird von einem floral dekorierten Stirnreif zusammengehalten, der sich unter den Resten des Leichentuchs abzeichnet. Über der Stirn liegt eine Lotosblüte. Die Umrisse der mandelförmigen Augen sowie die Brauen sind mit Lapislazuli imitierender blauer Glaspaste eingelegt. Das Weiße der Augen besteht aus Kalzit, die Pupillen aus schwarzer Glaspaste. Ein Tupfer rote Farbe in den inneren Augenwinkeln verleiht dem Blick Natürlichkeit und Ausstrahlung. Die Nase ist klein und gerade, ein leichtes Lächeln spielt um die Mundwinkel.

Um Tujas Hals liegt ein breiter Brustschmuck aus Glaspasten in leuchtenden Farben. An den Schultern ist er mit zwei Schließen in Lotosblütenform befestigt. Die obere Ornamentreihe setzt sich aus dem Nefer-Zeichen zusammen, die Reihe darunter aus einem Palmettenmotiv und die Übrigen aus Pflanzenornamenten in unterschiedlicher Stilisierung. Wie bei solchen Schmuckstücken üblich, wird der untere Abschluss von einer Reihe tropfenförmiger Perlen gebildet.

Die Maske ist ein markantes Beispiel für das kunsthandwerkliche Schaffen in der ausgehenden Regierungszeit Amenophis' III., charakterisiert durch formale Strenge, die einen Eindruck von Würde und Eleganz hinterlässt. (F. T.)

CG 51102

Vier Scheinvasen mit tiergestaltigen Deckeln

Kalkstein, bemalt
Höhe 25 cm
Tal der Könige, Grab des Juja und der Tuja (KV 46)
Ausgrabungen der Altertümer-Verwaltung
auf Veranlassung von Th. Davis (1905)
18. Dynastie, Regierungszeit Amenophis' III. (1391–1353 v. Chr.)

Diese vier Gefäße wurden in der Nordostecke der Grabkammer gefunden, am Fuß von Jujas großem Sarkophag. Sie standen zusammen auf einem bemalten Holzsockel. Der Hohlraum im Gefäßinnern ist nur vier Zentimeter tief. Drei der Vasen sind mit paarigen Ohrenhenkeln ausgestattet, die vierte weist einen imitierten Ausguss auf, der jedoch keine Öffnung hat, sondern in einem Ibex-Kopf endet.

Die runden Deckel passen genau auf den Gefäßrand und sind mit plastischen Tierknäufen versehen. Der erste von links hat die Gestalt eines Kalbskopfes mit schwarzen Flecken. Der zweite wiederholt das Ibex-Motiv der Tülle, diesmal jedoch ganzfigurig und liegend. Der dritte zeigt einen Frosch und der vierte einen Kalbskopf wie schon der erste, aber mit roten Flecken.

Auf dem gelb hinterlegten Inschriftenfeld wird der Name des Juja genannt. Auf der dritten und vierten Vase steht zusätzlich zu der bei allen Verstorbenen gebräuchlichen Anrufung des Osiris die Sentenz »Der Große Gott«, die normalerweise nur in Verbindung mit dem König üblich ist. Das ist eine sehr ungewöhnliche Formulierung, zu der es nur wenige Parallelen gibt und die vermutlich als Erweiterung der Anrufung des Osiris zu deuten ist. Diese Vasen sind, wie viele andere im Grab Jujas und Tujas, Nachbildungen von Gefäßen aus kostbareren Materialien. Dass sie nicht für den Gebrauch bestimmt waren, geht daraus hervor, dass sie nur geringfügig ausgehöhlt sind und folglich nichts darin aufbewahrt werden konnte. Die weiße Farbe bezieht sich zweifellos auf Kalzit, und die Deckel mit den Tierknäufen ähneln Behältnissen aus dem Grabschatz des Tutanchamun.

Jujas vier Vasen sind deshalb als Imitationen von Gefäßen für Salben und wohlriechende Öle anzusehen. Dass sie aus massivem Material bestehen, war in der Vorstellungswelt der alten Ägypter kein Hindernis, sie als ihren Vorbildern gleichwertig zu erachten. Durch ihre Aufstellung in der Grabkammer machten sie den im Alltag üblichen Inhalt für den Toten symbolisch verfügbar.

(F. T.)

JE 38257

Kopf einer Statuette der Teje

Grüner Speckstein
Höhe 7,2 cm
Serabit el-Chadim (Sinai), Tempel der Hathor
Ausgrabungen von W. M. F. Petrie (1905)
18. Dynastie, Regierungszeit Amenophis' III. (1391–1353 v. Chr.)

Der Tempel von Serabit el-Chadim war der Hathor geweiht, der Göttin des Türkis. Seit den Zeiten des Alten Reichs unternahmen die Ägypter immer wieder Expeditionen auf den Sinai, um nach wertvollen Mineralien zu suchen, die für die Schmuckherstellung verwendet wurden.

Der kleine Kopf Tejes, der Gemahlin Amenophis' III. und Mutter des Echnaton, wurde hier in den Ruinen von Hathors Heiligtum gefunden, weitab vom Niltal. Er gehörte zu einer Statuette zu Ehren der Göttin, die unter anderem auch Schutzgöttin der Frauen war.

Die Königin trägt eine Perücke aus dichten Locken. Auf der Stirn ist der doppelte Uräus angebracht, und jede Kobra trägt die Doppelkrone. Auf der Perücke liegt ein rundes Diadem, das einst von einem doppelten Federbusch bekrönt gewesen sein dürfte. Eine Kartusche zwischen zwei geflügelten Kobras, deren Körper sich auf den Seiten des Diadems winden, enthält Tejes Namen.

Die Gesichtszüge der Königin entsprechen dem Stilkanon während der Regierungszeit Amenophis' III., was vor allem in den mandelförmigen Augen, den gewölbten Brauen und der schmalen Nase zum Ausdruck kommt. Die herabgezogenen Mundwinkel sind charakteristisch für Teje-Porträts und machen ihr Bildnis unverwechselbar. Diese Mundstellung verleiht der Figur einen Ausdruck von Herbheit und Ernsthaftigkeit, der häufig, aber ohne erkennbare Berechtigung, als Zeichen eines entschlossenen Charakters interpretiert wird. Tejes prägnante Züge haben auch Anlass zu der – wohl ebenso grundlosen – Vermutung gegeben, sie sei fremdländischer Herkunft gewesen.

Das Grab Jujas und Tujas, der Eltern Tejes, wurde im Tal der Könige gefunden und enthält noch heute ihre Mumien. Das Ehepaar stammte ursprünglich aus Achmim, einer Stadt in Mittelägypten, und gehörte zur wohlhabenden Mittelschicht der Provinz. Während seiner gesamten Regierungszeit – Teje hat Amenophis III. überlebt – hat sie der Pharao mit größter Achtung behandelt und ihr zahlreiche Vorrechte gewährt – vielleicht auch um zu beweisen, dass er zu seinem Entschluss stand, den Thron mit einer Frau nicht königlichen Geblüts zu teilen.

Fest steht, dass bei einigen Bildnissen Tejes – und dieser Kopf aus Serabit el-Chadim ist eines der wichtigsten Beispiele – besondere Stilformen wie das längliche Oval des Gesichts als Vorläufer des Porträtstils während der Hochblüte der Amarna-Zeit angesehen werden können. (F. T.)

JE 36368 = CG 42127

Sitzende Statue des Amenophis, Sohn des Hapu

Grauer Granit
Höhe 117 cm
Karnak, Tempel des Amun-Re
Ausgrabungen von G. Legrain (1901)
18. Dynastie, Regierungszeit Amenophis' III. (1391–1353 v. Chr.)

Wie vielen anderen gelehrten Männern in der Antike Ägyptens wurde auch Amenophis, dem Sohn des Hapu, posthume Glorifizierung und Verehrung zuteil. Legendäre Heilkräfte wurden ihm zugeschrieben, und in der Ptolemäerzeit weihte man ihm eine Kapelle am Ende der dritten Terrasse des Tempels der Hatschepsut in Deir el-Bahari.

Zu Lebzeiten war Amenophis einer der höchsten Beamten am Hofe Amenophis' III., zuständig für die Produktion verschiedener Standbilder des Königs, in dessen Auftrag er auch die Errichtung mehrerer Bauwerke in Theben beaufsichtigte. Dazu gehörte auch der Totentempel, dessen Erbauung am Westufer Thebens der Pharao angeordnet hatte.

Der bedeutende Ruf, den Amenophis, Sohn des Hapu, sich erwarb, und die ihm schon zu Lebzeiten zuteil gewordenen Ehren spiegeln sich in dem Privileg, das ihm der König gewährte, indem er ihm erlaubte, sich einen eigenen Grabtempel am Westufer Thebens zu erbauen. Denn dieses Recht war üblicherweise dem Pharao vorbehalten. Tatsächlich handelt es sich dabei um das einzige private Bauwerk zwischen den königlichen Tempeln.

Ein weiteres Privileg bestand darin, dass es Amenophis gestattet wurde, im größten Heiligtum Thebens, dem Tempel des Amun-Re in Karnak, Standbilder seiner eigenen Person aufzustellen. Inschriften besagen, dass diese Statuen als Mittler dienten zwischen dem Gott und den gottesfürchtigen Besuchern des Tempels. Deshalb standen sie auch nahe am Tempeleingang.

JE 44861

Schreiberfigur des Amenophis, Sohn des Hapu

Grauer Granit; Höhe 128 cm
Karnak, Tempel des Amun-Re, am 10. Pylon
Ausgrabungen von G. Legrain (1913)
18. Dynastie, Regierungszeit Amenophis' III. (1391–1353 v. Chr.)

Es gibt zwei Arten von Statuen Amenophis', des Sohnes des Hapu, und beide sind von Vorbildern aus dem Mittleren Reich inspiriert. Diese bewusste Rückwendung in die Vergangenheit, insbesondere in die Zeit, die die Ägypter des Neuen Reichs selbst als die klassische Epoche bezeichnet haben, ist ein deutlicher Hinweis auf die Bedeutung der dargestellten Persönlichkeit. Dass sich Amenophis zweimal in der Stellung eines Schreibers porträtieren ließ (die hier gezeigte ist eine dieser beiden Statuen), ist ein weiterer Beweis für das Bestreben, seine Weisheit und sein Wissen hervorzuheben.

Das Bildnis zeigt ihn als Schreiber bei der Ausübung seines Berufes. Amenophis sitzt mit untergeschlagenen Beinen, den Kopf abwärts geneigt, den Blick auf die Papyrusrolle gerichtet, die er auf dem Schoß hält. Die Hautwülste unter der Brust sind Zeichen eines privilegierten Lebensstils. Die Hieroglyphen auf der Schriftrolle sind nahezu unlesbar, ausgelöscht von den Händen der Gläubigen, die über Jahrhunderte hinweg die Statue berührten, in der Hoffnung, Segnungen zu erlangen.

Obwohl diese Skulpturen alle für die Zeit Amenophis' III. charakteristischen Stilelemente aufweisen, sind sie eindeutig auch von den Standbildern Mentuhoteps inspiriert, der als Wesir und Baumeisters Sesostris' I. zu Ruhm und Ehre gelangte. Wenigstens zehn Statuen Mentuhoteps, davon drei als Schreiber, stehen im Tempel des Amun-Re.

Die links stehende Statue zeigt Amenophis kniend, die Händen auf den Schenkeln ruhend. Sein Schurz ist unter der Brust verknotet. Die Perücke mit den zipfelig zulaufenden Seitenteilen erinnert an Vorbilder aus dem Mittleren Reich. Auch die Wiedergabe des Gesichts greift auf Stilelemente aus der Regierungszeit Sesostris' I. und Amenophis' III. zurück. Die markanten, schweren Augenlider und die Falten um Nase und Mund zeigen das Bild eines müden Mannes, durchdrungen von einer unaussprechlichen Rastlosigkeit. Offenbar war es das Anliegen des Bildhauers, einen hohen ägyptischen Hofbeamten darzustellen, dem die Verantwortung seines Amtes ins Gesicht geschrieben stehen.

Obwohl die künstlerische Gestaltungsidee dieser Statue eindeutig bei Vorbildern aus dem Mittleren Reich zu suchen ist, verweisen andere Stilelemente zweifelsfrei, wenn auch im Vergleich mit anderen Skulpturen nicht gleich ins Auge fallend, auf eine Entstehung während der Regierungszeit Amenophis' III. Man erkennt vor allem an der linearen Behandlung bestimmter Gesichtsdetails wie der Augenbrauen und der Konturen der Lippen, dass das Streben nach formaler Perfektion eines der auffälligsten Merkmale des Kunstschaffens dieser Periode ist.

Die unterschiedlichen Ausdrucksformen der Bildnisse des Amenophis werden damit erklärt, dass man die Skulpturen als Porträts aus zwei Lebensabschnitten des Würdenträgers ansieht, der Jugend und der Reife. Andererseits kann man in dem Verweis auf Vorbilder aus dem Mittleren Reich auch die bewusste künstlerische Rückbesinnung auf eine Kunstepoche sehen, die zur Zeit des Pharaos Amenophis III. bereits als klassisch galt.

Indem Amenophis, Sohn des Hapu, sich in dieser Weise porträtieren ließ, verlieh er nicht nur seinem umfassenden Wissen über die Vergangenheit sichtbaren Ausdruck, sondern nahm in gewisser Weise bereits einen archaisierenden Stil vorweg, der erst lange nach ihm – fast siebenhundert Jahre später – prägend sein würde für die Fünfundzwanzigste und Sechsundzwanzigste Dynastie, deren Kunst in den Statuen Monthemhets ihren Höhepunkt erreichen sollte. (F. T.)

JE 87911

Chaemwaset und Manana

Speckstein und Kalkstein (Sockel)
Höhe 27,3 cm
Zagazig (1946)
18. Dynastie, Regierungszeit Amenophis' III.
(1391–1353 v. Chr.)

Zwar gilt aus Sicht des Archäologen das Niltal als verhältnismäßig lückenhaft erforscht, aber gelegentlich und durch Zufall sind dort Funde von beträchtlichem historischem und künstlerischem Wert zum Vorschein gekommen. Ein Beispiel ist das Standbild dieses jungen Paares, das die Eheleute Chaemwaset und Manana porträtiert. Man entdeckte es bei Ausschachtungsarbeiten für das Krankenhaus in Zagazig.

Chaemwaset und Manana sind schreitend dargestellt. Der Name des Mannes verrät seine Herkunft von einem thebanischen Geschlecht – Chaëmuaset bedeutet im Sprachgebrauch der Adelsschicht »Erschienen in Theben«. Das Gesicht ist nicht mehr vorhanden, und nur die Rückseite der für die Zeit typischen zweigeteilten Perücke ist erhalten geblieben. Chaemwaset trägt ein kurzärmeliges, im Nacken zusammengehaltenes Wams. In die glatte Oberfläche sind die Namen Amenophis' III. eingraviert. Eine Schärpe mit Quastenschurz um die Taille hält den langen Schurz mit breiten Falten.

Chaemwasets Arme hängen gerade herab. In der linken Hand hält er einen zylindrischen Gegenstand, verschiedentlich interpretiert als künstlerische Darstellungsform der leeren Faust oder eines Zepters, während die rechte – bei ägyptischen Standbildern ungewöhnlich – mit ausgestreckten Fingern rechtwinklig zum Körper am Oberschenkel anliegt.

Manana steht links neben ihrem Gemahl. Sie hat ein ovales Gesicht mit großen, mandelförmigen Augen. Die Nase ist schmal, der Mund klein mit vollen Lippen. Sie trägt eine schwere, breit ausladende Perücke mit einem Kranz aus teils geöffneten, teils geschlossenen Lotusblüten. Die Zöpfe der Perücke sind durch zwei Bänder gerafft. Das enge Gewand reicht bis zu den Knöcheln. Zwei Rosettenmotive betonen die Rundung der Brüste. Der eine Arm ist nackt, der andere steckt in einem plissierten Ärmel. Ihr Schmuck besteht aus einem breiten Halskragen und drei Armbändern. In der Linken hält sie einen *Menat*-Halsschmuck, wie ihn die Ägypterinnen auf Prozessionen zu Ehren der Göttin Hathor zu tragen pflegten. Dabei wurden die Halsbänder wie Rasseln geschüttelt, die in Reihen aufgefädelten Perlen schlugen gegen das Metall (zumeist Bronze) und erzeugten ein grelles Geräusch, von dem es hieß, es könne das Böse vertreiben. (F. T.)

JE 31382

Salbengefäss der Siamun

Elfenbein und bemaltes Holz
Höhe 14 cm
Scheich Abd el-Qurna, Grab des Hatiai
Ausgrabungen von G. Daressy (1896); 18. Dynastie,
Regierungszeit Amenophis' IV./Echnatons (1353–1335 v. Chr.)

Das kleine Grab des Hatiai, eines Schreibers und Aufsehers der Kornspeicher des Aton-Tempels, bestand aus einer einzigen schmucklosen unterirdischen Kammer, die vier Särge und einige weitere Gegenstände enthielt. Es war ein Familiengrab, und drei der Leichen waren Frauen. Hatiai war das Oberhaupt der Familie. Das ungewöhnlich gestaltete Salbengefäß gehörte Siamun, der Herrin des Hauses. Es lag in ihrem Sarg, zusammen mit einigen weiteren Toilettenartikeln.
Auf einer rechteckigen Sockelplatte kniet ein Diener und trägt auf der Schulter den eigentlichen Behälter. Der glatt rasierte Kopf des Mannes ist nach vorn gereckt. Er hat ein breites Gesicht mit lang gezogenen, mandelförmigen Augen über einer abgeplatteten Nase. Die unterschiedlichen Armstellungen sind sehr realistisch wiedergegeben: Der angewinkelte linke Arm stützt den Gefäßboden, die Hand des nach oben ausgestreckten rechten umfasst den Henkel des Napfes. Der Diener trägt den typischen Schurz mit fächerartigen Falten, der vorn auseinander klafft und das angewinkelte linke Knie mit dem aufgestützten Unterschenkel frei gibt. Mit dem anderen Bein kniet er auf dem Sockel, wobei der Unterschenkel nach hinten ausgestreckt ist und der Fuß senkrecht auf den Zehen steht. Es ist in der Tat die naturgetreue Wiedergabe eines eine Last tragenden Körpers.
Das Gefäß selbst ist die Miniaturdarstellung einer syrischen Amphore von zylindrischer Form mit gebauchtem Ansatz, wie sie um diese Zeit in Ägypten eingeführt wurden. An der einen Seite zieht sich vom Gefäßrand ein länglicher Henkel über die Wandung herab. Der leicht aufgewölbte Deckel ist außen mit einem in Elfenbein eingelegten Kalb verziert und am Henkel mit einer mit Lehm überzogenen Schnur befestigt. Den eigentlichen Verschluss bildete eine weitere Schnur, die um zwei schwarze Knöpfe am Deckelrand beziehungsweise unterhalb der Mündung des Gefäßes geschlungen wurde.
Die Wandung des kleinen Salbenbehälters ist außen in Schwarz auf rotem Grund verziert. Auf der Wandung liegen umlaufende Bänder aus geometrischen, stilisierten Blütenmotiven. Daran schließt sich auf dem gebauchten Gefäßansatz ein breiter Fries an, der von drei Kälbern in Elfenbein beherrscht wird. Die naturalistisch aufgefasste Szene zeigt die Tiere spielend unter Bäumen. Das ausgewogene Nebeneinander von Realismus und Eleganz machen diesen Gegenstand zu einem überzeugenden Beispiel für die hohe Qualität der Kleinkunst im Neuen Reich. (S. E.)

JE 6056 = CG 804

Statuette der Henutnachtu

Holz
Höhe 22,5 cm
Saqqara, Ausgrabungen von A. Mariette (1859)
Späte 18. Dynastie (spätes 14. Jahrhundert v. Chr.)

Aus der Achtzehnten Dynastie kennen wir eine große Zahl außergewöhnlich anmutiger Figuren sowohl von Frauen als auch von Männern. Diese kleine Holzplastik der Henutnachtu ist ein Beispiel – zweifellos eines der gelungensten – dieser Menschendarstellungen, die in der wohl fruchtbarsten Epoche der ägyptischen Kultur geschaffen wurden. Das Gesicht erinnert an die lebendige Ausdruckskraft bestimmter Porträts aus der Regierungszeit Amenophis' III. und des Echnaton. Es gibt sogar eine Reihe von Anhaltspunkten, die eine Entstehung noch vor der künstlerischen Revolution während der Amarna-Zeit als möglich erscheinen lassen.
Das Gesicht, das proportional geringfügig größer wirkt als die übrige Figur, wird von einer dreiteiligen Perücke umrahmt, die diesen Eindruck noch verstärkt. Das Ungleichgewicht tritt jedoch in den Hintergrund, wenn man die Anmut und Eleganz der Komposition in die Betrachtung einbezieht.
Henutnachtu ist schreitend dargestellt, aber im Gegensatz zu anderen Figuren dieses Typs ist der rechte Fuß leicht nach hinten versetzt und abgewinkelt. Dadurch wirkt die Haltung der Gestalt ausgewogen und gemessen. Diese Andeutung des Vorwärtsschreitens wird zusätzlich hervorgehoben durch die Gewandfalten über den Hüften, die den Schwung des Beins nachzeichnen.
Henutnachtus Gewand ist einärmelig. Der seitlich gerade herabhängende linke Arm ist unbekleidet. Den rechten Arm trägt sie abgewinkelt unter der Brust, die Hand hält einen Blumenstrauß und rafft gleichzeitig das geschlitzte Gewand am Ansatz der langen, breiten Schmuckborte. In der linken Hand hält Henutnachtu einen weiteren, leider nur noch als Fragment erhaltenen Gegenstand. Auch der ursprünglich gewiss vorhandene konische Duftbehälter auf der Perücke ist verloren gegangen.
Ein breiter Halskragen dient als weiterer Schmuck dieser graziösen Frauengestalt, deren Name – in Verbindung mit der Bitte um Opfergaben für den *ka* der Verstorbenen, auf dem Sockel zu lesen ist. Die Statuette gehörte vermutlich zu Henutnachtus Grabausstattung.
(F. T.)

JE 44866

Statuette des Echnaton mit einer Frauenfigur

Kalkstein; Höhe 39,5 cm
Tell el-Amarna, Werkstatt der Hofbildhauer
Ausgrabungen von L. Borchardt (1912)
18. Dynastie, Regierungszeit des Echnaton (1353–1335 v. Chr.)

Zahlreiche in Ägypten gefundene unvollendete Plastiken, Entwürfe und nicht ausgeführte Reliefs dokumentieren das Schaffen der Maler und Bildhauer und geben Aufschluss über die Herstellungstechniken und deren Einsatz für künstlerische Aufgaben. Diese Dokumente stammen aus unterschiedlichen Perioden der Pharaonenherrschaft und aus verschiedenen Fundorten im Niltal. Tell el-Amarna, die von Echnaton gegründete Hauptstadt, hat sich in dieser Beziehung als besonders ergiebig erwiesen. Hier fand man unter anderem auch die bemalte Kalksteinbüste der Nofretete, die heute in Berlin steht.

Zu den ungewöhnlichsten dieser unvollendeten Werke gehört eine Statuette des Echnaton (erkennbar an der Blauen Krone mit dem Uräus), auf dessen Knien eine weibliche Gestalt sitzt. Die nur umrissartige Ausführung der Kleinplastik erschwert die genaue Interpretation.

Der König sitzt auf einem Thron, dessen hintere Beine wie Tierbeine geformt sind. Auf dem Sitz liegt ein Polster. Neben der Blauen Krone trägt Echnaton ein Gewand mit kurzen Ärmeln, die sich nach unten verengen. Die Frauengestalt auf den Knien des Herrschers scheint bis auf die kurze Perücke nackt zu sein.

Besonders ausgefallen ist die dargestellte Szene, die völlig vom klassischen Motivschatz ägyptischer Kunst abweicht. Die beiden Figuren küssen sich und offenbaren damit einen Grad an Intimität, zu dem sich im Kunstschaffen des Niltals nur wenige Parallelen aufzeigen lassen. Zu den erotischen Bezügen dieser Plastik gehört zudem, dass die weibliche Figur Echnatons rechten Ellbogen mit der linken Hand umschließt. Dieser im antiken Ägypten als Zeichen besonderer Vertrautheit geltenden Berührung begegnet man auch auf Wandmalereien in den oberen Gemächern des monumentalen Eingangstors von Medinet Habu, die Ramses III. mit seiner Braut darstellen.

Dass die nackte Frauengestalt eine Perücke trägt, ist ein weiterer Hinweis auf die erotische Botschaft dieser unvollendeten Steinplastik aus Amarna. Literarische Parallelen findet man in der ägyptischen Liebesdichtung, nach der die Frau eine Perücke aufsetzt, bevor sie sich dem Geliebten hingibt. Weitere literarische Quellen gleichen Inhalts sind die Verführungsszene im »*Brüdermärchen* (Papyrus d'Orbiney)« sowie der satirisch-erotische Papyrus in Turin, auf dem die Frau immer eine Perücke und einige Schmuckstücke trägt.

Bei unserem Beispiel liegt es deshalb nahe, in der Figur eine Nebenfrau des Königs zu sehen, statt eine von Echnatons Töchtern. Möglicherweise war es Kija, die häufig mit einer kurzen Perücke dargestellt wird. Die verbreitet anzutreffende Deutung, es könne sich um eine Tochter handeln, wird vor allem mit der zierlichen Gestalt der weiblichen Person begründet. Aber auf Reliefs und Stelen, die Echnaton und seine Familie zu Repräsentationszwecken porträtieren, ist der Größenunterschied von Mann und Frau ein wiederkehrendes Merkmal.

(F. T.)

JE 49528

Oberer Teil einer Kolossalalstatue Amenophis' IV.

Sandstein, Höhe 185 cm
Karnak-Ost, Aton-Heiligtum (*Gein-pa-Aton*)
Ausgrabungen von H. Chevrier (1926)
18. Dynastie, frühe Regierungsjahre Amenophis' IV./Echnatons
(1353–1335 v. Chr.)

Vor Gründung der neuen Hauptstadt Achetaton in Tell el-Amarna rief Amenophis IV., der sich zwischen dem fünften und sechsten Jahr seiner Herrschaft in Echnaton umbenannte, in Theben, in der Nachbarschaft des Heiligtums von Karnak, ein gewaltiges Bauprojekt ins Leben. Damit verfolgte der junge König das Ziel, eine Alternative zum Amunkult zu schaffen, indem er in unmittelbarer Nähe der Hochburg der thebanischen Priesterschaft, die sich religiösen Reformen hartnäckig widersetzte, vier Aton geweihte Heiligtümer errichten ließ.

Östlich des Tempels von Karnak erhob sich das *Gein-pa-Aton* (übersetzt: »Die Sonnenscheibe wurde gefunden«). Es war das erste von Amenophis IV. errichtete Heiligtum und bestand aus einem an der Ost-West-Achse ausgerichteten, geräumigen Hofareal auf einer Fläche von etwa 130 mal 200 Metern. An jedem der Pfeiler stand eine farbig gefasste, über fünf Meter hohe Monumentalskulptur Amenophis' IV. Der König steht aufrecht und trägt einen plissierten Schurz, der die Oberschenkel bedeckt. Die Arme sind über der Brust gekreuzt, und in den Händen hält er die Insignien der pharaonischen Macht, *Heqa*-Zepter und Geißel. An Handgelenk und Arm stecken auftragende, armbandähnliche Gebilde mit gravierten Inschriften in Kartuschenrahmen. Sie enthalten die ausführliche Definition der in den Rang einer Gottheit erhobenen Sonnenscheibe Aton: »(Es lebe) Re-Harachte, der im Lichtland jubelt in seinem Namen des Sonnenlichts als Schu, der in der Sonnenscheibe (Aton) erscheint.«

Aus Echnatons schmalem, extrem langem Gesicht spricht der Geist religiöser Erneuerung, in deren Sinn das Standbild erschaffen wurde. Die von erhabenen, kräftigen Brauen beschatteten Augen sind auf zwei schmale Schlitze reduziert. Die gerade und sehr lange Nase liegt geometrisch exakt platziert über dem volllippigen Mund. Zwei tief eingegrabene Falten ziehen sich von den Nasenflügeln zu den Mundwinkeln.

Das Kinn ist unverhältnismäßig lang und geht in einen noch viel längeren Zeremonialbart über. Auch die Ohren des Pharaos sind übertrieben groß dargestellt und an den Läppchen durchbohrt.

Die Kolossalstatuen an den Pfeilern des *Gein-pa-Aton* waren abwechselnd mit zwei Haupttypen von Kopfschmuck ausgestattet. Auf beiden findet man das *nemes*, das klassische Kopftuch der Pharaonen, mit der Kobra auf der Stirn. Darüber befanden sich entweder die Doppelkrone oder die vier Straußenfedern aus der Ikonographie des Luftgottes Schu, der in der Symbolsprache Amarnas auch das Licht der Sonne verkörpert. Auf der hier gezeigten Statue haben sich Überreste der Kopfbekrönung des zweiten Typs erhalten.

(F. T.)

JE 43580

Statuette des Echnaton mit Opferplatte

Kalkstein, bemalt; Höhe 35 cm
Tell el-Amarna; Ausgrabungen von L. Borchardt (1911)
18. Dynastie, Regierungszeit des Echnaton (1353–1335 v. Chr.)

Diese kunstvolle Figur stammt aus dem Haus eines der Beamten, die sich Echnatons Reformbewegung anschlossen und ihm nach Achetaton folgten, der von ihm gegründeten Hauptstadt, die heute Tell el-Amarna heißt.
Die kleine Steinplastik dürfte ursprünglich auf dem Altar gestanden haben, wie er gewöhnlich im Garten errichtet wurde. Dort fanden die täglichen Rituale zu Ehren Atons statt. Aton war die göttliche Sonnenscheibe und Mittelpunkt der religiösen Erneuerung in Ägypten während dieser Epoche. Die Gegenwart eines Bildnisses des Königs verhalf der Zeremonie zu Wirksamkeit, denn nur Echnaton selbst stand das Recht zu, Aton zu opfern.
Der Pharao wird bei der Darbringung des Opfers gezeigt. Auf den Händen trägt er eine Tafel, auf der eine Anzahl von Nahrungsmitteln und Lotusblüten dargestellt sind. Zwar kennt man diese Art von Statuen bereits aus dem Mittleren Reich, aber die Haltung Echnatons ist sehr ungewöhnlich. Die geschlossenen Beine stehen im Widerspruch zu Grundregeln der ägyptischen Bildhauerkunst, nach denen die männliche Gestalt immer schreitend mit dem linken Fuß voraus wiedergegeben wird. Besonders in der Kunst der Amarna-Zeit, in der Bewegung und Licht eine bedeutende Rolle spielten, ist das in der Komposition zum Ausdruck gebrachte statische Verharren umso überraschender und lässt vermuten, dass damit eine Absicht verbunden war.
Indem sie den König in dieser Stellung zeigt, betont die Statue die Bedeutung der Handlung. Der Zustand der Bewegungslosigkeit ließe sich als Meditation des Pharaos im Angesicht Gottes deuten. Die Gegenwart des Göttlichen könnte sich auch im Stein selbst spiegeln, dessen gelbe Farbe vielleicht das von der Sonne ausgehende Licht symbolisiert. Die Statue wäre demnach ein Porträt des Monarchen »im Augenblick der Manifestation Atons in all seiner Herrlichkeit«.
Die Feierlichkeit des Augenblicks wird zusätzlich betont durch den ernsten Gesichtsausdruck des Königs, dem nichts Impressionistisches anhaftet, wie es für seine anderen Porträts charakteristisch ist.
Auf dem Kopf trägt er die Blaue Krone, als Einzelstück gearbeitet und auf die Figur montiert. Aus künstlerischer Sicht wurde diese Krone vor allem wegen ihrer ovalen Form gewählt, um die Wölbung des Schädels ins Extrem zu steigern. In der Öffnung über der Stirn steckte einst der Uräus, der aus einem anderen Material gefertigt war. Echnatons Körper ist mit der für Bildnisse dieses Herrschers typischen Betonung der Formen wiedergegeben, wenn auch nicht so ausgeprägt wie bei anderen Plastiken oder Reliefs. Die Feierlichkeit des Augenblicks wird auch dadurch unterstrichen, dass der König mit Sandalen an den Füßen abgebildet ist: Die Ägypter trugen diese Art von Schuhwerk nur bei besonderen Gelegenheiten oder religiösen Riten. (F. T.)

RT 10.11.26.4

Relief mit Anbetung Atons

Kalkstein, bemalt
Höhe 53 cm, Breite 48 cm, Tiefe 8 cm
Tell el-Amarna, Königsgrab
Ausgrabungen der Altertümer-Verwaltung (1891)
18. Dynastie, Regierungszeit des Echnaton (1353–1335 v. Chr.)

Diese Steintafel lag unter dem Schutt vor dem Eingang zu Echnatons Grab. Es ist schwer zu sagen, welche Bedeutung sie als Teil der Grabausstattung hatte. Zwischen den Figuren sind die Spuren des vom Künstler bei der Ausführung der Komposition benutzten aufgemalten Quadratnetzes sichtbar. Dies hat zu der Vermutung geführt, dass es sich bei diesem Stück nur um eine Vorlage handeln könnte, die bei der Ausführung des Grabs benutzt werden sollte.
Die abgebildete Szene kehrt in der Amarna-Zeit häufig wieder und zeigt die königliche Familie bei der Anbetung Atons. Die Sonnenscheibe rechts oben wirft ihr Licht auf die übrige Darstellung. Alle Strahlen enden in kleinen Händen, von denen einige die Hieroglyphen *was* (Macht) und *anch* (Leben) halten. Die Echnaton und den vor ihm stehenden Opferaltar unmittelbar berührenden Hände sind leer. In dieser bewussten Unterscheidung zwischen gefüllten und leeren Händen

kommt der in Form von Hieroglyphen wiedergegebene Vorgang des Gebens (volle Hand) und Empfangens (leere Hand) zum Ausdruck.
Es ist die bildhafte Darstellung der Wechselbeziehung zwischen Aton und dem König. Die Szene liefert also die ikonographische Erklärung der klassischen Form des ägyptischen Anbetungsrituals, bei dem der König im Austausch gegen Mildtätigkeit (in diesem Fall Opfergaben) Leben, Gedeihen und Macht von Gott empfängt.
Darüber hinaus dienen die Strahlen Atons dazu, die Bildinhalte in drei hierarchische Ebenen zu gliedern. Sie fallen hinter den Angehörigen der königlichen Familie ein, aber vor dem Opferaltar, und weisen den Personen beziehungsweise Gegenständen einen unterschiedlichen Rang zu. Echnaton sowie Nofretete mit den beiden Töchter Meritaton und Maketaton (deren nachgeordnete Rangordnung in der abnehmenden Größe zum Ausdruck gebracht wird) werden in den Vordergrund gerückt, während Aton hinter ihnen liegt, aber noch vor dem Opferaltar, der damit auf die unterste Ebene verschoben wird. Die Opfergaben auf dem Altar sind von den Strahlen der Sonne fast vollständig verdeckt.
Die Körper und Gesichter der königlichen Familie sind im Stil der frühen Regierungsjahre des Echnaton wiedergegeben. Es ist schon viel gemutmaßt worden, um die betont weiblichen Körperformen und Gesichtszüge in der Darstellung Echnatons zu erklären, und häufig werden eine mögliche Körperanomalie oder eine Erkrankung dafür verantwortlich gemacht. Aber mit großer Wahrscheinlichkeit dürften rein stilistische Gründe für die Überzeichnung der Körperformen verantwortlich sein. Die radikalen Reformen im religiösen Brauchtum hatten in jener Zeit auch zu einer Neuordnung des gesamten kulturellen Erbes geführt, um ein neues Paradigma zu schaffen, das den deutlichen Bruch mit der Vergangenheit besiegeln sollte. (F. T.)

JE 59294

Reliefentwurf mit zwei königlichen Porträts

Kalkstein; Höhe 23 cm, Breite 31 cm
Tell el-Amarna; Ausgrabungen von J. D. S. Pendlebury (1932–1933)
18. Dynastie, Regierungszeit des Echnaton (1353–1335 v. Chr.)

Wie bei vielen Fundstücken aus Tell el-Amarna ist vor allem die Identität der auf dieser Kalksteintafel dargestellten Personen Gegenstand gelehrter Diskussionen. Eine Gruppe von Ägyptologen vertritt die Ansicht, dass es sich um zwei Porträts des Echnaton handelt, die andere sieht darin die Bildnisse des Echnaton und seines Nachfolgers Semenchkare.

Einem bis in die Ptolemäerzeit geltenden künstlerischen Brauch folgend, wurde diese Tafel vom Künstler dazu benutzt, einen Entwurf seiner Komposition herzustellen. Man sollte sie also nicht als vollendetes Werk ansehen, sondern eher als ein Experiment zur Lösung eines spezifischen Darstellungsproblems.

Nur der obere Teil der Kalksteinplatte wurde bearbeitet. Das rechte Profilbildnis, das möglicherweise als Erstes ausgeführt wurde, wenn man davon ausgeht, dass Schriftzeichen von rechts nach

links gelesen werden, ist das eines Mannes mit einem Kopftuch und der Kobra auf der Stirn. Der Künstler hat das Porträt so dicht an die Oberkante der Platte gesetzt, dass der Kopf der Schlange nicht mehr darauf passte. Die Züge des Gesichts sind tief in den Stein eingegraben. Die mandelförmigen Augen sind schmal und von schweren Lidern umrandet. Die Nase ist lang, der Mund zeigt volle Lippen, die an den Winkeln etwas herabgezogen sind. Das Kinn tritt ausgeprägt hervor. Die Ohrläppchen sind durchstochen, und der Hals ist lang und schlank.

Diese physiognomischen Grundmerkmale wiederholen sich beim linken Porträt. Die verhältnismäßig lange Nase und das ebenfalls sehr lange Kinn verleihen dem Gesicht eine vertikale Ausrichtung, die sich vor allem im Kopftuch widerspiegelt, das hinten stark abgeflacht ist, damit es noch auf die Tafel passt.

Die große Ähnlichkeit der beiden Gesichter lässt keinen Zweifel daran aufkommen, dass es sich um dieselbe Person handelt, und mit ziemlicher Gewissheit ist es Echnaton selbst. Dass der König auf derselben Tafel zweimal dargestellt ist, kann als Versuch des Künstlers gedeutet werden, eine Darstellungsform zu erproben, mit der er nicht vertraut war. Die Schwierigkeiten, mit denen er sich konfrontiert sah, könnten darin bestanden haben, statt eines naturalistischen Porträts des Königs (wie es der rechte Kopf zeigt) eines zu entwerfen, das der modischen Forderung nach Übertreibung der Körperformen besser entsprach. In diesem Fall könnte das Kalksteinrelief bereits in den ersten Jahren der Regierung des Echnaton entstanden sein, als die mit den religiösen und kulturellen Reformbestrebungen des Königs einhergehende Kunstauffassung sich noch im Zustand der Entwicklung befand. (F. T.)

JE 45547

Kopf der Nofretete

Gelbbrauner Quarzit
Höhe 18 cm
Memphis, Palast des Merenptah
Ausgrabungen der Universität von Pennsylvania (1915)
18. Dynastie, Regierungszeit des Echnaton
(1353–1335 v. Chr.)

Der Kopf wurde unter den Fundamenten des Palasts Merenptahs gefunden und stellt zweifellos Nofretete dar. Die in diesen harten Stein gehauenen Züge der Königin wirken weitaus naturalistischer als die der berühmten Büste in Berlin.

Der Kopf muss wohl zu einer Statue gehört haben, die man aus verschiedenen farbigen Steinen zusammengefügt hatte, wie es in der Amarna-Zeit Brauch war. Wahrscheinlich waren Augen und Brauen ursprünglich mit Einlagen aus Glaspaste betont. Über der Stirn könnte sich ein kurzer, breiter Zapfen befunden haben, um eine flache Krone darauf zu befestigen. Eine Linie auf der Stirn deutet an, dass ein aufsteckbarer Kopfputz aus einem anderen Werkstoff vorhanden war, von dem zwei seitliche Teile über die Ohren herabhingen.

Der Kopf ist am Hals abgebrochen, und die Beschädigung der Nasenspitze zieht sich bis zur Oberlippe herab. Augen und Brauen laufen in schmalen Spitzen aus. Der obere Rand der Brauen steht reliefartig abgerundet vor, eine zweite Linie betont den unteren Rand. Die unteren Lider sind sanfter und weniger stark ausgeprägt als bei Darstellungen anderer Prinzessinnen, und die beiden Linien von den Nasenflügeln zur Oberlippe sind ebenfalls flacher. Die Lippenränder enden in abgerundeten Spitzen in den Mundwinkeln. Die Halsmuskeln sind deutlich herausgearbeitet, aber wiederum weniger auffällig als bei den Statuen der Amarna-Prinzessinnen. Die volle Oberlippe ist doppelt geschwungen und im Verhältnis zur Unterlippe ausgewogen proportioniert.

Stil und Ausführung dieses Kopfes sind typisch für die Werkstatt des Thutmosis in Tell el-Amarna, und es ist durchaus möglich, dass dieses Meisterstück aus seiner Werkstatt stammt. (F. T.)

JE 44870

Kopf einer Prinzessin

Rotbrauner Quarzit
Höhe 19 cm; Tell el-Amarna, Werkstatt des Bildhauers Thutmosis
Ausgrabungen von L. Borchardt (1912)
18. Dynastie, Regierungszeit des Echnaton (1353–1335 v. Chr.)

Dieser Kopf befand sich unter einer großen Anzahl von Stücken, die man in der Werkstatt des königlichen Bildhauers Thutmosis in Tell el-Amarna gefunden hat. Er lag in den Räumen, die als Lager dienten.

In der ersten Periode der Amarna-Zeit wurden die Prinzessinnen mit ungewöhnlich langem Kopf und schlankem Hals dargestellt. Früher hat man verschiedentlich angenommen, dass dies auf pathologisch bedingte Verunstaltungen zurückzuführen sei, aber von dieser Theorie ist man schon seit längerem abgekommen. Viel wahrscheinlicher ist, dass es sich um eine bewusste manieristische Darstellungsform im Stil der neuen Kunstrichtung dieser Periode unter dem Einfluss der religiösen Erneuerung handelt.

Der eiförmige Schädel sollte im Zusammenhang mit der Vorstellung von den Prinzessinnen als Inkarnationen des göttlichen Schöpfungsgedankens gesehen werden und im Einklang mit den Bildnissen ihres Vaters, Echnaton. Die Jugend der Dargestellten zeigt sich in den Babyspeckfalten unter dem Kinn, auch wenn es sich hier um das Porträt einer jungen Frau handelt und nicht um das eines Kindes. Die Augen sind groß und schwarz umrandet, die etwas derben Ohren wirken wie Muscheln. Die hinter den Schläfen aufgewölbte Kopfform verweist auf einen jungen Menschen und geht harmonisch in den länglichen Gesichtsschädel über. Der sinnliche Mund ist ein Symbol für Weiblichkeit. Das lange Kinn findet seine Entsprechung in der kraftvoll modellierten Stirn – anders als in den Porträts des Echnaton, deren stilistischer Einfluss größer war als der der Bildnisse Nofretetes. Der abgesetzte Zapfen am Halsansatz verweist auf eine zusammengesetzte Statue. (F. T.)

MOHAMMED SALEH

TUTANCHAMUN, SEIN LEBEN UND SEINE SCHÄTZE

Es liegt eine geheimnisvolle Tragik über der kurzen Herrschaft König Tutanchamuns, und die Geschichte der Entdeckung seines Grabes durch Howard Carter ist fast ebenso phantastisch und geheimnisumwittert wie die Schätze selbst.
Die Geschichte der Herrschaft Tutanchamuns beginnt mit der des Ketzerkönigs Echnaton. Dieser war vermutlich mit einer Nebenfrau namens Kija verheiratet, die ihm eine Tochter und einen Sohn gebar. Als der König starb, sah sich Eje, der aus der Familie der Königin Teje stammte und ein hoch gestellter Hofbeamter und Ratgeber des Echnaton und Semenchkares war, vor die Aufgabe gestellt, ein Mitglied der königlichen Familie auf den Thron des Landes zu erheben.
Der junge Prinz Tutanchaton, dessen Name später in Tutanchamun geändert wurde, war der einzige männliche Nachfolger. Sein Name Tutanchamun bedeutete »lebendes Abbild Amuns«, und sein Krönungsname *Nebcheperure* heißt »Re erscheint in vielen Gestalten«. Der Kind-König wurde vermutlich in Achetaton (dem heutigen Tell el-Amarna) geboren. Einigen Ägyptologen zufolge könnte Echnaton selbst Tutanchamuns Vater gewesen sein, wofür die große Ähnlichkeit seiner Physiognomie mit der des Ketzerkönigs spricht. Allerdings behauptet die Inschrift einer Löwenstatue, die in Soleb (Sudan) gefunden wurde und sich heute im Britischen Museum

befindet, dass Amenophis III. der Vater des jungen Königs gewesen sei. Es sollte jedoch nicht übersehen werden, dass Enkel, die von ihren Großeltern viel Liebe und besondere Aufmerksamkeit empfangen, diese sehr wohl als Vater und Mutter bezeichnen könnten.
Auf einem Amarna-Relief aus Hermopolis erwähnt Tutanchamun, dass er »der leibliche Sohn des Königs« sei, aber der Name dieses Königs wird nicht genannt. Nachdem das Relief aber zu Echnatons Heiligtümern gehörte, gewinnt die Annahme an Gewicht, dass Echnaton Tutanchamuns Vater war. Seine Mutter könnte Prinzessin Kija gewesen sein, möglicherweise eine Zweitfrau des Echnaton, die den Beinamen »Zutiefst geliebte Gattin« trug. Nachdem man eine Locke von Königin Tejes Haar in drei ineinander gefügten Miniatursärgen unter der Grabausstattung des Tutanchamun gefunden hat, liegt die Vermutung nahe, dass sie seine Großmutter war.
Tutanchamun war erst zehn Jahre alt, als er mit der dritten Tochter Echnatons, Anchesenpaaton (später Anchesenamun), die vermutlich auch seine Halbschwester war, vermählt wurde. Ihr Name bedeutet »Sie lebt für das Wohl Amuns«. Als älteste über-

194 UNTEN RECHTS
KASTEN IN KARTUSCHENFORM
JE 61490

VERMUTLICH KIEFERNHOLZ MIT EBENHOLZFURNIER UND ELFENBEIN
HÖHE 32,1 CM
BREITE 30,2 CM
LÄNGE 63,5 CM
TAL DER KÖNIGE
GRAB DES TUTANCHAMUN (KV 62)
ENTDECKT VON H. CARTER (1922)
18. DYNASTIE
REGIERUNGSZEIT DES TUTANCHAMUN (1333–1323 V. CHR.)

195
TOTENMASKE DES TUTANCHAMUN
JE 60672

GOLD, LAPISLAZULI, KARNEOL, QUARZ, OBSIDIAN, TÜRKIS, FARBIGES GLAS
HÖHE 54 CM
BREITE 39,3 CM
GEWICHT 11 KG
TAL DER KÖNIGE
GRAB DES TUTANCHAMUN (KV 62)
ENTDECKT VON H. CARTER (1922)
18. DYNASTIE
REGIERUNGSZEIT DES TUTANCHAMUN (1333–1323 V. CHR.)

194 LINKS
PEKTORAL MIT ISIS UND NEPHTHYS (AUSSCHNITT)
JE 61945

GOLD, QUARZ, GLASPASTE
HÖHE 12 CM,
BREITE 16,3 CM
TAL DER KÖNIGE
GRAB DES TUTANCHAMUN (KV 62); ENTDECKT VON H. CARTER (1922)
18. DYNASTIE
REGIERUNGSZEIT DES TUTANCHAMUN (1333–1323 V. CHR.)

194 HINTERGRUND
DRITTER MUMIENSARG DES TUTANCHAMUN
JE 60671

GOLD, SCHMUCKSTEINE, GLASPASTE
LÄNGE 187 CM,
HÖHE 51 CM,
BREITE 51,3 CM,
GEWICHT 110,4 KG
TAL DER KÖNIGE
GRAB DES TUTANCHAMUN (KV 62); ENTDECKT VON H. CARTER (1922)
18. DYNASTIE
REGIERUNGSZEIT DES TUTANCHAMUN (1333–1323 V. CHR.)

lebende Tochter Echnatons und seiner »Großen königlichen Gemahlin« Nofretete war sie die am besten legitimierte königliche Erbin, und indem er sie heiratete, festigte Tutanchamun seinen Anspruch auf den Thron. Die Staatsgeschäfte des Landes, das er regierte, führten jedoch der Wesir Eje als Oberhaupt der Zivilverwaltung und der Feldherr Haremhab. Der König verbrachte etwa vier Jahre in Tell el-Amarna, bevor er Echnatons neue Hauptstadt verließ und sich nach Memphis begab, dem Mittelpunkt der zivilen und militärischen Verwaltung des Landes.

Tutanchamun war ein schwächlicher Knabe. Das Bildnis, das ihn in sitzender Stellung auf der Rücklehne des Throns zeigt, während er von seiner Königin gesalbt wird, lässt seinen zarten Körperbau erahnen. Auf den reliefierten, mit Blattgold überzogenen Außenseiten des kleinen *naos*, die den König mit seiner Gemahlin zeigen, ist sein geschwächter Gesundheitszustand deutlich zu erkennen. Bei der Wildentenjagd mit dem Bogen sitzt er auf einem Stuhl, statt aufrecht zu stehen, wie es bei dieser Art von Vergnügung üblich gewesen wäre. Und auf dem mit geschnitztem und bemaltem Elfenbein verziertem Deckel einer seiner Truhen sieht man den König auf einen Stock gestützt.

Als nach der Graböffnung (1923–24) sein Leichnam von Pathologen geröntgt wurde, äußerte man die Vermutung, dass er an einem Gehirntumor gelitten haben könnte, weil die Schädelhöhle größer als normal war, oder dass er von einem Brustleiden befallen gewesen sein könnte, das im Alter von etwa zwanzig Jahren zu seinem frühen Tod geführt habe. Die in seinem Grab gefundenen datierten Weinkrüge und die neuerliche Untersuchung der Ellbogengelenke und Zähne lieferten weitere Beweise für die Vermutung, dass er nicht lange regiert hat.

Bei der letzten Untersuchung seines Leichnams 1968 entdeckte man eine Schädelverletzung, was wiederum zu der Hypothese Anlass gab, diese stamme von der Waffe eines Mörders und ein Anschlag sei der Grund für den frühen Tod des Monarchen. Aber es fällt schwer zu glauben, dass Tutanchamun einem Mordkomplott zum Opfer gefallen und nicht eines natürlichen Todes gestorben sein könnte. Folgende Gründe sprechen gegen diese Hypothese:

1. Eje und Haremhab hatten ihn als Thronfolger auserkoren; sie verehrten, schützten und unterstützen ihn.
2. Er hatte den Amun-Re-Kult wieder eingeführt und dessen Tempel sowie die der unter Echnaton verbannten Gottheiten öffnen lassen.
3. Er war es, der »die Gesetzlosigkeit im ganzen Land bekämpft, damit das Recht erhalten bleibe ... Seine Majestät ließ Bildnisse aller Götter erschaffen, ihre Statuen aus echtem Elektron bilden und ihre Heiligtümer als Bauwerke für die Ewigkeit errichten, sorgte für ihren immer währenden Bestand, für geweihte Opfergaben während der täglichen Gottesdienste und die Sicherstellung ihres Verbleibs auf Erden.« Inzwischen hatte man die Namen und Bildnisse Amun-Res, die auf den Tempelwänden gelöscht worden waren, wiederhergestellt und das unter Echnaton konfiszierte Vermögen der Priesterschaft zurückerstattet.
4. Dafür waren die Priester Amun-Res überaus dankbar, und als Tutanchamun starb, stifteten sie ihm eine großzügige Grabaustattung und veranstalteten prunkvolle Zeremonien zu seinem Andenken. Auch das berühmte Opet-Fest, das in Gegenwart des Königs gefeiert wurde, erlebte nun eine Renaissance. Es ist an den Wänden des Säulengangs des Tempels in Luxor dargestellt.
5. Der junge König wurde in dem ursprünglich für Eje vorbereiteten Grab im Tal der Könige bestattet. Dieser leitete die Begräbniszeremonien für Tutanchamun. Eje selbst wurde später in einem Grab im westlichen Tal der Könige bestattet, nicht weit von dem Amenophis' III. entfernt.
6. Tutanchamun wurde mit all seinen Besitztümern sowie anderen aus Semenchkares Grab entnommenen Gegenständen begraben, darunter die goldenen Miniatursärge mit den einbalsamierten Eingeweiden des Tutanchamun, einige Goldbänder auf seiner Mumie und einer der riesigen vergoldeten Schreine. Weitere Gaben stammten von hochrangigen Hofbeamten, wie ein Uschebti des Feldherrn Minnacht und eine Peitsche vom »Sohn des Königs, Hauptmann der Truppen, Thutmosis«.
7. Die Grabanlage wurde zweimal vor der vollständigen Verwüstung bewahrt. Wäre der König einem Mordanschlag zum Opfer gefallen, hätte man während der Regierungszeit Ejes und Haremhabs seine Beigaben wohl kaum in der Grabkammer belassen.
8. Wenn Tutanchamuns Name niemals zusammen mit denen der anderen legitimen Herrscher Ägyptens in der zu Zeiten Sethos' I. und Ramses' II. aufgestellten Königsliste vorkommt, liegt das daran, dass er aus einer Ketzerfamilie stammte.
9. Sollte die Mordtheorie zutreffen, wäre Tutanchamuns Witwe Anchesenamun kaum in der Lage gewesen, an die Heirat mit einem Hethiterprinzen zu denken, und die Sache wäre sogleich aus der Welt geschafft worden durch denjenigen, der die Mordumstände untersuchte. In einem solchen Fall hätte Eje sofort den Thron übernommen, ohne der jungen Witwe Gelegenheit zu geben, sich auf die Suche nach einem ausländischen Gemahl und König zu begeben.

196 LINKS
STATUETTE DES PTAH
JE 60739

VERGOLDETES HOLZ, FAYENCE, BRONZE, GLASPASTE
HÖHE 60,2 CM
TAL DER KÖNIGE
GRAB DES TUTANCHAMUN (KV 62)
ENTDECKT VON H. CARTER (1922)
18. DYNASTIE
REGIERUNGSZEIT DES TUTANCHAMUN (1333–1323 V. CHR.)

197 GEGENÜBER LINKS
USCHEBTI DES TUTANCHAMUN MIT ROTER KRONE
JE 60823

HOLZ, BLATTGOLD, BRONZE
HÖHE 63 CM
TAL DER KÖNIGE
GRAB DES TUTANCHAMUN (KV 62)
ENTDECKT VON H. CARTER (1922)
18. DYNASTIE
REGIERUNGSZEIT DES TUTANCHAMUN (1333–1323 V. CHR.)

Die Königin, die noch keine fünfundzwanzig Jahre alt war, als sie Witwe wurde, wäre möglicherweise dazu gezwungen worden, sich mit dem alten Eje zu vermählen, der den Titel eines »Gottesvaters« führte und nach Tutanchamun den Thron fast vier Jahre lang innehatte. In der Zwischenzeit hielt die Königin Ausschau nach einem Gatten ihrer Wahl und strebte danach, an den Regierungsgeschäften teilzuhaben, auch wenn sie nicht Pharao werden konnte wie einst Hatschepsut und andere Frauen vor ihr und nach ihr. Es scheint, als wären weder Eje in seiner Rolle als neuer König noch der Feldherr Haremhab bereit gewesen, Anchesenamun als weiblichen Pharao auf dem Thron zu dulden. Die Königin war drauf und dran, eine Palastrevolution auszulösen, indem sie sich gegen die Traditionen auflehnte, denen zufolge sie gezwungen worden war, erst ihren Vater Echnaton zu heiraten, dann ihren Halbbruder Tutanchamun und möglicherweise auch den alten Eje. Jedenfalls sandte sie eine Botschaft an den Hethiterkönig Schuppiluliuma mit der Bitte, ihm einen seiner Söhne zu schicken, den sie heiraten und mit dem sie das Land

197 RECHTS
STATUE DES
GOTTES CHONS
CG 38488

GRANIT; HÖHE 252 CM
KARNAK, TEMPEL DES CHONS
AUSGRABUNGEN VON
G. LEGRAIN (1904)
18. DYNASTIE
REGIERUNGSZEIT
DES TUTANCHAMUN
(1333–1323 V. CHR.)

198 OBEN
ANSICHT DES TALS DER KÖNIGE WÄHREND DER BERGUNG DES GRABSCHATZES DES TUTANCHAMUN. DAS KÖNIGSGRAB LIEGT UNTERHALB DER GRABANLAGE RAMSES' VI. VOR DEM EINGANG WURDE EINE SCHUTZMAUER ERRICHTET (BILDMITTE).

198 OBEN RECHTS
DETAIL DER VERRIEGELUNG EINES DER VERGOLDETEN SARGSCHREINE. DEUTLICH ZU SEHEN IST DAS SIEGEL DER NEKROPOLE VON THEBEN: EIN SCHAKAL ÜBER DEN NEUN BOGEN ALS SYMBOL DER BESIEGTEN FEINDE ÄGYPTENS.

198 RECHTS
EINER DER AUFREGENDSTEN MOMENTE BEI DER ERFORSCHUNG VON TUTANCHAMUNS GRAB: HOWARD CARTER (KNIEND) UND ARTHUR CALLENDER MIT DEM ÄGYPTISCHEN VORARBEITER ÖFFNEN DIE TÜR DES INNERSTEN SARGSCHREINS AUS VERGOLDETEM HOLZ, DER DEN QUARZIT-SARKOPHAG, DIE MUMIENSÄRGE UND DIE MUMIE DES KÖNIGS ENTHÄLT.

198–199 MITTE
HOWARD CARTER (LINKS) MIT ARTHUR CALLENDER UND EINEM ÄGYPTISCHEN HELFER BEIM EINPACKEN EINER VON TUTANCHAMUNS *KA*-STATUEN FÜR DEN TRANSPORT.

regieren könne. Die Botschaft erwähnt den Tod ihres Gatten und dass sie keine Söhne habe: »Die Leute sagen, dass du viele Söhne hast. Wenn du mir einen deiner Söhne schickst, wird er mein Gatte werden ... Niemals werde ich einen meiner Diener (Untertanen) nehmen, um ihn zu meinem Gatten zu machen.«

Der Hethiterkönig nahm die Bitte der Königin nicht ernst. »So etwas ist mir im ganzen Leben noch nicht begegnet«, war sein Kommentar. Ein halbes Jahr später schickte er dennoch einen Abgesandten, der die Angelegenheit untersuchen sollte, worauf die Königin ungehalten reagierte und eine weitere Botschaft an den Hethiterkönig sandte: »Wenn ich einen Sohn hätte, würde ich dann mein Land erniedrigt und so an einen Fremden geschrieben haben? ... Man sagt, du hast zahlreiche Söhne. Gib mir einen deiner Söhne, und er wird mein Gemahl sein und König im Lande Ägypten.«

Das überzeugte Schuppiluliuma von der Ehrlichkeit der Absichten der Königin, und er schickte seinen Sohn, Prinz Zannanza, nach Ägypten, begleitet von einer bewaffneten Eskorte und Kurieren mit Geschenken. Die Ägypter erfuhren von den Plänen der Königin und ihrer Korrespondenz mit dem hethitischen Hof und ließen – möglicherweise unter Leitung Haremhabs – den fremdländischen Prinzen ermorden, bevor er das Ziel seiner Reise erreichte. Etwa um dieselbe Zeit verschwindet Anchesenamun von der Bildfläche. Der erzürnte Hethiterkönig plante daraufhin einen Rachefeldzug gegen Ägypten, setzte sein Heer aber dann doch nicht in Marsch. Offensichtlich hatte Haremhab wirksame Schritte eingeleitet, die Nordostgrenze gegen eine mögliche Invasion zu verteidigen. Eje starb zwei Jahre nach diesen Ereignissen, und mit Haremhab als Pharao auf dem ägyptischen Thron begann eine neue Ära der Stabilität und Ordnung, während der auch die Restauration des Amun-Re-Kults und der Tempel der Götter energisch vorangetrieben wurde. Unter Haremhab und seinen Nachfolgern erstarkte Ägypten für rund hundertfünfzig Jahre wieder zur Weltmacht.

Wann immer von Tutanchamun die Rede ist, fällt auch der Name seines Entdeckers, Howard Carter. Die sensationelle Auffindung des Grabes 1922 gilt als eine der bedeutendsten Leistungen der Archäologie.

Im 19. Jahrhundert erlaubte ein Erlass des Khediven den Konsuln ausländischer Staaten, überall in Ägypten »legale« Ausgrabungen vornehmen zu lassen und die Funde zu behalten. Später überließ man den Ausgräbern etwa die Hälfte der Funde. Bei illegalen Ausgrabungen waren die meisten Gräber und Tempel völlig leer geräumt worden, und dabei waren auch solche Stücke verschwunden, die die Grabräuber in der Antike übersehen oder zurückgelassen hatten.

Während der gesamten ägyptischen Geschichte hatten Grabräuber königliche und private Begräbnisstätten geplündert. Ein altes ägyptisches Dokument aus der Zeit Ramses' IX. (1131–1112 v. Chr.) handelt von der Inspektion eines Königsgrabs, von dem man annahm, dass es von einer Bande aus treulosen Beamten und Arbeitern in der Nekropole von Theben heimgesucht worden war. Der Papyrus berichtet auch über die Gerichtsverhandlung und den Urteilsspruch. In keinem derartigen Protokoll wird jedoch Tutanchamuns Grabanlage erwähnt, und daraus konnte gefolgert werden, dass diese in Vergessenheit geraten und von den Grabräubern ganz einfach übersehen worden war.

199 RECHTS
DER TEILWEISE FREIGELEGTE EINGANG ZUR SARGKAMMER, BEWACHT VON DEN BEIDEN *KA*-STATUEN DES TUTANCHAMUN AUS VERGOLDETEM HOLZ. HINTER DEM EINGANG IST EIN TEIL DES ÄUSSEREN SARGSCHREINS ZU SEHEN.

199 RECHTS AUSSEN
DER AUFTRAGGEBER HOWARD CARTERS: DER ENGLISCHE ADELIGE GEORGE EDWARD STANHOPE MOLYNEUX HERBERT, SECHSTER EARL OF CARNARVON.

199 LINKS
DER SCHREIN MIT ZWEI FIGUREN DES TUTANCHAMUN AUF EINEM PAPYRUSBOOT UND EIN WEITERES STANDBILD DES KÖNIGS MIT DER ROTEN KRONE UNTERÄGYPTENS.

199 UNTEN
BEI IHRER ENTDECKUNG LAGERTEN IN DER VORKAMMER ÜBEREINANDER GESTAPELTE GEGENSTÄNDE, TEILE VON WAGEN, BESTATTUNGSBETTEN, SCHEMEL, KÄSTEN UND NAHRUNGSMITTEL.

1892 trat Howard Carter, ein Engländer, der seine archäologische Laufbahn als Zeichner des Egypt Exploration Fund in Beni Hassan und el-Bersha in Mittelägypten begonnen hatte, in die Dienste der ägyptischen Altertümer-Verwaltung. Er war Inspektor der Altertümer Unter- und Mittelägyptens, musste aber 1903 seine Stellung aufgeben, nachdem er sich geweigert hatte, sich bei einigen französischen Touristen zu entschuldigen, die er nach einem Streit von der Ausgrabungsstätte in Saqqara gewiesen hatte.

1908 trat Lord Carnarvon, der die Grabungskonzession in Theben erworben hatte, mit der Bitte an Carter heran, die Ausgrabungen zu leiten. Dabei wurden einige bedeutende Entdeckungen gemacht wie die Gräber Thutmosis' IV. und der Hatschepsut. 1914 unterbrach der Ausbruch des Ersten Weltkriegs die Arbeiten, die 1917 wieder aufgenommen wurden. Aber in den folgenden fünf Jahren stieß man nicht auf nennenswerte Funde.

Am 1. November 1922 nahm Carter im Auftrag Carnarvons die Grabungen im Tal der Könige wieder auf, nur wenige Meter östlich des Eingangs zum Grab Ramses' VI. Drei Tage später, am 4. November, stießen die Arbeiter auf einen Graben, der mit Kieselbruchstücken verfüllt war und zu einer aus dem gewachsenen Fels gehauenen Treppe führte. Unten endete die Treppe an einem zugemauerten und vergipsten Eingang mit dem Siegel der königlichen Totenstadt: der hundsköpfige Gott Anubis über den Neun Bogen, dem traditionellen Symbol für die unterworfenen Feinde Ägyptens.

Carter war davon überzeugt, auf ein Versteck gestoßen zu sein, das Gegenstände aus den königlichen Grabanlagen enthalten könnte. Dass er kurz davor stand, den bedeutendsten Königsschatz der letzten dreitausend Jahre zu entdecken, dürfte ihm kaum in den Sinn gekommen sein. Er ließ die Arbeiten unterbrechen und schickte seinem Auftraggeber Carnarvon in England ein Telegramm: »Endlich erstaunliche Entdeckung im Tal gemacht; großartiges Grab mit intaktem Siegel … Glückwunsch.«

Als Carnarvon eintraf, waren die sechzehn abwärts führenden Stufen und der Haupteingang freigelegt. Ein Gang führte etwa neun Meter weiter in die Tiefe und endete an einem weiteren zugemauerten Durchgang. In beide Eingänge waren Löcher geschlagen und durch den Schutt im Gang ein Tunnel gegraben worden. Obwohl man die Löcher vor langer Zeit wieder verschlossen und versiegelt hatte, stand damit fest, dass das Grab nach der Bestattung des Königs vor über 3300 Jahren zweimal »besucht« worden war. Beim ersten Mal hatte man aus der Vorkammer einige Goldgegenstände und Schmucksteine entwendet, beim zweiten Mal Salben und kostbare Öle aus ihren Behältern in Lederschläuche umgefüllt.

Am 26. November brachen Carter und seine Begleiter den ersten Stein aus dem vermauerten zweiten Eingang und erblickten »prachtvolle Gegenstände«, die im Vorraum glänzten und funkelten. Später notierte er: »Das war der Tag aller Tage, der wundervollste Tag, den ich je erlebt habe.« Der Königsname, mit dem einige Gegenstände beschriftet waren, ließ erkennen, dass es die Totenanlage des König Tutanchamun war, dessen Name zuvor nur auf wenigen Monumenten und vereinzelt auf bis dahin gefundenen Gegenständen aufgetaucht war. Die Grabanlage war über 3300 Jahre unberührt geblieben, seit unter Haremhab oder einem seiner Nachfolger die Namen der Ketzerfamilie, der Tutanchamun entstammte, systematisch

ausgelöscht und durch die anderer Könige ersetzt worden waren.
Die Schätze aus Tutanchamuns Grab bilden mit über 3500 Gegenständen die einzige vollständig erhalten gebliebene Grabausstattung aus einer der von hohem Wohlstand geprägten Epochen Ägyptens. Sie dokumentieren die Hochblüte der Kunst und des Handwerks dieser Periode und liefern Bilder von unschätzbarem Wert aus dem Tagesablauf eines Königs der Achtzehnten Dynastie.
Darunter befinden sich sein Schreibzeug mit Paletten aus verschiedenen Materialien – Holz, Elfenbein, Fayence und Stein –, von denen einige vom König benutzt worden sein könnten, denn die Farben zum Zeichnen und Schreiben sind berieben. Zu den Schreibgeräten des Pharaos gehören fein gearbeitete Röhrenbehälter für Schreibbinsen aus Holz mit Blattgoldauflage, eingelegt mit Schmucksteinen und Glas. Ein weiterer interessanter Gegenstand ist ein Glätter aus Elfenbein zum Glattstreichen der Papyrusoberfläche, dessen Stiel als stilisierte Lilie geformt ist.
Ein kunstvoll gestaltetes Salbölgefäß aus Kalzit ist aus mehreren Teilen zusammengesetzt. Um den Vasenkörper schlingen sich zwei heraldische Pflanzen, Lilie und Papyrus, die zusammen das *Sema-taui*-Zeichen für Vereinigung bilden. Das Gefäß wird von zwei Figuren der Nilgötter Ober- und Unterägyptens gehalten, die das königliche Paar mit Duftstoffen versorgen und die Einheit des Landes garantieren sollten.
Wir erfahren auch von den Zerstreuungen des Königs: Ein Spielekästchen auf einem Ebenholzständer in Gestalt eines auf einer Art Schlittenkufen stehenden Tisches ist ein weiterer aufschlussreicher Fund im Grabschatz des Tutanchamun. Die vierzig Spielfelder des oberen Bretts sind für das *Senet*-Spiel bestimmt, die zwanzig Felder auf dem unteren für das *Tjau*- oder Räuber-Spiel. Alle Felder sind mit Elfenbein eingelegt, und einige des *Senet*-Spiels tragen die Hieroglyphenzeichen für »Schönheit«, »Geister«, »Wasser« und »Gefahr«

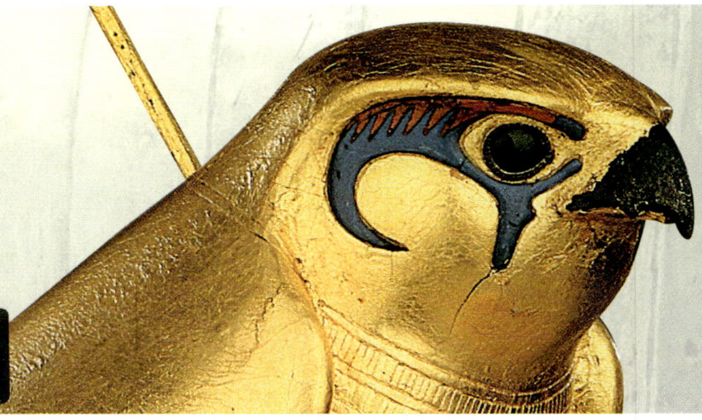

(oder »ins Wasser gefallen«). Leider wissen wir nichts über die Spielregeln. Es wird jedoch angenommen, dass der Gewinner das Feld »Schönheit« oder »Glück« erreichen musste. Die Knöchelchen oder Wurfstäbe, die in einer Schublade des Kästchens liegen, wurden geworfen, und der Spieler bewegte seinen Spielstein entsprechend. Im 17. Kapitel des *Totenbuchs* wird das Spiel als eine der Hauptbeschäftigungen der Toten in der Unterwelt erwähnt.
Einzig in seiner Art ist eine lebensgroße Holzplastik der Königs. Angeblich soll sie dem Schneider, der Tutanchamuns Gewänder anfertigte, als Modepuppe gedient haben, um den Sitz der Kleidungsstücke auszuprobieren, bevor sie dem König übergeben wurden. Die Ohren der Statue sind durchbohrt, um Ohrgehänge daran zu befestigen.
Viele auserlesene Schmuckstücke – 143 an der Zahl – hat man im Königsgrab gefunden, darunter durchbrochen gearbeitete Goldschließen, von denen eine den König auf seinem Streitwagen bei der Verfolgung von Feinden darstellt, eine andere eine vertrauliche Szene zwischen dem König und der Königin. Dazu gehören auch Halsbänder und -gehänge in meisterhafter handwerklicher Ausführung.
Die Farben der Schmucksteine spielen nicht nur bei der Gestaltung eines Schmuckstücks eine große Rolle, sie garantieren auch – als Amulette gearbeitet oder mit religiösen Inschriften versehen, als Skarabäen, Sonnenbarken und Symbole langen Lebens und Wohlstands – ihrem Träger ewiges Leben.
Die Möbelstücke, zum Beispiel Betten, Throne, Truhen und Schreine, zeugen von der hohen Kunst und fortgeschrittenen Technik des Möbelbaus, besonders im Hinblick auf Gestaltung, Reliefdekor und Vergoldung. Die Stühle aus der Grabanlage zeigen verschiedene Formen und gestalterische Originalität. Bei einigen, zusammenklappbar oder fest gefügt, handelt es sich um Zeremonialgegenstände, geschmückt mit den Hieroglyphen der Vereinigung. Kleine Klappstühle haben feste Sitze und Füße in Gestalt von Entenköpfen, die in die Querstreben beißen, welche die Beine verbinden.
Der Goldene Thron des Königs ist ein Meisterwerk. Er besteht aus Edelhölzern mit Goldblechüberzug und zeigt verschiedene Ornamente und Figuren. Auf der Innenseite ergießt die Sonnenscheibe Aton ihre Strahlen über König und Königin. Dieses Symbol stammt aus der Zeit der monotheistischen »Häresie«, als Aton die oberste Gottheit war. Die intime Szene des königlichen Paares mit der Königin, die den in gelöster Haltung sitzenden König mit wohlriechenden Ölen salbt, ist so romantisch, dass sie die Aufmerksamkeit voll und ganz in Anspruch nimmt. Beide Personen tragen elegante Gewänder und königliche Accessoires, darunter zeremonielle Kronen, prachtvolle Perücken aus blauem Glas, breite Halskragen und reich verzierte Sandalen. Die Körper sind mit farbigem Glas und Schmucksteinen eingelegt, die Gewänder bestehen aus Silber. Schützende Symbole zieren die Seiten der Armlehnen: zwei geflügelte Kobras mit der Doppelkrone und zwei vollplastische Löwenköpfe, die wohl den östlichen und den westlichen Horizont repräsentieren.
Ein weiteres bedeutendes Sitzmöbel wurde ebenfalls für zeremonielle Zwecke geschaffen – möglicherweise für die Krönung. Die Rücklehne ist mit feinem Relief und durchbrochener Arbeit verziert und zeigt Heh, den Gott der Ewigkeit, der das Zeichen der »zwei Jahre« auf dem Zeichen der Ewigkeit hält. Er ist von der Sonne bekrönt und kniet auf dem Symbol für Gold. Hier schützt er die Namen des Tutanchamun und garantiert langes Leben. Darüber erscheint golden die geflügelte Sonne.
Die Kleidungsstücke, Handschuhe, Sandalen, Zepter und geheiligten Symbole umfassen die

komplette Ausstattung eines Königs, die dieser während seines Erdenlebens und auf der Reise in die jenseitige Welt benutzte. Die sechs in Einzelteile zerlegten Pferdewagen, die in der Vorkammer gefunden wurden, zeigen unterschiedliche Bauweisen und teilweise auch Gebrauchsspuren. Einer der Wagen ist mit vergoldeten Reliefs reich verziert. Dargestellt sind afrikanische und asiatische Feinde, die vom König zu Boden getreten werden. Ihre Gesichter weisen dabei die typischen ethnischen Merkmalen auf.

Die Vorkammer enthielt auch fünfzig Waffen, darunter Schwerter, Dolche, Schilde und Bogen. In eine der Trompeten aus vergoldeter Bronze ist eine Figur des Königs eingraviert, wie er von Amun-Re, Ptah und Re-Harachte beschützt und gesegnet wird. Die Trompete hat keine Ventile, aber ihr lag ein hölzerner Stopfer bei, der wahrscheinlich zur Veränderung des Klangs oder, mit einem Tuch überzogen, zum Reinigen benutzt worden ist. Er könnte auch als Einsatz gedient haben, um den Trichter vor Beschädigungen zu schützen.

Die im Bestattungsschatz gefundenen Gegenstände liefern auch Beweise für den altägyptischen Glauben an ein Leben nach dem Tod und stehen in Bezug zu verschiedenen Gottheiten der Unterwelt. Vergoldete Figuren des Königs zeigen diesen auf naturalistische Weise in unterschiedlichen Stellungen und bei verschiedenen Verrichtungen. Zweimal ist er in einem Boot dargestellt, wie er ein Nilpferd harpuniert, das Symbol des Bösen und der Feind des Sonnengottes. In der Gestalt des Horus rächt er den Tod des Osiris. Ein weiteres Statuenpaar zeigt den König, angetan mit der Krone Oberägyptens, auf einem Leoparden. In der einen Hand hält er die Geißel, in der anderen einen Stab. Diese Statuen könnten ins Grab gelegt worden sein, um den König zu beschützen und ihn über die Gefahren des Nachlebens triumphieren zu lassen.

Schließlich sind noch die Gegenstände zu erwähnen, die in Zusammenhang mit dem Bestattungszeremoniell und der Grablegung stehen. Sie umfassen alles, was für die Vorbereitungen zur Unsterblichkeit erforderlich ist. Geheimnisvolle Zeichen bieten dem Verstorbenen Schutz vor üblen Mächten und helfen ihm bei der Auferstehung. Man hat Speise und Trank gefunden, Statuen und Sarkophage, Goldmasken und Schreine ebenso wie kleine goldene Kanopensärge für die inneren Organe, Kanopengefäße und -schreine. Geweihte Schiffsmodelle sollten dem König beliebige Reisen durch die Unterwelt ermöglichen.

Die Wandmalereien in Tutanchamuns Sargkammer (KV 62) zeigen unter anderem Begräbniszeremonien, Szenen und Texte der Riten, die nach dem Tod des Königs stattgefunden haben. Die Feierlichkeiten leitete sein Nachfolger Eje. Üblicher-

200 gegenüber links
Spiegelbehälter
JE 62349

Holz, Blattgold und -silber, Schmucksteine, Glaspasten
Höhe 27 cm
Tal der Könige
Grab des Tutanchamun (KV 62)
Entdeckt von H. Carter (1922)
18. Dynastie
Regierungszeit des Tutanchamun (1333–1323 v. Chr.)

200
Der Gott Ihi
JE 60731

Holz, schwarzer Harz
Höhe 63,5 cm
Tal der Könige
Grab des Tutanchamun (KV 62)
Entdeckt von H. Carter (1922)
18. Dynastie
Regierungszeit des Tutanchamun (1333–1323 v. Chr.)

200 rechts
Falke (Ausschnitt)
JE 60712

Holz, Blattgold, Bronze
Höhe 69,2 cm, Tal der Könige, Grab des Tutanchamun (KV 62)
Entdeckt von H. Carter (1922)
18. Dynastie
Regierungszeit des Tutanchamun (1333–1323 v. Chr.)

201 unten
Breite Liege
JE 62014

Ebenholz, Blattgold, bemalt, Länge 185 cm, Breite 90 cm, maximale Höhe 76 cm
Tal der Könige
Grab des Tutanchamun (KV 62)
Entdeckt von H. Carter (1922)
18. Dynastie
Regierungszeit des Tutanchamun (1333–1323 v. Chr.)

201 unten
Bestattungsbett mit der Kuhgöttin Mehet-weret (Ausschnitt)
JE 62013

Holz und Gips, vergoldet, bemalt
Höhe 188 cm,
Breite 128 cm,
Länge 208 cm
Tal der Könige
Grab des Tutanchamun (KV 62)
Entdeckt von H. Carter (1922)
18. Dynastie
Regierungszeit des Tutanchamun (1333–1323 v. Chr.)

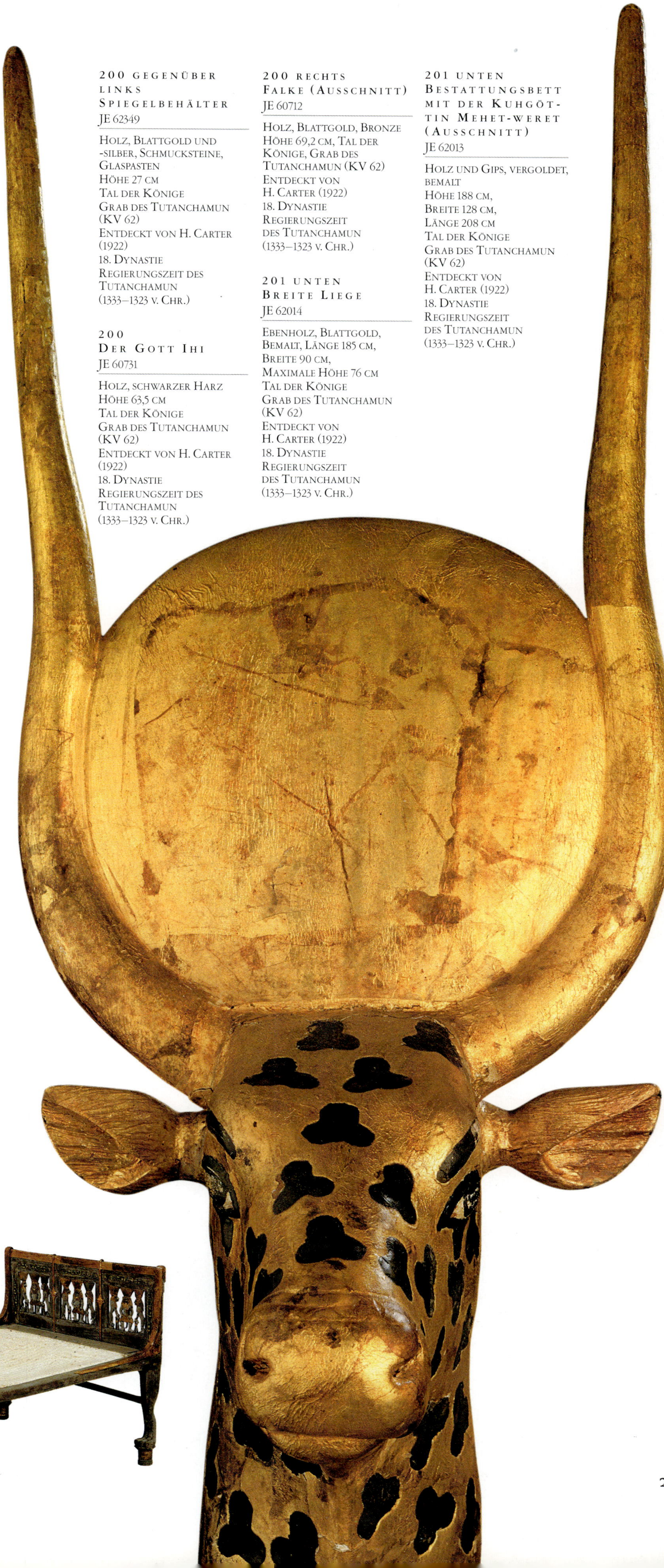

weise wäre diese Aufgabe dem ältesten Sohn des Pharao zugefallen, aber die Ehe mit Anchesenamun war kinderlos geblieben. Möglicherweise hatte Tutanchamuns Gemahlin zwei Fehlgeburten, denn mit ihm wurden zwei Föten, wahrscheinlich weibliche, bestattet. Es ist also Eje, der auf den Malereien das Ritual der »Öffnung des Mundes« vollzieht. Daneben finden sich Szenen, die den König mit Osiris gleichsetzen oder darstellen, wie er von der Göttin Nut in der Unterwelt willkommen geheißen wird.

Der Totenschatz des Tutanchamun könnte ein Hinweis darauf sein, dass jedes Königsgrab in Theben genauso reich oder sogar noch prächtiger ausgestattet war. Andererseits könnte man den Schatz als Zeichen der Liebe und Wertschätzung deuten, die dem König von der Priesterschaft und seinen Hofbeamten entgegengebracht wurden, so dass sie ihm in Anerkennung seiner Verdienste bei der Wiedereinführung der Verehrung Amuns und der anderen Gottheiten alle diese wunderbaren Gegenstände vermachten. Dies könnte eine plausible Erklärung für die außergewöhnlich reichhaltige Grabausstattung sein; denn dieser Pharao verkörperte keine Einzelperson, sondern ein theologisches Dogma.

Die meisten Funde aus Tutanchamuns Grab wurden ins Ägyptische Museum nach Kairo gebracht und sind dort ausgestellt. Manche befinden sich in einem Depot in Theben, einige wenige sind im Museum in Luxor zu sehen. Tutanchamuns Mumie hat man – pietätvoller als die Ausgräber des 19. Jahrhunderts – im Grab belassen. Sie ruht im ersten vergoldeten Holzsarg, der im äußeren Sarkophag aus Quarzit liegt. Ihr Zustand ist allerdings sehr schlecht.

202 LINKS
HALSKETTE MIT SKARABÄEN-PEKTORAL
JE 61896

GOLD, LAPISLAZULI, KARNEOL, GRÜNER FELDSPAT, TÜRKIS
LÄNGE 50 CM

TAL DER KÖNIGE
GRAB DES TUTANCHAMUN (KV 62)
ENTDECKT VON H. CARTER (1922)
18. DYNASTIE
REGIERUNGSZEIT DES TUTANCHAMUN (1333–1323 V. CHR.)

202–203
MIEDER EINES PRUNKGEWANDES
JE 62627

GOLD, GLASPASTE, ELFENBEIN, KARNEOL
HÖHE 40 CM, LÄNGE 85 CM

TAL DER KÖNIGE
GRAB DES TUTANCHAMUN (KV 62)
ENTDECKT VON H. CARTER (1922)
18. DYNASTIE
REGIERUNGSZEIT DES TUTANCHAMUN (1333–1323 V. CHR.)

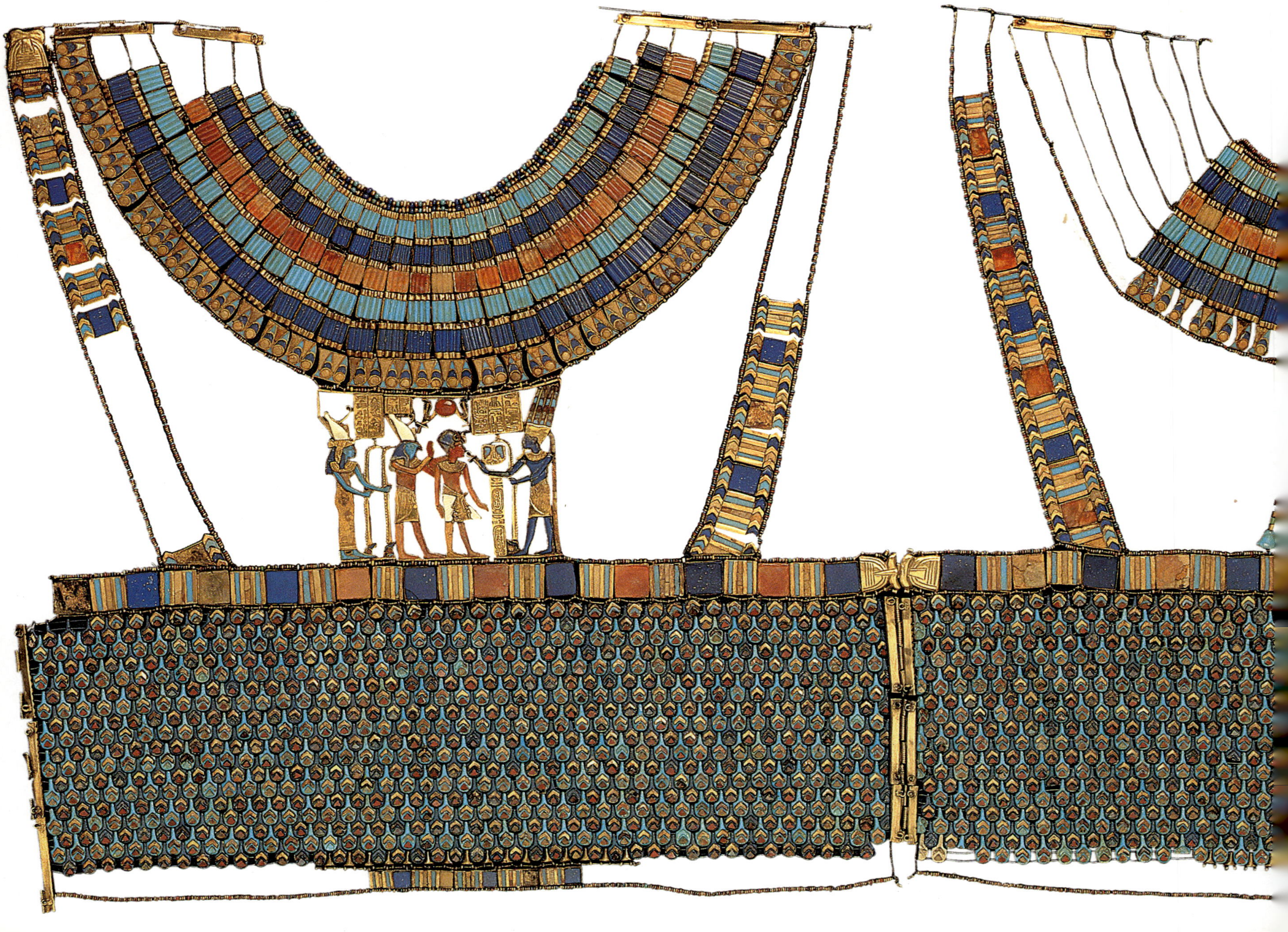

Bevor Howard Carter und seine Helfer die Gegenstände aus dem Grab schafften, wurde diese an den ursprünglichen Fundstellen in Gruppen fotografiert und einzeln nummeriert. Sodann wurden provisorische Restaurierungen und Maßnahmen für den sicheren Transport durchgeführt. Anschließend brachte man die Funde ins Grab Sethos' II., wo man ein Laboratorium für Ausbesserungen eingerichtet hatte und wo die Fundgegenstände verpackt wurden. Nach der Überführung nach Kairo wurden die Stücke für die Ausstellung im Museum hergerichtet. Wie nicht anders zu erwarten, reichten die Räume für die Aufnahme dieses wichtigen neuen Fundes aus über 3500 Objekten nicht aus. Die Ausstellungsstücke im ersten Stock mussten ausgelagert werden, um Platz für den Schatz des Tutanchamun zu schaffen.

Im April 1923, nur kurze Zeit nach der Entdeckung des Grabs, starb Lord Carnarvon in einem Krankenhaus in Kairo an einer Blutvergiftung, die er sich in Luxor zugezogen hatte und zu der eine Lungenentzündung hinzugekommen war. Rasch verbreitete sich das Gerücht von der »Rache des *ka*«, besser bekannt als »Fluch des Pharao«.

Wir glauben jedoch nicht, dass es der »Fluch des Pharao« gewesen ist, der Lord Carnarvon dahingerafft hat, sondern dass es sich um ein zufälliges Ereignis handelte. Der Fluch hätte, wenn überhaupt, eher Carter treffen müssen. Dieser aber lebte noch siebzehn Jahre und erfreute sich des Ruhms seiner grandiosen Entdeckung.

203 Mitte
Ring mit der Sonnenbarke
JE 62450

Gold, Fayence
Länge 2,8 cm
Tal der Könige
Grab des Tutanchamun (KV 62)
Entdeckt von H. Carter (1922)
18. Dynastie
Regierungszeit des Tutanchamun (1333–1323 v. Chr.)

203 unten
Pektoral mit Isis und Nephthys
JE 61945

Gold, Quarz, Glaspaste
Höhe 12 cm
Breite 16,3 cm
Tal der Könige
Grab des Tutanchamun (KV 62)
Entdeckt von H. Carter (1922)
18. Dynastie
Regierungszeit des Tutanchamun (1333–1323 v. Chr.)

ÜBER DEN AUTOR

Mohammed Saleh, 1939 in Kairo geboren, studierte dort Ägyptologe und vervollständigte seine Studien an der Universiät Heidelberg. Ursprünglich arbeitete er als Inspektor für Altertümer in Luxor, dann als Kurator und stellvertretender Direktor am Ägyptischen Museum in Kairo. 1981 wurde er zum Direktor ernannt. Er hat eine Reihe bedeutender wissenschaftlicher Aufsätze für Fachzeitschriften und zahlreiche Bücher über Ägyptologie geschrieben, außerdem mehrere Fernsehreportagen über das Ägyptische Museum und die Stadt Kairo gemacht. 1984 wurde ihm von der französischen Regierung das Kreuz der Ehrenlegion verliehen. Gegenwärtig hält er Vorlesungen an der Universität Kairo.

JE 60707 – 60708

KA-STATUEN DES TUTANCHAMUN

Holz, schwarzer Harzüberzug, vergoldet
Höhe 192 cm, Breite 53,3 cm, Länge 98 cm, Tal der Könige
Grab des Tutanchamun (KV 62), entdeckt von H. Carter (1922)
18. Dynastie, Regierungszeit des Tutanchamun (1333–1323 v. Chr.)

Die beiden Statuen standen einander gegenüber im Vorraum des Königsgrabs zu beiden Seiten des versiegelten Eingangs zur Sargkammer. Bei ihrer Entdeckung fand man Reste der Leinentücher, in die man sie eingewickelt hatte, zusammen mit zwei Kränzen aus Olivenzweigen als Opfergaben; einer lag auf dem Boden, der andere lehnte noch an der Wand.

Die wegen ihrer Lebensgröße und der glänzenden, schwarzen Oberflächenbehandlung des Holzes bemerkenswerten Figuren zeugen von der Kunstfertigkeit des Künstlers, der sie geschaffen hat. Es ist ihm gelungen, ihnen eine Ausstrahlung von fast übernatürlicher Macht zu verleihen, die sie als Wächter der Sargkammer ausübten. Die schwarze Körperfarbe diente jedoch nicht zur Abschreckung von Grabräubern, wie man vermuten könnte, sondern ist ein Akt der Ehrerbietung gegenüber der Erde. Als Personifikation des *ka* des Königs, der unzerstörbaren Emanation seiner schöpferischen Persönlichkeit, beschwören sie die Wiedergeburt und immer wiederkehrende Auferstehung des Osiris.

Die Statuen zeigen nur geringfügige Abweichungen: Die eine trägt als Kopfbedeckung ein *Chat*-Kopftuch, die andere eine *Nemes*-Kopftuch, und die Schurze sind jeweils anders beschriftet. Der König ist in schreitender Stellung dargestellt, mit einer Streitkeule in der Rechten und einem Langstab aus Papyrusrohr in der Linken. Ein Uräus aus vergoldeter Bronze schmückt die Stirn, die Augen sind wie die Brauen mit vergoldeter Bronze eingelegt und umrandet. Als Brustschmuck dient ein vergoldeter *Usech*-Halskragen mit Pektoral. Der plissierte Schurz wird um die Hüften von einem Gürtel gehalten, der hinten und auf der Schnalle mit dem Thronnamen des Königs, *Nebcheperure*, beschriftet ist. Das ausgestellte trapezförmige Vorderteil des Schurzes der Statue mit dem *Chat*-Kopftuch trägt die vertikale Inschrift »Der vollkommene Gott, reich an Glorie, der König, auf den man stolz sein kann, der königliche *ka* des Harachte, der Osiris, und Herr der beiden Länder, *Nebcheperure*, gerechtfertigt«. Die Inschrift der anderen Figur nennt den Geburtsnamen des Pharaos, »Tutanchamun, beschenkt mit Leben ewiglich, wie Re, jeden Tag«. Beide Statuen tragen Armbänder und Sandalen aus vergoldeter Bronze.

Obwohl die Statuen einige Jahre nach dem Ende der Amarna-Zeit entstanden sind, zeigen sie doch deutlich den Einfluss dieser Stilrichtung in den gewölbten Bäuchen, schlanken Beinen und durchstochenen Ohrläppchen. (R. P.)

JE 61444

Tragbarer Anubis-Schrein

Holz, stuckiert und mit schwarzem Harzüberzug,
Blattgold, Silber, Gold, Quarz, Obsidian
Gesamthöhe 118 cm, Gesamtlänge 270 cm, Breite 52 cm
Tal der Könige, Grab des Tutanchamun (KV 62)
Entdeckt von H. Carter (1922)
18. Dynastie, Regierungszeit des Tutanchamun (1333–1323 v. Chr.)

Der Tragschrein mit der liegenden Gestalt des schakalköpfigen Gottes Anubis stand hinter dem Eingang der Schatzkammer; die Schnauze dem Sarkophag in der Grabkammer zugewandt. Als Carter sie fand, war sie in ein Leinentuch gehüllt, in welches das Datum des siebten Jahres der Regierung Echnatons eingewebt war. Um den Hals war ein Schal aus feinerem Leinen geschlungen, und darunter hatte man eine Schärpe über einen Blütenkranz gebunden. Zwischen den Vorderpfoten des Schakals lag eine Elfenbeinpalette mit dem eingravierten Namen der Prinzessin Meritaton, einer Tochter Königin Nofretetes.

Wie es der Tradition entsprach, war Anubis als Canide dargestellt und lag auf einem Schrein. Diese Darstellungsform reicht weit in die Geschichte zurück und erscheint auch in Texten, wenn der Gott als »Vorsteher des Gotteszeltes« angesprochen wird.

Der Tierkörper ist sehr sorgfältig gearbeitet. Das Fell ist straff gespannt und lässt das Knochengerüst und die Sehnen unter der Haut erkennen. Der hoch aufgerichtete Kopf und die gespitzten Ohren vermitteln den Eindruck von erhöhter Wachsamkeit. Auch der an der Rückseite des Schreins herabhängende lange Schwanz verrät die Anspannung des Körpers.

Die Statue ist aus Holz geschnitzt, mit Gips grundiert und schwarz gefasst. Nur die Innenseite der Ohren und das Halsband sind mit Blattgold belegt. Die Augen bestehen aus Kalzit mit Pupillen aus Obsidian und sind goldumrandet; auch die Augenbrauen sind vergoldet. Für die Krallen wurde Silber verwendet. Der Schrein, auf dem die Anubis-Statue liegt, besteht aus Holz mit Gipsgrundierung und Blattgoldauflage. Er hat ein vorspringendes Gesims und leicht abgeschrägte Seitenwände. Unter den Verzierungen der Längsseiten findet sich ein zweireihiges Band aus paarigen *Djed*-Pfeilern, die mit paarigen Isis-Knoten abwechseln. Jede Seite ist mit Hieroglypheninschriften gerahmt, und im unteren Band findet sich das Motiv der »Palast-Fassade«.

Zu diesem Schrein gehört auch eine hölzerne Trage. Vorn und hinten ragen jeweils zwei Stangen für die Träger heraus, auf deren Schultern die Statue auf Prozessionen mitgeführt wurde.

Der Deckel des Schreins ist aufklappbar. Im Innern lagen zahlreiche Amulette aus Fayence, acht Pektorale und zwei Kalzitvasen, von denen eine mit einer teerartigen Masse gefüllt war. Die Gegenstände waren ursprünglich in Stoff eingehüllt und ordentlich in den Schrein gelegt worden. Als Carter sie fand, lag alles wirr durcheinander. Offenbar hatten Grabräuber den Behälter durchwühlt in der Hoffnung, auf weitere kostbare Schmuckstücke zu stoßen. (F. T.)

JE 60714

Tutanchamun auf dem Rücken eines Leoparden

Holz, vergoldet; schwarzer Harzüberzug; Höhe 85,6 cm; Tal der Könige
Grab des Tutanchamun (KV 62), entdeckt von H. Carter (1922)
18. Dynastie, Regierungszeit des Tutanchamun (1333–1323 v. Chr.)

Insgesamt 34 Holzplastiken hat man in der Grabanlage des Tutanchamun gefunden. Sieben davon waren Porträts des Pharao, die übrigen 27 zeigen verschiedene Gottheiten aus dem Pantheon des alten Ägyptens. Die meisten Statuen standen in schwarzen Holzkästen auf Schlitten an der Südwand der Schatzkammer aufgereiht. Ein Statuenpaar in einem der Kästen ist nahezu identisch und zeigt den Pharao auf dem Rücken eines Leoparden.

Das Bildnis des Königs ist sehr kunstvoll aus besonders hartem Holz geschnitzt, mit Gips grundiert und vollständig mit Blattgold bedeckt. Tutanchamun hält einen langen Stab in der einen Hand und in der anderen die Geißel als Zeichen seiner Macht. Er trägt die Weiße Krone Oberägyptens mit der königlichen Kobra auf der Stirn. Der Schlangenkörper ist schwarz staffiert.

Die Modellierung von Kopf und Körper zeigt noch stilistische Einflüsse der Amarna-Zeit. Bestimmte Körperteile sind betont und übertrieben wiedergegeben, zum Beispiel der lange, nach vorn geneigte Hals, die schwellende Brust, die Rundung des Bauchs und die herabgezogene Taille. Das lässt vermuten, dass die Statue vielleicht für Echnaton geschaffen worden sein könnte. Diese Hypothese erhält zusätzliches Gewicht durch den Umstand, dass die Figur bei ihrer Entdeckung in Leintücher gewickelt war, deren Beschriftung in das dritte Jahr der Regierung Echnatons verweist.

Das Gesicht mit den jugendlichen Zügen hat mit Obsidian, Bronze und Glas eingelegte Augen. Der Oberkörper ist nackt, Brust und Schultern sind von einem breiten Halsschmuck bedeckt, der unten mit einer Reihe tropfenförmiger Perlen abschließt. Die Kleidung des Pharao besteht aus einem knielangen, engen Schurz, der unter dem Nabel verknotet und fein plissiert ist. Die Füße stecken in Sandalen.

Die Königsstatue steht auf einem rechteckigen schwarzen Sockel und dieser wiederum auf dem durchgebogenen Rücken eines ebenfalls schwarzen Leoparden. Das langsam und vorsichtig gehende Tier ist sehr naturalistisch wiedergegeben. Die Umrisse des Körpers sind geschmeidig und elegant, der Kopf mit vergoldeten Ohren und Schnauze ist leicht gesenkt. Ein weiterer rechteckiger schwarzer Holzsockel bildet die Basis der Figurengruppe.

Die Komposition war nicht als Jagdgruppe gedacht, denn der König trägt keine Jagdwaffen. Vielmehr hat sie symbolische Bedeutung. Der Leopard könnte als Allegorie des Himmels zu verstehen sein, der in prädynastischer Zeit als Leopard dargestellt wurde, der die untergehende Sonne verschlingt, auf dass sie sich am nächsten Morgen wieder verjünge und erneuere. Die Gesamtvergoldung des Königs könnte ihn als Sonnengott symbolisieren.

Nach einer anderen Deutung, die durch eine Darstellung im Grab Sethos' I. gestützt wird, bedeutet die Vergoldung des als Sonnengott porträtierten Königs, dass er sich in der Unterwelt befindet, und der Leopard ist schwarz bemalt wie alle Bewohner der Unterwelt. (S. E.)

JE 60709

Tutanchamun auf einem Papyrusnachen

Holz, stuckiert und vergoldet; Bronze
Höhe 69,5 cm, Breite 18,5 cm, Länge 70,5 cm
Tal der Könige, Grab des Tutanchamun (KV 62)
Entdeckt von H. Carter (1922)
18. Dynastie, Regierungszeit des Tutanchamun (1333–1323 v. Chr.)

Die Schatzkammer in Tutanchamuns Grabanlage enthielt zweiundzwanzig schwarz bemalte hohe Kästen oder Schreine, von denen jeder eine oder mehrere Holzstatuen des Königs oder von Gottheiten aus dem ägyptischen Pantheon enthielt.

Alle Figuren in diesen Schreinen stehen auf rechteckigen Sockeln, und bei ihrer Entdeckung waren sie in Leinentücher gehüllt, die sich ins dritte Regierungsjahr Echnatons datieren lassen.

Ein Statuenpaar aus vergoldetem Holz zeigt Tutanchamun aufrecht stehend auf einem Papyrusnachen bei der mythisch-symbolischen Jagd auf das Nilpferd, das Sinnbild des Bösen. Der Pharao ist als Verkörperung des Horus dargestellt, jenes Gottes, der gemäß der Überlieferung gegen den bösen Seth kämpfte, um die Ermordung seines Vaters Osiris zu rächen. Seth wurde in ein Nilpferd verwandelt und schließlich besiegt.

Wie dem siegreichen Gott Horus fällt auch dem Pharao Tutanchamun die Aufgabe zu, gegen das Böse zu kämpfen und die Weltordnung aufrechtzuerhalten, deren alleiniger Garant er ist. Man sieht den König, wie er den langen Speer gegen seinen Feind schleudert. Er hat einen weiten Schritt nach vorn getan und konzentriert sich auf seine Aufgabe.

Tutanchamun trägt die Krone Unterägyptens mit der königlichen Kobra, die sich über dem jugendlichen, fein gezeichneten Gesicht erhebt. Seine Augen sind eingelegt und dunkel umrandet. Um den Hals liegt ein *Usech*-Kragen, dessen Perlenreihen in das Holz geschnitzt sind. Die weiche Modellierung des nackten Oberkörpers und die hervortretenden Brustmuskeln, der gerundete Bauch und die herabgezogenen Hüften verraten Stileinflüsse der Amarna-Kunst, die um diese Zeit noch spürbar waren.

Die separat gearbeiteten, angesetzten Arme betonen die dynamische Körperhaltung des Pharaos. In der rechten Hand hält er den langen Speer, in der linken eine eingerollte Schnur aus Bronzedraht, mit der das erlegte Tier an Land gezogen werden sollte.

Tutanchamun trägt einen vorn geschlossenen, plissierten Schurz. Die angedeuteten Falten fallen in verschiedene Richtungen und geben dem Kleidungsstück Fächerform. Durch den weit ausholenden Schritt ist der Stoff gespannt und lässt die Beinmuskulatur erkennen. Des Pharaos Füße stecken in Sandalen, die Bestandteil seiner offiziellen Kleidung waren.

Der ausgestreckte Fuß liegt flach auf dem Papyrusnachen, der zurückgezogene steht auf den Zehen. So nimmt der König die natürliche Stellung eines Mannes ein, der ein Ziel ins Auge fasst und den Speer zum Wurf hebt.

Das schmale Gefährt, das den König trägt, entspricht den einfachen, aus Papyrusrohr zusammengebauten Booten der alten Ägypter. Es ist mit grüner Farbe bemalt, Bug und Achtersteven sind zusammengebunden, in Form einer Papyrusblüte geformt und vergoldet. Das Floß steht auf einer Sockelplatte aus geschwärztem Holz. (S. E.)

JE 61476

Vergoldete Holztruhe

Holz, bemalt und eingelegt, Fayence
Höhe 39 cm, Länge 49,5 cm
Tal der Könige, Grab des Tutanchamun (KV 62)
Entdeckt von H. Carter (1922)
18. Dynastie, Regierungszeit des Tutanchamun (1333–1323 v. Chr.)

In der Westecke der Vorkammer der Grabstätte des Tutanchamun stapelten sich zahlreiche Kästen, Truhen und Sitzmöbel bunt übereinander, so wie die Räuber, die in der Antike in das Grab eingedrungen waren, sie zurückgelassen hatten. Die Aufbewahrungsmöbel sind fast alle von rechteckiger Form, mit flachen, gewölbten oder giebelförmigen Deckeln. Mit Ausnahme der aus Kalzit und Rohr gefertigten bestehen alle aus Holz mit Einlegear-

beiten in Elfenbein, Blattgold, Türkis oder Glaspaste. Viele Behälter tragen hieratische oder Hieroglypheninschriften, aus denen Funktion und Inhalt hervorgehen, gefolgt vom Namen des Königs und den rituellen Beschwörungen von »Leben, Stärke und Gesundheit« des Königs.

Diese Truhe hat die Form eines rechteckigen Kastens mit quadratischen Füßen. Der Deckel ist gewölbt und zeigt damit den Dachumriss des oberägyptischen Kapellentyps. Zwei knopfartige Rundscheiben aus Fayence – die eine auf der Deckelwölbung, die andere auf der Mittenachse einer der Schmalseiten – dienten zum Befestigen des Deckels mittels einer Schnur.

Die reiche, elegant wirkende Verzierung wird von zwei Farben beherrscht. Die Bildfelder sind von einem rechteckigen Rahmen aus geometrischen Motiven umgeben, die einen wirksamen Kontrast zu den Darstellungen – ein Fond aus blauer Fayence, vergoldete Figuren – liefern.

Das Dekor der Längsseiten besteht aus fünf Kartuschen zwischen gegenständigen Schlangenmotiven, die von der Sonnenscheibe bekrönt sind. In den Kartuschen steht der Geburtsname des Pharao, Tutanchamun, abwechselnd mit seinem Thronnamen *Nebcheperure*. Die gleichen Kartuschen zieren auch die beiden Schmalseiten der Truhe, wo sie das Zentrum des Bildfelds einnehmen und von zwei knienden Heh-Figuren mit dem Symbol der »Millionen Jahre« flankiert werden.

(R. P.)

JE 61496

Salbenbehälter

Gold, Silber, Schmucksteine, Glaspaste
Höhe 16 cm, Breite 8,8 cm, Tiefe 4,3 cm
Tal der Könige, Grab des Tutanchamun (KV 62)
Entdeckt von H. Carter (1922)
18. Dynastie, Regierungszeit des Tutanchamun (1333–1323 v. Chr.)

Dieses Salbengefäß in der ungewöhnlichen Form einer Doppelkartusche wurde zur Aufbewahrung von Salböl verwendet, dessen Reste sich noch darin befanden. Die Standfläche besteht aus einer rechteckigen Silberplatte, verziert mit einem Fries aus *Anch*-Hieroglyphen, die mit dem *Was*-Zepter, dem Zeichen der Macht, abwechseln. Die Gefäßwandungen sind mit Glaspaste und Schmucksteinen eingelegt.

Der auf der Standfläche befestigte, kartuschenförmige Doppelbehälter besteht aus Gold und ist mit jeweils einem stilisierten Federpaar aus Einlegearbeit in roter und blauer Glaspaste bekrönt. Am Fuß der beiden Federnpaare ist jeweils eine Sonnenscheibe befestigt. Die Bekrönungen sind oben und unten durch Goldstege verbunden und dienen als Handgriffe der Deckel, welche die Behälter verschließen.

Die Wandungskartuschen enthalten hier nicht die Namen des Königs, sondern zeigen diesen auf der *Heh*-Hieroglyphe sitzend, gekleidet in ein langes, plissiertes Gewand und geschmückt mit einem breiten Halskragen. In den Händen hält er die Königsinsignien – Zepter und Geißel. Auf seiner Stirn erhebt sich als Symbol pharaonischer Macht die Kobra. Über dem Kopf des Königs schwebt die Sonnenscheibe, aus der zu beiden Seiten königliche Uräen mit dem *Anch*-Symbol um den Schlangenleib hervortreten. Die unbekleideten gelben Körperteile des Königs sind mit dem gleichen Material eingelegt wie die Sonnenscheibe.

Die Bildinhalte der beiden Kartuschenpaare weichen voneinander ab. Auf der einen Seite trägt der König den langen schwarzen Zopf, wie ihn traditionell die Knaben tragen, und hat die Hände vor der Brust gefaltet. Auf der anderen Seite (Abbildung) trägt er die Blaue Krone, und die Hände ruhen auf den Knien. Gesicht und Krone in der linken Kartusche haben sich schwarz verfärbt.

Die Schmalseiten des Behälters zeigen beide den Gott der Ewigkeit, Heh, wie er auf der *Heb*-Hieroglyphe kniet und zwei Palmwedel hält, Symbol der »Millionen Jahre«. An einem Ellbogen hängt die *Anch*-Hieroglyphe. Neben seinen Schultern befinden sich zwei von der Sonne bekrönte Kartuschen mit dem Namen des Tutanchamun. Über dem Kopf Hehs ist ein geflügelter Skarabäus dargestellt, mit einer Sonnenscheibe zwischen den Vorder- und der *Neb*-Hieroglyphe zwischen den Hinterbeinen. Dieses Symbol ist einer der drei Bestandteile, aus denen sich der Thronname des Königs, *Nebcheperure*, zusammensetzt. Die ornamentale Symbolik auf diesem Behälter enthält den Wunsch nach langem Leben und ewiger Regierung des Königs.

(S. E.)

JE 61490

Spielkästchen

Ebenholz und Elfenbein
Spielbrett: Höhe 8,1 cm, Breite 16 cm, Länge 46 cm
Ständer: Höhe 20,2 cm, Länge 55 cm
Tal der Könige, Grab des Tutanchamun (KV 62)
Entdeckt von H. Carter (1922)
18. Dynastie, Regierungszeit des Tutanchamun (1333–1323 v. Chr.)

Das formschöne, aus mehreren Teilen gefertigte Kästchen ist das größte von insgesamt vier gleichartigen Kleinmöbeln aus der Seitenkammer der Bestattungsanlage des Tutanchamun. Der rechteckige Spielkasten liegt auf einem Gestell mit vier Beinen in Form teilvergoldeter Löwentatzen, die wiederum auf einem schlittenartigen Kufenrahmen stehen.

Bei der Entdeckung des Kästchens lag das Spielbrett für das beliebte *Senet*-Spiel auf. Die Oberfläche besteht aus Elfenbein und ist durch Holzstege in dreißig Quadrate eingeteilt, von denen fünf beschriftet sind. Die Unterseite weist die gleiche Zahl von Spielfeldern aus Elfenbein auf; drei davon sind beschriftet. Diese Seite war für das *Tjau*-Spiel bestimmt.

Aus einer der Schmalseiten lässt sich ein Schubfach herausziehen, das bei der Entdeckung leer war und an einer anderen Stelle lag. Es dürfte die Spielfiguren enthalten haben, die vermutlich von den Grabräubern mitgenommen wurden, weil sie aus kostbarem Material bestanden.

Auf den vier Seiten des Spiele-Kästchens sind gelbe Hieroglypheninschriften eingeritzt, die Tutanchamun, dem Besitzer des Kästchens, Wohlergehen wünschen. Der Pharao ist mit seinem Namen und allen Titeln erwähnt.

Nach welchen Regeln die beiden Spiele gespielt wurden, ist unbekannt. Vermutlich mussten die beiden Spieler die Figuren über die Spielfelder bewegen, nachdem sie einen Stab oder eine Art von Würfel geworfen hatten. *Senet* war ein uraltes, in Ägypten weit verbreitetes Spiel. Man hat den Verstorbenen die Spielbretter mitgegeben, damit sie nach dem Tode weiterspielen konnten. Das Spiel hatte auch magisch-religiöse Bedeutung, und auf Grabmalereien wie auch im *Totenbuch* sieht man den Verstorbenen allein davor sitzen, wie er gegen einen unsichtbaren Mitspieler spielt – Symbol des erfolgreichen Übergangs in die spirituelle Welt.

(S. E.)

JE 61467

Die »bemalte Truhe«

Holz, stuckiert und bemalt
Höhe 44 cm, Länge 61 cm, Breite 43 cm
Tal der Könige, Grab des Tutanchamun (KV 62)
Entdeckt von H. Carter (1922)
18. Dynastie, Regierungszeit des Tutanchamun (1333–1323 v. Chr.)

Das hohe Niveau des Kunsthandwerks im Neuen Reich, insbesondere der Möbeltischlerei, offenbart sich überaus eindrucksvoll am Beispiel dieser Truhe für Sandalen, die auf dem Boden der Vorkammer von Tutanchamuns Grabanlage, nicht weit von den beiden *Ka*-Statuen entfernt, gefunden wurde. Die Miniaturdarstellungen auf den Seitenwänden und dem Deckel nehmen eines der Hauptthemen an den Tempelwänden der Neunzehnten Dynastie vorweg: Der Pharao besiegt seine Feinde in der Schlacht.

Die Bildfelder der beiden Längsseiten sind mit Schmuckfriesen aus geometrischen und floralen Motiven gerahmt. Die figurenreiche Szene wird beherrscht von Tutanchamun auf einem Streitwagen. Er hat die Zügel um die Taille gebunden, damit die Hände frei bleiben, um Pfeile auf den ungeordneten Haufen seiner Feinde abschießen zu können. Der Pharao, gefolgt von seinen Truppen, repräsentiert die Ordnung, während die feindlichen Horden – Nubier auf der einen Seite, Asiaten auf der anderen – das Chaos versinnbildlichen. Die Gestalt des Königs, über dem sich der Himmel als schmaler blauer Streifen zeigt, steht unter dem Schutz der Sonne und zweier Geier der Göttin Nechbet. Er trägt die Blaue Krone (*chepresch*), einen *Usech*-Halskragen, einen kurzen Schurz mit breitem Gürtel um die Taille und einen Köcher, gefüllt mit Pfeilen, über der Schulter. Die galoppierenden Streitrösser sind mit Federbüschen und verzierten Decken geschmückt.

Zwei gleiche Szenen ähnlichen Inhalts bedecken die Schmalseiten der Truhe und zeigen den König in Gestalt von Sphingen, unter deren Tatzen sich die Feinde aus dem Norden und Süden winden. Auf dem in zwei Längsfelder unterteilten Deckel wiederholt sich das Motiv der Seitenwände mit dem siegreichen, vom Streitwagen aus Pfeile auf seine Feinde abschießenden Pharao. Die Gegner haben hier die Gestalt von Wüstentieren angenommen. So jagt der Herrscher einmal ein Rudel Löwen, auf der anderen Seite sind es Antilopen, Gazellen, Hyänen und Strauße.

Zur Befestigung des Deckels mittels einer Schnur dienten zwei flache Holzknöpfe, einer auf dem Deckel, der andere an der Schmalseite. (R. P.)

JE 61481

Kleiner Goldschrein

Holz, vergoldet (Schrein) und Silber (Schlitten)
Höhe 50,5 cm, Breite 30,7 cm, Tiefe 48 cm
Tal der Könige, Grab des Tutanchamun (KV 62)
Entdeckt von H. Carter (1922)
18. Dynastie, Regierungszeit des Tutanchamun (1333–1323 v. Chr.)

Dieser Holzschrein, der bei seiner Entdeckung noch auf dem mit Silber beschlagenen Schlitten in der Vorkammer des Königsgrabes stand, ist mit Gips grundiert und mit Goldblech belegt. Die Form mit dem leicht ansteigenden, vorn abgerundetem Pultdach und dem vorkragenden Gesims erinnert an die Ausführung des Kapellentyps von Oberägypten.

In einer der Schmalseiten befindet sich die zweiflügelige Tür, die mit zwei Ebenholzriegeln in eingelassenen Goldringen verschlossen wird. Zwei weitere Ringe ermöglichen das Anbringen einer Schnur zur zusätzlichen Befestigung und Versiegelung mit Lehm.

Im Innern des Schreins befindet sich ein vergoldetes Holzpodest für eine Statuette, die wahrscheinlich aus purem Gold bestand und von den Grabräubern mitgenommen wurde. Auf der Standfläche sind noch die Abdrücke der Füße zu erkennen, und der Rückenpfeiler trägt den Namen des Tutanchamun. Auf dem Boden des Schreins und in der Kammer verstreut lagen die Überreste eines Kleidungsstücks. Neben dem Schrein fand man auch ein in ein Tuch eingewickeltes Halsband aus großen Perlen in Gold, Karneol, grünem Feldspat und blauem Glas, mit einem Anhänger in Form der menschenköpfigen Göttin Werethekau (die Große Zauberin), wie sie den jungen König säugt.

Das Dekor auf dem Dach des Schreins besteht aus der geflügelten Sonnenscheibe im erhöhten Teil und zwei Reihen von Bildern der Geiergöttin Nechbet, deren ausgebreitete Schwingen die Namenskartuschen des Königspaars beschützen. An den beiden Seiten der Dachbekrönung ist eine geflügelte Schlange zu sehen, welche die *Schen*-Hieroglyphe, das Symbol der Ewigkeit, vor sich herträgt. Der Sturz über den Türflügeln trägt ebenfalls die geflügelte Sonne, und in das gekehlte Gesims darüber sind umlaufend senkrechte Schraffuren eingegraben.

Die von Hieroglyphen umrahmten Außenseiten und Türen sind in insge-

samt achtzehn Bildfelder unterteilt und zeigen Szenen aus der Ehe Tutanchamuns und seiner Gemahlin.
Es sind jedoch nicht nur die Bildthemen, in denen die Kunst Echnatons wieder auflebt, sondern vor allem die Stilmittel, die in der Feinheit der Zeichnung, der Anmut und Üppigkeit der Detailbehandlung zum Ausdruck kommen. Das mit Juwelen behängte und in kunstvoll plissierte, enge Gewänder gekleidete Paar tritt uns bei verschiedenen Beschäftigungen entgegen, die alle gegenseitige Zuneigung erkennen lassen und eine Atmosphäre der Ruhe und des Friedens ausstrahlen.
Die rechte Seitenwand ist in vier Bildfelder unterteilt. Links unten kauert Anchesenamun vor dem sitzenden Tutanchamun und empfängt von ihm eine Flüssigkeit, die er ihr aus einem kleinen Gefäß auf die Hände gießt. Die anderen Darstellungen zeigen Tutanchamun auf dem Thron sitzend, wie er verschiedene Gegenstände von seiner Frau entgegennimmt.
Die linke Seite ist zweimal unterteilt und zeigt Tutanchamun, wiederum in Begleitung der Königin, bei der Wildentenjagd im Papyrusdickicht. Die Rückseite und die Türen innen und außen enthalten Szenen mit Anchesenamun bei der Opferung in Gegenwart ihres Gatten.
Die Symbolik der ornamentalen Gestaltung des Schreins steht in engem Zusammenhang mit dem religiösen und politischen Geschehen. Die Innigkeit der Beziehungen zwischen dem Pharao und seiner Gemahlin versinnbildlichen das Verhältnis zwischen Gott und Mensch. Deshalb ist es fast immer die Königin, die als handelnde Person erscheint; denn sie personifiziert die Vorstellung vom Menschen bei der Verehrung des Göttlichen, in diesem Fall in der Person des Tutanchamun. Die Jagdszene lässt sich auch als Sinnbild der Rolle des Pharaos bei der Aufrechterhaltung der kosmischen Ordnung und seinem ständigen Kampf gegen das Chaos – symbolisiert durch die Vögel im Sumpf – deuten.
Weil die Bilder des Königs diesen als Personifikation Gottes schildern, erheben sie den Schrein in den Rang eines dem Göttlichen geweihten Kultgegenstandes. (S. E.)

JE 60828

USCHEBTI DES TUTANCHAMUN

Holz, Gold, Bronze, Höhe 48 cm
Tal der Könige, Grab des Tutanchamun (KV 62)
Entdeckt von H. Carter (1922)
18. Dynastie, Regierungszeit des Tutanchamun (1333–1323 v. Chr.)

Der Begriff »Uschebti« bedeutete im Altägyptischen »Antwortgeber« und verweist auf den Moment, in dem der Verstorbene im Jenseits dazu aufgerufen wird, harte Fronarbeit auf den Feldern der Unterwelt zu verrichten. Die Statuetten sollten diese stellvertretend für den Verstorbenen übernehmen. Tutanchamuns Grabanlage enthielt 413 Uschebti-Figürchen, von denen nur verhältnismäßig wenige ausführlich beschriftet sind. 236 fand man in der Seitenkammer, 176 in der Schatzkammer, nur eines im Vorraum. Ursprünglich befanden sie sich in Holzkästchen mit Einlegearbeit aus getriebenem Gold oder Bronze. Die Uschebti bestehen aus unterschiedlichen Materialien, unter anderem aus grundiertem und staffiertem Holz oder Stein.
Die größeren Uschebti zeigen Unterschiede in Gestalt, Größe und ihren Attributen, vor allem aber in der Wiedergabe des Kopfputzes (Rote Krone des Nordens, Weiße Krone des Südens, *Nemes*- und *Afnet*-Kopftuch oder *Chepe-resch*-Krone) sowie in den Inschriften. In allen Fällen stellen sie eine Gestalt mit jugendlichen Gesichtszügen dar.
Unser Uschebti zeigt den König mit dem blau und gold gestreiften *nemes*, das vorn in zwei Brustlappen herabhängt und einen Uräus aufweist. Die Hände halten den Krummstab und die Geißel. Das feingliedrige Gesicht hat gewölbte schwarze Brauen, mandelförmige Augen in Schwarz und Weiß, eine kleine Nase und einen breiten Mund mit vollen Lippen. Um den Hals liegt ein *Usech*-Halskragen. Sechs Reihen Hieroglyphen aus dem 6. Kapitel des *Totenbuchs* bedecken den unteren Teil. (R. P.)

JE 60830

USCHEBTI MIT DER BLAUEN KRONE

Zedernholz, vergoldet; Höhe 48 cm
Tal der Könige, Grab des Tutanchamun (KV 62)
Entdeckt von H. Carter (1922)
18. Dynastie, Regierungszeit des Tutanchamun (1333–1323 v. Chr.)

Die Zahl der in Grabanlagen gefundenen Uschebti war abhängig von der jeweiligen Zeit und der sozialen Stellung des Grabherrn. Unter den Uschebti-Figuren aus Tutanchamuns Grab befinden sich einige mit den Namen von Hofbeamten. Es handelt sich wohl um Geschenke, die zum Ausdruck brachten, dass die Betreffenden dem König auch nach dessen Tod dienen wollten.
Von den 413 Uschebti aus Tutanchamuns Grabanlage sind 365 Arbeiter, 36 Vorarbeiter und zwölf Aufseher. Die Arbeiter – eine Figur für jeden Tag des Jahres – sind unterteilt in Gruppen von jeweils zehn Personen, jede von einem Vorarbeiter angeführt. Ein Aufseher wachte über ihre Arbeit, und die zwölf Aufseherfiguren repräsentieren jeweils einen Monat des Jahres.
Unser Uschebti ist größer als der Durchschnitt und gilt als typisches Beispiel einer Kleinplastik. Die Figur steht in der traditionellen Pose des Osiris, die Arme über der Brust gekreuzt, in den Händen die Insignien der Macht, Zepter und Geißel, Letztere aus Gold gefertigt. Über dem Gesicht – es ist eindeutig das des Tutanchamun – erhebt sich eine massive schwarze Krone, die seitlich bis zu den Ohren herabreicht. Auf der Stirn liegt ein breites Goldband, und vorn aus der Krone ragt eine vergoldete Kobra heraus. Ein blattvergoldeter Halskragen zieht sich über Brust und Schultern bis hinter den Nacken.
Die Figur wirkt so, als wäre sie wie eine Mumie bandagiert. Die Doppelreihe Hieroglyphen auf der Vorderseite gibt eine Kurzfassung des 6. Kapitels aus dem *Totenbuch* wieder. Eine weitere Inschrift unterhalb der Füße tut kund, dass es sich um ein Geschenk des Feldherrn Nachtmin anlässlich der Bestattung des Tutanchamun handelt, dessen Thronname *Nebcheperure* in einer Kartusche gleichfalls vorhanden ist.

(S. E.)

JE 62028

Der goldene Thron

Holz, Blattgold, Silber, Glaspaste, Schmucksteine
Höhe 102 cm, Breite 54 cm, Tiefe 60 cm; Tal der Könige
Grab des Tutanchamun (KV 62); entdeckt von H. Carter (1922)
18. Dynastie, Regierungszeit des Tutanchamun (1333–1323 v. Chr.)

Dieser Thron ist vermutlich in den ersten Regierungsjahren des Tutanchamun entstanden, vor jener konsequenten Gegenreformation, die das Ende der Amarna-Zeit unwiderruflich besiegelte.
Die reiche Ornamentik der Rücklehne wird von Aton beherrscht, der Sonnenscheibe, deren Kult sich unter Echnaton rasch ausgebreitet hatte. Die Strahlen enden in kleinen Händen, die dem jungen Königspaar Leben spenden. Die Inschriften enthalten die Namen der Vermählten noch im Sprachgebrauch der Amarna-Zeit: Tutanchaton (»Das lebende Abbild Atons«) statt Tutanchamun und Anchesenpaaton (»Ihr Leben ist Aton«) für seine Gemahlin. Auch die Gestaltungsform des Throns ist charakteristisch für die Amarna-Zeit. Die geschwungenen Linien bilden den geeigneten Rahmen für die verfeinerte Ornamentik und die Leuchtkraft ihrer Farben und gelten als hervorragende kunsthandwerkliche Leistung.
Die Szene auf der Rücklehne zeigt den König entspannt auf dem Thron sitzend, die Füße auf das Kissen eines

Schemels gesetzt. Er trägt eine kurze Perücke mit einer Kompositkrone und den für die Zeit typischen plissierten Schurz, der die Bauchwölbung frei lässt – ebenfalls ein typisches Stilelement der Amarna-Zeit.
Vor dem König steht die Königin Anchesenamun und salbt die linke Schulter ihres jugendlichen Gemahls. Sie neigt sich dabei leicht nach vorn, und in der Hand hält sie die Schale mit dem Salböl. Anchesenamun trägt eine hinten abgeschrägte Perücke mit dem Emblem der Göttin Hathor als Krone Es handelt sich dabei um ein Diadem aus Uräus-Figuren mit der Sonnenscheibe zwischen zwei lyraförmigen, langen Hörnern, deren Zwischenraum mit einem Federpaar ausgefüllt ist. Durch das lange, plissierte Silbergewand der Königin schimmern im unteren Teil die Formen ihres Körpers.
Auf einem kleinen, hochbeinigen Tisch hinter der Königin liegt ein Halskragen. Die Darstellung ist von einem prächtigen Rahmen aus floralen Motiven umgeben, die oben die Sonnenscheibe Atons durchlassen.
Die Armlehnen des Throns haben die Gestalt zweier geflügelter und bekrönter Schlangen und schließen vorn mit den Kartuschen Tutanchamuns ab. Die Beine, die ursprünglich vorn und hinten mit durchbrochenen heraldischen Motiven der Vereinigung Ober- und Unterägyptens verstärkt waren, enden in Löwentatzen. In Sitzhöhe ragen zu beiden Seiten der Sitzfläche zwei Löwenmasken vorn aus dem Gestell. Die Rückseite der Lehne ist mit einem Uräen-Fries geschmückt. (F. T.)

JE 62030

Zeremonialstuhl

Ebenholz, Elfenbein, Blattgold, Stein, Fayence
Höhe 102 cm, Breite 70 cm, Tiefe 44 cm; Tal der Könige
Grab des Tutanchamun (KV 62); entdeckt von H. Carter (1922)
18. Dynastie, Regierungszeit des Tutanchamun (1333–1323 v. Chr.)

Dieser Stuhl stand in der Seitenkammer, zusammen mit vielen weiteren Einrichtungsgegenständen. Er hat eine recht ungewöhnliche Form und ist eigentlich ein Hocker, dem eine Rücklehne angefügt wurde. Die Enden des gemuldeten Sitzes reichen beidseitig über die Breite der leicht nach vorn gewölbten Rücklehne hinaus, die hinten senkrecht zum Boden abfällt.
Die Vorderseite ist mit Einlegearbeiten vollständig bedeckt. Den oberen Abschluss bildet ein Uräus-Schlangenfries mit zwei von der Sonnenscheibe bekrönten Namenskartuschen für den Gott Aton im Zentrum. Unter dem Fries breitet die Geiergöttin ihre Schwingen aus und hält eine *Schen*-Hieroglyphe und zwei Fächer in den Klauen. Die Szene wird flankiert von zwei Doppelkartuschen, die Tutanchamun als *Nebcheperure* Tutanchaton bezeichnen. Die große Fläche darunter zeigt senkrechte Textreihen, abwechselnd in Ebenholz und Elfenbein ausgeführt, welche die Titel des Königs enthalten. Die horizontalen Streifen aus Ebenholz, die das Feld rahmen, geben seinen Namen in der späteren Schreibweise Tutanchamun wieder. Der Name des Königs in seiner frühen Atonfassung sowie die Darstellung Nechbets auf der Rücklehne legen eine Datierung in die Anfangsjahre von Tutanchamuns Herrschaft nahe, also vor der Gegenreformation. Gegen diese These spricht jedoch das Vorhandensein auch des späteren Namens mit der Amun-Endung. Dass der Pharao mit beiden Namen genannt wird, könnte vielleicht damit erklärt werden, dass die beiden Ebenholzstreifen später, bei einer Reparatur des Stuhls, eingesetzt wurden.
Der Sitz, auf dem wahrscheinlich ein Kissen lag, ist mit Einlegearbeit versehen, die ein geflecktes Großkatzenfell imitiert (wohl eines Leoparden). Die gekreuzten, schlanken Beine enden in Entenköpfen aus Ebenholz und Elfenbein. Am Gestänge zwischen den Beinen und dem Untergestell der Rücklehne sind die Reste eines heraldischen Motivs in durchbrochener Holzarbeit zu erkennen, das die Vereinigung Ober- und Unterägyptens symbolisiert.
Die Oberseite des dazugehörigen Fußschemels ist mit den Neun Bogen dekoriert, dargestellt als Ausländer mit auf den Rücken gebundenen Händen – Sinnbild der Feinde Ägyptens. (F. T.)

JE 62120

Becken mit einer Barke

Kalzit, Gold, Schmucksteine, Elfenbein, grüne, rote und blaue Glaspaste
Länge 58,3 cm, Höhe 37 cm; Tal der Könige, Grab des Tutanchamun (KV 62)
Entdeckt von H. Carter (1922)
18. Dynastie, Regierungszeit des Tutanchamun (1333–1323 v. Chr.)

Carter entdeckte dieses Kunstwerk aus durchscheinendem Kalzit in der Seitenkammer der Grabanlage. Welchem Zweck es diente, ist unbekannt, aber es gibt einige Vorschläge. Es könnte ein Parfümbehälter oder ein Salbengefäß gewesen sein. Carter vermutete, es handele sich um einen Tafelaufsatz für feierliche Zeremonien und Banketts, denn als man das Stück fand, war es mit Blumen- und Früchtekränzen bedeckt. Das aufwändig gearbeitete Stück besteht aus einer Barke auf einem mit Papyrustrieben, -knospen und -blüten geschmückten Podest, das in eine rechteckige Wanne gesetzt ist. Das Becken hat architektonische Formen mit einem vorkragenden Gesims und steht auf vier zylindrischen Füßen. Außenwandung und Gesimsoberfläche sind mit geometrischen Motiven und stilisierten Ranken in Gold und verschiedenfarbiger Glaspaste verziert. Die vordere Schmalseite trägt außerdem drei Kartuschen mit dem Geburtsnamen (Tutanchamun) und dem Thronnamen (*Nebcheperure*) des Königs sowie dem Namen der Königin Anchesenamun. Jede Kartusche steht auf der Hieroglyphe für Gold und ist mit zwei hohen Federbüschen bekrönt, die bei den Namenskartuschen des Königs zusätzlich die Sonnenscheibe zeigen. Die Kartuschen sind flankiert von zwei Uräen mit der Krone Ober- und Unterägyptens sowie den beiden symbolischen Pflanzen des vereinigten Landes: Papyrus- und Lotosblüte.

Der schlanke Rumpf der Barke geht an Bug und Heck in Steinbock-Köpfe über, die beide in die gleiche Richtung blicken. Der am Bug sieht aus, als hätte man ihn um 180° gedreht. Die Hörner der beiden Steinböcke sind echt, die Gesichtsdetails aufgemalt. Goldmanschetten mit Einlagen aus farbiger Glaspaste verbinden sie mit dem Bootskörper.

In der Schiffsmitte steht ein kleiner Säulenpavillon mit einem Dach, das dem eines Schreins ähnelt. Die Doppelkapitelle der Säulen sind als in Lotuskelche gesteckte Papyrusdolden gestaltet. Die Wände reichen bis zu den Kapitellen herauf und sind mit floralen und geometrischen Motiven verziert.

Im Schiffsschnabel sitzt ein nacktes Mädchen und drückt mit der linken Hand eine Lotosblüte an die Brust. Die kurze Lockenperücke ist aus hartem grauem Stein gearbeitet. Die Figur trägt goldene Ohrringe, zwei eingelegte Goldreifen am Oberarm und zwei Armbänder. Im Heck steht die ungewöhnliche Figur einer nackten Zwergin, die wohl die Barke steuert. Als man das Kunstwerk entdeckte, hielt sie eine Stange in der Hand. Die Haartracht ist der des Mädchens im Bug ähnlich, und auch sie trägt zwei Armbänder und zwei Armreifen.

Der Künstler dieses Werkes war gewiss ein guter Beobachter und hat die physischen Merkmale der beiden Körper treffend wiedergegeben. Die Komposition zeugt von gestalterischer Phantasie und großem technischen Geschick und entspricht vollkommen den dekorativen Zwecken, für die sie geschaffen wurde. (S. E.)

JE 62111

Kelchförmige Lampe

Kalzit, Höhe 51,4 cm
Tal der Könige, Grab des Tutanchamun (KV 62)
Entdeckt von H. Carter (1922)
18. Dynastie, Regierungszeit des Tutanchamun (1333–1323 v. Chr.)

Unter den vielen und vielfältigen Funden aus dem Grabschatz des Tutanchamun, die den Sargschrein in der Sargkammer umgaben, entdeckte Carter diese einzigartige, wunderschöne Lampe. Sie hat die Form eines geschweiften Kelchs und ist in mehreren Teilen aus durchscheinendem Kalzit geschnitten.

Der Kelch in Form einer offenen Lotosblüte ist beidseitig von ornamental durchbrochener Arbeit umgeben. Diese zeigt die gegenständigen Figuren des Gottes Heh, der mit erhobenen Armen auf Papyruspflanzen kniet. In der einen Hand hält er einen Palmwedel (die Hieroglyphe für ein Jahr), der hier als Motivumrandung dient, die andere berührt das *Anch*-Zeichen neben der Kartusche des Königs. Die beiden Kartuschen ruhen auf der Hieroglyphe für Gold und enthalten den Geburtsnamen des Königs, Tutanchamun, und seinen Thronnamen *Nebcheperure*. Der kunstvolle Gesamtdekor versinnbildlicht den Wunsch nach Einheit und langer Regierungszeit des Königs.

Das Gefäß war zur Aufnahme von Öl bestimmt (vielleicht Sesamöl), auf dessen Oberfläche ein Docht schwamm. Erst wenn die Lampe brennt, wird die auf der Wandung des Einsatzes umlaufende Szene sichtbar. Auf der einen Seite sitzt Tutanchamun auf dem Thron und nimmt von Anchesenamun zwei lange Palmwedel entgegen, welche die »Millionen Jahre« symbolisieren. Auf der gegenüberliegenden Seite sieht man zwei Namen des Königs zwischen horizontalen Streifen aus Pflanzenmotiven. Für diesen überraschenden optischen Effekt ist der kleinere Gefäßeinsatz verantwortlich, der außen mit der Szene bemalt ist. Erst das Licht des brennenden Dochts macht die Gefäßwände durchscheinend.

Die Lampe steht auf einem einfachen Gestell, das in Form eines niedrigen Tischchens aus einem Kalzitblock herausgeschliffen wurde. (S. E.)

JE 62013

Ritualbett mit Gestell in Gestalt der Mehet-weret

Holz, stuckiert und bemalt, Blattgold, Glaspaste
Höhe 188 cm, Länge 208 cm, Breite 128 cm
Tal der Könige, Grab des Tutanchamun (KV 62)
Entdeckt von H. Carter (1922)
13. Dynastie, Regierungszeit des Tutanchamun (1333–1323 v. Chr.)

JE 62911

Ritualbett mit Gestell in Gestalt der Isis-Mehit

Holz, stuckiert und bemalt, Blattgold, Glaspaste, Schmucksteine
Höhe 156 cm, Länge 181 cm
Tal der Könige, Grab des Tutanchamun (KV 62)
Entdeckt von H. Carter (1922)
18. Dynastie, Regierungszeit des Tutanchamun (1333–1323 v. Chr.)

Tutanchamuns Grabanlage enthielt sieben Betten: vier für den täglichen Gebrauch, möglicherweise durch den König selbst, drei für rituelle Zwecke. Diese sind höher als die anderen und wurden speziell für das Beisetzungsritual geschaffen. Drei entsprechende Bestattungsbetten sind auch auf den Wänden im Grab Sethos' II. abgebildet. Dass man sie auch über hundert Jahre später noch bei Begräbniszeremonien verwendete, illustriert die Bedeutung, die man diesen türgestaltigen Bahren zumaß.

Die drei Bestattungsbetten wurden in der Vorkammer von Tutanchamuns Grab entdeckt. Sie standen längsseits an der Wand mit dem Eingang zur Sargkammer. Die Aufnahmen, die unmittelbar nach der Entdeckung gemacht wurden, zeigen, dass sie mit Opfergaben und anderen Gegenständen beladen waren.

Alle drei Bahren weisen die gleiche Bauweise auf. Die Seiten bestehen aus den vollplastischen, sehr stark gestreckten Körpern dreier verschiedener Tiergottheiten. Das erste Bett in Gestalt einer Löwin stellt Mehet dar, eine Gottheit, mit der sich die zerstörerischen Kräfte von Isis und Hathor verbinden und deren Zorn Jahr für Jahr besänftigt werden musste, damit das Hochwasser des Nils sich zur erwarteten Zeit einstellte. Betten in Mehet-Gestalt ähnlich dem, über das sich Anubis während des Mumifizierungsrituals beugt, kommen bei Darstellungen des Bestattungszeremoniells häufig vor. Die Mähne der Löwin ist durch eine kurze, in Blattgold gravierte Bartkrause angedeutet. Die Nase und die Streifen unter den Augen sind mit blauem Glas eingelegt, die Augenlider mit schwarzem Glas. Die Augäpfel bestehen aus Kristall mit gelb gemalter Iris. Das Schwarz der Pupillen wurde vor dem Einsetzen der Kristallstücke auf das darunter liegende Holz aufgetragen (siehe Abb. rechte Seite).

Das zweite Bett (ohne Abb.) zeigt die Form eines Fabelwesens, bestehend aus einem Nilpferdkopf mit Perücke, dem Körper eines Leoparden und dem

Schwanz eines Krokodils. Diese monströse Kombination verkörpert den gefürchteten Ammjt, den »Verschlinger« der Toten, der im *Totenbuch* dargestellt ist, wie er bereitsteht, die Verstorbenen zu verschlingen, die sich vor dem Gericht des Osiris nicht »rechtfertigen« können. Ammjts Wirken hat aber auch eine positive Seite. In der Gestalt eines Schweins verkörpert er Nut, das Himmelsgewölbe, und verschlingt die Toten, damit sie wiedergeboren werden und ewiges Leben erlangen können.

Das Gestell des dritten Bestattungsbettes hat die Form einer jungen Kuh und repräsentiert Mehet-weret, »Die Große Flut«. Es ist die Göttin, die als erste Nun entstieg, dem Ur-Meer.

Im Verlauf der Bestattungszeremonien wurde der Leichnam auf jedes der drei Betten gelegt. Auf diese Weise konnte der Verstorbene Verbindung zu den drei Gottheiten aufnehmen, um die Gnade der Auferstehung zu erlangen, die alle drei erweisen konnten. Ammjt garantierte die ewige Wiedergeburt der Sonne, die bei Anbruch der Dämmerung vom Nachthimmel verschluckt wird, der sie am nächsten Morgen wieder freigibt; Mehet symbolisierte die jährliche Wiederkehr der Nilfluten; und Mehet-weret, die Entstehung aus dem Ur-Meer, ist das Verbindungsglied zu den durch die anderen beiden Gottheiten zum Ausdruck gebrachten Vorstellungen, indem sie symbolisiert, dass Sonne und Nilfluten gleichzeitig aus dem Ur-Meer entstanden sind.

Die beiden Mehet-weret darstellenden Kuhköpfe am Kopfteil des hier abgebildeten Totenbetts tragen zwischen lyraförmigen Hörnern die Sonnenscheibe. Das *Udjat*-Auge gehört dem Falkengott Horus. Der göttliche Aspekt wird unterstrichen durch die dreipassförmig gefleckten Tierkörper – in Anlehnung an häufige Darstellungen des Leopardenfells, das wiederum Sinnbild des Nachthimmels war.

Die Beine der Kühe, die das Gestell tragen, stehen auf einem rechteckigen Holzrahmen, der die Konstruktion stabilisiert. Die Liegefläche besteht aus stuckiertem und bemaltem Holz, das geflochtene Pflanzenfasern imitiert. Das Fußbrett ist in drei Felder unterteilt, vergoldet und von elegant geschwungenen Tierschwänzen flankiert. Die äußeren beiden Felder sind vorn und hinten mit zwei reliefierten *Djed*-Symbolen (Zeichen der Stetigkeit) dekoriert, auf dem mittleren sieht man zwei Isis-Knoten, die alles mit dem Leben verbinden. (F. T.)

JE 60686

Kanopenschrein

Holz, stuckiert und vergoldet, Einlagen aus Glaspaste und Fayence
Höhe 198 cm, Länge 153 cm, Breite 122 cm
Tal der Könige, Grab des Tutanchamun (KV 62)
Entdeckt von H. Carter (1922)
18. Dynastie, Regierungszeit des Tutanchamun (1333–1323 v. Chr.)

An der Wand der Schatzkammer gegenüber dem Eingang zur Sargkammer stand ein eindrucksvolles, kunstvoll gearbeitetes Gehäuse, das den Kanopenschrein für die kleinen Eingeweidesärge des Königs enthielt. Die Konstruktion setzt sich aus einem Säulenbaldachin und dem eigentlichen Schrein darunter zusammen und steht auf einem Schlitten.

In dieser Art von Tabernakel befand sich der eigentliche Kanopenkasten aus Kalzit. Vier Kalzitköpfe bilden die Deckel von vier Fächern. Diese dienten zur Aufnahme der kleinen goldenen Särge in Mumienform, welche die einbalsamierten Eingeweide des Pharaos enthielten. Der äußere Schrein oder Tabernakel aus vergoldetem Holz steht auf einem Schlitten, der den Transport erleichterte. Vier rechteckige Pfosten tragen den Baldachin mit vorkragendem Gesims. Die beiden äußeren Flächen der Säulen sind in Hieroglypheninschriften mit den königlichen Titeln und Beinamen verziert.

Das Dach, das dicht an die Decke der Schatzkammer heranreichte, ist umlaufend mit einem Fries aus vollplastischen Uräus-Schlangen bekrönt, die eine Sonnenscheibe auf dem Kopf tragen.

Zwischen den Stützen und vor den Schreinwänden stehen Frauengestalten aus vergoldetem Holz. Sie sind dem Schrein zugewandt und breiten schützend die Arme aus. Die Figuren verkörpern die Schutzgöttinnen des Verstorbenen: Isis, Nephthys, Neith und Selket, ausgewiesen durch die Hieroglyphenzeichen auf ihren Köpfen.

Die elegant wirkenden, anmutigen Gestalten tragen Kopfhauben, unter denen das lange Haar bis auf den Rücken herabfällt. Brauen, Lidränder und Pupillen sind in Schwarz aufgemalt, der Augapfel ist weiß. Die Köpfe der Figuren sind – abweichend von der traditionellen Darstellungsform des starren Blicks geradeaus – leicht seitwärts gerichtet. Diese Neuerung geht auf Stileinflüsse der Amarna-Zeit zurück und zeigt sich auch in den nach vorn geneigten Hälsen und in den naturalistischen Modellierungen der Körperformen, die durch die fein plissierten, eng anliegenden Gewänder noch betont werden. Sie sind durch vorn verknotete Bänder um die Taille zusammengehalten und fallen fast bis zu den Füßen herab. Nur einer der weiten Ärmel ist sichtbar; der andere wird von einer Schärpe über der linken Schulter und dem Arm bedeckt, die unter der rechten Brust verknotet ist. Um den Hals jeder Göttin liegt ein breites Halsband aus mehreren Reihen von Perlen.

Das Dach des Schreins hat ein vorkragendes Gesims, auf dem sich, wie schon auf dem Baldachin, Uräus-Schlangen mit Sonnenscheiben auf den Köpfen erheben. Die Seitenwände zeigen großflächige Szenen in vertieftem Relief mit jeweils einer der vier Göttinnen vor einem der vier Horussöhne, dessen Hand sie halten. Die Figurengruppen sind von Hieroglypheninschriften umgeben, die des Königs Eingeweide dem Schutz der Götter anbefehlen. (S. E.)

JE 60687

Kanopenkasten

Kalzit; Gesamthöhe 85,5 cm, Breite unten 54 cm
Tal der Könige, Grab des Tutanchamun (KV 62)
Entdeckt von H. Carter (1922)
18. Dynastie, Regierungszeit des Tutanchamun (1333–1323 v. Chr.)

Dieser sorgfältig ausgeführte Behälter für die kleinen Goldsärge mit Tutanchamuns Eingeweiden stand in der Schatzkammer seiner Grabanlage. Er gilt als eines der herausragenden Werke unter den kostbaren Grabbeigaben des Königs. Der Kanopenkasten aus durchscheinendem Kalzit befand sich in einem äußeren Schrein aus vergoldetem Holz, überragt von einem Säulenbaldachin aus dem gleichen Material. Sein Inneres enthielt vier kleine Goldsärge in Mumienform mit den einbalsamierten Eingeweiden des Königs.

Der Kalzitkasten ist dem alten Kultschrein von Hierakonopolis, dem Wahrzeichen Oberägyptens, nachempfunden. Das pultförmige, nach hinten leicht abfallende Dach ist gleichzeitig der Deckel des Behälters. Es ist auf den Abbildungen abgenommen. Die Stirnseite zeigt eine kniende Göttin mit ausgebreiteten Schwingen, und entlang der Mittenachse des Deckels ist ein blau ausgemaltes Hieroglyphenband in den Stein eingeritzt. Das vorspringende Gesims ist umlaufend senkrecht schraffiert. Um den Abschluss unter dem Architrav zieht sich ein Fries aus fortlaufenden Hieroglypheninschriften in blauer Farbe. Der Deckel war mit Schnüren an goldenen Ringen am Behälterteil befestigt und mit dem offiziellen Siegel der königlichen Nekropole versiegelt. Das Siegel zeigt Anubis über neun Gefangenen liegend. Diese symbolisieren die Feinde Ägyptens.

Der Behälter selbst hat einen leicht überstehenden oberen Rand und verbreitert sich etwas nach unten zu. An den Ecken sind die plastischen Figuren der Schutzgöttinnen des Verstorbenen eingeschnitten: Isis, Nephthys, Neith und Selket. Die graziösen Figuren scheinen förmlich aus dem geäderten Kalzit herauszuwachsen. Die Augen sind schwarz umrandet, und die Arme seitwärts ausgestreckt, um die Eingeweide des Verstorbenen schützend zu umfassen. In die Wände eingegrabene und mit blauer Farbe ausgemalte Hieroglyphen enthalten Gebete der Göttinnen und Horussöhne für Tutanchamun, der hier durch seine Namenskartuschen vertreten ist. Über der Inschrift auf der Vorderseite ist die geflügelte Sonnenscheibe zu sehen.

Um den Sockel des Schreins läuft ein hoher Blattgoldfries mit *Djed*-Pfeilern und *Tjt*-Symbolen (»Isisblut«), Embleme des Osiris und der Isis, der Schutzgottheiten des verstorbenen Pharaos. Der Kanopenkasten steht auf einem Schlitten aus vergoldetem Holz, ähnlich den anderen, die einst wohl dazu gedient hatten, die schwereren Gegenstände in die Grabanlage zu schaffen.

Das Innere des Kastens ist nur dreizehn Zentimeter tief und in vier Fächer aufgeteilt, die mit ebenfalls aus Kalzit geschnittenen Kanopendeckeln verschlossen sind. Die fein gearbeiteten Büsten stellen einen König dar, vermutlich Tutanchamun. Das Gesicht ist vom *Nemes*-Kopftuch umrahmt; Kobra und Geier, die das vereinigte Unter- und Oberägypten symbolisieren, zieren eindrucksvoll die Stirn. Die mandelförmigen Augen und die Brauen des jungen Königs sind schwarz; das leuchtende Rot der Lippen verleiht dem fahlen Antlitz einen Hauch von Leben.

Die vier für die Aufnahme der kleinen Goldsärge mit den Eingeweiden des Pharaos bestimmten Fächer im Innern stellen eine ungewöhnliche Abweichung von der traditionellen Form der Kanopen dar, die in der Grabanlage gefunden wurden. (S. E.)

JE 60688 – 60689

Miniatursärge für die Eingeweide

Gold, Karneol, Glaspaste
Höhe 39 cm, Breite 11 cm, Tiefe 12 cm, Tal der Könige
Grab des Tutanchamun (KV 62), entdeckt von H. Carter (1922)
18. Dynastie, Regierungszeit des Tutanchamun (1333–1323 v. Chr.)

Tutanchamuns Eingeweide wurden einbalsamiert, in Leinen gewickelt und in die vier kleinen, mumienförmigen Goldsärge gelegt. Diese kamen in die vier Fächer des Kanopenkastens, der bei seiner Entdeckung in der Schatzkammer der Grabanlage stand.

Die Eingeweidesärge sind die verkleinerte Wiedergabe des zweiten Sargs, in dem der König bestattet wurde, und gelten als herausragende Meisterwerke der Goldschmiedekunst. Wanne und Deckel bestehen aus getriebenem Goldblech mit Einlegearbeiten in Stein und farbiger Glaspaste.

Der König hat in der charakteristischen Stellung der Toten die Hände über der Brust gekreuzt und ist mit allen Attributen seiner königlichen Würde ausgestattet. Das Gesicht wirkt ruhig und gelassen. Es ist vom *Nemes*-Kopftuch umrahmt, dessen Streifen aus blauer Glaspaste und Gold sich am Nackenansatz zu einem kurzen Zopf vereinen. Auf der Stirn erheben sich die Kobra- und die Geiergöttin des vereinten Ägyptens in drohender Pose; schließlich war es ihre Aufgabe, den König zu beschützen.

Augenbrauen und Lider des Gesichts sind mit blauer Glaspaste eingelegt (bei einem der Särge fehlen die Steine der Augäpfel und Pupillen). Die Ohren, die unter dem Kopftuch hervorschauen, haben durchstochene Läppchen, um die damals modischen Ohrgehänge daran zu befestigen. Vom Kinn hängt ein geflochtener goldener Bart herab, dessen Ende über der Brust eingerollt ist. Der König trägt einen breiten *Usech*-Halskragen aus Reihen bunter Perlen, deren unterer Abschluss aus tropfenförmigen Anhängern besteht. Zwei breite Armbänder schmücken die Handgelenke, und in den Händen aus getriebenem Gold hält der Pharao die Insignien seiner Macht, Krummstab und Geißel, mit Einlegearbeit in Glaspaste.

Um den Oberkörper liegen schützend zwei Geierschwingen, unterteilt in mehrere Reihen langer Federn. Die Klauen des Vogels auf der Rückseite des Sargs halten *Schen*-Ringe – die Symbole der Ewigkeit – aus Karneol. Vom Bauch bis zu den Füßen hinab ist der Körper vorn und hinten mit dem so genannten *Rischi*-Muster bedeckt: stilisiertem Gefieder aus schuppenartigen Gebilden und senkrechten Reihen von Dreiecksformen aus farbiger Glaspaste. Über die Mitte zieht sich ein Band aus in Gold eingelegten Hieroglyphen mit dem Gebet der Nephthys, einer mit Hapi, einem Horussohn, in Beziehung stehenden Göttin.

Innen sind die Särge mit feinsten Ziselierungen von der Hand eines Meisters der Goldschmiedekunst reich verziert. Die Innenseite der Deckel wird beherrscht von der großen Gestalt einer Göttin – in einem Fall Neith –, die auf dem Symbol für Gold steht und zum Zeichen des Schutzes der ihr anvertrauten Eingeweide Arme und Flügel ausgebreitet hat. Die Göttin, deren Name über der Figur eingraviert ist, trägt ein langes, eng anliegendes Gewand mit schmalen Trägern und ist mit einem Halsband geschmückt. Ihr Haar wird von einem Band gehalten. Die Gestalt ist umgeben von Hieroglyphen und Kartuschen mit dem Geburts- und Thronnamen des Tutanchamun.

Die Kartuschen des Pharaos auf allen vier Särgen zeigen Spuren von Veränderungen, woraus sich schließen lässt, dass sie vorher andere Namen enthielten – wohl die des ursprünglichen Besitzers der Särge, aus dessen Grab man sie entnommen hatte. Die Innenseiten der Sargwannen sind in senkrechten Reihen mit goldgravierten Hieroglypheninschriften gegliedert, die Segenswünsche für Tutanchamun enthalten und Schutz für ihn erflehen.

(S. E.)

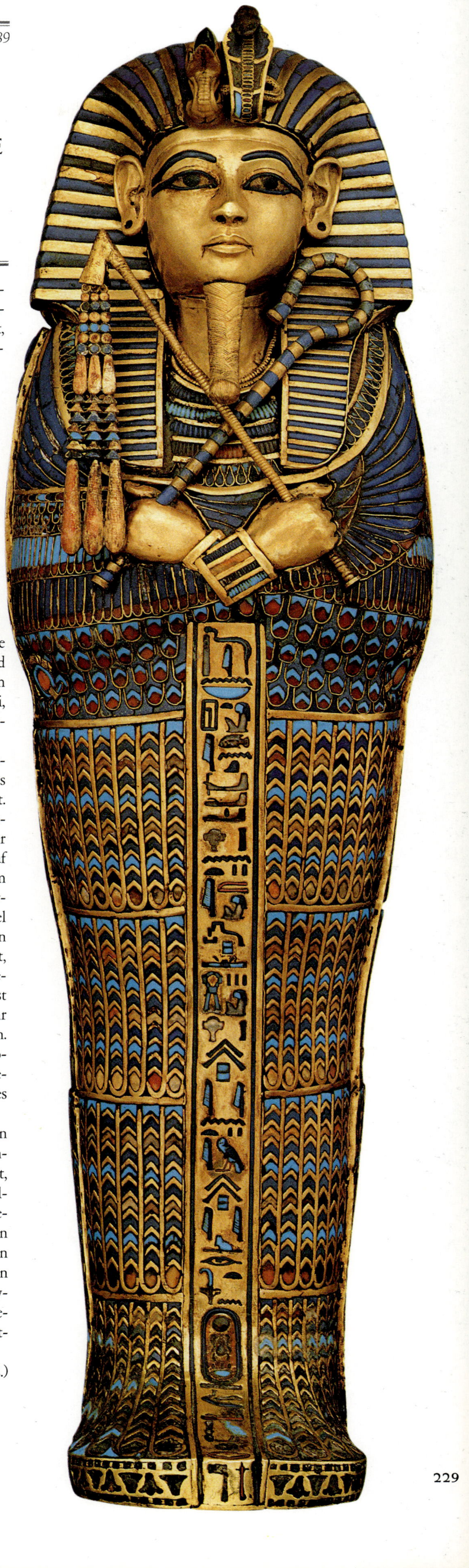

JE 60723

Tutanchamuns Kopf, einer Lotosblüte entspringend

Holz, stuckiert und bemalt; Höhe 30 cm
Tal der Könige, Grab des Tutanchamun (KV 62)
Entdeckt von H. Carter (1922)
18. Dynastie, Regierungszeit des Tutanchamun (1333–1323 v. Chr.)

Diese deutlich unter dem Einfluss des Amarna-Stils stehende, farbig gefasste Holzplastik stellt den jungen Tutanchamun dar und gilt als eines der hervorragenden Porträts dieser Zeit.
Der blau bemalte Sockel versinnbildlicht das Wasser, aus dem eine Lotusblüte mit geöffneten blauen Kelchblättern aufsteigt.
Die Lotospflanze, von der es zwei Arten gibt, eine mit blauen, die andere mit weißen Blüten, war ein beliebtes und symbolträchtiges Motiv in der ägyptischen Kunst. Abends schließen sich die Blüten und versinken unter die Wasseroberfläche, aus der sie am Morgen wieder aufsteigen und sich öffnen. Deshalb sah man in der Lotosblume ein Symbol für die tägliche Erneuerin des Sonnengottes, der nach altägyptischer Vorstellung jeden Morgen aus der Unterwelt emporsteigt, in der er die Nacht verbringt.
Diese Statue setzt den Sonnengott mit Tutanchamun gleich, dessen Kopf aus dem Blütenkelch hervortritt. Der sehr jugendlich dargestellte Pharao hat einen rasierten, länglichen Kopf – charakteristisch für den Kunststil der Amarna-Zeit. Das Inkarnat ist ziegelrot: die traditionelle Farbe männlicher Gesichter. Die großen, mandelförmigen Augen

sind mit dicken schwarzen Konturen umrandet, die sich bis zu den Schläfen erstrecken; die schwarzen Pupillen stehen auf weißem Grund. Die Augenbrauen sind lang gezogen und deutlich hervorgehoben. In den Ohrläppchen erkennt man Löcher zur Befestigung von Ohrgehängen. Typische Merkmale der Porträts Tutanchamuns sind die gerade Nase und die geschwungenen Lippen. Die Hautfalten am Hals unterstreichen den kindlichen Charakter.
Die Skulptur bringt zum Ausdruck, dass der König, gleich dem Sonnengott, für alle Zeiten wieder geboren wird – wie die Lotosblüte, die sich jeden Morgen von neuem öffnet. (S. E.)

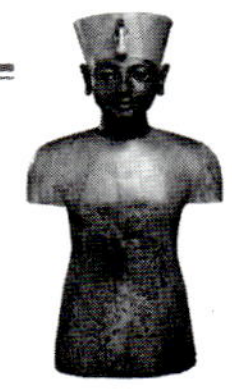

JE 60722

Kleiderpuppe des Tutanchamun

Holz, stuckiert und bemalt; Höhe 76,5 cm
Tal der Könige, Grab des Tutanchamun (KV 62)
Entdeckt von H. Carter (1922)
18. Dynastie, Regierungszeit des Tutanchamun (1333–1323 v. Chr.)

Howard Carter interpretierte diese ungewöhnliche Statue aus mit Gips grundiertem, farbig gefasstem Holz aus Tutanchamuns Grab als Kleiderpuppe des Königs, die dazu diente, den Sitz von Kleidungsstücken und Schmuck auszuprobieren. Der Statue haftet etwas Geheimnisvolles an, weil die Figur unterhalb der Taille endet und die Arme knapp unter den Schultern abgeschnitten sind.
Der König ist mit jugendlichen Gesichtszügen wiedergegeben und trägt einen kurzen, oben abgeflachten gelben Kopfputz, der an die wesentlich höhere Haube der Königin Nofretete auf ihrer prachtvollen Büste in Berlin erinnert. Eine Kobra als Symbol der königlichen Macht erhebt sich über der Stirn. Der Schlangenkörper ist mit Blattgold überzogen und rot und schwarz staffiert. Der hintere Teil des Körpers ist als dünne schwarze Linie auf dem Kopfputz angedeutet.
Für das Inkarnat wurde Rotbraun verwendet, die traditionelle Fleischfarbe männlicher Figuren in der ägyptischen Kunst. Augenbrauen, Lider und Iris sind schwarz, die Augäpfel weiß mit einem kleinen roten Farbtupfer in den äußeren Augenwinkeln. Die großen Ohrmuscheln haben durchstochene Läppchen zum Einhängen von Ohrschmuck.
Geschwungene Ränder betonen die vollen Lippen. Die gerade Nase und das runde, leicht vorgereckte Kinn erinnern an charakteristische Ausdrucksformen der Amarna-Zeit, wie man sie beispielsweise bei der Büste Nofretetes und bei vielen anderen Bildwerken aus der Werkstatt des Hofbildhauers Thutmosis findet. Das hat einige Gelehrte dazu veranlasst, in dieser Plastik ein Porträt Anchesenamuns zu sehen, der Gemahlin des Tutanchamun und Tochter Echnatons.
Der Torso zeigt Risse im Holz und ist unter Verzicht auf jegliche Detailzeichnung lediglich weiß bemalt, als wäre er in ein weißes Leinengewand gehüllt. (S. E.)

JE 60671

Der Goldsarg des Tutanchamun

Gold, Schmucksteine, Glaspaste
Länge 187 cm, Höhe 51 cm, Breite 51,3 cm,
Gewicht 110,4 kg
Tal der Könige, Grab des Tutanchamun (KV 62)
Entdeckt von H. Carter (1922)
18. Dynastie, Regierungszeit des Tutanchamun (1333–1323 v. Chr.)

Der mumifizierte Leichnam des Tutanchamun ruhte in einem prächtigen, kunstvoll gearbeiteten Sarg aus purem Gold. Dieser befand sich in zwei ineinander gesetzten, ebenfalls mumienförmigen Särgen aus vergoldetem Holz, die wiederum in einem rechteckigen Quarzitsarkophag mit rotem Granitdeckel lagen. Den Steinsarkophag umgaben vier ineinander gesetzte, elegante Schreine aus vergoldetem Holz, die fast die gesamte Grabkammer ausfüllten.

Der dritte, innerste Sarg ist der kostbarste, denn er besteht vollkommen aus dünnem Goldblech. Dieses ist fein verziert mit Treibarbeit, Ziselierung und Einlegearbeiten aus bunter Glaspaste. Deckel und Sargwanne haben die Gestalt des mumifizierten Pharaos, der hier in der Verkörperung Osiris' wiedergegeben ist und die Insignien seiner Königswürde in den Händen hält. Er trägt das *Nemes*-Kopftuch mit ins Goldblech eingeritzten Streifen. Über der Stirn erheben sich Kobra und Geier, die Schutzgöttinnen königlicher Macht. Das majestätische Antlitz Tutanchamuns zeigt die jugendlichen Züge des Pharaos, wie sie uns auch auf den anderen Mumiensärgen, der prachtvollen Totenmaske über dem Gesicht der Mumie und mehreren Porträts aus seiner Grabanlage begegnen. Augenbrauen und Lider sind mit schwarzer Glaspaste eingelegt, die bis zu den Schläfen gezogenen Lidränder sind blau. Die Einlagen für Pupille und Auge sind

nicht mehr vorhanden. An den vollen, geschwungenen Lippen und den großen Ohren mit den durchstochenen Ohrläppchen erkennt man deutlich den Stil der Amarna-Zeit, wenn auch bereits in etwas abgeschwächter Form.
Am Kinn befindet sich der lange Zeremonialbart, der aus Gold gebildet ist. Die Einlagen aus blauer Glaspaste deuten ein Flechtmuster an und laufen in einer Rundung aus.
Der Pharao trägt eine ungewöhnliche Halskette aus zwei Reihen kleiner Gold- und Fayencescheiben, die unterhalb der Ohren mit floral verzierten Schließen befestigt ist. Es ist eine Kopie jener Ketten, die der Pharao hochrangigen Hofbeamten und Heerführern in Anerkennung ihrer Verdienste und ihrer treuen Gefolgschaft zu verleihen pflegte.
Auf der Brust liegt außerdem ein breiter *Usech*-Halskragen, gebildet aus vielen Reihen verschiedenfarbiger, stabförmiger Einlegearbeit und mit einem Abschluss aus tropfenförmigen Ornamenten. In den zur Faust geballten Händen hält der Pharao die Insignien seiner Herrscherwürde: Zepter und Geißel, aus Gold gearbeitet, mit Einlagen aus Fayence, Karneol und Glaspaste. Um die Handgelenke liegen zwei breite Armreifen mit bunter Einlegearbeit.
Den Körper des Pharaos umschließen die Schwingen der Göttinnen Nechbet und Wadjet, der Beschützerinnen Ober- und Unterägyptens, die als Geier und Kobra dargestellt sind. Die Zeichnung des Gefieders der Vogelkörper und -schwingen besteht aus kleinteiliger, feiner Einlegearbeit, ausgeführt mit farbiger Glaspaste und bunten Schmucksteinen. In den Klauen halten die Vögel das *Schen*-Zeichen, Symbol der Ewigkeit.
Vom Bauch bis zu den Füßen ist der Deckel auf der gesamten Oberfläche mit ornamentaler Ziselierung bedeckt. Die Hauptmotive bilden die beiden großen Gestalten der Göttinnen Isis und Nephthys in langen, eng anliegenden Gewändern mit *Usech*-Halskragen auf der Brust. Sie stehen mit ausgebreiteten Armen und Schwingen, um den Verstorbenen zu schützen. Ihre Gebete sind in den zwei Reihen ziselierter Hieroglyphen wiedergegeben, die sich zwischen den Göttinnen über die Längsachse des Deckels ziehen.
Unter den Füßen des Königs, am Rand des Sargdeckels, ist ein weiteres Bildnis der Göttin Isis zu sehen, die kniend und mit ausgebreiteten Schwingen dargestellt ist.
Auch die Außenseite der Sargwanne ist reich ziseliert; lediglich am Kopfteil ziehen sich die Streifen des *Nemes*-Kopftuchs vom Deckel herab. Die eingelegten Schwingen der beiden Vögel auf der Brust des Pharaos erstrecken sich bis auf die Seiten des Sargunterteils. Die Zwischenfelder sind mit langen Reihen von Hieroglypheninschriften mit den Namenskartuschen des Tutanchamun bedeckt. (S. E.)

JE 60672

Die goldene Totenmaske des Tutanchamun

Gold, Schmucksteine, Quarz, Glaspaste
Höhe 54 cm, Gewicht 11 kg
Tal der Könige, Grab des Tutanchamun (KV 62)
Entdeckt von H. Carter (1922)
18. Dynastie, Regierungszeit des Tutanchamun (1333–1323 v. Chr.)

Tutanchamuns herrliche Totenmaske besteht aus purem, gehämmertem Gold mit Verzierungen in Karneol, Lapislazuli, Türkis und Glaspaste. Sie zeigt das idealisierte Gesicht des jungen Herrschers im Stil der Post-Amarna-Zeit. Die Gesamtkomposition des Stückes ist in der Tradition der klassischen Kunst Ägyptens verankert, während das leicht längliche, ovale Gesicht, die mandelförmigen Augen unter gewölbten Brauen, die schmale, feine Nase und der Mund mit den vollen, sanft geschwungenen Lippen den Einfluss der stilistischen Erneuerung widerspiegelt, die das Kunstschaffen unter der Regierung Echnatons vorübergehend prägte. Das Ergebnis ist ein Herrscherporträt, das dank der Ausgewogenheit und Klarheit der Formen, der fließenden Linearität und der geometrischen Präzision des schmückenden Beiwerks, welches das Antlitz umrahmt, von einem Hauch idealisierender Verklärung umgeben ist.

Besondere Aufmerksamkeit wurde den Augen zuteil, deren Weiß aus eingelegtem Quarz besteht, mit Pupillen aus Obsidian. Rote Farbtupfer in den Augenwinkeln sorgen für eine gewisse Lebendigkeit des Ausdrucks. Die Ohren

mit den durchstochenen Ohrläppchen sind asymmetrisch angesetzt: Das linke Ohr steht etwas mehr ab als das rechte. Der Zeremonialbart mit dem eingerollten Ende besteht aus dünnen Goldstegen mit eingelegter blauer Glaspaste.

Der Pharao trägt das *Nemes*-Kopftuch, das zwischen den Schultern von einem Band zusammengefasst wird; das horizontale Streifenmuster besteht aus eingelegtem Lapislazuli. Auf der Stirn erhebt sich die königliche Kobra neben dem Geier, Symbole der Schutzgöttinnen Nechbet (Geier) und Wadjet (Kobra) für Ober- und Unterägypten sowie für die Herrschaft über das vereinte Land. Auf der Brust liegt ein breiter Halskragen aus zwölf Reihen stabförmig gemusterter Einlagen in Lapislazuli, Türkis, Quarz und farbigem Glas. An den Schultern ist der Kragen mit zwei falkenkopfförmigen Schließen befestigt. Eigenschaften und Aufgaben der den mumifizierten Kopf des jungen Pharaos schützenden Maske gehen aus den auf der Rückseite eingeritzten und diese zur Gänze ausfüllenden Hieroglypheninschriften hervor. Sie zählen die einzelnen Gliedmaßen des Verstorbenen auf und ordnen sie den jeweiligen Gottheiten zu, unter deren Schutz sie stehen. Im Neuen Reich hat man diese Anrufung ins *Totenbuch* aufgenommen, wo sie in der von Lepsius vorgenommenen Zusammenstellung unter Kapitel 151 b zu finden sind. (F. T.)

JE 61884

Pektoral mit geflügeltem Skarabäus

Gold, Silber, Schmucksteine, Glaspaste
Höhe 14,9 cm, Breite 14,5 cm
Tal der Könige, Grab des Tutanchamun (KV 62)
Entdeckt von H. Carter (1922)
18. Dynastie, Regierungszeit des Tutanchamun (1333–1323 v. Chr.)

Dieses Brustschild ist eines der kostbarsten Meisterwerke unter den vielen Schmuckstücken Tutanchamuns, die zwischen den Mumienbinden, in verschlossenen Kästen in der Schatzkammer oder anderswo verstreut gefunden wurden. Es handelt sich um eine besonders aufwändige, sorgfältig ausgeführte und farblich harmonisch abgestimmte Goldschmiedearbeit von hohem Symbolgehalt.

Das Stück wurde aus cloisonniertem Gold angefertigt, wobei die farbigen Steine und Glaspasten in Zellen aus Goldstegen eingesetzt wurden, die den Rahmen der Komposition bilden.

Das die Mitte einnehmende Hauptmotiv ist ein Skarabäus aus durchscheinendem grünem Chalzedon, dem die ausgebreiteten Flügel und ein fächerförmiger Geierschwanz, eingelegt mit farbigem Glas, angefügt wurden. Die Beine aus Gold sind die eines Raubvogels und halten *Schen*-Hieroglyphen in den Klauen, das Symbol der Ewigkeit. Außerdem umfasst die rechte Klaue eine Lotusblüte und die linke eine Lilie, Sinnbilder Oberägyptens. Diese für ein Symbol der wiedergeborenen Sonne sehr ungewöhnliche Zusammenstellung wird von zwei Kobras in Profildarstellung flankiert, die mit farbiger Glaspaste eingelegt sind und die gelbe Sonnenscheibe auf den Köpfen tragen.

Unter dem Geierschwanz liegt ein Schmuckfries aus abwechselnd blauen und roten Scheiben, und an der goldenen Abschlussleiste hängt eine üppig gestaltete Girlande aus Lotos- und Papyrusblüten – den Wappenpflanzen Ober- und Unterägyptens –, mit dazwischen eingefügten blauen Knöpfen mit goldener Mitte.

Auf den Vorderbeinen des Skarabäus und den Flügelspitzen des Geiers ruht eine schlanke Barke mit aufwärts gebogenen Schiffsschnäbeln. In der Schiffsmitte erhebt sich das *Udjat*-Auge, das linke Auge des Horus, und über diesem eine Mondscheibe, beide flankiert von zwei Kobras von vorn mit der Sonnenscheibe auf den Köpfen. Die Barke versinnbildlicht die Reise des Mondes, der nach ägyptischer Überlieferung über dem zum Gott gewordenen Pharao – hier Tutanchamun – schwebt, der auf der Scheibe mit dem ibisköpfigen Thot und dem falkenköpfigen Re-Harachte als Schutzgottheiten bei der Krönung dargestellt wird.

Das Pektoral vereint in seiner religiös-symbolhaften Komposition verschiedene Themen im Zusammenhang mit dem Lauf der Sonne und des Mondes, jener beiden Himmelskörper, auf die sich die Macht der ägyptischen Herrscher gründet. (S. E.)

durchbrochen gearbeitete Plakette mit vier langstieligen Lotosblüten, die mit Gruppen aus Lotosknospen abwechseln. Die Blumenstängel wachsen aus einer schmalen Leiste mit Lapislazulieinlagen hervor, Symbol des Himmelsgewölbes, von dem abwechselnd hellblaue und dunkelblaue tropfenförmige Gebilde herabhängen, die möglicherweise Regen versinnbildlichen. Die Komposition ist eine allegorische Schilderung der nächtlichen Reise der Mondbarke über die himmlischen Wasser, die sich über der irdischen Welt wölben.

Das Schmuckstück ist mit einem Gegengewicht von beachtlicher Größe ausgestattet. Es besteht aus einer großen Lotosblüte, flankiert von zwei Knospen und goldenen Rosetten. Die Blütenblätter sind mit hell- und dunkelblauer sowie roter Glaspaste eingelegt. Von der Abschlussleiste hängen neunzehn Reihen von Perlen aus Gold und Fayence herab, die paarweise in einem glockenförmigen Blütenkelch enden.

(S. E.)

JE 61901

Halskette mit Pektoral in Form des heiligen *Udjat*-Auges

Gold, Lapislazuli, Türkis, Fayence, Glaspaste
Höhe des Anhängers 5,7 cm; Tal der Könige
Grab des Tutanchamun (KV 62); entdeckt von H. Carter (1922)
18. Dynastie, Regierungszeit des Tutanchamun (1333–1323 v. Chr.)

Diese Halskette lag zwischen den Leinenbinden, mit denen Tutanchamuns Mumie umwickelt war. Carter vermutete, dass der junge Herrscher dieses Schmuckstück im Leben tatsächlich getragen haben könnte. Das Motiv hat vorwiegend Schutzfunktion, denn das heilige *Udjat*-Auge als zentrales Hauptmotiv gilt als Amulett von besonderer magischer Wirksamkeit. Der Legende zufolge hat der falkenköpfige Gott Horus das Auge beim Kampf mit Seth verloren. Thot fand es und brachte es dem Gott zurück. Die deutlichen Spuren auf den Wangen des Falken werden nach alter Tradition mit Horus' Verwundung in Beziehung gebracht – bildlich dargestellt in der Träne des Schmerzes, die dem Auge entquillt, als es aus seiner Höhle gerissen wird. Der Begriff *udjat* bedeutet »gesund« oder »heil« und bezieht sich darauf, dass das Auge nach dem Kampf geborgen und heil zurückgebracht wurde.

Das Brustschild hängt an einer dreireihigen Kette aus Goldperlen im Wechsel mit Perlen aus roter, grüner und blauer Fayence. Im Zentrum des Anhängers schwebt das *Udjat*-Auge. Es besteht aus Lapislazuli (Pupille, Lidränder und Braue) und Türkis (Augapfel und Liddeckel unter der Braue) in goldener Fassung. Zu beiden Seiten des Auges stehen die beiden Schutzgottheiten Ägyptens: rechts Wadjet, die Göttin Unterägyptens mit der Roten Krone; links die Geiergöttin Nechbet mit zum Auge hin ausgebreiteten Schwingen. Als Schutzgöttin Oberägyptens trägt sie die Weiße Krone mit den zwei seitlichen Federn und in den Krallen das *Schen*-Symbol. Den unteren Abschluss des Anhängers bildet eine rechteckige Leiste mit vierteiligen Streifenmotiven. Ein Isisknoten zwischen zwei *Djed*-Pfeilern, von denen einer als Schließe dient, bildet das Gegengewicht für den Anhänger. (F. T.)

JE 61941

Pektoral mit Tutanchamun zwischen Ptah und Sachmet

Gold, Silber, Quarz, Kalzit, Elektron, Glaspaste
Pektoral: Höhe 11,5 cm, Breite 14,1 cm,
Gegengewicht: Höhe 8,4 cm, Breite 7,8 cm
Tal der Könige, Grab des Tutanchamun (KV 62)
Entdeckt von H. Carter (1922)
18. Dynastie, Regierungszeit des Tutanchamun (1333–1323 v. Chr.)

Dieser aufwändig gestaltete, reich verzierte Brustschmuck lag in einem mit Ebenholz und Elfenbein eingelegten Holzkästchen auf dem Boden der Schatzkammer von Tutanchamuns Grab. Das Stück besteht aus einem durchbrochen gearbeiteten Pektoral an einem breiten Halsband mit ornamentalem Gegengewicht.

Der prächtige Dekor setzt sich aus vielfarbigen Einlagen zusammen und zeigt keine Bestattungsszene, sondern den Pharao beim Krönungszeremoniell in dem Augenblick, in dem er von den Gottheiten seine irdische Macht übertragen bekommt. Der Halsschmuck wurde also nicht als Grabbeigabe gefertigt, sondern aus Anlass der Thronbesteigung.

Die Form des Anhängers entspricht der eines Tempelpylons. Die nach unten leicht ausgestellten Wände ruhen auf einer Plinthe mit acht Sonnenscheiben zwischen spiralig verdrehten Schriftzeichen, zusammen ergeben sie das Wort für »Ewigkeit« als Sinnbilder der Ewigkeit. Oben wird das Bildfeld von einer schmalen Leiste mit goldenen Sternen begrenzt, darüber erheben sich der Architrav mit bunter Einlegearbeit und das vorspringende Gesims. Im Bildfeld steht der Pharao in der Mitte zwischen den thronenden Gottheiten Ptah und Sachmet. Er ist in eine gefiederte Tunika gekleidet und trägt einige der Insignien seiner Königswürde: die Blaue Krone, den *Usech*-Halskragen, dazu Zepter und Geißel. Sein Blick ist Ptah zugewandt, der in ein enges Gewand gehüllt ist, aus dem die Hände hervorragen, in denen er das *Was*-Zepter als Symbol der Macht und das *Anch*-Zeichen des Lebens hält. Der Thron des Gottes steht auf einem Podest und ist mit einem Federmotiv verziert.

Auf einem nahezu identischen Thron links des Pharaos sitzt die löwenköpfige Göttin Sachmet, bekrönt von der Sonnenscheibe. Sie trägt ein elegant gemustertes Kleid und in der Rechten eine Palmrispe als Zeichen der »Tausende von Jahren«. Mit der rechten Hand berührt die Göttin die Schulter des Königs in einer liebevoll schützenden Geste.

Links und rechts vom Kopf des Königs befinden sich zwei rechteckige Goldtafeln mit eingravierten Inschriften. Diese bringen die Segenswünsche der Gottheiten für den Pharao zum Ausdruck: Ptah verkündet ihm Leben, Macht und Gesundheit, Sachmet verheißt ihm die Ewigkeit.

Hinter Ptah kniet eine kleine Figur des Gottes Heh auf dem *Heb*-Zeichen und

hält Palmrispen. Darüber erhebt sich der mit der Sonnenscheibe bekrönte Uräus. Die kleine Figur hinter Sachmet repräsentiert das *ka* des Königs, und darüber erkennt man das *serech*, eine stilisierte Zeichnung der Fassade des Königspalasts, auf dem sich ein bekrönter Falke niedergelassen hat.

Das Halsband, an dem das Pektoral befestigt ist, besteht aus fünfzehn Plaketten zwischen doppelten Reihen farbiger Perlen. Ornamentale Motive, die schützen und Unheil abwehren sollen, wechseln ab mit den beiden Namenskartuschen des Tutanchamun und einer stilisierten Lotosblüte.

Das Gegengewicht ist ebenfalls pylonförmig gestaltet. Zwei Papyrussäulen tragen den gestreiften Architrav und das vorspringende Gesims mit farbiger Einlegearbeit. Im Bildfeld sitzt der Pharao auf dem Thron, vor ihm eine geflügelte Göttin. Er trägt die Blaue Krone, einen *Usech*-Halskragen und einen langen Schurz. In der einen Hand hält er das Zepter, in der anderen das *Anch*-Zeichen des Lebens, das ihm von der Göttin Maat dargereicht wird. Die ausgebreiteten Schwingen der Göttin, deren Körper mit blauer Glaspaste eingelegt ist, geben sie als Schutzgenius des Tutanchamun zu erkennen. Von der goldenen Abschlussleiste des Gegengewichts hängen vierzehn Perlenreihen herab. Die acht mittleren Schnüre enden in einem goldenen Fischanhänger, die übrigen sechs in glockenförmigen Blütenkelchen. (S. E.)

JE 62374

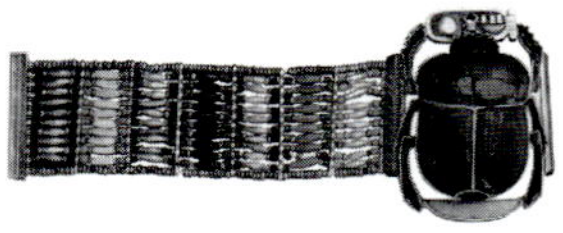

Armreif mit Skarabäus

Gold, Lapislazuli, Karneol, türkisfarbene und blaue Glaspaste,
Kalzit, Elektron; Armband: Länge 10,7 cm, Breite 3,5 cm
Skarabäus: Höhe 6,6 cm, Breite 5,1 cm
Tal der Könige, Grab des Tutanchamun (KV 62)
Entdeckt von H. Carter (1922)
18. Dynastie, Regierungszeit des Tutanchamun
(1333–1323 v. Chr.)

Ein kartuschenförmiges Kästchen in der Schatzkammer von Tutanchamuns Grabanlage enthielt drei Armbänder mit Skarabäen. Weitere 24 Armbänder verschiedener Art fand man unter den Bandagen der Mumie. Teils hingen sie an den Handgelenken und Armen, teils waren sie lose zwischen den Binden verstreut. Die Bedeutung der Skarabäenarmbänder war vorwiegend religiöser und ritueller Natur, denn der Skarabäus, in dem die Ägypter die aufgehende Sonne (Chepri) sahen, war das Symbol der ewigen Wiedergeburt des verstorbenen Pharaos.

Das Hauptmotiv dieses Armbands ist der große Skarabäus aus Lapislazuli in Goldfassung. Goldstege zeichnen die Struktur des Panzers nach und bilden die Zellen für die Einlagen der Beine, wodurch eine weitgehend naturgetreue Wiedergabe des Insekts entsteht. Zwischen den Vorderbeinen hält der Käfer die liegende Kartusche mit dem Thronnamen des Pharaos, *Nebcheperure*, in Goldrelief auf Lapislazuli. Die Hinterbeine umfassen das *Neb*-Symbol aus türkisfarbener Glaspaste.

Ein Goldsteg verbindet den Skarabäus mit dem Armband. Dieses besteht aus zwei Reihen kleiner runder Goldperlen an den Rändern, zwischen denen, durch schmale Goldstege getrennt, sieben Segmente aus langen und kurzen Röhrenperlen in Gold (teils granuliert), blauer und türkisfarbener Glaspaste, Lapislazuli, Kalzit, Karneol und Elektron in waagerechter Reihung angeordnet sind. Die geschickte, ausgewogene Komposition der Farben wirkt abwechslungsreich und lebendig. Der letzte senkrechte Goldsteg ist Teil des Schließmechanismus und wird in die goldene Schiene an der rechten Seite des Skarabäus eingeschoben. (S. E.)

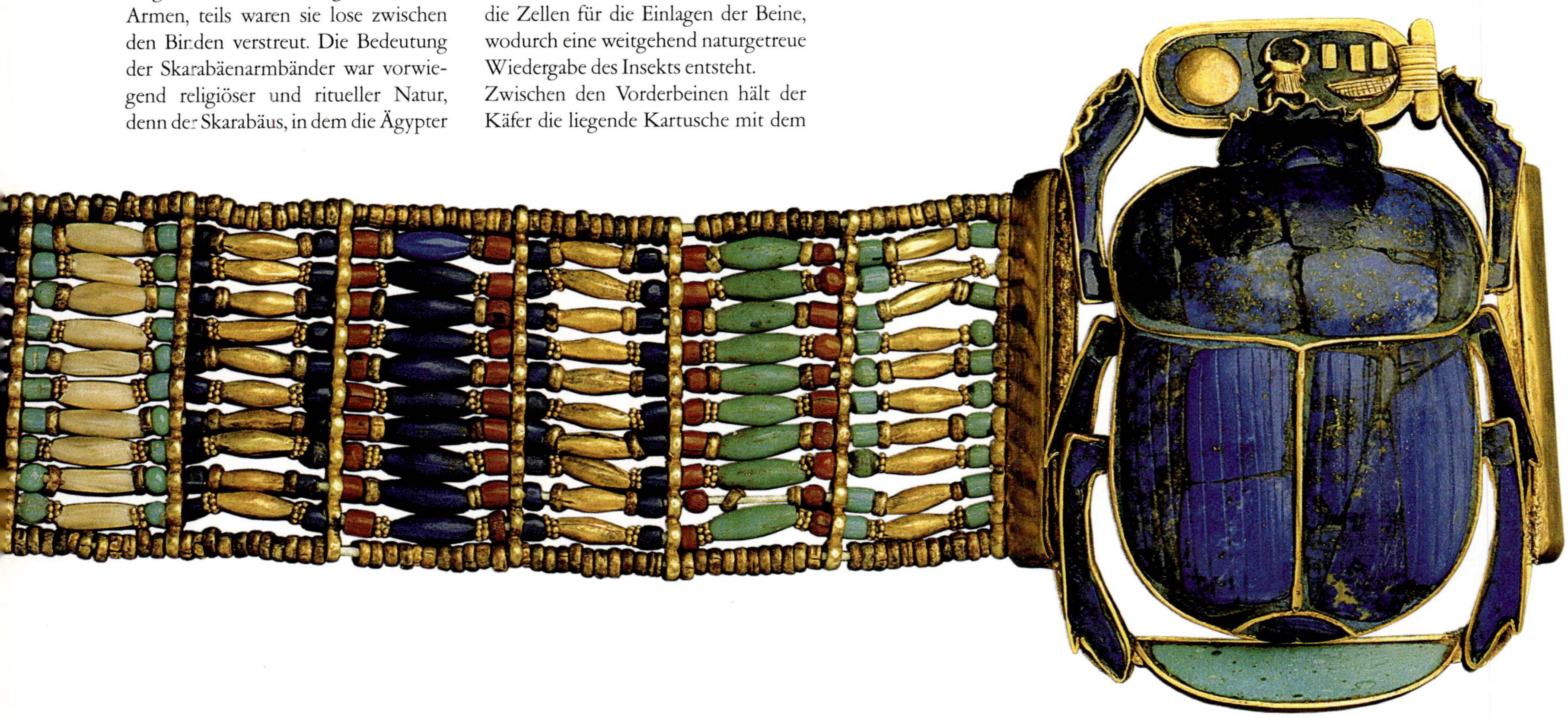

JE 61886

Pektoral in Form eines geflügelten Skarabäus

Gold, Karneol, Türkis, grüner Feldspat, Lapislazuli, Kalzit
Höhe 9 cm, Breite 10,5 cm; Tal der Könige, Grab des Tutanchamun (KV 62)
Entdeckt von H. Carter (1922)
18. Dynastie, Regierungszeit des Tutanchamun (1333–1323 v. Chr.)

Dieses Pektoral, das einst die Brust des jungen Pharaos geschmückt haben mag, wurde mit anderen Schmuckstücken in einem mit Ebenholz und Elfenbein eingelegten Kästchen in der Schatzkammer der Grabanlage gefunden. Die einzelnen Stücke waren von den Beamten der Nekropole, die das kurz nach der Bestattung von unbekannten Räubern heimgesuchte Grab wieder in Ordnung brachten, zumauerten und versiegelten, wahllos in den Behälter gelegt worden.

Unter den im Stil der Zeit gearbeiteten Geschmeiden des Tutanchamun nimmt dieses Brustschild wegen seines hohen Symbolgehalts eine Sonderstellung ein. Zentrum und Hauptmotiv der Komposition ist der Skarabäus aus Lapislazuli. Die ihn beidseitig rahmenden Flügel sind in Goldcloisonné gearbeitet, dessen Stege die Struktur des Gefieders nachzeichnen. Die Einlegearbeit setzt sich aus verschiedenen Schmucksteinen zusammen, die überwiegend helle Farben zeigen.

Der Skarabäus galt im alten Ägypten als Sinnbild des Gottes der aufgehenden Sonne, Chepri, der jeden Morgen die Sonne in den Himmel schiebt. Dieser Vergleich beruht auf der Gewohnheit dieses Käfers, seine Eier in Dungkugeln abzulegen und die Kugel vor sich her zu rollen. Auf unserem Pektoral hält der Skarabäus die in Gold gefasste Sonne aus Karneol zwischen den Vorderbeinen.

Neben seiner mystisch-religiösen Bedeutung repräsentiert dieses Brustschild die bildhafte Darstellung des königlichen Namens. Der Körper des Käfers ruht auf drei kurzen Säulen aus eingelegtem Karneol, die wiederum auf der *Neb*-Hieroglyphe stehen. Liest man die Zeichen von unten nach oben, ergeben sie den Namen *Nebcheperure*, den Tutanchamun bei der Thronbesteigung annahm.

Auf der goldenen Rückseite des Schmuckstücks ist das Motiv der Vorderseite in Ziselierung wiedergegeben. An der Rückseite der Fassung des Karneols befindet sich eine kleine waagrechte Röhre. Durch diese konnten Schnüre gefädelt werden, mit denen man das Pektoral an einer um den Hals getragenen Kette oder einem Halsband befestigte. (S. E.)

JE 62360

Armreif mit Skarabäus

Gold, Lapislazuli, Karneol, Türkis, Quarz
Durchmesser 5,4 cm
Tal der Könige, Grab des Tutanchamun (KV 62)
Entdeckt von H. Carter (1922)
18. Dynastie, Regierungszeit des Tutanchamun (1333–1323 v. Chr.)

Dieser schwere, massiv gearbeitete Armreif lag neben anderen Schmuckstücken in einem kartuschenförmigen Holzkästchen in der Schatzkammer von Tutanchamuns Grabanlage. Seine symbolische Bedeutung ist unverkennbar, daneben aber auch die hervorragende handwerkliche Ausführung. Diese Qualität, gepaart mit sicherem Stilgefühl beim Entwurf, machen das Schmuckstück zu einem beeindruckenden Zeugnis für den schier unerschöpflichen Ideenreichtum der thebanischen Goldschmiede.

Der geringe Durchmesser des Armreifs lässt erkennen, dass er für eine sehr zierliche Person bestimmt war. Gebrauchsspuren verweisen darauf, dass er wohl vom Pharao während dessen kurzer Regierungszeit getragen wurde.

Der Reif besteht aus zwei an einem Scharnier beweglichen Teilen, die mittels einer Schließe zusammengesteckt werden. Oben, auf dem breiteren Teil des Reifs, liegt ein großer Skarabäus aus getriebenem Gold mit Lapislazuli-Einlagen in Goldcloisonné. Der Bauch des Panzers besteht aus massivem Gold, und die daraus hervorragenden Beine sind sehr sorgfältig ausgeführt: vorn mit fünf spitzen Klauen, hinten mit einer hakenförmigen Kralle.

Die Grundplatte ist mit einer feinen Kugelbordüre gesäumt und seitlich von einem Band aus Einlagen in Lapislazuli, Türkis und Karneol zwischen breiten Goldstegen gefasst. Die Flächen an den beiden Schultern des Reifs sind mit floraler Einlegearbeit verziert: Zwei Karneolknospen flankieren eine herzförmige Blüte aus gelbem Quarz, zwischen den Stängeln liegen zwei Goldrosetten. Der untere Teil des Reifs aus gehämmertem Gold weist Schmucksteinlagen mit Goldstegen zwischen vier senkrechten Kugelbordüren auf. (S. E.)

244 Mitte
Anhänger mit Kopf der Hathor (Ausschnitt)
JE 86780

Gold, Lapislazuli
Höhe 5,5 cm,
Breite 5,3 cm
Mit Rahina (Memphis)
Grab des Prinzen Scheschonk
Ausgrabungen von A. Badawys (1942)
22. Dynastie
Regierungszeit Osorkons II.
(883–855 v. Chr.)

244 unten und 245
Fragment eines Reliefs
JE 69306

Sandstein
Höhe 70 cm,
Breite 75 cm
Herkunft unbekannt
19. Dynastie
(1307–1196 v. Chr.)

Francesco Tiradritti

Das Ende des Neuen Reiches und die Dritte Zwischenzeit

Schon in der zweiten Hälfte der Regierungszeit Echnatons hatte sich die für die frühe Amarna-Kunst charakteristische Tendenz zur Übertreibung typischer Körpermerkmale abgeschwächt. Nach einer Anfangsperiode des Experimentierens mit Ausdrucksformen, die den Bruch mit dem Vorangegangen herbeiführen sollten, fanden die Künstler in Amarna zu Stilmitteln, die frei von formaler Überspitzung die veränderten Umstände eines neuen sozialen Klimas zum Ausdruck brachten. Diese Ausgewogenheit der künstlerischen Mittel, die sich durchsetzte, als das Dogma des Aton-Kults bereits im Schwinden begriffen war, wurde auch nach dem Tod Echnatons weiter gepflegt und spiegelt sich unter anderem in den verfeinerten Gesichtszügen der Porträts Tutanchamuns. Auf die kurze Herrschaft des jungen Königs folgten jene des Hohenpriesters Eje und des Heerführers Haremhab, die beide auf die Ächtung des Aton-Kults und die Tilgung jeglicher Erinnerung an Echnaton hinwirkten.

Obwohl man die Aton geweihten Heiligtümer niederreißen ließ und die Liturgie der unter ihrem Dach verbreiteten Religion untersagte, blieben einige der Dogmen dieser Glaubens- und Kulturrevolution erhalten. Das äußerte sich etwa darin, dass die Bildnisse Amun-Res, dessen Kult in ganz Ägypten als Staatsreligion wieder eingeführt wurde, häufig von künstlerischen Tendenzen beeinflusst sind, die noch in der zweiten Hälfte der

Regierungszeit Echnatons entstanden waren. Auch in den Bildnissen privater Personen kommt das Fortbestehen bestimmter charakteristischer Ausdrucksformen dieser Kunstrichtung zum Tragen. So zeigen beispielsweise die verstümmelten Statuen Nachtmins und seiner Gemahlin schmale Gesichter mit lebhaften, feinen Zügen. Die mandelförmigen Augen mit den schweren Lidern sind eindeutig Relikte aus der Amarna-Kunst und stehen im Widerspruch zu den von formaler Strenge beeinflussten Stilelementen aus der Zeit Amenophis' III.

Der anstoßgebende Umschwung in der Kultur dieser Epoche verlief parallel zum Aufstieg einer neuen Dynastie, deren Heimat das Nildelta war. Ihr Begründer war ein Kampfgefährte und Wesir Haremhabs, der unter dem Namen Ramses den Thron Ägyptens übernahm. Nach seinem Tod ging die Macht an seinen Sohn Sethos über, der die Ausdehnung des Reichs nach Osten fortsetzte. In Abydos setzte Sethos ein gewaltiges Bauprojekt in Gang, das vor allem dazu dienen sollte, die Bedeutung seiner Vorgänger auf dem Thron Ägyptens zu verherrlichen. Ein Tempel, der auch eine Kapelle für den Kult des lebenden Pharaos beherbergte, wurde Osiris geweiht. Auf diese Weise begründete Sethos I. einen neuen Staats-

kult, der unter der Regierung seines Sohnes Ramses II. seinen Höhepunkt erreichte.
Eine Reliefdarstellung zeigt Sethos I. zusammen mit dem Kronprinzen Ramses bei Opferhandlungen vor den Namenskartuschen seiner Ahnen, der berühmten Königsliste von Abydos. Auf diese Weise versuchte er, der Emporkömmling, die Legitimität seines Anspruchs auf den Thron durch die Verbindung seiner Herkunft mit jener der bedeutendsten Herrscher der Vergangenheit zu unterstreichen. Unter allen seinen Vorgängern berief sich Sethos vor allem auf Thutmosis III., dessen ausgedehnte Feldzüge ihren Eindruck auf den Spross eines Soldatengeschlechts nicht verfehlt hatten.
Auch im Kunstschaffen seiner Zeit spiegeln sich die Feierlichkeit, der Ernst und die Ausdrucksformen der frühen Achtzehnten Dynastie. Das zeigt sich vor allem in den bemalten Reliefs an den Wänden des Tempels von Abydos und in Sethos' prächtigem Grab im Tal der Könige. Übereinstimmungen mit der Kunst aus der Zeit Thutmosis' lassen sich vor allem auch an den Skulpturen dieser Epoche nachweisen, für die die Statue Sethos' I. als Stabträger ein charakteristisches Beispiel bietet. Die Gesichtszüge des Pharaos erinnern hier unverkennbar an die der Könige der frühen Achtzehnten Dynastie, auch wenn die Kleidung, insbesondere das aufwändige Plissee der Gewänder, die experimentellen und extravaganten Stilmittel der Amarna-Zeit wieder aufleben lässt.
Ganz anders, nämlich umgekehrt, verhält es sich mit der zusammengesetzten Kalzitstatue aus der Cachette in Karnak. Die Kostbarkeit des Materials und die idealisierte Physiognomie des Gesichts stehen im Einklang mit der Tradition der späten Achtzehnten Dynastie. Das Standbild wurde schon vor Regierungsantritt Sethos' I. geschaffen, und dieser hat es sich nur angeeignet

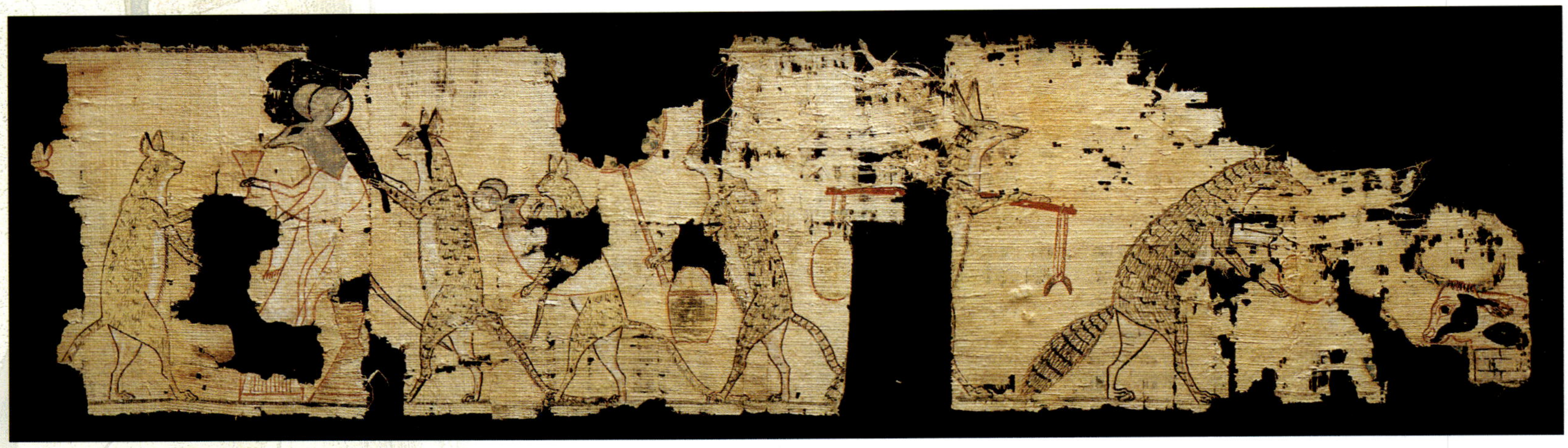

246 oben
Papyrus
JE 31199

Papyrus
Länge 55 cm,
Breite 13 cm
Tuna el-Gebel
20. Dynastie
(um 1100 v. Chr.)

246–247 rechts
Schrein Ramses' II.
JE 37475 = CG 70003

Roter Quarzit
Höhe 156 cm,
Länge 271 cm,
Breite 190 cm
Tanis, Tempel des Amun-Re
Ausgrabungen von
W. M. F. Petrie (1904)
19. Dynastie
Regierungszeit Ramses' II.
(1279–1212 v. Chr.)

247 gegenüber
Ramses II ergreift seine Feinde, Detail eines Reliefs
JE 46189

Kalkstein, bemalt
Höhe 99,5 cm,
Breite 89 cm
Mit Rahina (Memphis)
Erworben 1917
19. Dynastie
Regierungszeit Ramses' II.
(1279–1212 v. Chr.)

und die Hieroglypheninschrift mit seinem Namen hinzufügen lassen.
Als Ramses II. den Thron bestieg, hatte Ägypten die imperiale Größe und kulturelle Homogenität, die während der vorangegangenen Epochen verloren gegangen waren, zurückgewonnen. Sethos' Sohn brauchte das Staatsschiff nur noch auf Kurs zu halten und die Früchte der politischen Initiativen seines Vaters zu ernten. Im eigenen Land beaufsichtigte und leitete Ramses II. ein noch nie da gewesenes Bauprogramm, das vor allem dem Zweck dienen sollte, die Persönlichkeit des Königs und das System der Monarchie zu verherrlichen. Jenseits der Reichsgrenzen leitete Ramses II. eine Kampagne zur Wiederherstellung der ägyptischen Oberhoheit über die syrisch-palästinensischen Gebiete ein. Die kriegerischen Auseinandersetzungen in den Territorien nordöstlich der ägyptischen Grenze fanden mit der Schlacht bei Kadesch gegen das hethitische Heer Muwatallis ein Ende. Der Konflikt wurde durch einen Friedensvertrag beigelegt, der das Gleichgewicht der Kräfte zwischen Ägypten und dem Hethiterreich wieder herstellte. Weil Ramses das syrische Abenteuer nicht als nur mühsam abgewendetes Debakel in die Geschichte eingehen lassen wollte, wurde die Schlacht von Kadesch zur Legende verklärt. Die Wandreliefs in mehreren Tempeln, die das Ereignis schildern, heben vor allem den Mut und die Tapferkeit des Königs hervor.
Zu dieser Zeit gelangte die Berichterstattung durch Bilder zur vollen Reife, indem die Künstler auf Erfahrungen der Amarna-Zeit mit den Ausdrucksmöglichkeiten der Bildersprache zurückgriffen.

Dieselbe erzählerische Kraft findet man in den Darstellungen der privaten Gräber der Neunzehnten Dynastie. Auch wenn sie den Sinn für Abenteuer und die Freude am Ausgefallenen vermissen lassen, der den früheren Werken anhaftet, ist ihnen das Vermögen, den Eindruck von Bewegung zu schaffen, erhalten geblieben. Auf einem Relief, das eine von Saqqara ausgehende Prozession darstellt, ist die Betriebsamkeit und Lebhaftigkeit des bewegten Geschehens fast mit Händen greifbar.
Jedoch äußert sich die Kunst während der Herrschaft Ramses' II. vor allem in grandiosen Monumentalbauten und Kolossalstatuen. Alles musste groß und gewaltig sein, musste Staunen auslösen, ornamental wirken und Bedeutung ausstrahlen. Auch die nachfolgende Epoche – von Kunsthistorikern häufig etwas abschätzig als Ramses-Barock bezeichnet – war von dieser Philosophie architektonischer Wucht und Monumentalität der Kunst getragen, wenn auch in etwas kleineren Maßstäben.
Mit den von Ramses II. in Auftrag gegebenen Tempelbauten wurde ein neuartige Form optischer Wirkung und räumlicher Perspektive eingeführt. Besucher des großen Säulensaals im Tempel Amun-Res in Karnak kamen sich vor wie

Namens Ramses II. gelesen werden kann, womit zum Ausdruck gebracht werden sollte, dass es sich hier auch um das Heiligtum des Pharaos handelt. Die Verwendung doppeldeutiger Aussagen findet man auch bei der prachtvollen Kolossalgruppe in Tanis, die den Gott Horun als Beschützer des jungen Ramses II. darstellt, indem die Gestalt des kauerndes Kindes mit den Fingern an den Lippen in einer Form wiedergegeben ist, die nur als Bezug auf den Namen Ramses verstanden werden kann.
Während der 67 Jahre, die Ramses II. regierte, entstanden zahllose Standbilder. Einige setzen die Tradition fort, die mit Sethos I. begann, und sind infolgedessen vom Stil der Thutmosis-Zeit geprägt. Es handelt sich dabei überwiegend um Arbeiten, die den König mit den charakteristischen, wenn auch idealisierten Gesichtszügen eines jungen Mannes porträtieren: mit Adlernase, Augen unter schweren Lidern – in Anlehnung an den Amarna-Stil – und einem verhaltenen Lächeln auf den Lippen. Andere Statuen des Königs sind stilistisch weniger ausgeprägt, und bei manchen ist es schwierig festzustellen, ob sie in den Werkstätten Ramses' II. oder schon früher entstanden sind und von Ramses usurpiert und mit seinem Namen versehen wurden.

Ameisen in einem Wald aus Steinen. Das Ramesseum bietet ein treffliches Beispiel für das Nebeneinander unterschiedlicher baulicher Strukturen in einem architektonischen Wettbewerb, dessen einzige Regel darin bestand, Wiederholung und Symmetrie zu vermeiden.
Der für diese Epoche charakteristischste Monumentalbau ist jedoch der Felsentempel in Abu Simbel. Er stellt geradezu die architektonische Verkörperung der geistigen Grundlagen der Regierung Ramses' II. dar. Sein hervorstechendes Merkmal erschließt sich dem Besucher nicht auf Anhieb. Die über 60 Meter in den Fels hineingehauene Architektur folgt dem auch von offenen Achsentempeln her bekannten Plan der perspektivischen Tiefenwirkung, die durch mehrere Hallen von abnehmender Größe und Höhe erzielt wird. Hinter dieser kulissenartigen Anordnung verbirgt sich nahezu vollständig die vom Bauwerk in seiner Gesamtheit ausgehende Botschaft. An diesem abgelegenen Ort, weit entfernt von Ägyptens Städten, erreichte die Politik Ramses' II., die Person des Souveräns über alles zu stellen, ihren Höhepunkt. Hier wird der Pharao in der Tat als lebendiger Gott verehrt. Die Vergöttlichung wird zwar nicht offen proklamiert, enthüllt sich jedoch in vielen baulichen Details. Dazu gehören die figuralen Verzierungen über dem Haupteingang, in denen die fast dreidimensional wirkende Gestalt Re-Harachtes, dem der Tempel geweiht wurde, als Verschlüsselung des

Auf Ramses II. folgte dessen dreizehnter Sohn Merenptah, dessen Statuen denen seines Vaters ähneln. In der Folge brachte die Neunzehnte Dynastie eine Reihe von Königen hervor, über deren von inneren Wirren geprägte Herrschaft nur wenig bekannt ist.
Einigermaßen geordnete Verhältnisse stellten sich erst mit der Zwanzigsten Dynastie ein, deren Könige dem Andenken Ramses' II. huldigten, indem sie sich Namen gaben, die auf die eine oder andere Weise dem ihres berühmten Vorgängers entsprachen. Ramses III., der sich in Statuen im Stil der frühen Neunzehnten Dynastie porträtieren ließ, errichtete am Westufer Thebens, in Medinet Habu, einen Tempel, der zwar vom Ramesseum inspiriert war, dessen architektonische Schaueffekte jedoch nicht nachvollzog. Dem Besucher präsentierte sich stattdessen ein Bild archaischen, in Stein erstarrten Prunks.
Von viel größerer Frische und Spontaneität zeigen sich die Arbeiten der Künstler in den Grabanlagen im Tal der Könige. Die Arbeiter kamen aus dem Dorf Deir el-Medineh, dessen Bewohner vorwiegend aus Schreibern und Handwerkern bestanden. Die von ihnen für Aufzeichnungen oder Entwurfsskizzen verwendeten Kalksteinsplitter oder Tonscherben werden als Ostraka bezeichnet. Davon haben sich Tausende erhalten, die es uns erlauben, das Leben der arbeitenden Bevölkerung während eines langen Zeitraums der Zwanzigsten

Dynastie in allen Einzelheiten nachzuzeichnen. Es gibt eine riesige Zahl Ostraka, auf denen von Künstlerhand mit wenigen Strichen Dinge dargestellt wurden, die wesentlich überzeugender wirken als die pathetische Ornamentik der königlichen Grabanlage.

An Feiertagen widmeten sich die Arbeiter in Deir el-Medineh dem Bau ihrer eigenen Gräber, wobei sie sich zu Selbsthilfegruppen zusammenschlossen. Im Zeitraum der fünfhundertjährigen Geschichte dieses Dorfes entstanden in den umliegenden Hügeln unzählige pyramidenförmige Kapellen über unterirdischen, mit Wandmalereien reich ausgestatteten Grabkammern. Gelegentlich hat man unversehrte Gräber gefunden, wie das des Sennedjem, die zeigen, mit welch hervorragender Kunstfertigkeit das Dekorationsprogramm ausgeführt wurde.

Ramses III. hat die Wände seines Totentempels in Medinet Habu mit Schilderungen seiner Siege über die Libyer und die so genannten Seevölker aus dem Norden des Mittelmeerraums verzieren lassen, die gegen Ende des dreizehnten Jahrhunderts vor Christus Ägyptens asiatische Verbündeten überrannten und auch das Reich unmittelbar bedrohten. Ihr Vormarsch war im östlichen Nildelta aufgehalten worden, aber einzelne Gruppen hatten sich nach Ägypten durchgeschlagen und hier festgesetzt.

Das Eindringen von Ausländern in die ägyptische Gesellschaft wurde zu einem der dringlichsten Probleme während der gesamten ramessischen Epoche, und die Grenze zwischen multikultureller Gemeinschaft und ethnischer Ausgrenzung war fließend. Auf der einen Seite schritt der König weiterhin über bemalte Bodenfliesen mit Darstellungen unterworfener Gegner, auf der anderen Seite waren Angehörige eben dieser ehemals feindlichen Völker inzwischen in die ägyptische Gesellschaft integriert und dienten dem Pharao als Hofbeamte, wie viele Namen asiatischer und libyscher Herkunft zeigen.

Die Krise am Ende der Zwanzigsten Dynastie führte zu einer Teilung der politischen Macht. Der Norden, wohin Ramses II. den administrativen und politischen Mittelpunkt des Reichs verlegt hatte, blieb unter der Herrschaft der Pharaonen der Zwanzigsten Dynastie. Der Süden hingegen setzte seine sezessionistischen Bestrebungen durch und fiel an die Priesterschaft des Amun-Re in Theben, die den Gottesstaat autark regierte, es aber zuließ, dass die Interessen des Gesamtstaates vom Norden wahrgenommen wurden.

Im Reich des Nordens scheint man vom Ruhm der Vergangenheit gezehrt zu haben. Das zeigt sich unter anderem in der Planung von Tanis, der neuen Hauptstadt im Ostdelta, wo man sich weitflächig an die urbanen Strukturen Thebens anlehnte. Die Herrscher der Einundzwanzigsten Dynastie errichteten auch neue Begräbnisstätten und ließen sich in aufgemauerten Kammergräbern in der Nähe des Haupttempels bestatten, der – wie in Theben – Amun-Re geweiht war. Die Ausschmückung der Königsgräber folgte der Tradition vor der Errichtung der Grabanlagen im Tal der Könige.

Die starke Anlehnung an das Pathos der jüngeren Vergangenheit äußerte sich auch in der Gestaltung einiger Gegenstände aus den königlichen Grabanlagen von Tanis, die vorher Königen wie Ramses II. und Merenptah gehört hatten, in dessen Granitsarkophag Psusennes I. sich bestatten ließ. Auch eine große Zahl von Monumenten beachtlicher Größe holte man aus den Städten Unterägyptens in den Norden. Obelisken, Kolossalstatuen und Säulen wurden nach Tanis gebracht und dort aufgestellt, um die Verbindung mit den Herrschern der Neunzehnten und Zwanzigsten Dynastie zu dokumentieren. Man erkennt es an den Sphingen und Statuen Amenophis' III., die neben zeitgenössischen Arbeiten in Tanis aufgestellt wurden und die Namen Ramses' II. und Merenptahs tragen.

Die Pharaonen der Zweiundzwanzigsten Dynastie waren libyscher Herkunft. Sie verfolgten wieder eine Politik der Ausbreitung nach Osten. Scheschonk I. (945–924 v. Chr.), dem Begründer der neuen Dynastie, gelang es als Erstem, die geistige und weltliche Macht über ganz Ägypten in seinen Händen zu vereinen. Nachdem die Stabi-

248 LINKS AUSSEN
OHRGEHÄNGE
RAMSES' IX.
JE 6086 = CG 52323

GOLD, HÖHE 16 CM
ABYDOS, AUSGRABUNGEN VON A. MARIETTE (1859)
20. DYNASTIE
REGIERUNGSZEIT RAMSES' IX.
(1131–1112 V. CHR.)

248 LINKS
MINIATURKRUG
JE 39871 = CG 53259

GOLD, HÖHE 7,6 CM,
DURCHMESSER MÜNDUNG 3,6 CM
TELL BASTA (BUBASTIS)
GEFUNDEN 1906
SPÄTE 19. DYNASTIE
(ENDE 13. JAHRHUNDERT V. CHR.)

lität im Innern wiederhergestellt war, konnte man in den nordöstlichen Gebieten militärisch aktiv werden. Die Ägypter besiegten das Volk Israel und besetzten Megiddo. An der Stelle, wo Thutmosis III. seinen triumphalen Sieg über die vereinten Heere syrisch-palästinensischer Machthaber gefeiert hatte, ließ Scheschonk I. eine Stele errichten. Nach seiner Rückkehr nach Ägypten verfügte er, dass die Berichte über seine Leistungen in die Wände des Tempels in Karnak gemeißelt werden sollten.

Während der Herrschaft Scheschonks I. und seiner Nachfolger stand die Kunst weiterhin unter dem Zeichen der Retrospektive. Aber anders als in der Einundzwanzigsten Dynastie orientierte man sich nun am Kunstschaffen unter Thutmosis und an der eher nüchternen Stilauffassung während der Regierung der Königin Hatschepsut. Scheschonk I. berief sich dabei sogar ausdrücklich auf Thutmosis III.

249 OBEN
PEKTORAL
JE 31379

HOLZ, VERGOLDET, KARNEOL, GLASPASTE
HÖHE 11 CM, BREITE 14 CM
THEBEN-WEST
GRAB DES HATAUI
AUSGRABUNGEN DER ALTERTÜMER-VERWALTUNG (1896)
19. DYNASTIE
(1307–1196 V. CHR.)

249 UNTEN
ANHÄNGER MIT KOPF DER HATHOR
JE 86780

GOLD, LAPISLAZULI
HÖHE 5,5 CM, BREITE 5,3 CM
MIT RAHINA (MEMPHIS)
GRAB DES PRINZEN SCHESCHONK
AUSGRABUNGEN VON A. BADAWYS (1942)
22. DYNASTIE
REGIERUNGSZEIT OSORKONS II.
(883–855 V. CHR.)

Die Epoche zwischen dem Ende der Einundzwanzigsten und dem Anfang der Zweiundzwanzigsten Dynastie ist durch einen Wandel im Bestattungszeremoniell gekennzeichnet. Wegen der überhand nehmenden Plünderungen von Gräbern hatte man es in Theben schon längere Zeit zuvor aufgegeben, die königlichen Grabanlagen üppig auszustatten. Nun malte man die Inschriften und Bilder, die früher die Wände geziert hatten, auf die Särge. Zur selben Zeit erhob man das *Totenbuch* in den Rang einer offiziellen heiligen Schrift, die in allen Gräbern hinterlegt werden musste. Wie in früheren Epochen wurden bestimmte Dogmen im Zusammenhang mit der ewigen Wiedergeburt der verstorbenen Könige als allgemein gültige Glaubensgrundsätze vom Leben nach dem Tod zusammengefasst und auf Papyri übertragen. Für den privaten, nicht mehr ausschließlich königlichen Gebrauch, entwickelte sich daraus das Kompendium *Amduat* (wörtlich »Was ist in der Unterwelt«), das ebenfalls in den Sarg gelegt wurde.

Am Ende des 19. Jahrhunderts entdeckte man neben der berühmten Grabanlage in Deir el-Bahari mit den Mumien der Könige des Neuen Reichs eine weitere, in denen die Leichen der Priester des Amun-Kults in Theben bestattet worden waren. Viele der in leuchtenden Farben bemalten Särge gehören heute zu den Beständen des Ägyptischen Museums in Kairo. Andere hat man wegen Platzmangels ausländischen Sammlungen und Museen geschenkt.

Für die Könige aus den libyschen Dynastien war die Rückbesinnung auf die Geschichte ein willkommenes Verbindungsglied zur ruhmreichen Vergangenheit. Andere Motive hingegen verfolgten die Herrscher der Fünfundzwanzigsten Dynastie mit der Wiederbelebung der Kunst der klassischen Periode, des Alten und Mittleren Reichs. Die neuen Herrscher Ägyptens stammten aus dem äthiopischen Reich Kusch, waren Nubier aus dem Nord-Sudan und hielten es für erforderlich, sich als rechtgläubige Nachfolger der Pharaonen zu präsentieren, um von der ägyptischen Bevölkerung akzeptiert zu werden. König Pije, der erste kuschitische Herrscher, dem es gelang, seinen Einfluss auf große Teile Ägyptens auszudehnen, feierte seinen siegreichen Feldzug nach Memphis mit einer Stele, deren feierliche Inschrift unverwechselbar an Beispiele aus dem Mittleren Reich erinnert.

Während der Fünfundzwanzigsten Dynastie, nach einer Unterbrechung von etwa dreihundert Jahren, begannen die hochrangigen Staatsbeamten erneut mit dem Bau großer, verzierter Grabanlagen. Harwa, der eines der höchsten Priesterämter in Theben bekleidete, führte diese Tradition als Erster wieder ein. Sein Grab, das man im Hof vor dem Tempel der Königin Hatschepsut in Deir el-Bahari freigelegt hat, diente seinen Nachfolgern als Vorbild. Wie alle Beamten dieser Epoche ließ sich Harwa in einer Reihe von Tempelstatuen darstellen. Einige zeigen ihn sitzend, mit vor der Brust angezogenem Knie, in einer Pose also, die, wenn auch ausnahmsweise, schon seit dem Alten Reich gebräuchlich war. Die Suche nach Darstellungsformen, die an die Vergangenheit erinnerten und gleichzeitig ungewöhnlich waren, ist charakteristisch für den antikisierenden künstlerischen Geschmack der Fünfundzwanzigsten Dynastie und der darauf Folgenden. Harwas Figur ist von schwerfälliger Behäbigkeit und zeigt das erschöpfte Gesicht eines vom Alter gezeichneten Mannes. In dieser fast porträthaften Statue offenbart sich das wirklich Neuartige in der Kunst und Geisteswelt der äthiopischen Epoche. Sie war ein Vorbote der radikalen Umwälzungen, die sich, bedingt durch die Öffnung für die kulturellen Einflüsse aus dem Mittelmeerraum, in der ägyptischen Gesellschaft vollziehen sollten.

Das Vorbild Harwas – in monumentalerer Ausprägung – wurde von zwei weiteren thebanischen Beamten, Monthemhet und Petamenophis I., übernommen. Mit ihnen begann in Ägypten die Sechsundzwanzigste, die Saitische Dynastie.

250 OBEN UND LINKS
SARG DES PACHAR
CG 6122–6121

HOLZ, BEMALT
HÖHE 189 CM, BREITE 59 CM
DEIR EL-BAHARI, CACHETTE VON BAB EL-GASUS
ENTDECKT VON E. GRÉBAUT (1891)
MITTE 21. DYNASTIE (SPÄTES 11. JAHRHUNDERT V. CHR.)

250 RECHTS
OBERER TEIL EINER STATUE MONTHEMHETS
CG 647

GRANIT
HÖHE 50 CM
KARNAK, TEMPEL DER MUT
ENDE 25., ANFANG 26. DYNASTIE
(MITTE 7. JAHRHUNDERT V. CHR.)

251
Stele des Djed-amuniuniianch
RT 25.12.24.20

Holz, grundiert und bemalt
Höhe 28 cm
Theben-West
(Deir el-Bahari oder Qurna)
22. Dynastie
(945–712 v. Chr.)

ÜBER DEN AUTOR

Francesco Tiradritti wurde 1961 in Montepulciano geboren. Er studierte an der La-Sapienza-Universität in Rom und besitzt neben dem Bakkalaureat den Doktorgrad in Ägyptologie sowie ein Diplom der Sorbonne in Paris. Er arbeitet als beratender Ägyptologe am Civico Museo Archeologico in Mailand.
Weiterhin gehört er dem Redaktionsstab von Fachzeitschriften an und leitet die Zusammenstellung der Mehrheit der Eintragungen zu Ägypten im zweiten Supplement der Treccani Encyclopedia *der Altertumskunst.*
Tiradritti hat an mehreren Ausgrabungen in Italien, Ägypten und im Sudan teilgenommen. Er hat Ausstellungen ägyptischer Kunst veranstaltet, darunter L'Egitto a Milano *(Mailand 1991),* L'egittologo Luigi Vassalli-bey *(Mailand und Kairo 1994–1995),* Iside *(Mailand 1997),* La tierra del toro Apis *(Pamplona und Murcia 1997) sowie* Kemet, alle sorgenti del tempo *(Ravenna 1998).*
Francesco Tiradritti ist Mitglied der italienischen Mission in Kairo zur Errichtung des neuen Ägyptischen Museums in Giza und Leiter des italienischen Teams am Grab des Harwa in Theben-West.

JE 31630 = CG 779 A

Kopf einer Statue des Nachtmin

Kalkstein,
Höhe 34 cm
Herkunft unbekannt, erworben 1897
Späte 18. Dynastie
(zweite Hälfte 14. Jahrhundert v. Chr.)

Dieses Fragment gehörte zu einer Figurengruppe Nachtmins und seiner Gemahlin. Die beiden Statuen waren aus einem großen Kalksteinmonolith gehauen und von einer Rückenplatte mit gewölbtem Oberteil zusammengehalten.
Nachtmins Gesicht wird von einer Perücke umrahmt, deren fein gravierte, gewellte Zopfsträhnen dem Kopf eine dynamische Ausstrahlung verleihen. Das Gesicht ist leicht trapezförmig. Die mandelförmigen Augen haben aufgemalte Pupillen und Lidränder; darüber wölben sich sehr ausgeprägte schwarze Brauen.
Leider fehlen Nase, Mund und Kinn. Die Ohrläppchen sind durchstochen. Unter dem Kinn ziehen sich zwei gewölbte Linien über den Hals, die Hautfalten andeuten. An der rechten Perückenseite sind die Reste eines Fächers zu erkennen. Dieser bestand aus einer großen Straußenfeder, deren Griff in eine Papyrusblüte ausläuft. Die gebogene Feder schmiegt sich den Umrissen der Perücke an und bildet einen Kontrast zur linearen Zeichnung der Zopfsträhnen. Diese durch unterschiedliche Linienführung erzeugte geometrische Spannung prägt auch die Form des Gesichts im Verhältnis zu den schräg abfallenden Seitenrändern der Perücke.
Die durchdachte lineare Komposition, die sanfte Modellierung der Physiognomie, die Sorgfalt bei der Ausführung der Zopfsträhnen sowie die Feinheit der Wiedergabe der Staußenfeder zeugen von der Suche nach formaler Vollkommenheit. Diese Stilelemente erlauben es, das Werk in die späte Achtzehnte Dynastie zu datieren.

Man erkennt deutlich das Bemühen des Künstlers, die traditonelle Kunstrichtung wieder zu beleben, die durch die Häresie Echnatons unterbrochen worden war, und den verfeinerten Stilformen der Zeit Amenophis' III. neue Geltung zu verschaffen. Dennoch ist die Plastik nicht völlig frei von Gestaltungseinflüssen der Amarna-Zeit, deren empfindsame Ästhetik in allen Kunstrichtungen Ägyptens wahrnehmbar ist.
Die entzifferbaren Hieroglypheninschriften auf den Resten der Rückenplatte der Frauenfigur nennen die Titel Nachtmins: Königssohn, königlicher Schreiber und oberster Heerführer. Von einer Person mit ähnlichen Titeln (»königlicher Schreiber, Wedelträger zur Rechten des Königs«) stammen fünf Uschebti aus dem Grab des Tutanchamun. Möglicherweise war es Nachtmin, der seinem verstorbenen König die Grabstatuetten mitgegeben hat.
Aus anderer Quelle wissen wir, dass Nachtmin der Sohn einer Sängerin der Isis war. Die Verbindung mit der Göttin wie auch der in der Namenssilbe *min* zum Ausdruck kommende Zusammenhang mit dem Gott Min machen es höchst wahrscheinlich, dass Nachtmin aus den Städten Koptos oder Achmim stammte. Letztere war auch die Heimat Tejes, der Gemahlin Amenophis' III. Folglich könnte Nachtmin seine hochrangigen Staatsämter seinen guten Beziehungen zur Aristokratie in Achmim zu verdanken haben, die zu dieser Zeit in der Politik des gesamten Landes eine führende Rolle spielte. (F. T.)

JE 31629 = CG 779 B

Fragment einer Statue der Gemahlin des Nachtmin

Kalkstein; Höhe 85 cm
Herkunft unbekannt, erworben 1897
Späte 18. Dynastie
(zweite Hälfte 14. Jahrhundert v. Chr.)

Diese hervorragende Frauengestalt bildete einst zusammen mit dem Porträt ihres Gatten Nachtmin (links) eine Figurengruppe. Letzerer war sitzend dargestellt; seine Frau stand zu seiner Linken, den rechten Arm in der typischen Haltung ehelicher Verbundenheit um die Schultern des Mannes gelegt. Der linke Arm ist vor der Brust angewinkelt, und die Finger berühren des kostbare Halsband mit dem *menat*, einem als Gegengewicht dienenden Anhänger zwischen den Schulterblättern. Bei religiösen Zeremonien vor dem Standbild einer Gottheit wurde das Gegengewicht geschüttelt und erzeugte ein rasselndes Geräusch.
Eine lange Perücke, wie sie zu dieser Zeit Mode war, rahmt das Gesicht der Frau. Die Fülle der besonders fein geflochtenen Zopfsträhnen fällt an beiden Seiten bis über die Schultern herab und wird von einem Band in Wangenhöhe zusammengehalten. Das Stirnband ist mit stilisierten Pflanzenmotiven und drei Lotosblüten in der Mitte verziert.
Die äußerst feinen Gesichtszüge sind von einer geistigen Empfindsamkeit durchdrungen, wie sie für Bildwerke aus der Amarna-Zeit charakteristisch ist. Gleiches gilt für die geschwungenen Brauen, die teilweise unter der Perücke liegen und den mandelförmigen Augenschnitt betonen. Lidränder, Pupillen und Brauen sind schwarz staffiert. Auf den leicht herabgezogenen Lippen sind noch Spuren roter Farbe zu erkennen. Quer über den langen Hals ziehen sich zwei Linien, die Hautfalten andeuten.
Die Frau trägt einen breiten Halsschmuck, dessen Perlenreihen jedoch nur als dünne Linien wiedergegeben sind, so dass der entblößte Hals noch länger wirkt und die Figur bis zum Ansatz der Brüste nackt erscheint. Diese wirkungsvolle Darstellungsform hebt das die Körperrundungen betonende reiche Plissee des fast durchsichtigen Gewands noch mehr hervor. Der teils waagerecht, teils schräg-wellenförmig nach rechts unter dem angewinkelten Arm hindurch verlaufende Faltenwurf verleiht der Komposition eine verhaltene Dynamik.
Bei den Schäden an der Frauenfigur wie auch an der Nachtmins handelt es sich höchstwahrscheinlich um beabsichtigte Verstümmelungen. Dass Augen, Nase, Mund und Hände mit dem Meißel entstellt wurden, dürfte wohl daran liegen, dass noch bis in die ersten Jahrhunderte nach Christus der Aberglaube verbreitet war, Statuen beherbergten den Geist des Verstorbenen. Mit Verstümmelungen glaubte man verhindern zu können, dass die Bildnisse lebten und magische Kräfte entfalteten. (F. T.)

RT 5.7.24.18 – 14.6.24.2

Relieffragmente vom Grab des Ptahmay

Kalkstein, Reste von Bemalung
Höhe 110 cm, Gesamtlänge 133,5 cm
Giza, Grab des Ptahmay; nicht autorisierte Grabung (1883)
18. Dynastie
Regierungszeit des Echnaton (1353–1335 v. Chr.)

Ptahmay war Goldschmiedemeister im Tempel Atons in Memphis. Er lebte während der unter Echnaton durchgeführten Reformationszeit. Die Ausschmückung seines Grabs in Giza, das von den Bewohnern des nahe gelegenen Dorfes Kom el-Batran im ausgehenden 19. Jahrhundert geplündert wurde, offenbart deutlich erkennbare Merkmale jener Kulturrevolution, die die Kunst einem radikalen Wandel in Stil und Aussage unterzog – einem Wandel, der in den folgenden Perioden noch lange nachwirkte.

Die beiden Relieffragmente sind in mehrere Bildfelder unterteilt, von denen sich das obere in einem sehr schlechten Erhaltungszustand befindet. Man erkennt einige männliche Gestalten bei Beschäftigungen, die zweifellos mit der Verarbeitung von Gold zu tun haben. Ptahmay, von dem nur die Beine und teilweise der Schurz vorhanden sind, sitzt auf einem Hocker am rechten Rand der Szene und überwacht die Arbeiten. Vor ihm stehen eine Truhe und eine Waage, von der die Säule und eine Schale mit einem Gewicht in Form einer liegenden Kuh erhalten sind.

Nahebei sitzt ein Mann auf einem dreibeinigen Schemel und bearbeitet mit einer Art Schlegel einen auf einer Bank vor ihm liegenden Gegenstand. Es handelt sich wohl um einen Goldbarren, der zu Blech oder Blattgold geschlagen wird. Neben ihm steht, nur zum Teil erhalten, ein weiterer Arbeiter. Ein Dritter in kleinerer Darstellung sitzt ebenfalls auf einem dreibeinigen Schemel, mit dem Rücken zum Blattgoldschläger, und scheint kleine Gegenstände zu zählen. Über ihm befindet sich eine Truhe. Vor ihm macht sich eine Figur an einer Feuerstelle zu schaffen.

Die Szene im mittleren Bildfeld zeigt eine Art musizierende Gesellschaft. Rechts sitzen Ptahmay und seine Frau Tiy auf zwei Stühlen, unter denen zwei ihrer Kinder zu sehen sind. Tiy hat einen Arm um die Schultern ihres Mannes gelegt, der andere ist am Ellbogen aufgestützt. Ptahmays linke Hand liegt auf dem Knie seiner Frau. Er hat den rechten Arm ausgestreckt, um einen Napf entgegenzunehmen, der ihm von einer jungen Frau gereicht wird. In der Linken hält das Mädchen einen kleinen Krug und ein Tuch, und auf der Perücke trägt es einen Salbkegel. Ähnliche Kopfbedeckungen tragen auch die drei Musikantinnen hinter der Dienerin.

Links der Bruchstelle ist das Bildfeld zweigeteilt. Eine nackte Frau hebt die Hände vors Gesicht, so als ob die Musik sie überwältigt habe oder als ob sie singe. Der Mann dahinter hat ihr den Rücken zugewandt und schöpft Wasser aus einer der Amphoren, die auf Gestellen aufgebaut sind. Über der Szene sitzen Kaka, Hori und Ptahmose, die Söhne Ptahmays, und schnuppern an Lotosblüten. Hinter ihnen steht ein Tisch mit Speisen und Geschirr.

Die Ereignisse im unteren Bildfeld finden im Freien statt, was man an den von oben herabhängenden Zweigen erkennt. In der Mitte steht Ptahmay in einem langen Faltengewand. Auf einen Stock gestützt beobachtet er einen Mann mit negroiden Gesichtszügen bei der Arbeit mit Schlegel und Meißel an einem Schrein. Die kleine Figur zwischen den beiden trägt einen Korb auf der Schulter. Hinter Ptahmay blickt dessen Frau in die andere Richtung und streckt den rechten Arm nach einem Wasserträger aus, als wolle sie ihm Anweisungen erteilen. Hinter dem Wasserträger hantiert ein Mädchen an Amphoren auf Ständern.

Aus allen Darstellungen spricht der Wunsch, Bewegung ins Bild zu bringen: – ein Charakteristikum der Amarna-Kunst. Auch die Zeichnung der Körperumrisse ist typisch für diese Periode. Die unterschiedlich großen Figuren dienen dazu, der flächigen Szene Tiefenwirkung zu verleihen. (F. T.)

JE 4872

RELIEFFRAGMENT EINES BESTATTUNGSZUGS

Kalkstein
Höhe 51 cm, Länge 105 cm
Saqqara, entdeckt im Serapeum als wieder verwendetes Baumaterial
Ausgrabungen von A. Mariette (1859)
19. Dynastie (1307–1196 v. Chr.)

Dieses Relieffragment wurde zwar von der Mariette-Expedition im Serapeum ausgegraben, gehörte aber ursprünglich zur Grabausstattung eines hohen Hofbeamten, der sich im Sand von Saqqara, unweit von Memphis, hatte bestatten lassen. Am Ende der Achtzehnten Dynastie trat Memphis an die Stelle Thebens als Hauptstadt des Pharaonenreichs. Dieses Relief dürfte einst an der linken unteren Ecke einer Wand angebracht gewesen sein. Stil und Verteilung der Figuren im Bildausschnitt erinnern an die Kunst nach der Amarna-Periode. Aber die auffälligen Unterschiede in der Behandlung männlicher und weiblicher Figuren – die einen streng formalistisch, die anderen freizügig beschwingt – verraten auch Anlehnungen an den dekorativen Stil der Regierungszeit Amenophis' III., wie er zum Beispiel aus den Bestattungsszenen im Grab des Ramose in Theben spricht.

Die linke Hälfte des Fragments zeigt eine aus zwei Reihen bestehende Frauengruppe. Alle Figuren halten Tamburins in die Höhe. Die gegen die Bespannung schlagenden Hände und die tänzerischen Posen der nackten Frauenkörper suggerieren eine Bewegung, die sich auf das gesamte Geschehen überträgt.

Verstärkt wird dieser Eindruck durch die unterschiedliche Höhenplatzierung der Tamburins, die auf einer Wellenlinie liegen und den Tanzschritten der Mädchen zusätzliche Dynamik verleihen. Es scheint, als bestehe die Gruppe nur aus einer Person in verschiedenen Momenten der Bewegung beim Tanz. Diese in der Flachbildkunst häufig anzutreffende Darstellungsweise, die sich mit der Sequenz von Einzelbildern eines Films vergleichen lässt, wurzelt tief in der Geschichte Ägyptens. Dass es sich bei den Tänzerinnen um verschiedene Personen handelt, geht nur aus Details der Accessoires hervor.

Unten in der Mitte sieht man zwei kleine Mädchen, die beide Klappern in ihren Händen tragen. Damit wird die Formation der Tänzerinnen aufgebrochen und noch mehr Bewegung erzeugt. Die gleiche Wirkung geht von der Kopfdrehung und den schwingenden Perücken der linken unteren und rechten Tänzerin aus.

Der sich ins Bild hinein bewegende Zug der Männer, von dem nur drei Reihen übrig geblieben sind, bleibt trotz des ausladenden Schritts statisch. Die Schrittlänge nimmt zur Mitte hin ab, was den Eindruck erweckt, dass der Aufmarsch im nächsten Augenblick zum Stehen kommt. Die Männer haben die Hände über die Köpfe erhoben, eine Geste, die in der Hieroglyphensymbolik als Ausdruck des Jubels geschildert wird.

Die unterschiedliche Kleidung verrät, dass die Personen verschiedene Funktionen haben. Zwei Reihen Hieroglyphenzeichen zwischen den Figurengruppen nennen die Namen des *sedjem-asch* Aanacht und des Schreibers Amunchai. (F. T.)

CG 751

Oberer Teil einer Statue Sethos' I. als Stabträger

Schiefer, Höhe 22 cm
Abydos
19. Dynastie, Regierungszeit Sethos' I. (1306–1290 v. Chr.)

Mit der Thronbesteigung Sethos' I. wurde die Gegenreformation abgeschlossen, die den monotheistischen Aton-Kult Echnatons beseitigte und die Verehrung Amuns wieder einsetzte. In einem Klima kultureller Rückbesinnung auf die Vergangenheit orientierte man sich vor allem in der Plastik wie auch in der Kunst allgemein an Vorbildern aus der Zeit Thutmosis' III. Das bedeutete das Ende der Strömungen, die in der Zeitspanne zwischen der Regierung Amenophis' III. und den unmittelbaren Nachfolgern Echnatons so fruchtbar und erneuernd gewirkt hatten. Aber einige Stilformen der Amarna-Zeit waren dennoch fester Bestandteil der Kunst geworden und wurden beibehalten – trotz intensiver Bemühungen seitens der Beamten- und Priesterschaft, die Ereignisse der zwanzig Jahre vor der Inthronisierung des Tutanchamun aus der Erinnerung der Ägypter zu tilgen.
Die lebendige Kraft mancher Werke der Amarna-Zeit findet man beispielsweise in der Darstellung prächtiger Gewänder aus der frühen Ramessidenzeit, deren raffinierter Faltenwurf wechselnde, dramatisch wirkende Licht- und Schatteneffekte hervorruft. Das trifft mit Sicherheit auf diese Statue Sethos' I. zu, bei der die Raffung des Gewands mit einem Knoten unter der rechten Brust zum Sammelpunkt der von allen Seiten darauf zustrebenden Falten wird und eine Plastizität erzeugt, die vergleichbaren Beispielen aus der Amarna-Zeit ebenbürtig ist, auch wenn sich bei der Ausführung der Körperformen eine gewisse Nüchternheit offenbart.
Im Kontrast zur lebhaften Wirkung der Gewandmodellierung steht die Perücke, deren dicht geflochtene Zopfsträhnen einen Eindruck von holzschnittartiger Strenge hinterlassen, passend zum Ausdruck des von der Perücke umrahmten Gesichts, das die Züge Sethos' I. in idealisierter Form wiedergibt. Während die leicht gebogene Nase und die geraden Lippen an Werke der Zeit Thutmosis' III. erinnern, folgen die unter schweren Lidern liegenden Augen der Stilrichtung im Anschluss an die Amarna-Zeit.
Dieses Bildnis stammt aus Abydos, wo sich die von Sethos I. angeordnete Bautätigkeit am stärksten auswirkte. Hier ließ der König einen gewaltigen Tempelbau errichten, um den Anspruch seines Geschlechts auf den Thron Ägyptens zu legitimieren.
Die Statue dürfte den König wohl schreitend dargestellt haben. Der Götterstab in der linken Hand ist mit dem Arm verloren gegangen, so dass sich nicht mehr bestimmen lässt, welche Gottheit darauf abgebildet war. (F. T.)

JE 36692 = CG 42139

Kolossalstatue

Kalzit, Höhe 238 cm
Karnak, Tempel des Amun-Re, Cachette
Ausgrabungen von G. Legrain (1903–1904)
19. Dynastie, Regierungszeit Sethos' I. (1306–1290 v. Chr.)

Die Statue wurde in der Cachette von Karnak entdeckt, wo man sie in Einzelteilen eingelagert hatte. Es handelt sich also um eine zusammengefügte Monumentalplastik, wie sie in der ägyptischen Kunst häufig vorkommt. Üblicherweise wurden dafür verschiedene Materialien verwendet. Nachdem man die besten Steinblöcke ausgewählt hatte, um die Äderung für die Darstellung anatomischer Details zu nutzen, wurden die Hauptteile einzeln gefertigt. Für Kopf und Torso verwendete man einen möglichst dichten, homogenen Kalzit, für Beine und Hände stärker geäderten Stein. Die fehlenden Teile wie Accessoires, Augen und Brauen dürften aus anderen, wohl kostbareren Materialien bestanden haben, die man vor dem Vergraben der Statue entfernte.
Vorwiegend aus stilistischen Gründen lässt sich die Figur in die ausgehende Achtzehnte Dynastie datieren. Manche Stilelemente wie der volllippige, sinnliche Mund, die Augenhöhlen, in die längliche, mandelförmige Augen eingesetzt waren, und die schmalen, leicht gewölbten Brauen lassen vermuten, dass das Werk gegen Ende der Amarna-Zeit oder in den unmittelbar darauf folgenden Jahren entstanden ist. Unter Berücksichtigung der eher beiläufigen Art, in der die Hieroglyphen des Rückenpfeilers und des Sockels eingraviert sind, ist es denkbar, dass Sethos' I. Name erst später hinzugefügt wurde, nachdem der Pharao die Statue aus dem Besitz eines seiner unmittelbaren Vorgänger umgewidmet hatte. Das Bildwerk könnte aber auch aus der Werkstatt eines Bildhauers stammen, der in einem Stil gearbeitet hat, der zur Entstehungszeit des Standbilds als überholt galt. In diesem Fall dürfte das Standbild für Sethos I. geschaffen worden sein.
Der König trug wohl die Blaue Krone, *chepresch*, wie sie auf Statuen und Reliefs aus der Zeit zwischen dem Ende der Achtzehnten und dem Beginn der Neunzehnten Dynastie häufig vorkommt. Augen und Brauen waren eingelegt. Ein tiefes Loch an der Unterseite des Kinns legt nahe, dass hier ein Zeremonialbart befestigt war. Über der Naht zwischen Hals und Rumpf lag vermutlich ein Halsband. Die Löcher in den Armstümpfen dienten zum Ansetzen der Hände, der Stoß dürfte von Armbändern verdeckt gewesen sein.
Die im gegenwärtigen Zustand leeren Hände verraten, dass der König etwas darin gehalten halt, entweder ein Zepter oder einen zylindrischen Behälter. Sein Schurz wird wohl fein plissiert und mit Blattgold belegt gewesen sein, und möglicherweise steckte ein Löwenkopf in dem Loch unterhalb des Nabels. Weiter lässt sich vermuten, dass der König Sandalen trug und auf den Neun Bogen stand, dem traditionellen Symbol für die Feinde Ägyptens. Zwei davon sind noch auf der Oberseite des Sockels zu sehen, zusammen mit den Namenshieroglyphen Sethos' I. (F. T.)

CG 616

Oberer Teil einer Statue Ramses' II.

Granodiorit; Höhe 80 cm
Tanis; 19. Dynastie, Regierungszeit Ramses' II. (1290–1224 v. Chr.)

Der obere Teil dieser Figur ist der berühmten Statue Ramses' II. im Museo Egizio in Turin sehr ähnlich. Der augenfälligste Unterschied zwischen beiden Bildnissen besteht darin, dass der Pharao in Turin die Blaue Krone trägt, während er auf diesem Standbild mit einer Perücke bekleidet ist, auf deren Stirnband die königliche Kobra prangt.

Ramses II. ist mit jugendlichen Gesichtszügen wiedergegeben. Die großen, schmalen Augen sind von plastisch hervortretenden Lidern und leicht gewölbten Brauen gerahmt. Der kleine Mund, auf dessen Lippen ein verhaltenes, strenges Lächeln liegt, wirkt für die Breite des Gesichts etwas klein. Die Nase ist abgebrochen.

Ein breiter Halskragen aus fünf Reihen Perlen schmückt die Brust des Pharaos. Es liegt über einer plissierten Robe, deren üppige schmale Falten unter der linken Brust in einem Knoten zusammenlaufen.

Der über der Brust angewinkelte rechte Arm ist erhalten geblieben, und die Hand mit dem Krummstab ruht auf dem Brustbein. Die nicht mehr vorhandene Spitze des Zepters berührte einst das rechte Schlüsselbein. Ein Armband mit erhaben herausgearbeitetem *Udjat*-Auge umschließt das Handgelenk.

Die Komposition in ihrer Gesamtheit enthält Stilelemente wie das plissierte Gewand und die kurze Perücke, die schon während der Achtzehnten Dynastie aufkamen. Das lebhafte Spiel von Licht und Schatten zieht sich von den Locken der Perücke über das Perlenhalsband herab und steht in deutlichem Kontrast zum Faltenwurf des Gewands. Die Falten scheinen von der Mitte der Figur auszustrahlen und bedecken vollständig den rechten Armstumpf.

Der verschwenderische Detailreichtum der Kleidung und die entspannte Haltung der Figur, die allerdings die Kühnheit des Entwurfs vermissen lässt, der das Turiner Gegenstück auszeichnet, wie auch das weit über die Schulter hinausragende (nicht mehr vorhandene) Zepter stehen im Gegensatz zur strengen, unbewegten, fast klassisch zu nennenden Miene des Gesichts. Es zeigt einen Herrscher im vollen Bewusstsein seiner Macht, und seine Aussage steht im Einklang mit den Botschaften der propagandistischen Literatur der Ramessidenzeit. (F. T.)

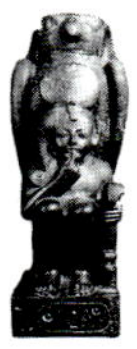

JE 64735

Kolossalstatue Ramses' II. als Kind vor einem Falken

Grauer Granit und Kalkstein (Gesicht des Falken); Höhe 231 cm
Tanis; Ausgrabungen von P. Montet (1934)
19. Dynastie, Regierungszeit Ramses' II. (1290–1224 v. Chr.)

Diese Monumentalplastik aus Granit lag unter den Trümmern eines aus Lehmziegeln errichteten Gebäudes in Tanis, das zu einer Häusergruppe nahe der Umfassungsmauer des großen Amun-Tempels gehörte. Die Gesichtsmaske mit dem aus Kalkstein gehauenen Schnabel des Falken wurde in einem angrenzenden Raum gefunden. Möglicherweise handelte es sich bei dem Gebäude um die Werkstatt eines Bildhauers. Man scheint die Skulptur dorthin gebracht zu haben, um sie reparieren zu lassen, aber die Arbeit wurde nicht vollendet. Wann die Plastik beschädigt worden sein könnte, lässt sich nicht ermitteln.

Viele der Skulpturen, die man in Tanis, der im Nildelta errichteten Hauptstadt der Einundzwanzigsten und Zweiundzwanzigsten Dynastie, gefunden hat, sind aus anderen Städten Ägyptens hierher geschafft worden. Vielleicht wurde die hier gezeigte auf dem Transport beschädigt. Oder man hatte sich, was noch wahrscheinlicher sein mag, dazu entschlossen, die Statue, trotz der schon vorhandenen Beschädigung zur Ausschmückung des großen Tempels nach Tanis zu bringen und dort ausbessern zu lassen.

Das Stück ist wahrscheinlich in der Nekropole von Giza entstanden, wo sich im Neuen Reich Kolonien von Asiaten angesiedelt hatten. Trotz ihrer allmählichen Integration in die ägyptische Kultur huldigten diese Menschen ihren eigenen Gottheiten, von denen einige von den Ägyptern akzeptiert und in den Pantheon der ägyptischen Götter aufgenommen wurden. Zu diesen gehört Horun, die Schutzgottheit der Toten, dessen Wesen mit Harmachis vereint wurde, dem »Horus im Horizont«, der sich nach dem Glauben der Ägypter im Großen Sphinx von Giza am prachtvollsten manifestierte.

Die Kolossalstatue zeigt Ramses II. als kleinen Jungen, nackt und sitzend. Er hält einen Finger der linken Hand an die Lippen, und an der Seite des Kopfes fällt die lange Haarlocke bis auf die Schulter herab. Beide Gestaltungsformen sind charakteristisch für die Darstellung Jugendlicher im alten Ägypten. Der König trägt eine Haube mit der Kobra auf der Stirn, dem Symbol der Königswürde. Über dem Kopf erhebt sich die Sonnenscheibe. In der linken Hand hält der Knabe eine Papyrusbinse, die auf anderen Statuen des Königs nicht vorkommt. Die Vermutung ist zulässig, dass es sich bei dieser Beigabe um ein Bilderrätsel in der Form eines Rebus gehandelt haben könnte. In Hieroglyphentexten bedeutet die Sonnenscheibe über dem Kopf: *Re*, das Kind *mes* und die Pflanze *su*. Von oben nach unten gelesen, entsteht daraus *Ramessu*, der Name des Pharaos.

Hinter Ramses II. erhebt sich wuchtig die Statue des Gottes Horun in Gestalt eines Falken. Wie schon bei früheren Standbildern symbolisiert der Gott auch hier den Beschützer des Königs. Der Vogel ist in flächig-geometrischer Stilisierung wiedergegeben, wobei die Zeichnung des Gefieders und der Klauen durch eingeritzte Linien angedeutet wird.

Mag die Gruppe in ihrer künstlerischen Bedeutung auch hinter anderen Bildwerken zurückstehen, so ist sie doch ein interessantes Beispiel für das staatsmännische Geschick Ramses' II. Indem er sich unter den Schutz Horuns stellte, erwies er der syrischstämmigen Bevölkerung, die Horun als Gott verehrte, seine Reverenz und unterstrich gleichzeitig die Legitimität seiner Königswürde, indem er die Nähe auch dieser Götter zum Thron demonstrierte.

(F. T.)

JE 39873 = CG 52575 – 52576

Paar von Armreifen Ramses' II.

Gold, Lapislazuli
größter Durchmesser 7,2 cm
Tell Basta (Bubastis); entdeckt 1906
19. Dynastie, Regierungszeit Ramses' II.
(1290–1224 v. Chr.)

Diese Armreifen entdeckte man zusammen mit einigen anderen Schmuckstücken und Gefäßen aus Gold und Silber bei Gleisbauarbeiten auf dem Gelände von Tell Basta, dem antiken Bubastis. Nur wenige Stücke gelangten ins Museum von Kairo; die meisten wurden verkauft und befinden sich heute im Metropolitan Museum of Art in New York und in den Sammlungen ägyptischer Kunst in Berlin. Wahrscheinlich hatten sie zu einem Lager von Votivgaben gehört oder zu einem Schatz aus den Tempeln von Bubastis. In der Umgebung hatte man einige Monate zuvor schon einmal kostbare Gegenstände gefunden. Dass die Namenskartuschen Ramses' II. in die Schließen der Armreifen eingraviert sind, lässt vermuten, dass es sich um eine Opfergabe des Königs – der Größe nach passen sie um das Handgelenk eines Mannes – für die in Bubastis verehrte Gottheit handelt, die Katzengöttin Bastet.

Jedes der beiden aus massivem Goldblech gefertigten Stücke besteht aus zwei Teilen an einem Scharnier. Der außerordentlich feine, vorwiegend geometrische Dekor ist in granuliertem Gold ausgeführt. Oben erkennt man eine Ente (oder Gans) mit zwei nach hinten schauenden Köpfen. Der Tierkörper setzt sich aus geschnittenem Lapislazuli im vorderen Teil und Gold, ebenfalls mit geometrischen Motiven in Goldgranulation verziert, im hinteren Teil zusammen. Die von einer Perlenbordüre umrandeten Schwanzfedern bestehen aus schmalen, abwechselnd gerippten und glatten Längsstreifen. Perlenreihen und Zickzackbänder auf granuliertem Grund zu beiden Seiten des Vogelmotivs vervollständigen das Dekor.

Die beiden Armreifen sind Beispiele einer außerordentlich verfeinerten Goldschmiedekunst, wie sie sich auch in vergleichbaren Schmuckstücken aus dem Grab Tutanchamuns zeigt. Das geometrische Dekor zeigt Geschlossenheit und Ausgewogenheit. Es gewinnt an Lebendigkeit durch die sich über die Fläche erhebenden Vogelköpfe und -körper, die ein ergänzendes naturalistisches Element darstellen.

Schmuck aus Gold und Lapislazuli (ein Schmuckstein, der über Handelswege aus Afghanistan eingeführt wurde), war in Ägypten weit verbreitet. (F. T.)

JE 31413 = CG 600

Fragment einer Statue der Meritamun

Kalkstein, Reste von Bemalung; Höhe 75 cm
Theben-West, Kapelle der Königin am Ramesseum
Ausgrabungen von W. M. F. Petrie (1896)
19. Dynastie, Regierungszeit Ramses' II. (1290–1224 v. Chr.)

Obwohl auf dem Pilaster an der Rückseite der Statue nur die Titel der dargestellten Person, aber kein Name zu erkennen ist, hat man die Statue als die Meritamuns identifizieren können, einer Tochter Ramses' II. Nach dem Tod Nefertaris, der in die Zeit nach dem 21. Jahr der Regierung Ramses' II. anzusetzen ist, übernahm sie die Aufgaben der Großen Königlichen Gemahlin. Diese Zuordnung wurde möglich, nachdem man vor einigen Jahren in Achmim eine Kolossalstatue Meritamuns gefunden hatte, die mit diesem Exemplar aus den Ruinen des Ramesseums identisch ist.

Die Bemalung ist gut erhalten geblieben. Das Gelb des Inkarnats einiger Gesichtsteile wie auch der dekorativen Accessoires harmoniert mit dem Blau der Perücke, und auch die helle Farbe des außerordentlich feinen Kalksteins, der für die Statue gewählt wurde, trägt wesentlich zur Gesamtwirkung bei.

Das Gesicht strahlt Ruhe aus. Die mandelförmigen Augen liegen unter plastisch hervorgehobenen Brauen und sind auf kosmetischem Wege, was durch feine Linien angedeutet ist, in die Länge gezogen. Auf den vollen Lippen liegt ein leichtes Lächeln, wie es uns auch auf mehreren Statuen Ramses' II. begegnet. Quer über den Hals ziehen sich zwei dünne lineare Einkerbungen. In den Ohrläppchen stecken zwei halbkugelförmige Ohrstecker.

Das Gesicht mit den zarten Zügen ist von einer dreiteiligen Perücke umrahmt, unter der das natürliche Haar zum Vorschein kommt. Das Stirnband ist mit zwei Uräen besetzt, die mit der Weißen und Blauen Krone die Symbole Ober- und Unterägyptens tragen. Auf dem Kopf trägt die Königin ein Diadem, dessen Reif umlaufend mit einem Fries aus Uräus-Schlangen mit der Sonnenscheibe verziert ist. Über dem Reif erhob sich ursprünglich eine Doppelfeder mit der Sonne in der Mitte, die Insignien der Großen Königlichen Gemahlinnen.

Meritamun trägt eine eng anliegende Tunika. Die Brust ist bis zu den Schultern von einem breiten, sechsreihigen Halskragen bedeckt. Die fünf oberen Reihen werden aus Amuletten der *Nefer*-Hieroglyphe (»schön«) gebildet, die abschließende Reihe besteht aus tropfenförmigen Perlen. Eine Rosette schmückt die linke Brust, auf der rechten liegt das Gegengewicht einer *Menat*-Halskette, die Meritamun in der rechten Hand hält. Um das Handgelenk liegt ein Armband aus zwei Reihen Perlen. Die *Menat*-Halskette wurde auch als Rassel benutzt, um die Festlichkeiten zu Ehren der Göttin Hathor oder anderer weiblicher Gottheiten akustisch zu untermalen. Die Halskette bestand aus mehreren Perlenreihen, die mit einem Gegengewicht versehen waren, das hier die Form eines Frauenkopfes hat und mit einer Rosettenscheibe abschließt.

Im alten Ägypten war es das Vorrecht der Frauen, an Festzügen teilzunehmen, zu singen, zu tanzen und Musikinstrumente zu spielen. Auf Umzügen zu Ehren der Götter sind Priesterinnen häufig mit ihren jeweiligen Gerätschaften dargestellt, aus denen ihre Funktion hervorgeht, und es galt als ganz selbstverständlich, dass die Königin persönlich einige dieser liturgischen Zeremonien übernahm. Die fragmentarisch erhalten gebliebene Hieroglypheninschrift auf der Rückenstütze der Statue lautet: »Spielerin des Sistrums der Mut und des *Menat*-Halsbands [der Hathor], Tänzerin der Hathor.« (F. T.)

JE 31408 = CG 34025

Die »Israel-Stele«

Grauer Granit
Höhe 318 cm, Breite 163 cm, Tiefe 31 cm
Theben-West, Totentempel des Merenptah
Ausgrabungen von W. M. F. Petrie (1896)
18. Dynastie, Regierungszeit Amenophis' III. (1391–1353 v. Chr.)
19. Dynastie, Regierungszeit des Merenptah
(1224–1214 v. Chr.)

Diese oben abgerundete Stele stand im ersten Säulenhof des Grabtempels Merenptahs. Damit auch spätere Generationen sich seiner Leistungen erinnern würden, bediente sich dieser eines von Amenophis III. errichteten Bauwerks. Dessen riesiger Tempel, von dem nur noch die so genannten Memnonskolosse übrig geblieben sind, stand ganz in der Nähe. Merenptah nutzte den Tempelbau seines Vorgängers als Steinbruch und ließ ihn fast vollständig schleifen. Bei der Stele begnügte er sich mit der Rückseite, so dass die Inschriften Amenophis' III. erhalten geblieben sind. Allerdings hatten während der Amarna-Zeit religiöse Eiferer die Beschriftung der Stele fast völlig gelöscht, wie sie das mit allen Bildern und Erwähnungen Amun-Res auf Kunstwerken und in Inschriften getan hatten. Im Zuge der Gegenreformation hatte Sethos I. die Restaurierung der beschädigten Teile – fast des gesamten Textes sowie der Bilder – angeordnet, was aus dem Hieroglyphenband hervorgeht, das durch die Mitte der Fläche verläuft.

Auf der von Amenophis III. benutzten Seite steht der König links und rechts, bekleidet mit dem *Nemes*-Kopftuch und der Doppelkrone, wie er Amun-Re *Nu*-Vasen als Opfer darbringt. Darüber schwebt die geflügelte Sonnenscheibe, aus der zwei Uräen ragen. Im 31 Zeilen langen Hieroglyphentext beschreibt Amenophis III. seinen Totentempel und alle Ausschmückungen, mit denen er die Bauwerke seiner Vorgänger an Pracht übertraf. Auch erwähnt der König die drei in Auftrag gegebenen Bauprojekte in Karnak, Luxor und Soleb. Die Aufzeichnung schließt mit einer Erwiderung Amun-Res, der seine Freude über die Taten des geliebten Sohns bekundet und ihm und seinen Erben die Herrschaft über die ganze Welt überträgt.

Die von Merenptah benutzte Seite ist ebenfalls spiegelbildlich zweigeteilt, allerdings nicht durchgehend symmetrisch, weil immer wieder Texteinfügungen und Erläuterungen den Rahmen sprengen. Der König trägt ein langes Zeremoniengewand und auf dem Kopf die Blaue Krone. In einer Hand hält er den Krummstab, mit der anderen nimmt er das *Chepesch*-Schwert entgegen, das Amun-Re, der vor ihm steht, ihm darreicht. In beiden Szenen stehen weitere Götter hinter dem Pharao. Rechts ist es Chons, links Mut.

Die Inschrift besteht aus achtundzwanzig Zeilen und datiert aus dem Jahr 5 der Regierung des Merenptah. Sie berichtet vom Sieg Merenptahs über die Libyer, die an der Westgrenze Ägyptens aufmarschiert waren. Der als feige beschriebene Gegner ergriff die Flucht. Der ägyptische König nimmt die Frauen des Feindes gefangen, seine Söhne plündern das feindliche Lager und brennen es nieder. Der Bericht schließt mit einer Aufzählung der besiegten Feinde. Darunter findet man Namen von Stämmen und Orten an der syrisch-palästinensischen Küste, und zum ersten Mal wird hier das Volk Israel erwähnt, von dem es heißt, es sei restlos vernichtet worden: »Sein Same existiert nicht mehr.«

Zur Zeit, als die Stele gefunden wurde, war sie der einzige Hinweis darauf, dass der in der Bibel beschriebene Auszug der Israeliten aus Ägypten unter der Herrschaft Merenptahs stattgefunden hat. Heute geht man davon aus, dass Israel aus der allmählichen Besiedelung der Philister-Gebiete durch Nomaden hervorgegangen ist, die bereits vor der Regierungszeit des Merenptah eingesetzt hatte. (F. T.)

JE 31414 = CG 607

Oberteil einer Statue des Merenptah

Bemalter Granit
Höhe 91 cm
Theben-West, Totentempel des Merenptah
Ausgrabungen von W. M. F. Petrie (1896)
19. Dynastie, Regierungszeit des Merenptah (1224–1214 v. Chr.)

Dieses Fragment eines Standbilds wurde im zweiten Säulenhof vom Totentempel Merenptahs gefunden, nicht weit von seinem Sockel und der Basis einer weiteren, sehr ähnlichen Statue. Die beiden Königsporträts dürften zu beiden Seiten der Längsachse des Heiligtums aufgestellt gewesen sein.

Merenptah war der dreizehnte Sohn Ramses' II. und nach dessen siebenundsechzig Regierungsjahren der älteste überlebende Sohn. Merenptah muss bei der Thronbesteigung etwa fünfzig Jahre alt gewesen sein, aber die Statue zeigt ihn

mit dem Gesicht eines Mannes in der vollen Blüte seiner Jugend. Es handelt sich also nicht um ein realistisches, sondern ein idealisierendes Bildnis, mit dem der König Regierungsfähigkeit demonstrieren wollte.

Das Antlitz strahlt würdevolle Ruhe aus und erinnert ein wenig an Porträts Ramses' II., der sich gern als gütiger, aber strenger Souverän hatte darstellen lassen. Es ist der Ausdruck eines Herrschers, der die Erwartungen seiner Untertanen erfüllt, indem er sie vor ihren Feinden beschützt.

Merenptah trägt ein *Nemes*-Kopftuch mit der Kobra auf der Stirn, den charakteristischen Kopfschmuck der Pharaonen. Die schmalen Augen sind von schweren Lidern umrandet – eine Anlehnung an die Kunst der Amarna-Zeit. Lidrandbemalung und Augenbrauen betonen die Mandelform der Augen. Die Nase ist schmal und leicht gebogen, der Mund breit und gerade. Die recht großen Ohren finden ihre Entsprechung in Königsstatuen aus der Zwölften Dynastie, wo sie die Bereitschaft des Souveräns versinnbildlichten, den Bitten seiner Untertanen Gehör zu schenken. Die Ohrläppchen sind durchstochen. Der Zeremonialbart, jetzt abgeschlagen, war mit einem Kinnband aus Tuch befestigt. Unter den seitlichen Lappen des *nemes*, die bis auf die Brust herabhängen, ist ein breites Halsband zu erkennen, dessen unterer Rand sich aus blattförmigen Perlen zusammensetzt.

Auf Teilen der Statue haben sich Spuren von Bemalung erhalten. Die Augen waren weiß und schwarz, die Kobra, die Lippen und der Torso rot und das Kopftuch gelb staffiert. Für das Halsband hatte man Gelb, Grün und Blau verwendet. (F. T.)

JE 39867 = CG 53262

Krug mit Handgriff in Form einer Ziege

Gold und Silber; Höhe 16,5 cm
Tell Basta (Bubastis), gefunden 1906
19. Dynastie (1307–1196 v. Chr.)

Dieses prachtvolle Gefäß lag in einem Versteck, das beim Bau der Eisenbahnstrecke bei Tell Basta entdeckt wurde. Dort stand einst ein Tempel der Göttin Bastet, der Schutzgottheit des alten Bubastis. Einige Monate später fand man nahebei weitere Schmuckstücke und Gebrauchsgegenstände aus Edelmetall.

Der bauchige Gefäßkörper ist mit senkrechten Reihen tropfen- und herzförmiger Ausbuchtungen verziert. Auf der dem Henkel gegenüberliegenden Seite befindet sich ein Medaillon mit männlichen Figuren in üppigen Gewändern. Die strecken die Arme huldigend einer weiblichen Gottheit entgegen, deren Attribute aus der Ikonographie des pharaonischen Ägypten bisher nicht bekannt sind. Die Göttin trägt ein enges Gewand und einen Kopfputz, aus dem ein federbuschähnliches Gebilde herausragt. In der linken Hand hält sie die *Anch*-Hieroglyphe, in der rechten ein Zepter, das oben in einer Papyrusdolde endet, auf der ein unbekannter Vogel sitzt. Von der figürlichen Darstellung ausgehend laufen auf beiden Seiten Hieroglypheninschriften um die Schulter des bauchigen Gefäßteils und treffen sich am unteren Ende des Henkelansatzes. Sie enthalten Glückwünsche, die an den königlichen Mundschenk Atumemtaneb adressiert sind.

Den hohen, zylindrischen Hals ziert ein umlaufender, doppelter Fries mit Szenen aus der Tier- und Pfanzenwelt. Die Motive des oberen Streifens sind dem asiatischen Bilderschatz entnommen. Zwischen den der Fauna und Mythologie entstammenden Tierkörpern stehen Pflanzenstauden, die dem orientalischen Lebensbaum ähneln. Links vom Henkel sieht man die Gestalt eines geflügelten Greifen. Ein Stück weiter fällt ein anderer Greif eine Katze an. Dazwischen tummeln sich zwei Gazellen beim Deckakt. Weitere Szenen zeigen verschiedene Tiere im Kampf miteinander. Die lineare Zeichnung der Motive lebt allein von den Umrissformen und verzichtet auf naturalistische Ausschmückung.

Die untere Reihe weist Szenen aus Jagd und Fischerei auf mit Motiven aus der klassischen ägyptischen Ikonographie. Eine männliche Gestalt steuert einen Papyrusnachen, der einen kleinen Käfig mit einem nistenden Vogel, einen Korb und eine Fischreuse geladen hat.

Auf dem Käfig liegt eine Lotosblüte. Ein Stück weiter richtet sich ein Mann mit einer erlegten Wildente aus dem Schilfdickicht auf. Aufgescheuchte Enten flattern davon und lassen dabei ihre Brutstätten und Gelege am Ufer eines Tümpels zurück. Im Wasser schwimmen drei Fische. Ein Angler entfernt sich vom Tümpel; am einen Ende des Stocks, den er über seiner Schulter trägt, hängen zwei Fische, am andern ein Korb und eine Reuse. Ein Papyrusdickicht leitet zur nächsten Szene über. Mehrere Männer ziehen ein Netz zusammen, in dem sich einige Vögel bei der Landung auf der Wasseroberfläche verfangen haben. Andere sind entkommen und fliegen nach allen Seiten auf.

Der Handgriff ist in Gestalt einer Ziege gebildet. Sie steht auf den Hinterläufen und kniet mit den vorderen an der Mündung. Mit dem Maul und einem silbernen Nasenring hält sie sich am Mündungsrand fest. Die dreieckige Vertiefung auf der Stirn dürfte ursprünglich eingelegt gewesen sein.

Die geschickte Kombination von asiatischen Dekormotiven mit einheimischen steht im Einklang mit den gesellschaftlichen und kulturellen Umwälzungen, die sich während der Ramessidenzeit vollzogen haben. Im Verlauf der Auseinandersetzungen zwischen Ägypten und seinen Nachbarvölkern kam es zur Übernahme neuer Stilmittel, die das Motivrepertoire der ägyptischen Kunsthandwerker bereicherten.

(F. T.)

JE 38706 – 39870 =
CG 53261

Krug mit Henkelgriff in Form eines Kalbes

Gold; Höhe 11,2 cm
Tell Basta (Bubastis), gefunden 1906
19. Dynastie (1307–1196 v. Chr.)

Dieses Gefäß entstammt dem zweiten Schatzfund bei Tell Basta. Die Stücke aus beiden Depots gehörten wohl einst dem Tempel der Göttin Bastet und kamen im Abstand von wenigen Monaten beim Bau der Eisenbahnstrecke zum Vorschein, die über dem Gelände der ehemaligen Stadt Bubastis verläuft.

Der Gefäßkörper hat die Grundform eines Granatapfels und zeigt in Treibarbeit ein Motiv, das an Reihen von Mais- oder Samenkörnern erinnert. Seit dem Beginn des Neuen Reichs erscheint der Granatapfel sehr häufig auf ägyptischem Gerät und Schmuck. Man vermutet, dass die Frucht nach den erfolgreichen Feldzügen zur Eroberung der syrisch-palästinensischen Gebiete ins Nildelta eingeführt und dort kultiviert wurde. Sie ist auch unter den exotischen Früchten im so genannten Botanischen Garten Thutmosis' III. in Karnak vertreten.

Obwohl es dafür keine schriftlichen Beweise gibt, ist die Annahme gerechtfertigt, dass man dem Granatapfel apotropäische Eigenschaften zugeschrieben hat, weil er auf Amuletten aus späterer Zeit häufig vertreten ist. Man hat ihn unter den zur Grabaustattung gehörenden Nahrungsmitteln in Gräbern des Neuen Reichs gefunden, und auch im Grabschatz des Tutanchamun befand sich ein Silbergefäß in der Form dieser Frucht.

Dieser Krug aus Bubastis hat einen hohen, zylindrischen Hals, in den vier dekorative Schmuckbänder eingraviert sind. Das obere Band enthält einen Fries aus Spitzblattmotiven, ähnlich wie die in bunten Farben gemalten Friese auf Tonerzeugnissen aus der Zeit des Neuen Reichs. Im Band darunter erkennt man Lotosblüten, die mit Trauben und weiteren Blumen abwechseln. Die dritte Reihe besteht aus punktierten Kreismotiven, die sich als stark stilisierte Rosetten deuten lassen. Der unterste Fries zeigt eine Blumengirlande (ebenfalls in stilisierter Wiedergabe) mit hängenden Trichterblüten.

Der Henkelgriff besteht aus einem Ring, dessen Öse die Gestalt eines liegenden Kalbes aufweist, das den Kopf nach oben reckt. Als Ansatz dienen zwei Palmettenmotive. Die Modellierung sowohl des Tierkörpers als auch der Palmetten verrät asiatische Stileinflüsse, wie sie von den Kunsthandwerkern der Ramessidenzeit wiederholt aufgegriffen wurden. (F. T.)

JE 39675 =
CG 52397 – 52398

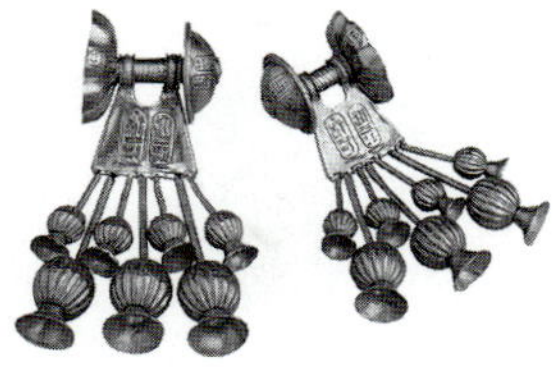

Ohrgehänge Sethos' II.

Gold; Länge 13,5 cm
Tal der Könige, »Goldenes Grab« (KV 56)
Ausgrabungen von T. Davis (1908)
19. Dynastie, Regierungszeit Sethos' II.
(1214–1204 v. Chr.)

Diese beiden Ohrgehänge aus einem anonymen Grab im Tal der Könige lagen bei anderen Gegenständen, welche die Namen Sethos' II. und seiner Gemahlin Tausret tragen. Man hat deshalb früher angenommen, dass sie hier von Grabräubern versteckt worden seien, die zuvor die Gräber des Königs und seiner Gemahlin – wohl eher Letzterer – geplündert hatten und die auf eine günstige Gelegenheit warten wollten, die Beute gefahrlos beiseite zu schaffen. Viel wahrscheinlicher ist jedoch, dass es sich bei dem anonymen Grab um das der Kinder Sethos' und Tausrets handelt.

Erst seit dem Neuen Reich kamen in Ägypten Ohrgehänge in Mode, vermutlich weil zu dieser Zeit die Beziehungen zu den asiatischen Völkern ausgeweitet wurden. Bei der Gestaltung dieser Schmuckstücke machte man keine Unterschiede zwischen den Geschlechtern und Altersgruppen. Wie es

scheint, wurden Ohrgehänge aber vorwiegend von Frauen und Kindern getragen, und es gibt bisher keine Zeugnisse, dass sich auch Männer damit geschmückt haben könnten. Dennoch hat eine Untersuchung von Mumien der Könige des Neuen Reichs ergeben, dass einige von ihnen durchstochene Ohrläppchen hatten.

Die beiden Ohrgehänge Sethos' II. sind identisch. Beide bestehen aus drei Teilen. Mittels zweier ineinander gesteckter Röhrchen wurden sie am Ohr befestigt. Das etwas weitere äußere Röhrchen hat am einen Ende einen halbkugeligen Knopf, in den die Namen Sethos' II. eingraviert sind. Die engere innere Röhre ist am Ende mit einer geschweiften Rosette verlötet, und vier der Buckel tragen die königliche Kartusche. Das mit zwei Ringen versehene Mittelstück ist wiederum mit den Namen Sethos' II. beschriftet. An der Unterkante sind sieben motivgleiche Anhänger befestigt. Sie bestehen aus verschieden langen, gerippten Stängeln, auf denen Kornblumenblüten in unterschiedlicher Größe sitzen. (F. T.)

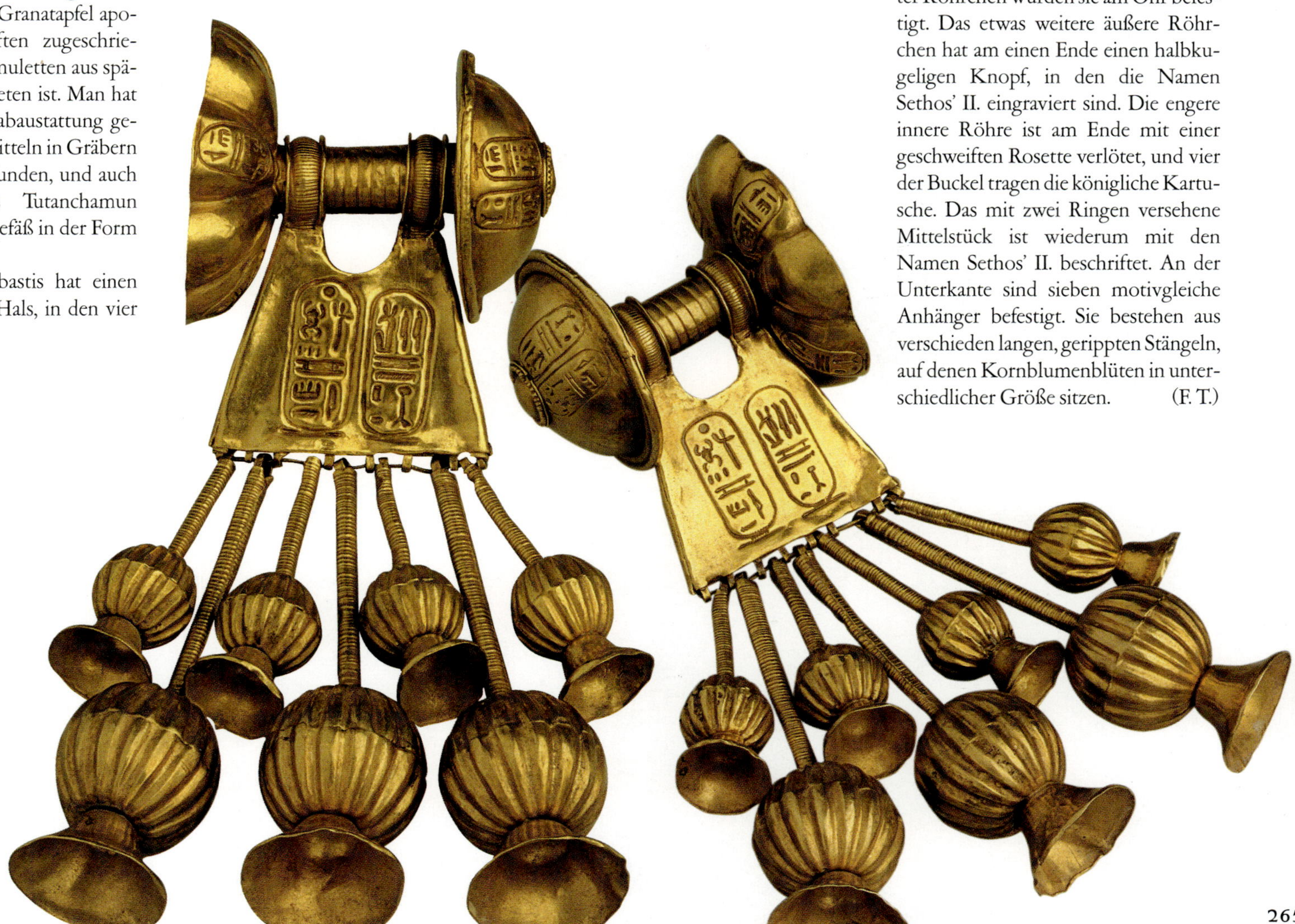

JE 38682 = CG 42150

Statue Ramses' III. als Stabträger des Amun-Re

Grauer Granit; Höhe 140 cm
Karnak, Tempel des Amun-Re, Cachette
Ausgrabungen von G. Legrain (1905)
20. Dynastie, Regierungszeit Ramses' III. (1194–1163 v. Chr.)

Im alten Ägypten war der Pharao gleichzeitig oberster Priester und bei jeder rituellen Handlung in symbolhafter Verkörperung gegenwärtig. Es wäre für ihn aber unmöglich gewesen, allen Kulthandlungen in sämtlichen Tempeln des Landes persönlich beizuwohnen. Deshalb übertrug er diese Aufgabe anderen Personen, die an seiner statt die liturgischen Handlungen vollzogen.
Als Repräsentation des Pharaos dienten dessen Bildnisse an den Tempelwänden, die ihn bei der Vollziehung verschiedener Zeremonien darstellten, oder er war durch Steinplastiken vertreten, die nach altägyptischem Glauben die abwesende Person verkörperten.
Statuen des Königs als Stabträger standen an den Tempeleingängen und repräsentierten ihn als Teilnehmer an den Zeremonien, die während der Prozessionen mit den Bildern der Gottheit vollzogen wurden. Zu diesen Anlässen wurde das Kultbild des betreffenden Gottes in eine Barke gestellt und auf den Schultern der höchsten Beamten des Königreichs herumgetragen, damit die Bevölkerung seine Herrlichkeit sehen konnte.
Ramses III. ist schreitend dargestellt, die Arme an den Seiten herabhängend. Sein Aussehen ist jugendlich, und das idealisierte Antlitz ist dem Ramses' II. ähnlich, in dessen Nachahmung der dritte Ramses sich gefiel. Das Gesicht ist von einer anmutig wirkenden Perücke umrahmt, deren Seitenteile an den Schultern schräg abgeschnitten sind. Auf der Stirn erhebt eine große Kobra den Kopf. Die Zopfsträhnen sind in einem geometrischen Muster geflochten. Die Muskulatur des nackten, jugendlichen Oberkörpers ist mit sparsamen Mitteln wiedergegeben.
Der König trägt einen kurzen Schurz, wie man ihn auf Bildwerken der Ramessidenzeit häufig findet. Die schmalen Falten des Tuchs laufen zur Mitte hin zusammen, wo sie von einer Art Latz oder Schürze mit reicher Ornamentik verdeckt werden. In der Körpermitte, unmittelbar unter dem Gürtel, ragt eine plastische Löwenmaske hervor, von der vier wie Vogelgefieder gemusterte Streifen abwärts verlaufen. Am unteren Abschluss tragen fünf Uräen die Sonnenscheibe auf den Köpfen.
Am linken Arm des Königs lehnt ein langer Stab, der von einem Schild mit Widderkopf bekrönt wird. Es ist das Emblem Amun-Res, der in der Hieroglypheninschrift auf dem Stab erwähnt wird, zusammen mit den fünf Namen des Pharaos.
Auf den Schultern Ramses' III. und auf der Gürtelschließe sind ebenfalls seine Namenskartuschen eingeschrieben. Auf der linken Seite der Statue ist zwischen den Beinen das Bild des Kronprinzen zu sehen, gekleidet in ein Zeremonialgewand und mit einem Fächer in der Hand. (F. T.)

JE 36457 D, A

Kachel mit Figur eines Asiaten Kachel mit Figur eines Libyers

Fayence, bemalt; Höhe ca. 26 cm, Breite ca. 7 cm
Medinet Habu, Palast am Totentempel Ramses' III.
Ausgrabungen der Altertümer-Verwaltung (1910)
20. Dynastie, Regierungszeit Ramses' III. (1194–1163 v. Chr.)

Außer einigen bröckelnden Mauerresten aus ungebrannten Lehmziegeln mit Spuren bunter Bemalung ist von den Königspalästen, in denen die Herrscher Ägyptens lebten, kaum etwas übrig geblieben. Aufgrund der im Glauben der Ägypter geringen Bedeutung des irdischen Daseins verwendeten sie keine haltbaren Materialien zur Errichtung ihrer Häuser, sondern konzentrierten ihre architektonischen Anstrengungen auf die Gräber und Tempel, in denen die Toten und die Götter wohnten. Deshalb liefern nur Überreste der Einrichtung, die bei Grabungen ans Tageslicht kommen, Hinweise auf die Pracht und den Luxus am Hof der Pharaonen.
Zu diesen Zeugnissen gehören Kacheln aus glasierter Fayence, mit denen bestimmte Wandpartien des Palastbereiches ausgelegt waren. An ihnen erkennt man nicht nur einen verschwenderischen Luxus in der dekorativen Ausstattung, sondern das meisterliche Geschick der ägyptischen Kunsthandwerker im Umgang mit Farben und Glasuren sowie die Beherrschung der komplizierten Techniken, mit denen die bunten Verzierungen aufgetragen und in mehreren Gängen eingebrannt wurden.
Auf diesen Kacheln sind zwei der Erzfeinde Ägyptens abgebildet. Die sorgfältig und wesensnah ausgeführten ethnischen Merkmale erlauben die eindeutige Identifizierung der Dargestellten. Kleidung und Ornamentik sind farbig und naturgetreu wiedergegeben.
Auf den beiden Kacheln sieht man das Porträt eines Asiaten, erkennbar am langen Spitzbart, und eines Libyers, der sich durch den seitlichen Zopf und die Körpertätowierungen ausweist. Mit den Asiaten lagen die Ägypter seit alters her in Fehde, und in den Streit mit den Libyern war Ramses III. selbst verwickelt.
Die Kacheln waren nahe dem »Erscheinungsfenster« im königlichen Palast von Medinet Habu in die Wand eingelassen, an dem sich der König seinem Volk zeigte. Zusammen mit weiteren Kacheln symbolisierten sie dort den Sieg des Königs über die Feinde des Landes. (F. T.)

CG 25184

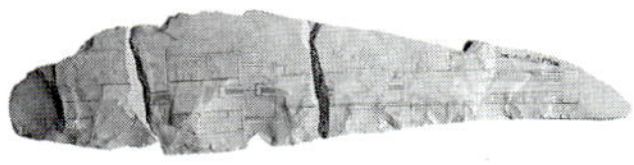

Ostrakon mit dem Plan vom Grab Ramses' IX.

Kalkstein, bemalt; Länge 83,5 cm
Tal der Könige, Grab Ramses' IX. (KV 6)
Ausgrabungen von G. Daressy (1888)
Späte 20. Dynastie (11. Jahrhundert v. Chr.)

Als man bei der Freilegung des Grabes Ramses' IX. dieses flach-längliche Kalksteinbruchstück fand, war es in vier Teile zerbrochen. Glücklicherweise gelang es, die Stücke ohne wesentliche Verluste wieder zusammenzufügen. Bei der Zeichnung, die darauf zu erkennen ist, handelt es sich zweifellos um den Plan dieser Grabanlage, obwohl es sich nur um eine grobe Skizze handelt. Als Konstruktionszeichnung hätte sie nicht ausgereicht, so dass angenommen wird, dass es eine Art Übersichtsplan war, an dem sich die Handwerker während des Baufortgangs orientierten, oder eine Darstellung des Grabs nach seiner Vollendung.

Die Wände sind mit parallelen roten Linien eingezeichnet, die Zwischenräume hat man weiß ausgefüllt. Die Türöffnungen sind in der Aufsicht von vorn wiedergegeben und mit Weiß hervorgehobenen Türeinfassungen und gelben Innenflächen gekennzeichnet. Die einzelnen Räume waren auf der Zeichnung kurz beschrieben, aber nur die Erläuterungen zur Eingangstreppe rechts im Bild lassen sich noch entziffern.

In die Grabanlage gelangte man über eine Treppenflucht mit einer dazwischen liegenden Rampe, die zum Transport des Sarkophags und anderer sperriger Gegenstände der Grabausstattung diente. In der Beschriftung wird die Treppe als »Durchgang Gottes« bezeichnet, was sich auf den Sonnengott Re bezieht. Nach dem ägyptischen Glauben reiste der König nach seinem Tod auf der Barke, welche die Sonne über den Himmel trägt. Folglich war seine schicksalhafte Bestimmung an den Zyklus der Wiedergeburt geknüpft, der sich im Wechsel von Tag und Nacht offenbarte.

Von der Treppe gelangte man in den ersten Durchgang, von dem vier Nebenräume abzweigten. Das waren die Kapellen der östlichen (rechter Hand) und westlichen (linker Hand) Götter. Ein Papyrus mit dem Plan des Grabes Ramses' IV. im Museo Egizio in Turin gibt uns Aufschluss über ihre Bedeutung. Durch Türen gelangte man in den anschließenden sowie in den dritten Gang, der in den Vorraum mündet, wo der Sarkophag aufgestellt wurde, während die Priester die rituellen Reinigungsprozeduren an dem Leichnam vollzogen.

Der nächste Raum auf dem Plan hat vier Pfeiler und einen weißen Streifen in der Mitte. Das war die »Kammer des königlichen Streitwagens«. Der weiße Streifen entlang der Längsachse des Grabtempels bezeichnet das Bodengefälle von der Eingangstreppe bis zur tieferen Ebene und zur Grabkammer.

Der Sarkophag nahm die Mitte der Sargkammer ein, und die Stelle ist auf dem Plan als weißes Rechteck eingezeichnet. Dieser Raum, der die sterbliche Hülle des Königs für alle Ewigkeit beherbergen sollte, hatte die Bezeichnung »Haus aus Gold, indem man ruht«. (F. T.)

JE 36582 = CG 42162

Schreiberfigur des Ramsesnacht, Hoherpriester des Amun-Re

Grauer Granit; Höhe 75 cm
Karnak, Tempel des Amun-Re, Cachette
Ausgrabungen von G. Legrain (1904)
Zweite Hälfte der 20. Dynastie (Ende 12./Anfang 11. Jahrhundert v. Chr.)

Ramsesnachts Werdegang ist gut dokumentiert. Die wichtigste Stellung, die er bekleidete, war die des Hohenpriesters des Amun-Re unter den Regierungen Ramses' IV., V. und VI. In dieser Zeit garantierte das höchste Amt in der Priesterschaft Thebens eine kaum vorstellbare Machtfülle über Oberägypten, und der Amtsträger genoss Vorrechte, über die ansonsten nur noch der König verfügte.

Wir wissen, dass Ramsesnacht unter Ramses IV. eine Expedition in das Wadi Hammamat anführte. Diese hatte die Aufgabe, behauene Steinblöcke für die königlichen Bauvorhaben zu besorgen. Sein Einfluss war so groß, dass ihm erlaubt wurde, seinen eigenen Kulttempel zu errichten. Dieser wurde erst kürzlich in den Hügeln von Dra Abu el-Naga ausgegraben.

Unsere Statue zeigt Ramsesnacht in der traditionellen Stellung eines sitzenden Schreibers. Ähnliche Skulpturen kennen wir aus allen Epochen der Pharaonenzeit. Das Ungewöhnliche an dieser Figur ist der Pavian, der auf den Schultern des Priesters hockt. Der Pavian ist Thot geweiht, dem Schutzgott der Schreiber und Erfinder der Schreibkunst. Indem der Pavian auf dieser Statue die Hände auf Ramsesnachts Haupt legt, stellt er ihn symbolisch unter den Schutz Thots. Es war Ramsesnachts Sohn Nesamun, ebenfalls Hoherpriester Amun-Res in Theben, der das Standbild anfertigen ließ und seinem Vater widmete.

Die Gesichtszüge des Beamten sind typisch für die Ramessidenzeit: schmale, lang gezogene Augen, eine schlanke Nase über dem breiten, schmalen Mund, dazu Grübchen in beiden Winkeln. Der Hohepriester trägt eine dreiteilige Perücke mit wellig gelockten, dünnen Strähnen, welche die Ohren frei lassen. Der Blick ist abwärts gerichtet, die Miene ernst. So sitzt er in der charakteristischen Haltung eines ägyptischen Schreibers, der sich auf seine Arbeit konzentriert.

Das Gewand besteht aus einem Gewand mit plissierten Ärmeln und einem Schurz mit Falten am unteren Saum. Die durchscheinende Kleidung liegt eng an und lässt Brustmuskulatur und Bauchwölbung deutlich hervortreten. Letztere und die Hautfalten unter der Brust galten allgemein als äußere Zeichen hohen sozialen Ranges und leiblichen Wohlergehens.

Ramsesnachts Arme ruhen auf den Oberschenkeln. Die in den Schurz eingemeißelte Hieroglypheninschrift nennt seine Titel und den Namen Ramsesnacht. Die Haltung der rechten Hand deutet an, dass der Schreiber eine Schreibbinse hält. Die Finger der Linken umschließen die obligatorische Papyrusrolle. (F. T.)

Ohrenstele des Bai

JE 43566

Kalkstein, bemalt; Höhe 24,5 cm, Breite 14 cm
Deir el-Medineh, Umfassungsmauer des Hathor-Tempels
Ausgrabungen von E. Baraize (1912)
19./20. Dynastie
(1307–1070 v. Chr.)

Diese rundgiebelige Stele ist mit bunter Bemalung und vertieftem Relief bedeckt. Das Bildfeld ist zweigeteilt. Unter dem Giebel stehen sich zwei Widder gegenüber. Kobras erheben sich über deren Stirn, und der Kopfputz besteht aus einer Doppelfeder-Krone mit der Sonnenscheibe dazwischen. Vor den Tieren sieht man einen kleinen Opferständer mit einem Gefäß.
Die Tiere stehen auf einem Bodenstreifen, der eine Papyrusmatte symbolisiert. Betrachtet man Matte, Ständer und Gefäß als Gruppe, kann man aus ihr die Hieroglyphe *hetep* herauslesen, was »Opfer« bedeutet. Über der Tiergruppe befindet sich eine spiegelbildliche Hieroglypheninschrift, die auf die Widder Bezug nimmt und ihr göttliches Wesen enthüllt: »Amun-Re, der schöne Widder«.
Im unteren Bildfeld, das den Hauptteil der Stele einnimmt und durch eine senkrechte Trennlinie in zwei Hälften geteilt wird, sieht man links das Bild des verstorbenen Bai. Sein Titel »Diener an der Stätte der Wahrheit« gibt ihn als einen der Arbeiter zu erkennen, die im Neuen Reich die Gräber der Könige und Königinnen errichteten. Neben Beruf und Name erwähnt der Hieroglyphentext auch die Haltung des Dargestellten mit erhobenen Händen bei der Anbetung Amun-Res. Bai trägt einen weiten Faltenschurz, eine kurze Lockenperücke und einen breiten Halskragen.
Im rechten Teil des unteren Bildfelds sieht man drei Ohrenpaare, jedes in einer anderen Farbe: Dunkelblau, Gelb und Hellgrün. Darstellungen von Ohren auf Stelen waren im Neuen Reich häufiger Brauch. Sie künden von einer neuen Religionsauffassung, die vom Glauben an eine größere Nähe zwischen dem Sterblichem und Gott ausgeht. So war die Vermittlung durch einen Priester nicht mehr unbedingt erforderlich. Die Ohren versinnbildlichen die Gottheit, die den Gebeten des Gläubigen Gehör schenkt, beispielsweise der Bitte um Erlösung von einer

Krankheit. In nahezu allen Fällen wandte man sich dabei an nachgeordnete, lokale Schutzgottheiten. In Theben huldigte man zahlreichen Verkörperungen Amun-Res, und in Memphis gab es eine Emanation Ptahs, die »den Bittstellern Gehör schenkt«.
Bei dieser Stele verweisen die Farben der Ohren wohl auf drei verschiedene Aspekte Amun-Res, der mit Luft und Feuchtigkeit (Blau) in Beziehung gesetzt wird, mit der Sonne (Gelb) sowie mit der begrünten Erde und dem Wasser (Grün). In dieser Form beschreibt Bai das universelle Wesen der Gottheit, die im Neuen Reich und auch später noch als oberster dynastischer Gott verehrt wurde. An Amun-Re gerichtete Gebete, aus welchen Beweggründen auch immer sie erfolgt sein mögen, hatten die besten Aussichten, Gehör zu finden. (F. T.)

JE 63801

Ostrakon mit Tierbildern

Kalkstein, bemalt
Höhe 11 cm, Breite 11 cm
Deir el-Medineh
Ausgrabungen des Institut Français d'Archéologie Orientale (1934)
19./20. Dynastie (1307–1070 v. Chr.)

Dieses Kalksteinbruchstück zeigt eine in mehreren Farben ausgeführte Szene. Eine Katze steht auf den Hinterbeinen und trägt einen langen Stab über der Schulter, an dessen Haken ein Korb hängt. Einen weiteren Stock hält sie in der erhobenen linken Pfote. Vor der Katze sieht man zwei Reihen von Gänsen. Über der oberen Reihe befindet sich ein Nest mit vier Eiern.

Die Szene ist einem ikonographischen Repertoire entnommen, in dessen Weltbild die Normalität und die Regeln des täglichen Lebens auf den Kopf gestellt sind. In diesem verkehrten Universum, das auf Malereien häufiger vertreten ist als in der Literatur, wirkt es nicht befremdlich, dass eine Katze eine Herde Gänse hütet, statt hungrig über die Vögel herzufallen. Die Ausrüstung des Raubtiers ist die eines Hirten, der seiner Herde folgt und alles bei sich trägt, was er kurzfristig zum Leben braucht.

Die Darstellung ist sowohl Karikatur als auch Satire. Indem man den natürlichen Lauf der Dinge ins Gegenteil verkehrt, kann man sich Kritik an realen Verhaltensweisen und Gewohnheiten erlauben. Der Künstler befreit sich von den Konventionen und den ihm vom offiziellen Kunstverständnis auferlegten Beschränkungen und bedient sich ungebräuchlicher, aber dafür umso phantasievollerer Ausdrucksmittel. Weil aber zwischen unseren Auffassungen und diesen künstlerischen Äußerungen mehrere Jahrtausende liegen, fällt es uns schwer zu verstehen, wogegen sich die in dieser Szene zum Ausdruck gebrachte Kritik gerichtet haben könnte. Aus dem Zusammenhang gerissen, lässt sich die Satire nicht deuten.

Obwohl es sich um nicht viel mehr als eine Skizze handelt, steckt doch ein tieferer Symbolgehalt dahinter. Die Katze ist mit zeichnerischem Schwung und handwerklicher Sorgfalt ausgeführt, während die Gänse mit sicherer Hand, aber eher flüchtig dargestellt sind. Die Vogelfiguren sind in beiden Reihen dieselben, nur mit anderer Verteilung heller und dunkler Farben.

Man kann die Vögel auch als Verschlüsselung auffassen. Die Anordnung in zwei Gruppen von jeweils drei Tieren entspricht der Pluralbildung in Hieroglyphentexten. In den Aufzeichnungen des Alten Reichs und späterer Epochen wird der Plural durch dreimalige Wiederholung eines Zeichens gebildet. (F. T.)

CG 25139

Ostrakon mit Ringkämpfern

Kalkstein, bemalt; Höhe 28,5 cm, Breite 23,5 cm
Tal der Könige, Grab Ramses' VI. (KV 9)
Gefunden 1890
20. Dynastie (1196–1070 v. Chr.)

Dieses Ostrakon ist auf Vorder- und Rückseite bemalt. Auf der hier abgebildeten Seite sieht man zwei Soldaten in der Stellung von Ringern. Für die Vorzeichnung wurde rote Tinte verwendet, Korrekturen und die endgültigen Linien sind in Schwarz ausgeführt. Die Wandlung im Gestaltungswillen des Künstlers während der Arbeit ist deutlich zu erkennen, vor allem bei der Wiedergabe der Arme der beiden Ringer. Obwohl sich der Zeichner nur einfacher Linien bediente, wirken die Figuren natürlich und lebhaft. Die Größenunterschiede der beiden Männer sind unübersehbar: Die rechte Figur ist deutlich kleiner. Beide tragen kurze Perücken und Schurze mit Penishüllen. Mit der einen Hand halten sie sich am Hals gepackt, mit der anderen versuchen sie sich gegenseitig in Schach zu halten. Die Gesichtszüge wirken auf karikierende Weise angespannt. Mit skizzenhafter Flüchtigkeit ausgeführte Hieroglyphenzeichen in schwarzer Tinte dienen als Bildlegenden.

Auf der Rückseite sind zwei Ratten in außerordentlich realistischer Darstellung wiedergegeben. Sie nehmen nur den oberen Bereich des Ostrakons ein. Das obere Tier steht aufrecht und nagt an einer Frucht, die es zwischen den Pfoten hält. Das zweite, geringfügig nach unten versetzte Tier auf der linken Seite hat sich auf dem Boden zusammengekauert. Sein struppiges Fell sieht aus, als ob es nass wäre.

Die Szenen auf beiden Seiten des Ostrakons können als Studien oder Übungen eines Zeichners angesehen werden und wurden höchstwahrscheinlich nach lebenden Modellen ausgeführt. Das trifft vor allem auf die Ratten zu. Die Stellung der Hinterbeine des oberen Tiers geht gewiss auf eine sorgfältige Naturbeobachtung zurück.

Obwohl die Szene mit den beiden Ringern realistisch wirkt und sicher die Umsetzung eines tatsächlichen Handlungsablaufs aus dem täglichen Geschehen ist, enthält die Darstellung auch Merkmale einer Karikatur. Das äußert sich in den Gesichtern sowie in der betonten Muskulatur der untersetzten Gestalten. Diese Darstellungsform dient nicht in erster Linie der Hervorhebung körperlicher Eigenschaften, sondern versteht sich als verkürzte Umschreibung des harten, entbehrungsreichen Lebens eines Soldaten, wie es auf drastische Weise auch in der zeitgenössischen Literatur angeprangert wird. (F. T.)

JE 27309

Sargdeckel der Isis

Holz, mit stuckiertem und bemaltem Tuch grundiert
Höhe 193,5 cm
Deir el-Medineh, Grab des Sennedjem (TT 1)
Ausgrabungen der Altertümer-Verwaltung (1886)
19. Dynastie, Regierungszeit Ramses' II.
(1290–1224 v. Chr.)

Isis war die Frau eines Handwerkers aus Deir el-Medineh namens Chabechnet und die Schwiegertochter Sennedjems. Ihr schöner Sarg wurde von Mitgliedern der Altertümer-Verwaltung unter der Leitung Gaston Masperos in unversehrtem Zustand aus dem Grab ihres Schwiegervaters geborgen. Es handelt sich um den inneren der beiden Särge, in denen die Mumie ruhte. Der äußere Sarg war ebenfalls mumienförmig. Auf der Umhüllung der Mumie lag ein Pektoral in der Form des Deckels des inneren Sarkophags, das als zusätzlicher Schutz des Leichnams diente.

Die Verzierung des Sargdeckels zeigt Isis reich gewandet in einer lebendig wirkenden Haltung. Diese repräsentative Darstellungsweise, die im Zuge der von Echnaton durchgesetzten Glaubensreform Eingang in die ägyptische Kunst fand, wurde während der Ramessidenzeit beibehalten. Am Beispiel des Sarkophags der Isis wird ersichtlich, welche Veränderungen im religiösen Empfinden sich während der Amarna-Zeit vollzogen und wie sie sich auf das Bestattungszeremoniell auswirkten. Eine neue Einstellung in Glaubensfragen zeigt sich unter anderem in den Malereien von Trauerszenen in den Gräber von Tell el-Amarna, in denen der Schmerz der königlichen Hinterbliebenen deutlich zum Ausdruck kommt.

Das Gesicht der Isis ist von einer schweren, geflochtenen Perücke umrahmt, die von einem bunten Band mit geometrischen und floralen Motiven gehalten wird. Lotosblüten und -knospen in vertieftem Relief zieren die Stirn der Frauengestalt. Die Lotosblüte ist das Sinnbild der Wiedergeburt. Die Augen sind schmal, Mund und Gesicht mit einfachen Mitteln gestaltet. Die Ohren bleiben verdeckt, aber man erkennt die großen Ohrgestecke aus einem Ring und einer Halbkugel aus Knochen oder Elfenbein. Die Zopfsträhnen der Perücke bedecken teilweise das in leuchtenden Farben ausgeführte und reich verzierte Pektoral. Darunter wölben sich die mit Rosetten verzierten Brüste.

Isis trägt ein langes, plissiertes Gewand, das vorn geschlitzt ist und bis zu den Knöcheln reicht. Es wird von einem unter dem linken Arm teilweise sichtbaren Knoten zusammengehalten. Aus den Ärmeln ragen die nackten Unterarme hervor, die von einer zweireihigen Perlenkette umschlossen sind. Zwei Armbänder schmücken die Handgelenke, und am Daumen der rechten Hand trägt Isis einen Ring. Der rechte Arm hängt am Körper herab, der linke ist unter der Brust angewinkelt und hält

die Gewandfalten. Verschlungene Efeuranken, die von der linken Hand bis zum Knie hinabreichen, zieren die Vorderseite des weißen Gewands. Ebenso wie die Lotosblüte symbolisierte der Efeu die Auferstehung nach dem Tod.

Die Sargwanne ist außen geschmückt mit Darstellungen von Gottheiten und Genien aus der ägyptischen Unterwelt. Unter dem Kopf der Verstorbenen befinden sich die Genien des Nordens; die des Südens liegen unter ihren Füßen. Die Fläche zwischen beiden Gruppen ist mit Hieroglyphenreihen ausgefüllt, die Texte zu den vier Horussöhnen enthalten. (F. T.)

JE 27303

Tür vom Grab des Sennedjem

Holz, stuckiert und bemalt
Höhe 135 cm, Breite 117 cm
Deir el-Medineh, Grab des Sennedjem (TT 1)
Ausgrabungen der Altertümer-Verwaltung (1886)
19. Dynastie, Regierungszeit Ramses' II. (1290–1224 v. Chr.)

Als 1886 Mitglieder der Altertümer-Verwaltung auf das Grab Sennedjems stießen, fanden sie es unversehrt. Der Eingang zur Sargkammer war noch mit jener typischen kleinen Holztür verschlossen, die nur symbolische Bedeutung hatte. Sie war mit Lehm versiegelt, in den man das Anubis-Siegel der Nekropole von Theben eingedrückt hatte. Sennedjem führte den Titel *sedjem-asch*, der unter jenen Handwerkern und Arbeitern häufig vorkommt, die im Dorf Deir el-Medineh, zwischen den Hügeln am Fuß des thebanischen Gebirges, wohnten und am Bau der königlichen Gräber beteiligt waren. Es war ein abgelegener, neugierigen Blicken weithin entzogener Ort.

Das Türblatt besteht aus einer Holztafel mit Angeln an einer Seite. Die Bretter, aus denen die Tafel besteht, sind mit Nut-und-Feder-Verbindungen zusammengefügt. Beide Seiten sind bemalt. Die Außenseite (kleine Abbildungen) ist gelb grundiert und unterhalb der Hieroglyphe des Himmels in zwei Felder unterteilt. Im oberen Bildfeld steht Sennedjem mit Gattin Ijneferti und Tochter Irunefer vor Osiris und Maat, der Göttin der Gerechtigkeit, denen sie ihren Tribut erweisen. Im unteren Bildfeld stehen Sennedjem und seine Söhne in gleicher demütiger Haltung Ptah-Sokaris-Osiris und Isis gegenüber. Sennedjem und sein ältester Sohn haben zum Zeichen der Anbetung die Hände erhoben. Die beiden Frauen im oberen Bild halten eine langhalsige Vase, die männlichen Kinder darunter Lotosblüten an langen Stängeln.

Die Darstellung auf der Innenseite (große Abbildung) zeigt Sennedjem und seine Frau Ijneferti unter einem Balda-

chin sitzend. Vor ihnen steht ein *Senet*-Spielbrett mit roten und weißen Figuren. Rechts sieht man einen Tisch mit Opfergaben, und unter dem Tisch stehen Pflanzen und Gefäße.

Das darunter liegende Feld ist mit Hieroglypheninschriften von Texten aus dem 72. und 17. Kapitel des *Totenbuchs* ausgefüllt. In diesen beiden Kapiteln geht es um die Freiheiten, die den Verstorbenen in der jenseitigen Welt gestattet sind. Der erste Text ist die Beschwörungsformel, die es dem Toten ermöglicht, durch die Tür des Grabes zu treten – kommen und gehen zu können, ohne Gefahr fürchten zu müssen. Die zweite Inschrift beschreibt die dem Toten erlaubten Beschäftigungen, zu denen unter anderem das *Senet*-Spiel gehört, das mit der Verheißung eines ewigen Lebens durch die Götter in symbolischer Beziehung steht. (F. T.)

RT 23.11.16.2

SARG DES DJEDHORIUFANCH

Bemaltes Holz
Länge 203 cm, Breite 61 cm
Theben-West, Qurna; Ausgrabungen von T. Davis (1916)
Frühe 22. Dynastie
Regierungszeit Scheschonks I. oder Osorkons I.
(ca. 945–909 v. Chr.)

Vom Sarg der Priesters Djedhoriufanch, der als oberster Verwalter der Heiligtümer Amun-Res in Karnak diente, ist nur die Sargwanne übrig geblieben; der Deckel fehlt. Der Sarg datiert aus der Zweiundzwanzigsten Dynastie, als Oberägypten ein autarker Gottesstaat unter der Verwaltung der mächtigen Priesterschaft von Theben war. Damals wurden die Priester Amun-Res in prächtig bemalten, mumienförmigen Särgen bestattet und in verborgenen Gräbern vor Plünderungen durch Räuberbanden geschützt.

Die Außenseiten der Mumiensärge sind mit Darstellungen aus dem ikonographischen Repertoire verziert, das man in den vorangegangenen Epochen für die Bemalung der Wände herangezogen hatte, die man nun kahl ließ. Die Innenflächen von Djedhoriufanchs Sarg sind in Bildfelder eingeteilt, und die bunten Szenen stehen vor gelbem Grund. Auf den Seitenwänden des Kopfteils ist ein Zelt dargestellt, ähnlich jenen an den Decken der thebanischen Grabkammern, und die Lünette auf dem Sargboden zeigt die Sonnenbarke, deren

Bug und Heck mit Papyrusblüten geschmückt sind. Auf der Barke erhebt sich die Sonne über den Horizont, flankiert von zwei Kobras. Das rechteckige Bildfeld darunter enthält die bildliche Darstellung des *Tjt*-Amuletts (»Isisknoten«) mit einem Frauenkopf und zwei aufwärts gereckten Armen, die den Wasserstreifen halten, auf dem die Barke schwimmt. Zu beiden Seiten des *Tjt*-Amuletts liegen zwei Anubishunde auf einem Schrein.

Das nächste Bildfeld in Schulterhöhe enthält zwei von der Sonnenscheibe

bekrönte Inschriftenkartuschen. Die linke lautet: »Der große Gott, Herr des Himmels, Beherrscher der Ewigkeit.« Die rechte enthält die Symbole *men* (beständig), *cheper* (erscheinen) und *Re* (Gott Re). Die Interpretation dieser drei Zeichen ist nicht ganz eindeutig. *Mencheperre* ist der Thronname Thutmosis' III., aber auch der Name eines Hohenpriesters in Theben, der Ende des 11. Jahrhunderts vor Christus Oberägypten verwaltete, oder auch die Schreibweise des Namens von Amun-Re in Form eines Rebus.

Aus stilistischen Gründen lässt sich der Sarg in die kurze Periode der Zweiundzwanzigsten Dynastie datieren. Demnach kann man die beiden ersten Deutungsmöglichkeiten des Namens *Mencheperre* ausschließen, und man kann davon ausgehen, dass es sich um die verschlüsselte Schreibweise des Namens Amun-Re handelt, dessen Hoherpriester Djedhoriufanch war. Die linke Kartusche verweist außerdem auf Osiris, wenn auch indirekt. Zwischen beide Kartuschen ist *cheker* eingefügt, ein

dekoratives Element, aus dem zwei Schlangen mit dem *Tjt*-Amulett um den Hals hervorgehen.

In den beiden Außenfeldern unter den Schultern sitzen zwei Vögel mit Frauenköpfen vor einem Korb mit Opfergaben und halten in der Geste von Klageweibern die Hände vors Gesicht.

Die zwei Bildfelder in der Fläche darunter sind fast identisch bemalt und zeigen eine Opferszene für Ptah, dem Weihrauch und Papyrus dargebracht werden, im linken Feld von einer Priesterin, im rechten von einem Priester namens Djedchons (folgende Doppelseite).

Die nächste Szene spielt in einem Zelt. Anubis beendet die Einbalsamierung des auf einem Bestattungsbett liegenden Verstorbenen. Auf dem Boden unter dem Bett stehen vier Kanopenkrüge. Im rechteckigen Bildfeld darunter, dem größten des Sargbodens, erkennen wir unter einem Fries aus Uräus-Schlangen die aufgerichtete, girlandengeschmückte Mumie des Verstorbenen. Vor ihr steht ein *Sem*-Priester, erkennbar am Leopardenfell über dem weißen Gewand, der ein Räucheropfer darbringt. Der Priester hatte die Aufgabe, durch die Zeremonie der Mundöffnung dem Verstorbenen Leben einzuhauchen. Zwischen den Figuren steht ein Opferaltar mit einer Lotosblüte; eine weitere erhebt sich unter dem Tisch. Davor kauert ein Klageweib und rauft sich das Haar in Trauer.

Die Seitenwände sind ebenfalls in Felder unterteilt. Im oberen flankieren zwei Anubishunde auf Schreinen eine vom *Udjat*-Auge beschützte Kartusche. In der Ausbuchtung für Schultern und Arme steht unter einem Band aus Hieroglyphen eine Priesterin und streckt Blumen und zwei Schalen einer Gestalt entgegen, welche die Insignien der königlichen Macht hält. (S. E.)

CG 565

Statue der Gottesgemahlin Amenirdis

Kalzit; Höhe 170 cm
Karnak, Tempel des Month
Frühe 25. Dynastie (Ende 8. Jahrhundert v. Chr.)

Prinzessin Amenirdis I., Tochter der Kaschta und Schwester des Pije, führte in den letzten beiden Jahrzehnten des 8. Jahrhunderts vor Christus den Titel einer »Geliebten Gottes« und »Göttlichen Gemahlin« Amuns in Theben. Sie war die Nachfolgerin von Prinzessin Schepenupet I., der Tochter Osorkons III.

Es war dies ein hohes Priesteramt, mit dem während der Spätzeit, vor allem zwischen der Fünfundzwanzigsten und Sechsundzwanzigsten Dynastie, die wichtige politische Funktion verbunden war, das Gleichgewicht der Mächte zwischen der geistlichen Hauptstadt Theben und dem Sitz der Verwaltung am Hof des Pharaos in Tanis aufrechtzuerhalten. In jener Epoche fiel diese Rolle einer weiblichen Verwandten – Tochter oder Schwester – des regierenden Königs zu, die als dessen Stellvertreterin in Oberägypten dafür zu sorgen hatte, dass die Machtfülle der thebanischen Priesterschaft nicht zu groß und deren Streben nach Unabhängigkeit nicht zu wirksam wurde. Die Prinzessinnen, denen dieses Amt verliehen wurde, genossen in Theben hohes Ansehen. Viele Bauwerke und Standbilder tragen ihre Namen.

Amenirdis I. sind etwa ein Dutzend Statuen gewidmet, von denen sich einige in sehr schlechtem Erhaltungszustand befinden. Die hier gezeigte Kalzitfigur ist die wohl bekannteste. Die Prinzessin ist schreitend dargestellt, eine Stellung, die ursprünglich männlichen Personen vorbehalten war. In der Hand des rechten Arms, der an der Seite herabhängt, hält sie ein *Menat*-Gewicht, in der Hand des linken, unter der Brust angewinkelten Arms einen Fliegenwedel in Gestalt einer Lilie. Die Lilie galt als Symbol der Weiblichkeit und war das Attribut der »Geliebten Gottes«.

Die dreiteilige Perücke der Prinzessin lässt die Ohren frei und ist mit dem Gefieder eines Geiers geschmückt, dessen Kopf von der doppelten Kobra flankiert wird – eine in der Fünfundzwanzigsten Dynastie häufig vorkommende Kombination. Geierköpfe – eine Verkörperung der Göttin Mut – bilden auch das flache Diadem, das in der Mitte ein Loch zum Einstecken einer weiteren Insignie hat. Vermutlich trug es die Doppelfeder-Krone des Amun oder die Hörner der Hathor mit der Sonnenscheibe.

Der weich modellierte Körper ist von einem engen Gewand bedeckt, das sich den Körperformen anschmiegt und bis zu den Fußknöcheln hinabreicht, die, wie auch die Handgelenke, mit Reifen geschmückt sind. Ein Brustschmuck ist nicht zu erkennen, was auf alle bisher bekannten Statuen der Amenirdis zutrifft.

Die Züge des breiten Gesichts mit den großen Ohren entsprechen den anderen Porträts der Prinzessin. Die Lidränder der schmalen Augen sind mit Farbe nachgezogen und an den Winkeln verlängert. Die Umrisse der Lippen sind markant konturiert, mit Grübchen in den Mundwinkeln. Die beiden Falten, die sich von den Nasenflügeln herabziehen, sind deutlich ausgebildet, wie es der Stil der Zeit verlangte.

Aus der Statue spricht die ästhetische Auffassung der Fünfundzwanzigsten Dynastie von der Darstellung des menschlichen Körpers, in der sich das Wiederaufleben klassischer Formen mit einer prägenden Charakterisierung der Gesichter paart. Diese Statue ist zweifellos eines der gelungensten Werke dieser Stilrichtung und gewinnt noch an Wirkung durch den zarten Schimmer, den der Kalzit den Formen verleiht. (R. P.)

JE 46510

Uschebti des Taharqo

Gebrannter Ton; Höhe 27,5 cm
Nuri, Pyramide des Taharqo (NU 1)
Ausgrabungen von G. Reisner (1916–1917); Dritte Zwischenzeit
25. Dynastie, Regierungszeit des Taharqo (690–664 v. Chr.)

Uschebti sind kleine Figuren, die seit dem Mittleren Reich zu den Beigaben der Grabausstattung gehörten. Sie waren symbolische Diener des Verstorbenen und hatten die Aufgabe, in der Unterwelt an dessen Stelle harte körperliche Arbeit, meist das Bestellen der Felder, zu verrichten. Deshalb treten sie allgemein in Mumiengestalt auf und tragen die Gerätschaften, die für die landwirtschaftliche Arbeit erforderlich sind. Die Bezeichnung ist vom altägyptischen *schabti* oder *schawabty* abgeleitet und bezieht sich auf die Form oder das Holz, aus dem sie geschnitzt wurden. Der Uschebti ist ein Diener, »der, welcher antwortet (an Stelle seines Herrn)«.

Diese mumienförmige Grabstatuette mit vor der Brust gefalteten Händen stellt König Taharqo dar. Die Hände ragen aus den Ärmeln der mumienför-

migen Umhüllung und halten eine Hacke und eine Schnur, die über der Schulter liegt und an der auf der Rückseite der Figur ein Korb festgebunden ist.
Der König trägt eine Haarbeutelperücke. Diese lässt die Ohren frei und läuft auf den Schultern in einem Zopf aus. Die Stirn wird von einer Kobra geschmückt.
Taharqos rundliches Gesicht hat hier – vergleicht man es mit anderen Uschebti des Herrschers – verhältnismäßig ausgeprägte Züge. Die Brauen sind plastisch hervorgehoben, die Augen tief eingeschnitten, und der kleine Mund zeigt volle Lippen. Als Verlängerung des Kinns dient ein dicker, langer Zeremonialbart. Wie alle Grabstatuetten der Pharaonen der Fünfundzwanzigsten Dynastie ist auch dieser Uschebti des Taharqo von untersetzter, kräftiger Statur. Vom Bauch abwärts ist die Figur mit zehn Reihen Hieroglyphen bedeckt. Diese rezitieren die charakteristische Uschebtiformel im Urtext.
Als Georg Reisner 1916–1917 die 1070 Uschebti-Figuren des Taharqo bei den Grabungen in der Königspyramide in Nuri entdeckte, standen sie in drei Reihen an den Wänden der Sargkammer. Obwohl sie sich äußerlich weitgehend gleichen, bestehen sie doch aus verschiedenen Werkstoffen: gebranntem Ton, Kalzit, grünem Ankerit und schwarzem Granit. Die Größen variieren zwischen 25 und 60 Zentimetern. Die Gesichter haben große Ähnlichkeit mit denen größerer Plastiken des Herrschers, darunter einem Sphinx aus Granit im Britischen Museum. (R. P.)

JE 36933 = CG 42236

Standbild des Monthemhet

Grauer Granit; Höhe 137 cm
Karnak, Tempel des Amun-Re, Cachette
Ausgrabungen von G. Legrain (1904)
Ende 25./Anfang 26. Dynastie (Mitte 7. Jahrhundert v. Chr.)

Monthemhet war einer der berühmtesten Hofbeamten der Spätzeit. Die Statue porträtiert ihn in der für männliche Figuren traditionellen Haltung, das linke Bein etwas vorgestellt, die Arme mit den geballten Fäusten an den Seiten herabhängend. Er trägt eine ausladende Perücke, wie sie im Neuen Reich weit verbreitet war und in der Spätzeit, in der Übergangsperiode zwischen Fünfundzwanzigster und Sechsundzwanzigster Dynastie, wieder in Mode kam. Die Seitenteile der Perücke wirken wie ein Schirm, der den Blick auf die gelockte Innenseite freigibt. Das schlichte Gewand besteht aus einem plissierten Kurzschurz, der von einem mit den Titeln und Namen des Würdenträgers beschrifteten Gürtel gehalten wird.
Monthemhets Gesicht ist besonders ausdrucksvoll: Dichte Brauen beschatten tief liegende, schmale Augen über deutlich erkennbaren Tränensäcken und kräftigen Wangenbeinen. Die Nase tritt markant hervor, und die zusammengepressten Lippen machen den Mund zu einem Strich. Es ist das entschlossene Gesicht eines äußerst selbstbewussten Mannes, der der Zukunft gelassen ins Auge sieht.
Die Modellierung des kraftvollen Körpers mit breiten Schultern und muskulösen Gliedmaßen entspricht dem Stil der Zeit, der die Darstellung der Körperformen der des Gesichtsausdrucks unterordnet.
Der Sockel und der hoch aufragende Rückenpfeiler sind mit Inschriften bedeckt. Sie enthalten an verschiedene Gottheiten gerichtete Opfersprüche und die traditionelle »Saitische Formel«, wie es während der Sechsundzwanzigsten Dynastie Brauch war. Auch die Titel Monthemhets sind aufgeführt: »Vierter Priester Amuns, Bürgermeister der Stadt Theben, Statthalter in Oberägypten.« (R. P.)

Der Falke hat sich in den Himmel emporgeschwungen ..., und der Sohn des Königs hat auf dem Thron des Re Platz genommen.« So verkündete der Oberste der Medjai (der Polizei) auf einem Papyrus, der heute in Turin aufbewahrt wird, den »Grableuten« den Tod des Pharao und die Thronbesteigung seines Nachfolgers. Anschließend beschrieb er eine Folge von Bestattungszeremonien. Den Höhepunkt bildete die Beisetzung der Mumie in einer Grabstätte, die mit allem versehen war, was die letzte Ruhestätte eines »Sohnes der Sonne« brauchte und das Wunder seiner Wiedererstehung sicherstellen sollte.

Von frühesten Zeiten an hoben sich die Gräber der Könige von denen ihrer Untertanen ab; auch die spirituelle Bestimmung der Könige war eine andere. Die Mastabas, die Graboberbauten mit »Palastfassaden« in der Periode der Frühen Dynastien, und nachfolgend die Stufenpyramiden und die echten Pyramiden (nicht nur die bekanntesten Beispiele des Cheops, Chephren und Mykerinos) scheinen in ihrer massiven, undurchdringlichen Bauweise

280 RECHTS
ANCH-SYMBOL
JE 32491

FAYENCE
HÖHE 21 CM, BREITE 12 CM
GRAB AMENOPHIS' II.
(KV 35)
ENTDECKT VON V. LORET
(1898)
18. DYNASTIE
REGIERUNGSZEIT
AMENOPHIS' II.
(1427–1401 V. CHR.)

280 UNTEN
BOOTSMODELL
JE 4680 = CG 52642

SILBER
LÄNGE 48 CM, GRÖSSTE
BREITE 6,8 CM
DRA ABU EL-NAGA
GRAB DER KÖNIGIN
AHHOTEP I.
AUSGRABUNGEN DER
ALTERTÜMER-VERWALTUNG
(1859)
18. DYNASTIE
REGIERUNGSZEIT DES
AHMOSE (1550–1525 V. CHR.)

ANNA MARIA DONADONI ROVERI

DAS TAL DER KÖNIGE UND DAS MUMIENVERSTECK IN DEIR EL-BAHARI

den »Ewigen Sitz« jener zu symbolisieren, die den Gott Horus verkörperten und über die Welt geherrscht hatten. Und dies war eine Welt gewesen, die man sich als ebenso sicher wie unwandelbar vorstellte.

Historische Ereignisse jedoch zeigten die innere Brüchigkeit der politischen Strukturen, die von den Revolutionen der Ersten Zwischenzeit erschüttert wurden; auch die Pyramiden waren nur scheinbar unverletzlich, wie der folgende Text bitter vermerkt: »Der also, der als Falke bestattet wurde, ist aus seinem Sarkophag gerissen worden. Das Geheimnis der Pyramiden ist geschändet ... Jener also, der unfähig war, einen Sarg zu machen, hat jetzt ein Grab. So sind die Herren geheiligter Stätten hinausgeworfen worden in die Wüste« (aus den *Wehklagen des Weisen Ipuwer*).

Mit dem Wiedererstarken einer zentralen Macht zu Beginn des Neuen Reiches wurden die Königsgräber in die Nähe der jeweiligen Hauptstadt des Königreiches verlegt. Die Grabstätten der thebanischen Herrscher wurden in der Elften Dynastie am Westufer des Nils bei Theben in der Gegend von el-Tarif und bei Deir el-Bahari angelegt – beispielsweise das monumentale Grab von Mentuhotep II. –, doch mit der Zwölften Dynastie kehrte man wieder nach Norden zurück.

Während der Zweiten Zwischenzeit, die von der schrecklichen Erfahrung der Hyksos-Invasion geprägt war, erlebte Theben den Bau der Königsgräber der Dreizehnten Dynastie und später auch der Siebzehnten Dynastie, die für den Gegenangriff auf die Eindringlinge, ihre Vertreibung und die Befreiung von der Fremdherrschaft verantwortlich war. Diese Gräber lagen wie die der Elften Dynastie in Gegenden, die an bewohnte Gebiete angrenzten, so bei Dra Abu el-Naga an den Abhängen der Berge, die das Niltal nach Westen

281 GEGENÜBER
BEGRÄBNISMASKE
FÜR EIN
MUMIFIZIERTES
UNGEBORENES
JE 39711

KARTONAGE (LEINEN,
PAPYRUS UND GIPS) UND
BLATTGOLD
HÖHE 16 CM
TAL DER KÖNIGE
GRAB KV 54
ENTDECKT VON E.R. AYRTON
UND T. DAVIS (1907)
18. DYNASTIE
REGIERUNGSZEIT DES
TUTANCHAMUN
(1333–1323 V. CHR.)

282 UNTEN
USCHEBTI-FIGUR
RAMSES' VI.
JE 96857 = CG 48415

HOLZ, BEMALT
HÖHE 26 CM
TAL DER KÖNIGE
20. DYNASTIE
REGIERUNGSZEIT
RAMSES' VI.
(1151–1143 V. CHR.)

282 RECHTS
SARKOPHAG
THUTMOSIS' I.
JE 52344

GELBER QUARZIT
LÄNGE 248,5 CM,
BREITE 90,5 CM,
HÖHE 100,5 CM
TAL DER KÖNIGE
GRAB THUTMOSIS' I. (KV 38)
18. DYNASTIE
REGIERUNGSZEIT
THUTMOSIS' I.
(1504–1492 V. CHR.)

abschließen. Die Mumie von Seqenenre Tao II., dessen Kopfverletzungen Zeugnis des blutigen Kampfes sind, der mit dem Sieg seiner Nachfolger Kamose und Ahmose endete, kam aus einem dieser nicht näher identifizierten Gräber.

Die Herrscher der Achtzehnten Dynastie wählten – nachdem sie sich als unangefochtene Herren des Landes etabliert hatten – ein Tal hinter Deir el-Bahari als ihren »Ewigkeitssitz«. Es war ein abgeschiedenes Tal, nicht einsehbar für die Bewohner des Flussufers, und der sonst üblicherweise in sich geschlossene, aus Grab und Tempel bestehende Bestattungskomplex wurde aufgeteilt: Der Totentempel, das »Haus der Millionen Jahre«, verblieb in der Nähe des Nils, um die dem König zustehende Verehrung für die Ewigkeit sicherzustellen. Der Ort der Beisetzung selbst lag in einem unzugänglichen, von Bergen umschlossenen Gelände, zu dem ein schmaler Weg für die Bestattungsprozessionen führte.

Dieses Gelände, das wir als das Tal der Könige bezeichnen, heißt im Arabischen *Biban el-Moluk* (Tore der Könige). Bei den alten Ägyptern war es *Ta-set-aat*, »der Große Platz«, oder einfacher *Tainet*, »das Tal«. Eine pyramidenförmige Bergspitze, »der Gipfel«, beherrschte das Tal; seine symbolhafte Form mag der Grund für die Wahl dieses Geländes gewesen sein. Das Haupttal teilt sich in das Östliche Tal, in dem sich die Mehrzahl der Gräber befindet, und das Westliche Tal mit der außergewöhnlichen, wilden Schönheit seiner steilen Felsen. Hier liegen nur die Gräber von Amenophis III. und des Eje. Das früheste uns bekannte Grab ist das Thutmosis' I., das auch mit dem Namen von Ineni, dem Architekten, der es entworfen und gebaut hat, in Verbindung

gebracht wird. In der biographischen Inschrift seines Grabes in Theben-West heißt es nämlich: »Ich leitete die Aushubarbeiten am Felsgrab Seiner Majestät [Thutmosis' I.] ganz allein, es gab keinen, der es sah; keinen, der es hörte. Ich suchte das, was nützlich war ... Ich schuf Lehmfelder [Verputzmaterial], um die Gräber der Nekropole zu überziehen. Arbeiten waren das, die nicht getan wurden seit der Zeit der Vorfahren ... Und ich werde auch nach jenen suchen, die nach mir kommen.« Abgesehen von bestimmten Ausdrücken, die für diese Art von Inschriften typisch sind (beispielsweise sich gewisser Neuerungen gegenüber den Vorgängern zu rühmen), fällt hier besonders der nachdrückliche Hinweis auf die Geheimhaltung und Verschwiegenheit des Unternehmens auf.

Hatten die Beisetzungsfeierlichkeiten erst einmal ihren Abschluss gefunden, blieb das Tal danach vollkommen menschenleer – mit Ausnahme der Arbeiter, die das Grab des gegenwärtigen Königs vorbereiten mussten, und der Polizei (der Medjai), die das Gebiet bewachte. Die Arbeiter kamen auf einem Fußpfad aus einem isoliert zwischen den Felsen gelegenen Dorf, dem heutigen Deir el-Medineh, in das Tal. Dessen Bewohner waren Maurer, Schreiber, Maler, Steinmetzen, Holz- und Metallarbeiter; sie lebten vom Bau der Gräber.

Diese Abgeschiedenheit kam der Geheimhaltung der Arbeiten im Tal der Könige und im Tal der Königinnen (*Biban el-Harim*) zugute. Letzteres – südlich des Dorfes von Deir el-Medineh gelegen – beherbergte die Gräber der Kinder, Ehefrauen und Verwandten der Herrscher. Das Dorf, das einen eigenen Tempel und Friedhof besaß, hat uns umfangreiche Zeugnisse – zum Teil in schriftlicher Form – überliefert, die das Alltagsleben in dieser kleinen Gemeinschaft bis in den privaten Bereich hinein vor Augen führen.

Die eigentlichen Königsgräber wurden tief in den Fels gehauen und ausgehöhlt und mit einem System von Treppen, Rampen und Korridoren ausgestattet, wobei vereinzelte tiefe Schächte die Durchgänge unterbrachen. Diese Schächte sollten Dieben den Zugang erschweren und zugleich Regenwasser auffangen, um Überflutungen zu verhindern. Sie sollten aber auch an den Urgott Nun, die Personifikation des Urgewässers, und die Höhle des Totengottes Sokaris erinnern. Die Grabkammer selbst war größer als die anderen Räume, und ihre Decke wurde häufig mit aus dem Felsen gehauenen Pfeilern abgestützt. Die Abfolge der Räume wechselte: Während die Gräber der Achtzehnten Dynastie (mit Ausnahme des Grabes des Eje) rechtwinklig mit einer deutlichen Achsenverschiebung etwa in der Mitte angelegt wurden, waren die der Neunzehnten Dynastie in nahezu gerader Linie mit einer nur geringen Abwinkelung, ebenfalls ungefähr in der Mitte, ausgeführt. Die spätesten Gräber folgten einer einfachen Geraden.

Wir haben ziemlich genaue Kenntnisse davon, wie die Arbeit der Handwerker organisiert wurde, die mit dem Aushub und der Ausschmückung der Gräber beauftragt waren. Diese Arbeiten begannen wahrscheinlich, sobald der neue Pharao den Thron bestiegen hatte und nachdem die langen und vielfältigen Beisetzungszeremonien für den verstorbenen König abgeschlossen waren. Allein die Einbalsamierung nahm 70 Tage in Anspruch. Der Zeitraum zwischen dem Tod und der Beisetzung wurde für die Fertigstellung des Grabes benötigt, vor allem wenn die Regierungszeit des Herrschers durch einen frühen Tod unerwartet zu Ende gegangen war. In bestimmten Fällen dürften sogar für andere gebaute Gräber in aller Eile für den verstorbenen Pharao umgestaltet und hergerichtet worden sein.

Zuerst wurde der Platz für die Begräbnisstätte ausgewählt. Dabei musste die Beschaffenheit des Felsens berücksichtigt werden, der sich nicht immer als geeignet erwies, und die Nähe zu früheren Gräbern. Die Arbeiter wurden dann in zwei Gruppen aufgeteilt, die parallel zueinander ans Werk gingen. Die Maurer und Hilfsarbeiter höhlten das Grab aus und schafften ungeheure Mengen von Gesteinsschutt fort. Dann war die Reihe an denen, die das Grab ausschmückten. Bildhauer und Maler überzogen die Wände und Decken der Räume und Gänge mit Szenen und Texten, die dem Pharao ein Leben nach dem Tod garantieren sollten. Die Texte, die stets von vielfältigen bildlichen Darstellungen begleitet werden, beziehen sich auf die Reise der Sonne und des Königs durch die Unterwelt, die dort zu bestehenden Prüfungen und zu überwindenden Hindernisse. Diese von den Ägyptologen benannten Texte umfassen das *Amduat* (der älteste und am häufigsten verwendete Text), die *Sonnenlitanei*, das *Pfortenbuch* und das *Totenbuch* (das viel öfter in nicht für Könige bestimmten Gräbern anzutreffen ist). Einige davon wurden erst in der Zwanzigsten Dynastie eingeführt, so das *Höhlenbuch*, die *Bücher vom Tage und der Nacht*, das *Buch der Himmelskuh* und das *Buch der Erde*.

Bisher sind insgesamt 62 Gräber entdeckt worden, dazu eine Anzahl von Schächten und Verstecken und viele Materialien, die bei den Begräbniszeremonien verwendet wurden. John Gardner Wilkinson hat als Erster 1827 das System der Grabnummerierung eingeführt. Späteren Entdeckungen wurden Folgeziffern zugeordnet. Das letzte Grab, Nummer 62, das Grab des Tutanchamun, wurde 1922 entdeckt. Von all diesen Gräbern sind nur 22 Königsgräber. Andere gehören den Kindern und Verwandten der Pharaonen oder hoch gestellten Beamten. Alle Herrscher der Achtzehnten bis Zwanzigsten Dynastie sind hier beigesetzt worden, ausgenommen Amenophis IV./Echnaton, Gemahl der Nofretete, dessen Grab in Tell el-Amarna lag, und Ramses XI., dessen Grab unvollendet blieb. Doch nicht alle Gräber konnten identifiziert werden. So muss die ursprüngliche Begräbnisstätte eines Pharaos noch gefunden werden, der als der Begründer der Königsnekropole angesehen wird: Amenophis I., der gemeinsam mit seiner Mutter Ahmes-Nefertari verehrt wurde. Seine Mumie wurde zusammen mit anderen in der »Cachette« von Deir el-Bahari entdeckt.

Obwohl diese Gräber gut in den Tälern verborgen waren und von Medjai-Mannschaften bewacht wurden, zogen sie bald das Interesse von Räubern auf sich, manchmal gleich nach der Beisetzung. Die unermesslichen Schätze, die dort mit den Mumien der Könige versteckt worden waren – wovon uns das verhältnismäßig kleine Grab Tutanchamuns wohl nur einen unvollkommenen Eindruck vermittelt –, erweckten zwangsläufig die Habgier vieler Menschen.

Bereits seit der Achtzehnten Dynastie gibt es genaue Zeugnisse von Schändungen der Königsgräber. Im Grab von Thutmosis IV. erinnert beispielsweise ein Text, der in schönster hieratischer Schrift an der Südwand der Vorkammer geschrieben steht, an die Wiederherstellung des Grabes durch den obersten Schatzmeister Maya und sei-

283 LINKS
VASE DER HATSCHEPSUT
JE 57203

KALZIT
HÖHE 33,5 CM
TAL DER KÖNIGE
18. DYNASTIE
REGIERUNGSZEIT DER HATSCHEPSUT
(1473–1458 V. CHR.)

283 RECHTS
USCHEBTI-FIGUR AMENOPHIS' II.
CG 24230

KALZIT
HÖHE 22,5 CM
TAL DER KÖNIGE, GRAB AMENOPHIS' II. (V 35)
18. DYNASTIE
REGIERUNGSZEIT AMENOPHIS' II.
(1427–1401 V. CHR.)

nen Gehilfen Thutmosis im achten Jahr der Regierungszeit des Haremhab.
Vielleicht war es Maya gewesen (von dessen Tätigkeit während der Regierung Tutanchamuns wir wissen), der das Grab des jungen Pharaos wiederherstellte und mit dem Siegel der Nekropole (einem Schakal und neun gefesselten Gefangenen) sicherte. Möglicherweise ereignete sich zunächst während der unsicheren Zeit nach der »Revolution von Amarna« und der folgenden Wiederherstellung stabiler Verhältnisse eine Reihe von Diebstählen in der Königsnekropole, wie die Plünderung des Grabes von Juja und Tuja, den Eltern der Königin Teje, zu beweisen scheint. Das Grab wurde 1905 entdeckt und schien unversehrt zu sein, aber tatsächlich trägt es deutliche Spuren der Beraubung und von nachfolgenden Wiederherstellungen.
Die Grabräubereien setzten sich in der Folgezeit fort. Der so genannte *Streik-Papyrus* im Museum von Turin berichtet über Akte von Vandalismus, die im 29. Jahr der Regierungszeit Ramses' III. von Arbeitern an den Gräbern von Ramses II. und seinen Kindern begangen wurden. Es ist bezeichnend, dass sich diese Plünderungen zu einer Zeit ereigneten, in der sich Streiks als ernst zu nehmendes soziales Problem erwiesen. Die Zerstörungen erreichten ihren Höhepunkt gegen Ende der Zwanzigsten und zu Beginn der Einundzwanzigsten Dynastie. Aufstände und zunehmender Einfluss der Hohepriester von Theben begleiteten den Untergang der durch verheerende wirtschaftliche Verhältnisse geschwächten Ramessiden-Dynastie.
Eine Reihe von Papyri beschreibt die gegen Grabräuber geführten Gerichtsverhandlungen und liefert uns mit den zeitgenössischen Berichten der Ereignisse ein anschauliches Bild von diesen Verbrechen. Der *Papyrus Abbott* im British Museum ist das genaueste Dokument dieser Art und bezieht sich auf eine Untersuchung, die im 16. Jahr der Regierungszeit Ramses' IX. vom Wesir Chaemwaset auf Verlangen des Paser, dem Stadtoberhaupt von Theben-Ost, angeordnet worden war. Der Untersuchungsausschuss wurde von Pawer, dem Obersten der Medjai von Theben-West, angeführt und suchte zehn Königsgräber in der Gegend von Dra Abu el-Naga (aus der Elften, Dreizehnten, Siebzehnten und frühen Achtzehnten Dynastie) auf, weiterhin Gräber verschiedener Adliger und Amun-Priesterinnen. Am Tag darauf wurden die Gräber im Tal der Königinnen besichtigt, aber das Tal der Könige fand keine Erwähnung. Vielleicht sind die diesbezüglichen Dokumente verloren gegangen, oder aber Pawer war nicht ganz ehrlich und versuchte hier bewusst, ein heikles Terrain zu meiden.
Das Geständnis eines der Grabräuber, das in den zufällig zusammenpassenden Teilen des *Leopold-Amherst-Papyrus* aufgezeichnet ist, gibt uns eine lebendige Beschreibung der hektischen Schatzsuche im Fackellicht in der erstickenden Atmosphäre der unterirdischen Kammern:
»Wir gingen auf Grabraub, wie wir es gewohnheitsmäßig immer wieder taten, und wir fanden die Pyramide des Königs ... Sobekemsaef, und dieses Grab glich in keiner Weise den Pyramiden und Gräbern der Adligen, die wir für gewöhnlich ausraubten. Wir nahmen unsere kupfernen Werkzeuge und brachen in den innersten Teil der Pyramide dieses Königs ein. Wir fanden die unterirdischen Kammern und stiegen mit brennenden Kerzen in den Händen hinab. Dann arbeiteten wir uns durch den Schutt, der vor dem Eingang zu diesem Versteck lag, und fanden diesen Gott, der im hinteren Teil seiner Grabkammer lag. Und wir fanden auch die Königin Nubkhaas, seine Gemahlin, die neben ihm bestattet lag und in Gips gehüllt und mit Schutt bedeckt war. Auch hier legten wir einen Zugang frei und sahen sie in ähnlicher Weise wie den König daliegen. Wir öffneten ihre Sarkophage und ihre Särge, in denen sie sich befanden, und sahen, wie die vornehme Mumie dieses Königs mit einer Falkenfigur geschmückt war; eine Vielzahl von Amuletten und Juwelen und goldenen Schmuckstücken waren um seinen Hals gelegt, und er hatte seinen Kopfschmuck aus Gold auf. Die edle Mumie dieses Königs war vollständig mit Gold geschmückt, und sein Sarg war innen und außen mit Gold und Silber ausgelegt und mit allen Arten kostbarer Steine besetzt ... Wir sammelten alles, was wir bei ihnen fanden, nämlich Gegenstände aus Gold, Silber und Bronze, und teilten sie unter uns auf. Und wir teilten zu acht das Gold auf, welches wir bei diesen beiden Göttern fanden und das wir von ihren Mumien, Amuletten, Schmuckstücken und Särgen genommen hatten. Auf jeden von uns acht entfielen 20 Deben Gold [knapp zwei Kilogramm], das sind zusammen 160 Deben Gold, nicht eingerechnet die Teile der Grabbeigaben. Dann setzten wir nach Theben über.« (A.J. Spencer, *Death in Ancient Egypt*, 1982) Der Papyrus berichtet dann weiter, wie die Aufsichtsbeamten des Bezirks Theben von dem Raub erfuhren, den Täter einkerkerten und seinen Anteil der Beute beschlagnahmten. Er wurde dann jedoch wieder freigelassen und setzte seine Tätigkeit als Grabräuber fort, wie viele der Bewohner dieser Gegend, die der gleichen »Beschäftigung« nachgingen.
Die Berichte bedürfen keines weiteren Kommentars, denn sie liefern uns ein plastisches Bild der Grabschändungen im Tal der Könige. Weitere Belege solcher Einbrüche sind den *Papyri Mayer A und B* zu entnehmen, die Diebstähle aus den Gräbern von Sethos I., Ramses II. und Ramses VI. beschreiben. Anscheinend hatten sich die Diebstähle viele Jahre zuvor ereignet, in Anbetracht der Tatsache, dass zwei der Zeugen die Frau und der Sohn zweier verstorbener Angeklagter sind. Die Aussage der Witwe erweist sich als Mitleid erregende Lektüre, wenn sie erzählt, wie ihr Mann einen kleinen Kupfergegenstand aus dem Grab nahm: »Wir haben ihn verkauft und den Erlös verzehrt.«
Das Geständnis eines der Diebe ist deutlich: »Der Fremde Nesamun nahm uns mit und zeigte uns das Grab des Königs Nebmaatre-Meryamun [Ramses IV.], Leben, Reichtum, Gesundheit, der große Gott. Wir sagten ihm: ›Wo ist der Grab-Arbeiter, der bei dir war?‹ Er sagte: ›Der Grab-Arbeiter und sein kleiner Diener, die bei uns waren, sind getötet worden, so bereiten sie uns keine Schwierigkeiten mehr.‹ Dies sagte er uns.«

284 UNTEN
GEFLÜGELTE KOBRA
CG 24629

HOLZ
HÖHE 44 CM,
LÄNGE 65 CM,
BREITE 16 CM
TAL DER KÖNIGE
GRAB AMENOPHIS' II.
(KV 35)
18. DYNASTIE
REGIERUNGSZEIT
AMENOPHIS' II.
(1428–1401 V. CHR.)

284 RECHTS
MUMIE RAMSES' II.
CG 61078

LÄNGE 173 CM
THEBEN-WEST
»CACHETTE« VON
DEIR EL-BAHARI
(DB 320)
FREIGELEGT 1881 VON DER
ALTERTÜMER-VERWALTUNG
19. DYNASTIE
REGIERUNGSZEIT RAMSES' II.
(1290–1224 V. CHR.)

Ganz offensichtlich herrschte kein besonderes Ehrgefühl unter den Dieben.

Das Geständnis führt des Weiteren eine Liste der Beuteobjekte auf, die in diesem Fall aus großen Kesseln, Wasserkrügen und Gefäßen aus Bronze und Kupfer, wertvollen Gewändern und Geweben bestanden. Nachdem sie gewogen worden war, wurde die Beute unter den fünf Komplizen aufgeteilt, wobei jeder 100 Deben Kupfer erhielt. Wie man sieht, wurden also nicht nur Gegenstände aus kostbaren Materialien gestohlen, sondern auch Metallgefäße, Gewänder und gelegentlich auch duftende Salben, die als Beute hoch im Kurs standen und möglicherweise leichter abzusetzen waren.

Die Lage verschlimmerte sich, als in der Anfangszeit der Einundzwanzigsten Dynastie das Tal nicht mehr wirkungsvoll verteidigt werden konnte. Deshalb wurde entschieden, dass man alle Mumien bergen, restaurieren und mit neuen Särgen versehen sollte, falls die ursprünglichen zerstört worden waren, und dass man sie in unzugänglicheren Gräbern verstecken würde. Es dürfte mehr als eine solche Verlegung gegeben haben, wie es die Inschriften auf den Särgen und auf den Binden der Mumien selbst bezeugen. Und dennoch weckten diese nackten Mumien, denen man ihren wertvollsten Schmuck geraubt hatte, immer noch die Habgier der Zeitgenossen und ihrer räuberischen Nachfahren, wie die verworrene Geschichte ihrer Wiederentdeckung belegt.

Gegen Ende des 19. Jahrhunderts, während Auguste Mariettes letzten Lebensjahren, tauchten auf dem Antiquitätenmarkt Papyri und Gegenstände auf, die den Königen gehört hatten. Die Lage ihrer Gräber war aber noch unbekannt. Mit der Berufung von Gaston Maspero zum Direktor der Ägyptischen Altertümer-Verwaltung begannen die Untersuchungen, die zur Belastung zweier Brüder aus der Familie der Abd el-Rassul in Theben führten. Sie wurden festgenommen und ausgiebig verhört, gestanden aber erst, als sie begriffen, dass sie ihre Beute nicht mehr weiter verkaufen konnten.

Maspero war unterdessen nach Frankreich zurückgekehrt. Folglich wurde sein Assistent, Emil Brugsch, am 6. Juli 1881 zu einem Grab geführt: einem langen, geraden Korridor am Boden eines Schachts, der in einer Gebirgsschlucht südlich des Tempels von Deir el-Bahari verborgen war, dem berühmten Versteck der Königsmumien.

Auf engstem Raum waren etwa 40 Mumien aufgestapelt, darunter diejenigen einiger der bekanntesten Pharaonen: Seqenenre Tao II., Amenophis I., Thutmosis I., II. und III., Sethos I. und Ramses I., II., III. und IX. In einer Kammer am Ende des Korridors befanden sich die Mumien von Pinedjem II. und seiner Gemahlin sowie von Djedptahiufanch und seiner Gemahlin, den ursprünglichen Inhabern dieses Grabes (DB 320).

Aus Sicherheitsgründen wurde der Inhalt dieses Verstecks eiligst in das Ägyptische Museum nach Kairo überführt, wo die Mumien zuerst in einem Mausoleum beherbergt und dann in einer kümmerlichen Halle im ersten Stock ausgestellt wurden. Jetzt sind sie in angemessener Weise in einem vor kurzem renovierten Raum untergebracht, der mit all der erforderlichen Technik ausgestattet wurde, die für ihre Erhaltung nötig ist.

Victor Loret entdeckte ein paar Jahre später, nämlich 1898, im Grab von Amenophis II. (KV 35) ein zweites Versteck. Auch in dieser Grabkammer wurden neben dem ursprünglichen Inhaber des Grabes Stapel mit weiteren Mumien gefunden, darunter Amenophis III., Thutmosis IV., Sethos II., Merenptah, Siptah, Ramses IV., V. und VI. sowie eine unbekannte Frau. Drei weitere Mumien ohne Särge fand man in einer Nebenkammer, bei ihnen auch die »Alte Dame«, die als Teje identifiziert werden konnte. Wer ursprünglich in den anderen Gräbern gelegen hatte – etwa in dem als KV 55 bezeichneten –, ist immer noch ungewiss, obwohl in diesem besonderen Fall auf Amenophis IV./Echnaton verwiesen wurde.

Eine Anzahl königlicher Mumien wird immer noch vermisst. Es kann gut sein, dass es eine weitere Grabkammer oder ein Gemeinschaftsgrab, wie das 1908 im Grab des Haremhab (KV 57) entdeckte, gibt, das seiner genauen wissenschaftlichen Deutung noch harrt. Das derzeitige Wiederaufleben archäologischer Forschung in dem Tal seitens der ägyptischen Behörden und zahlreicher ausländischer Unternehmungen lässt vermuten, dass uns die Zukunft noch weitere Überraschungen bringen wird.

285
USCHEBTI-KASTEN DER KÖNIGIN HENUTTAUI
JE 26272 B

HOLZ
HÖHE 58 CM,
BREITE 34 CM
DEIR EL-BAHARI
21. DYNASTIE
(1070–945 V. CHR.)

ÜBER DIE AUTORIN

ANNA MARIA DONADONI ROVERI wurde in Rom geboren und promovierte an der Universität von Rom auf ihrem späteren Spezialgebiet, der Archäologie des Orients. Ihre berufliche Laufbahn begann 1965 am Ägyptischen Museum von Turin, wohin sie 1984 als Direktorin zurückkehrte, nachdem sie fünf Jahre lang Leiterin der Archäologischen Abteilung des Zentralinstituts für Restaurierung in Rom gewesen war. Als Direktorin hat sie die Renovierung und Erweiterung des Museums veranlasst, zahlreiche Ausstellungen betreut und sowohl wissenschaftliche als auch populäre Veröffentlichungen herausgebracht. Ihr ist auch die Wiederaufnahme von Ausgrabungen in der Gegend von Gebelein zu verdanken, die schon in der ersten Hälfte des 20. Jahrhunderts von Schiaparelli und Farina erforscht worden war.

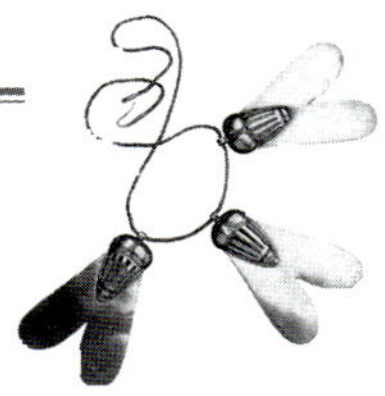

JE 4694 = CG 52671

Kette mit fliegenförmigen Anhängern

Gold; Länge der Kette 59 cm, Länge der Anhänger 9 cm
Dra Abu el-Naga, Grab der Königin Ahhotep
Ausgrabungen der Altertümer-Verwaltung (1859)
18. Dynastie, Regierungszeit des Ahmose (1550–1525 v. Chr.)

Die Grabkammer der Königin Ahhotep enthielt eine Reihe zeremonieller Waffen und anderer Gegenstände, die sich selten in Frauengräbern fanden. Diese Königin der Siebzehnten Dynastie war die Gemahlin von Seqenenre Tao II., der den Unabhängigkeitskampf gegen die Hyksos-Könige aufnahm. Die Vertreibung der fremden Eindringlinge wurde dann von ihrem Sohn Ahmose vollendet, der in der Achtzehnten Dynastie ein geeintes Land regierte. Die hohe Stellung, die Ahhotep offenkundig innehatte, obwohl sie eine Frau war, ist typisch für die gesamte Achtzehnte Dynastie.

Diese Art von Halskette ist eine militärische Auszeichnung und wurde als »Orden der goldenen Fliege« vom König an Soldaten verliehen, sie sich im Kampf hervorgetan hatten.

Sie besteht aus einer feinen Kette mit einem Verschluss, der aus einem durch eine Öse geführten Haken besteht. An der Kette hängen drei Anhänger in der Form großer Fliegen. Jedes der Insekten ist so dargestellt, als würde es am Boden sitzen. Die Flügel sind glatt, während der Körper ziseliert ist. Der Kopf wird von zwei großen, hervortretenden Augen abgeschlossen. Trotz der Stilisierung der Formen sind die Konturen des Insekts klar erkennbar. Kleine Ringe, die zwischen den Augen angebracht sind, sorgen dafür, dass die Anhänger an der Kette aufgefädelt werden können. (R.P.)

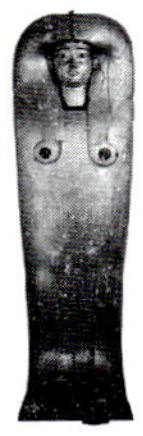

JE 4663 = CG 28501

Sarg der Ahhotep

Holz, Blattgold, Kalzit, Obsidian
Höhe 212 cm
Dra Abu el-Naga, Grab der Königin Ahhotep
Ausgrabungen der Altertümer-Verwaltung (1859)
18. Dynastie, Regierungszeit des Ahmose (1550–1525 v. Chr.)

Ahhotep war die Tochter des Königs Seqenenre Tao I. und der Königin Tetisheri. Einer in den königlichen Familien des alten Ägyptens verbreiteten Sitte folgend, heiratete Ahhotep ihren Bruder Seqenenre Tao II., der seinem Vater auf dem Thron folgte. Aus ihrer Ehe gingen zwei zukünftige Pharaonen hervor, Kamose und Ahmose, und die Prinzessin Ahmes Nefertari. Ahhotep starb während der Herrschaft ihres Sohnes Ahmose und wurde in der reich ausgestatteten Sargkammer ihres Felsgrabes in Dra Abu el-Naga beigesetzt.

Nur der Deckel ihres großen Holzsarges ist erhalten geblieben, während die untere Hälfte bei der Bergung und Zerstreuung der Inhalte ihres unversehrten Grabes zerstört wurde. Zeitgenössische Beschreibungen berichten, dass der Boden des Sarges schwarz angemalt war. Nachdem sie ihrer verschiedenen kostbaren Beigaben beraubt worden war, verschlechterte sich auch der Zustand der Mumie, und sie wurde aufgegeben.

Der Sargdeckel, aus einem einzigen Stück Holz geschnitzt (Feigenbaum oder Zeder) hat die Form der Mumie und bildet die Verstorbene so ab, als sei ihr Körper mit Federn bedeckt. Dieser in Theben während der Siebzehnten und frühen Achtzehnten Dynastie übliche Stil wird als *rischi* bezeichnet, was im Arabischen »gefiedert« bedeutet. Das Holz des Sarges war mit einer dünnen Gipsschicht überzogen, in die die Verzierungen eingeritzt wurden. Alles wurde dann mit Blattgold überzogen.

Das Gesicht ist eingerahmt von einer wuchtigen Perücke, deren wellenförmige, parallel verlaufende Linien das Haar imitieren. Die Perücke erstreckt sich über die Brust, wo sie mit zwei großen Locken endet, von denen jede in der Mitte einen blauen Kreis hat. Diese Rundungen des Haares sind die am auffälligsten hervortretenden Formen des Sargdeckels, denn der übrige Körper wird nur ungefähr angedeutet. Eine Kobra, die vielleicht aus Gold bestand, dürfte einst auf der Stirn gesessen haben, fehlt aber jetzt. Der gewundene Schwanz der Schlange lässt sich im Relief über der Perücke noch erahnen und ist mit Blattgold bedeckt.

Das Gesicht und der Hals der Königin werden von einer breiten blauen Linie umrahmt, die damit die einzigen nackten Partien ihres Körpers abgrenzten. Das Gesicht hat feine, idealisierte Züge und wird von einem leichten Lächeln belebt, das der Verstorbenen einen heiteren Ausdruck verleiht. Die großen, mandelförmigen Augen sind aus Kalzit und Obsidian eingelegt und mit einer Kittmasse aus Gips an den Augenlidern befestigt. Der Augapfel besteht aus weißem Kalzit, die Iris aus Obsidian. Die Brauen und die kosmetischen Augenlinien sind in Blau gemalt.

Ein Halsschmuck aus konzentrischen Ketten mit eingeritzten senkrechten Linien, die zylindrische Perlen imitieren sollen, wird auf der Brust der Figur dargestellt. Dieser Halsschmuck läuft in kleinen tropfenförmigen Anhängern aus und trägt an den Schultern zwei Falkenköpfe. Eine Kobra und ein Geier sind nebeneinander mit einem einzigen ausgebreiteten Flügelpaar auf den Halsschmuck aufgesetzt.

Der übrige Sargdeckel vom Unterleib bis zu den Füßen ist mit dem Federmotiv geschmückt, das möglicherweise die Flügel der Isis symbolisiert, die sich ausbreiten, um den Körper der Königin zu schützen.

In der Mitte ist eine Hieroglyphenzeile eingeritzt, die einen Spruch mit der Opferformel enthält, in der der mit einer Kartusche umrahmte Name Ahhotep zu lesen ist.

Die Beine der Verstorbenen werden mittels zweier ungewöhnlicher spitz zulaufender und senkrechter Wölbungen von den Knien bis zu den Füßen angedeutet – ein Merkmal, das uns auch auf dem Sarg des Pharaos Seqenenre Tao II. begegnet. Die beiden Särge ähneln sich auch in ihrer massigen Erscheinung und dürften in derselben Werkstätte gefertigt worden sein.

Unterhalb der Füße der Toten finden sich grobe Abbildungen der Göttinnen Isis und Nephthys, die vor einem Altar knien. Die Innenseite des Deckels ist mit schwarzer Farbe überzogen. (S.E.)

JE 32588 = CG 24183

Uschebti-Figur Amenophis' II.

Graugrüner Schiefer; Höhe 31 cm
Tal der Könige, Grab Amenophis' II. (KV 35)
Ausgrabungen von V. Loret (1898)
18. Dynastie, Regierungszeit Amenophis' II.
(1427–1401 v. Chr.)

Diese fein gearbeitete Beisetzungsstatuette von Amenophis II. wurde im März 1898 zusammen mit vielen anderen Gegenständen unter den Grabbeigaben des Pharaos entdeckt. Die zahlreichen Uschebti sind aus unterschiedlichen Materialien hergestellt. Eine beträchtliche Anzahl besteht aus Schiefer, und sie ähneln einander sehr. Sie sind zwischen 17 und 31 Zentimeter hoch und stellen einen Pharao in Mumiengestalt dar, dessen Arme über der Brust verschränkt sind. Die aus den Binden hervorschauenden Hände halten je eine *Anch*-Hieroglyphe (Henkelkreuz), die das Leben symbolisiert. Amenophis II. trägt das gestreifte *Nemes*-Kopftuch mit Stirnuräus sowie einen langen Zeremonialbart, dessen eingerolltes Ende (bei den vollständigen Exemplaren) auf den göttlichen Status des verstorbenen Herrschers verweist. Bei der hier abgebildeten Statuette bestimmen weiche Linien und feine Gesichtszüge das Antlitz des Königs: Reliefartige Augenbrauen wölben sich über mandelförmigen Augen, die Nase ist klein, und der Mund lächelt. Der unterhalb der Arme liegende Teil des Körpers ist von acht horizontal verlaufenden Textzeilen bedeckt, welche die so genannte Uschebti-Formel enthalten, das Kapitel 6 aus dem *Totenbuch*. Mit geringen Abweichungen findet sich dieser Spruch auf den verschiedenen Schiefer-Exemplaren und auch auf einer anderen, aus Kalzit gefertigten Uschebti-Figur desselben Herrschers. Die Hieroglyphen und anderen eingeritzten Linien sind mit gelber Farbe ausgefüllt.

Der Text beginnt mit dem Geburtsnamen des Königs: »Vollkommener Gott Aa-cheperu-Re, geliebt von Osiris, großer Gott«, und fährt fort mit dem Spruch, der den Uschebti bittet, an die Stelle des Königs zu treten, wann immer er in der Unterwelt aufgefordert wird, irgendeine Aufgabe zu erfüllen. (R.P.)

JE 53140

Sarg der Ahmes Meritamun

Zedernholz; Höhe 313,5 cm, Breite 86 cm
Deir el-Bahari, Felsengrab (TT 358); Ausgrabungen der Altertümer-Verwaltung und des Metropolitan Museum of Art (1929)
18. Dynastie, Regierungszeit Amenophis' I. (1525–1504 v. Chr.)

Dieser eindrucksvolle Sarg wurde in einem kleinen Felsengrab entdeckt, das in einem tiefen Tal nördlich des Tempels der Königin Hatschepsut in Deir el-Bahari angelegt worden war.

Die Identität der darin Ruhenden ist immer noch umstritten. Von den Inschriften ausgehend, schloss ihr Entdecker, Herbert Winlock, auf die Tochter Thutmosis' III., Ahmes Meritamun, die Gemahlin ihres eigenen Bruders, des späteren Königs Amenophis II. Diese Hypothese wird jedoch nicht allgemein anerkannt, und anderen Wissenschaftlern zufolge gehörte der Sarg stattdessen einer anderen Königin gleichen Namens, der Tochter des Pharaos Ahmose, die ebenfalls ihren eigenen Bruder heiratete, nämlich Amenophis I., den eigentlichen Begründer der Achtzehnten Dynastie.

Dieser riesige Sarg von anthropoider Grundform war ursprünglich von einem geräumigen äußeren Sarkophag umschlossen, den man zerstört vorfand, und er umhüllte seinerseits einen kleineren Sarg, in dem die Mumie der Toten lag. Er ist aus Zedernholz-Platten gefertigt, die im Originalzustand teilweise mit Blattgold bedeckt und mit Einlegearbeiten aus kostbaren Steinen besetzt waren, doch sind diese Bestandteile von Dieben entfernt worden. Im Zuge der Wiederherstellung während der Einundzwanzigsten Dynastie wurden die Vergoldung durch eine gelbe und die Einlegearbeiten durch eine blaue Bemalung ersetzt.

Die Verzierung folgt dem klassischen *Rischi*-Sargmuster, das von der Siebzehnten Dynastie an in Theben verwendet wurde. Das arabische Wort *rischi* bedeutet »gefiedert« und bezieht sich auf das Außendekor des Sarges, auf dem die Schwingen imitiert werden, mit denen, wie man glaubte, die Göttin Isis die Verstorbene schützen sollte.

Der Sargdeckel bildet die Tote mit über der Brust verschränkten Armen ab. Das Gesicht hat strenge Züge und zeigt eine in hohem Grade ausdrucksvolle, kultivierte Schönheit. Die Oberfläche sollte die natürliche Farbe des Holzes behalten und war vollkommen glatt poliert worden, um den Eindruck der zarten Haut der Toten zu erwecken. Die Augen, ihre Konturen und die Augenbrauen waren ursprünglich aus Obsidian, Kalzit und Lapislazuli eingelegt, bestehen aber heute aus Glasfluss.

Eine mächtige Perücke umrahmt das Gesicht, und in diese sind kleine Vertiefungen als Lockendekor hineingeschnitzt, die jetzt blau ausgemalt sind als Ersatz für die wiederum fehlenden Einlegearbeiten. Die

JE 4681 = CG 52666
JE 4669 = CG 52668

Barkenmodell auf einem hölzernen Wagen

Boot (JE 4681): Gold und Silber, Länge 43,3 cm
Wagen (JE 4669): Holz und Bronze; Länge 20 cm
Dra Abu el-Naga, Grab der Königin Ahhotep
Ausgrabungen der Altertümer-Verwaltung (1859)
18. Dynastie, Regierungszeit des Ahmose (1550–1525 v.Chr.)

Dieses Boot gehörte zur Grabausstattung von Königin Ahhotep. Das Modell stellt ein aus mit Schnüren zusammengebundenen Schilfbündeln gebautes Boot dar, das am Bug und am Heck in zwei offenen Papyrusblüten ausläuft. An den Seiten des Bootes ragen vier Goldringe hervor. Zwei Kästen stehen an den beiden Enden des Decks; sie dürften als Sitze für den Steuermann und für den Schiffsführer gedient haben. Drei Figuren unterscheiden sich nach Größe und Material von den anderen. Der Schiffsführer steht mit dem Gesicht zum Heck und hält die Hand so an den Mund, dass er offensichtlich der Mannschaft Befehle zuruft. Sein Sitz ist mit sich wiederholenden Isisblut-Motiven, einem Schutz- und Heilzeichen verziert.

Der Steuermann am gegenüberliegenden Ende schaut zum Bug und hat das Steuerruder fest in den Händen. Hinter ihm steht der andere Sitz, der mit einem Löwen und einer Kartusche mit dem Namen des Kamose verziert ist, dem Bruder und Vorgänger von Ahmose. Eine dritte, herausnehmbare Figur sitzt in der Mitte des Bootes und hat eine Axt in der linken und einen Stab in der rechten Hand. Diese drei Figuren sind aus Gold gefertigt und größer als die anderen.

Die Mannschaft besteht aus zwölf Ruderern, die deutlich kleiner und aus Silber gefertigt sind. Alle sitzen mit dem Rücken zum Bug und halten ihre Ruder (zwei davon fehlen) seitlich über den Bootsrand.

Das Schiffchen steht auf einem hölzernen Wagen mit vier Bronzerädern. Auf diesem Wagen befand sich noch ein zweites Modellboot, und zwar aus Silber.

Modellboote finden sich schon früh unter Grabbeigaben, auch in Siedlungen der Frühdynastischen Zeit. Im Allgemeinen wurden sie aus Lehm oder Terrakotta angefertigt, später auch aus Holz. Dass solche Transportmittel in vielen auf Vasen oder Wänden dargestellten Szenen abgebildet sind, ist ein Zeichen für die große Bedeutung des Nils als wichtiger Verkehrsweg. (R.P.)

JE 4684 = CG 52069

Armreif der Ahhotep

Gold und Lapislazuli; Durchmesser 5,5 cm, Höhe 3,4 cm, Gewicht 96 g
Dra Abu el-Naga, Grab der Königin Ahhotep; Ausgrabungen der Altertümer-Verwaltung (1859)
18. Dynastie, Regierungszeit des Ahmose (1550–1525 v. Chr.)

Bei der Mumie der Ahhotep fand sich eine reiche Sammlung von Waffen, Insignien und Schmuckstücken, die fast alle den Namen Ahmoses trugen. Nach vielen Wechselfällen gelangte dieser Schatz schließlich in die Hände von Mariette, der ihn dem Khediven übergab.

Reichtum und Wert des Inhalts dieser Grabkammer und der Umstand, dass es sich dabei fast ausschließlich um Geschenke des Königs handelt, zeigen, dass die wichtige Rolle, die zu Beginn des Neuen Reiches die Frauen der Dynastie spielten, Anerkennung fand. Diese Bedeutung dürfte sich jedoch eher von der neuen Denkweise hergeleitet haben, die die Rolle der Frau in der Weitergabe des königlichen Blutes sah, als von ihren persönlichen Fähigkeiten.

Dieser Armreif ist eines der kunstvollsten Schmuckstücke, die die Mumie der Königin zierten. Es besteht aus zwei halbzylindrischen Teilen aus gehämmertem Gold, die durch zwei Angeln verbunden sind, von denen eine einen Haken hat, so dass man den Armreif öffnen konnte. Die Verzierung besteht aus bildlichen Szenen und Hieroglyphen. Auf der rechten Seite teilt sich die Verzierung in zwei spiegelbildlich symmetrische Szenen, die durch einen Fächer auf der Hieroglyphe *schen* getrennt werden. Beiderseits thront der Gott Geb, der den vor ihm knienden Pharao Ahmose schützt. Auf der linken Szene trägt der Gott die Rote Krone und auf der rechten die Doppelkrone. In der Mitte beider Szenen steht oben der Name des Gottes. Der Name des Königs ist an beiden Seiten geschrieben.

Die Geister von Pe (Unterägypten) und Nechen (Oberägypten), Vorfahren des Königs vor der Vereinigung beider Länder, sind auf der anderen Hälfte abgebildet, und zwar mit dem Kopf eines Falken beziehungsweise eines Schakals. Sie erheben ihre Arme als Zeichen des Jubels und der Anerkennung des Königs als des rechtmäßigen Nachfolgers der Pharaonen.

(R.P.)

JE 32588 = CG 24183

Uschebti-Figur Amenophis' II.

Graugrüner Schiefer; Höhe 31 cm
Tal der Könige, Grab Amenophis' II. (KV 35)
Ausgrabungen von V. Loret (1898)
18. Dynastie, Regierungszeit Amenophis' II.
(1427–1401 v. Chr.)

Diese fein gearbeitete Beisetzungsstatuette von Amenophis II. wurde im März 1898 zusammen mit vielen anderen Gegenständen unter den Grabbeigaben des Pharaos entdeckt. Die zahlreichen Uschebti sind aus unterschiedlichen Materialien hergestellt. Eine beträchtliche Anzahl besteht aus Schiefer, und sie ähneln einander sehr. Sie sind zwischen 17 und 31 Zentimeter hoch und stellen einen Pharao in Mumiengestalt dar, dessen Arme über der Brust verschränkt sind. Die aus den Binden hervorschauenden Hände halten je eine *Anch*-Hieroglyphe (Henkelkreuz), die das Leben symbolisiert. Amenophis II. trägt das gestreifte *Nemes*-Kopftuch mit Stirnuräus sowie einen langen Zeremonialbart, dessen eingerolltes Ende (bei den vollständigen Exemplaren) auf den göttlichen Status des verstorbenen Herrschers verweist. Bei der hier abgebildeten Statuette bestimmen weiche Linien und feine Gesichtszüge das Antlitz des Königs: Reliefartige Augenbrauen wölben sich über mandelförmigen Augen, die Nase ist klein, und der Mund lächelt. Der unterhalb der Arme liegende Teil des Körpers ist von acht horizontal verlaufenden Textzeilen bedeckt, welche die so genannte Uschebti-Formel enthalten, das Kapitel 6 aus dem *Totenbuch*. Mit geringen Abweichungen findet sich dieser Spruch auf den verschiedenen Schiefer-Exemplaren und auch auf einer anderen, aus Kalzit gefertigten Uschebti-Figur desselben Herrschers. Die Hieroglyphen und anderen eingeritzten Linien sind mit gelber Farbe ausgefüllt.

Der Text beginnt mit dem Geburtsnamen des Königs: »Vollkommener Gott Aa-cheperu-Re, geliebt von Osiris, großer Gott«, und fährt fort mit dem Spruch, der den Uschebti bittet, an die Stelle des Königs zu treten, wann immer er in der Unterwelt aufgefordert wird, irgendeine Aufgabe zu erfüllen. (R.P.)

JE 53140

Sarg der Ahmes Meritamun

Zedernholz; Höhe 313,5 cm, Breite 86 cm
Deir el-Bahari, Felsengrab (TT 358); Ausgrabungen der
Altertümer-Verwaltung und des Metropolitan Museum of Art (1929)
18. Dynastie, Regierungszeit Amenophis' I. (1525–1504 v. Chr.)

Dieser eindrucksvolle Sarg wurde in einem kleinen Felsengrab entdeckt, das in einem tiefen Tal nördlich des Tempels der Königin Hatschepsut in Deir el-Bahari angelegt worden war.

Die Identität der darin Ruhenden ist immer noch umstritten. Von den Inschriften ausgehend, schloss ihr Entdecker, Herbert Winlock, auf die Tochter Thutmosis' III., Ahmes Meritamun, die Gemahlin ihres eigenen Bruders, des späteren Königs Amenophis II. Diese Hypothese wird jedoch nicht allgemein anerkannt, und anderen Wissenschaftlern zufolge gehörte der Sarg stattdessen einer anderen Königin gleichen Namens, der Tochter des Pharaos Ahmose, die ebenfalls ihren eigenen Bruder heiratete, nämlich Amenophis I., den eigentlichen Begründer der Achtzehnten Dynastie.

Dieser riesige Sarg von anthropoider Grundform war ursprünglich von einem geräumigen äußeren Sarkophag umschlossen, den man zerstört vorfand, und er umhüllte seinerseits einen kleineren Sarg, in dem die Mumie der Toten lag. Er ist aus Zedernholz-Platten gefertigt, die im Originalzustand teilweise mit Blattgold bedeckt und mit Einlegearbeiten aus kostbaren Steinen besetzt waren, doch sind diese Bestandteile von Dieben entfernt worden. Im Zuge der Wiederherstellung während der Einundzwanzigsten Dynastie wurden die Vergoldung durch eine gelbe und die Einlegearbeiten durch eine blaue Bemalung ersetzt.

Die Verzierung folgt dem klassischen *Rischi*-Sargmuster, das von der Siebzehnten Dynastie an in Theben verwendet wurde. Das arabische Wort *rischi* bedeutet »gefiedert« und bezieht sich auf das Außendekor des Sarges, auf dem die Schwingen imitiert werden, mit denen, wie man glaubte, die Göttin Isis die Verstorbene schützen sollte.

Der Sargdeckel bildet die Tote mit über der Brust verschränkten Armen ab. Das Gesicht hat strenge Züge und zeigt eine in hohem Grade ausdrucksvolle, kultivierte Schönheit. Die Oberfläche sollte die natürliche Farbe des Holzes behalten und war vollkommen glatt poliert worden, um den Eindruck der zarten Haut der Toten zu erwecken. Die Augen, ihre Konturen und die Augenbrauen waren ursprünglich aus Obsidian, Kalzit und Lapislazuli eingelegt, bestehen aber heute aus Glasfluss.

Eine mächtige Perücke umrahmt das Gesicht, und in diese sind kleine Vertiefungen als Lockendekor hineingeschnitzt, die jetzt blau ausgemalt sind als Ersatz für die wiederum fehlenden Einlegearbeiten. Die

Perücke fällt zum Hinterkopf hin ab, um eine Fülle langen Haares zu imitieren, während sie vorne in zwei große Zopflappen geteilt ist, die zu den Brüsten hin abfallen und teilweise den aus konzentrischen Bändern bestehenden Halsschmuck verbergen. Die Brüste und die Arme sind von einem Muster eingeschnitzter Waben bedeckt, die bei der Wiederherstellung in der Einundzwanzigsten Dynastie ebenfalls blau ausgemalt wurden.

Die Flächen, die sich zwischen den zahlreichen Einkerbungen auf der Perücke und dem Torso erheben, tragen noch geringe Spuren von Blattgold, mit dem diese Partien des Sarges ursprünglich bedeckt waren. Beide Hände umfassen je ein Papyruszepter, Symbole für Jugend und Leben. An den Handgelenken trägt die Königin Armreife mit eingekerbten parallelen Linien.

Der übrige Sargdeckel ist mit langen parallelen Federn verziert, deren Umrisse zunächst mit schwarzer Tinte vorgezeichnet und dann in die Holzoberfläche geritzt wurden, bevor diese die (jetzt fehlende) Blattgoldauflage erhielt. In der Mitte verläuft über dem Leib bis zu den Knöcheln eine blau gemalte Inschrift mit der üblichen Opferformel. Gipsspuren in den eingeritzten Hieroglyphen weisen darauf hin, dass sie früher wahrscheinlich mit blauem Glasfluss eingelegt waren.

Die Sargwanne aus naturbelassenem, unbemaltem Holz ist ebenfalls mit dem eingeritzten Federmotiv verziert, und die Rückseite ist sorgfältig geformt.

Der Sarg als Ganzes stellt ein beachtliches Zeugnis der Holzschnitzkunst dar, wie sie für die Achtzehnte Dynastie kennzeichnend ist.

(S.E.)

JE 37678 – 52459

Sarkophag der Königin Hatschepsut

Roter Quarzit; Höhe 100 cm, Länge 245 cm, Breite 87,5 cm
Tal der Könige, Grab der Königin Hatschepsut (KV 20)
18. Dynastie, Regierungszeit der Hatschepsut
(1479–1458 v. Chr.)

Dieser rechteckige Sarkophag hat innen am einen Ende abgerundete Ecken, die der Lage des Kopfes entsprechen und so teilweise die Form einer Kartusche wiedergeben, jener ovalen Umrahmung, die die Namen der Pharaonen einfasste und schützte. Gefunden wurde der Sarkophag im Tal der Könige in dem Grab, das für Hatschepsut ausgehoben wurde, nachdem sie zum Pharao ausgerufen worden war. Der Sarkophag ist auf allen Seiten vollendet poliert und mit fein gravierten Szenen verziert. Der rote Quarzit, der mit dem Sonnenkult in Zusammenhang stand, war einer der härtesten Steine, die von ägyptischen Künstlern verwendet wurden. Die dargestellten Götterfiguren entsprechen dem Stil und der Kultiviertheit anderer Denkmale dieser Königin. Eine Anzahl von Hieroglyphenspalten unterteilt die gestaltete Fläche in verschiedene Bereiche, in denen sich Abbildungen der Gottheiten und Schutzgeister finden, die die Königin auf ihrer Reise durch die Unterwelt behüten sollten.

Am Fußende kniet Isis auf der Hieroglyphe *nub* (einer Halskette mit Anhängern, die »Gold« symbolisiert). Die Hände der Göttin ruhen auf der Hieroglyphe *schen* (Zeichen der zyklischen Unendlichkeit). Sie trägt eine Haarbeutelperücke, die vorne mit einer Kobra versehen ist. Die Hieroglyphe für »Thron« mit ihrem Namen darauf liegt auf ihrem Kopf. Ihr Körper ist in ein langes, enges Überkleid gehüllt, ein breiter Träger verhüllt teilweise ihre Brust.

Drei Hieroglyphenspalten sind vor Isis eingraviert, und in diesen wird die Göttin als Tochter des Geb bezeichnet, und folgende Worte von ihr werden wiedergegeben: »Deine Arme umfassen den König, *Maatkare*, gerechtfertigt, du hast ihr Antlitz erleuchtet und ihre Augen geöffnet.« Die gesamte Szene wird von drei langen Kartuschen eingerahmt, zwei senkrechten und einer höheren waagrechten, in der die Königin sich mit Isis verbindet, indem sie ihre Verschwisterung erklärt. Eine ähnliche Szene findet sich auf dem gegenüberliegenden Kopfende des Sarkophags, wo die Göttin Nephthys dargestellt ist. Auch ihr Name steht über ihrem Kopf geschrieben.

Entlang der rechten Seite des Sarkophags sind zwei der vier Horussöhne abgebildet (Amset und Duamutef) und zwischen ihnen Anubis Khentisehnetjer (»an der Spitze des Gotteszeltes«), während die anderen beiden Horussöhne (Hapi und Kebehsenuef) auf der linken Seite mit Anubis (»dem Einbalsamierer«) zwischen ihnen dargestellt sind. Auf den Längsseiten des Sarkophags sind Texte zum Schutz der Verstorbenen angebracht. Auf der linken Seite findet sich zusätzlich ein Paar *Udjat*-Augen, das es der Verstorbenen erlaubte, aus dem Sarkophag zu schauen. Im Inneren des Sarkophags sind noch weitere Darstellungen von Isis und Nephthys auszumachen.

(R.P.)

JE 39637

KANOPENGEFÄSS

Kalzit, Glasfluss, Quarz, Obsidian
Höhe 38,5 cm
Tal der Könige (KV 55); entdeckt von E.R. Ayrton und T. Davis (1907)
18. Dynastie, Regierungszeit des Echnaton (1353–1335 v. Chr.)

Als das Grab KV 55 entdeckt wurde, befand es sich in einem Zustand völliger Unordnung. Neben einem Sarg, auf dem die Namen mit Absicht unkenntlich gemacht worden waren, und einer Anzahl von Ausstattungsgegenständen eindeutiger Amarna-Herkunft wurde auch eine Gruppe von Kanopengefäßen gefunden. Eines davon wurde dem New Yorker Metropolitan Museum of Art zugesprochen, während die anderen drei in Kairo blieben.

Auf allen Kanopen sind die Inschriften und die bildlichen Verzierungen sorgsam weggefeilt worden, so dass weder der Name des Verstorbenen noch die Schutztexte zu lesen sind. Dies war ein Teil der *damnatio memoriae*, die über den in diesem unvollendeten Grab beigesetzten Toten verhängt wurde. Die Identität des ursprünglichen Inhabers des Grabes war lange Zeit Gegenstand von Spekulationen.

Entsprechend der im Neuen Reich geübten Praxis haben alle Kanopen Deckel in der Form eines menschlichen Kopfes, der ein Porträt des Verstorbenen darstellt. Hier handelt es sich um ein weibliches Gesicht, das von einer kurzen Perücke mit schräg geschnittenen Seiten eingerahmt ist. Auf der Stirn war ursprünglich ein Uräus angebracht, ein sicheres Zeichen dafür, dass die Verstorbene der königlichen Familie angehörte. Die Augen sind schmaler, über ihnen liegen vergleichsweise schwere Lider. Die Augenbrauen und die Konturen der Augen wurden aus blauem Glasfluss gestaltet, während das Weiß der Augen und die Iris aus Quarz und Obsidian sind. Die Nase ist klein und schmal, die Lippen sind voll, die Mundwinkel leicht nach unten gezogen. Diese Eigenschaften und die Tatsache, dass ein vergoldeter Schrein mit dem Namen der Königin Teje in diesem Grab gefunden wurde, führten die ersten Entdecker zu der Annahme, dass sie die Grabkammer der Gemahlin von Amenophis III. und Mutter des Echnaton gefunden hatten und dass dieses danach nochmals benutzt worden war. Der Stil entspricht der späteren Amarna-Periode, als die typischen Züge der frühen Regierungszeit Echnatons aufgegeben worden waren. Harmonie und Ausgewogenheit der Formen reihen diese schönen Kanopen aus dem Grab KV 55 in die herrlichsten Beispiele königlicher Porträts der Amarna-Zeit ein. Versuche, das rätselhafte Antlitz auf den Krügen zu identifizieren, deuten auf eine der Prinzessinnen (die Töchter des Echnaton) oder Kiya, eine Nebenfrau Echnatons hin. (F.T.)

JE 39627

SARGDECKEL EINES ANONYMEN KÖNIGS

Holz, Blattgold, Lapislazuli, Glasfluss
Länge 185 cm
Tal der Könige (KV 55); entdeckt von E.R. Ayrton und T. Davis (1907)
18. Dynastie, Regierungszeit des Echnaton (1353–1335 v. Chr.)

Im Grab KV 55 wurde ein geheimnisvoller Sarg gefunden, auf dem die Namen getilgt und die Gesichtszüge völlig entstellt worden waren. Vom Augenblick der Entdeckung dieses kleinen Grabes an, das unterhalb der Grabkammer von Ramses IX. freigelegt wurde, war und ist es eines der faszinierendsten Rätsel in der Welt der Ägyptologie.

Außer dem Sarg wurde eine Anzahl anderer Gegenstände entdeckt, die alle auf die eine oder andere Weise mit der Amarna-Periode in Verbindung stehen. Bruchstücke eines hölzernen Schreins, der Teje, der Gemahlin Amenophis' III. gehörte, wurden gleichfalls gefunden; darauf waren Symbole und Namen Echnatons sorgfältig unkenntlich gemacht oder gelöscht worden. Der Name Echnatons blieb nur auf den sonnengetrockneten Lehmziegeln erhalten, die als magische Steine zum Schutz des Grabes ausgelegt worden waren. In einer Nische fand sich ein vollständiger Satz von vier schönen Kanopen (auf denen man die Züge einer Amarna-Prinzessin oder von Kiya, einer der Nebenfrauen Echnatons, erkennen könnte). Auch hier sind die Inschriften gelöscht worden, und der königliche Stirnuräus wurde weggebrochen.

Unter dem Schutt in dem Grab wurden ebenfalls Gegenstände mit den Namen der Teje und eine Anzahl von Siegeln mit der Kartusche von Tutanchamun entdeckt. Bedauerlicherweise hat man die Ausgrabungen nicht sorgfältig dokumentiert – ein Versäumnis, das bei allen späteren Versuchen, die Entdeckung zu deuten, beträchtliche Schwierigkeiten nach sich zog.

Eine erste Untersuchung der im Sarg enthaltenen Mumie führte zu der Feststellung, dass es sich um eine Frau handelte. Weitere und eingehendere Analysen bewiesen jedoch, dass es der Leichnam eines jungen Mannes im Alter zwischen 20 und 25 Jahren war.

Seit der Entdeckung des Grabes hat es eine Vielzahl von Vorschlägen bezüglich der Identität des oder der in dem Sarg Liegenden gegeben. Theodore Davis identifizierte das Grab als das der Königin Teje. Und trotz der Tatsache, dass die Mumie allgemein als die eines Mannes bestimmt wurde, scheint es sicher, dass das Grab ursprünglich mit dem Leichnam und der Grabausstattung von Teje, der Gemahlin von Amenophis III., belegt worden war, die während der Regierungszeit ihres Sohnes Echnaton verstarb.

Das Grab dürfte danach zwei- oder dreimal geöffnet worden sein: als der Sarg Tejes entfernt (und vielleicht in das Grab ihres Gemahls Amenophis III. überführt) und stattdessen derjenige mit den getilgten Namen hineingestellt wurde – und dann, als die Gegenstände in dem Grab vorsätzlich unkenntlich gemacht wurden.

Es ist schwierig, die Reihenfolge dieser Ereignisse nachzuweisen, und noch schwieriger, der Mumie in dem Sarg einen Namen zuzuordnen. Die Namen Echnatons und seines Nachfolgers Semenchkare wurden bei mehreren Gelegenheiten ins Spiel gebracht, aber eine endgültige Lösung dieses anhaltenden Rätsels konnte nicht gefunden werden.

Der Sarg wurde in sehr schlechtem Zustand aufgefunden und anschließend restauriert. Ohne Zweifel war er geschaffen worden, um die Mumie eines Königs aufzunehmen, was allein der Zeremonialbart, die Kobra auf der Stirn und die Reste eines Wedels zeigen. Ein ungewöhnliches Detail ist, dass der Kopf von einer schweren Perücke bedeckt ist anstelle der üblicheren *nemes*.

Die Goldfolie, die das Gesicht bedeckte und die eingelegten Augen und Augenbrauen trug, ist abgerissen worden, und in allen Inschriften sind die in Kartuschen umrahmten Namen sorgfältig gelöscht. Diese absichtliche Beschädigung wurde genau entsprechend einem Ritual der *damnatio memoriae* durchgeführt. Der falsche Bart aus Lapislazuli und Gold hat überdauert. Die Schultern sind mit einem dekorativen Muster bedeckt, das einen Halsschmuck in der Größe eines breiten Kragens wiedergibt, der über einem Umhängetuch liegt. Darunter ragen die mit Blattgold belegten Hände heraus. Die Hände hielten die königlichen Insignien umfasst. Der untere Teil, des Sarges ist mit einem Federmotiv verziert, das an die *Rischi*-Särge erinnert. (F.T.)

CG 61005

Mumiensarg Amenophis' I.

Bemaltes Zedernholz; Länge 203 cm
Theben-West, Mumienversteck von Deir el-Bahari (DB 320)
Ausgrabungen der Altertümer-Verwaltung (1881)
Regierungszeit Amenophis' I. (1525–1504 v. Chr.)
Wieder verwendet in der 21. Dynastie
Regierungszeit des Siamun (978–959 v. Chr.)

Der Sarg mit dem Namen Amenophis' I. war eigentlich nicht für diesen Pharao angefertigt worden, sondern wurde erst für seine Mumie verwendet, als sich die Hohepriester der Einundzwanzigsten Dynastie entschieden, die Überreste der Könige und thebanischer Priester aus Sicherheitsgründen in eine andere Grabstätte zu verlegen – eine Stätte, die, wie sich jetzt herausstellte, ursprünglich Pinedjem II. gehört hatte. Eine zweifache hieratische Inschrift, die der Epoche Pinedjems II. zugeordnet werden kann, war mit schwarzer Tinte auf dem Sargdeckel in der Höhe des Brustkorbs der Mumie geschrieben worden.

Dieser Fund ist einer der seltenen Beweise für die Plünderung thebanischer Grabstätten, die die Priester des Amun schließlich dazu veranlasst haben, die Mumien von Pharaonen und Priestern in der so genannten »Cachette« von Deir el-Bahari erneut zu bestatten.

Dieser mumienförmige Sarg wurde mehreren Änderungen unterzogen, um ihm die entsprechende Würde zur Aufnahme des Königs zu verleihen. Der Deckel besteht aus mehreren Teilen, die mit Holzelementen und Lederstreifen miteinander verbunden sind. Ursprünglich war die Perücke mit gelben und schwarzen Streifen verziert, sie ist aber später einheitlich schwarz übermalt worden. Über dem Scheitel wurde das Bild eines Geiers in gelber Farbgebung angebracht, und eine Königskobra in den Farben Blau, Rot und Schwarz schmückt die Stirn.

Im gelb bemalten Gesicht liegen große Augen mit hervortretenden Augenbrauen, und ein leichtes Lächeln liegt auf den Lippen. Diese werden von einer roten Linie betont, die gleichzeitig die Grübchen über dem Kinn unterstreicht. Unter dem Kinn hing ein Zeremonialbart. Die Oberfläche des Deckels war einmal ganz in Weiß bemalt, doch die Farbe wurde später abgekratzt, so dass der Naturton des Holzes zum Vorschein kam. Auch schmückte einst ein vielfarbiges rundes Kollier den Hals, das ebenfalls nach der Entscheidung, den Sarg für den Leichnam Amenophis' I. zu verwenden, wieder abgenommen wurde. Stattdessen ziert die Brust ein Bild der Göttin Nechbet, dargestellt als Geier mit ausgebreiteten Flügeln. Unterhalb des Vogels ist eine Opferformel in Hieroglyphenschrift Amenophis I. gewidmet, dessen Thronname, *Djeserkare* (»Heilig ist die Lebenskraft [*ka*] des Re«), ebenfalls vermerkt ist.

Die Inschrift wird auf beiden Seiten von drei Bändern mit Hieroglyphen gekreuzt, die

die Namen der Götter Anubis, Osiris und der vier Horussöhne nennen. Die Göttin Nephthys ist kniend dargestellt und mit erhobenen Armen, an denen Henkelkreuze, die *Anch*-Symbole des Lebens, hängen.

Auch von den Oberflächen der Sargwanne wurde die ursprünglich aufgetragene Bemalung wieder entfernt, als der Sarg seiner neuen Bestimmung zugeführt wurde. An beiden Seiten ist auf Höhe der Schultern ein *Udjat*-Auge über einem Schrein mit einer roten Tür angebracht. Die übrige Seitenfläche ist in vier Bereiche mit Inschriften unterteilt, die heute fast unleserlich sind. In jedem Teil befindet sich das Bild einer Gottheit. Innen ist der Sarg vollständig mit schwarzer Farbe überzogen.

Originalfarben und Spuren einzelner Details, die bei der Wiederverwendung des Sarges vernichtet wurden, lassen darauf schließen, dass er aus der frühen Achtzehnten Dynastie stammt. Möglicherweise zerstörten die Grabräuber den eigentlichen Sarg Amenophis' I. bei dem Versuch, das Gold abzumontieren, mit dem er zweifellos bedeckt war. Wie schon im Fall der anderen Königssärge wurde dann ein Ersatz gesucht, der in etwa jener Epoche entsprach, in der der Herrscher gelebt hatte.

(S.E.)

CG 61003

Mumiensarg der Ahmes Nefertari

Holz und Leinen; Höhe 378 cm
Theben-West, Mumienversteck von Deir el-Bahari (DB 320)
Ausgrabungen der Altertümer-Verwaltung (1881)
18. Dynastie, Regierungszeit des Ahmose (1550–1525 v. Chr.)
Restauriert in der 21. Dynastie
(1070–945 v. Chr.)

Ahmes Nefertari, Gattin des Ahmose und Mutter Amenophis' I., war eine der wichtigsten Persönlichkeiten ihrer Zeit. Als erste Königin hatte sie das priesterliche Amt der »Gottesgemahlin« inne, und nach dem Tod ihres Mannes bestieg sie den Thron als Regentin, weil ihr Sohn noch zu klein für die Regierungsgeschäfte war. Aufgrund ihrer zahlreichen Beiträge zur Entwicklung thebanischer Grabstätten und Tempel und aus Dank für ihre Verdienste um die Neugestaltung der ägyptischen Religion wurde Ahmes Nefertari seit dem Beginn des ersten Jahrtausends v. Chr. in der Gegend von Theben sehr verehrt, vor allem in dem Handwerkerdorf Deir el-Medineh. Ihr Bildnis taucht hier in zahlreichen Gräbern auf, wohingegen ihre eigene Grabstätte vermutlich in den Hügeln von Dra Abu el-Naga lag.

Der Sarg der Königin hat die Form einer Mumie und besitzt besonders eindrucksvolle Ausmaße. Zusammen mit vielen anderen Königssärgen wurde er in der Einundzwanzigsten Dynastie im Grab Pinedjems II. beigesetzt, um ihn vor den sich häufenden Raubzügen in den königlichen Grabanlagen zu schützen.

Auf dem Sargdeckel ist die Verstorbene mit über der Brust verschränkten Armen abgebildet. Die Perücke auf ihrem Kopf ist mit kleinen Vertiefungen (Angabe der Lockenstruktur) in parallel verlaufenden Reihen verziert. Darauf sitzt ein nach oben leicht erweiterter zylindrischer Untersatz, über dem sich eine doppelte Federkrone erhebt. Auch die Oberflächen beider Kronenteile sind mit einem Kerbmuster geschmückt.

Die Augen sind Schwarz und Weiß gemalt. Durch die stark gewölbten Augenbrauen entsteht ein melancholischer Gesichtsausdruck, der jedoch teilweise von dem leichten Lächeln auf den Lippen ausgeglichen wird. Ein Kollier aus fünf Perlenreihen, an denen unten eine Reihe tropfenförmiger Perlen hängt, schmückt den Hals. Schultern und Brust sind von einem eng anliegenden und mit einem wabenartigen Muster verzierten Gewand bedeckt, das vorne leicht geöffnet ist. Auch die Arme sind darin eingewickelt. Die Hände bilden Fäuste und halten jeweils das Symbol des Lebens, das Henkelkreuz (*anch*). Die Handgelenke sind mit Armbändern geschmückt.

Von den verschränkten Armen abwärts ist in der Mitte des Deckels eine Spalte mit Hieroglyphen eingearbeitet. In der Opferformel wird unter anderem um »den süßen Hauch des Nordwinds« für die Verstorbene gebeten.

Die Dekorvertiefungen im Sargdeckel sind mit blauem Stuck gefüllt, und ursprünglich war die restliche Oberfläche mit Blattgold bedeckt, doch das wurde schon im Altertum von Grabräubern vollständig abgekratzt. Bei der Sargrestaurierung in der Einundzwanzigsten Dynastie wurde das fehlende Gold durch eine ockerfarbene Farbschicht ersetzt, um den alten Goldton wiederherzustellen.

In dem Sarg wurde sowohl die schlecht erhaltene Mumie einer Frau gefunden (die aber nicht mit völliger Sicherheit als Ahmes Nefertari identifiziert werden kann) als auch – in einem rot angemalten Behältnis aus Kartonage (Leinen, Papyrus und Gips) – die Mumie von Ramses III.

(S. E.)

JE 26214 = CG 61020

Sargdeckel Ramses' II.

Bemaltes Holz; Höhe 206 cm
Theben-West, Mumienversteck von Deir el-Bahari (DB 320)
Ausgrabungen der Altertümer-Verwaltung (1881)
19. Dynastie, Regierungszeit Ramses' II.
(1290–1224 v. Chr.)

Die »Cachette« von Deir el-Bahari wurde inmitten der Felsen südlich des Tempels der Königin Hatschepsut entdeckt. Sie besteht aus einem einfachen Stollen, der in den Fels geschlagen wurde und über einen Schacht ohne besonderen Oberbau betreten werden konnte. Inzwischen hat sich herausgestellt, dass dieses Felsengrab ursprünglich als Grabstätte für Pinedjem II. diente. Die Priester des Amun wählten es sodann als Versteck für die Überreste der berühmtesten Herrscher des Neuen Reiches aus. Sie glaubten, dass die hier in namenlosen Gräbern ausgelagerten königlichen Mumien sicherer seien als in Theben, wo diese seit dem Ende des Neuen Reiches fortwährenden und systematischen Einbrüchen von Grabräubern ausgesetzt waren.

Der Mumiensarg Ramses' II. wurde vor dem Transport an seinen letzten Ruheplatz im Grab seines Vaters Sethos I. zwischengelagert, da dieses für sicherer gehalten wurde. Nachdem auch dieses Grab beraubt worden war, stand ihre endgültige Überführung an. Die Wechselfälle und Reisen der sterblichen Reste Ramses' II. sind in den hieratischen Beschriftungen auf dem Deckel des Sarges nachzulesen, der letztendlich die Überreste enthielt. Der Text, in dem die verschiedenen Verlagerungen aufgezählt werden, ist unterhalb zweier Kartuschen mit den Namen des ruhmreichen Königs aufgeschrieben – sehr wahrscheinlich, um die Mumie in dem Sarg identifizieren zu können.

Doch die Frage, ob dieser Sarg in der Tat ursprünglich für Ramses II. angefertigt wurde, bleibt noch zu klären. Bei einem Monarchen, der 67 Jahre lang über Ägypten regiert und mehr Tempel errichtet hatte als jeder andere Pharao vor oder nach ihm, hätte man durchaus einen Sarg aus massivem Gold erwarten können, wie beispielsweise den im Grab des Tutanchamun.

Stattdessen ist der Sarg mit den Überresten Ramses' II. aus feinem Holz gefertigt und wird von einem System aus Zapfenverbindungen zusammengehalten. Bisher war vermutet worden, dass der Sarg ursprünglich mit einer Schicht aus Gips und gehämmertem Blattgold überzogen war, die später von Grabschändern geraubt wurde. Dies ist jedoch unwahrscheinlich angesichts der Tatsache, dass der gegenwärtige Zustand des Sarges eher einen unfertigen Eindruck vermittelt als den, bei einem Raub beschädigt und geplündert worden zu sein. Es gibt effektiv keine typischen Anzeichen dafür, dass eine Goldauflage mit Gewalt entfernt worden wäre.

Die einfachen, gemalten Gesichtszüge entsprechen dem Stil nach einer Kunstepoche, die unmittelbar auf die Regierungszeit des Echnaton folgte, und verstärken damit die Zweifel an der grundsätzlichen Zuordnung des Sarges zu Ramses II. Manche schließen daraus, dass Ramses I. der eigentliche Besitzer war. Doch aufgrund der wenigen verfügbaren Erkenntnisse kann diese Frage nicht zufrieden stellend beantwortet werden.

Denkbar wäre, dass während einer der Überführungen die Mumie Ramses' II. in den Sarg eines anderen gelegt wurde, der vermutlich ebenfalls ein König war, wie es der Stirnuräus, der geflochtene Götterbart sowie Zepter und Geißel anzeigen. (F.T.)

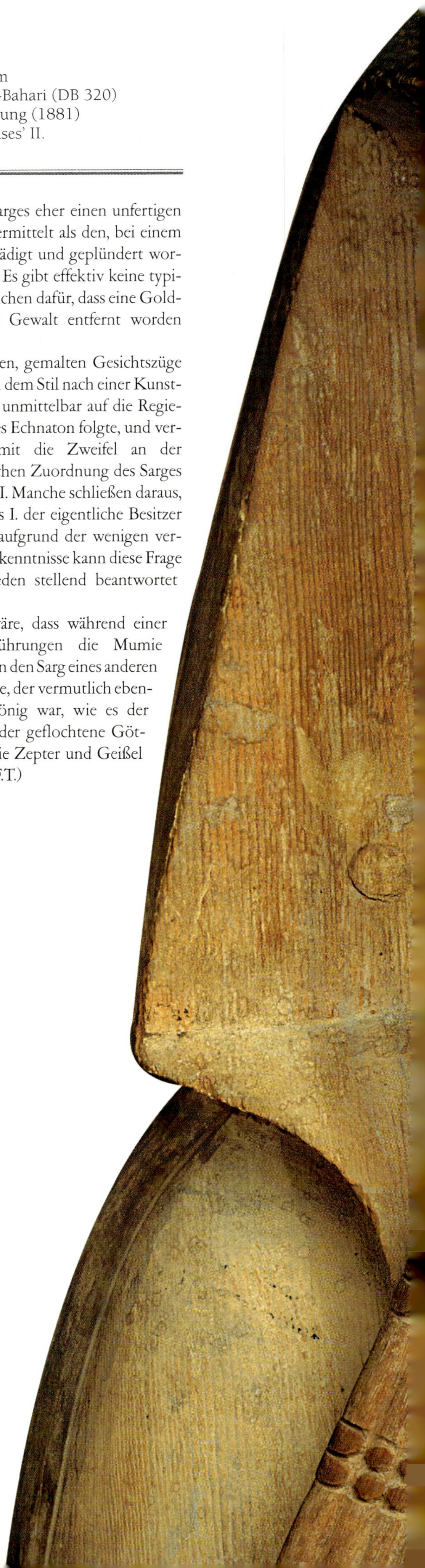

JE 26278 – 26279
= CG 44101

Spiegeletui

Etui: Feigenbaumholz und Elfenbein; Länge 28 cm
Spiegel: Bronze; Länge 12,5 cm, Breite 11 cm
Theben-West, Mumienversteck von Deir el-Bahari (DB 320)
Ausgrabungen der Altertümer-Verwaltung (1881)
18. Dynastie (1391–1353 v. Chr.) und 21. Dynastie
Regierungszeit Pinedjems I.
(1065–1045 v. Chr.)

Dem *Journal d'Entrée* des Ägyptischen Museums (JE) zufolge lag dieses Etui mit Spiegel auf der Brust der Mumie von Königin Henuttaui. Sie war die Gemahlin des Hohenpriesters des Amun und Pharaos Pinedjem I. und ist gemeinsam mit den berühmten Herrschern des Neuen Reiches im Mumienversteck in Deir el-Bahari bestattet worden.

In Ägypten wurden Spiegel, wie fast überall in der antiken Welt, aus Metall und mit hölzernen Handgriffen gefertigt. Die sorgfältig polierten Spiegeloberflächen waren sehr empfindlich und mussten daher mit speziellen Hüllen– meistens aus Leder oder Pflanzenfasern – geschützt werden. Vom Neuen Reich an wurden immer häufiger reich verzierte Behältnisse aus Holz verwendet.

Die Innenseite dieses Exemplars der Königin Henuttaui ist mit Erdpech imprägniert, während die Außenseite des Deckels mit Intarsien aus Elfenbein ausgelegt ist. Diese elegante Verzierung wird von einem geometrischen Muster, das sich über alle Ecken zieht, eingefasst.

Im Mittelteil ist die Figur eines stehenden Mädchens zu sehen. In der linken Hand hält es eine Blumengirlande, die direkt vor ihren Füßen zu sprießen scheint. Der rechte Arm ist erhoben, und auf der nach oben geöffneten Handfläche steht eine Papyruspflanze. Das Mädchen trägt eine kurze Perücke, die mit einem breiten Band befestigt ist und von der seitlich ein Zopf abzweigt. Auf dem Kopf finden sich einige Lotosblumen. Außer ihrem Schmuck hat das Mädchen nichts an.

Unterhalb der Füße des Mädchens befindet sich ein Rahmen aus stilisiertem Schilf. Zu beiden Seiten des schmalen senkrechten Streifens in der Mitte – der auch als Wasserlauf interpretiert werden kann – stehen sich zwei flügelschlagende Enten gegenüber: Ihre symmetrischen Bewegungen lassen einen an Spiegelungen auf dem Wasser denken.

Jeweils an beiden Enden des Streifens sprießen ganze Papyrusstauden. Auch die Verzierung auf dem Rundteil des Deckels zeigt eine stilisierte Sumpfszene: Die Mitte wird von einem Papyrus ausgefüllt, der zu beiden Seiten symmetrisch von zwei Enten und ihren Nestern flankiert wird. Zu beiden Seiten des Mädchenkopfes wachsen vom Halbkreis aus zwei Lotosblumen empor.

Mit einem Knopf kann der Deckel über einen horizontal wirkenden Drehzapfen geöffnet werden. Im Inneren befand sich ein Spiegel, dem allerdings sein Handgriff fehlte.

Die feinen Gesichtszüge des Mädchens und ihr Schmuck ähneln vielen Arbeiten aus der Regierungszeit Amenophis' III., so dass vielleicht auch dieses schöne Etui aus ebendieser Epoche stammen könnte. Es wäre dann erst später in Henuttauis Besitz gekommen, um sie schließlich bis zu ihrer letzten Ruhestätte zu begleiten.

(F.T.)

JE 26200

Mumiensarg der Maatkare

Bemaltes Zedern- und Akazienholz und Blattgold
Länge 223 cm
Theben-West, Mumienversteck von Deir el-Bahari (DB 320)
Ausgrabungen der Altertümer-Verwaltung (1881)
21. Dynastie, Regierungszeit Pinedjems I.
(1065–1045 v. Chr.)

Unter den Dutzenden von Mumiensärgen, die in der ersten »Cachette« von Deir el-Bahari gefunden wurden, war auch dieses Exemplar. Maatkare war vermutlich die Tochter des Hohenpriesters Pinedjem I. und dessen Gemahlin, der Königin Henuttaui. Sie trug den Titel der Göttlichen Priesterin des Gottes Amun und war auch Gottesgemahlin des Amun.

Der Sarg ist der Mumienform nachgebildet und in diesem Fall besonders groß und massiv gearbeitet, da er zur Aufnahme eines zweiten Sarges bestimmt war. In diesem befand sich die Mumie der Verstorbenen, die – gemäß einem seit der Ramessidenzeit ausgeübten Brauch – von einer mumienförmigen Tafel aus Holz bedeckt war.

Das Gesicht zeigt sehr feine Züge und ist umrahmt von einer mächtigen blauen Perücke, die anstelle des Haars von dünnen, wallenden Ziselierungen durchzogen ist und an den Enden Blattgoldverzierungen aufweist. Ein Großteil der Perücke ist vom Bild eines Geiers verdeckt, dessen Flügel sich zu beiden Seiten des Gesicht ausbreiten und im Halsbereich in Kobras münden, die die Weiße Krone Oberägyptens tragen.

Die mit Gold umrissenen Federn des Vogels sind in Blau, Rot oder Gold gehalten. Zwar fehlt heute der Kopf des Geiers, doch dürfte er ursprünglich – aus Gold oder vergoldetem Holz gefertigt und von den beiden Kobras flankiert – auf der Stirn befestigt gewesen sein. Ein breites Band, verziert mit einer blau und rot gemalten Kobra, scheint die Perücke an ihrem Platz zu fixieren. Gesicht und Hals sind mit Blattgold bedeckt, die mandelförmigen Augen besitzen blaue Außenlinien und Augenbrauen, während die Iris schwarz ist.

Auf der Brust prangt ein zweiteiliger Halsschmuck. Der obere Teil zwischen den beiden Perückenenden wechselt zwischen roten und hellblauen Bändern und endet mit einer Reihe tropfenförmiger Perlen, unter denen sich ein geflügelter Skarabäus befindet. Die zweite Halskette ist breiter und besteht aus einer Reihe stilisierter Blumengirlanden.

Die abgewinkelten Arme sind reliefartig modelliert. Von den Händen ist nur die linke übrig; beide waren vergoldet und hielten vermutlich Henkelkreuze als Symbole des Lebens (*anch*); ein unterer Teil davon steckt in der linken Faust. Die Handgelenke zieren zwei breite Armbänder, die Ellbogen sind mit Lotosblumen geschmückt. Auf jedem Unterarm befindet sich ein weiterer geflügelter Skarabäus mit der Sonnenscheibe zwischen den vorderen Beinen, während auf den Oberarmen ein Falke mit ausgebreiteten Flügeln über dem Schriftzeichen für Gold abgebildet ist.

Unterhalb der Arme, als würde es aus den beiden Halsketten hervorkommen, ist ein Pektoral in Form einer Kapelle aufgemalt: Zwischen zwei sitzenden falkenköpfigen Gottheiten hält ein Skarabäus die Sonnenscheibe mit seinen beiden Vorderfüßen. Zu beiden Seiten des Brustschmucks sitzt der Gott Re mit der Atef-Krone auf einem Thron. Maatkare, mit einer Kobra auf der Stirn dargestellt, ist im Begriff, dem Gott zu huldigen, wobei sie von den geöffneten Flügeln der Göttin Isis beschützt wird.

Ein großer Geier mit ausgebreiteten Flügeln ist auf dem Unterleib zu sehen. Darunter sind in zwei Reihen mit Hieroglyphen die Namen und Titel der Verstorbenen aufgeführt. Beide Spalten werden von je drei Bändern mit Inschriften unterbrochen, die sich über die Seiten des unteren Sargabschnittes hinziehen.

In den von den Schriftbändern begrenzten Tafeln ist Maatkare zu sehen, wie sie in unterschiedlichen Szenen den einzelnen Göttern Opfergaben darbietet. Im Fußbereich ist der Sargdeckel mit zwei fliegenden Falken geschmückt, flankiert von zwei

Schakalen, die den Gott Anubis auf einem kleinen Schrein ruhend darstellen. Entsprechend der Position der Füße sind auf dem unteren Ende zwei Inschriften angebracht, die die üblichen Opferformeln beinhalten.

Wie schon der Deckel, so ist auch der darunter liegende Sarg reich verziert. Hinter dem Kopf ist die geflügelte Isis zu sehen, wie sie mit erhobenen Armen auf dem Schriftzeichen für Gold kniet. Unter ihren Flügeln ist der Gott Anubis als Schakal abgebildet. Über die oberen Seitenflächen zieht sich eine lange Spalte mit Hieroglyphen, darüber sind die vier Horussöhne dargestellt sowie Thot und ein *Djed*-Pfeiler, Symbol für Ausdauer und Stabilität. Textkolumnen grenzen sie voneinander ab. Unter den Füßen ist der *Djed*-Pfeiler noch einmal abgebildet, zusammen mit dem so genannten Isisblut, einem Schutz- und Heilzeichen.

Der Boden im Innensarg wird von dem Bild eines riesenhaften *Djed*-Pfeilers ausgefüllt. Dieser Pfeiler hat zwei Menschenarme, die zwei Wedel in den Händen halten, und steht auf einem mit einem Rahmen gekrönten und einer Tür versehenen Schrein. Die Innenwände sind nicht verziert, sondern einheitlich mit ziegelroter Farbe bemalt.

JE 26276

Katafalkdecke der Asetemachbyt

Bemaltes Leder; Höhe 195 cm, Länge 272 cm, Breite 240 cm
Theben-West, Mumienversteck von Deir el-Bahari (DB 320)
Ausgrabungen der Altertümer-Verwaltung (1881)
21. Dynastie, Regierungszeit Pinedjems I.
(1065–1045 v. Chr.)

Das Mumienversteck von Deir el-Bahari, das als Versteck für Särge und Mumien von Königen, Hohepriestern und ihren Familienangehörigen aus der Siebzehnten bis Einundzwanzigsten Dynastie dienten, wurden 1875 von den Einwohnern des hier gelegenen Dorfes entdeckt und heimlich geplündert. Erst 1881 gelang es der Altertümer-Verwaltung nach langwierigen Untersuchungen, das Grab zu lokalisieren und das bedeutende Erbe, das darin enthalten war, zu bergen.

Bei diesen Freilegungsarbeiten fand sich am Anfang eines der Korridore ein nachlässig zusammengerolltes Lederbündel, das offenbar dort hingeworfen worden war, kurz bevor der Eingang endgültig verschlossen wurde.

Als man die Rolle öffnete, entpuppte sie sich als Decke des Katafalks, unter der der Sarg der Asetemachbyt während der Bestattungsprozession verhüllt worden war. Ihre Verwendung ist in Grabgemälden und Holznachbildungen von Bestattungsprozessionen dokumentiert: Sie zeigen den Sarg, wie er für den Weg zur Grabstätte von einem leichten Holzgestell überbaut und mit einem Tuch bedeckt ist.

Das Kernstück der Decke, das als Dach des Katafalks dient, ist mit einem Nachthimmel verziert, über den die Geiergöttin ihre Flügel ausbreitet. An diesem Teil der Decke sind vier aus Lederstücken zusammengenähte Vorhänge angebracht, die die Seiten des Baldachins bilden. Jeder Vorhang ist ganz oben mit einem typischen Motiv, dem so genannten *Cheker-Fries,* verziert. Unmittelbar darunter befindet sich ein Darstellungsband aus rechteckigen Feldern, in denen aus gelochtem und bemaltem Leder nebeneinander folgende Einzelszenen wiedergegeben sind: ein geflügelter Skarabäus, der mit seinen beiden Vorderbeinen die Sonnenscheibe greift, zwei Papyri und eine Antilope, die auf einem *Neb*-Symbol kniet. Der untere Teil eines jeden Vorhangs setzt sich aus einem rot-grünen Schachbrettmuster zusammen.

Die Hieroglypheninschriften führen die Titel des Hohepriesters des Amun, Masaharta, die Kartusche seines Vaters, Pinedjems I., und den Namen sowie die Titel der Besitzerin des Katafalks, Asetemachbyt, auf. Letztere war Oberaufseherin des Harems des Min, Horus und Isis in Ipu (Achmin), und es heißt, dass sie die Tochter eines Hohepriesters des Amun gewesen sei. In der Einundzwanzigsten Dynastie kam der Name Asetemachbyt sehr häufig vor. Nach einer Reihe von jüngeren Theorien über die Ähnlichkeit der Namen kann die Besitzerin des Katafalks als eine Tochter des Hohepriesters des Amun Mencheperre identifiziert werden. Pinedjem I., in dessen Regierungszeit Asetemachbyt demnach gelebt hat, wäre also ihr Großvater und Masaharta ihr Onkel gewesen.

Die Namen der beiden bedeutenden Persönlichkeiten dürften als Beweis für die gehobene Position der Familie dieser Frau gelten. Die Texte enthalten außerdem Sühneformeln, mit denen darum gebeten wird, dass die unter dieser Decke liegende Verstorbene nach ihrem Tod in Frieden ruhen darf.

(S.E.)

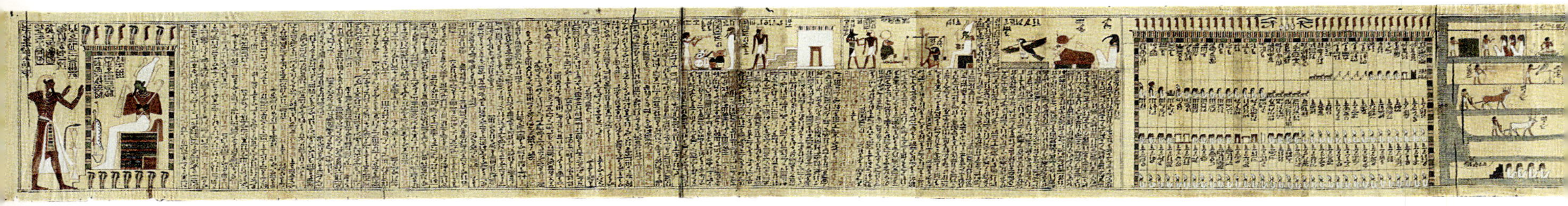

SR VIII.11488

Das *Totenbuch* Pinedjems I.

Papyrus; Höhe 37 cm, Länge 450 cm
Theben-West, Mumienversteck von Deir el-Bahari (DB 320)
Ausgrabungen der Altertümer-Verwaltung (1881)
21. Dynastie, Regierungszeit Pinedjems I.
(1065–1045 v. Chr.)

Unter den Mumien, die man in der »Cachette« von Deir el-Bahari fand, war auch Pinedjem I., der Hohepriester des Amun, der in der zweiten Hälfte seiner Amtszeit Titel und Privilegien eines echten Pharao angenommen hatte. Seine teilweise einbandagierte Mumie befand sich in einem Sarg, den man von Thutmosis I. usurpiert hatte. Zwischen den Beinen lag eine Papyrusrolle, auf der eine Reihe von Kapiteln aus dem *Totenbuch* in der schönen kursiven Hieroglyphenschrift aufgemalt waren, wie sie für die Schriftmalerei von Beisetzungstexten verwendet wurde.

In solch schwierigen Zeiten wie denen der Einundzwanzigsten Dynastie war es selbst für Menschen mit beträchtlichen finanziellen Mitteln wie Pinedjem I. ausgeschlossen, im Hinblick auf ihre spätere Beisetzung Grab-

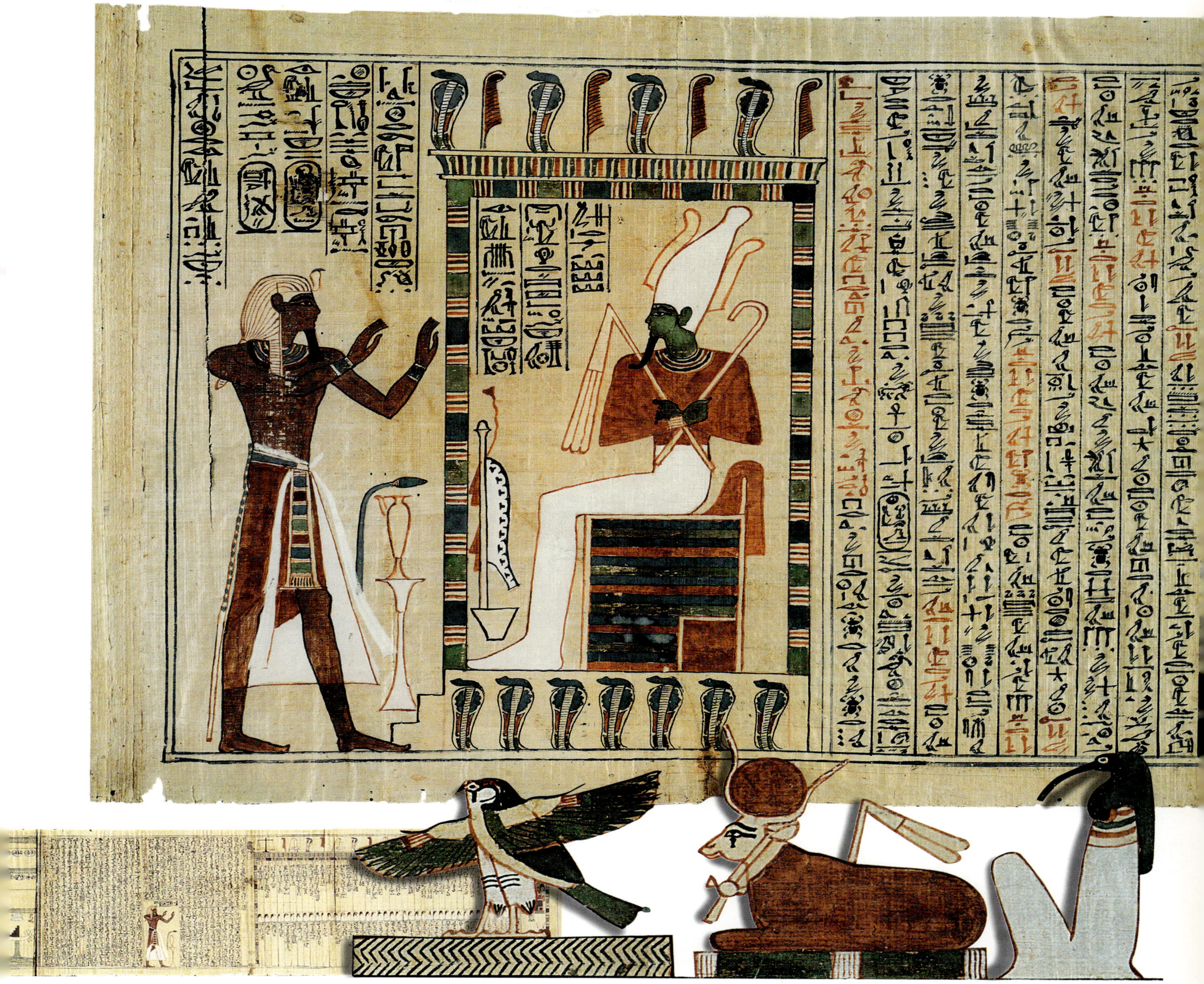

ausstattungen vorbereiten zu lassen. Deshalb wurden die Darstellungen, die einst die Gräber des Neuen Reiches verzierten, auf Totenpapyri übertragen und den Verstorbenen auf ihre Reise in das Jenseits mitgegeben. Zu den verbreitetsten zählen das *Amduat*, das aus einer Bestattungstradition der Könige abgeleitet wurde und die Unterwelt beschreibt, und das *Totenbuch*, das seinerseits ein sehr breit gefächertes Repertoire an unterschiedlichen, zum Teil schon im Alten Reich zusammengetragenen Texten beinhaltete.
Zwischen dem Ende der Einundzwanzigsten und dem Anfang der Zweiundzwanzigsten Dynastie wurden das *Amduat* und das *Totenbuch* zu einem einzigen Text mit einer Mischung aus beiden Inhalten zusammengeführt.
Das Totenbuch des Pinedjem I. steht dem Neuen Reich näher als alle nachfolgenden. Dies zeigt sich an der Verwendung von kursiven statt hieratischen Hieroglyphen. Der Text ist mit herrlichen Illustrationen ausgestattet, die – klar und fein gemalt – an die Wandgemälde in den Königsgräbern der Achtzehnten und Neunzehnten Dynastie erinnern.
In der Einführungsszene des Papyrus tritt der Verstorbene – die Hände vor seinem Gesicht erhoben – vor den in einem Schrein sitzenden König der Toten, Osiris. Hinter der Gottheit beginnt die Kapitelfolge aus dem *Totenbuch*. Die Anfangspassage ist das Kapitel 23, gefolgt von den Kapiteln 72, 27, 30, 71 und 141 (oder 143).
Dann schließt sich eine Illustration an, die auf das Kapitel 110 verweist, mit einer Darstellung der so genannten Iaru-Gefilde, die der oder die Verstorbene erreicht, sobald er oder sie die Unterwelt betreten hat. Die Landschaft entspricht weitgehend dem Aussehen, das Ägypten einmal gehabt haben muss: Die einzelnen Felder sind von einer Reihe von Kanälen umgrenzt, und die Verstorbenen werden hier bei unterschiedlichen landwirtschaftlichen Tätigkeiten abgebildet.
Der Papyrus schließt mit dem Kapitel 125 des Totenbuchs, in dem über die Seele gerichtet wird. Gemäß diesem Text erklärt der oder die Verstorbene, nachdem Osiris und die 42 Götter des göttlichen Gerichts angerufen wurden, dass er oder sie keine Sünden begangen hat, und erlangt so das Leben im Jenseits.
Die dazugehörige Illustration zeigt die wichtigste Szene des göttlichen Gerichts. In einer Halle, überwölbt von einem Dach mit einer vorkragenden Hohlkehle, sitzen die 42 Richter und schauen auf die zwei ebenfalls sitzenden Göttinnen Maat (Gerechtigkeit), oben, und Maaty (zweifache Gerechtigkeit), unten. An beiden Enden über dem Dach sind Waagen mit einem Pavian (dem Gott Thot) dargestellt. Fast in der Mitte, zwischen zwei *Udjat*-Augen, kniet eine männliche Figur, die ihre Hände nach außen streckt.
Der verbleibende Platz wird von einer Reihe sich abwechselnder Symbole eingenommen: der Kobra, der Feder der Gerechtigkeit und der Hieroglyphe für Feuer. Dieses letzte Zeichen gemahnt an das traurige Schicksal, das diejenigen erwartet, die nicht das ewige Leben erlangen: Sie sind dazu verdammt, im Meer der Flammen zu verbrennen.

(F.T.)

Das Ägyptische Museum in Kairo schuf eine eigene Abteilung für die Aufbewahrung und die Ausstellung der kostbaren Schmuckstücke und Goldobjekte, die als Schatz von Tanis bekannt sind. Diese Meisterwerke aus Tanis sind von solcher Pracht, dass sich der Vergleich mit den Schätzen des Tutanchamun aufdrängt. Beide Funde stammten aus den fast unberührten Gräbern der Pharaonen und ermöglichen uns deshalb eine Gegenüberstellung, auf welche Weise die Ägypter in zwei verschiedenen Epochen – im goldenen Zeitalter des Neuen Reichs und in der Einundzwanzigsten Dynastie – ihre Gottkönige zur ewigen Ruhe betteten. An technischer und bildhauerischer Qualität stehen die Gold- und Silbergefäße sowie der Schmuck aus den Grabstätten von Psusennes I., Amenemope und General Wendjebauendjed (Grab II) den Grabbeigaben Tutanchamuns nicht nach. Was jedoch die Quantität anbelangt, so ist die Ausstattung der Gräber von Tanis aus der Einundzwanzigsten Dynastie mager, selbst wenn wir die Beigaben der Gräber von König Scheschonk und zwei anderen Mumien in der Vorkammer des Psusennes-Grabs – König Takelothis I. und König Osorkon II. – mit jenen

aus dem Grab von Prinz Hornacht zusammenlegen, das bei der Plünderung des Grabs von Osorkon III. (Grab I) in der Antike verschont blieb.
In der Dritten Zwischenzeit, als Ägypten sich in seine natürlichen Grenzen zurückzog, besaß das Land nicht mehr den Reichtum, dessen es sich während des Neuen Reichs erfreut hatte. Damals herrschten die Pharaonen der Achtzehnten Dynastie über ein Reich, das sich von Syrien im Nordosten bis zur vierten Stromschnelle des Nils im Süden erstreckte. Tutanchamuns reiche Grabausstattung umfasste eine Vielzahl großer, luxuriöser Ritualgegenstände sowie Geräte, die zum normalen Alltagsleben gehörten. Während der Einundzwanzigsten Dynastie dagegen bestand die Tendenz, solche alltäglichen Gegenstände aus den Gräbern der Verstorbenen zu verbannen und die Schmuckbeigaben auf jene magischen Amulette zu beschränken, die den Verstorbenen in Osiris verwandelten. Dennoch, die überraschende Entdeckung der kleinen Totenstadt in Tanis, die die Gräber mehrerer Pharaonen enthielt – einige wieder gefundene, viele unversehrte –, war ein außergewöhnliches Ereignis.
Die Mumien der Pharaonen aus der glorreichen Zeit des Neuen Reichs – ausgenommen jene des

302 OBEN
INSCHRIFT EINER SCHALE DES WENDJEBAUENDJED
JE 85897

GOLD; HÖHE 3 CM
DURCHMESSER 16 CM
TANIS, GRAB PSUSENNES' I.;
AUSGRABUNGEN VON
P. MONTET (1940)
21. DYNASTIE
REGIERUNGSZEIT PSUSENNES' I.
(1040–992 V. CHR.)

302 UNTEN
HOHER BECHER PSUSENNES' I.
JE 85893

GOLD
HÖHE 17 CM
RANDDURCHMESSER 20,9 CM
TANIS, GRAB PSUSENNES' I.;
AUSGRABUNGEN VON
P. MONTET (1940)
21. DYNASTIE
REGIERUNGSZEIT PSUSENNES' I.
(1040–992 V. CHR.)

303 GEGENÜBER LINKS
ISIS-ANHÄNGER
JE 87716

GOLD, STATUETTE: HÖHE 11 CM,
BREITE 2,2 CM
KETTE: LÄNGE 82 CM
TANIS, GRAB PSUSENNES' I.;
AUSGRABUNGEN VON
P. MONTET (1946)
21. DYNASTIE
REGIERUNGSZEIT PSUSENNES' I.
(1040–992 V. CHR.)

303
SARKOPHAG PSUSENNES' I.
JE 85911

GRANODIORIT
LÄNGE 220 CM, BREITE 65 CM,
HÖHE 80 CM
TANIS, GRAB PSUSENNES' I.
AUSGRABUNGEN VON
P. MONTET (1940)
21. DYNASTIE
REGIERUNGSZEIT PSUSENNES' I.
(1040–992 V. CHR.)

JEAN YOYOTTE

DER SCHATZ VON TANIS

302 OBEN
OBELISK RAMSES' II.
JE 37474 = CG 17021

ROSAROTER GRANIT
GEGENWÄRTIGE HÖHE 325 CM
TANIS; AUSGRABUNGEN VON
A. MARIETTE (1860)
19. DYNASTIE
REGIERUNGSZEIT RAMSES' II.
(1290–1224 V. CHR.)

Tutanchamun – hatten schlimm unter Grabräubern gelitten und waren ihrer Schätze beraubt worden. Nach solchen Plünderungen verlegten die großen Priesterfamilien aus Theben die Toten sicherheitshalber in neue Ruhestätten bei Deir el-Bahari. Die Priester und die umgebetteten Mumien besaßen nur noch kärgliche Grabbeigaben. Im Gegensatz dazu gingen die Gold- und Silberschätze der Könige von Tanis, der Zeitgenossen dieser Priester, unversehrt auf uns über.
Die Schmuckstücke und Gefäße des Psusennes haben drei Jahrtausende überdauert; sie sind der Entdeckung entgangen, die sicher dazu geführt hätte, dass man sie für neues Münzmetall eingeschmolzen oder, in neuerer Zeit, über den Antiquitätenhandel in alle Winde zerstreut hätte. Die Ausgrabung von Tanis ist ein fast wunderbares Beispiel der Rettung und Erhaltung von Altertümern und hilft die Frage zu beantworten, die von einer breiten Öffentlichkeit am häufigsten gestellt wird: Besteht noch Hoffnung, dass wir in Ägypten reich ausgestattete, unversehrte Königsgräber finden? Zugegeben, diese Hoffnung ist wegen der argen Verwüstungen während und nach der Antike schwach und lässt kaum zahlenmäßige Festlegungen zu. Doch die Kammern des Grabes von Psusennes I. entgingen zum Glück der Zerstörung und Plünderung. Auch das benachbarte Grab von Osorkon blieb unzerstört, wurde aber von Dieben ausgeraubt.
Psusennes schuf innerhalb einer riesigen Umfassungsmauer aus Nilschlammziegeln einen Tempel, der dem Gott Amun-Re gewidmet war. In der Südwestecke dieses Tempels errichtete er sein Grab. Viele seiner Nachfolger ließen ihre Gräber in der Nähe des seinen bauen. Der Amun-Tempel war aus Steinen errichtet und mit Statuen geschmückt, die aus Pi-Ramesse geholt wurden, der von Ramses II. geschaffenen, aufgegebenen Residenz. Das Heiligtum wurde von späteren Dynastien mehrere Male erweitert und umgestaltet: Als Folge davon ist von den ursprünglichen oberirdischen Bauten der Einundzwanzigsten Dynastie nichts geblieben. Erhalten sind nur die unterirdischen Königsgräber, doch nicht einmal sie blieben unbeschädigt.
Die Geschichte der Erbauung und der Zerstörung des königlichen Begräbnisgebiets ist äußerst kompliziert, wie die mühseligen Ausgrabungen und Analysen von Philippe Brissaud beweisen. Den Sandboden dieses Areals, das etwa 60 x 40 Meter misst, hatte man seinerzeit immer wieder aufgegraben, um neue unterirdische Kammern zu bauen, die bestehenden Gräber zu vergrößern und auszubessern oder, in einigen Fällen, abzubauen. Die Zugangsschächte zu mindestens zwei Gräbern waren abgedeckt worden, um Verstecke für weitere Mumien zu schaffen. Die nach der Einundzwanzigsten Dynastie erbauten kleinen unterirdischen Kammern (VI und VII) fanden die Archäologen geschändet und zerstört vor. Das Grab IV, ursprünglich für Amenemope geschaffen, enthielt nichts als einen schönen Sarkophag mit einer Inschrift, die den Namen des Königs überliefert. Den Leichnam und die eigentliche Grabstätte fand man in Kammer 2 des Grabes III, das Psusennes I. gehörte.
Dieses Grab ist ein großer Kalksteinbau mit zwei Granit-Doppelkammern (1 und 2), die für den König und seine Königin Mutnedjmet bestimmt waren. Außerdem gibt es einen Kalkstein-Vorraum, an den man eine Kammer (3) für den Leichnam eines Prinzen anbaute, die offenbar aber leer blieb. Eine vierte Kammer enthielt den Sarkophag General Wendjebauendjeds. In den Anfän-

304 Mitte
Schale des Wendjebauendjed
JE 87743

Silber
Durchmesser 16,5 cm
Tanis, Grab Psusennes' I.
Ausgrabungen von P. Montet (1946)
21. Dynastie
Regierungszeit Psusennes' I. (1040–992 v. Chr.)

304 gegenüber, unten
Sarg Scheschonks II.
JE 72154

Silber
Länge 190 cm
Tanis, Grab Psusennes' I.
Grabkammer Scheschonks II.
Ausgrabungen von P. Montet (1940)
22. Dynastie
Regierungszeit Scheschonks II. (um 883 v. Chr.)

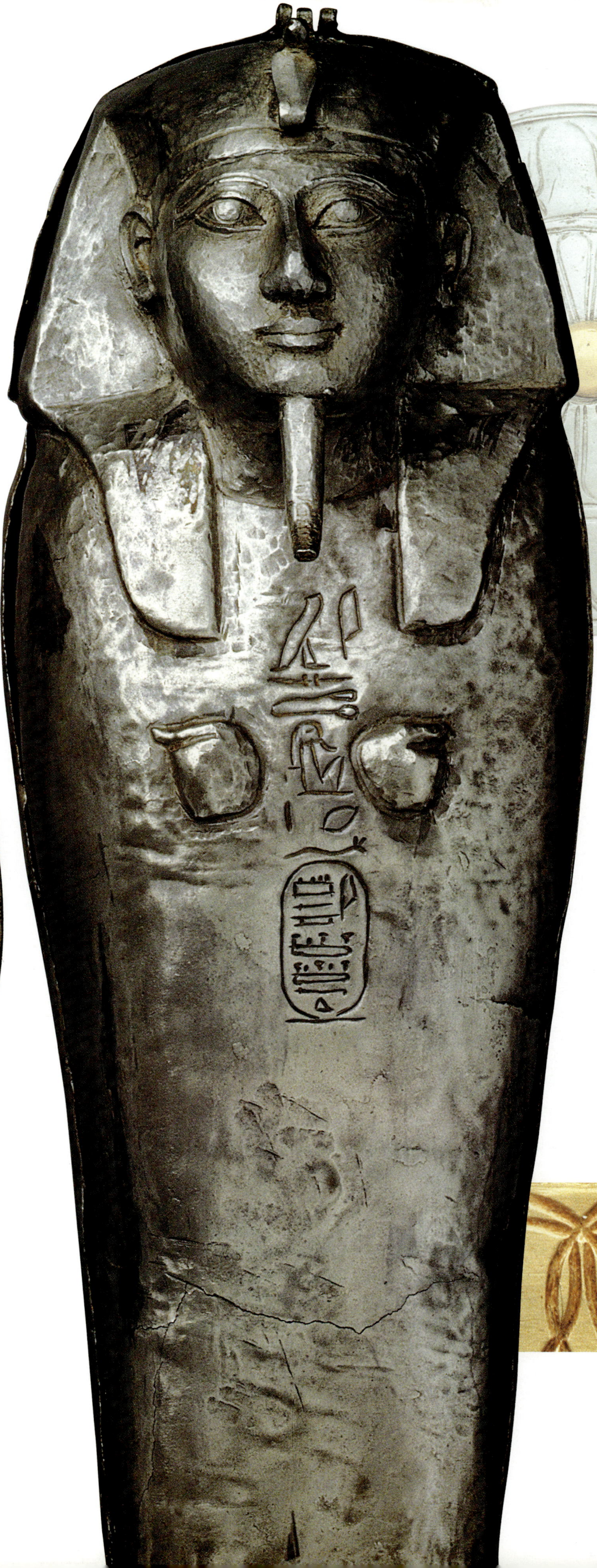

305
Miniatursarg für die inneren Organe
JE 72159

Silber
Höhe 25 cm
Tanis, Grab Psusennes' I.
Grabkammer Scheschonks II.
Ausgrabungen von P. Montet (1940)
22. Dynastie
Regierungszeit Scheschonks II. (um 883 v. Chr.)

gen der Einundzwanzigsten Dynastie wurde ein ähnliches Grab (I) vorbereitet, südlich desjenigen von Psusennes I. und parallel dazu. Es enthielt eine große unterirdische Kammer aus Granit sowie einen Vorraum mit einer Kalksteinverschalung. Der Name des Erbauers und Besitzers dieses Grabs ist nicht bekannt; darüber könnte man nur Vermutungen anstellen.

Dafür wissen wir sicher, dass Osorkon II., ein König aus der Mitte der Zweiundzwanzigsten Dynastie, das Grab I für sich selbst in Beschlag nahm, den Vorraum so umgestaltete, dass dort die Überreste seines Vaters Takelothis' I. untergebracht werden konnten, und einen neuen Eingang zu den unterirdischen Kammern schuf. Später vergrößerte man die Granitkammer, in der Osorkon II. lag, für die Aufnahme des Sarkophags seines Sohnes Hornacht, des Hohepriesters von Amun. Zu einem unbestimmten Zeitpunkt wurde an der Südwand des Grabes von Osorkon noch ein weiteres großes, grob gearbeitetes Grab (Grab II) errichtet.

Pharao Scheschonk III. schuf sich in der Südwestecke der Nekropolis ein eigenes Grab (V), nahm aber ebenfalls Veränderungen im Inneren des Kalksteinbaus von Osorkon II. vor. Während seiner Herrschaft wurde das Begräbnisareal mit einem Überbau aus Ziegeln versehen. Darum lässt sich schwer feststellen, wie die Kapellen des Königs der Zweiundzwanzigsten Dynastie tatsächlich aussahen, denn übrig geblieben sind davon nur einige behauene Fragmente, die in diesem Geländeabschnitt wieder verwendet oder weggeworfen worden waren.

Genauso schwer lässt sich beurteilen, zu welcher Zeit die Gräber in der Zweiundzwanzigsten Dynastie geöffnet wurden, um die Ruhestätten der Könige und Prinzen zu verändern. Der Silbersarg und die Kanopen eines bisher unbekannten Herrschers der Zweiundzwanzigsten Dynastie namens Hekacheperre (wahrscheinlich Scheschonk II.) brachte man in den Vorraum des Grabs von Psusennes I. Dorthin kamen auch die Körper zweier Könige, denen man praktisch ihre ganze Grabausstattung geraubt hatte; sie wurden als Siamun und Psusennes II. der Einundzwanzigsten Dynastie identifiziert. Vermutlich stellte man während der Zeit Scheschonks III. einen riesigen Sarkophag in die mittlere Kammer des Grabes von Osorkon II. Der königliche Sarg in der Granitkammer hatte einst drei Mumien enthalten, darunter Prinz Hornacht. Und über das anonyme Grab II lässt sich sagen, dass hier letzten Endes wahrscheinlich die Überreste von Pharao Pemu untergebracht wurden, des Nachfolgers von Scheschonk III.

Wegen dieser wiederholten Verlegungen der Mumien und Besitznahmen der Gräber sahen sich die Archäologen auf dem königlichen Begräbnisareal von Tanis, abgesehen vom Grab Psusennes' I., mit einem erschreckenden Durcheinander konfrontiert, das Deutungen sehr erschwerte. Unzählige ungeordnete Gegenstände aus verschiedenen, sichtlich unvollständigen Gräbern fanden sich, und einige der Gräber waren anderweitig belegt worden. So hatte man bei-

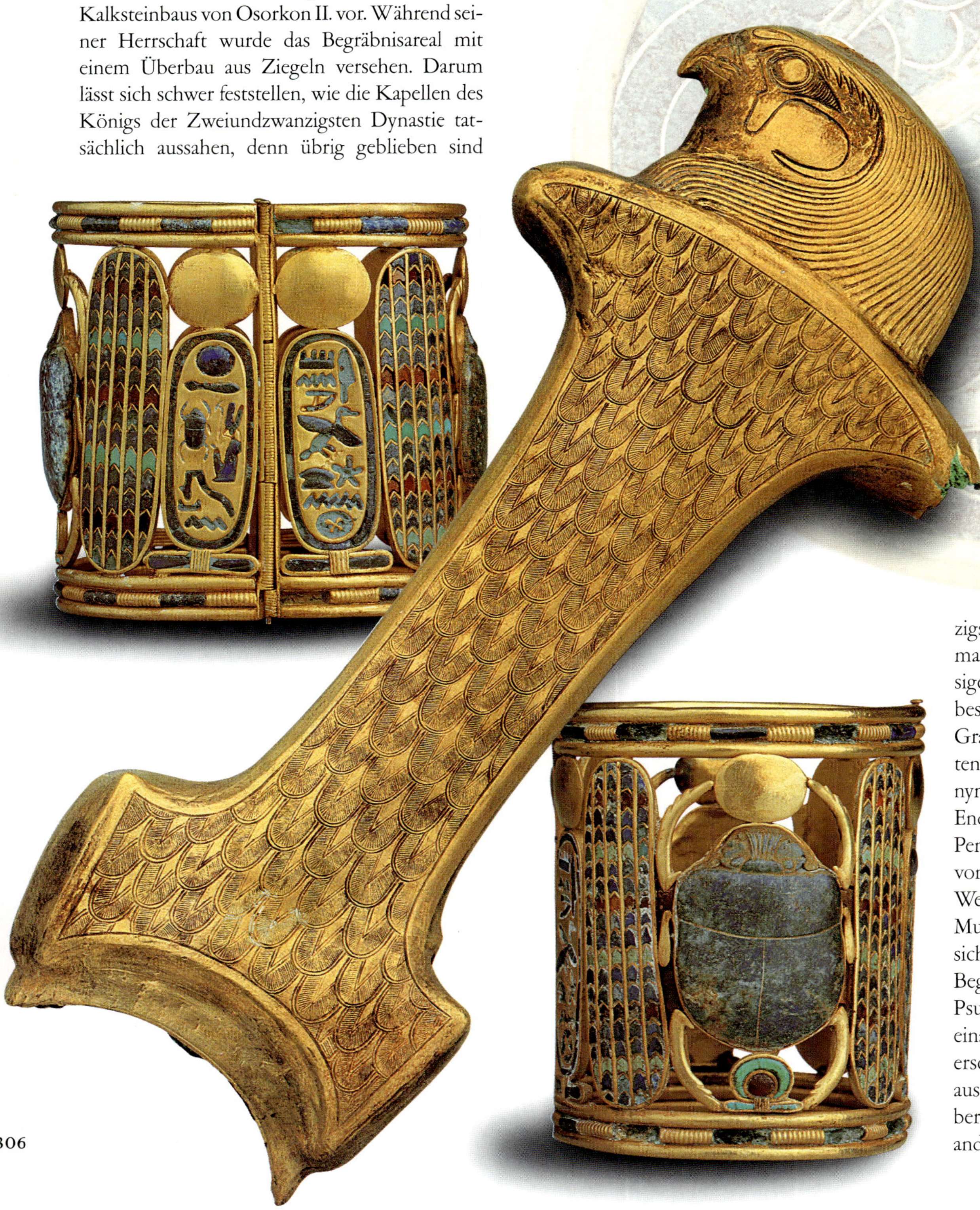

306 LINKS UND RECHTS
ARMREIFE
PSUSENNES' I.
JE 86027 – 86028

GOLD, LAPISLAZULI, KARNEOL, GRÜNER FELDSPAT
HÖHE 7 CM
GRÖSSTER DURCHMESSER 8 CM
TANIS, GRAB PSUSENNES' I.; AUSGRABUNGEN VON P. MONTET (1940)
21. DYNASTIE
REGIERUNGSZEIT PSUSENNES' I. (1040–992 V. CHR.)

spielsweise die Überreste von Psusennes' Frau Mutnedjmet durch jene des Amenemope ersetzt. Andere eilig durchgeführte Verlegungen waren aus Sicherheitsgründen erfolgt, so jene in den Nekropolen Thebens während der von Unsicherheit und Gewalt geprägten Perioden gegen Ende der Zwanzigsten und der Einundzwanzigsten Dynastie. Man hatte die Särge der verstorbenen Würdenträger, nicht aber die Mumien, in einige wenige Verstecke gebracht, statt sie in verstreuten Einzelgräbern zu lassen. Dies bedeutete jedoch, dass man den Toten nur einen kleinen Teil der Grabbeigaben hatte lassen können.

Eine weitere Ursache für das Chaos und die Unvollständigkeit des Schatzes der Könige und Prinzen von Tanis lag in der Plünderung der Gräber durch Diebe. Die Gräber II (Pemu) und IV (Scheschonk III.) waren geöffnet und ihres kostbaren Inhalts beraubt worden; nur die schwersten

306 GEGENÜBER MITTE
HANDGRIFF MIT FALKENKOPF
JE 85854

BRONZE UND BLATTGOLD
HÖHE 16 CM
TANIS, GRAB PSUSENNES' I.
AUSGRABUNGEN VON P. MONTET (1940)
21. DYNASTIE
REGIERUNGSZEIT PSUSENNES' I. (1040–992 V. CHR.)

307 OBEN
SCHALE DES WENDJEBAUENDJED
JE 87741

GOLD UND GLASFLUSS
HÖHE 4,6 CM
DURCHMESSER 15,5 CM
TANIS, GRAB PSUSENNES' I.
AUSGRABUNGEN VON P. MONTET (1946)
21. DYNASTIE
REGIERUNGSZEIT PSUSENNES' I. (1040–992 V. CHR.)

307 UNTEN
SCHALE DES WENDJEBAUENDJED
JE 87740

GOLD UND ELEKTRON
DURCHMESSER 13,3 CM
HÖHE 5,5 CM
TANIS, GRAB PSUSENNES' I.
AUSGRABUNGEN VON P. MONTET (1946)
21. DYNASTIE
REGIERUNGSZEIT PSUSENNES' I. (1040–992 V. CHR.)

Objekte (Sarkophag, Kanopen) hatten die Diebe zurückgelassen.

Das Grab von Osorkon II. war offenbar an zwei Stellen seiner Steinplattendecke attackiert worden. Nachdem Pierre Montet auf dem Areal ein Goldamulett und die Kanopen geborgen hatte, betrat er das Grab aus der Nordostecke (Kammer 2) durch die Öffnung, die Grabräuber vor langer Zeit geschlagen hatten. Später sollte er in der Südwestecke des Granitgrabs (Kammer 4) den zweiten Zugang der Diebe entdecken. Hier war aus der Grundmauer, die man nach der Bestattung Hornachts wiederhergestellt hatte, ein großer Steinblock auf den Sarkophag gefallen, so dass es unmöglich war, den Deckel anzuheben. Die Diebe hatten darum an der Stelle, wo sich die Brust des Toten befand, ein Loch in den Steinsarg gebohrt und nur jene Schmuckstücke herausgeholt, die sie erreichen konnten. Der Schatz des Hornacht blieb also fast vollständig erhalten.

Es gibt nur sehr wenige Hinweise, die es ermöglichen würden, die Grabschändungen zu datieren. Solange wir keine weiteren Informationen erhalten, können wir nicht sagen, ob die Plünderungen kurz vor den Bauarbeiten Scheschonks III., während seiner langen Herrschaft oder nach seinem Tod stattfanden. Schreine, die in dieser Tempelnekropole auf ebener Erde standen, sind verschwunden; Ziegelbauten von Scheschonk II. hat man abgerissen und anschließend mit Schutt bedeckt: Überreste zerstörter Gebäude aus Lehmziegeln und Schichten aus häuslichem Abfall sammelten sich von der Dreizehnten Dynastie bis zur Römischen Zeit dort an.

Nach der fast völligen Aufgabe des Areals im 8. Jahrhundert n. Chr. zerfielen die Lehmziegel, die beim Bau der Umfassungsmauer und der Gebäude rund um die Nekropolis verwendet worden waren; sie lösten sich auf und bildeten eine dicke Schicht aus schwarzer Erde. Als Auguste Mariette 1860–1861 den Tempel von Tanis ausgraben ließ, schütteten seine Arbeiter auf dem Friedhofsgelände einen ganzen Berg aus dieser schwarzen Erde auf. Später dann musste man, um die Königsgräber zu erreichen, eine stellenweise bis zu acht Meter hohe Erdschicht abtragen. Die Geheimnisse von Tanis waren zweifellos gut verborgen.

Am 27. Februar 1939, während Routinegrabungen in einer Gruppe jüngerer Gebäude an der Südseite von Psusennes' innerer Umfassungsmauer, fand Pierre Montet das von den Grabräubern geschlagene Loch. Er versuchte die Kammern von Grab I mit einer kleinen Taschenlampe zu erforschen und ordnete an, den Erdberg, der das Areal bedeckte, so rasch wie möglich abzutragen. Am 19. März gelangte er dann in die Granitgruft von Osorkon II., und am 20. März betrat er den Vorraum des Grabs von Psusennes I. Bei einem neuerlichen Aufenthalt im Jahr 1940 erreichte Pierre Montet den Sarkophag des Hornacht. Am 15. Februar betrat er die unversehrte Grabkammer von Psusennes I., und im April die Kammer des Amenemope. Der Schatz Scheschonks II. wurde im März 1939 ins Ägptische Museum von Kairo gebracht. Den von Psusennes I. und von Amenemope schaffte man im März und April 1940 dorthin.

Die ersten Entdeckungen hatte man im Winter 1939 gemacht, in einer Zeit internationaler Krisen, die unweigerlich auch die Welt der Ägyptologie beeinträchtigten und den Funden einiges von ihrer besonderen Wirkung nahmen. Die anschließende Entdeckung des Schatzes von Psusennes I. erregte wegen des inzwischen ausgebrochenen Kriegs praktisch keine Aufmerksamkeit. In Kairo verstaute man die Objekte sicherheitshalber in Kellern; der Öffentlichkeit stellte man sie erst 1944 in einer eigenen Halle vor. Professor Montet kehrte nach Frankreich zurück, als die Deutschen gerade die Ardennengrenze überschritten. Er war jetzt zwar von seinen Funden getrennt, begann aber trotzdem, seine Entdeckungen zu veröffentlichen, und trug so wesentlich zu unserem Wissen über die Dritte Zwischenzeit bei.

Die Entdeckung dieser Königsgräber im Norden war für die Archäologen eine Überraschung, denn eigentlich suchten sie in Tanis nach den Überresten des Hyksos Auaris und nach Pi-Ramesse, der Residenz der Könige der Neunzehnten und Zwanzigsten Dynastien. Der Fund lieferte nun plötzlich

308
KANOPEN
JE 85915 – 85914

KALZIT, BLATTGOLD
JE 85915: HÖHE 41 CM
JE 15914: HÖHE 43 CM
TANIS, GRAB PSUSENNES' I.
AUSGRABUNGEN VON
P. MONTET (1940)
21. DYNASTIE
REGIERUNGSZEIT PSUSENNES' I.
(1040–992 V. CHR.)

309 GEGENÜBER LINKS
FUSSREIF PSUSENNES' I.
JE 85781

GOLD, LAPISLAZULI, KARNEOL
HÖHE 5,5 CM
GRÖSSTER AUSSENDURCHMESSER 6,6 CM
TANIS, GRAB PSUSENNES' I.
AUSGRABUNGEN VON
P. MONTET (1940)
21. DYNASTIE
REGIERUNGSZEIT PSUSENNES' I.
(1040–992 V. CHR.)

309 RECHTS
ANHÄNGER IN GESTALT DER SACHMET
JE 87718

GOLD
HÖHE 7,2 CM
TANIS, GRAB PSUSENNES' I.
AUSGRABUNGEN VON
P. MONTET (1946)
21. DYNASTIE
REGIERUNGSZEIT PSUSENNES' I.
(1040–992 V. CHR.)

Informationen über eine schwierige, verworrene Periode, von der man bis dahin nur durch die Tempel und Nekropolen von Theben gewusst hatte. Inschriften auf Goldgefäßen ermöglichten es, die Geschlechterfolge der Könige der Einundzwanzigsten Dynastie zu ermitteln. Die familiären und politischen Beziehungen zwischen den Pharaonen von Tanis und den Hohepriestern, die Oberägypten beherrschten, ließen sich ebenfalls klarstellen.

Das Versteck im Vorraum der Gruft des Psusennes hat eine Parallele in der berühmten »Cachette« der Königsmumien von Deir el-Bahari, wo die früheren Herrscher und Familienmitglieder der Hohenpriester während einer langen Periode der Gefahr für die Lebenden sowie für die Toten in Sicherheit gebracht worden waren. Sie kündet auch von der relativen Armut der nördlichen Monarchie, die den großen Sarkophag des Merenptah für den Leichnam von Psusennes I. aus Theben hatte holen lassen und Kanopen aus den Gräbern von Qurna erneut benutzte. Andererseits verfügte die Dynastie über beträchtlichen Reichtum in Form von Gold und vor allem Silber.

Die Schätze von Tanis, wertvolle Quellen für Historiker, sind auch Kostbarkeiten für alle, die Schönheit und Kunstfertigkeit zu würdigen wissen. Die Qualität der Gefäße, Halsketten, Pektorale und Amulette spricht für sich selbst. Sie bezeugt, dass die Goldschmiede und Juweliere ihre Fähigkeiten über die große Periode der Ramessiden hinaus und während einer politisch instabilen Periode zu bewahren vermochten. Um die Könige von Tanis zu verherrlichen, übten geschickte, fähige Kunsthandwerker ihr Gewerbe aus, womit sie die besten Traditionen der heiligen pharaonischen Kunst lebendig hielten und weitergaben.

ÜBER DEN AUTOR

Jean Yoyotte, von 1948 bis 1963 Forscher am Centre National de la Recherche Scientifique und anschließend von 1964 bis 1992 Direktor der École Pratique des Hautes Études, hatte lange den Lehrstuhl für Ägyptologie am Collège de France inne, dessen Honorarprofessor er jetzt ist. Als Experte für die historische Geographie Unterägyptens führte er genaue Untersuchungen der jüngsten Perioden der pharaonischen Geschichte durch. Zwischen 1965 und 1985 leitete er die französischen Ausgrabungen in Tanis.

JE 87297

Sarkophag des Merenptah, wieder verwendet von Psusennes I.

Rosaroter Granit
Länge 240 cm, Breite 120 cm, Höhe 89 cm; Tanis, Grab Psusennes' I.
Sargkammer Psusennes' I., Ausgrabungen von P. Montet (1940)
19. Dynastie, Regierungszeit des Merenptah (1214–1204 v. Chr.)
und 21. Dynastie, Regierungszeit Psusennes' I.
(1040–992 v. Chr.)

Diesen monumentalen Sarkophag fand man in der Sargkammer des Grabes von Psusennes I., das innerhalb der Umfassungsmauern des Großen Tempels von Tanis errichtet worden war. Auf dem Deckel befindet sich eine Kartusche, die den Namen des Merenptah umrahmt, des Pharaos der Neunzehnten Dynastie, Sohn und Nachfolger Ramses' II.; die Kartusche beweist, dass der Sarkophag ursprünglich für diesen König angefertigt und später für die Beisetzung von Psusennes I. wieder verwendet worden war.

Die Kartuschen des alten Besitzers hatte man weggemeißelt und durch jene des neuen Inhabers ersetzt, doch eine war übersehen worden. Ein glücklicher Zufall, denn er ermöglicht es uns, den ursprünglichen Besitzer dieses Sarkophags zu identifizieren, den man wie alle in Tanis gefundenen Sarkophage Jahrhunderte später neuerlich verwendete.

In dem äußeren Steinsarkophag befinden sich zwei mumienförmige Särge, einer aus Granodiorit und einer aus Silber. Den Deckel des Sarkophags ziert eine große liegende Figur in Hochrelief; sie stellt den Pharao in Gestalt des Osiris mit den Symbolen des Königtums dar: Zepter (Krummstab) und Wedel (Dreschflegel), die er in den Händen hält, sowie einem Zeremonialbart. Das Innere zeigt ein prächtiges Reliefbild der Göttin Nut mit erhobenen Armen, gekleidet in ein enges, mit Sternen übersätes Gewand.

Um den oberen Rand der Sarkophagwanne läuft ein Band mit zwei Hieroglyphenreihen. Unter diesen Inschriften befinden sich auf jeder Seite bildliche Szenen, bevölkert mit Göttern und Dämonen, über denen ihre Namen in kurzen Inschriften stehen.

Die beiden Schmalseiten zeigen zwei Gruppen mit drei Figuren, getrennt durch einen in der Mitte gestalteten Palast. Am Fußende gibt es, von links nach rechts, einen falkenköpfigen Gott, einen ibisköpfigen Gott, einen Schakal, einen Gott in Menschengestalt, bewaffnet mit einem Messer, einen schakalköpfigen Gott und den Gott Horus in Gestalt eines Falken. Die Figuren am Kopfende sind, von links nach rechts, ein Falke über einem rechteckigen Gebäude, eine Gestalt mit Menschenkopf und einem Messer als Waffe, der Gott Horus mit einem Falkenkopf, ein Affe,

der einen Bogen trägt, ein Nilpferd und ein zweiter Falke über einem rechteckigen Gebäude.
An einem Ende der rechten Seite befindet sich ein Augenpaar über der verzierten Fassade einer von zwei Wächtern flankierten Scheintür. Eine Inschrift verweist auf das dem König gewährte Privileg, durch diese Augen zu sehen.

Die restliche Seite zeigt zehn Unterweltgenien mit Menschen- oder Tierköpfen, dazwischen stilisierte Darstellungen von drei Palästen.
Die linke Seite weist 15 sitzende Gestalten auf, die nach rechts schauen und entweder Menschen- oder Tierköpfe haben. Am Beginn der Reihe befindet sich ein Palast, an ihrem Ende ein Fisch.

Der untere Teil des Sarkophags ist auf allen vier Seiten mit einem Palastfassadendekor geschmückt, das an die alten Königsgräber erinnert. Über jeder dieser insgesamt 14 Nischen ist der Name einer Tür graviert, darunter folgt eine vier bzw. drei Kolumnen umfassende Inschrift.
Auch das Innere des Sarkophags ist reich verziert. Auf beiden Längsseiten, unter einer horizontalen Hieroglyphenspalte, schreitet eine lange, ununterbrochene Prozession von Gottheiten, die sich auf den Schmalseiten fortsetzt. In der Mitte befindet sich ein Altar, den zwei Säulen mit Hieroglyphen flankieren. Auf dem Sargboden sind Schmuckstücke, Waffen, Kleider und Sandalen abgebildet. (S.E.)

JE 85911

Mumienförmiger Sarg Psusennes' I.

Granodiorit; Länge 220 cm, Breite 65 cm, Höhe 80 cm
Tanis, Grab Psusennes' I., Sargkammer Psusennes' I.
Ausgrabungen von P. Montet (1940)
18./19. Dynastie (1307–1196 v. Chr.) und 21. Dynastie,
Regierungszeit Psusennes' I. (1040–992 v. Chr.)

In dem Sarkophag aus rosarotem Granit, den Montet in der Sargkammer von Psusennes I. entdeckte, befand sich ein vollständig erhaltener, außergewöhnlich kunstvoll gestalteter mumienförmiger Sarg aus dunklem Granodiorit.
Der Deckel hat die Form der Mumie des Verstorbenen, der mit verschränkten Armen dargestellt ist. Das Gesicht umrahmt eine massive, gesträhnte Perücke, die bis auf die Schultern reicht und die Ohren frei lässt. Die Gesichtszüge sind elegant und mit äußerster Feinheit wiedergegeben. Die Augen sind vergleichsweise schmal und die Lider schwer. Die Nase ist gerade, und die vollen Lippen umspielt ein leichtes Lächeln. Ein kurzer Kinnbart weist nach unten. Am Hals trägt er einen großen Brustschmuck, in den viele imitierte Perlenketten eingeschnitten sind. Die Handgelenke zieren Armreifen, und die Hände sind geschlossen.
Über dem Bauch befindet sich eine zarte Darstellung der Göttin Nut, die kniet und ihre Arme und Flügel ausgebreitet hat. Von diesem Bild führt eine doppelte Hieroglyphenspalte bis zu den Zehenspitzen hinab. Parallel zur mittleren Inschrift verlaufen zwei weitere Textkolumnen, eine auf jeder Seite.
Gekreuzt werden sie von drei horizontalen Hieroglyphenreihen, die sich über die Seitenwand erstrecken; zu ihnen gesellt sich eine mit den Linien der Arme übereinstimmende vierte Reihe. Um den Rand des Sargdeckels verläuft eine lange horizontale Inschrift, die sich auch auf dem Hinterkopf fortsetzt. In diese Texte, die den Verlauf der äußeren Bandagen wiederholen, mit denen man Mumien umwickelte, wurden zahlreiche Kartuschen mit dem Namen von Psusennes I. eingestreut.
Die Sargwände sind außen reich mit Göttergestalten dekoriert (den vier Horussöhnen, Thot und Anubis). Flankiert werden diese von ihren an den Verstorbenen gerichteten Äußerungen. Auf der linken Seite befindet sich in Schulterhöhe ein dekoratives Motiv, das aus einem Augenpaar über der Fassade eines Palasts besteht.
Am Fußende des Deckels und am Kopfende des Sargs sind jeweils die Göttinnen Isis und Nephthys dargestellt, die den nun mit Osiris gleichgesetzten Verstorbenen beschützen.
Der Stil und die Dekoration dieses sehr fein gearbeiteten Sargs erinnern sofort an Beispiele aus der Neunzehnten Dynastie. Mumienförmige Steinsärge wurden damals häufig verwendet, vor allem zur Bestattung reicher Privatpersonen.
Die Tatsache, dass mehrere Hieroglyphensymbole weggemeißelt und durch den Namen von Psusennes I. ersetzt wurden, bestätigen die Vermutung, dass dieser Sarg für die Bestattung des Königs requiriert wurde, eine übliche Praxis bei den Herrschern der Dynastien von Tanis. Es lässt sich zwar heute nicht feststellen, wer der ursprünglich in dem Sarg beigesetzte Tote war, dessen Namen man so sorgfältig getilgt hatte, wahrscheinlich aber gehörte dieser Sarg, bevor die königlichen Kartuschen angebracht wurden, einem ranghohen Würdenträger aus der späten Achtzehnten oder der frühen Neunzehnten Dynastie.

(S.E.)

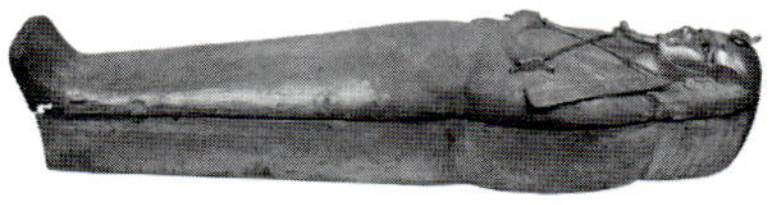

JE 85917

Sarg Psusennes' I.

Silber und Gold
Länge 185 cm
Tanis, Grab Psusennes' I., Sargkammer Psusennes' I.
Ausgrabungen von P. Montet (1940)
21. Dynastie, Regierungszeit Psusennes' I.
(1040–992 v. Chr.)

Die Grabstätte Psusennes' I., eines Herrschers der Einundzwanzigsten Dynastie, wurde in unversehrtem Zustand als Teil der Königsnekropole innerhalb der Umfassungsmauer des großen Amuntempels in Tanis entdeckt. Die Mumie des Pharaos war in drei prächtigen Behältnissen beigesetzt worden: einem äußeren rechteckigen Sarkophag aus rosarotem Granit, einem mittleren mumienförmigen Sarg aus Granodiorit und einem dritten, inneren mumienförmigen Sarg aus Silber. Die ersten beiden waren von ihren ursprünglichen Besitzern usurpiert worden und stammen aus der Ramessidenzeit, während der dritte von den Metallarbeitern aus Tanis speziell für die Aufnahme der sterblichen Überreste Psusennes' I. angefertigt wurde.

Der Deckel des Silbersargs stellt den Verstorbenen als Mumie dar, mit über der Brust verschränkten Armen und den typischen Emblemen königlicher Macht: dem *Nemes*-Kopftuch, dem Uräus aus massivem Gold auf der Stirn, dem geflochtenen Götterbart und dem Zepter sowie dem Wedel in den Händen. Das Gesicht mit den feinen Zügen und dem heiteren Ausdruck verschönert ein Goldband über der Stirn, die Augen sind aus eingelegtem farbigen Glasfluss, und eine erhabene Linie um die Wangen imitiert den zur Befestigung des Zeremonialbarts verwendeten Riemen.

Rund um den Hals des Herrschers ist ein aus zahlreichen Perlenschnüren bestehendes Halsband eingemeißelt, das in einem nach oben gerichteten Lotosblumenmotiv endet. Auf der Brust und dem Bauch des Herrschers sind drei Vögel abgebildet, deren ausgebreitete Flügel sich bis auf die Seitenflächen des Sargs erstrecken. Die drei Vögel – jeweils mit dem Kopf eines Geiers, eines Widders und eines Falken – haben als Symbole der Ewigkeit *Schen*-Ringe in den Klauen und werden umrahmt von einem in das Metall gravierten Motiv aus kleinen Federn. Den Rest des Sargdeckels bedecken lange Federbänder.

Die beiden Hieroglyphenspalten in der Mitte enthalten einen gleich lautenden Text, Psusennes' Gebet an die Himmelsgöttin Nut. Bilder von Isis und Nephthys, den Schutzgöttinnen der Toten, finden sich in Höhe der Füße auf dem Deckel, flankiert von einem kurzen Text, der ihre Namen nennt. Auch der Sarg ist über und über dekoriert: Die Streifen des *Nemes*-Kopftuches zieren auch den Hinterkopf, und die übrige Fläche weist das gleiche Federmotiv auf wie der Deckel.

Den Boden im Sarginneren schmückt ein prächtiges Bild der geflügelten Göttin Nut, die auf dem Symbol für Gold steht. Ihren Kopf umrahmen vier Hieroglyphen-Kolumnen, während unter ihr die Göttinnen Isis und Nephthys ein großes Zepter in den Händen halten, das Symbol des Gottes Anubis. Zwei symmetrische Inschriften ziehen sich um die Seitenflächen des Sargs, sie enthalten die Worte der Nut und die Psusennes' I.

Auf den ebenfalls mit dem Federmotiv bedeckten Innenwänden finden sich die Flügelspitzen der drei Vögel vom Deckel. Die Dekoration des Sarges ist in meisterlicher Graviertechnik ausgeführt und liefert ein weiteres Beispiel für die hervorragende Arbeit der damaligen Kunsthandwerker; sie verstanden es, wunderbare Objekte aus Edelmetall herzustellen, die charakteristisch waren für die in Tanis entdeckten geheimen Grabkammern.

Die Mumie von Psusennes I. fand man in dem Silbersarg, sein Gesicht schützte eine Totenmaske, und seinen Körper bedeckte ein feines Mumienbrett mit Goldauflagen. (S.E.)

JE 85913

Maske Psusennes' I.

Gold, Lapislazuli, Glasfluss; Höhe 48 cm, Breite 38 cm
Tanis, Grab Psusennes' I., Sargkammer Psusennes' I.
Ausgrabungen von P. Montet (1940)
21. Dynastie, Regierungszeit Psusennes' I.
(1040–992 v. Chr.)

Die großartige Mumienmaske Psusennes' I. wurde auf die um die Mumie gewickelten Binden gelegt, um die Gesichtszüge des Königs und damit seine Identität für alle Ewigkeit zu bewahren. Die nüchterne Eleganz, die dieses Stück auszeichnet, ist typisch für die Arbeit aller Kunsthandwerker aus Tanis, von denen zahlreiche Objekte in technischer Vollkommenheit und ausgewogenen Formen geschaffen wurden. Das jugendliche Gesicht prägt strenge Erhabenheit, die durch das warme Licht betont wird, das von dem weniger als einen Millimeter dünnen Goldblech ausgeht, aus der es geformt wurde.

Die alten Ägypter glaubten, dass die Leiber der Götter aus Gold bestünden, deshalb garantierte dieses Metall dem König Unsterblichkeit und Zugang zur Unterwelt Seite an Seite mit den Göttern.
Der Pharao trägt einen *Nemes*-Kopftuch mit fein in das Metall ziselierten Streifen. Eine königliche Uräus-Schlange (Kobra) bäumt sich drohend vor der Stirn auf. Ihr sehniger Leib ringelt sich oben auf der Maske. Das glatt modellierte Gesicht ist weich, den intensiven Blick belebt eine Reihe Einlegestücke aus schwarzem Glasfluss, mit dem die Brauen, die Augenkonturen und die Pupillen betont werden, während die Augäpfel aus weißem Glasfluss gefertigt sind. Eine dünne Linie um die Wangen aus eingelegtem Lapislazuli imitiert das Band zur Befestigung des Zeremonialbarts, den Könige wie Götter tragen konnten. Der mit einem kleinen Goldnagel am Kinn befestigte Bart ist kunstvoll geflochten, und seine Spitze biegt sich leicht nach oben.
Auf der Brust, zwischen den Lappen des Kopfputzes, die beide Schultern bedecken, ist ein breiter *Usech*-Kragen zu sehen; er besteht aus zwölf Streifen, die Perlenschnüre imitieren, und drei breiteren, mit Tropfen und Blumenmotiven verzierten Bändern.
Die Maske setzt sich aus zwei Teilen zusammen, die von fünf auf der Innenseite umgebogenen Goldnägeln zusammengehalten werden. (S.E.)

JE 85916 – 85915 –
85914 – 85917

Kanopen Psusennes' I.

Kalzit und Blattgold; JE 85916: Höhe 38 cm; JE 85915: Höhe 41 cm;
JE 85914: Höhe 43 cm; JE 85917: Höhe 39 cm; Tanis, Grab Psusennes' I.,
Sargkammer Psusennes' I.; Ausgrabungen von P. Montet (1940)
21. Dynastie, Regierungszeit Psusennes' I.
(1040–992 v. Chr.)

Kanopen nennt man die Krüge, die Leber, Lunge, Magen und Eingeweide enthalten, die man dem Leichnam während der Mumifizierung entnommen hat. Jeden dieser Krüge stellte man unter den Schutz eines der vier Horussöhne – Amset (mit Menschenkopf), Hapi (mit Paviankopf), Duamutef (mit Schakalkopf) oder Kebehsenuef (mit Falkenkopf) – und einer Göttin (Isis, Nephthys, Neith oder Selket). Die Kanopen von Psusennes I. sind mit dünnem Blattgold und blauem Glasfluss verziert. Auf jedem Kopf befindet sich eine vergoldete Bronzekobra. Eine vierspaltige Hieroglypheninschrift auf dem Körper der Krüge enthält die Anrufung einer der vier Göttinnen und jenes Horussohnes, dessen Kopf auf dem Deckel dargestellt ist. Die Gottheiten werden gebeten, den Verstorbenen zu beschützen.

Diese Krüge gehörten zu den wichtigsten Gegenständen der Grabausstattung, die an Qualität und Bedeutung, nicht aber an Quantität mit jenen vergleichbar waren, die man im Grab von Tutanchamun entdeckte. Doch im Gegensatz zum Grab Tutanchamuns fand man jenes von Psusennes I. unversehrt vor.
Die kostbarsten Objekte unter den Grabbeigaben des Pharaos waren in dem Silbersarg mit der Mumie des Königs eingeschlossen, wogegen man andere, darunter die vier Kanopen, vor dem äußeren Sarg aus rosarotem Granit aufgestellt hatte.
Die Kanopen von Psusennes I. zählen zu den wenigen Steingefäßen, die man in den Königsgräbern von Tanis fand; dafür entdeckte man dort eine Fülle von Gefäßen aus unterschiedlichen Edelmetallen. (S.E.)

JE 85821

Amulettplatte Psusennes' I.

Gold; Höhe 16,6 cm, Breite 9,9 cm, Dicke 0,07 cm
Tanis, Grab Psusennes' I., Sargkammer Psusennes' I.
Ausgrabungen von P. Montet (1940)
21. Dynastie, Regierungszeit Psusennes' I. (1040–992 v. Chr.)

Diese dünne Goldplatte wurde der Mumie von Psusennes I. über den Schnitt im Unterleib gelegt, durch den man während der Anfangsphase der Einbalsamierung die inneren Organe entnahm. Die alten Ägypter schrieben diesem Amulett große magische Kraft zu; es sollte die physische Integrität der Mumie sicherstellen, indem es die Wunde schützte, die man für den verletzlichsten Teil des Körpers hielt. Die Platte sollte heilen, eine Narbe über dem Schnitt bilden, den der Einbalsamierer gemacht hatte, und so verhindern, dass negative oder böse Elemente in den Körper des Verstorbenen eindrangen.

Unterstrichen wird die Unheil abwehrende Bedeutung der Platte durch die eingravierten Dekorationen, bei denen auch den kleinsten Details größte Aufmerksamkeit gewidmet worden war. In der Mitte des goldenen Rechtecks befin-

det sich ein *Udjat*-Auge, ein Schutzsymbol nach altägyptischem Glauben. Der Ausdruck *udjat* bedeutet »das ganze Eine« und bezieht sich auf die Legende, in der das linke Auge des Falkengottes Horus vom Gott Thot geheilt wurde, nachdem es Horus während seines langen Kampfs gegen die böse Gottheit Seth herausgerissen worden war. Die Linien unter dem *Udjat*-Auge stellen die von dem Gott aus Schmerz und Trauer vergossenen Tränen dar und entsprechen dem Muster der Falkenfedern. Dieses Auge wurde auch als Symbol des Mondes angesehen, während das rechte Auge des Gottes Horus ein Abbild der Sonne war.

Das *Udjat*-Auge auf der Platte flankieren zwei Gottheiten; sie sind stehend dargestellt und haben die Arme zum Zeichen der Anbetung erhoben. Die Gestalten verkörpern die vier Horussöhne und sollten die in den Kanopen aufbewahrten inneren Organe des Verstorbenen schützen.

Die Köpfe der vier Götter, alle mit der königlichen Kobra versehen, werden nach einer Tradition unterschieden, die sich während des Neuen Reichs bildete. Hapi wird als Pavian dargestellt, Amset als Mann, Duamutef als Schakal und Kebehsenuef als Falke. Die vier Gottheiten tragen kurze Plisseeschurze und einen breiten Halskragen.

Darüber sind Hieroglypeninschriften mit den Namen der Horussöhne eingraviert, neben der Kartusche, die den Thronnamen des Königs enthält, »Psusennes, geliebt von Amun«. Eine dünne Linie umrahmt die ganze Komposition. Vier Löcher an den Ecken ermöglichten die Befestigung der Platte an den Bandagen der Mumie. Diese kleine Goldplatte ist äußerst fein und mit viel Gefühl für Ausgewogenheit gearbeitet. (S.E.)

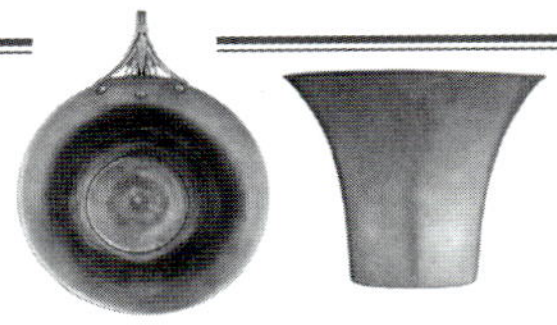

JE 85893

HANDBECKEN PSUSENNES' I.

Gold
Höhe 17 cm, Durchmesser des Randes 20,9 cm
Tanis, Grab Psusennes' I., Sargkammer Psusennes' I.
Ausgrabungen von P. Montet (1940)
21. Dynastie, Regierungszeit Psusennes' I.
(1040–992 v. Chr.)

Neben ihrem hohen künstlerischen Wert haben die in den Gräbern von Tanis gefundenen Gefäße aus Gold, Silber und Bronze große archäologische Bedeutung. Vor der Entdeckung dieser Objekte aus Tanis kannte man solche Gefäße, die sowohl sakralen als auch profanen Zwecken dienten, nur aus Wanddekorationen.

Die Grabkammer von Psusennes I. war reich bestückt mit solchen aus Edelmetallen gefertigten Gefäßen, die im Haushalt und bei kultischen Handlungen Verwendung fanden. Dieses Becken mit dem flachen Boden und den sich nach oben erweiternden Seiten erinnert in der Form an eine Lotosblume, ein Motiv, das in den Dekorationen der aus Tanis stammenden Metallarbeiten und Schmuckstücke häufig vorkommt.
Die schlichte, karge Form des Beckens steht im Kontrast zu ihrem kunstvollen, aus drei Drähten gefertigten Griff. An der Unterseite des Griffs enden die Drähte in einer kleinen Palme, oben bilden sie eine elegante, durchbrochene Lotosblume. Dieses Schmuckmotiv kommt in der ägyptischen Kunst bereits während früherer Perioden vor und findet sich auch auf bestimmten Objekten aus der Achtzehnten Dynastie. Der Griff ist mit drei goldenen Nieten an dem Becken befestigt.
Außen auf dem Becken, gegenüber dem Griff, sind die Kartuschen von Psusennes I. sehr kunstfertig eingraviert: »Der König von Ober- und Unterägypten, der Herr der Beiden Länder, *Aacheperre Setepenamun*, der Sohn des Re, der Herr der Kronen, *Psusennes Meryamun*.«
Das Becken wurde zusammen mit einem goldenen Wasserkrug gefunden. Beide Objekte entdeckte man nebeneinander in der Sargkammer von Psusennes I. Das Becken diente vermutlich zur Aufnahme des Wassers, das man aus dem Krug über die Hände des Königs goss. Auf mehreren Grabdarstellungen ist ein Krug in seinem dazugehörigen Becken unter einem Opfertisch wiedergegeben.

(S.E.)

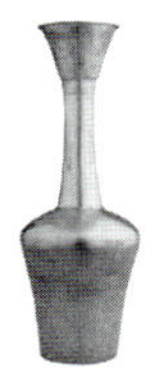

JE 85892

WASSERKRUG PSUSENNES' I.

Gold; Höhe 39 cm
Tanis, Grab Psusennes' I., Sargkammer Psusennes' I.
Ausgrabungen von P. Montet (1940)
21. Dynastie, Regierungszeit Psusennes' I. (1040–992 v. Chr.)

Dieser Wasserkrug wurde vermutlich für die persönliche Toilette des Königs verwendet und bildete mit dem hier abgebildeten Goldbecken ein Paar. Man hatte beides zusammen in die Grabkammer von Psusennes I. gegeben. Der Krug zählt zu jenen Objekten, für die große Reinheit der Form und Feinheit der Dekoration charakteristisch sind, und er ist eines der schönsten Tafelgeschirr-Stücke aus Edelmetall, das der Pharao besaß. Der Bauch des Krugs schwillt zu den Schultern hin leicht an, bevor er sich jäh verengt und einen langen, schlanken Hals bildet, der oben leicht geweitet ist. Der Hals ähnelt einer Säule, gekrönt von einem Kapitell, das an eine stilisierte Lotosblume denken lässt. Fünf eingravierte Ringe unterstreichen die Verbindung des Halses mit dem Kapitell. In der Kontur der Öffnung wiederholt sich die Form des Beckens, das ebenfalls in der Form einer Lotosblume modelliert wurde.

JE 85910

Rituller Kohlenrost Ramses' II.

Bronze; Höhe 24 cm, Länge 33,5 cm, Breite 26,5 cm
Tanis, Grab Psusennes' I., Sargkammer Psusennes' I.
Ausgrabungen von P. Montet (1940)
19. Dynastie, Regierungszeit Ramses' II. (1290–1224 v. Chr.)

In der Sargkammer des Psusennes wurden mehrere Ritualobjekte gefunden, die man bis zu ihrer Entdeckung nur durch gemalte Reliefs an den Wänden der Gräber und Tempel gekannt hatte. Neben vielen liturgischen Gefäßen fand sich dieser Kohlenrost aus Bronze. Er ruht auf vier Beinen und hat um die obere Fläche eine schmale Hohlkehle. Die Heizplatte weist vier in gerader Linie angeordnete Löcher auf, dazu eine doppelte Reihe runder Vertiefungen.

Auf der Vorderseite des Objekts steht in einem dünnen rechteckigen Rahmen eine Inschrift mit zwei Kartuschen, die den Namen von Ramses II. umrahmen. Der Text bezieht sich auf eines der Jubiläen, die der langlebige Pharao beging; möglicherweise hatte man das Ritualobjekt für diesen Anlass hergestellt und ihm gewidmet. Ursprünglich dürfte es zur Ausstattung eines eigens erbauten Tempels in der Stadt von Pi-Ramesse gehört haben. Verwendet wurde der Kohlenrost vielleicht bei der Opferung von Gaben an einen Gott oder zum Verbrennen parfümierter Harze. Im Grab des Psusennes benutzte man ihn als Untergestell für einen großen Silberständer, der als Altar für Trankopfer diente.

Unter den Pharaonen der Einundzwanzigsten Dynastie war es eine gängige Praxis, dass man sich einen Gegenstand aneignete, der einem fernen, angesehenen Vorgänger gehört hatte. Höchstwahrscheinlich galt in der Zeit von Psusennes I. der Kohlenrost bereits als altehrwürdige Antiquität.

(S.E.)

Die beiden Kartuschen mit dem Thron- und Geburtsnamen des Pharaos sind in den Bauch des Krugs eingraviert: »Der König von Ober- und Unterägypten, der Herr der Beiden Länder, *Aacheperre Setepenamun*, der Sohn des Re, der Herr der Kronen, *Psusennes Meriamun*«. Die Inschrift ist die gleiche wie jene auf dem Becken, das den Krug ergänzt.

Die schlichten Linien des Gefäßes werden durch die reiche Dekoration rund um die Öffnung ausgeglichen. Deren Stil geht auf ähnliche Gefäße aus dem Neuen Reich zurück: Eine vergleichbare Flasche aus Bronze wurde im Grab des Architekten Cha (Achtzehnte Dynastie) gefunden. Der Krug hier enthielt vermutlich das Wasser, das dem König über die Hände gegossen und in dem dazu passenden Becken aufgefangen wurde.

(S. E.)

JE 85751

GROSSER HALSSCHMUCK PSUSENNES' I.

Gold und Lapislzuli; Gesamtlänge 64,5 cm, Durchmesser 30 cm,
Höhe der Spange 6,2 cm; Tanis, Grab Psusennes' I.,
Sargkammer Psusennes' I.; Ausgrabungen von P. Montet (1940)
21. Dynastie, Regierungszeit Psusennes' I.
(1040–992 v. Chr.)

Die Mumie Psusennes' I. trug bei ihrer Entdeckung drei mächtige Kolliers ähnlich jenen, die auf den Tempelwänden dargestellt waren. Halsschmuck dieser speziellen Form verliehen die Pharaonen auch denjenigen ihrer Beamten, die ihnen am treuesten gedient hatten, im Rahmen der Zeremonie des »Ehrengoldes«.

Der prächtige, schwere Halsschmuck von Psusennes I. ist in seiner reichen Fülle und technischen Vollendung ein einmaliges Schmuckstück, ein Ergebnis mühseliger kunsthandwerklicher Arbeit. Es besteht aus mehr als 5000 dünnen Goldscheiben, die in sieben konzentrischen Reihen angeordnet sind und, auf der Brust getragen, eine beeindruckende Menge Gold darstellten.

Die zentrale Platte ist mit feinen, ins Metall eingravierten Linien verziert und zum Teil mit Lapislazuli eingelegt. Oben befindet sich eine geflügelte Sonnenscheibe, sie beschützt die Kartuschen mit den Geburts- und Thronnamen von Psusennes I., denen seine königlichen Titel vorausgehen und denen beschwörende Worte für den König folgen. Flankiert werden die Kartuschen von Bildern zweier sitzender Gottheiten, die ein *Anch*-Symbol halten, das Lebenssymbol, dazu ein *Was*-Zepter, Machtsymbol von Göttern und Königen.

Links trägt die Figur der Königin Mut die Doppelkrone des vereinten Ägyptens, rechts dagegen krönen die beiden großen Federn die Gestalt des Gottes Amun, dessen Kinn ein Zeremonialbart entspringt.

Von der Verschlussplatte hängt eine breite, üppige Kaskade verbundener Goldketten unterschiedlicher Längen herab; sie endet in mehr als 100 Glöckchen, die wie umgekehrte kleine Blüten aussehen. Die Ketten sind in der Form eines Fächers angeordnet, der sich nach unten verbreitert. (S.E.)

JE 85755 – 85756

Halskette Psusennes' I.

Gold und Lapislazuli
Halskette (JE 85755): Länge 56 cm
Beschriftete Perle (JE 85756): Durchmesser 1,8–2,5 cm
Tanis, Grab Psusennes' I., Sargkammer Psusennes' I.; Ausgrabungen von P. Montet (1940); 21. Dynastie, Regierungszeit Psusennes' I. (1040–992 v. Chr.)

An der Mumie Psusennes' I. wurden zahlreiche Schmuckstücke gefunden: Armreife, Ringe und Fingerkappen sowie sechs Pektorale, mehr als 30 Ketten mit Anhängern und sechs Perlenschnüre.

Diese Halskette ist wie andere, ähnliche Exemplare sehr schlicht. Sie besteht aus zwei Reihen mit Lapislazuliperlen in leicht abnehmender Größe, in der Mitte geteilt durch eine Goldperle. Die äußere Schnur der Kette zählt 30 Perlen, die innere 26. Die Schließe besteht aus einer doppelten Kugelperle, die mit einem Flachteil verbunden ist, in das die Kartuschen mit dem Namen des Pharaos eingraviert sind: »Der König, Hoherpriester des Amun, Psusennes.« Eine Seite der beiden Verschlussteile ist zur Befestigung der Schnüre durchbohrt.

Die Lapislazuliperlen sind alle von graublauer Farbe und weiß geädert, ausgenommen eine einzige. Diese ist intensiv blau, ungeädert und weist drei Reihen eingeschnittener Keilschriftzeichen auf, die davon künden, dass ein assyrischer Wesir die Kette einem Gott von Assur weihte, damit dieser seine geliebte Tochter schütze.

Der Keilschrift-Text gab Anlass zu verschienenen Vermutungen über die ursprüngliche Herkunft der Kette. Einer

Theorie zufolge könnte sie mit einer assyrischen Prinzessin, die man Psusennes I. zur Frau gab, im 9. Jahrhundert v. Chr. nach Ägypten gelangt sein. Die Prinzessin könnte das Schmuckstück, ein Geschenk ihres Vaters vor ihrer Heirat, dann der Mumie ihres verstorbenen Gemahls mitgegeben haben.

Gemäß einer anderen Theorie könnte die Kette bereits im 14. Jahrhundert v. Chr. angefertigt worden und ein Geschenk von einem assyrischen König an Echnaton gewesen sein. Das wahrscheinlichste Entstehungsdatum bleibt jedoch das 9. Jahrhundert, aber bis jetzt ließ sich nicht feststellen, wie das Stück unter die Beigaben der Grabstätte von Psusennes I. gelangte.

(S.E.)

JE 85788 – 85799

Pektoral Psusennes' I. in Form eines geflügelten Skarabäus

Gold, roter und grüner Jaspis, schwarzes, rotes und blaues Glas, grüner Feldspat; Anhänger: Höhe 10,5 cm, Breite 12,5 cm; Skarabäus: Höhe 6,5 cm, Breite 4,5 cm; Gegengewicht: Höhe 4 cm, Breite 2,5 cm; Kette: Länge 42 cm; Tanis, Grab Psusennes' I., Sargkammer Psusennes' I., Ausgrabungen von P. Montet (1940)
21. Dynastie, Regierungszeit Psusennes' I.
(1040–992 v. Chr)

Dieser prächtige, kunstvolle Brustschmuck lag in dem Silbersarg, der außerdem noch andere Stücke in schöner Goldschmiedearbeit enthielt, direkt auf der Mumie Psusennes' I.

Das hier gestaltete Thema ist die Wiedergeburt der Sonne, dargestellt in Form eines geflügelten Skarabäus, auf ihrer endlosen Reise, die Kartusche des Pharaos vor sich her schiebend, das *Schen*-Symbol der Ewigkeit hinter sich nachziehend.

Der Skarabäus selbst bildet den Mittelteil des Brustschmucks und besteht aus grünem Jaspis. An beiden Seiten seines Körpers befinden sich große Flügel, verziert mit Reihen aus rotem, schwarzem und blauem Glasfluss in Form goldgefasster stilisierter Federn. Die goldene Kartusche über dem Kopf des Käfers enthält den Geburtsnamen des Pharaos Psusennes I., »*Pasebachaenniut Meriamun*« (wörtlich »Der Stern, der in der Stadt erschien, geliebt von Amun«). Der Kunsthandwerker arbeitete alle Details der Hieroglyphen mit viel Können und großer Sorgfalt in verschiedenfarbigen Schmucksteinen heraus; dabei wandte er die Cloisonné-Technik an, die darin besteht, dass man Farbsteine oder Glasfluss in kleine Goldzellen einlegt.

Die Rückseite des Brustschmucks besteht ganz aus Gold, abgesehen vom Mittelteil, in dem der Käferkörper frei blieb und den Text von Kapitel 30 des Totenbuchs eingraviert bekam. In diesem Spruch wird die Hoffnung ausgedrückt, dass das Herz des Verstorbenen während des Letzten Gerichts vor den 42 Gottheiten, die dem Tribunal der Unterwelt vorsitzen, nicht Zeugnis gegen seinen Eigentümer ablegt.

In die Rückseiten der Flügel des Skarabäus wurde das gleiche Motiv horizontaler Linien ziseliert wie in die Vorderseiten. Die Hieroglyphen, die den Namen des Pharaos nennen, sind auch auf der Rückseite der Kartusche zu sehen, ebenfalls ins Gold ziseliert.

Die Schmuckplatte hängt an einer doppelten Perlenkette, die in zwei Ringen an der Oberkante der Skarabäusflügel befestigt ist. Die länglichen Perlen bestehen aus Gold oder bunten Steinen, und die Ketten enden mit einem blumenförmigen Gegengewicht, das ebenfalls aus Reihen bunten, in Gold eingelegten Glasflusses besteht.

Psusennes I. besaß nicht weniger als vier solcher Schmuckstücke mit einem geflügelten Skarabäus. Diese Amulette waren wegen der ihnen zugeschriebenen schützenden und Unheil abwendenden Fähigkeiten in Gräbern besonders wichtig. (S.E.)

JE 85796 –
85791 – 85795

Brustschmuck Psusennes' I.

Gold, Karneol, Lapislazuli, Feldspat, roter Jaspis
Pektoral: Höhe 13,8 cm, Breite 13,5 cm, Dicke 0,7 cm
Kette: Länge 41 cm (jede Seite); Tanis, Grab Psusennes' I.
Sargkammer Psusennes' I.; Ausgrabungen von P. Montet (1940)
21. Dynastie, Regierungszeit Psusennes' I.
(1040–992 v. Chr.)

Die Mumie von Psusennes I. wurde in einem mumienförmigen Silbersarg bestattet; zahlreiche Kleinode wurden ihr beigegeben. Darunter befanden sich mehrere wertvolle Pektorale, die von Bildern des geflügelten Skarabäus beherrscht werden, einem Symbol der Sonne und der Wiedergeburt des Pharaos nach seinem Tod.

Auf dieser Platte wurde eine raffinierte Cloisonné-Technik angewandt, bei der man kleine Schmucksteine unterschiedlicher Farbe in die auf einem goldenen Rahmen befestigten Zellen einlegte.

Das Objekt liefert ein schönes Beispiel für die Fähigkeit der Goldschmiede aus Tanis, mittels ausgewogener Formen und Farben eine harmonische, elegante Komposition zu schaffen. Die Mitte des Schmuckstücks wird vom Bild eines aus Lapislazuli geschnittenen Skarabäus beherrscht. Seine ausgebreiteten Flügel sind mit bunten Schmucksteinen eingelegt, die so geschnitten sind, dass sie Perlschnüre imitieren. Der Käfer zieht eine Goldkartusche hinter sich her, die in eingelegten Hieroglyphen den Geburtsnamen des Pharaos nennt, *»Pasebachaenniut Meryamun«*. Eine zweite, auf gleiche Weise befestigte Kartusche mit den Thronnamen des Herrschers, *»Aacheperre*, erwählt von Amun«, wird von dem Käfer geschoben und ist von zwei goldenen Uräen flankiert, die an einer darüber gespannten geflügelten Sonnenscheibe hängen. Die gefiederten Flügel der Scheibe, weit ausgebreitet, als wollten sie die ganze Komposition schützen, wurden an den Spitzen offenbar nach vorn gebogen, um Raum zu lassen für die beiden in die Ecken eingepassten, Unheil abwendenden Königsschlangen, deren Körper sich schlängeln und deren Köpfe mit Sonnenscheiben gekrönt sind.

Die Göttinnen Isis und Nephthys, identifizierbar anhand der über ihren Köpfen dargestellten Symbole, knien zu beiden Seiten des geflügelten Skarabäus. Beide strecken die Arme aus und berühren die Flügel des Skarabäus mit einer Geste, die dem Pharao, der Osiris gleichgesetzt wird, Schutz und ewiges Leben sichert.

Jeweils über den erhobenen Armen der Göttinnen befinden sich zwei Inschriften, die den Namen und eine Schutzformel der Isis enthalten.

Diese kunstvolle sinnbildliche Komposition wurde in einen Rahmen gestellt, der stilisiert die Umrisse eines Tempelpylons abbildet. Den rechteckigen Rand schmückt ein Fries von sich abwechselnden Quadraten und Streifen. Unten wurde mittels eines beweglichen Scharniers ein weiterer Fries aus 17 *Djed-* und *Tjt*-Symbolen befestigt, den Emblemen von Osiris und Isis, eingelegt in bunten Schmucksteinen und jeweils gekrönt von einer Sonnenscheibe.

Über dem Rahmen des Brustschmucks befindet sich eine vorkragende Hohlkehle, die mit vertikalen bunten Einlegestücken verziert ist. An dieses Architekturelement wurden oben rechts und links drei Ringe gelötet. Mit ihnen verband man je zwei weitere Ringe für die Befestigung der Enden einer doppelten Kette, an der das Pektoral hing.

Diese Kette restaurierten die Archäologen: Sie fädelten 19 ovale Perlen aus Gold, rotem Jaspis, Feldspat und Lapislazuli, die auf dem Sargboden verstreut aufgefunden wurden, zu zwei Schnüren auf. Ein Gegengewicht am Ende der Kette ist mit einem Blumenmotiv aus eingelegten Schmucksteinen und einem Tröpfchenmotiv verziert.

Die Rückseite des Brustschmucks besteht aus Gold, mit einer fein eingravierten Reproduktion der Vorderseite. In der Mitte wurde ein ovales Loch frei gelassen; darin erscheint als einziger Farbfleck die Unterseite des Lapislazuli-Skarabäus, in die zwei Hieroglyphenreihen mit den Titeln und den Kartuschen des Pharaos eingeschnitten sind. (S.E.)

JE 88501– 89810 – 89800

Drei Uschebti-Figuren des Wendjebauendjed

Bronze; JE 88508: Höhe 9,5 cm; JE 89810: Höhe 7,5 cm; JE 89800: Höhe 8 cm; Tanis, Grab Psusennes' I.; Sargkammer des Wendjebauendjed
Ausgrabungen von P. Montet (1946), 21. Dynastie,
Regierungszeit Psusennes' I. (1040–992 v. Chr.)

Unter Psusennes I. lebte ein Brauch wieder auf, den wir aus den Grabbeigaben Ramses' II. und Ramses' III. kennen, nämlich seiner Grabausstattung zahlreiche Uschebti-Figuren aus Bronze zuzufügen. Dies war zu jener Zeit in Ägypten ein unüblicher Luxus, weil man Bronze damals sehr hoch einschätzte. Die gleiche Ehre widerfuhr auch der Schwester und Gemahlin von Psusennes I., Mutnedjmet, und General Wendjebauendjed, jenem ranghohen Beamten, der in dem für das königliche Paar vorbereiteten Grab beigesetzt wurde.
Wendjebauendjeds Leichnam kam in eine schmale Kammer innerhalb der Mauern um die Grabstätte von Psusennes I., und wegen des Platzmangels stellte man seine Uschebti-Figuren in den Vorraum des Grabes, wo später andere Mitglieder der königlichen Familie beigesetzt wurden.

Neben den typischen Fayence-Uschebti gehörten zur Grabausstattung des Beamten auch zwei Typen aus Bronze: Diener und Aufseher. In seinem Ausgrabungsbericht gab Montet an, dass er eine einzige Aufseherfigur und etwa 20 Diener aus Bronze gefunden habe.
Andere Uschebti waren bereits in den Handel, auf die Antiquitätenbasare gelangt. 16 von diesen Figuren, die sich heute im Kairoer Museum befinden, konnten so erworben werden. Gegenwärtig sind etwa 40 bronzene Dienerfiguren von Wendjebauendjed bekannt, verstreut in Sammlungen der ganzen Welt.
Die Figuren sind alle mumienförmig, haben dreiteilige Perücken und verschränkte Arme. Über dem Leib verläuft eine Hieroglyphenkolumne mit dem Namen und einem der Titel Wendjebauendjeds. Es gibt zwei Textarten: eine bezieht sich auf die höchste weltliche Position, jene des »Generals«, die andere nennt den religiösen Titel mit dem größten Prestige, den Wendjebauendjed besaß: »Güterverwalter des (Gottes) Chons«. (F.T.)

JE 87753

Mumienmaske des Wendjebauendjed

Gold und Glasfluss
Höhe 22 cm
Tanis, Grab Psusennes' I., Sargkammer des Wendjebauendjed
Ausgrabungen von P. Montet (1946)
21. Dynastie, Regierungszeit Psusennes' I.
(1040–992 v. Chr.)

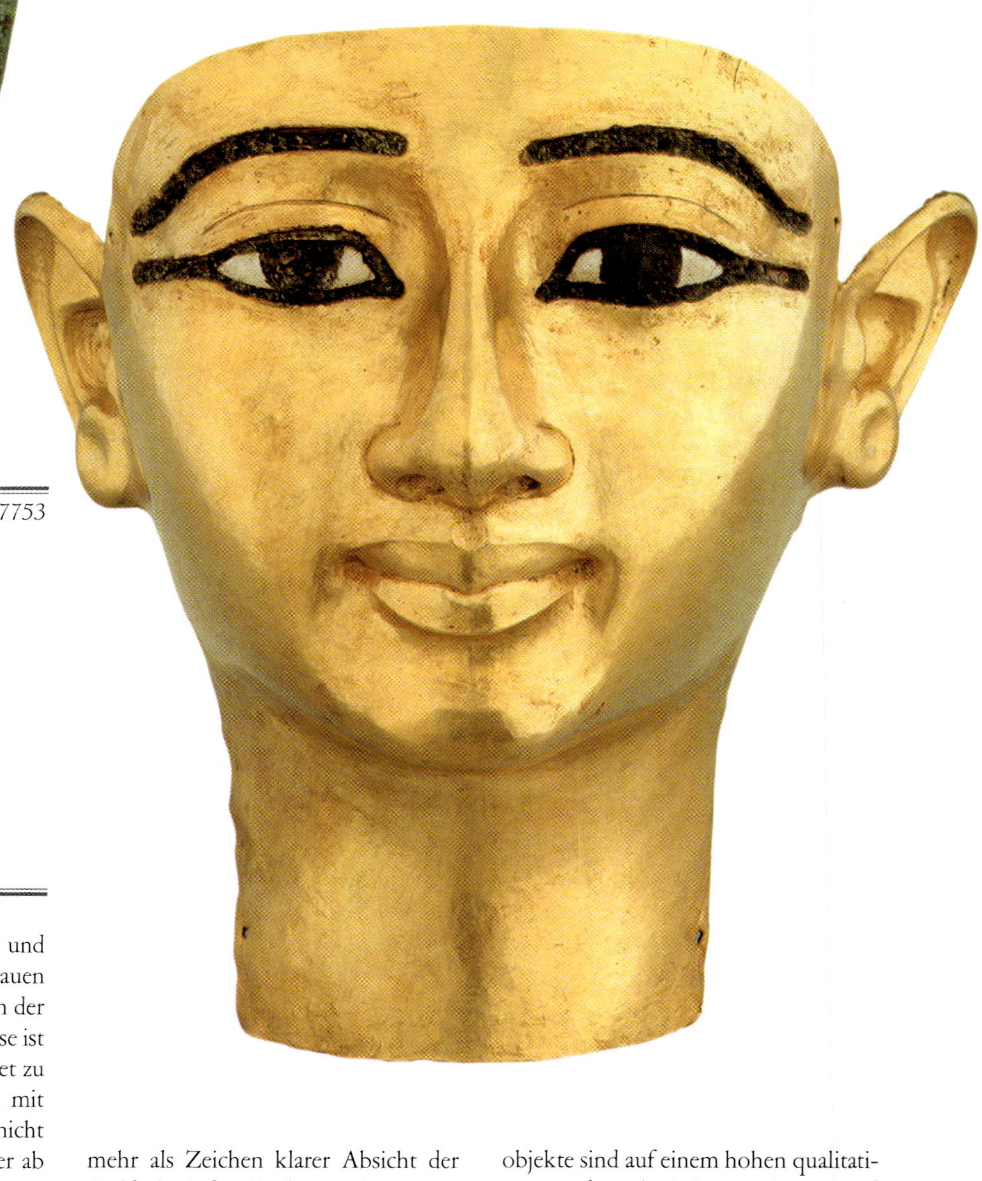

Die Mumie des Wendjebauendjed trug goldene, hülsenartige Fingerkappen, und ihr Gesicht war mit dieser kostbaren Totenmaske bedeckt, die aus dickem Goldblech besteht und mit Einlagen aus farbigem Glasfluss verziert ist.
Die Maske bedeckte das Gesicht, den Hals und die Ohren der Mumie, sie endete an der Stirn, wo sechs kleine perforierte Zungen ihre Befestigung am Kopf der Mumie ermöglichten.
Die Augen, wunderbar erhalten, bestehen aus verschiedenfarbigem Glasfluss, den man in Vertiefungen im Gold einlegte: Weiß für die Augäpfel und Schwarz für die Pupillen. Die Brauen und die Augenkonturen wurden in der gleichen Technik gestaltet. Die Nase ist in der Form eigentlich als vollendet zu bezeichnen. Der Mund ist klein mit vollen Lippen. Die Ohren sind nicht symmetrisch, das linke steht weiter ab als das rechte.
Die Maske ist ein idealisiertes Porträt des Wendjebauendjed als jungem Mann mit heiterem, ruhigem Ausdruck, den ein kaum wahrnehmbares Lächeln unterstreicht. Die auf der Maske sichtbaren Hammerspuren sollte man nicht als Mängel betrachten, sondern vielmehr als Zeichen klarer Absicht der Goldschmiede. Sie hatten hier einer unüblichen, etwas matten Fläche den Vorzug vor einer stark polierten gegeben, vielleicht aus der Überzeugung, dass sie besser zu der für die Goldarbeiten von Tanis typischen Nüchternheit und Eleganz passe.
Alle in Tanis gefundenen Metallobjekte sind auf einem hohen qualitativen und ästhetischen Niveau und demonstrieren die Besonderheit der Kunst jener Stadt im äußersten Ostdelta, die von den Pharaonen der Einundzwanzigsten und der Zweiundzwanzigsten Dynastie wegen ihrer günstigen Lage an einem Hauptarm des Nils bevorzugt wurde. (S.E.)

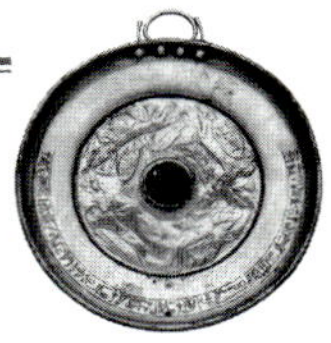

JE 87742

Trinkschale mit Wasserszene

Gold und Silber
Durchmesser 18,2 cm, Höhe 2,5 cm
Tanis, Grab Psusennes' I., Sargkammer des Wendjebauendjed
Ausgrabungen von P. Montet (1946)
21. Dynastie, Regierungszeit Psusennes' I.
(1040–992 v. Chr.)

Auf dem vergoldeten Holzsarg des Wendjebauendjed wurden verschiedene Gefäße aus Edelmetall gefunden, unter denen dieses anspruchsvolle Stück, das Pharao Psusennes I. seinem treuen Beamten geschenkt hatte, zweifellos das berühmteste ist.

Die Patera (Trinkschale) besteht aus Silber, einem Material, das in der Tanis-Periode häufiger verwendet wurde, nachdem es aus Libyen, dem Nahen Osten und durch den Handel mit den Völkern der Küste von Palästina nach Ägypten gelangte.

In der Zeit der Einundzwanzigsten und der Zweiundzwanzigsten Dynastie erreichten die Techniken zur Bearbeitung dieses Metalls einen äußerst hohen Stand von Ausgereiftheit. Die Künstler verwendeten es oft zusammen mit Gold, um neue, originelle Effekte zu gestalten.

In der Mitte der Patera befindet sich ein dekoratives Motiv aus einer Rosette mit zwölf Blütenblättern, die ursprünglich mit farbigem Glasfluss in Cloisonné-Technik eingelegt waren. Eine große Scheibe um dieses mittlere Element ist innen und außen mit Reihen von Goldperlen gerändelt. In die goldene Scheibe wurde eine bezaubernde Wasserszene getrieben. Vier junge Mädchen, die Gürtel und Halsketten tragen, schwimmen in einem Teich mitten zwischen Fischen, Enten und Lotosblumen. Sie bilden zwei Paare, die aufeinander zuschwimmen und versuchen, Enten zu fangen, was zwei von ihnen gelungen ist.

Die restliche Innenseite der Patera, der Rand, besteht aus Silber, das nicht dekoriert wurde, abgesehen von einer Inschrift in Hieroglyphen mit dem Wortlaut: »Der König von Ober- und Unterägypten, *Aacheperre Setepenamun*, der Sohn des Re, *Psusennes Meriamun*. Geschenkt mit gütiger Erlaubnis des Königs dem Güterwalter des Chons in Theben Neferhotep, Priester des Chons, General, Kommandeur der Bogenschützen des Pharaos, Oberaufseher der Priester aller Götter, der Priester Wendjebauendjed, gerechtfertigt, aus Perusirnebdjet [ägyptischer Name von Busiris, Hauptstadt des Neunten Gaus von Unterägypten].«

Auf einer Seite befinden sich als Beiwerk ein Goldgriff und eine mit zwei Palmetten verzierte Platte. Sie ist mit vier Nieten am Rand der Trinkschale befestigt.

Dekorative Themen mit Bezug zur Wasserwelt findet man in der ägyptischen Kunst häufig, und bei diesem Stück waren sie vermutlich mit der alltäglichen Funktion des Objekts als Flüssigkeitsbehälter verbunden.

(S.E.)

JE 86059

Mumienmaske des Amenemope

Blattgold, Bronze, farbige Steine
Höhe 30 cm
Tanis, Grab Psusennes' I., Sargkammer des Amenemope
Ausgrabungen von P. Montet (1940)
21. Dynastie, Regierungszeit des Amenemope
(993–984 v. Chr.)

Diese anspruchsvolle, aber vergleichsweise nüchtern ausgeführte Maske war ein integrierter Bestandteil des mumienförmigen Sarges aus vergoldetem Holz, in dem die Mumie des Amenemope ruhte. Dieser war der Nachfolger von Psusennes I., in dessen Grabstätte er beigesetzt wurde.

Man bestattete Amenemope in der mit Granit ausgekleideten Sargkammer, die ursprünglich für Mutnedjmet vorgesehen war, die Gemahlin und Schwester von Psusennes I. Amenemopes mumienförmiger Sarg wurde in den Granit-Sarkophag gestellt, den man ebenfalls von Mutnedjmet requiriert hatte. Die Holzteile des Sarges sowie der größte Teil der Mumie selbst wurden von Feuchtigkeit zerstört; die aus Gold bestehenden Teile, die Gesicht und Hände bedeckten, blieben jedoch erhalten.

Die Maske besteht aus dickem Goldblech, in das die idealisierten Züge des Königs modelliert wurden. Das rundliche Gesicht mit dem fast kindlichen Ausdruck wird umrahmt vom *nemes*, dem Kopftuch, aus dem die Ohren hervortreten. Diese stehen viel zu hoch im Verhältnis zu den Augen. Blickfang dieser Maske ist ein vollendet ausgeführter Uräus, das Symbol pharaonischer Königswürde, der sich auf der Stirn erhebt. Der lange, geschmeidige Körper der Schlange kriecht vom Kopfputz des Herrschers herab und rollt sich zusammen, bevor sie den Kopf hebt.

Sie besteht aus massivem Gold mit Einlagen aus blauen, roten und türkisfarbenen Steinen; sie sind die einzigen Farbtupfer auf der durch Einfachheit und Reinheit der Form charakterisierten Maske.

Die Pupillen, die Brauen und die Augenkonturen bestehen aus Bronze, ebenso die Linie um die Wangen des rundlichen Gesichts. Die Lippen sind kaum angedeutet, ihre Umrisse nicht betont. Während der Restaurierung wurde die Maske auf einem eigens aus Gips modellierten Kopf befestigt, der jetzt als ihre Stütze dient.

Die Maske des Amenemope ist ein Kompendium aller Merkmale der Kunst von Tanis. Sie ist geprägt von Sparsamkeit der Form, die im Kontrast zur prunkhaften Fülle der Grabschätze des Pharaos Tutanchamun steht. (S. E.)

JE 86036

Anhänger in Form eines Falken

Gold und farbiger Glasfluss
Breite 37,5 cm
Tanis, Grab Psusennes' I., Sargkammer des Amenemope
Ausgrabungen von P. Montet (1940)
21. Dynastie, Regierungszeit des Amenemope
(993–984 v. Chr.)

Diesen Anhänger hatte man auf die Brust der Mumie des Pharaos Amenemope gelegt. Sein Grabschatz war nicht groß, enthielt jedoch noch einige andere Stücke aus Gold. Der Grund dafür, dass in dem Grab nur relativ wenige Objekte gefunden wurden, lag wohl darin, dass viele gestohlen wurden, entweder vor oder während der Überführung von Amenemopes vergoldetem Holzsarg aus seiner ursprünglichen Grabstätte in die Grabkammer Mutnedjmets, der Gemahlin von Psusennes I. Dieser Schritt war vermutlich wegen mehrerer Einbrüche in die königliche Nekropole in Tanis notwendig geworden.

Der für Mutnedjmet vorgesehene Granit-Sarkophag wurde für Amenemope wieder verwendet: Man schliff den Namen der Königin weg und ersetzte ihn durch jenen des neuen Besitzers.

Der Falke ist im Flug dargestellt, mit ausgebreiteten Flügeln. Der nach links gewendete Kopf besteht aus massivem Gold, andere Teile wie der Schnabel, das Auge, der Nacken und das schmückende Motiv auf den Wangen dagegen sind aus dunklem Glasfluss gefertigt.

Die Flügel, der Körper und der Schwanz des Raubvogels wurden in Cloisonné-Technik ausgeführt. Man bettete Einlegeteile aus blassrosarotem und grünem Glasfluss in Goldzellen, womit man eine zarte polychrome Wirkung erzielte. Die Federn der ausgebreiteten Flügel sind in zwei Reihen angeordnet. Den Körper ziert ein Tröpfchenmotiv, das auch auf den Schwanz übergeht. Die Klauen, wieder aus massivem Gold, halten jeweils ein *Schen*-Symbol der Ewigkeit, an denen zwei Platten mit den Kartuschen des Königs befestigt sind. Die Hieroglyphen in den Kartuschen führte man mit farbigem Glasfluss aus, der in das Gold eingebettet wurde.

Auf der rechten Platte kann man den Thronnamen des Pharaos lesen: »*Usermaatre Setepenamun*, geliebt von Osiris von Ro-Setau [Nekropolis von Memphis]«; auf der linken Platte steht der Geburtsname: »Amenemope *Mer-yamun*, geliebt von Osiris, Herr von Abydos«.

Anhänger wie dieser hatten eine Unheil abwendende, schützende Wirkung und waren auf königliche Grabausstattungen beschränkt. In der Ikonographie des alten Ägypten stellte der Falke ein Symbol für den Gott Horus dar, dessen irdische Inkarnation der Pharao war. (S.E.)

JE 72170

PEKTORAL SCHESCHONKS II. MIT GEFLÜGELTEM SKARABÄUS

Gold, Schmucksteine, Glasfluss
Höhe 15,6 cm, Länge der Kette 75 cm
Tanis, Grab Psusennes' I., Sargkammer Scheschonks II.
Ausgrabungen von P. Montet (1940)
22. Dynastie, Regierungszeit Scheschonks II.
(um 883 v. Chr.)

Das Grab Psusennes' I. wurde auch für die Beisetzung anderer Mitglieder der königlichen Familie benutzt. Tatsächlich entdeckte Montet, dass eine zweite Kammer, zwei Anbauten und der Vorraum des Grabes zur Aufnahme anderer Verstorbener dienten. Die Überreste der Mutnedjmet, der Gemahlin Psusennes' I., waren durch jene seines Nachfolgers Amenemope ersetzt worden.

In der Grabstätte fand man auch den leeren Sarg der Anchefenmut und die Grabstätten des Wendjebauendjed, einem ranghohen Würdenträger und Armeegeneral, sowie von Scheschonk II, einem König der Zweiundzwanzigsten Dynastie, der nur ein Jahr lang regierte; neben ihm wurden in seiner Grabkammer ein Mann und eine Frau beigesetzt, die man bisher nicht identifizieren konnte.

Diesen goldenen Brustschmuck mit Einlagen aus Glasfluss und bunten Steinen entdeckte man am Hals der Mumie des bis dahin unbekannten Pharaos Scheschonk II. Die Goldplatte, aus der das Schmuckstück besteht, hat in der Mitte ein ovales Loch, das einen großen Skarabäus aus grünem Stein beherbergt, jener Farbe, die die Wiedergeburt symbolisiert. Der Skarabäus ist geflügelt, er hält eine Kartusche mit dem Namen des Königs über sich und hat eine zweite mit den Hinterbeinen gefasst. Unten ist das Kapitel 30 aus dem *Totenbuch* eingraviert, das die Hoffnung des Verstorbenen ausdrückt, sein Herz möge während des Letzten Gerichts in Anwesenheit von Osiris nicht gegen ihn Zeugnis ablegen. Die befiederten Flügel des Skarabäus werden von den Göttinnen Isis und Nephthys gehalten, die rechts und links neben dem Skarabäus knien und die Hieroglyphen, die ihre Namen nennen, auf den Köpfen tragen. Diese mittlere Szene, gekrönt von einer geflügelten Sonnenscheibe mit Uräen, ist eingebettet in einen Rahmen, den sich abwechselnde Quadrate aus Gold und dunklem Glasfluss bilden. Darüber befindet sich eine Hohlkehle mit der Figur einer zweiten geflügelten Scheibe, die der ersten ähnelt.

Unten an der Platte hängt eine mittels Scharnier befestigte separate Goldplatte. In sie ist ein Fries eingraviert, auf dem sich neun Djed-Pfeiler mit neun Isisblut-Symbolen abwechseln, beides Zeichen für den Schutz des Verstorbenen. Die Rückseite des Amuletts besteht vollständig aus Gold und trägt die gleiche Dekoration wie die Vorderseite.

An der Kette ist das Schmuckstück mit zwei Ringen befestigt, die auf der Rückseite des oberen Rahmens angebracht wurden. Eine kleine, sehr leichte Goldplatte hängt an einem Ring unten an der Kette, als symbolisches Gegengewicht zur Platte.

Die goldenen Figuren der Göttinnen Isis und Nephthys, die Sonnenscheiben und die Kartuschen wurden separat angefertigt und auf die Grundplatte gelötet. Die übrige Dekoration des Schmuckstücks ist in Cloisonné-Technik ausgeführt: Dünne Golddrähte bilden kleine Zellen für die Federn der Flügel des Skarabäus und der beiden Sonnenscheiben. Diese Zellen wurden, wie die anderen hohlen Teile, mit Glasfluss in dunklem Grünblau gefüllt.

(S.E.)

Auf die Mumie von Scheschonk II. hatte man drei Brustschmuckstücke gelegt, darunter dieses hübsche leichte Exemplar, dessen Symbolgehalt mit dem Sonnenzyklus zu tun hat. Die Wiedergeburt des verstorbenen Königs wird durch die aufgehende Sonne angezeigt, die ein Skarabäus symbolisiert. Dieses Thema findet sich häufig auf Schmuckstücken, die man in den Königsgräbern von Tanis entdeckte, doch hier wurde es auf ungewöhnliche, originelle Weise behandelt.

Der Goldschmied wandte die Cloisonné-Technik an, er legte verschiedene bunte Schmucksteine in einer Fassung aus Gold ein. In der Mitte des Schmuckstücks befindet sich ein Skarabäus aus Lapislazuli und über dem Kopf des Käfers eine Sonnenscheibe aus Gold.

Flankiert werden diese Elemente von zwei aus dem Sonnenauge hervorgehenden königlichen Kobras. Ihre Körper, unterteilt und mit farbigen Schmucksteinen eingelegt, von denen einige verloren gegangen sind, gleiten an den beiden Seiten des Skarabäus herab und kriechen durch zwei *Schen*-Ringe. Sie tragen die aus schimmerndem Gold gefertigte Weiße Krone Oberägyptens.

Die Komposition ruht auf einem mit vertikalen Bändern verzierten Fundament. An seiner Unterseite ist ein ebenfalls in Gold und Cloisonné dekorierter trapezförmiger Fries angebracht. Sechs kleine Goldscheiben wechseln sich ab mit Lotosblumen – drei offenen Blüten und zwei Knospen –, die alle aus Farbsteinen bestehen.

Die dekorativen Motive der Vorderseite wurden auf der Rückseite getreu reproduziert und in das Gold ziseliert. Große Sorgfalt verwendete der Künstler darauf, die Hinterleibssegmente auf der Unterseite des Skarabäus zu betonen.

Diese ausgewogene, anmutige Komposition lässt sich auch deuten als der von Hieroglyphen gebildete Thronname des Königs von Ober- und Unterägypten, Scheschonk I.: *hedjet* (die Weiße Krone), *cheper* (der Skarabäus), *re* (die Sonnenscheibe). Deshalb war die Platte möglicherweise ein Familienschmuckstück, das Scheschonk II. geerbt und in seine Grabausstattung aufgenommen hatte. (S.E.)

JE 72172

Pektoral Scheschonks II.

Gold, Lapislazuli, grüne und rote Fayence
Anhänger: Höhe 7 cm, Breite 5 cm; Kette: Länge 31,5 cm, Breite 0,2 cm
Tanis, Grab Psusennes' I., Sargkammer Scheschonks II.
Ausgrabungen von P. Montet (1939)
22. Dynastie, Regierungszeit Scheschonks I.
(945–924 v. Chr.) und Regierungszeit Scheschonks II.
(um 883 v. Chr.)

JE 72171

PEKTORAL SCHESCHONKS II. MIT SONNENBARKE

Gold, Lapislazuli, Glasfluss
Länge 7,8 cm
Tanis, Grab Psusennes' I., Sargkammer Scheschonks II.
Ausgrabungen von P. Montet (1939)
22. Dynastie, Regierungszeit Scheschonks I.
(945–924 v. Chr.)

Dieser mit Lapislazuli und Glasfluss eingelegte Goldanhänger lag auf der Mumie von Scheschonk II., die sich in zwei mumienförmigen Särgen mit Falkenköpfen befand.
Das elegante Schmuckstück gehörte, wie die Inschriften zeigen, einem Menschen mit Namen Scheschonk, Sohn von Nimlot. Dabei könnte es sich um Scheschonk I. gehandelt haben, den Begründer der Zweiundzwanzigsten Dynastie, für den das Schmuckstück möglicherweise vor seiner Thronbesteigung angefertigt wurde; die Inschrift könnte sich aber auch auf jenen Scheschonk beziehen, der der Großvater von Scheschonk I. und ebenfalls ein Sohn von Nimlot war. Wie dem auch sei, das Schmuckstück entstand jedenfalls während der Zweiundzwanzigsten Dynastie und wurde als Familienschmuck weitergegeben, bis es Scheschonk II. erhielt, in dessen Grab man es dann legte.
Der Hauptteil des Schmuckstücks besteht aus Gold. Die kunstvolle Dekoration zeigt das Sonnenboot, das unter einem sternenübersäten Himmelsgewölbe fährt. In der Mitte der schlanken Barke steht eine große Sonnenscheibe aus Lapislazuli. In einer eingravierten Szene steht die Göttin Maat vor Amun-Re-Harachte, der auf dem Himmelsthron sitzt. Auf dem Bug und dem Heck des Gefährts stehen Hathor (erkennbar an der in das Kuhgehörn eingebetteten Sonnenscheibe aus rotem Glasfluss) und Maat (gekrönt von einer Sonnenscheibe und einer Straußenfeder). Die beiden Göttinnen haben ihre geflügelten Arme in einer beschützenden Geste zu der Sonnenscheibe hin ausgebreitet. Ihr Haar und ihre Flügel sind mit Lapislazuli eingelegt. Beide halten in einer Hand eine Straußenfeder und in der anderen eine Hieroglyphen-Komposition, gebildet aus dem Symbol *nefer*, dem Horusauge (*Udjat*-Auge) und dem Korb *neb*.
Das Himmelsgewölbe über der Barke ist durch ein Band aus Lapislazuli mit einer Reihe goldener Sterne dargestellt. Gestützt wird das Band auf den Seiten von den beiden symbolischen Pflanzen Ober- und Unterägyptens, dem Papyrus und der Lotosblume, deren Stängel aus Gold und deren Blüten aus farbigem Glasfluss bestehen.
Über dem Himmelsgewölbe stehen zwei Falken, die aus dickem Goldblech angefertigt sind und die Doppelkrone des vereinten Ägyptens tragen.
Das Wasser, auf dem das Boot fährt, wurde mit dünnen Zickzacklinien aus Gold und blauem Glasfluss gestaltet. Am unteren Rand hängen Lotosblumen, abwechselnd offene Blüten und Knospen. Die Enden des Sonnenbootes ruhen auf zwei Goldplatten mit Hieroglyphen-Inschriften in jeweils zwei Reihen.
Der Text auf der linken Platte vervollständigt und setzt jenen auf der rechten fort: »Amun-Re-Harachte bereist den Himmel jeden Tag, um den großen Anführer der Me(schwesch) zu schützen, den Größten der Großen, Scheschonk, gerechtfertigt, Sohn des großen Anführers der Me(schwesch) Nimlot.« (S.E.)

JE 72184 B

ARMREIF SCHESCHONKS II.

Gold, Lapislazuli, Karneol, weiße Fayence
Höhe 4,6 cm; größter Innendurchmesser 6,1 cm
größter Außendurchmesser 7 cm
Tanis, Grab Psusennes' I., Sargkammer Scheschonks II.
Ausgrabungen von P. Montet (1939)
22. Dynastie, Regierungszeit Scheschonks I.
(945–924 v. Chr.)

Scheschonk II., der Hohepriester von Amun am Beginn der Zweiundzwanzigsten Dynastie, wurde von seinem Vater Osorkon I. zu seinem Nachfolger bestimmt und war kurze Zeit Mitregent, starb jedoch, bevor er die Macht vollständig übernehmen konnte. Seine Mumie zierte man mit Schmuckstücken von außergewöhnlicher Kunstfertigkeit; einige unter ihnen müssen zum reichen Familienschatz gehört haben, den Scheschonk von seinen Vorfahren erbte.
An den Handgelenken des Pharaos fand man sieben Armreife, drei am rechten und vier am linken Arm; meist bildeten sie identische Paare. Der hier abgebildete starre Armreif besteht wie sein Zwilling aus goldenen Halbkreisen, die mit Scharnieren verbunden sind; eines davon lässt sich öffnen, damit man das Schmuckstück ums Handgelenk legen oder abnehmen kann. Beherrscht wird die schöne Dekoration von einem großen eingelegten Quadrat, das ein Bild von einem *Udjat*- oder Horusauge enthält. Die Konturen des Auges und die Braue sowie die Linie unter dem Auge sind in Blau eingelegt, der Augapfel in Weiß und die Iris oder Pupille in Schwarz. Dieses Symbol wurde über eine *Neb*-Hieroglyphe gestellt, die mit einem Schachbrettmuster verziert ist; darin werden diagonale Reihen von Rechtecken aus Lapislazuli und Karneol durch Reihen von Rechtecken aus Gold getrennt. Die Komposition dieser Symbole soll ewigen Schutz für den Pharao sicherstellen. Sie hebt sich von einem Hintergrund aus Lapislazuli ab, den man wohl bewusst wegen seines gemaserten Aussehens wählte, weil er an einen Himmel mit weißen Wolken denken lässt.

Die restliche Außenfläche des Armreifs weist sich abwechselnde vertikale Bänder aus Lapislazuli und Gold auf. Dieses Muster ist eine Imitation älterer ägyptischer Armreife, auf denen Reihen farbiger Perlen durch massive Abstandsstücke aus Gold getrennt waren.
Den oberen und den unteren Rand des Armreifs ziert ein Band aus Rechtecken mit eingelegtem Lapislazuli; getrennt werden diese von drei Bändern aus Karneol, und alle sind in Gold gefasst.
Die Dekoration der Zwillingsreifen ist gleich, nur zeigt der eine ein linkes Auge und der andere ein rechtes, woraus die für Ägypten charakteristische Vorliebe für Symmetrie und Spiegelbilder spricht.
Die beiden Kartuschen Scheschonks I., dem Begründer der Zweiundzwanzigsten Dynastie, sind in die Innenseiten der Armreife eingraviert. Scheschonk II. muss dieses Amulett zusammen mit seinen anderen kostbaren Schmuckstücken von seinem Vorgänger geerbt haben. (S.E.)

Im Lauf des 19. und 20. Jahrhunderts wurden bei der archäologischen Erforschung Ägyptens großartige Entdeckungen gemacht, die weltweite Aufmerksamkeit erregten und die Pracht der pharaonischen Kultur bekannt machten. Das 1922 von Howard Carter gefundene, fast unversehrte Grab des Tutanchamun stellt mit seinen sagenhaften Kunstschätzen bis jetzt die anderen Entdeckungen weit in den Schatten.

Diese Schätze vermitteln zwar ein lebendiges Bild von einer königlichen Bestattung auf dem Höhepunkt des Neuen Reichs, aber wir stehen doch ohnmächtig der Tatsache gegenüber, dass sie nichts über die Geschehnisse aussagen können, die das Leben dieses jungen Pharaos prägten, und auch nichts über die Umstände, unter denen er herrschte.

Anders verhält es sich mit mehreren Entdeckungen, die vielleicht weniger spektakulär waren, was die Zahl der in den Blickpunkt der Welt gerückten Meisterwerke anbelangt, die aber viel größere und nützlichere Beiträge zur Rekonstruktion der Geschichte des alten Ägypten leisteten. Man denke beispielsweise nur an die vielen Texte, die Auguste Mariette 1850–1851 in den Gewölben des Serapeums barg, womit er für die Wissenschaft eine einmalige Sammlung von Quellen rettete, die bis heute noch nicht ganz ausgewertet worden sind.

Weitere Beispiele sind das Versteck der Königsmumien von Deir el-Bahari, die ausgeraubt und dann zwischen 1875 und 1881 erforscht wurden, sowie die zweite Entdeckung in Deir el-Bahari von 1891, bei der man eine verblüffende Zahl von Priestersärgen aus der Zweiundzwanzigsten Dynastie fand. Außerdem gab es Pierre Montets spektakuläre Ausgrabungen in Tanis zwischen 1939 und 1945, die eine weitgehend unangetastete königliche Nekropole aus der Einundzwanzigsten und der Zweiundzwanzigsten Dynastie ans Licht brachten. Diese Funde klärten uns über ganze Perioden der ägyptischen Geschichte auf und vergrößerten das kulturelle Vermächtnis Ägyptens um unbezahlbare Schätze. Auch die Entdeckung der »Cachette« (des Verstecks) von Karnak durch Georges Legrain zwischen 1903 und 1905 kann man mit Fug und Recht in die Liste großer Leistungen aufnehmen.

Im Jahre 1895 war Legrain von Jacques de Morgan, damals Direktor der Ägyptischen Altertümer-Verwaltung, beauftragt worden, die Arbeiten in Karnak zu beaufsichtigen. Legrain hatte bereits einige beachtliche Entdeckungen gemacht, als ihm Gaston Maspero, inzwischen Jacques de Morgans Nachfolger, 1901 anbot, Ausgrabungen an einer Stelle durchzuführen, die wegen ihres archäologischen Potenzials sorgfältig untersucht werden sollte – zusammen entschieden sie sich für den Hofraum des Siebten Pylons im großen Tempel von Karnak. Während dieser Arbeit erwies sich der Dezember 1903 als besonders Glück bringend. Nachdem Georges Legrain einige Blöcke ausgegraben hatte, die zur Jubiläumskapelle Amenophis' I. gehörten, weitete er seine Suche aus.

Am 26. Dezember 1903 fand er eine große Kalzitplatte, die sich als Stele von Sethos I. erwies. Einige Zentimeter darunter erschienen drei prächtige Statuen von beträchtlicher Größe, unter anderem eine Figur von Amenemhet; diese war aus einem intensiv grünfarbenen Stein geschnitten, der die besondere Bewunderung

Herman de Meulenaere

Die »Cachette« von Karnak

334 links
Eine Gruppe von Arbeitern birgt Statuen aus der Cachette von Karnak (1904).

334 Hintergrund und 335
Statue des Schreibers Nespakaschuti
JE 36665
Schiefer
Höhe cm 78
Karnak, Tempel des Amun-Re, Cachette
Ausgrabungen von G. Legrain (1904)
26. Dynastie, Regierungszeit des Apries (589–570 v. Chr.)

der Archäologen erregte. Das waren jedoch nur die ersten Entdeckungen in einer ganzen Reihe, die sich ohne Unterbrechung zwei Jahre lang fortsetzte. Kaum hatte man die drei Statuen ans Licht geholt, machte man immer neue Funde. Unter den ersten befand sich eine Skulptur aus der Spätzeit von einem gewissen Ahmes, dem Sohn des Pacharchons. Selbst zu diesem frühen Zeitpunkt der Suche stellten Legrains Entdeckungen bereits eine sehr reichhaltige Skulpturensammlung dar.

Die Gruppe, die unter äußerst schwierigen Bedingungen arbeitete, konnte über 700 Statuen, 16 000 Bronzen und zahlreiche andere alte Objekte bergen, bis am 25. Juli 1905 die Grabungen unterbrochen wurden. Um diese erstaunliche Menge zu Tage zu fördern, mussten sich die halb nackten Arbeiter viele Meter unter der Erdoberfläche mit nachrutschendem Sand und Schlamm abplagen; manchmal steckten sie völlig fest und mussten darauf warten, dass ihre Arbeitskollegen sie wieder auf festen Boden hochzogen.

Es ist bedauerlich, dass Georges Legrain, der zweifellos überwältigt war vom enormen Umfang der ausgegrabenen Objekte, uns nicht mehr als einige vorläufige Berichte über die Fortschritte und Ergebnisse seiner Arbeit hinterlassen hat. Vermutlich führte er Buch über seine Funde, aber selbst wenn dem so war, blieben seine Notizen nicht erhalten. Um Informationen über die Zeitpunkte seiner Entdeckungen und über die Umstände zu bekommen, unter denen er sie machte, muss man deshalb seine veröffentlichten Berichte in diversen Büchern und Zeitungen durcharbeiten und gelegentlich auf Sekundärquellen zurückgreifen.

Dieses Schweigen überrascht besonders, wenn man an das Interesse denkt, das die Objekte, von denen die meisten Hieroglypeninschriften trugen, hervorgerufen haben müssen. Legrain selbst war so erregt, dass er wohl leicht übertreibend schrieb: »Ich habe jedes einzelne untersucht, ich habe die Inschriften darauf kopiert und übersetzt, für jedes einen Ordner angelegt, seine Herkunft festgehalten und es gleich nach der Entdeckung fotografiert.« Wenn es diese Dokumentation wirklich gegeben hat, dann müsste man ihr Fehlen als einen der größten Verluste bezeichnen, den die Ägyptologie erlitten hat.

Als Legrain im Juli 1905 seine Arbeit unterbrechen musste, weil einsickerndes Wasser das Leben seiner Arbeiter bedrohte, wusste er zweifellos, dass die »Cachette« noch nicht alle ihre Geheimnisse preisgegeben hatte. Die geborgenen Statuen waren im Allgemeinen unversehrt, doch einige hatten die Arbeiter beim Ausgraben zerbrochen. Manchmal gelang es Legrain, die Stücke wieder zusammenzusetzen, aber es gab auch solche, von denen nur Fragmente existierten. Er war überzeugt, dass die fehlenden Teile eines Tages in einer tieferen Schicht auftauchen würden. Die Unterbrechung seiner Arbeit zerstörte solche Hoffnungen. Die Situation hat sich seither nicht geändert, und die Cachette harrt noch immer eines entschlossenen Versuchs, die begonnene Arbeit zu vollenden.

Legrain musste ernste Maßnahmen ergreifen, damit ihn die Flut von täglich geborgenen Objekten nicht überrollte. Als Erstes galt es, einen sicheren Aufbewahrungsort zu finden, um Diebstähle zu verhindern. Tatsächlich erschienen, als sich die Nachricht von seinen wunderbaren Funden verbreitete, aus allen Himmelsrichtungen dubiose Gestalten, die auf einen günstigen Moment lauerten, um sich einen Teil der Beute anzueignen. Große Vorsicht war geboten; deshalb stellte man gefundene Statuen schnellstmöglich in Lagerhäusern unter Bewachung. Trotz aller Maßnahmen konnte Legrain jedoch nicht verhindern, dass Diebe aus dem Gebäude der Altertümer-Verwaltung zwei der schönen Statuen entwendeten, die er am Beginn seiner Ausgrabungen entdeckt hatte. Zum Glück konnten die verschwundenen Stücke nach gründlichen Nachforschungen wieder beigebracht werden. Als Schuldige ermittelte man die Wachen, und vier von ihnen wurden umgehend zu drei Jahren Zwangsarbeit verurteilt.

Wenn es möglich war, schickte man die Statuen regelmäßig an das Museum in Kairo. Auf diese Weise verließen 1905 zehn Eisenbahnwaggons den Bahnhof von Luxor jeweils um fünf Uhr nachmittags und erreichten Kairo am nächsten Morgen. Darüber hinaus machten zwei Schiffe der Altertümer-Verwaltung je zwei oder drei Fahrten.

Die große Sorgfalt Legrains und seiner Helfer wurde jedoch nicht immer belohnt. Das ungeheure Aufsehen, das seine Entdeckungen erregten, weckte natürlich auch im Antiquitätenhandel Begehrlichkeiten. Es war unwahrscheinlich, dass sie sich diese Gelegenheit entgehen lassen würden, von den Ausgrabungen zu profitieren. Fest steht, dass einige Statuen, besonders solche von mittlerer Größe, auf geheimnisvolle Weise verschwanden, entweder noch während der Arbeit oder beim Transport oder sogar nach der Ankunft im Ägyptischen Museum. Es gibt praktisch keine bedeutende Ägyptische Sammlung in Europa oder den Vereinigten Staaten, die nicht irgendein Objekt aus der Cachette besitzt. Diebstahl war zweifellos die Hauptursache für diese Streuung, auf welche Weise auch immer sie stattfand. Wie sonst ließe es sich erklären, dass in manchen Fällen ein Teil einer Statue sich im Ägyptischen Museum befindet und ein anderer davon in irgendeinem anderen Museum?

Bei ihrer Ankunft im Kairoer Museum wurden die Objekte ordnungsgemäß im Journal d'Entrée (Eingangsbuch) registriert, manchmal jedoch erst mit beträchtlicher Verzögerung. Auf den Seiten, die diesen Objekten gewidmet sind, folgt auf die Inventarnummer oft der Großbuchstabe ›D‹, der bedeutet, dass das Objekt, in den meisten Fällen eine Statue, verschwunden ist. Durch geduldiges Forschen gelang es, einige davon ausfindig zu machen. Wir fügen hier eine bisher noch nie veröffentlichte Liste dieser aufgespürten Objekte an:

– JE 36666 London, Sotheby's, 14. Juli 1986, Nr. 140
– JE 36667 Baltimore, Walters Art Gallery, 170
– JE 36972 New York, Metropolitan Museum of Art, 25.184.15
– JE 36976 Memphis (USA), Privatsammlung
– JE 36999 Deutschland, Privatsammlung (CG 42187)
– JE 37003 New York, Metropolitan Museum of Art, 35.9.1
– JE 37008 New York, Queen's College
– JE 37126 Baltimore, Walters Art Gallery, 180
– JE 37127 Baltimore, Walters Art Gallery, 167
– JE 37158 Baltimore, Walters Art Gallery, 179
– JE 37164 Baltimore, Walters Art Gallery, 168
– JE 37165 Baltimore, Walters Art Gallery, 163
– JE 37329 Baltimore, Walters Art Gallery, 146
– JE 37411 Baltimore, Walters Art Gallery, 161
– JE 37412 Baltimore, Walters Art Gallery, 162
– JE 37846 Baltimore, Walters Art Gallery, 173
– JE 37865 Porter-Moss II2 Topographical Bibliography, S. 162 (CG 42174)
– JE 37868 Glasgow, Sammlung Burrell, 13.233
– JE 37870 San Bernardino, Sammlung Harer 27
– JE 37890 Baltimore, Walters Art Gallery, 174
– JE 37984 Paris, Antikenhandel (um 1960)
– JE 38010 Brüssel, Musées Royaux d'Art et d'Histoire, E.7654
– JE 38583 New York, Metropolitan Museum of Art, 17.120.145

Es ist jedoch keineswegs sicher – das soll hier ausdrücklich gesagt sein –, dass diese Statuen alle gestohlen worden waren. Einige sind bestimmt durch die Verkaufshalle des Kairoer Museums gegangen, wo die Behörden zu gewissen Zeiten den Besuchern Exemplare bestimmter Objekte zum Kauf anboten, die sie bereits in genügender Zahl zu besitzen glaubten. Andere als verschwunden registrierte Statuen erschienen später wieder und wurden unter einer neuen Inventarnummer registriert.

Die Fragen, die unter Ägyptologen am häufigsten diskutiert werden, lauten: Warum hat die Priesterschaft von Karnak so viele Objekte in einer großen Grube (eben jenem Verstreck – der »Cachette«) deponiert, aus der sie offenbar nicht wieder hervorgeholt werden sollten? Und wann

336 GEGENÜBER
KOPF EINER SPHINX SESOSTRIS' I.
JE45489 = CG 42007

GRAUER GRANIT
HÖHE 38 CM
KARNAK, TEMPEL DES AMUN-RE, CACHETTE
AUSGRABUNGEN VON G. LEGRAIN (1904)
12. DYNASTIE, REGIERUNGSZEIT SESOSTRIS' I.
(1971–1926 V. CHR.)

337 LINKS
SPHINXFIGUR THUTMOSIS' III.
JE 37981 = CG 42069

GRAUER GRANIT
HÖHE 32 CM, BREITE 21 CM, LÄNGE 61 CM
KARNAK, TEMPEL DES AMUN-RE, CACHETTE
AUSGRABUNGEN VON G. LEGRAIN (1905)
18. DYNASTIE, REGIERUNGSZEIT THUTMOSIS' III.
(1479–1425 V. CHR.)

fand diese Räumaktion statt, bei der aus den Tempeln von Karnak unzählige Statuen entfernt wurden, die ihre Hallen und Galerien geziert hatten? Die Theorie, dass man sie während einer Periode kriegerischer Auseinandersetzungen schützen wollte, wurde bald verworfen. Andere Möglichkeiten sind, dass sich die Ägypter nach einer Umweltkatastrophe gezwungen sahen, das zu retten, was von den heiligen Objekten in den Tempeln erhalten geblieben war, oder dass sie die Objekte einfach während des Wiederaufbaus an einem sicheren Ort unterbringen mussten.

Was auch immer der Grund gewesen sein mag – und ungeachtet der Tatsache, dass nicht alle Ägyptologen der gleichen Meinung sind –, aus Legrains Berichten geht klar hervor, dass die Cachette von Karnak aus einem einzigen Anlass entstand und dass die Objekte dort in ziemlich willkürlicher Weise, keineswegs aber in chronologischer Ordnung, eingelagert wurden. Weil Legrain keine Skulptur gefunden hatte, die nach seinem Ermessen später als im 1. Jahrhundert v. Chr. entstanden war, schätzte er – zweifellos richtig –, dass das Depot »am Ende der Griechischen Zeit oder spätestens am Beginn der Römischen Zeit« angelegt worden war.

Aus dieser Bemerkung geht hervor, dass Legrain die archäologischen und epigraphischen Details der Statuen sehr sorgfältig untersucht hatte. Fast ein Jahrhundert nach seiner Entdeckung gibt es nichts, was seiner Analyse widerspräche. Bedauerlich ist jedoch nach wie vor, dass wir unsere Meinung nur auf einen relativ kleinen Teil der Statuensammlung aus seinen Ausgrabungen stützen können.

Legrain selbst veröffentlichte zwischen 1906 und 1925 in drei Bänden des *Catalogue Général du Musée du Caire* eine Liste von etwa 250 Statuen, größtenteils aus der Cachette, chronologisch geordnet bis zum Ende der Fünfundzwanzigsten Dynastie. Seit damals erhöhte sich diese Zahl um etwa 50 Skulpturen, die von verschiedenen Ägyptologen in Fachzeitschriften genannt wurden. Alles in allem aber bleibt dies unbefriedigend, weil über mehr als die Hälfte der von dem französischen Archäologen am Beginn des 20. Jahrhunderts geborgenen Statuen noch nichts veröffentlicht worden ist.

Die Statuen aus der Cachette von Karnak bilden ein bemerkenswertes Kompendium ägyptischer Bildhauerkunst. Das Material umfasst nahezu alle Perioden der ägyptischen Geschichte, vom Alten Reich bis zur späten Ptolemäischen Zeit, und in den jüngeren Perioden nahmen die Werke zahlenmäßig zu.

Die weniger prominente Rolle Thebens während des Alten und des Mittleren Reichs erklärt, warum diese Perioden durch eine geringere Anzahl Statuen vertreten sind als das Neue Reich, die Dritte Zwischenzeit oder die Fünfundzwanzigste Dynastie, als Theben die Hauptstadt Ägyptens war. Die Könige der Sechsundzwanzigsten Dynastie verlegten die Zentralmacht nach Norden, und das spiegelt sich in einer bemerkenswerten zahlenmäßigen Abnahme der Statuen wider. Bis zur Dreißigsten Dynastie und während der ganzen Ptolemäischen Zeit stieg die Zahl wieder. Das epigraphische Beweismaterial, das Legrain in der Cachette sammelte, bezieht sich größtenteils auf die letzten vier Jahrhunderte v. Chr.

Interessant ist, wie deutlich dieses reichhaltige Material den Glanz und den Niedergang Thebens während seiner langen Geschichte widerspiegelt. Bis zum Anfang der Sechsundzwanzigsten Dynastie sandten nicht nur ranghohe Priester, sondern auch Könige sowie zivile und militärische Beamte ihre Statuen in den Tempel von Karnak, womit sie ihre Treue gegenüber Amun bezeugten. Als das Machtzentrum erneut nach Norden verlegt wurde und Thebens Stern

wieder zu verblassen begann, schrumpfte diese Personengruppe, übrig blieben schließlich nur die Tempeldiener.

Die Entdeckung der Cachette von Karnak ist einer der großen Augenblicke der archäologischen Erforschung Ägyptens, und sie begründete gleichzeitig Georges Legrains Anspruch auf bleibenden Ruhm. Legrains Beitrag zur Wissenschaft der Ägyptologie ist heute in seiner vollen Bedeutung anerkannt. Der reiche Schatz an Kunstwerken, den er vor der Vergessenheit bewahrte, hat unsere Vorstellung von der thebanischen Skulptur grundlegend verändert, besonders was die Erforschung der königlichen Porträts anbelangt.

Man könnte erwarten, dass das Alte Reich in Karnak kaum vertreten ist, aber Legrain fand den unteren Teil einer Statue, die König Niuserre aus der Fünften Dynastie in schreitender Haltung darstellt, deren oberer Teil sich im Nationalmuseum von Beirut befindet.

Aus dem Mittleren Reich gibt es mehr Königsfiguren, doch sie beschränken sich auf Sesostris I.,

338 OBEN UND 339 LINKS
KNIEFIGUR DES HOHENPRIESTERS DES AMUN, RAMSESNACHT, MIT DER THEBANISCHEN TRIADE
JE 37186 = CG 42163

SCHIEFER (STATUE)
HÖHE 40 CM
KARNAK, TEMPEL DES AMUN-RE, CACHETTE
AUSGRABUNGEN VON G. LEGRAIN (1905)
20. DYNASTIE, BEGINN DER REGIERUNGSZEIT RAMSES' IV. (UM 1163 V. CHR.)

338 UNTEN
STATUE OSORKONS IV.
JE 37426 = CG 42197

KALKSTEIN MIT FARBSPUREN
HÖHE 18 CM
KARNAK, TEMPEL DES AMUN-RE, CACHETTE
AUSGRABUNGEN VON G. LEGRAIN (1904–1905)
23. DYNASTIE, REGIERUNGSZEIT OSORKONS IV. (777–749 V. CHR.)

Sesostris III. und Amenemhet III., die bedeutendsten Vertreter der Zwölften Dynastie. Die meisten ihrer Statuen sind echte Meisterwerke, sie veranschaulichen die realistische Kraft, die für königliche Skulpturen dieser Periode charakteristisch war. Sesostris I. erregt Aufmerksamkeit mit einem fast perfekten Sphinxkopf, mit einer fragmentarischen Gruppe, in der er vor der sitzenden Göttin Hathor dargestellt ist, und mit zwei Statuen, die er seinem Vorgänger Sahure (Fünfte Dynastie) und dem Provinzgouverneur Intef aus der Elften Dynastie widmete. Zwei Kolossalstatuen Sesostris' III., von denen die eine die Weiße Krone trägt und die andere die Doppelkrone, vermitteln die Kraft und Macht dieses großen Eroberers besser als jedes andere Porträt von ihm. Den gleichen, kaum abgeschwächten Gesichtsausdruck haben die sieben Statuen Amenemhets III. Alle stellen den König aufrecht dar, das linke Bein nach vorn gestellt und die Hände flach auf den vorstehenden Schurz gelegt. Beispiele der Bildhauerkunst aus der dunklen Zeit zwischen dem Mittleren und dem Neuen Reich fehlen unter den Stücken aus der Cachette nicht, doch ihnen mangelt es meist an Originalität. Erst in der Achtzehnten Dynastie erlebte die königliche Skulptur eine neue Blüte und erreichte sogar ein höheres Niveau als je zuvor. Die Herrschaft von Thutmosis III. war eine besondere Glanzzeit in der ägyptischen Geschichte, und in der Cachette fanden sich 19 Statuen dieses Königs; einige von ihnen zeichnen sich durch solche stilistische Feinheit und technische Vollkommenheit aus, dass man sie – mit Recht – unter die großen Meisterwerke der ägyptischen Kunst einreihte. Dieser König, der den ägyptischen Imperialismus zum Höhepunkt führte,

wurde mit kaum individualisierten, behutsam weich gestalteten Zügen dargestellt. Es ist weitgehend Legrains Entdeckungen zu verdanken, dass die Ikonographie Thutmosis' III. besser bekannt ist als jene seiner Nachfolger.

Aus nachvollziehbaren Gründen hinterließ der Reformer – oder Ketzer? – Achenaten (Echnaton) in Karnak nur relativ wenige Spuren, im Gegensatz zu seinen Nachfolgern Tutanchamun, Eje und Haremhab, deren Namen auf mehreren Skulpturen sehr guter Qualität erscheinen. Zwei prächtige Statuen des Tutanchamun verdienen es, erwähnt zu werden; sie bestehen beide aus dem gleichen rosaroten Granit und lassen den Einfluss der Kunst von Amarna erkennen.

Im Vergleich zur Achtzehnten Dynastie ist die Dynastie der Ramessiden durch eine verhältnismäßig geringe Zahl wirklicher Kunstwerke vertreten. Sethos I. bemächtigte sich einer Kolossalstatue, die wahrscheinlich Amenophis IV./ Echnaton gehört hatte. Unter den acht Statuen Ramses' II. stellen drei den König liegend dar, das rechte Bein nach hinten und die Arme nach vorn gestreckt. Von Ramses III. gibt es zwei stehende Statuen, eine hat kolossale Ausmaße und stellt ihn als Stabträger dar. Unter den Nachfolgern von Ramses III. ist nur Ramses VI. durch zwei stilisierte, ziemlich konventionelle Figuren vertreten.

Hier könnten wir unseren kurzen Überblick über die königlichen Statuen aus der Cachette beenden, gäbe es da nicht eine liegende Statue von Osorkon IV. (Dreiundzwanzigste Dynastie) und einen kolossalen Kopf des Königs Schabaqo (Fünfundzwanzigste Dynastie), die sich heute im Museum von Assuan befinden. Die beiden Werke sind die einzigen Zeugnisse aus diesen Perioden der Fremdherrschaft. Die Könige der letzten einheimischen Dynastien und jene der Griechisch-Römischen Zeit gaben die für sie angefertigten Bildwerke offenbar nicht in die Tempel von Karnak.

Mit den Königen aus den genannten Perioden wetteiferten Familienmitglieder und Untertanen, die dem Amun-Re Statuen widmeten. Erst im Neuen Reich kommen solche Statuen in größerer Zahl vor, aber über die Bildhauerkunst im Dienst von Privatpersonen aus der Achtzehnten Dynastie weiß man sehr wenig – bis zur Herrschaft der Königin Hatschepsut.

Während die Königin selbst in der Cachette durch auffallende Abwesenheit glänzt, ist ihr Favorit, der Architekt Senenmut, mit drei Statuen von außergewöhnlicher Schönheit auf heraus-

339 RECHTS
STELOPHOR DES MONTHEMHET
JE 37852 = CG 42237

GRÜNGRAUES VULKANGESTEIN
HÖHE 40 CM
KARNAK, TEMPEL DES AMUN-RE, CACHETTE
AUSGRABUNGEN VON G. LEGRAIN (1904–1905)
25./26. DYNASTIE
(7. JAHRHUNDERT V. CHR.)

ragende Weise vertreten. Die Skulpturen von Thutmosis III., dem größten Pharao des alten Ägypten, lassen erkennen, mit welcher Behutsamkeit der Bildhauer arbeitete; das Gleiche gilt für die Statuen seiner Mutter Isis und einige seiner höheren Würdenträger.
Statuen aus späteren Zeiten als der Achtzehnten Dynastie sind oft mit ziemlicher Kälte gestaltet, ohne Sensibilität und ohne das Niveau, das die früheren Bildhauer erreichten. Es gibt jedoch einige bemerkenswerte Ausnahmen wie die beiden Statuen des Hohepriesters Ramsesnacht aus der Herrschaft Ramses' IV; sie zählen zu den elegantesten und originellsten Skulpturen, die uns die thebanische Schule hinterlassen hat. Die zunehmende Macht der thebanischen Priesterschaft des Amun zu dieser Zeit erklärt, warum die Hohepriester uns die beeindruckendste Zahl an Zeugnissen ihres künstlerischen Ehrgeizes hinterlassen haben.
Während der Dritten Zwischenzeit nahm die Produktion von Statuen außergewöhnlich zu. Bildhauer schufen zahlreiche Porträts von Privatpersonen, im Allgemeinen Würfelhocker, wobei sie sich oft vom Stil der Ramessidenzeit inspirieren ließen, der erst durch den Wiederaufstieg von Sais (Sechsundzwanzigste Dynastie) nach und nach verdrängt wurde. Bestimmte Stücke aus dieser Epoche kann man durchaus als Beispiele einer hoch stehenden Kunst betrachten, doch das Interessanteste an ihnen sind die langen Inschriften, die es ermöglichten, nach und nach die Geschichte der großen Priestergeschlechter Thebens unter libyscher Besetzung zu rekonstruieren. So gesehen stellen Georges Legrains Entdeckungen eine unschätzbar wertvolle Informationsquelle dar, die durch nichts übertroffen wurde.
Nach der Eroberung Ägyptens setzten sich die nubischen Fürsten aus dem Reich Kusch als Fünfundzwanzigste Dynastie in Theben fest, wo sie blieben, bis Psammetich I., der erste König der Sechsundzwanzigsten Dynastie, sie zum Rückzug zwang. Während ihrer Herrschaft hielten die Kuschiten eine sehr hierarchische Verwaltung aufrecht, die in ihrer Abwesenheit von der »Gottesgemahlin« Amuns diskret überwacht wurde; diese war eine jungfräuliche Prinzessin, die man dem Gott in einer symbolischen Eheschließung dargeboten hatte. Die kuschitischen Könige besetzten zwar einige wichtige Positionen mit ihren eigenen Leuten, wie dem ersten Propheten Amuns, Horemachet, einem Sohn König Schabaqos, oder dem Vertrauten des Königs, Irigadiganen, aber im Interesse ihrer Machtausübung zögerten sie nicht, auch ägyptische Untertanen zu ernennen, die sich ihrer Sache angeschlossen hatten.
In der Cachette ist der gesamte Adel dieses Zeitabschnitts vertreten, und zwar in solchem Umfang, dass sich die Familienbande über mehrere Generationen hinweg rekonstruieren lassen.
An ihrer Spitze steht die »Gottesgemahlin« Schepenupet II., eine Tochter König Pijes, gefolgt von ihren obersten Verwaltern Harwa und Achimenru. Unter der Priesterschaft des Amun spielte der Gouverneur Monthemhat, obwohl nur der Vierte Priester, eine fast königliche Rolle; er herrschte wie ein Souverän über das Fürstentum. Seine Kollegen waren der Zweite Priester Nesschutefnut, ein Sohn König Taharqos, und vor allem der Dritte Priester Petamunnebnesuttaui, Begründer einer großen Familie, deren letzte Mitglieder ihre Karriere in der Sechsundzwanzigsten Dynastie unter der Herrschaft von König Necho beendeten.
Die zivile und die rechtliche Verwaltung leitete der Wesir Nespamedu, den die Annalen des assyrischen Königs Assurbanipal als »König von [der Stadt] This« herausstellten und dem sein Sohn Nespakaschuti nachfolgte. Letzterer unterwarf sich, wie eine seiner schönsten Statuen darstellt, den neuen Herrn widerstandslos, nachdem Sais wieder zu Theben gekommen war. Im Gegensatz zu all diesen königlichen Gestalten hatte Petamenophis, von dem sich in der Cachette von Karnak vier Statuen fanden, nur die relativ bescheidene Stellung eines Vorlesepriesters inne. Ungeachtet dessen baute er in der Nekropolis von Theben die größte unterirdische Grabstätte Ägyptens.

Während der Herrschaftsperiode von Sais verschwanden diese illustren Herrschaften einer nach dem anderen, und ihre Ämter blieben größtenteils unbesetzt.
Theben blieb bis weit in römische Zeiten hinein eine überaus lebendige Metropole, erfuhr jedoch einen langsamen Niedergang, von dem es sich nie mehr erholte. Statuen aus Sais, die zum Teil von königlichen Emissären bei ihren kurzen Besuchen aus dem Norden dem Amun geweiht wurden, gibt es in der Cachette nur wenige. Die Zahl der Statuen nahm zwar ab der Dreißigsten Dynastie merklich zu und stieg auch unter den Ptolemäern, aber dargestellt wurde nur die Priesterschaft des Amun-Tempels, die keine Verbindung zur Königsfamilie hatte und sich von politischen Ereignissen fern hielt.
Der geringe Wert, den dieses umfangreiche, größtenteils unveröffentlichte Material vom künstlerischen Standpunkt aus besitzt, wird weitgehend wettgemacht durch die Inschriften, mit denen die meisten Statuen bedeckt sind. Neben autobiographischen Aussagen im traditionellen Stil bieten diese Texte wichtige genealogische Informationen: Eigennamen in großer Zahl, begleitet von verschiedenen Titeln, die eine Vorstellung von der großen Vielfalt der in dem gefeierten Amun-Heiligtum praktizierten Kulte vermitteln. Genealogische Dynastenaufstellungen, manchmal sehr sorgfältig ausgearbeitet, erwecken vor unseren Augen ganze Familien zum Leben. In mehr als einem Fall lassen sich Verbindungen zwischen solchen Dokumenten herstellen, so dass ein ganzer Familienstammbaum entsteht. Außerdem gibt es Passagen religiösen Inhalts und solche, die ein Begräbnis betreffen; es sind Gebete an Amun und seine Ahnen sowie Bitten an die vorbeigehenden Lebenden, ein frommes Gebet für den Besitzer der Statue zu sprechen.
Eingeschränkt werden die in diesen umfangreichen Quellen enthaltenen chronologischen Informationen durch das Fehlen königlicher Namen. Weil es auch keine relativ sicheren Kriterien zur Ermittlung von Daten gibt, kann kaum eine dieser Statuen etwas zur wissenschaftlichen Untersuchung der politischen, institutionellen und religiösen Geschichte Thebens zwischen der Dreißigsten Dynastie und der römischen Eroberung beitragen.
Damit das Material in solchen Untersuchungen voll genutzt werden kann, wird man alle datier-

ten zeitgenössischen Quellen durchforsten müssen, vor allem die demotischen Papyri, in der Hoffnung, dass die eine oder andere jener Personen erwähnt wird, die diese Statuen anfertigen ließen.

Einige ermutigende Ergebnisse gibt es bereits. Der recht gewöhnliche Würfelhocker eines gewissen Iretheru verwandelt sich plötzlich in ein wichtiges historisches Dokument, weil er offenbar eine Schenkung seines Sohnes ist, der gemäß einem datierten Graffito aus dem dritten Jahr des Philip Arrhidaios (323–316 v. Chr.) wichtige architektonische Arbeiten im Tempel von Luxor beaufsichtigte.

Genauso wird ein ähnlich unspektakulärer Würfelhocker dank eines demotischen Papyrus von 212 v. Chr., in dem ihr Eigentümer genannt ist, zu einem bedeutenden Beweis für den Niedergang der thebanischen Kunst unter Ptolemäus IV.

Ein langer Weg ist noch zurückzulegen, bevor das Material, das Georges Legrain aus der Cachette von Karnak ans Licht holte, alles preisgegeben hat, was es zum Fortschritt der ägyptologischen Studien beitragen kann.

Doch angesichts dessen, was bereits bekannt ist, können wir nichts Besseres tun als mit der enthusiastischen Feststellung zu enden, die Gaston Maspero traf, als er die Ausgrabungen sah: »Seit der Entdeckung des Serapeums durch Mariette hat niemand so viel Material von solcher Bedeutung auf einen Schlag ans Licht gebracht.«

ÜBER DEN AUTOR

Herman De Meulenaere wurde 1923 in Brügge geboren. 1963 begann er seine lange berufliche Laufbahn an den Musées Royaux d'Art et d'Histoire in Brüssel, wo er 1984 zum Chefkonservator ernannt wurde, der er bis zu seinem Ausscheiden im Jahr 1988 blieb.
Parallel dazu verlief seine Lehrtätigkeit, von seiner Anfangszeit als Assistent im Jahr 1963 über seine Berufung auf den Lehrstuhl für Ägyptologie der Universität von Gent im Jahr 1973 bis zur Verleihung der Ehrenprofessur derselben Institution im Jahr 1988.
Von 1966 bis 1988 war er Direktor des Comité des Fouilles Belges en Égypte. In dieser Funktion trug er Artikel zu den wichtigsten Fachzeitschriften auf dem Gebiet bei. Seit 1965 ist er Leiter der Fondation Égyptologique Reine Elisabeth in Brüssel.

340 UND 341 LINKS
WÜRFELHOCKER DES IRETHERU, SOHN DES NESINIHERET
JE 37989

SCHWARZER GRANIT
HÖHE 26 CM
KARNAK, TEMPEL DES AMUN-RE, CACHETTE
AUSGRABUNGEN VON G. LEGRAIN (1904)
SPÄTZEIT
(6.–4. JAHRHUNDERT V. CHR.)

341 RECHTS
WÜRFELHOCKER DES HOR
JE 36575 = CG 42226

SCHWARZER GRANIT MIT EINLAGEN
HÖHE 109 CM
KARNAK, TEMPEL DES AMUN-RE, CACHETTE
AUSGRABUNGEN VON G. LEGRAIN (1904)
23. DYNASTIE
REGIERUNGSZEIT DES PEDUBASTE
(828–803 V. CHR.)

CG 42034

Sitzfigur eines Wesirs

Grauer Granit, Höhe 115 cm
Karnak, Tempel des Amun-Re, Cachette
Ausgrabungen von G. Legrain (1904)
Anfang der 13. Dynastie
(18. Jahrhundert v. Chr.)

Diese stattliche Gestalt sitzt auf einem Stuhl mit niedriger Lehne und hat die Füße auf ein vorstehendes Podest gestellt. Diese Pose gehört zur Tradition des klassischen Mittleren Reichs, beide Hände mussten auf den Knien liegen, die linke flach und mit der Innenseite nach unten, die rechte geschlossen und waagerecht, ein Stück Tuch haltend. Der Mann trägt eine ungeteilte Strähnenperücke, die nach unten breiter wird, so dass sie die ganzen Schultern bedeckt. Bekleidet ist er mit einem langen Gewand, das aus einem um den Körper gewickelten Tuch besteht und unter der Brust endet. Neben einer Verknotung wird die Bekleidung von einer um den Hals liegenden Schnur gehalten. Gewänder dieser Art bezeichnen die Amtstracht eines Wesirs.

Wir wissen, dass der Sohn des Dargestellten Wesir Anchu war, der vermutlich am Beginn der Dreizehnten Dynastie lebte. Der Vater, als den ihn die Inschrift auf dem Sitz bezeichnet, bekleidete zwischen dem Ende der Zwölften und dem Beginn der Dreizehnten Dynastie das gleiche Amt.

Sein regelmäßiges, ovales Gesicht hat schmale Augen, überwölbt von leicht erhabenen Brauen, die Augenlider sind ein Stückchen gesenkt. Die Nase ist gerade, den kleinen Mund umrahmen flache Linien. Ein breiter, verzierter falscher Bart vervollständigt das Gesicht. Hier finden sich nur Spuren jener Tendenz zur realistischen Wiedergabe der Gesichtszüge, die für einen großen Teil der Bildhauerkunst der Zwölften Dynastie charakteristisch war. Auf jeder Seite der Beine ist eine traditionelle Opferformel eingraviert.

Gleich vielen anderen Abbildern ranghoher Personen des Mittleren Reichs wurde diese Statue nicht im Grab ihres Besitzers gefunden; sie muss vielmehr eine dem Tempel des Amun-Re in Karnak übereignete Stiftung gewesen sein, denn dort entdeckte sie Legrain kurz nach der Jahrhundertwende unter den Objekten der Cachette. (R.P.)

JE 37438 BIS = CG 42114

Würfelhocker des Senenmut mit Neferure

Grauer Granit, Höhe 130 cm
Karnak, Tempel des Amun-Re, Cachette
Ausgrabungen von G. Legrain (1904)
18. Dynastie, Regierungszeit der Hatschepsut
(1479–1458 v. Chr.)

Die Blockstatue, einer der originellsten Skulpturentypen im alten Ägypten, findet sich im Lauf der ganzen Geschichte des Landes in äußerst vielfältigen Formen.

Diese Statue stellt Senenmut dar, den ranghohen Würdenträger der Königin Hatschepsut. Er hält die Prinzessin Neferure in den Armen, zu sehen ist nur der Kopf des Kindes mit einer eng anliegenden Haarkappe und dem Seitenzopf, Ausweis der Jugendlichkeit.

Einer der vielen Titel Senenmuts lautete »Amme, Erzieher«; außerdem war er der Architekt von Hatschepsuts bedeutendsten Bauwerken, sowohl in Deir el-Bahari als auch in Karnak. Für seine Dienste wurde Senenmut mit großartigen Denkmälern und Privilegien belohnt, zahlreiche Statuen von ihm sind erhalten. Gemäß der langen Inschrift auf diesem Exemplar hier widerfuhr seinen Statuen die Ehre, in den Tempeln hinter jenen der Königin aufgestellt zu werden.

Es steht zu vermuten, dass Senenmut seine Macht missbrauchte und dass er irgendwann während der Herrschaft der Hatschepsut in Ungnade fiel, wie die Beschädigung der meisten seiner Denkmäler beweist. Die Nase der Statue hier fehlt wahrscheinlich als Folge einer gezielten Tat, die verhindern sollte, dass das »lebende Bild« des Beamten weiterhin atmete.

Senenmuts Gesicht entspricht den stilistischen und ästhetischen Kanons, die auch für die Statuen der Königin galten: zarte Züge, große mandelförmige Augen, schmale Nase und kleiner, leicht lächelnder Mund. Im alten Ägypten orientierte sich der Stil privater Statuen genau an jenem der königlichen Skulpturen. Der Beamte trägt eine große Perücke, die sich über seine Schultern breitet, doch die Ohren frei lässt.

Die Statue ist mit Inschriften bedeckt. Eine vertikale Textspalte wurde in die große Rückenplatte eingraviert, die in Form der Lehne eines niedrigen Sitzes gestaltet ist. Sie enthält die rituelle Passage, die sich auf Personen bezog, denen in Anwesenheit von Göttern Ehre zuteil wurde, in dem Fall hier Ptah und Sokar. Vier vertikale Textkolumnen befinden sich auf jeder Seite des Kopfs der Neferure. Die inneren Kolumnen enthalten den Titel und den Namen der Prinzessin, »Göttliche Braut, Neferure, gerechtfertigt, geliebt von Amun«, und den Titel Senenmuts in Bezug auf die Prinzessin, »Gottesvater und großer Erzieher der Königstochter, geliebt von Amun«. Die äußeren Kolumnen enthalten zwei Kryptogramme des Namens der Königin, von denen Senenmut behauptet, sie selbst geschaffen zu haben. Außerdem weist die Vorderseite 14 horizontale Zeilen auf (deren erste noch auf der Oberseite der Figur der Linie der verschränkten Arme folgt); sie enthalten die lange Liste von Senenmuts Titeln, seiner Aktivitäten und seiner wichtigsten königlichen Privilegien. (R.P.)

JE 36574 = CG 42126

Statuengruppe des Sennefer und der Senai

Grauer Granit, Höhe 120 cm
Karnak, Tempel des Amun-Re, Cachette
Ausgrabungen von G. Legrain (1903)
18. Dynastie, Regierungszeit Amenophis' II. (1427–1401 v. Chr.)
und Thutmosis' IV. (1401–1391 v. Chr.)

Dieses Gruppenbildnis stellt ein Ehepaar dar, das nebeneinander auf einem breiten Stuhl sitzt, der eine hohe Rückenlehne und ein vorstehendes Fußteil aufweist. Sennefer sitzt zur Rechten seiner Frau. Er trägt eine schöne Perücke, die an den Seiten breiter wird und seine Ohren frei lässt, und seinen Hals zieren vier Ketten mit Ringperlen, die in der Wirklichkeit aus Gold bestanden hätten. Sie sind Ehrenzeichen – das »Ehrengold« oder *shebiu*, das jene erhielten, die sich bei ihren Aufgaben besonders ausgezeichnet hatten. Sennefer erhielt die Auszeichnung als Bürgermeister von Theben, ein Titel, der in den Inschriften auf der Statue erscheint.

Sennefer trägt außerdem einen Anhänger um den Hals mit einem doppelten Amulett in Form eines Herzens, das Unheil abwendende Wirkung hat.

Seine Handgelenke und Knöchel sind mit Arm- und Fußreifen geschmückt. Der lange Schurz reicht bis zu den Knöcheln und ist auf der Hüfte verknotet, wie man an der Schlinge sieht. Die Brust ist eingefallen, und den Rumpf zerfurchen Fettfalten, ein Zeichen für Wohlergehen und den sitzenden Lebensstil eines Menschen, der keine körperliche Arbeit gewöhnt ist. Zwei federbekrönte Kartuschen König Amenophis' II. sind auf Sennefers rechte Schulter graviert.

Sennefers Frau, die königliche Amme, trägt eine lange dreiteilige Perücke aus dünnen Zöpfen, die ihre Ohren verdeckt. Sie trägt einen Halskragen aus vielen Schnüren und ein enges Gewand, das bis zu ihren Knöcheln reicht und zwei breite, die Brüste bedeckende Träger hat.

Die Gesichtszüge der beiden sind fast gleich (allerdings ist das Oval von Senais Gesicht etwas schmaler als das ihres Gemahls): klar umrissene mandelförmige Augen und erhabene Brauen, eine gerade Nase mit einem ziemlich breiten Ansatz und ein kleiner, voller Mund. Eine Textkolumne auf der Vorderseite ihrer Kleider enthält die Namen und die Titel der beiden.

Eines der Kinder des Paares, die Tochter Mutnefret, steht – in viel kleinerem Maßstab dargestellt – zwischen dem Paar. Ihr Gesicht ist beschädigt. Mutnefret trägt eine dreiteilige Perücke aus Zöpfen, die ihr auf die Brust reichen. Auf ihrem Kleid befindet sich ebenfalls eine eingravierte Hieroglyphenkolumne, die ihren Namen enthält. Sie ist zudem auf der rechten Seite des Stuhls als Relief dargestellt, vor einem Opfertisch kniend. Ihre Schwester Nefertari kniet in der gleichen Stellung auf der gegenüberliegenden Seite des Stuhls. Der Fundort der Statue zeugt vom großen Ansehen der beiden, denen die Ehre zuteil geworden war, ihr Granitbildnis in den Tempel des Amun-Re neben die Skulpturen ihrer Herrscher stellen zu dürfen. (R.P.)

JE 38234 BIS = CG 42053

Schreitende Figur Thutmosis' III.

Grauwacke; Höhe 200 cm
Karnak, Tempel des Amun-Re, Cachette
Ausgrabungen von G. Legrain (1904)
18. Dynastie, Regierungszeit Thutmosis' III.
(1479–1425 v. Chr.)

Der König ist gehend dargestellt, die Arme hat er an den Seiten angelegt. Im Rücken wird die Figur von einem unbeschrifteten Pfeiler gestützt, der sich vom Boden aufwärts bis zur Höhe des Kopfputzes verjüngt. Der Herrscher trägt die Weiße Krone Oberägyptens mit einem Uräus auf der Stirn und den von einem Gürtel gehaltenen Königsschurz; die Gürtelschnalle enthält den Thronnamen des Pharaos: »*Mencheperre*, vollkommener Gott, Herr der Rituale, gesegnet mit ewigem Leben.«

Das Gesicht des Königs erinnert stellenweise an den feierlich-ernsten Stil der Hatschepsut, weicht aber insofern von ihm ab, als die Physiognomie stärker betont wurde. Die mit den üblichen kosmetischen Linien verzierten Augen sind schmal, die Nase stärker gebogen, der Mund steifer. Der Körper ist schlank, und die Muskulatur strahlt große physische Kraft aus, obwohl sie nicht betont wird und bewusst steif gehalten ist.

Unter den Füßen des Königs wurden, um seine großen militärischen Erfolge gegen fremdländische Feinde zu betonen, die Neun Bogen eingraviert, vier unter dem rechten Fuß, fünf unter dem linken. Der Bogen ist ein Symbol für Ausländer, die Zahl Neun verkörpert das Mehrfache des Mehrfachen, das heißt dreimal drei (die Zahl Zwei stand für die alten Ägypter für doppelt, nicht für vielfach). Auf diese Weise drückten die Ägypter den Sieg des Pharaos über alle Feinde des Landes aus.

Die hier abgebildete Statue gehörte zweifellos zu einer Gruppe außergewöhnlich schöner Skulpturen, die einst die von Thutmosis in Karnak erbaute Festhalle, »*Ach Menu*«, schmückten. Eine Inschrift auf der Basis vor dem linken Fuß des Königs lautet: »Der vollkommene Gott, Herr der Rituale, *Mencheperre*, geliebt von Amun-Re, der im *Ach Menu* präsidiert.«

(R.P.)

JE 36988 = CG 42194

Usurpierte Figur eines Fahnenträgers

Grüne Brekzie; Höhe 48 cm
Karnak, Tempel des Amun-Re, Cachette
Ausgrabungen von G. Legrain (1903–1904)
Späte 18. Dynastie (14. Jahrhundert v. Chr)
und 22. Dynastie, Regierungszeit
Osorkons II. (924–909 v. Chr.)

Bei dieser Statue fehlt der untere Teil der Beine; sie stellt eine gehende männliche Person dar, die einen von einem Göttinnenkopf gekrönten Stab in der linken Hand hält. Die Göttin trägt eine dreiteilige Perücke mit einem Uräus auf der Stirn, darüber einen Kopfputz, über dem ein Kuhgehörn mit einer Sonnenscheibe sitzt. Die Göttin ist Mut, die Gemahlin des Amun-Re von Karnak, wo die Figur gefunden wurde.

Die männliche Gestalt trägt eine zweiteilige Perücke. Das Gesicht ist voll, die Augen sind in die Länge gezogen, liegen zwischen schweren Lidern und werden von stark gewölbten Brauen betont. Die Nase ist schmal und gerade, der Mund ist voll und hat Grübchen an den nach unten gebogenen Winkeln. Den Hals zieren zwei breite Halsbänder, das so genannte »Gold der Ehre«, eine Belohnung für jene, die sich durch Taten zum Wohle des Staats besonders auszeichneten. Die Kleidung des Mannes besteht aus einem Obergewand mit weiten, gefalteten Ärmeln und einem langen Plisseeschurz, der an der Hüfte verknotet ist und vorn in einem schmalen Trapez ausläuft. Arme und Handgelenke sind mit Armreifen geschmückt, die rechte Hand hat ein Stück Tuch gefasst.

Der Stil, die Gesichtszüge und die Kleidung deuten auf ein Datierung in die späte Achtzehnte Dynastie hin, doch eine Inschrift auf dem Rückenpfeiler weist diesen Mann aus als »Erster Priester des Amun-Re, König der Könige, oberster Befehlhaber der Armee, der Prinz Scheschonk, gerechtfertigt, Sohn des Herrn der Beiden Länder, Osorkon Meriamun«. Die Inschrift verrät also, dass die Skulptur zu einer späteren Zeit erneut benutzt wurde, vermutlich für die kultische Verehrung Scheschonks nach seinem Tod, in Anbetracht der Tatsache, dass der Zusatz »gerechtfertigt« hinter seinem Namen steht.

An der Statue lassen sich eine Reihe Veränderungen feststellen, die aus der Zeit datieren, in der man sie neuerlich verwendete. Die Gestalten von Amun-Re und Osiris wurden in den Torso und das Trapez des Schurzes geschnitten, aus dem man die feinen Falten tilgte. Den Schaden am rechten Ärmel des Obergewandes reparierte man zur gleichen Zeit, hier fügte man ein neues Steinstück passgenau ein. Die linke Hand muss ebenfalls beschädigt gewesen sein, denn sie wurde neu modelliert und ist heute kürzer als in der ursprünglichen Form. Diese zweite Reparatur wurde weniger sorgfältig ausgeführt als die erste.

In den Gesichtszügen waren keine Veränderungen nötig, um der Statue Ähnlichkeit mit Scheschonk zu verleihen. Allein die Tatsache, dass die Originalinschrift auf dem Rückenpfeiler getilgt und ein neuer Name eingesetzt worden war, reichte aus, um der Figur eine neue Identität zu geben.

(F.T.)

JE 36937 = CG 42209

Würfelhocker des Nachtefmut

Kalkstein; Höhe 42 cm
Karnak, Tempel des Amun-Re, Cachette
Ausgrabungen von G. Legrain (1904)
22. Dynastie (945–712 v. Chr.)

Die Skulptur stellt Nachtefmut dar, den Sohn des Djedchonsufanch. Er sitzt auf einer niedrigen Stufe der Basis und hat die Knie zur traditionellen Pose eines Würfelhockers an die Brust gezogen. Die Stellung der Arme ist ungewöhnlich. Statt über den Knien verschränkt zu sein, liegen sie an den Seiten der Beine. Die Hände, die aus der übrigen Figur herausgelöst wurden, halten die Schultern des vor Nachtefmut stehenden Gottes Ptah.

Nachtefmut trägt eine lange gesträhnte Perücke, die ihm weit in die Stirn fällt, aber seine Ohren frei lässt. Die schräg nach unten verlaufende Perücke bedeckt seine Schultern in ganzer Breite. Das lächelnde Gesicht hat mandelförmige Augen, die durch kosmetische Linien zu den Schläfen hin verlängert wurden. Die Augen und die kleine, zarte Nase erinnern an die Porträtkunst der Zeit Hatschepsuts und besonders an gewisse Statuen des Senenmut. Ein kurzer Bart verbindet Nachtefmuts Kinn mit dem horizontalen Block, der eine Art Verlängerung des Rückenpfeilers des Gottes nach hinten darstellt.

Die kleine mumienförmige Figur zeigt Ptah mit einem *Djed*-Pfeiler in den Händen, die aus seinen Bandagen herausragen. Er hat die übliche Kappe auf und einen langen Ritualbart. Würfelhocker mit einer auf den Füßen des Dargestellten ruhenden Götterfigur erschienen in Ägypten während der Ramessidenzeit, allerdings gibt es aus dieser Periode keine sonderlich beachtenswerten Exemplare. Ein weiteres Stück dieses Typs, das aus der Zeit nach der Zweiundzwanzigsten Dynastie stammt, ist die Statue des Harwa, dem Obergüterverwalter der Gottesgemahlin Amenirdis I., Tochter des Kaschta und Schwester des Pije. (R.P.)

JE 37512

Statue des Wesirs Hor

Granodiorit
Höhe 96 cm
Karnak, Tempel des Amun-Re, Cachette
Ausgrabungen von G. Legrain (1904)
22. Dynastie (945–712 v. Chr.)

Der Wesir sitzt auf einem rechteckigen Sockel mit abgerundeten rückwärtigen Ecken. Die asymmetrische Stellung der Beine – das linke ist zur Brust hin angewinkelt, das rechte liegt unterschlagen zum anderen auf dem Boden – ist ziemlich ungewöhnlich. Diese Form trat sporadisch im Alten Reich auf und erfuhr im Neuen Reich gelegentlich eine Wiederbelebung. Die Statue hier ist jener vergleichbar, die Senenmut mit der Prinzessin Neferure auf den Armen darstellt. Dokumentiert ist die Pose auch in mehreren späteren Beispielen wie den beiden Statuen des Verwalters Amenirdis' I., Harwa (Fünfundzwanzigste Dynastie), und der Statue des Höflings Bes (Sechsundzwanzigste Dynastie).

Hor trägt einen kurzen Schurz, der vollkommen beschriftet ist; die Texte enthalten den Namen und die Titel dieses ranghohen Würdenträgers und seines Vaters, des Priesters Iuatjek. Hors Kopf ist kahl geschoren, und seine etwas abstehenden Ohren rahmen ein regelmäßiges Gesicht mit feinen Zügen und heiterem Blick ein. Die Brauen sind kaum erhaben und setzen die Linie der geraden Nase fort. Zwei flache Linien auf den Seiten des kleinen, lächelnden Mundes begrenzen die rundlichen Wangen. Der schlanke Hals ruht auf breiten, sorgfältig modellierten Schultern mit ziemlich langen, plastisch hervortretenden Schlüsselbeinen.

Der übrige, stärker stilisierte Körper verjüngt sich beträchtlich zur Taille hin, an der ein breiter Gürtel den Schurz hält. Weniger Aufmerksamkeit wurde offenbar den Armen und den Beinen gewidmet, die ziemlich groß und unproportioniert wirken. Einen Rückenpfeiler gibt es nicht.

Hors Stellung, sein rasierter Kopf und das Fehlen des Rückenpfeilers lassen die deutliche Absicht des Künstlers erkennen, archaische Muster aus dem Alten Reich wieder zu beleben, auf welche die Bildhauerkunst der Spätzeit oft zurückgriff. (R.P.)

JE 37150

Würfelhocker des Hor, Sohn des Anchchonsu

Grauwacke; Höhe 51 cm
Karnak, Tempel des Amun-Re, Cachette
Ausgrabungen von G. Legrain (1904)
25. Dynastie
(770–712 v. Chr.)

Diese großartige Skulptur wurde unversehrt in dem riesigen Depot gefunden, das buchstäblich Tausende von Statuen und Bronzen enthielt, die einst den Tempel von Amun-Re in Karnak geschmückt hatten. Wahrscheinlich hatte man sie während der Herrschaft der Ptolemäer in diese Grube verbracht. Der Dargestellte heißt Hor und war ein Priester des Month, des falkenköpfigen Gottes von Armant, der oberster Gott von Theben war, bis ihn Amun-Re ersetzte. Obwohl Month beträchtlich an Bedeutung verlor, war er weiterhin als »Herr von Theben« bekannt, wie die Inschrift auf der Vorderseite dieser Statue beweist. Auch die Genealogie des Hor selbst ist in die Statue graviert. Daraus erfahren wir, dass seine Familie zumindest fünf Generationen hindurch unlösbar mit priesterlichen Funktionen in Theben verbunden war.

Die Wiedergabe des Hor zeigt ihn als Würfelhocker, eines Statuentyps, der im Mittleren Reich erstmals erschien und während der ganzen pharaonischen Geschichte immer wieder auftrat. Die Wahl gerade dieses Statuentyps weist auf eine Neigung zum Archaismus hin, die während der Fünfundzwanzigsten Dynastie eines der charakteristischsten Elemente der Bildenden Kunst ist.

Die Wiederbelebung von Formen und Stilen vorausgegangener Zeiten muss im Rahmen des Versuchs der Dynastie nubischer Könige (sie regierten damals in Ägypten) gesehen werden, die Legitimität ihres Anspruchs auf den Thron durch den Gebrauch einer von den reinsten ägyptischen Traditionen inspirierten Formensprache zu beweisen.

Ein weiterer Verweis auf die Vergangenheit ist neben der klassischen Pose des Mittleren Reichs die Verwendung der Doppelperücke, die an beliebte Muster des Neuen Reichs erinnert. Doch bei diesen vielen Rückgriffen handelt es sich nicht einfach um sklavische Imitationen, sondern es lässt sich darin eine gekonnte Umgestaltung der alten Vorlagen erkennen.

Ein Beweis dafür ist, dass dieser Würfelhocker nicht als kompakte geometrische Einheit komponiert wurde, was die klassischen Konventionen gefordert hätten, sondern eine naturalistischere Darstellung des Körpers bietet. Diese Form macht überdeutlich, dass sich der Künstler nicht nur des historischen Prototyps bewusst war, sondern auch der Ursprünge des Modells selbst, also einer sitzenden Person, die ihre Knie fest an die Brust gezogen hat.

Im Gegensatz zu anderen Werken dieses Typs, bei denen der Körper der Person in eine kompakte Komposition eingefügt ist, weist die Figur hier eine Reihe gewölbter Flächen auf, die das Bildnis des Hor lebendig und spannungsvoll machen.

(F.T.)

JE 37176 = CG 42241

Gruppenstatue des Monthemhat und seines Sohnes Nesptah

Schwarzer Granit; Höhe 34 cm
Karnak, Tempel des Amun-Re, Cachette
Ausgrabungen von G. Legrain (1904)
Späte 25./frühe 26. Dynastie
(Mitte des 7. Jahrhunderts v. Chr.)

Die Gruppe, von der nur die obere Hälfte erhalten ist, stellt den bekannten Beamten Monthemhat mit seinem Sohn Nesptah dar. Die beiden sitzen auf einem Stuhl, der eine hohe, abgerundete Lehne in Form einer Stele hat. Dass die beiden Männer sitzen, beweist die Stellung des teilweise sichtbaren Vorderarms der rechten Statue.

Die beiden Figuren unterscheiden sich durch einige Details. Monthemhat, für den Betrachter auf der rechten Seite, ist ein bisschen größer als sein Sohn und hat ein etwas breiteres Gesicht. Außerdem hat sein Gewand eine betontere Falte auf der Brust. Ansonsten sind die Figuren gleich. Beide tragen lange Perücken mit schmalen, parallel verlaufenden Strähnen. Die Perücken sind ungeteilt und lassen die Ohren frei. Beide tragen ein Kleidungsstück aus Leopardenfell, ein priesterliches Gewand, das von der linken Schulter diagonal zur rechten Seite des Rumpfs verläuft. Das Fell ist über der Brust mit einem diagonalen Band geschmückt, das die Titel und die Namen der Männer enthält. Um den Hals trägt jeder eine Kette, an der ein Amulett in Form eines Hathor-Kopfs hängt.

Auf der Rückenplatte schwebt oben eine geflügelte Sonnenscheibe über zwei Opferszenen. Auf der rechten ist Monthemhat dargestellt, die Arme in einer Geste des Gebets und der Opferung an Amun, Harachte und Atum erhoben. Auf der linken opfert Nesptah in der gleichen Pose Osiris, Isis und seinem Vater Monthemhat. Den unteren Teil nahmen Hieroglyphentexte ein.

Gruppenstatuen, die zwei Männer darstellen, sind in der ägyptischen Kunst relativ selten, ausgenommen im Alten Reich. Damals jedoch verkörperten die beiden Männerfiguren die gleiche Person, die zweimal abgebildet wurde; aus dem Neuen Reich gibt es als Beispiel die Statue des Wesirs Hor und des Hohenpriesters des Ptah, Pahemnetjer.

Die hier abgebildete Statue, die aus der Zeit zwischen der Fünfundzwanzigsten und der Sechsundzwanzigsten Dynastie datiert, kann man mit keiner derjenigen männlicher Statuengruppen in einem stelenförmigen *naos* vergleichen, die aus der Sechsundzwanzigsten und der Siebenundzwanzigsten Dynastie bekannt sind.

Eine interessante Parallele lässt sich jedoch zu der Gruppe ziehen, die aus dem Gouverneur von Sais, Wahibre, und seinem Vater Padihorresnet besteht, dargestellt als Hochrelief in einem *naos*, auf dessen Rückseite Texte und Szenen mit Opferhandlungen an die Vorfahren eingeschnitten sind.

Das gleiche Merkmal findet sich von der persischen Zeit an auf vielen Skulpturen; lange, gelegentlich auch gefälschte Genealogien sind in die Statuen und Stelen von Privatpersonen eingraviert.

Die Gruppenplastik des Monthemhat und des Nesptah ist vielleicht sogar der Prototyp dieses Genres der Bildhauerkunst.

(R.P.)

JE 36665

Statue des Schreibers Nespakaschuti

Schiefer; Höhe 78 cm
Karnak, Tempel des Amun-Re, Cachette
Ausgrabungen von G. Legrain (1904)
26. Dynastie, Regierungszeit des Apries
(589–570 v. Chr.)

Die Statue zeigt den Wesir Nespakaschuti, der mit gekreuzten Beinen sitzt und die Finger um den oberen Rand eines offen auf seinen Beinen liegenden Papyrus geschlossen hat. Dies ist laut der Klassifizierung von Jacques Vandier eine der Variationen der Schreibhaltung. Sie unterscheidet sich von der wahren Schreiber-Statue, die den Dargestellten mit einer Schreibbinse in der rechten Hand zeigt. Der Wesir hat eine ungeteilte Strähnenperücke, die seine Ohren frei lässt und auf die Schultern fällt. Er trägt einen kurzen Schurz mit einem breiten Gürtel um die Taille. Um die Basis der Statue verläuft eine Hieroglyphenzeile mit dem Namen und den Titeln des Wesirs.

Das Gesicht ist außergewöhnlich kunstvoll. In das schlanke Oval sind leichte Vertiefungen modelliert, die auf der polierten Fläche zarte Schatten erzeugen. Die erhabenen Brauen sind zu den Schläfen hin verlängert und bilden mit den Linien der schmalen Nase sowie den kaum vortretenden Backenknochen eine Art Rahmen um die langen, schmalen Augen. Der ziemlich große Mund lächelt leicht.

Während die breiten Schultern, die auffallenden Schlüsselbeine und der klar ausgearbeitete Brustbereich einwandfrei den Stil des Alten Reichs kopieren, rücken Merkmale wie die Kurve des Rumpfs zur schlanken Taille hin und die ungewöhnliche Breite der Hüften diese Skulptur weit von älteren Mustern ab.

Die Statue ist sofort als Erzeugnis ihrer Zeit zu erkennen, und zwar durch die Wahl des Steins, die Oberflächenbehandlung und die Wiedergabe der Details (man achte beispielsweise auf die Präzision der in den Papyrus gravierten vertikalen Textkolumnen).

Dieses Werk veranschaulicht die Tendenz in der Kunst der Sechsundzwanzigsten Dynastie, sich die kulturellen und künstlerischen Traditionen vergangener Zeiten wieder anzueignen, sie aber dann in ihrem eigenen, charakteristischen Stil zu gestalten.

(R.P.)

JE 37341

Statue des Petamenophis als Schreiber

Quarzit
Höhe 74 cm
Karnak, Tempel des Amun-Re, Cachette
Ausgrabungen von G. Legrain (1904)
Frühe 26. Dynastie
(zweite Hälfte des 7. Jahrhunderts v. Chr.)

Die Statue stellt den Hohepriester Petamenophis als Schreiber dar, in der traditionellen, schon aus der Vierten Dynastie stammenden Pose. Er sitzt auf dem Boden, die Beine gekreuzt. In der rechten Hand muss er einst eine Schreibbinse gehalten haben, während seine linke Hand die Papyrusrolle fasst.

Nicht nur die Haltung, sondern auch der Gesamteindruck dieser Figur weisen auf eine bewusste Wiederbelebung alter Prototypen und ihre Umgestaltung und Anpassung an die Erfordernisse der Zeit hin. Diese Tendenz findet sich zwischen dem Ende der Dritten Zwischenzeit und dem Beginn der Spätzeit in allen Bereichen der Kunst.

Petamenophis hat eine ordentliche Kurzhaarfrisur, wie man sie sehr ähnlich auf vielen privaten Skulpturen des Alten Reichs findet. Sein Haar tritt auf dem Kopf kaum plastisch hervor und ist von eingravierten Linien durchzogen. Während die Schreiber auf den ältesten Statuen gewöhnlich eine nach unten breiter werdende, in der Mitte geteilte Perücke trugen, hat eine sehr interessante Schreiberfigur aus der Fünften Dynastie eine ziemlich ähnliche Frisur wie Petamenophis. Die Modellierung des Rumpfs lässt die charakteristische Präzision und Reinheit der saitischen Plastik erkennen: schlanker Körper, flache Mulden, die den Rumpf teilen, und polierte Flächen.

Petamenophis trägt einen kurzen Schurz mit einem Gürtel an der Taille. Die Muskeln der sorgfältig modellierten Beine sind exakt und detailliert dargestellt. Die Füße sind nicht ganz verborgen und mit größerer Genauigkeit gearbeitet als bei anderen Statuen des gleichen Typs.

Der Schreiber wurde auf eine niedrige Basisplatte mit eingravierten Texten gesetzt. Petamenophis, der Besitzer des größten Grabes in Assasif (TT 33), ist auch dank zahlreicher Uschebti-Figuren aus Stein von ihm bekannt, die in den Ägyptischen Sammlungen der ganzen Welt verstreut sind. (R.P.)

JE 36579

Würfelhocker des Ahmes, Sohn des Pacharchonsu

Basalt
Höhe 70 cm, Breite 30 cm; Tiefe 41 cm
Karnak, Tempel des Amun-Re, Cachette
Ausgrabungen von G. Legrain (1904)
26. Dynastie
(664–525 v. Chr.)

Unter den Hunderten von Statuen, die Legrain in Karnak bei seinen Grabungen in der tiefen Grube im Hofraum vor dem Siebten Pylon des Tempels von Amun-Re entdeckte, besaßen viele eine sitzende oder kauernde Haltung. Dies hing direkt mit der Funktion zusammen, die diese Figuren im Tempel erfüllten. Man stellte sie in jenen Bereichen auf, die den Gläubigen zugänglich waren, und präsentierte den Besitzer der Statue in einer Haltung, die zeigte, dass er auf die Barmherzigkeit der Vorbeigehenden hoffte.

Wie die Inschriften verdeutlichen, war das Lesen der in die Statue eingravierten Hieroglyphentexte eine Art Gebet für die dargestellte verstorbene Person. Ein des Lesens kundiger Pilger vollbrachte eine Tat der Nächstenliebe, indem er einfach vor der Statue stehen blieb und aussprach, was auf ihr geschrieben stand. Durch die Anrufung blieb der Name des Besitzers im Reich der Götter präsent, was ihm ermöglichte, dargebrachte Opfergaben auch zu gebrauchen; diese waren ihre Nahrung im ewigen Leben nach dem Tode. Die Texte auf vielen dieser Statuen wenden sich direkt an die vorübergehenden Tempelbesucher, wogegen andere einfach Opferformeln enthalten oder eine Idealbiographie des Statuenbesitzers, die seine Tugenden nachhaltig betonen.

Das Aufstellen einer Statue der eigenen Person war natürlich ein Privileg, das vor allem jenen vorbehalten blieb, die irgendeinen direkten Dienst für den Gott leisteten. Dies galt für Ahmes, Sohn des Pacharchonsu, der in der Priesterschaft des Amun-Re verschiedene Priesterämter innehatte.

Diese Skulptur von ihm ist eine klassische Blockstatue. Die geometrischen Qualitäten der Komposition und die Politur der Oberflächen sind charakteristisch für die Sechsundzwanzigste Dynastie, jene Periode, in der das Werk entstand.

Ahmes sitzt auf einem Kissen und ist in ein Gewand gehüllt, das sogar seine Füße bedeckt. Die Arme ruhen auf den Knien und ragen leicht aus der oberen Fläche des Kubus heraus. Seine rechte Hand hält einen Gegenstand, der stark jener Hieroglyphe ähnelt, die seine Rolle als Priester darstellt (im Ägyptischen ist sie gleichbedeutend mit dem Ausdruck »Diener« eines Gottes). Von vorn gesehen wird die Form, die seine Beine bilden, durch die kleinere Form des Kopfes ausgeglichen, den eine hinter die Ohren fallende, glatte Perücke einhüllt. Die Gesichtszüge wirken überaus stilisiert. Den Mund umspielt ein leichtes Lächeln, und das Kinn ziert ein kurzer Bart. (F.T.)

JE 37075

Statue des Ahmes, Sohn des Nesbanebdjed

Schiefer; Höhe 95 cm
Karnak, Tempel des Amun-Re, Cachette
Ausgrabungen von G. Legrain (1904)
Späte 30. Dynastie – frühe Ptolemäische Dynastie
(zweite Hälfte des 4. Jahrhunderts v. Chr.)

Die Statue mit der Ausgrabungsnummer 197 ist eine der interessantesten unter den Skulpturen, die Legrain in der Cachette von Karnak fand. Sie zeigt den »Göttlichen Vater und Priester« Ahmes in der traditionellen Männerpose: ausschreitend, die Arme an den Körper angelegt und die Hände um zylindrische Gegenstände geschlossen. Die Figur steht auf einer rechteckigen Basis ohne Inschriften und wird im Rücken von einer breiten, oben mit einem Dreieck endenden Platte gestützt. Diese ersetzt hier den üblicheren Rückenpfeiler und rahmt die Figur harmonisch ein.

Ahmes hat einen kahl geschorenen Kopf, der seine hohe Stirn und seinen langen Hinterkopf betont. Die schön proportionierten und ziemlich flach anliegenden Ohren sitzen sehr hoch am Kopf, die Läppchen befinden sich in Augenhöhe. Dieses Detail fällt besonders auf, wenn man die Statue im Profil betrachtet, doch aus anderen Blickwinkeln nimmt man es fast nicht wahr, weil die hohe Stirn diese Anomalie ausgleicht.

In dem fast vollkommenen Oval des Gesichts sitzen große, mit einer dünnen kosmetischen Linie nachgezogene Augen in tiefen Höhlen, die von kaum erhabenen, an den Enden leicht abwärts gebogenen Brauen und von flachen, dennoch sichtbaren Backenknochen begrenzt werden. Die Nase ist leider beschädigt, scheint aber von regelmäßiger Form gewesen zu sein; der kleine, fleischige Mund steht leicht vor. Der schlanke Hals geht in sehr breite Schultern mit einer gerundeten Muskulatur über. Der Rumpf lässt eine klare Dreiteilung erkennen (Brust, Magen und Bauch), deutlich sichtbar durch Vertiefungen, welche die Brustmuskeln, den Brustkorb und die Fläche um den Nabel darstellen.

Die ziemlich steife Haltung der Figur wird noch betont durch die gerade Linienführung der Arme und Beine. Ahmes trägt einen glatten Kurzschurz, den ein Gürtel hält. Dieser ist vollständig mit einer Inschrift bedeckt, die den Namen und die Titel des Dargestellten nennt. Weitere Inschriften befinden sich, zusammen mit eingeschnittenen Vignetten, auf der Rückenplatte. Deren oberes Dreieck enthält auf der hinteren Seite zwei Spiegelbild-Szenen, die Ahmes kniend zeigen, auf der linken Seite vor Osiris und auf der rechten vor Amun. Beschützt wird diese Szene von einer geflügelten Sonnenscheibe, an der neun *Anch*-Symbole in drei Reihen hängen. Der Text darunter ist in sieben Kolumnen unterteilt und nennt die Titel des Dargestellten, »Priester des Amun, der Amaunet, Sokar-Osiris, Amunipet und des Chons Amunipet« sowie »Gottesvater, Einbalsamierer, göttlicher Reiniger und Gouverneur des Verwaltungsbezirks von Memphis«.

Der Text enthält auch eine Reihe biographischer Anmerkungen. Auf den Seiten der Rückenplatte stehen die üblichen Opferformeln. Zwei weitere Szenen mit Beschriftungen befinden sich auf der Fläche zwischen den Beinen. Ahmes' ältester Sohn ist auf der rechten Szene in stehender Pose dargestellt: »Sein ältester Sohn, geliebt von ihm, Priester des Osiris, Nesbanebdjet [gleicher Name wie der Vater von Ahmes], geboren von der Dame des Hauses und Sistrumspielerin Tascheritmin.« Auf der linken Seite kniet Ahmes selbst über einem relativ langen Text aus 16 Zeilen mit dem »Anruf an die Lebenden«.

Diese besondere Texteinheit kann man sowohl auf Grabstatuen als auch auf Skulpturen finden, die den Tempelgottheiten geweiht wurden. Die Person, die eine solche Figur stiftete, drückte mit diesem Text den Wunsch aus, alle ihre Amtsgenossen und alle Besucher des Tempels möchten ein Opfergebet aufsagen und sich so an ihren Namen erinnern, wofür ihnen zum Dank die Fürsprache des Gottes zuteil würde, dem die Statue geweiht war.

Diese Statue ist besonders bedeutsam, weil ihre biographischen Informationen darauf hinweisen, dass die Pflichten ihres Besitzers irgendwie mit der Stadt Armant verbunden waren und mit dem Buchis-Stier, zu dessen Hohepriestern Ahmes gehört haben könnte. (R.P.)

JE 37456

Statuette des Pachnum

Schiefer
Höhe 22 cm
Karnak, Tempel des Amun-Re, Cachette
Ausgrabungen von G. Legrain (1904)
Ptolemäische Dynastie (3.–2. Jahrhundert v. Chr.)

Die Statuette, bei der der untere Teil der Beine fehlt, stellt Pachnum in schreitender Pose dar. Aufgrund des vollkommen geschorenen Kopfs und der stark stilisierten Gesichtszüge kann man die kleine Skulptur der frühen ptolemäischen Periode zuordnen. Der Rückenpfeiler mit der dreieckigen Spitze bestätigt diese Datierung und enthält den Namen des Besitzers der Statue.

Pachnum trägt ein langes Gewand mit einem unter der Brust befestigten Träger über der linken Schulter. Der Schurz, der normalerweise bis knapp unter die Knie gereicht hätte, ist lose und erinnert an jene Ausführungen, die während des Mittleren Reichs in Mode waren.

Der geschorene Kopf und das unter den Achselhöhlen befestigte Gewand sind typische Merkmale der ägyptischen Priesterkleidung. Als sich kurz nach dieser Periode die ägyptischen Kulte im ganzen Mittelmeergebiet verbreiteten, blieben diese Merkmale ein Bestandteil des priesterlichen Ornats. Zu den in Europa gefundenen Überresten, die mit dem Isiskult verbunden sind, zählen auch mehrere Bilder von Priestern und Eingeweihten in den Kult der Göttin, bei denen sich ein Vergleich mit dieser Statuette aufdrängt.

Pachnum hat die Arme nach unten vorn gerichtet und hält ein fast quadratisches Podest in den Händen, auf dem eine Osirisfigur steht. Der Gott ist im üblichen Stil dargestellt, mumienförmig, mit einer *Atef*-Krone auf dem Kopf und einem kleinen Götterbart.

Statuen dieses Typs, wo ein König oder eine Privatperson das Abbild eines Gottes vor sich hält, sind in der ägyptischen Kunst verbreitet, und zwar in mehreren Variationen. Manchmal ist der Gott von einem Schrein umschlossen, bei anderen Beispielen erscheint er überhaupt nicht, sondern wird durch ein Emblem dargestellt (Hathor-Sistren beispielsweise sind allgemein üblich). Normalerweise ist der gewählte Gott auch die Gottheit des Schreins, in dem die Statue der Privatperson als Opfer dargebracht wurde. In dem Fall hier überrascht es jedoch keineswegs, dass Osiris dargestellt ist und nicht Amun-Re. Der Tempel von Karnak war zwar in erster Linie dem thebanischen Gott geweiht, aber er beherbergte auch die Kulte der anderen bedeutendsten Götter Ägyptens. Dazu zählte auch ein kleiner Schrein, der Osiris geweiht war, dem »Herrn der Ewigkeit«, den Pachnum besonders verehrt haben muss. (F.T.)

Edna R. Russmann

Die Kunst Ägyptens in der Spätzeit

Von der Zeit, als die Könige der Fünfundzwanzigsten Dynastie über ganz Ägypten herrschten, bis zur Eroberung des Landes durch Alexander den Großen umfasst die Spätzeit fast vier Jahrhunderte. Bezieht man auch die Periode bis zur Ankunft der Römer 30 v. Chr. mit ein, ist sie die längste der vier Hauptphasen der pharaonischen Geschichte und in vieler Hinsicht auch die schwierigste, denn Ägypten wurde mit den Realitäten einer sich rasch verändernden Außenwelt konfrontiert. In der Sechsundzwanzigsten Dynastie betrieben die Pharaonen bereits Handel mit den griechischen Städten Kleinasiens, und sie warben Griechen als Söldner an.

Im Jahr 525 v. Chr. wurde die Sechsundzwanzigste Dynastie vom Achämeniden-Herrscher Kambyses gestürzt. Die Perser regierten Ägypten als Siebenundzwanzigste Dynastie mehr als ein Jahrhundert lang und zogen sich 404 v. Chr. zurück. Ihnen folgten zwei schwache, kurzlebige einheimische Dynastien, die Achtundzwanzigste und die Neunundzwanzigste. 380 v. Chr. schließlich stieg eine starke ägyptische Herrscherfamilie als Dreißigste Dynastie auf. Die Pharaonen aus dieser Familie waren die letzten einheimischen Herrscher Ägyptens, aber sie schafften es genauso wenig wie ihre

Vorgänger aus der Sechsundzwanzigsten Dynastie, den achämenidischen Persern zu widerstehen, die 343 v. Chr. zurückkamen, den letzten König der Dreißigsten Dynastie, Nectanebo II., aus Ägypten vertrieben und das Land wieder unter ihre Kontrolle brachten. Doch diesmal währte ihre Herrschaft nicht lange, denn bereits 332 v. Chr. wurden sie selbst von Alexander dem Großen vertrieben, dessen Machtübernahme in Ägypten möglicherweise durch die Abscheu der Bewohner gegenüber den Persern erleichtert wurde.

Alexander blieb nicht lange in Ägypten, doch Ägypten prägte ihn, besonders durch die Stärkung seines Glaubens an sein göttliches Schicksal, da er sich als Erbe der ägyptischen Tradition des göttlichen Königtums und als Sohn des Gottes Amun betrachtete, zu dessen Tempel in der Oase Siwa er einen berühmten Pilgerzug unternahm. Alexander gab der ägyptischen Geschichte während der nächsten drei Jahrhunderte eine neue Richtung, indem er an Ägyptens Mittelmeerküste die grie-

356 Hintergrund
Statue einer Göttin mit Kuhkopf
CG 39134

Höhe 27,7 cm
Saqqara, Serapeum
Spätzeit (712–332 v. Chr.)

356 links
Skarabäus
RT 15.1.25.44

Glasfluss, Holz, Blattgold
Länge 11 cm, Breite 6,5 cm
Herkunft unbekannt
Griechisch-römische Zeit (332 v. Chr. – 311 n. Chr.)

356 unten
Statue der geflügelten Isis
JE 38891

Bronze
Länge 15 cm
Herkunft unbekannt
Spätzeit (712–332 v. Chr.)

357 gegenüber
Kopf eines Königs
JE 28512

Schwarzer Granit
Höhe 46 cm
Mendes (Tell el-Ruba)
Erworben 1888
29. Dynastie (frühes 4. Jahrhundert v. Chr.)

358
SARG DES PETOSIRIS
JE 46592

HOLZ UND GLASFLUSS
LÄNGE 195 CM
HERMOPOLIS
(TUNA EL-GEBEL)
GRAB DES PETOSIRIS
AUSGRABUNGEN VON
G. LEFEBVRE
(1919–1920)
ZEIT DER MAKEDONISCHEN
HERRSCHER
(SPÄTES 4. JAHRHUNDERT
V. CHR.)

chische Stadt Alexandria gründete und, als er weitere Eroberungszüge nach Osten unternahm, die Herrschaft über Ägypten einem General und Jugendfreund namens Ptolemäus anvertraute. Dreißig Jahre später waren Alexander und seine Erben tot. Ptolemäus rief sich 305 v. Chr. zum König aus. Die Ptolemäer, der Herkunft nach Makedonier und der Sprache nach Griechen, sollten Ägypten fast drei Jahrhunderte regieren, bis Kleopatra VII. und ihr Gemahl Marcus Antonius 30 v. Chr. von Oktavian (Augustus) geschlagen wurden.
Die Annahme, die politische Schwäche Ägyptens während der Spätzeit spiegle sich in einer verarmenden und sterilen Kultur wider, ist verbreitet, aber falsch. Tatsächlich gibt es viele Beweise dafür, dass die ägyptische Kultur stark und lebendig blieb. Gerade in dieser Periode übte sie nachhaltigen Eindruck und Einfluss auf Fremde und Einwanderer aus, besonders auf die Griechen. Die ägyptische Antike erfüllte die Griechen mit Ehrfurcht, und wenn sie auch bestimmte Überzeugungen und Bräuche seltsam, ja sogar bizarr fanden, waren sie doch durchwegs bereit, viele der ägyptischen Götter anzubeten und ägyptische Praktiken zu übernehmen, darunter die Mumifizierung der Toten.
Die Stärke und Lebendigkeit der ägyptischen Kultur während der Spätzeit zeigt sich in der Kunst. Die Künstler der Spätzeit wahrten den in früheren Perioden erreichten hohen Standard, was die Qualität und die handwerkliche Fertigkeit anbelangte. Sie prägten jedoch den ererbten künstlerischen Traditionen ihren eigenen Stempel auf und gaben der ägyptischen Plastik und Reliefdarstellung eine neue Note. Sie schätzten Eleganz der Form und

Schönheit der Flächen und verstanden es, Effekte auf zurückhaltende Weise zu erzielen.
Das sind Qualitäten, die wir nicht unbedingt mit ägyptischer Kunst in Verbindung bringen. Es überrascht daher keineswegs, dass sie von modernen Betrachtern oft übersehen werden; und wenn sie Beachtung finden, schreibt man sie manchmal dem griechischen Einfluss zu. Doch sie sind rein ägyptischer Natur. Sie entwickelten sich während der formbildenden Sechsundzwanzigsten Dynastie, zu jener Zeit also, in der die griechische Kunst in ihre archaische Phase eintrat.
Die Könige der Sechsundzwanzigsten Dynastie hatten ihren Sitz in der Deltastadt Sais. Deshalb bezeichnet man ihre Herrschaft oft als Saitische Periode, und auf die Kunst dieser Zeit wird oft der Ausdruck »Saitische Renaissance« angewandt. Diese Renaissance ist in mehreren wichtigen Punkten die Fortsetzung der künstlerischen Wie-

derbelebung, die unter früheren Königen eingesetzt hatte. Von ihren Vorgängern erbten die Künstler aus Sais ein lebhaftes Interesse am Archaismus – dem Nacheifern oder der Nachahmung von Kunst aus früheren Perioden. Doch im Gegensatz zum Archaismus der Fünfundzwanzigsten Dynastie, wo es um die Betonung der nüchternen Strenge der Kunst des Alten und des Mittleren Reiches ging, zeigen die archaisierenden Statuen und Reliefs der Saitischen Periode auch den Einfluss und den stark idealisierten Stil des frühen Neuen Reichs. Rundbilder, die für die Herrscher Hatschepsut und Thutmosis III. aus der Achtzehnten Dynastie sowie für deren Nachfolger angefertigt wurden, inspirierten vielleicht zu dem charakteristischen sichelförmigen »saitischen Lächeln«, einem Merkmal, in dem manche Gelehrte den Ursprung des »archaischen Lächelns« bei frühen griechischen Statuen sehen.

Die ägyptischen Bildhauer waren immer Meister in der Kunst des Behauens von Stein. In der Sechsundzwanzigsten Dynastie standen sie ihren Vorgängern an handwerklichem Können nicht nach, aber sie hatten ihre eigenen Vorlieben. Sie bevorzugten dunklen, feinkörnigen Stein wie Grauwacke und verwendeten große Sorgfalt auf Flächen, bearbeiteten sie so, dass die Schönheit der Farbe und der Struktur betont wurde. Diese Behandlung verleiht vielen saitischen Statuen eine zarte, fast sinnliche Schönheit, auch wenn die dargestellte Person alles andere als schön war, wie beispielsweise die Unheil abwehrende Göttin Taweret. Viele ägyptische Skulpturen und Reliefs der Sechsundzwanzigsten Dynastie stellen ein

Ideal dar, das von Schönheit der Oberflächen, Eleganz der Form und stilisierten, lächelnden Gesichtern charakterisiert wird. Gegen Ende der Dynastie entstanden jedoch einige Statuen mit porträthaften Zügen. Porträts und porträtähnliche Darstellungen erscheinen während der ganzen Geschichte der ägyptischen Kunst sporadisch; sie gehören zu den verblüffendsten Aspekten der Kunst der Fünfundzwanzigsten Dynastie, doch die Porträts dieser Dynastie haben einen ernsten, oft harten Gesichtsausdruck. Bei jenen, die gegen Ende der Saitischen Periode entstanden, verbindet sich ein »saitisches Lächeln« mit den abwärts verlaufenden Falten und Runzeln des fortgeschrittenen Alters, so dass der Gesichtsausdruck oft seltsam vieldeutig wirkt, wie beispielsweise bei einem Beamten namens Psammetich.

Die Statue des Psammetich zeigt ihn unter dem Schutz der Göttin Hathor in ihrer nährenden Manifestation als Kuh. Diese symbolische Darstellung wurde im Neuen Reich erfunden, um die besondere Beziehung zwischen Hathor und dem König auszudrücken; das bedingte, dass sie königlichen Darstellungen vorbehalten blieb. Darum ist interessant, dass der Symbolismus in der Spätzeit auf einen Beamten ohne königliche Ansprüche ausgedehnt wurde.

Psammetichs Statue ist noch in anderer Hinsicht ungewöhnlich: Sie gehörte zu einer Gruppe von drei Statuen – die beiden übrigen waren Sitzbilder des Osiris und der Isis –, und das Bemerkenswerteste ist, dass dieses Ensemble für Psammetichs Grab geschaffen wurde. Während der ganzen frühen ägyptischen Geschichte enthielten die Gräber von Mitgliedern der Königshäuser und von Privatpersonen Statuen der Verstorbenen. Doch in der Spätzeit, also zu Psammetichs Zeit, hatte man diese Gewohnheit fast ganz aufgegeben. Warum das geschah, weiß man nicht. Die Gräber der Spätzeit wurden weiterhin mit Reliefs und Inschriften geschmückt, aber solcher Dekor beschränkte sich, wie die Reliefs von Horhetep und Neferseschem-Psammetich, oft auf den Eingangsbereich einer kleinen Kapelle.

Eine Folge dieser Veränderungen in der Begräbniskunst ist, dass fast alle Statuen der Spätzeit, ob sie Götter, Könige oder Privatpersonen zum Gegenstand hatten, für die Aufstellung in Tempeln angefertigt wurden. Das Abgehen von Grabskulpturen bedeutete, dass man größeres Gewicht auf die Tempelplastik legte, und das muss sich auf die Statuen in verschiedenen Punkten ausgewirkt haben, die sich heute nur mehr

359
STATUE EINES KNIENDEN KÖNIGS, DER EIN *UDJAT*-AUGE HÄLT
JE 91436

BRONZE UND BLATTGOLD
HÖHE 26 CM
SAQQARA
SPÄTZEIT
(712–332 V. CHR.)

schwer erkennen lassen. So waren beispielsweise Tempel, obwohl keine öffentlichen Bereiche, viel weniger sichere Orte als Gräber. Die Angst vor versehentlicher Beschädigung könnte zum Teil die Vorliebe der Spätzeit für kompakte, relativ unverwundbare Statuenformen wie den Würfelhocker erklären, ebenso die Tatsache, dass die meisten Statuen der Spätzeit aus hartem Stein bestanden statt aus weichem Kalkstein oder Holz.

Die Vorherrschaft der Tempelplastik erklärt auch das seltene Vorkommen von Frauenstatuen in der Spätzeit. Die Mehrheit der alten ägyptischen Frauenstatuen stammt aus Gräbern. Göttinnen waren natürlich in Tempeln vertreten, und eine gewisse, wenn auch geringe Zahl an Tempelstatuen von Frauen beweist, dass sie keineswegs von dort verbannt waren. Offenbar jedoch setzten sich Frauen von hoher Geburt normalerweise nicht den Blicken der Öffentlichkeit aus, auch nicht durch Abbilder und auch nicht, wenn die Öffentlichkeit größtenteils aus vorübergehenden Priestern bestand. Die einzigen Frauenfiguren, die man regelmäßig in Tempeln fand, stellten Königinnen und andere Frauen königlichen Geblüts mit hohen religiösen Ämtern dar wie beispielsweise Anchesneferibre, die nicht nur eine Prinzessin war, sondern auch die sterbliche Gemahlin des Gottes Amun. Ihre Statue stand im Tempel ihres göttlichen Gatten in Karnak.

Der Stil, der sich in der Saitischen Periode entwickelte, sollte die ägyptische Kunst für den Rest der Spätzeit beherrschen. Ob sich der saitische Stil während der dunklen Zeit der persischen Siebenundzwanzigsten Dynastie und der sogar noch finstereren Herrschaft der Achtundzwanzigsten und Neunundzwanzigsten Dynastie ohne Unterbrechung weiter entwickelte, bleibt unklar, aber einige vereinzelte Beispiele deuten darauf hin, dass dem so war. Die Statue eines Mannes namens Psammetichsaneith, die offenbar während der Siebenundzwanzigsten Dynastie entstand, hat ein porträthaftes Gesicht mit einem ähnlichen rätselhaften Lächeln wie jene Figuren aus der späten Saitischen Periode, zu denen der Beamte Psammetich gehört. Und eine offenbar etwas später entstandene Version des idealisierten saitischen Gesichts ist der Kopf eines unbekannten Königs. Dieser Kopf wurde in Mendes im Nildelta gefunden, dem Sitz und Begräbnisort der Neunundzwanzigsten Dynastie, und stellt wahrscheinlich einen dieser kaum bekannten Könige dar.

In der Dreißigsten Dynastie ging die Kunst weiterhin vom saitischen Stil aus, und die Könige dieser Dynastie versuchten offenbar bewusst, in ihren Monumenten die Leistungen der Sechsundzwanzigsten Dynastie nachzuahmen. Doch es entstanden keineswegs sklavische Imitationen, denn die ägyptische Kunst war nach wie vor eine lebendige Tradition und entwickelte sich weiter. Statuen und Reliefs aus der Dreißigsten Dynastie unterscheiden sich von ihren saitischen Vorbildern durch

360 LINKS
BRONZESPIEGEL
CG 27902

BRONZE
DURCHMESSER 14 CM
ALEXANDRIA
VERMUTLICH ERWORBEN
WAHRSCHEINLICH 5.–4. JAHRHUNDERT V. CHR.

360 UNTEN UND 361 LINKS
HORUSSTELE: HORUS AUF DEN KROKODILEN
CG 9401

GRAUER SCHIEFER
HÖHE 44 CM,
BREITE 26 CM,
DICKE 11 CM
ALEXANDRIA
ENTDECKT VOR 1880
PTOLEMÄISCHE DYNASTIE (304–30 V. CHR.)

361 GEGENÜBER
AEGIS MIT KOPF EINER GÖTTIN
JE 53671

BRONZE
HÖHE 31 CM
ERWORBEN
(5.–3. JAHRHUNDERT V. CHR.)

etwas fleischigere Gesichter und Körper sowie ein etwas formelleres und manierierteres Aussehen bestimmter Gesichtsmerkmale wie Augen und Brauen. Die wenigen Beispiele von Porträtdarstellungen, die man der Dreißigsten Dynastie zuordnen kann, deuten darauf hin, dass sich die Porträtkunst freier entwickelte. Eines der verblüffendsten Bilder in der gesamten ägyptischen Kunst ist die Nacktdarstellung des an einer Störung des Knorpelwachstums leidenden Zwergs Teos, die in den Deckel seines Sarkophags geschnitten wurde.

Die Grabplastik starb aus, und Grabreliefs kamen nur mehr in sehr beschränkter Zahl vor, dennoch aber setzten sich die traditionellen ägyptischen Bestattungspraktiken, einschließlich der Mumifizierung, durch die ganze Spätzeit fort und wurden auch von vielen Griechen übernommen, desgleichen von anderen Ausländern, die sich während dieser Jahrhunderte in Ägypten niedergelassen hatten. Die Sarkophage und die Särge waren oft massiv und kunstvoll gearbeitet. Einige, wie jener von Teos, waren riesige Steinkästen, bedeckt mit magischen Bildern und hieroglyphischen Zaubersprüchen. Andere Steinsarkophage stellten die Mumienform des Verstorbenen dar. Im Inneren dieser großen Behältnisse lag die Mumie in einem mumienförmigen Holzsarg, und ähnliche Särge verwendete man für jene, die sich keine solchen verschwenderischen Beisetzungen leisten konnten. Die meisten Holzsärge waren mit Bildern und Zaubersprüchen bedeckt, einige wenige wiesen allerdings noch kunstvollere Dekorationen auf.

Der Holzsarg des Petosiris, der am Beginn der Ptolemäer-Zeit beigesetzt wurde, trug eine schöne Verzierung mit einer Inschrift aus eingelegten Glas-Hieroglyphen. Die winzigen, bunt leuchtenden Steinchen sind eines der ältesten Beispiele von Mosaikglas.

Als die Ptolemäer an die Macht kamen, war die Spätzeitversion der Kunst der Dreißigsten Dynastie noch allgemein üblich. Die Ptolemäer gaben nicht vor, Ägypter zu sein, aber sie behaupteten, als legitime Pharaonen zu regieren. Sie nahmen pharaonische Titel an, förderten die ägyptische Religion und regten den Bau von Tempeln an, wo sie in traditionellen königlichen Gewändern und Posen figurierten, ägyptische Götter anbetend. Die meisten der in Ägypten heute noch stehenden Tempel wurden unter den Ptolemäern gebaut.

Die ptolemäische Akzeptanz ägyptischer Traditionen erklärt die Tatsache, dass die Künstler (die natürlich Ägypter waren) unter den ersten Herrschern dieser Dynastie Reliefs und Skulpturen nach dem Stil der Dreißigsten Dynastie schufen. Sie hielten sich so getreu an diesen Stil, dass es noch immer sehr schwer fällt zu bestimmen, ob ein spezifisches Werk wie die Kolossalstatue Amenophis', des Sohns des Hapu, während der Dreißigsten Dynastie oder der frühen Ptolemäer-Zeit entstand.

Alexandria jedoch blieb griechisch und wurde unter dem ptolemäischen Patronat ein Zentrum hellenistischer Gelehrsamkeit und Kunst. Im Lauf der Jahrhunderte entwickelten sich im ptolemäischen Ägypten komplexe Schichten kultureller ägyptischer und griechischer Eigenart,

362 AUSSEN LINKS
STATUETTE DER MAAT
CG 38707

LAPISLAZULI, GOLD
HÖHE 36 CM
PTOLEMÄISCHE DYNASTIE
(304–30 V. CHR.)

362 LINKS
STATUE DER ISIS, HORUS STILLEND
JE 91327

VERGOLDETE BRONZE
HÖHE 22,1 CM
SAQQARA
SPÄTZEIT
(712–332 V. CHR.)

363 GEGENÜBER LINKS
SITZENDE STATUE DES ANUBIS
CG 38527

BRONZE; HÖHE 14,8 CM
SAQQARA, SERAPEUM
SPÄTZEIT
(712–332 V. CHR.)

363 GEGENÜBER RECHTS
FIGUR DES LOTOSBLÜTENGOTTES NEFERTEM
JE 39483

BRONZE; HÖHE 46,5 CM
KARNAK
SPÄTZEIT
(712–332 V. CHR.)

in denen sich beide Traditionen mischten und dabei doch ihre Distanz zueinander wahrten. Schon früh in der Ptolemäer-Zeit ließ einiges in der ägyptischen Kunst hellenistische Einflüsse erkennen; diese waren jedoch offenbar zum größten Teil sehr oberflächlich, wurden vielleicht von dem Wunsch ausgelöst, modern und auf der Höhe der Zeit zu sein. Mehrere Statuen beispielsweise, die während dieser Periode entstanden, stellen ägyptische Männer auf vollkommen traditionelle Weise dar – mit Ausnahme ihrer lockigen Haarmähne griechischen Stils.

Die Ptolemäer selbst wurden manchmal in ägyptischem und manchmal in hellenistischem Stil dargestellt, gelegentlich auch in einer Mischung aus beidem. Aller Wahrscheinlichkeit nach bestimmte der Kontext die Wahl des königlichen Stils. Auf den Wänden ägyptischer Tempel beispielsweise sind ptolemäische Könige und Königinnen fast immer auf traditionelle ägyptische Weise abgebildet. Die hellenistische Kunst hatte jedoch Fuß gefasst, und mehrere Künstler lernten, in diesem Stil zu arbeiten. In der späten ptolemäischen Zeit wurden einige Statuen von Privatpersonen im hellenistischen Stil gestaltet, was auch für das Gewand und die Frisur gilt. Solche Statuen sind aber relativ selten, und es ist uns nicht möglich herauszufinden, ob sie Personen ägyptischer oder griechischer Abkunft darstellen. Doch sie kündigen die weit stärkere Dominanz des griechisch-römischen Stils in Ägypten nach der Eroberung des Landes durch die Römer an.

ÜBER DIE AUTORIN

Edna R. Russmann, Museumskuratorin und Professorin für altägyptische Kunstgeschichte, hat sich auf die Kunst der Spätzeit spezialisiert. Sie ist Autorin von Egyptian Sculpture: Cairo and Luxor (Ägyptische Kultur: Kairo und Luxor) *und zahlreicher anderer wissenschaftlicher Publikationen. Sie lehrte an mehreren großen amerikanischen Universitäten, in letzter Zeit an der University of California in Berkeley. Zur Zeit ist sie Beigeordnete Kuratorin für Ägyptische Kunst im Brooklyn Museum of Art in New York.*

JE 36578

Sitzfigur des Petamenophis

Kalzit
Höhe 98 cm; Breite 30 cm
Karnak
Späte 25. – frühe 26. Dynastie
(7. Jahrhundert v. Chr.)

Die Kunst der Spätzeit und besonders der Zeit zwischen der Fünfundzwanzigsten und der Sechsundzwanzigsten Dynastie lässt eine deutliche Tendenz zur Wiederbelebung von Themen und Vorlagen der Vergangenheit erkennen. Diesem Zug folgen auch die Rundbilder jener Periode.

Archaische Posen wie die des Schreibers und die Art der Perücken sowie der Kleidungsstil, die aus dem Alten, dem Mittleren und dem Neuen Reich datieren, charakterisieren die eleganten Statuen, deren Auftraggeber höheren Gesellschaftskreisen angehörten. Diese interessante Kalzitstatue des Petamenophis in der Sammlung des Ägyptischen Museums, die auch eine Schreiberstatue desselben Mannes besitzt, stellt den Beamten auf einem würfelförmigen Sitz mit vorstehender Fußplatte dar, und zwar in einem Stil, der in enger Verbindung zu den königlichen Statuen des Alten Reichs steht. Petamenophis sitzt mit den Händen auf den Knien da, die linke Handfläche zeigt nach unten, die rechte Hand ist zur Faust geschlossen und liegt waagrecht auf dem Oberschenkel.

Der Dargestellte trägt eine Perücke, die seine Ohren frei lässt, und einen kurzen Schurz mit einem Gürtel an der Taille. Das Gesicht ist sehr ähnlich wie das der Schreiberstatue:

rundlich und mit regelmäßigen Zügen. Der Blick ist nach oben gewandt, ein charakteristisches Merkmal vieler Statuen aus verschiedenen Perioden der ägyptischen Kunst, besonders verbreitet jedoch im Alten Reich. Die Modellierung des Körpers mit den breiten Schultern, den muskulösen Armen und Beinen sowie der ausgeprägten Brust lassen auch den Respekt vor einer klassischen Periode der Bildhauerkunst in Ägyptens Vergangenheit erkennen.

Hieroglyphentexte sind in die Vorderseite des Sitzes und rund um die Fußplatte eingeschnitten, jetzt aber in ziemlich schlechtem Zustand. (R.P.)

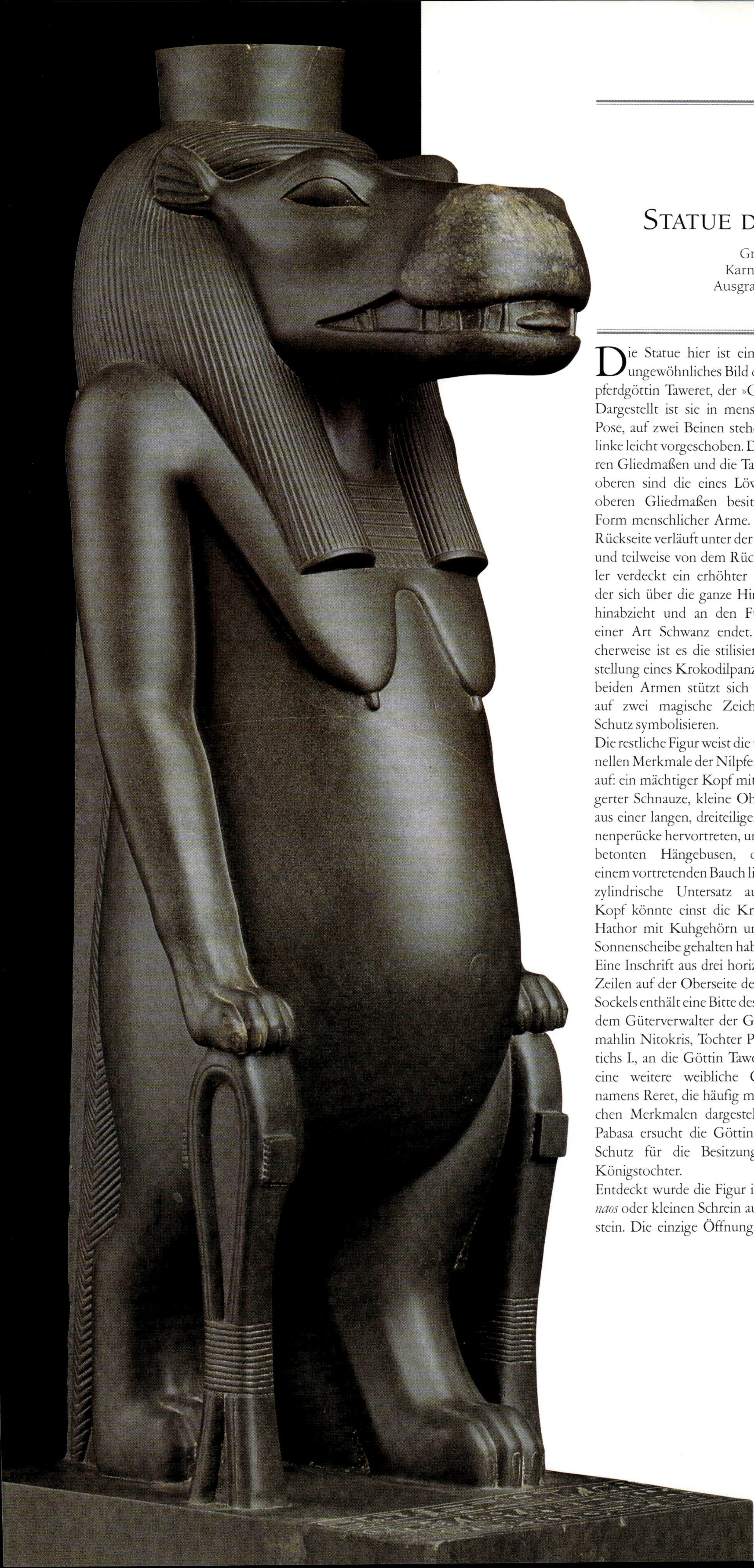

CG 39194

Statue der Göttin Taweret

Grüner Schiefer; Höhe 96 cm
Karnak, nördlicher Tempelbereich
Ausgrabungen von A. Mariette (1860)
26. Dynastie
(664–525 v. Chr.)

Die Statue hier ist ein höchst ungewöhnliches Bild der Nilpferdgöttin Taweret, der »Großen«. Dargestellt ist sie in menschlicher Pose, auf zwei Beinen stehend, das linke leicht vorgeschoben. Die unteren Gliedmaßen und die Tatzen der oberen sind die eines Löwen, die oberen Gliedmaßen besitzen die Form menschlicher Arme. Auf der Rückseite verläuft unter der Perücke und teilweise von dem Rückenpfeiler verdeckt ein erhöhter Streifen, der sich über die ganze Hinterseite hinabzieht und an den Füßen in einer Art Schwanz endet. Möglicherweise ist es die stilisierte Darstellung eines Krokodilpanzers. Mit beiden Armen stützt sich Taweret auf zwei magische Zeichen, die Schutz symbolisieren.

Die restliche Figur weist die traditionellen Merkmale der Nilpferdgöttin auf: ein mächtiger Kopf mit verlängerter Schnauze, kleine Ohren, die aus einer langen, dreiteiligen Strähnenperücke hervortreten, und einen betonten Hängebusen, der auf einem vortretenden Bauch liegt. Der zylindrische Untersatz auf dem Kopf könnte einst die Krone der Hathor mit Kuhgehörn und einer Sonnenscheibe gehalten haben.

Eine Inschrift aus drei horizontalen Zeilen auf der Oberseite des hohen Sockels enthält eine Bitte des Pabasa, dem Güterverwalter der Gottesgemahlin Nitokris, Tochter Psammetichs I., an die Göttin Taweret und eine weitere weibliche Gottheit namens Reret, die häufig mit ähnlichen Merkmalen dargestellt wird. Pabasa ersucht die Göttinnen um Schutz für die Besitzungen der Königstochter.

Entdeckt wurde die Figur in einem *naos* oder kleinen Schrein aus Kalkstein. Die einzige Öffnung in dem Schrein war ein Fenster vor dem Gesicht der Göttin. Nitokris ist auf dem *naos* bei der Opferung von Sistren an Taweret dargestellt. Die Sistren waren jene Musikinstrumente, die gewöhnlich mit dem Kult weiblicher Gottheiten in Verbindung standen. Die Szene zeigt noch andere weibliche Gottheiten, die Tamburine halten. Es sind die sieben Hathoren, die himmlischen Kühe, Spenderinnen von Leben und Fruchtbarkeit.

(R.P.)

Statue der Isis aus dem Grab des Psammetich

Schiefer; Höhe 90 cm
Saqqara, Grab des Psammetich; Späte 26. Dynastie (erste Hälfte des 6. Jahrhunderts v. Chr.)

Dieses Rundbild der Göttin Isis fand man im Grab des Hofbeamten Psammetich, zusammen mit anderen Statuen von Gottheiten, die wie dieses Stück von sehr hoher Qualität sind.

Isis sitzt auf einem Thron mit niedriger Lehne und einer vorne abgerundeten Fußplatte. Die Göttin hat ihre Hände auf den Knien liegen und hält ein *Anch*-Symbol des Lebens in der Rechten. Sie trägt eine glatte dreiteilige Perücke, deren Vorderteile hinter die Ohren gelegt sind und ihr bis zu den Brüsten reichen. Ihren Kopf ziert eine Krone in Form des Emblems der Göttin Hathor, das aus einer Sonnenscheibe zwischen zwei Kuhhörnern besteht. Isis wurde häufig mit Hathor in Verbindung gebracht. Sie trägt außerdem ein eng anliegendes Gewand, das über ihren Knöcheln endet.

Das ovale Gesicht der Göttin ist fein gezeichnet und heiter. Die Augen, mit erhabenen Rändern eingefasst, sind schmal und von sehr wenig vortretenden Brauen überwölbt. Die Nase ist klein, der Mund lächelt leicht. Um die Basis zieht sich eine horizontale Inschrift mit einer Opferformel. Sie hat Psammetich der Isis gewidmet, die unter anderem als Mutter des Gottes Horus bezeichnet wird.

Isis ist eine der Gottheiten der osirianischen Dreiheit. Die Frau des Osiris und Mutter des Horus wird symbolisch als der Thron (ihr traditionelles Emblem) dargestellt und als die Garantin für das Übergehen der königlichen Linie vom Vater auf den Sohn. Nach dem Tod ihres Gemahls durch die Hand seines Bruders Seth setzte Isis den zerstückelten Körper zusammen und erweckte Osiris mit ihren magischen Kräften wieder zum Leben. Dann empfing sie von ihm einen Erben, Horus, der seinen Vater rächen und seinen rechtmäßigen Platz auf dem Thron Ägyptens einnehmen sollte. (R.P.)

CG 784

Statue der Hathor mit Psammetich

Schiefer; Höhe 96 cm
Saqqara, Grab des Psammetich
Späte 26. Dynastie
(erste Hälfte des 6. Jahrhunderts v. Chr.)

Die Skulptur zeigt den hohen Würdenträger Psammetich mit der Kuhgöttin Hathor in einer Komposition, die in der königlichen Bildhauerei gut dokumentiert ist. Die Göttin beschützt, in Gestalt einer Kuh, die vor ihr stehende verkleinerte Menschengestalt.

Das Statuenpaar steht auf einer rechteckigen Sockelplatte. Die Statue der Göttin ist durch ihre polierten Oberflächen und glatten Ebenen, die kaum Andeutungen der Muskulatur erkennen lassen, sowie durch die ziemlich steife Pose typisch für die Bildhauerei der Saitischen Periode. Eine kunstvoll gearbeitete Kette hängt um den Hals der Kuh, erhaben geschnitten und mit einem *Menat*-Gegengewicht versehen, einem der Symbole Hathors. Aus dem fast menschlichen Gesicht steigt ein Kuhgehörn mit einer uräusgeschmückten Sonnenscheibe und einem Federpaar empor.

Psammetich steht vor der Göttin, seinen Kopf schützt das Maul der Kuh. Er trägt eine Haarbeutelperücke, eine Halskette mit einem rechteckigen, unverzierten Anhänger und einen langen Schurz mit einer steifen Stoffbahn auf der Vorderseite. Diese bedeckt ein Hieroglyphentext, der die Titel und Namen des Grabherrn enthält. Er wird als »Verehrungswürdig bei Hathor« bezeichnet.

Die Hände des Mannes liegen mit den Innenflächen an seinem Schurz. Sein ovales Gesicht hat zarte Züge, und der breitschultrige Rumpf ist genau modelliert. Die Verse in dem rund um die Basis eingeschnittenen Text sind der als »Herrin der Nekropole« bezeichneten Göttin Hathor gewidmet. (R.P.)

CG 38358

Statue des Osiris aus dem Grab des Psammetich

Schiefer; Höhe 89,5 cm
Saqqara, Grab des Psammetich
Späte 26. Dynastie
(erste Hälfte des 6. Jahrhunderts v. Chr.)

Die Statue wurde in einem Schacht der Grabanlage des Psammetich gefunden, zusammen mit den beiden anderen hier abgebildeten Skulpturen, die Isis und die Kuhgöttin Hathor mit dem Besitzer des Denkmals darstellen. Diese Figur ist ein Bildnis des Gottes Osiris, der auf einem Thron mit niedriger Lehne und einer rechteckigen, vorne abgerundeten Fußplatte sitzt.

Der Gott ist in der bei ihm üblichen Mumienform gestaltet, seine Hände treten aus den Bandagen hervor. Er hält sie an die Brust und umfasst mit der rechten einen Dreschflegel (Wedel) und mit der linken ein *Heka*-Zepter (Krummstab). Osiris trägt eine *Atef*-Krone, die an den Seiten zwei Federn aufweist und einen Stirnuräus, dessen Körper sich auf dem Mittelstück des Kopfputzes emporwindet.

Das Gesicht des Gottes ist fast identisch mit jenem der Göttin Isis: die gleichen schmalen Augen, überwölbt von der Linie der bis zu den Schläfen gezogenen Brauen, die gleiche Nase und das gleiche Lächeln. Nur die etwas breitere Form und das Kinn mit dem Götterbart sind anders.

Rund um die Basis ist eine dem Gott vom Oberschreiber Psammetich gewidmete Opferformel eingeschnitten. Sie enthält einige der häufigsten Epitheta oder Beiwörter. Osiris wurde in ganz Ägypten zu allen Zeiten und in verschiedenen Formen verehrt, manchmal auch in Verbindung mit anderen Gottheiten. In Busiris ersetzte er bald Anedjti, und in Memphis wurde er zu späteren Zeiten als Ptah-Sokaris-Osiris angebetet. Der Hauptkultort dieses wichtigsten Totengottes, des Königs, der stirbt und als der neue herrschende Horus wieder geboren wird, blieb jedoch stets Abydos. Dort widmete man ihm während der ganzen altägyptischen Geschichte Tempelanlagen, Schreine, Stelen und Kenotaphe. (R.P.)

CG 726 = JE 31335

Kniefigur des Psammetichsaneith, einen Schrein haltend

Graugrüner Schiefer
Höhe 44,5 cm
Mit Rahina (Memphis)
Spätzeit (6.–4. Jahrhundert v. Chr.)

Statuen von Personen, die einen kleinen Schrein oder *naos* halten, kamen in Ägypten während der Neunzehnten Dynastie auf, einige Vorläufer sind jedoch schon in der vorhergegangenen Periode zu finden. Wirkliche Verbreitung erfuhren Statuen diese Typs jedoch erst in der Einundzwanzigsten Dynastie und der Spätzeit.

Im Allgemeinen stellten solche Statuen einen knienden (später auch stehenden) Beamten oder Priester dar, der eine göttliche (oder – auf den ältesten Exemplaren – eine königliche) Figur hielt, gelegentlich auch ein kleines Tabernakel (*naos*), in dem sich eine Gottheit befand. Die Statue hier zeigt Psammetichsaneith, den Königlichen Oberaufseher der Arbeiten in Silber und Gold, auf einem hohen Sockel kniend. Er hält ein *naos*, worin sich ein mumienförmiges Bildnis des Osiris mit einer *Atef*-Krone befindet. Der Beamte hat einen geschorenen Kopf und trägt ein dünnes, fast durchsichtiges Untergewand mit V-Ausschnitt, dazu einen langen, um die Brust geschlungenen und verknoteten Umhang. Psammetichsaneiths breites Gesicht ist besonders interessant: Die ziemlich kleinen Augen mit den ausgeprägten Rändern werden durch Tränensäcke und niedrige Backenknochen betont. Zwei tiefe Linien ziehen sich von der regelmäßigen Nase herab und umreißen die Wangen. Der Mund mit den schmalen Lippen ist fast zu einem Lächeln geöffnet, das an den Enden zwei Linien erzeugt. Das gerundete Kinn steht leicht vor. Dieses Werk ist eines der faszinierendsten Exemplare der so genannten realistischen Skulptur; sie stammt im Allgemeinen aus der Zeit zwischen der Sechsundzwanzigsten und Siebenundzwanzigsten Dynastie, und Beispiele dieses Statuentyps findet man in Ägyptischen Museen der ganzen Welt.

Es gab viele Debatten darüber, ob solche »realistischen« Statuen die Geburt der griechischen Porträtkunst beeinflussten oder ob sie vielmehr eine Folge der immer häufigeren Kontakte zwischen Griechen und Ägyptern ab der Sechsundzwanzigsten Dynastie gewesen sein könnten. Jüngste Studien neigen zur Datierung einer Reihe dieser Skulpturen, einschließlich dieser, vom 6. Jahrhundert ins 4. Jahrhundert v. Chr. (R.P.)

JE 46341

Magische Statue des Djedhor

Schwarzer Basalt
Statue: Höhe 78 cm, Tiefe 43 cm, Breite 35 cm
Sockel: Höhe 38 cm, Tiefe 93 cm, Breite 56 cm
Tell Atrib; Zufallsfund, 1918
Ptolemäische Dynastie (304–30 v. Chr.)

In diesem Stück verbinden sich zwei für die Religion der Spätzeit charakteristische Elemente: Eine vom Dargestellten gehaltene Horus-Stele und ein vor der Stele in den langen Sockel geschnittenes Becken zur Aufnahme von Weihwasser. Fast die gesamte Oberfläche ist mit magischen Texten bedeckt. Die Figur selbst hat die Form einer typischen Würfelhockerfigur, die Beine sind an die Brust gezogen und die Arme über den Knien verschränkt. Sie trägt eine Haarbeutelperücke, die die Ohren frei lässt. Ein glatter Bart verbindet das Kinn mit der Ebene der Arme. Das ovale Gesicht hat regelmäßige Züge: kleine Augen, überwölbt von gebogenen Brauen, in denen sich die Linie der geraden Nase fortsetzt, und ein kleiner Mund. Sogar der Körper und die Perücke sind über und über mit Hieroglyphentexten beschriftet.

Vor der Figur befindet sich eine auf eigenen Füßen stehende Horus-Stele, die auch als »Stele des Horus auf den Krokodilen« bekannt ist. Objekte dieser Art finden sich vor allem in der Spätzeit, ihre Ausmaße schwanken von einigen wenigen Zentimetern bis zu fast einem Meter Höhe.

Harpokrates (oder »Horus, das Kind«) ist auf diesen Stelen gewöhnlich frontal dargestellt, gelegentlich aber mit den Beinen im Profil. Er steht auf zwei Krokodilen und hält giftige, todbringende Tiere in den Händen, im Allgemeinen

Schlangen und Skorpione, aber auch Oryxantilopen und Löwen.
Über der Figur des Horus-Kindes befindet sich der Kopf des Gottes Bes. Sowohl die Bildelemente als auch die Texte beziehen sich auf eine mythische Episode. Ihr zufolge versuchte die Göttin Isis (Mutter des Horus und Gemahlin des Osiris) ihren Sohn Horus vor Seth (dem Bruder und Mörder des Osiris) zu beschützen, der den legitimen Erben seines Bruders mit Hilfe von bösen, schädlichen Tieren beseitigen wollte. Dank ihrer magischen Kräfte und der Hilfe gewisser anderer Götter, vor allem Re und Thot, gelang es Isis, Seths Absichten zu vereiteln. Sie floh in die Sümpfe und zog Horus im Verborgenen auf, bis er bereit war, auszuziehen, seinen Vater zu rächen und seinen rechtmäßigen Platz einzunehmen.
Der Mythos bildete die Grundlage des ägyptischen Königtums, durch ihn bildeten sich die Vorstellungen von einer Thronfolge, von der Bestimmung

des Pharaos (Horus), über das Chaos zu siegen, und von der Verbindung des Königs mit dem Göttlichen. In der Spätzeit wurde die Sage auch zum Symbol eines Zauberspruchs für persönlichen Schutz.
Nachdem Harpokrates mit sämtlichen ihm von Seth gestellten Fallen fertig geworden war, wurde er zum Beschützer all jener, denen Gefahr von Tieren drohte, die ihm selbst nach dem Leben getrachtet hatten. Normalerweise enthält die Rückseite solcher Stelen Texte, die den Mythos nacherzählen und Bannsprüche zur Abwehr und Überwindung des Bösen bieten. Während man die Stelen privat als Amulette benutzte, platzierte man die magischen oder »heilenden« Statuen mit den Figuren, die den Gott Harpokrates in seiner Rolle als Heiler vorstellen, auf öffentlichen Plätzen, wo jeder, der Hilfe oder Schutz brauchte, sich an sie wenden konnte. Man sah sie als Fürsprecher bei den Göttern an, maß ihnen also eine Rolle zu, die in der Vergangenheit einzig das Vorrecht der Pharaonen gewesen war. Das Becken vor den Füßen der Figur sammelte das Wasser auf, welches man über die Stele gegossen hatte. Nachdem es so die schützenden Kräfte der Zaubersprüche aufgenommen hatte, wurde es zu prophylaktischen oder therapeutischen Zwecken benutzt. (R.P.)

JE 46591

Relief des Horhetep

Kalkstein
Höhe 30 cm; Breite 126 cm
Tell el-Fara'in (Buto)
1920 gefunden
30. Dynastie (380–343 v. Chr.)

Links auf diesem Relief sitzt die Hauptfigur auf einem Stuhl mit Löwenfüßen und blickt einer Prozession von Menschen entgegen, die Opfergaben überbringen. Dies ist ein Thema, das man in der ägyptischen Kunst von frühester Zeit an findet. Der würdevolle Mann, identifiziert als ein Hoherpriester von Buto namens Horhetep, trägt eine kurze, glatte Perücke und einen Schurz, der ihm gerade bis über die Knie reicht. In der linken Hand hält er einen langen, auf den Boden gestützten Stab. Eine vor ihm stehende Textkolumne mit fein herausgearbeiteten Hieroglyphen nennt seinen Namen und Titel.

Acht Erwachsene (fünf Männer und drei Frauen) stehen in einer Reihe vor Horhetep; sie werden von mehreren Kindern begleitet und haben verschiedene Gegenstände und Nahrungsmittel bei sich. Zwei Frauen und ein Mann sind nur teilweise, mit Umhängen, bekleidet; zwei Männer tragen kurze Röcke mit Schürzenteilen vorn, zwei weitere haben nur knappe Lendentücher umgeknotet. Die Figuren unterscheiden sich in der Wiedergabe stark von jenen auf älteren Flachreliefs, so haben beispielsweise die Körper generell mehr Substanz und betontere Rundungen. Die Platzierung der Figuren im Raum lässt Abstände, die zum Teil durch Abbildungen von Kindern gefüllt werden, denen man freiere Posen zugestand als den Erwachsenen; sie nehmen an der Prozession teil und lockern deren

Förmlichkeit auf. Zusätzliche Bewegung bringen die dargebotenen Pflanzen in den Händen der Figuren, ebenso die Tiere – Vögel, Rinder und Kälber –, die sie neben Truhen, Krügen und Obstkörben mitführen.

Obwohl dieses vollendete, sehr präzise und detaillierte Relief einmal mehr das meisterliche Können ägyptischer Künstler beweist, spiegeln sich in der Darstellung doch unzweideutig die tiefen Veränderungen in einem Land, das inzwischen für neue Kontakte und Einflüsse offen war. Diese übten unweigerlich eine starke Wirkung auf die uralte Kunst des Landes der Pharaonen aus. (R.P.)

JE 39521

Porträt Alexanders des Grossen

Weißer Marmor; Höhe 20 cm
Tell Timai (Thmnis)
Ptolemäische Dynastie (um 150 v. Chr.)

Dieser Porträtkopf gehört der hoch entwickelten ikonographischen Tradition an, die sich mit der Gestalt Alexanders des Großen verbindet, dessen Züge während der ganzen hellenistischen Zeit häufig dargestellt und auch weiterentwickelt wurden.

Das Porträt zeigt deutlich, dass dem Gesicht als solchem besondere Aufmerksamkeit gewidmet wurde, ganz im Gegensatz zum nur teilweise und nur flüchtig ausgearbeiteten Haar. Die Gesichtszüge sind regelmäßig und sehr weich. Die tief liegenden Augen verleihen dem Ausdruck eine gewisse Abwesenheit.

Die für Alexander typische »Löwenmähne« ist in langen, welligen Locken von betonter Asymmetrie dargestellt: Auf der rechten Seite reicht die Haarlinie bis über das Ohr, auf der linken ringeln sich die Locken am Hals hinab. Oben auf dem Kopf befindet sich ein Loch, in dem einst vermutlich ein Metallemblem steckte.

Porträts von Alexander weisen immer mehrere typische Merkmale auf und lassen sich durch die generelle Komposition identifizieren. Dieses künstlerische Programm war schuld daran, dass die Details vage blieben und der Schwerpunkt auf der Wiedergabe des Gesichts statt auf einem homogenen Werk lag.

Die Figur hat man als vergöttlichten Alexander identifiziert. Man vermutet, dass sie ursprünglich eine ägyptische Krone trug, ein von den königlichen Abkömmlingen Amuns übernommenes Motiv, oder einen Stern, der gleichfalls häufig mit Amun assoziiert wird. Weil jedoch genauere Informationen fehlen, können wir kein schlüssiges Urteil fällen. Andererseits erlaubt uns der skizzenhafte, fast impressionistische Stil, mehrere Elemente der traditionellen Ikonographie von Porträts Alexanders des Großen mit Sicherheit zu identifizieren.

(A.L.)

CG 27476

Kopf Alexanders des Grossen

Weißer Kalzit, Höhe 10 cm
El-Yauta, westlich von Birket Quarun
Ptolemäische Dynastie (304–30 v. Chr.)

Dieser Kopf gehörte einst zu einer Kalzit-Statuette, doch der Rest der Figur ist verloren gegangen. Die Abmessungen des erhaltenen Fragments deuten auf ein kleines Werk hin. Trotzdem kann man ableiten, dass der Kopf leicht nach links gedreht war. Das Haar ist in langen, wirren, ziemlich welligen Locken wiedergegeben. Am Hinterkopf befindet sich ein Band.

Die Qualität der Ausführung ist insgesamt gesehen nicht sehr hoch, doch durch die Transparenz des Kalzits entstehen Bewegungseffekte und ein Spiel von Licht und Schatten. Auch hier ist oben im Kopf ein Loch, in dem vermutlich ein Emblem steckte, möglicherweise eines aus Metall.

Die allgemeine Ikonographie des Werks ermöglicht es, diese Figur mit Sicherheit als Alexander den Großen zu identifizieren. Die stark idealisierten Gesichtszüge deuten darauf hin, dass es sich hier, wie immer bei Darstellungen Alexanders, um kein wirklichkeitsgetreues Porträt handelt, sondern um das Ergebnis eines künstlerischen Prozesses, nämlich der Entwicklung einer feststehenden Ikonographie des makedonischen Heerführers. Das Kopfband oder *taenia* ist ein traditionelles Attribut des hellenistischen Herrschers. Dieses Symbol der Königswürde sollte in die Ikonographie aller erfolgreichen hellenistischen Fürsten aufgenommen werden und war auch auf ägyptischen Darstellungen römischer Kaiser häufig zu finden.

Weil hier solche traditionellen stilistischen Motive verwendet wurden, ist es schwer, das Werk genau zu datieren. Die Wiedergabe des Haars und das Aussehen insgesamt könnten es der hellenistischen Periode zuordnen, doch weitere Elemente für eine präzisere Datierung gibt es nicht. (A.L.)

JE 54313

Stele Ptolemäus' V.

Bemalter und vergoldeter Kalkstein
Höhe 72 cm, Breite 10 cm
Armant, Bucheum; Ausgrabungen der
Egypt Exploration Society, London (1929–1930)
Ptolemäische Dynastie
Regierungszeit Ptolemäus' V. Epiphanes (205–180 v. Chr.)

Die Stele, deren ursprüngliche Bemalung weitgehend erhalten ist, gliedert sich in drei Teile: den gerundeten Giebel, die Mitteltafel mit der Opferszene sowie einen Text aus fünf waagerechten Zeilen in der Basiszone. Der Giebel wird eingerahmt von den geschwungenen Flügeln einer Sonnenscheibe, die mit zwei Uräen geschmückt ist. Unmittelbar darunter befindet sich ein Skarabäus; ihn stützt ein *Djed*-Pfeiler, der zwischen zwei einander zugewendeten Kobras mit Sonnenscheiben auf den Köpfen steht. Auf jeder Seite der Schlangen befinden sich vertikale Inschriften, die den »von Behedet (Horus von Edfu), den Großen Gott, den Buntgefiederten« erwähnen. Zwei Darstellungen des Schakalgottes Anubis, der ein *Cherep*-Zepter hält, rahmen die Szene auf beiden Seiten ein.
Die Mitteltafel, vom Giebel durch das Himmelssymbol getrennt, ist weitgehend mit einem Flachrelief des Buchis-Stiers vor einem intensiv blauen Hintergrund ausgefüllt. Der Stier schaut nach rechts und steht auf einem vielfarbigen Podest. Seinen Körper bedeckt Blattgold, und auf dem Kopf trägt er die Embleme des Gottes Month: eine Sonnenscheibe mit zwei großen Federn. Ein Falke, die Darstellung des Month in Tierform, schwebt mit ausgebreiteten Flügeln über dem Rücken des Stiers. In den Klauen hält er eine *Schen*-Hieroglyphe und eine Feder. Ein vertikaler Text vor dem Falken identifiziert ihn als »Month Harachte, großer Gott, Herr des südlichen Heliopolis [Theben]«.
Vor dem Altar steht der Herrscher Ptolemäus V., im Begriff, das Symbol der Felder, *sechet*, zu opfern. Er trägt die Blaue Krone und einen Zeremonialschurz mit einer steifen dreieckigen vorderen Bahn und einer Art Mieder. Seine Arme schmücken Reifen, den Hals eine goldene Kette. Über dem Kopf des Königs befinden sich sieben vertikale Hieroglyphenspalten mit den Namen des Gottes Buchis, des Ptolemäus V. Epiphanes, seiner Frau Kleopatra I. und erneut jener des Sonnengottes, des Herrn von Behedet. Hinter dem König steht eine Schutzformel und vor ihm eine Opferbeischrift. Der Text in dem Paneel der Stelenbasis enthält eine Widmung des königlichen Paares an den göttlichen Stier, der im 25. Jahr ihrer Herrschaft gestorben war.
Der Kult des Buchis-Stiers, der dem heiligen Tier des Gottes Month geweiht war, ist in der Region Theben ab der Dreißigsten Dynastie bis zur Periode des Diokletian dokumentiert. Nach seinem Tod wurde der Stier mumifiziert und im Bucheum von Armant mit ähnlichen Zeremonien bestattet wie in Saqqara der Apis-Stier und in Heliopolis der Mnevis-Stier. (R.P.)

JE 38582

Standfigur einer ptolemäischen Königin

Kalkstein mit Spuren von Bemalung und Vergoldung; Höhe 47,5 cm
Karnak, Tempel des Amun-Re, Cachette
Ausgrabungen von G. Legrain (1904)
Ptolemäische Dynastie
(304–30 v. Chr.)

Die Statue stellt eine Frau in einem langen, eng anliegenden Faltenkleid dar; über dem Nabel ist es mit einem geknoteten roten Band verziert, das einem Isisblut-Symbol ähnelt. Außerdem trägt die Frau eine dreiteilige Perücke, die noch Spuren der ursprünglichen schwarzen Bemalung aufweist. Um die Perücke ist ein rotes Band geschlungen. Das Gesicht ist breit und voll, die Züge sind stark stilisiert. Die vollendet mandelförmigen Augen, das fast völlige Fehlen von Brauen und der kleine, ausdrucksvolle Mund mit vorgeschobener Unterlippe sind charakteristische Merkmale, dank derer man die Statue der frühen Ptolemäer-Zeit zuordnen kann. Zu dieser Zeit ließ die Kunst in Ägypten noch eine deutliche Abhängigkeit von ägyptischen Stilen früherer Perioden erkennen.
Die Figur ist in schreitender Pose gestaltet und hat das linke Bein leicht vorgeschoben. Der rechte Arm liegt an der Körperseite an (mit geschlossener Faust), den linken Arm hat sie unter der Brust gefaltet, und in der Hand hält sie ein Blütenzepter, das Hoheitszeichen von Königinnen. Um den Hals trägt die Frau eine mit Blattgold bedeckte breite Kette; Goldreifen zieren ihre Arme und goldene Ringe ihre Finger.
In den Rückenpfeiler ist eine männliche Figur gemeißelt, die Sandalen und ein auf Brusthöhe befestigtes Gewand trägt. Vermutlich handelt es sich um den Stifter, der das Werk in Auftrag gab. Auf der Basisplatte wurden in roter Farbe mehrere Kolumnen vorgezeichnet; wäre die Statue vollendet worden, hätten sie zweifellos eine Hieroglypheninschrift mit den Namen des Stifters und der von der Statue verkörperten Frau enthalten. Anhand ihrer Attribute wie dem Band um die Perücke, dem Zepter und dem Band an ihrem Kleid kann man die Figur mit ziemlicher Sicherheit als vergöttlichte ptolemäische Königin identifizieren. Der Stifter war vermutlich ein Priester, der sich dem Kult der Königin widmete.

(F.T.)

JE 46356

GEFLÜGELTER SKARABÄUS

Lapislazuli, Gold, Silber, Schmucksteine
Höhe 77 cm
Schatz von Dendera
Ptolemäische Dynastie (304–30 v. Chr.)

Wegen der Bedeutung des altägyptischen Verbs *cheper*, das auch das Wort »Skarabäus« bildet, brachte man den heiligen Käfer in enge Verbindung mit »entstehen, werden und sich verwandeln«. Der Skarabäus wurde zum Symbol für den kontinuierlichen Lebenszyklus der Natur, einschließlich der jährlichen Nil-Überschwemmungen, des Todes und der Wiedergeburt von Pflanzen, Menschen, Tieren und Göttern. Das Wort *cheper* drückt eine der grundlegenden Auffassungen im ägyptischen Denken aus und ist eines der häufigsten Symbole in religiösen Texten. Es bezieht sich insbesondere auf die Schöpfung und Entstehung des Sonnengottes, dessen morgendliche Manifestation »chepri« ist.

Das Wort für Skarabäus wird ebenfalls häufig in Bestattungstexten erwähnt, die von der Wiedergeburt und von einem neuen Leben nach dem Tod handeln. Das Bild des Skarabäus benutzte man in Ägypten auch als Amulett, das Schutz und eine ewige Wiederkehr garantierte. In dieser Form findet es sich in der gesamten mediterranen alten Welt im Zusammenhang mit Bestattung und Religion, und als »Glücksbringer« fungiert es heute noch.

Skarabäen wurden aus grüner oder blauer Fayence hergestellt oder aus Schmucksteinen – gewöhnlich grünen oder schwarzen. Diese Farben assoziierte man mit der Geburt der Natur und dem schwarzen Schlick, der die Erde fruchtbar machte. Geflügelte Skarabäen sind gewöhnlich Begräbnis-Amulette und als »Herz-Skarabäen« bekannt. Die oft recht großen Käfer wurden in den Bandagen der Mumien auf eine Stelle gelegt, die dem Herz entsprach, oder sie waren Mittelstücke von Pektoralen, die man unter den königlichen Schätzen in großer Zahl fand. Gewöhnlich sind sie auf der Unterseite mit dem Kapitel 30 des Totenbuchs beschriftet.

Diese Skarabäen spielten eine Doppelrolle. Einerseits half ihr Zauber dem Herz des Verstorbenen, auf das göttliche Urteil zu reagieren; andererseits veranschaulichte ihr Vorhandensein die Verbindung zwischen dem Verstorbenen und dem Sonnengott, die zur Wiederauferstehung führte. Spruch 366 der Pyramidentexte lautet: »Die tote Person fliegt wie Chepri und steigt auf den leeren Thron in deinem Boot, o Re!« In der Spätzeit und der Ptolemäischen Periode verkörperten der Skarabäus oder die geflügelte Sonnenscheibe auch Apis, einen Sonnengott, den man als Re, Horus von Edfu oder Osiris identifizierte.

Dieser Skarabäus, ein prächtiges Beispiel für den Schmuck jener Zeit und ein Zeugnis der Kunst des ptolemäischen Ägypten, vereinigt die wichtigsten ikonographischen Elemente der Sonnenanbetung auf sich: die Scheibe, das Symbol des feurigen Himmelskörpers, und die Flügel des Falken, ihre tierische Erscheinung. Das von dem Insekt zwischen den Hinterbeinen gehaltene *Schen*-Symbol bedeutet Schutz und bezieht sich auf die Funktion des Schmuckstücks als Amulett. Die verwendeten Steine und Farben spiegeln den religiösen und magischen Symbolismus des Stücks wider und das Konzept der Wiedergeburt. Der Skarabäus selbst ist aus einem sehr hochwertigen Lapislazuli geschnitten und in Gold gefasst. Die sorgfältig und detailliert dargestellten Flügelfedern sind unter Anwendung der Cloisonné-Technik mit Lapislazuli, Türkis und rotem Karneol eingelegt. Roter Karneol war traditionell die Farbe, die man mit der Sonne assoziierte. Das *Schen*-Symbol besteht ebenfalls aus Lapislazuli und Karneol, wogegen die Sonnenscheibe mit Blattgold bedeckt ist. (R.P.)

JE 46351

FALKENSARG

Gold, Silber
Höhe 60 cm, Länge 88 cm
Schatz von Dendera
Ptolemäische Dynastie
(304–30 v. Chr.)

Der Kult eines Himmelsgottes in Falkengestalt zählt fraglos zu den ältesten in Ägypten. Im Lauf der ägyptischen Geschichte verband man den Falken zuerst mit dem Gott Horus und danach mit verschiedenen Manifestationen des Sonnengottes, zweifelsohne wegen seiner Fähigkeit, hoch in den Himmel zu steigen. In der pharaonischen Ikonographie stellen die Flügel des Falken den Himmel dar, seine Augen die Sonne und den Mond. Von frühdynastischer Zeit an assoziierte man den Pharao selbst mit dem Gott Horus, der auch zum ersten Bestandteil in seiner mehrteiligen Titulatur wurde. Religiöse Stätten, die Göttern in Falkengestalt geweiht waren, finden sich schon früh in vielen Teilen Ägyptens: Horus in Kom Ombo, Month in Hermonthis, Behedet in Edfu, Sokar in Memphis und Horachti in Heliopolis. Von der Spätzeit an und besonders während der Ptolemäischen Periode vereinheitlichte sich der Kult des Falken in ganz Ägypten.

Zahlreiche Friedhöfe waren für die Bestattung der Horus geweihten Tiere reserviert. Mumien von Falken fand man in Kom Ombo, Theben, Dendera, Abydos, Hermopolis, Saqqara und Giza. Nach ihrem Tod mumifizierte

man die Falken und bestattete sie in Särgen, die gewöhnlich aus Holz, Stein oder Bronze bestanden, außerdem auch in Gefäßen.
Dieses prächtige Beispiel aus dem so genannten »Schatz von Dendera« ist aus Gold und Silber gefertigt und unterstreicht einmal mehr das große Ansehen, das diese Vögel genossen. Der Sarg selbst hat die Form eines Falken und besteht aus drei Elementen: Körper, Beinen und Kopfputz.
Der Körper gliedert sich in zwei aus Blattgold gearbeitete Teile, so dass die obere Hälfte angehoben und der mumifizierte Vogel hineingelegt werden konnte. Die Beine bestehen aus Silber mit fein eingravierten Verzierungen, die einzelne Federn und Details der Klauen darstellen. Eine Sonnenscheibe ruht auf dem Kopf des Vogels.
Wie der hier ebenfalls abgebildete Skarabäus bezeugt dieser Sarg die hohe Qualität der ägyptischen Kunst während der Ptolemäischen Periode und den Wunsch der griechischen Herrscher, die mächtigen, Ehrfurcht gebietenden ägyptischen Götter mit kostbaren, künstlerisch vollendeten Werken zu ehren. (R.P.)

JE 35923 = CG 53668

Perlennetz und Goldmaske des Hekaemsaf

Gold, Schmucksteine, Fayence
Länge 145 cm, größte Breite 46 cm
Saqqara, Grab des Hekaemsaf
Ausgrabungen der Altertümer-Verwaltung unter Leitung von A. Barsanti (1903)
26. Dynastie, Regierungszeit des Amasis (570–526 v. Chr.)

Das unversehrte Grab des Hekaemsaf, dem Oberaufseher der königlichen Schiffe, wurde in der Nekropole von Saqqara in der Nähe der Unas-Pyramide entdeckt. Zu der reichen Grabausstattung gehörten Modellschiffe, Tischgeschirr, Kanopen, 401 Uschebti-Figuren aus Fayence, zahlreiche Schmuckstücke und ein Kalkstein-Sarkophag, der einen Sarg aus bemaltem Holz enthielt, in dem sich die Mumie befand.
Hekaemsafs Mumie schmückte ein feines Perlennetz mit einer daran befestigten Goldmaske, und sie war mit einem Leinentuch bedeckt. Das zerbrochene Perlennetz bestand nur noch aus Fragmenten und wurde von Georges Daressy aus den einzelnen Stücken wieder zusammengefügt.
Das Gesicht der Maske wird von einer Perücke aus schwarzen und grünen Streifen eingerahmt, die man aus eingelegtem Glasfluss schuf. Auch die Augen sind eingelegt, die Iris in Feldspat, die Pupillen in Obsidian, die Augenlider und die Brauen in Lapislazuli. Ein Bart reicht vom Kinn genauso weit herab wie die Enden der gestreiften Perückenflechten.
Das mit der Maske verbundene Netz bedeckt den ganzen Körper; es besteht aus Schnüren mit Perlen aus Gold, Lapislazuli und Amazonit, die fortlaufende, regelmäßige Farbmuster bilden. An jedem Verbindungspunkt zwischen den Perlen befinden sich Scheiben aus vergoldetem Kupfer. Rund um die Netzkante verläuft eine lange Reihe von Rechtecken aus Gold, Lapislazuli und Amazonit, die in einem präzisen Muster angeordnet sind; der beschädigte untere Teil fehlt jedoch.
Ein großer *Usech*-Halskragen ist über der Brust der Mumie an dem Netz befestigt und endet an den Schultern mit zwei großen Falkenköpfen aus getriebenem Gold. Der Halskragen besteht aus Perlen verschiedener Formen und Farben. Es gibt sieben Reihen aus zylindrischen Lapislazuli- und Amazonitperlen, getrennt durch acht Reihen aus kleinen Goldperlen, eine Reihe aus runden Gold- und Amazonitperlen, eine Reihe aus vergoldeten tropfenförmigen Perlen und eine Schlussreihe aus runden, miteinander abwechselnden Lapislazuli- und Goldperlen.
Unter dem Kragen, über dem Bauch, befindet sich ein Bild der Göttin Nut aus dünnem, am Netz befestigtem Gold. Die Himmelsgöttin, mit der Sonnenscheibe gekrönt, hat ihre Arme und Flügel zu einer beschützenden Geste ausgebreitet. Sie kniet auf einem langen Goldband mit einer getriebenen Inschrift. Diese enthält ein Gebet an sie vom Oberaufseher der königlichen Schiffe, Hekaemsaf. Der Schlussteil der Anrufung blieb nicht erhalten.
Rechts und links neben dieser Hieroglyphenkolumne befinden sich je zwei Figuren der vier Horussöhne, Beschützer der inneren Organe des Verstorbenen. Die beiden Figurenpaare sehen einander über die Inschrift hinweg an. Alle vier Gottheiten haben mumienförmige Körper und Tierköpfe. Auf der rechten Seite des Verstorbenen sind Amset und Duamutef dargestellt, auf der linken Hapi und Kebehsenuef.
(S.E.)

Donald M. Bailey

Das Römische Ägypten – Provinz eines Imperiums

Dreißig Jahre vor Beginn der christlichen Zeitrechnung setzte Kleopatra VII., die letzte ptolemäische Königin, ihrem Leben ein Ende. Augustus hatte Ägypten der römischen Herrschaft, genauer gesagt: seiner eigenen Präfektur, unterworfen. Ein Land, das so unglaubliche Mengen an Nahrungsmitteln hervorbrachte und dazu leicht zu verteidigen war, durfte nicht zu einem Stützpunkt ehrgeiziger römischer Adliger werden. Es wurde nicht einem Senator, sondern einem Statthalter aus der Reiterei unterstellt, und auch ihm nur befristet. Unterstützt wurde er von der Armee, die in kleinen Einheiten über das ganze Land verstreut war. Die Aufgabe des Statthalters oder Präfekten bestand vor allem darin, die Steuern einzutreiben und dafür zu sorgen, dass genügend Getreide für die Menschen in Rom exportiert wurde. Als Hauptsitz der Regierung blieb Alexandria bestehen, und auch die ursprüngliche Unterteilung in die einzelnen Verwaltungsdistrikte, Nomoi genannt, mit den zugeordneten Hauptstädten blieb erhalten. Die Sprache des Heeres war Latein, während die meisten amtlichen Vorgänge in Griechisch aufgezeichnet wurden. Während der Dynastie der Ptolemäer hatte sich im Lauf der Zeit die Abgrenzung zwischen Griechen und Ägyptern im ganzen Land immer mehr verwischt, und der einzige »Ausweis« einer griechischen Identität war offenbar das Beherrschen der griechischen Sprache. Dies erschien den römischen Eroberern weder nachvollziehbar noch akzeptabel: Die Griechen waren griechisch, nicht aber die Ägypter, und um dies zu untermauern, verschärften sie die Gesetze. Die Griechen hatten ihre Abstammung durch ihre Vorfahren auf mütterlicher und väterlicher Seite sowie durch die Mitgliedschaft im Gymnasion nachzuweisen, und zwar so weit zurück wie nur möglich.

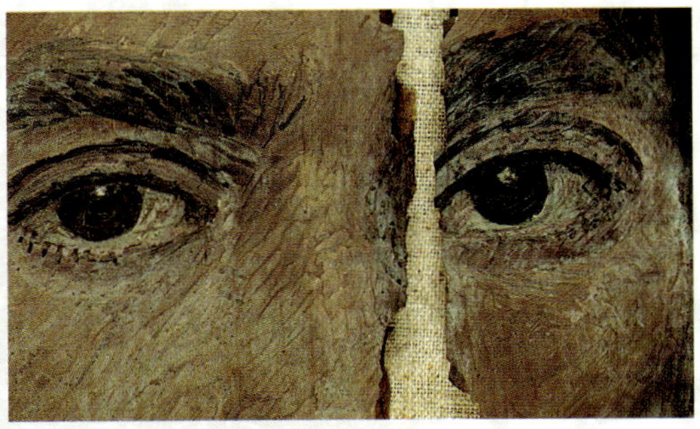

Die Ägypter wurden als eine minderwertige Schicht betrachtet, und die römischen Machthaber erließen deshalb geschriebene Bestimmungen – als *Gnomon* des *Idios Logos* bekannt geworden –, die oft mit festgelegten Strafen bewehrt waren. Ein Großteil dieser Gesetze ist auf Papyrusrollen überliefert. Die Steuern wurden auf ungerechte Weise erhoben, wobei die Reichsten am wenigsten zu zahlen hatten. Die Bürger von Alexandria waren hoch privilegiert und mussten nur geringe Abgaben aufbringen. Die Einwohner der Provinzhauptstädte wurden deutlich stärker herangezogen, und die ägyptischen Dorfbewohner in den ländlichen Gebieten, viele von ihnen sehr arm, hatten am meisten abzugeben. Es gab zahllose Arten von Steuern. Eine sehr große Belastung stellte beispielsweise die Kopfsteuer dar; sie war von den Römern eingeführt und während der ersten drei Jahrhunderte ihrer Herrschaft erhoben worden.

Nur alexandrinischen Bürgern war es möglich, in den frühen Jahrhunderten römischer Herrschaft den höchsten Preis – die römische Staatsbürgerschaft – zu erringen. Doch als Septimius Severus im Jahr 200 n. Chr. der Einrichtung eines Senats für Alexandria zustimmte und den Verwaltungshauptstädten einen Stadtrat zugestand, änderte sich dies. In der Folge erließ Caracalla 212 und 213 die *Constitutio Antoniniana*, die allen Reichsangehörigen das römische Bürgerrecht einräumte, außer den Leibeigenen natürlich. Was jedoch unvermindert blieb, war die Steuerlast. Der Kaiser bestand auf den Abgaben, ungeachtet der landwirtschaftlichen Entwicklung. Schlechte Erntejahre zählten nicht als Argument. Wenn sie die Steuern nicht bezahlen konnten, flüchteten die Menschen von Haus und Hof, doch dann mussten die benachbarten Bauern die Differenz aufbringen und das verlassene Land bestellen. Waren ganze Dörfer ausgestorben, wurden die benachbarten Gemeinden gezwungen, deren Steuerlast zu übernehmen. Angehörige der höheren Beamtenschicht, in früheren Jahrhunderten gerne dazu bereit, für den Aufbau öffentlicher Gebäude und für Dienstleistungen – beispielsweise für die Lieferung von Badeöl – zu zahlen, waren gezwungen, bestimmte Aufgaben zu erfüllen. Häufig wurden sie durch Sondersteuern finanziell ruiniert. Konnten die Steuerpächter die vorgesehenen Abgaben nicht eintreiben, wurden sie gewalttätig und ließen die Familien rückständiger Steuerzahler ins Gefängnis werfen.

Das Leben unter römischer Herrschaft muss zeitweise unerträglich gewesen sein, doch im 5. und 6. Jahrhundert dürfte der Großteil der Bevölkerung noch die beste Zeit erlebt haben. Gegen Ende des 3. Jahrhunderts war offenbar die Kopfsteuer durch Kaiser Diokletian abgeschafft worden, doch es blieben viele Steuerarten erhalten oder es wurden neue eingeführt, so zum Beispiel die *annona militaris*, eine Steuer zugunsten des Militärs, und die Kronsteuer, zahlbar in Gold von den Städten

378 LINKS UND
379 RECHTS
AUSSCHNITTE DER PORTRÄTTAFEL ZWEIER BRÜDER
CG 33267

ENKAUSTIK (WACHSMALEREI) AUF HOLZ
DURCHMESSER 61 CM
ANTINOOPOLIS
AUSGRABUNGEN VON A. GAYET (1899)
2. JAHRHUNDERT N. CHR.

378 HINTERGRUND
MOSAIK
JE 67913

MOSAIK
HÖHE 26,5 CM,
BREITE 33 CM
HERKUNFT UNBEKANNT
ZWEITE HÄLFTE 3. – ZWEITE HÄLFTE 4. JAHRHUNDERT N. CHR.

und ihren Einzugsgebieten an den Kaiser. Hatten die Ptolemäer ihr Getreide und ihr Gold noch in Ägypten gelassen, wurde es nun von den römischen Kaisern weggeschafft. Über Jahrhunderte hinweg war die Inflation nur langsam vorangeschritten, doch ab dem Ende des 3. Jahrhunderts stiegen die Preise dramatisch an.

Im Gegensatz zum restlichen Weltreich bekam Ägypten einen Großteil des politischen Chaos im 3. Jahrhundert, bei dem die Kaiser vom Militär für ein paar Monate oder auch Jahre erhoben wurden, kaum zu spüren. Das Durcheinander endete mit dem Sieg eines der größten Kaiser des Imperiums, Diokletian. Er veranlasste die weitreichendsten Veränderungen im römischen Ägypten seit den ursprünglichen Anordnungen unter Augustus. Gegen Ende des 3. Jahrhunderts unterteilte Diokletian Ägypten aus Verwaltungsgründen in drei Gebiete: *Aegyptus Jovia*, das einschließlich Alexandria vom Präfekten von Ägypten regiert wurde, sowie *Aegyptus Herculia* und *Thebaid*, die jeweils einen eigenen Statthalter zugeteilt bekamen. Das waren zivile Positionen; das Militär wurde eigens verwaltet, und das ganze Land war einem einzigen Führer unterstellt, dem Herzog von Ägypten. Als Amtssprache wurde zunehmend das Lateinische verwendet. Auch das Steuersystem revidierte Diokletian, indem er Erhebungszyklen, festgelegte Perioden für Steuerforderungen, einführte, so dass die Bürger sich darauf einstellen konnten. Willkür und unerwartete Forderungen nahmen dadurch ab.

Während des ganzen spätrömischen Zeitabschnitts erfolgten weitere Umverteilungen und Verschmelzungen. Trotz beträchtlicher militärischer Präsenz wurde mehrfach gegen die römische Herrschaft rebelliert. Der Judenaufstand in den Jahren 115 bis 117 verursachte erhebliche Schäden in vielen ägyptischen Städten, bis er schließlich niedergeschlagen wurde, und auch die Bauernrevolte in den 170er-Jahren im Nildelta brachte den Behörden viel Ärger ein. Das Nomadenvolk der Blemyer drang aus dem Süden und Osten vor und stellte eine permanente Bedrohung dar. Auch vor den Wüstenbewohnern, den Beduinen, musste man ständig auf der Hut sein. Die Palmyrener besetzten im Jahr 270 unter ihrer Herrscherin Zenobia Alexandria und das umliegende Land; in den Jahren ab 290 hatte Diokletian mit dem Usurpator Domitius Domitianus zu tun. Gegen Ende des Römischen Reichs gewannen die Perser für ein Jahrzehnt die Macht über das Land, bevor sie 627 wieder vertrieben wurden; doch keine 15 Jahre später kamen die Araber und blieben für immer. Sie belagerten das Fort von Babylon nahe der Stelle, an der später Kairo entstehen sollte, nahmen als Nächstes Alexandria im Jahr 642 ein und beendeten nach fast 700 Jahren die römische Herrschaft.

Augustus hatte das ägyptische Priestertum als Brennpunkt für Patriotismus, Unruhe und Rebellion betrachtet und dessen Einfluss und Privilegien stark beschnitten. Mit dem Siegeszug des Christentums gelangten die religiösen Amtsträger, insbesondere der Patriarch von Alexandria, zu solch enormer Macht, dass sie die Pläne des Statthalters und sogar des Kaisers durchkreuzen konnten. Theophilus, der das großartige Serapeum zerstören ließ, und Athanasius, um nur zwei dieser mächtigen und beherrschenden Bischöfe zu nennen, waren über Jahrzehnte ein Pfahl im Fleisch von Konstantinopel. Schließlich spaltete sich die ägyptische monophysitische Kirche von den Melchiten, der katholischen Kirche von Konstantinopel und Rom, wegen unterschiedlicher Auffassungen über die körperliche und spirituelle Natur von Christi ab; die beiden Kirchen wurden nie wieder vereint.

Das Mönchstum entwickelte sich zuerst in Ägypten. Um den heiligen Antonius und seinen Zufluchtsort in der Wüste bildete sich eine Mönchsgemeinde, während Schenute von Atripe und Pachomius der Ältere eigene Niederlassungen für das Mönchswesen näher am Nil aufbauten.

Das Christentum vereinte die Griechen in Ägypten und die ägyptische Bevölkerung. Nachdem die ägyptische Sprache stärker verbreitet war als die griechische, wurden die Bibel und andere heilige Schriften der Christen in jener Form niedergeschrieben, die später als koptisch bezeichnet wurde: die ägyptische Sprache in griechischem Alphabet, erweitert um ein paar Zeichen aus der ägyptischen (demotischen) Schrift. Im Lauf der Zeit wurde das Koptische auch für weltliche Schriftstücke verwendet, obwohl bis weit in die arabische Zeit hinein Griechisch Schriftsprache blieb.

Das Ägypten, das die Römer vorfanden, entsprach weitgehend dem Land der frühen Pharaonen, war also bestimmt durch den Nil. Der große von Nord nach Süd verlaufende Fluss durchschnitt die Wüste, und zu beiden Seiten erstreckten sich ein paar Kilometer bebautes Land. Nördlich von Memphis, der großen und ehemals königlichen Stadt, teilte sich der Strom in zwei Haupt- und dazwischen in viele kleine Nebenarme und bildete so das intensiv bewirtschaftete Nildelta. Landwirtschaftlich ebenfalls von Bedeutung war die niedrig gelegene Ebene des Faijum, durch einen Nilkanal bewässert und zur Zeit der frühen Ptolemäer stark kultiviert. In der Westlichen Wüste lagen die Oasen, gut bewässerte Gebiete, an die gefahrvolle Routen durch die Wüste heranführten: Baharia, Farafra, Dachla und Charga. Die westlichste und gleichzeitig am besten zu erreichende Oase war Siwa, wo Alexander durch Amun in seiner Göttlichkeit bestätigt worden war. Der Ackerbau Ägyptens und im Faijum war auf die jährliche Überflutung durch den Nil angewiesen, die in guten Jahren das Wasser bis in die entlegensten Winkel der kultivierten Gebiete brachte und den Boden mit dem nährstoffreichen Nilschlamm bedeckte. In der übrigen Zeit oder wenn der Nil niedrig stand, waren zur Bewässerung Wasserhebevorrichtungen wie *schaduf*, die archimedische Schraube, und die Sakijie (*sakiya*) unentbehrlich. Der Nil lieferte reichlich frischen Fisch, der auch eingesalzen wurde, sowie die Zutaten für Fischsaucen. Die Haupternte bestand aus Weizen (von dem ein Großteil nach Rom und später nach Konstantinopel verschifft wurde), Weintrauben, die vor allem in der spätrömischen Zeit in riesigen Mengen geerntet wurden, und Tierfutter. In den Flussmarschen des Nildeltas wuchs Papyrus. Große Mengen davon wurden zu Schreibmaterial verarbeitet, und zwar nicht nur für die Bürokratie und Bücher Ägyptens, sondern auch für die des gesamten restlichen Imperiums. Land und Fluss waren reich und fruchtbar, doch die Arbeit war hart, und sowohl auf die Erzeugnisse selbst als auch auf das Geld, das sie einbrachten, wurden Steuern erhoben.

Die meisten Menschen lebten in Dörfern auf dem Land oder in den Hauptstädten der einzelnen Verwaltungsgebiete, die mit ihren eng gewundenen Gassen wie übervölkerte Dörfer wirkten und nur gelegentlich breite Hauptstraßen aufzuweisen hatten. Diese waren dann flankiert von öffentlichen Gebäuden, dazwischen eingestreut

380
KOPF EINER WEIBLICHEN KOLOSSALFIGUR
CG 27468

MARMOR
HÖHE 73 CM
HERKUNFT UNBEKANNT
(332 V. CHR. – 311 N. CHR.)

381
KLEINE BÜSTE DES SERAPIS
CG 27439

GELBER KALZIT
HÖHE 17,5 CM
HERKUNFT UNBEKANNT
(2. JAHRHUNDERT N. CHR.)

lagen einzelne Tempel. Um zu Wohlstand zu gelangen, waren Dörfer wie Städte auf Ackerbau und Warenproduktion, vornehmlich von Textilien, angewiesen. Alexandria, die griechische Hauptstadt in Ägypten, wurde vom ganzen Land und dem Handel getragen. Als großer Umschlagplatz stellte es selbst nur wenig von Bedeutung her. Nicht nur Produkte aus ganz Ägypten traf man hier an, sondern auch exotische Waren aus Indien und dem Fernen Osten, die mit Hilfe der Monsunwinde in die Häfen des Roten Meers gelangt und auf dem Nil durch die Wüste transportiert worden waren. Zwei weitere griechische Städte, von den Ptolemäern mit Nebenprivilegien ausgestattet, waren Naukratis im Nildelta und Ptolemais in Oberägypten (heute el-Menschijeh). Eine dritte, Antinoopolis, kam durch Kaiser Hadrian im Jahr 130 n. Chr. hinzu; sie lockte mit Steuervorteilen und anderen Sonderrechten.

Viele der Tempel in den Städten waren im herkömmlichen ägyptischen Stil errichtet, doch die von den Ptolemäern (und zuvor schon in Naukratis) und dann in römischen Zeiten eingeführten klassischen Bauten traten im ganzen Land immer stärker in den Vordergrund. Antinoopolis, die neue griechische Stadt, besaß eine besonders reiche Architektur, die sich mit dem östlichen Teil des Imperiums messen konnte, obwohl der wichtigste Tempel noch von Ramses II. erbaut worden war. Hermopolis Magna sollte nicht dahinter zurückstehen; dort ließ man in der zweiten Hälfte des 2. Jahrhunderts großartige Bauten errichten. Darunter waren nicht nur Tempel, sondern auch andere öffentliche Gebäude, wie Theater, Hippodrome, Gymnasien, Bäder, Nymphäen, Straßenkolonnaden, Triumphbogen und Ehrensäulen. Vermutlich waren die Tempel, jeweils nach klassischen Maßstäben erbaut, vor allem als Zentren der Verehrung von Serapis und Isis und für den Kaiserkult gedacht. Einige Pharaonen-Tempel in den Städten und Dörfern waren überaus alt, doch die meisten und am besten erhaltenen Tempelbauten sind von den Ptolemäern und Römern errichtet worden: beispielsweise Philae, Dendera, Edfu, Esna und Kom Ombo. Andere wurden mit Aufbauten aus römischer Zeit ergänzt.

Mit der Zeit entstanden auch prachtvolle Kirchen. Es ist wahrscheinlich, dass bis zum Ende des 3. Jahrhunderts die Mehrheit der Ägypter das Christentum angenommen hatte, während das Heidentum einen entsprechenden Niedergang erlebte. Vielerorts waren die Tempel noch vor dem 4. Jahrhundert verlassen, obwohl die Heiden nicht einfach ausstarben. Die ältesten erhaltenen Kirchen stammen aus der Mitte des 5. Jahrhunderts. Sie wurden in der klassischen Form einer Basilika und oftmals unter Verwendung von Bauteilen aus älteren Gebäuden errichtet: In Hermopolis Magna ist das große Querschiff des Kirchenbaus fast nur mit Materialien aus öffentlichen Gebäuden des 2. Jahrhunderts erbaut worden. Oftmals setzte man die Kirchen an die Stelle heidnischer Tempel – eine Vielzahl von ihnen ist bis weit in die arabische Epoche hinein in vielen Papyrusrollen erwähnt. Eine große Anzahl dieser Schätze ist erhalten geblieben.

Das dritte wichtige ägyptische Exportprodukt neben Getreide und Papyrus war bei den Römern so heiß begehrt, daß sie große Anstrengungen unternahmen, um es zu bekommen: Stein. Weit entfernt vom Niltal wurden in Steinbrüchen die Felsgesteine aus der Östlichen Wüste, grauer Granodiorit vom Mons Claudianus und aus Barud, Diorit aus dem Wadi Umm Balad sowie verschiedenartige Gesteine aus dem Wadi Hammamat und der dunkelrote Porphyr vom Mons Porphyrites abgebaut. Die sehr aufwändige Infrastruktur für die Beförderung und Ausfuhr stellte das römische Heer. So wurde praktisch das gesamte Gestein vom Mons Claudianus für kaiserliche Bauvorhaben nach Rom geschickt. Der Porphyr vom Mons Porphyrites, für Skulpturen ebenso

gebraucht wie als Baumaterial, war weit stärker verbreitet und wurde sowohl in Ägypten als auch im restlichen Imperium verbaut. Der leichter zu gewinnende rote Granit von Assuan wurde nicht wie in den Zeiten der Pharaonen für Bildhauerarbeiten, sondern in weit entfernten Gebieten des Imperiums als Säulenschäfte verwendet. In Ägypten war es üblich, vor Ort gebrochenes Steinmaterial, sei es Kalk- oder Sandstein, als Barquader oder als dekorierte Architekturteile für öffentliche Bauwerke einzusetzen, etwa als Säulenkapitell oder -fundament oder für ein Fries, während der Säulenschaft meist aus Assuan-Granit bestand.

Das römische Ägypten erlebte in Kunst und Kunsthandwerk sowohl die Fortführung des Bestehenden als auch dessen Veränderung. Mosaikböden fanden hier weit weniger Anklang als im restlichen Imperium, trotzdem konnten etliche in großen Privathäusern und Bädern nachgewiesen werden. Wandgemälde von Gottheiten wiederum – beispielsweise von Isis, Athene, Harpokrates oder des Reitergottes Heron – schmückten viele Häuser in den Dörfern und Städten. Eine ausgezeichnete Arbeit aus der Nekropole von Tuna el-Gebel zeigt beispielsweise Auszüge aus der Ödipus-Sage.

382
MÄNNLICHES PORTRÄT
JE 46775

GIPSSTUCK
HÖHE 23 CM
HERKUNFT UNBEKANNT
(SPÄTES 1. – FRÜHES 2. JAHRHUNDERT)

383 LINKS
TERRAKOTTA-STATUETTE EINER BETENDEN
CG 43228

TERRAKOTTA MIT WEISSEN FARBSPUREN
HÖHE 20 CM
HERKUNFT UNBEKANNT
(1./2. JAHRHUNDERT N. CHR.)

383 RECHTS
TERRAKOTTA-STATUETTE EINER BETENDEN
JE 62958

TERRAKOTTA MIT WEISSEN FARBSPUREN
HÖHE 19 CM
FAIJUM, SENOFAR
GRABFUND VON 1933
(2. JAHRHUNDERT N. CHR.)

In den frühen Jahren römischer Herrschaft wurden viele Rundbilder auf traditionelle Weise modelliert, doch das änderte sich bereits bei den späten Ptolemäern. Die fein und realistisch gearbeiteten Statuen aus Stein oder Bronze waren nicht von denen anderer Länder des klassischen Altertums zu unterscheiden. Einige wenige Funde von Herrscherbildnissen in ägyptischen Gewändern und mit *Nemes*-Kopftuch reichen bis in die Zeit der Regierung Caracallas Anfang des 3. Jahrhunderts. Offizielle Porträts der teilweise rasch aufeinander folgenden Kaiser wurden jedoch im üblichen klassischen Stil angefertigt und in Ägypten meist gut nachgebildet. Eine Ausnahme stellt der von ungewöhnlich unfähiger Hand angefertigte Bronzekopf des Hadrian – wenn er es denn ist – im Museum von Alexandria dar.

Weißer Marmor scheint in Ägypten zur Zeit der Pharaonen nicht abgebaut worden zu sein, obwohl er geologisch in geringen Mengen vorkommt. Vielmehr scheint all der Marmor, der sowohl in ptolemäischer als auch in römischer Zeit verwendet wurde, eingeführt worden zu sein. Zahlreiche Porträts von Kaisern und ihren Gemahlinnen wie auch von Privatpersonen sind aus diesem Material gefertigt worden, ebenso viele der bis heute erhaltenen Figuren und Köpfe von Gottheiten. Vor allem Statuen der Gottheiten Serapis, Isis und Aphrodite sind in einer Vielzahl unterschiedlicher Größen vertreten. Einige der in der späten ptolemäischen Zeit aus schwarzem und grünem Stein gearbeiteten Privatporträts, meistens von Priestern, dürften in der frühen römischen Periode ergänzt worden sein. Im 4. Jahrhundert entstanden in Ägypten aus dem roten Porphyr Porträtstatuen und Büsten der herrschenden Kaiser. Frühere Porträts und Figuren aus diesem Material wurden sehr wahrscheinlich schon in Italien, wo dieses Gestein vorkommt, und nicht in Ägypten hergestellt, also komplett importiert. Hin und wieder findet sich ein Relief aus Marmor, beispielsweise die sehr schöne Platte aus Hermopolis Magna mit einer Stiertötung nach dem Mithras-Kult. Doch die Mehrzahl der Reliefs sind aus Kalkstein gearbeitet und haben mit dem Bestattungswesen zu tun, wie die vielen Grabstelen von Terenuthis im Nildelta, die die Verstorbenen auf einer Couch liegend oder stehend mit erhobenen Armen zeigen, oder auch die schöne Stele des Isidorus im Ägyptischen Museum. Gedenkstelen aus Hartgestein in ägyptischem Stil sind ebenfalls bekannt. Eine bedeutende Stele aus schwarzem Porphyr wurde 1995 beim Mons Porphyrites gefunden und steht heute in Kena. Kaiser Tiberius ließ sie im vierten Jahr seiner Herrschaft (18 n. Chr.) von Gaius Cominius Leugas für Pan-Min, den Gott der Östlichen Wüste, anfertigen; sie feiert die Entdeckung des Porphyrs in diesem Gebiet.

Die Bronzekunst war schon seit langem in Ägypten bekannt. Mit Hilfe des Wachsausschmelzverfahrens konnten bereits in der Dritten Zwischenzeit großformatige Hohlgussfiguren hergestellt werden. Während der Spätzeit und bei den Ptolemäern wurden in enormer Anzahl Votivbilder von Göttern oder heiligen Tieren aus Bronze gefertigt. Diese Großproduktion scheint offenbar in der römischen Epoche an Schwung verloren zu

haben, möglicherweise auch weil der Brauch, Tiere und Figuren an geheiligten Tierbegräbnisstätten weihen zu lassen, aus der Mode kam. Fortgesetzt wurde die Produktion kleiner Figuren, vermutlich für Hausschreine (auch hier wurden vor allem Statuetten der Isis und Aphrodite gefunden), und Großbildnisse, beispielsweise Porträtköpfe und Statuen, aber auch Schmuckelemente für den häuslichen Bereich: So diente eine wunderschöne altertümliche Apollo-Figur – heute im Museum von Kairo – vermutlich als stattlicher Lampenhalter. In großer Zahl wurden aus Bronze Miniaturaltäre und dekorative oder für den täglichen Gebrauch bestimmte Leuchten angefertigt, vor allem in den ersten beiden Jahrhunderten römischer Herrschaft und auch wieder in spätrömischer Zeit.

Zu Zeiten der Ptolemäer entstand in den Städten und Dörfern eine Menge unterschiedlichster Terrakottafiguren, von denen die meisten mit dem volkstümlichen Glauben zu tun hatten. Sie sollten

vor übernatürlichen Einflüssen und allen möglichen Naturkatastrophen schützen. Harpokrates, Isis und Hathor hielten Wache, Bes beschützte die Frauen bei der Geburt. Während der römischen Epoche ließ diese Vielfalt der Terrakottafiguren erheblich nach, während die olympische Götterwelt immer beliebter wurden. Figuren für Rituale und Prozessionen nahmen zahlenmäßig ab, dafür wurden wohltätige Geister, sitzende Frauen mit zum Schutz erhobenen Händen, eingeführt. Auch der Hundsstern der Isis, der für das Eintreten der Nil-Überflutung stand, fand sich verschiedentlich. Mit zunehmender Christianisierung verschwanden die meisten dieser Götter, doch die Schutzgeister blieben. Vom 4. bis zum 7. Jahrhundert wachten Frauen mit ihren erhobenen Händen wohlwollend über Häuser und ihre Bewohner, jetzt allerdings in stehender Körperhaltung.

Töpferwaren in Ägypten waren in aller Regel – außer im Alten Reich und während einer kurzen Zeitspanne im Neuen Reich, in der blau bemalte Gefäße hergestellt wurden – schlicht und funktional und häufig schlecht gearbeitet. Vermutlich aufgrund der Einfuhr feiner Keramik aus anderen Teilen des Imperiums wurde auch die ägyptische Töpferware aufwändiger und oftmals kunstvoll angefertigt. Vom 1. Jahrhundert an bis zum Mittelalter produzierten die Töpfereien von Assuan für ganz Ägypten und über seine Grenzen hinaus enorme Mengen Barbotine-Keramik (bei dieser Technik wurde eine leicht formbare Tonmasse als Verzierung auf das Gefäß aufgetragen), Keramik mit aufgearbeiteten Verzierungen aus rotem Ton und bemalte Gefäße. Die verzierten roten Tonprodukte wurden überall in Ägypten hergestellt; die bemalten Schüsseln und Töpfe, mit Tieren und menschlichen Figuren dekoriert und oft ziemlich groß, sind ein Merkmal spätrömischer Töpfereien. Ganz im Gegensatz zu ihren Töpfen verzierten die Ägypter der Pharaonenzeit ihre Fayencegefäße, und das blieb so bis ins 2. Jahrhundert der römischen Herrschaft, während der in den Brennöfen von Kom Helul in Memphis oder anderen Orten eine große Auswahl an blauen und grünen, reliefartig verzierten Gefäßen und schlichtem Tonzeug entstand.

Glaswaren aus dem römischen Ägypten entsprachen dem Standard ihrer Zeit und sind interessant, sie waren dabei aber vor allem funktional. Es gibt beispielsweise keinen Beweis dafür, dass das klare, facettierte Glas aus dem 2. Jahrhundert, auf dem Gelände von Militäranlagen in der Ostwüste gefunden, tatsächlich ein ägyptisches Produkt ist.

Ein Teil des Goldschmucks im römischen Ägypten war direkt aus der ptolemäischen Zeit abgeleitet, insbesondere was die Schlangenarmbänder und Schlangenringe anbetraf, die vom 3. Jahrhundert v. Chr. bis zum 2. Jahrhundert n. Chr. sehr beliebt waren. Sie sind vielfach überliefert, sowohl als Funde als auch als Abbildungen auf Särgen, entweder als Kartonage, einer Art Pappmaché aus Leinen, Papyrus und Gips, oder als Malerei auf Mumientafeln. Ansonsten ähnelt der Schmuck sehr stark dem, was im übrigen Imperium üblich war: ineinander geschlungene Ketten mit Rad- oder Halbmond-Mustern, auch bekannt aus so weit entfernten Ländern wie Britannien (selbst Schlangenarmbänder wurden dort gefertigt). Zahlreiche kugel- oder stabförmige Ohrringe, wie sie die Mumienporträts abbilden, sind aus vielen Landesteilen und sogar aus Italien erhalten. Die einheimischen Goldschmiedemeister jedoch fertigten Schmuck an, der in seiner Art sehr typisch für Ägypten war, wie beispielsweise jener, der in einem Topf aus dem 4. Jahrhundert in einem Tempel bei Dusch in der Charga-Oase gefunden wurde: eine Krone, auf der Serapis dargestellt ist, und zwei Armbänder aus dem späten 1. oder frühen 2. Jahrhundert, zusammen mit einem kunstvollen Brustkreuz, das etwa 100 Jahre später entstanden ist. Dieser Schmuck war nur für die zeremonielle Verwendung durch Priester gedacht, aber auch andere, weniger aufwändige Stücke wurden in Ägypten entdeckt.

Die Übersicht ägyptischer Handwerkskunst wäre unvollständig ohne eine Erwähnung der kunstvollen Stoffe Ägyptens, die in großer Anzahl in Gräbern und Ruinen der Städte erhalten geblieben

384
TYMPANON EINES HOLZSARKOPHAGS
CG 33102

HOLZ MIT VIELFARBIGEN VERZIERUNGEN AUS TERRAKOTTA UND STUCK
HÖHE 36 CM,
BREITE 41 CM
SAQQARA, SERAPEUM
(30 V. CHR. – 311 N. CHR.)

sind. Ägyptische Weber produzierten ohne Unterbrechung bis ins Mittelalter hinein Gewänder komplett aus einem Stück, reich verziert mit Pflanzen-, Tier- und Menschenmotiven. Zu den schönsten Beispielen zählen riesige Wandbehänge mit mythologischen Szenen oder Leichentücher mit Porträts der Verstorbenen in Begleitung von Anubis und Osiris.

Einzigartig in Ägypten ist die Mumifizierung der Toten. Die kunstvoll bemalten und vergoldeten Särge aus Kartonage waren während der Spätzeit und der Epoche der Ptolemäer entwickelt und noch im römischen Ägypten hergestellt worden. Vom 1. bis zur Mitte des 3. Jahrhunderts wurde das stilisierte Mumiengesicht oft durch ein realistisches Porträt ersetzt, das mit Temperafarben oder enkaustisch (einem auf Wachs basierenden Verfahren) auf eine flache Tafel aus unterschiedlichem, auch importiertem Holz gemalt war. Die büstenhohen Bildnisse stellen die Verstorbenen in ihrer besten Garderobe dar – ein paar sind militärisch gekleidet, die meisten in Zivil. Frauen und Mädchen tragen prachtvollen Schmuck, die Männer manchmal ein Diadem, die Knaben Amulette. Nur wenige sind das Werk großer Künstler, die meisten wurden von guten bis mittelmäßigen Malern angefertigt.

Sie alle bringen uns auf eindrucksvolle Weise die römischen Einwohner des Niltals sehr nahe. Viele stammen aus dem Faijum, aus Hawara oder El-Rubayat, die schönsten wurden in Antinoopolis gefunden. Zur selben Zeit wurden Mumien aber auch – vor allem in Mittelägypten – mit bemalten und vergoldeten Köpfen aus Stuckgips ausgestattet, die Frauen zusätzlich mit aufwändiger Haartracht. Sie sind viel stärker stilisiert als die Gemälde und können nicht als Porträts bewertet werden.

Mit anderen Provinzen des Imperiums war die römische Provinz Ägypten mit ihren unzähligen kleinen Lehmziegeldörfern und Weilern und den größeren Verwaltungshauptstädten, die alle notwendigerweise entlang des größten im Altertum bekannten Flusses angesiedelt waren, nicht zu vergleichen. Wie kaum ein anderes war das Land von einer seit dreitausend Jahren währenden Kultur und Zivilisation mit glanzvollen Hochs und verheerenden Tiefs, von seiner eigenen Sprache und seinen eigenen Traditionen geprägt. Die makedonischen Ptolemäer und ihre griechischen Einwanderer verliehen ihm den Glanz des klassischen Altertums, fortgesetzt von den Römern, die jene Bereiche der ptolemäischen Bürokratie übernahmen, die ihnen nützlich erschienen, während sie andere verwarfen. Wie schon im gesamten Imperium, herrschte auch hier eine deutlich hierarchisch ausgerichtete Gesellschaftsstruktur vor. Im trockenen Klima Ägyptens haben viele Schriftstücke überdauert, und so ist hier viel mehr über die Art und Weise der Verwaltung bekannt als in anderen Provinzen. Der Regierungsapparat hat sich sehr wahrscheinlich kaum von dem anderer Gebiete unterschieden, von der Rolle Ägyptens als Kornkammer für die Stadt Rom einmal abgesehen.

Materialien aus der römischen Epoche wurden seit seiner Gründung im Ägyptischen Museum gesammelt. Auguste Mariette, 1858 zum Direktor der Altertümer-Verwaltung ernannt, ließ die Fundstücke aus pharaonischer, ptolemäischer und römischer Zeit – Ergebnis seines riesigen Ausgrabungsprogramms – in Warenhäusern im Kairoer Bulaq-Viertel einlagern, wo er das erste Museum für altägyptische Kunst und Gebrauchsgegenstände einrichtete. Doch auch ein weiteres Haus, das dort zur Unterbringung des sich ständig vermehrenden Materials neu erbaut wurde, erwies sich als zu klein, und so zog das Museum auf die andere Seite des Nils. Das gegenwärtige, speziell zu diesem Zweck entworfene Ägyptische Museum am Tahrir-Platz wurde 1902 eingeweiht.

385
SCHREIN MIT FALKEN
RT 18.11.24.46

STUCKIERTES UND BEMALTES HOLZ
LÄNGE 27 CM,
BREITE 26,5 CM
HERKUNFT UNBEKANNT
(1.–2. JAHRHUNDERT N. CHR.)

Sowohl im Erdgeschoss als auch in den oberen Stockwerken sind den Gegenständen der römischen Epoche Ägyptens eigene Ausstellungsräume gewidmet.
Lange Zeit genossen die Ausgräber an archäologischen Stätten in Ägypten eine sehr großzügige Regelung bezüglich der Objekte, die sie in ihre Heimatländer mitnehmen durften, denn nur die einzigartigen und wichtigsten Entdeckungen wurden von den Behörden für die Sammlungen des Ägyptischen Museums zurückbehalten. Dies galt für Funde aus der Zeit der Dynastien genauso wie für die aus der römischen Epoche. Zusätzlich zu den organisierten Ausgrabungen lieferten Zufallsfunde in der Landwirtschaft und das von der Regierung erlaubte Graben nach stickstoffreichem und zur Düngung benötigtem *sebach* in Siedlungsbereichen aus dem Altertum wertvolle Antiquitäten für das Museum in Kairo.
Damit konnte das Museum eine prachtvolle Sammlung aus Porträtköpfen und Büsten von Kaisern und wichtigen Privatpersonen aufbauen, die aus Marmor oder anderem Hartgestein wie Porphyr gearbeitet waren. Skulpturen in voller Größe, riesenhaft, lebensgroß oder verkleinert, von klassischen und ägyptischen Göttinnen und Göttern kamen hinzu, ebenso Reliefs mit Bestattungen und religiösen Themen, etwa den Stiertötungen aus den Mithras-Tempeln in Memphis oder Hermopolis Magna. Stelen aus Stein mit griechischen Buchstaben oder Hieroglyphen sowie wichti-

386 LINKS
MUMIENMASKE
RT 18.8.19.1

KARTONAGE
HÖHE 42 CM,
BREITE 26 CM,
LÄNGE 40 CM
HERKUNFT UNBEKANNT
(1. JAHRHUNDERT N. CHR.)

386 OBEN
WEIBLICHE
MUMIENMASKE
CG 33187

GIPSSTUCK
HÖHE 29,5 CM,
BREITE 18 CM
TUNA EL-GEBEL (1895)
(1./2. JAHRHUNDERT N. CHR.)

387 GEGENÜBER
MUMIENBILDNIS
EINER FRAU
CG 33281

LEINEN UND GIPS MIT VIELFARBIGER VERZIERUNG
PORTRÄTHÖHE 27 CM
MUMIENHÖHE 158 CM
SAQQARA
(325–350 N. CHR.)

ge historische Inschriften konnten der Sammlung in großer Zahl hinzugefügt werden.
Auch kleinere Antiquitäten wurden erworben – wie Bronzestatuetten von Gottheiten und Tieren, Terrakottafiguren aus dem Faijum und von anderswo, Lampen aus Ton und Glasgefäße –, die heute großes Interesse auf sich ziehen.
Vor allem in Griechisch geschriebene Papyrus-Dokumente, beispielsweise Briefe, Quittungen für bezahlte Steuern oder erhaltene Ware, Eingaben bei Behörden wegen irgendwelcher Vergehen und viele andere Dinge mehr, geben Aufschluss über Details des täglichen Lebens zu Zeiten der Römer in Ägypten.
Bis in die ersten drei Jahrhunderte der römischen Herrschaft hinein wurden die Toten mumifiziert, und aus dieser Zeit stammen viele solcher sorgfältig eingewickelter oder vergoldeter Exemplare. Dazu gehören auch viele Mumienporträts aus dem Faijum und aus Antinoopolis, in denen Männer, Frauen und Kinder realistisch dargestellt sind. Die wichtigsten dieser Porträts werden seit Anfang der 80er-Jahre des 19. Jahrhunderts, gleich nachdem sie gefunden und von den Mumien abgenommen worden waren, ausgestellt.
Obgleich das Ägyptische Museum in Kairo eine stattliche Anzahl römischer Gegenstände besitzt und ausstellt, gingen seit der Gründung des Griechisch-Römischen Museums in Alexandria im Jahr 1895 durch Giuseppe Botti viele Objekte dorthin statt nach Kairo. Auch bei der Eröffnung des neuen Museums in Kairo wurden viele Stücke, die zuvor in Bulaq und Giza ausgestellt waren, direkt nach Alexandria transportiert. Die Vorgehensweise des Ägyptischen Museums, wie so oft in solchen Situationen von äußeren Einflüssen und Ansprüchen bestimmt, kann auch in Bezug auf römische Objekte nicht immer konsequent sein. Beispielsweise gingen bedeutende Fundstücke aus El-Aschmunein, etwa eine Priesterin der Isis aus Marmor und ein Silberschatz, nach Alexandria, während von demselben Ort und aus dem nahe gelegenen Tuna el-Gebel ein Porträt des Antoninus Pius und ein Wandgemälde mit Szenen aus dem Ödipus-Mythos nach Kairo geschickt wurden. Zu verschiedenen Zeiten eröffneten auch andere Museen in den Provinzen, so zum Beispiel in Ismailia, Minia, Mallaui, Luxor und Assuan, von denen jedes seine eigenen, vor Ort gefunden Altertümer – pharaonische genauso wie klassische – sammelte.
Ehemals präsentierte das Museum in Kairo eine Ausstellung mit spätrömischem Material über die so genannte koptische Kunst, vor allem christliche Objekte, doch einiges davon wurde noch vor 1899 nach Alexandria verlagert. Nach der Gründung des Koptischen Museums 1908 durch Marcus Simaika Pascha in Alt-Kairo wurde fast der gesamte Rest, darunter verziertes Mauerwerk aus Bawit und aus dem Kloster des Apa Jeremias von Saqqara, nach Kairo verfrachtet. Dort sind aber auch Gegenstände aus römischer, nichtchristlicher Zeit ausgestellt, so zum Beispiel die Grabreliefs aus Terenuthis. All dies erklärt, warum mehrere Museen in Ägypten Objekte aus allen sieben Jahrhunderten der römischen Herrschaft ausstellen – doch die bedeutenden Stücke sind in den Sammlungen des Griechisch-Römischen Museums in Alexandria, des Koptischen Museums und des Ägyptischen Museums in Kairo zu sehen.

ÜBER DEN AUTOR

Donald Bailey, 1931 geboren, war seit 1955 in der Abteilung für griechische und römische Altertümer am British Museum in London beschäftigt und ging 1996 in den Ruhestand. Eines seiner Hauptanliegen war es, die antiken Lampen aus den Sammlungen des Museums zu beschreiben und zu publizieren – 1996 wurde der letzte der vier Bände zu diesem Thema veröffentlicht.
Seit 1980 befasste er sich hauptsächlich mit der Altertumskunde des römischen Ägypten, arbeitete bis 1991 in Hermopolis Magna in Mittelägypten und veröffentlichte zwei von fünf abschließenden Berichten über das Gelände, die römischen Bauten und die Zeit der römischen und arabischen Töpferei.
In Ägypten arbeitete er in Marsa Matruh und Diospolis Inferior und war bis 1998 fünfmal im römischen Steinbruch vom Mons Porphyrites sowie viermal zur Landesvermessung in verlassenen ptolemäischen und römischen Dörfern im Polemon-Bezirk im Faijum tätig. Zur Zeit wartet er darauf, seine Arbeit im Hafengelände von Myos Hormos am Roten Meer fortsetzen zu können.

JE 65424 A

Porträt eines alten Mannes

Kalkstein
Höhe 8,5 cm
Umm el-Baragat (Tebtynis)
Spätptolemäische Dynastie
(50–30 v. Chr.)

Dieses Porträt gehört zu einer Reihe wirklichkeitsgetreuer Darstellungen in der bildhauerischen Tradition in Ägypten. Der Stil ist insgesamt betrachtet ziemlich abstrakt und dekorativ. Die strenge Geometrie unterstreicht, wie viel Augenmerk der Künstler auf die – fast übertriebenen – Anzeichen des Alters im Gesicht des Mannes gerichtet hat. Die gewellte Oberfläche sorgt für viele Licht-und-Schatten-Effekte. Die Backenknochen sind besonders ausgeprägt und werden sowohl durch die tiefen Höhlen unter den Augen als auch durch die wulstigen, gebogenen Stirnfalten betont. Die tief liegenden Augen sind ihrerseits hervorgehoben durch die in der Mitte emporgezogenen Augenbrauen und eine dadurch stark zerfurchte Stirn. Dieser lebhafte Ausdruck steht in starkem Kontrast zu dem unbewegten Haar, das mit einer Reihe dünner, parallel verlaufender Linien gemeißelt ist: gerade und regelmäßig um den Hals herum und am Kopf oben leicht geschwungen, um die einzelnen Locken anzudeuten. Die zwei Bereiche sind durch einen eng anliegenden Lorbeerkranz unterteilt. Die Anwesenheit dieses Elements legt die Vermutung nahe, dass die dargestellte Person ein Priester war.

Der Hohlraum an der Rückseite des Kopfes hat in früheren Zeiten sehr wahrscheinlich eine Stütze aufgenommen. Dieses Detail, das vermutlich mit dem Namen der Person beschriftet war, lässt den Schluss zu, dass das Gesamtbildnis eine stehende Figur mit an der Seite befindlichen Armen war, vielleicht im Begriff, vorwärts zu schreiten. Nach Vergleichen mit anderen Arbeiten kann diese Darstellung auf die Mitte des 1. Jahrhunderts datiert werden. Diese Einschätzung wird unterstützt durch Entdeckungen an derselben Grabungsstätte, nämlich einer Figur, die Ptolemäus XII. darstellen könnte, sowie einer Inschrift, die sich auf denselben Herrscher bezieht.

(A.L.)

JE 151154 = CG 27493

Kopf einer Statue des Paemerit

Basalt
Höhe 34 cm
Tanis; Ausgrabungen von A. Mariette (1861)
Spätptolemäische Dynastie
(80–50 v. Chr.)

Der Kopf gehört zum Torso einer Standfigur des Gouverneurs von Tanis, Paemerit, Sohn des Pensj. Dieses Oberkörperfragment befindet sich heute im Louvre in Paris (E 15683) und wurde 1937 bei den französischen Ausgrabungen in Tanis entdeckt. Das Gesicht ist im unteren Bereich von drei tiefen Furchen durchzogen, was ihm einen ernsten Ausdruck verleiht. Zwei davon laufen entlang den Wangen von der Nase zum Mund, während die dritte das Kinn scharf konturiert. Die schmalen Lippen sind geschlossen und steif. Eine relativ gleichmäßige Form hat die Nase, allerdings mit einem kleinen Höcker oben bei den Augen.

Der Blick wird durch die tief liegenden Augenhöhlen betont, während die Augen selbst ziemlich eng stehen und die Augenbrauen leicht erhoben sind.

Auf der Stirn zeichnen sich zwei dünne Falten ab, und kleine parallele Linien geben dem kurzen, spärlichen Haar eine steife Note.

Am Hinterkopf befindet sich der Hohlraum für eine rückwärtige Halterung. Demnach ist es wahrscheinlich, dass das Original eine stehende Figur bildete, deren Arme sich in einer Haltung seitlich am Körper befunden haben.

Die Arbeit kann der griechisch-ägyptischen Kunstszene zugerechnet werden. Während der griechisch-römischen Phase haben sich drei verschiedene ägyptische Richtungen herauskristallisiert. Die erste basiert auf den ursprünglichen ägyptischen Traditionen, die zweite ist stark beeinflusst von griechischen Strömungen, und die dritte setzt sich aus einer Mischung der beiden ersten zusammen. Im Beispiel hier sind künstlerische Ausprägungen griechisch-römischer Kunst mit typisch ägyptischen Formen vereint.

Die Mischung einzelner Elemente aus oftmals unterschiedlichen Quellen macht es sehr schwierig, einem Stück ein genaues Herstellungsdatum zuzuordnen. In diesem Fall ist es die Darstellung des Haares, die vermuten lässt, dass die Figur in der ersten Hälfte des 1. Jahrhunderts v. Chr. angefertigt wurde.

(A. L.)

JE 38310

Statue des Horsahor

Schwarzer Basalt
Höhe 83 cm
Alexandria
Spätptolemäische Dynastie
(um 40 v. Chr.)

Zu einem unbekannten Zeitpunkt wurde diese Statue mit einem glatten Schnitt unterhalb der Hüften zertrennt: Die Beine fehlen, doch etwas mehr als die Hälfte der gesamten Skulptur ist erhalten geblieben. Die Statue stellt einen ausschreitenden Mann dar, der typischen Haltung für männliche Standfiguren. Der rechte Arm wird seitlich gehalten, während der linke, über den Bauch gelegt und mit der Hand eine Falte des Gewandes haltend, eine neue Geste einführt. Die Proportionen der Statue wirken etwas merkwürdig, nachdem der Kopf im Verhältnis zu dem schmalen Körper ziemlich groß ausfällt.

Für pharaonische Zeiten ungewöhnlich, doch für ptolemäische Skulpturen umso typischer ist die Kleidung. Sie besteht aus einer dünnen Tunika mit rundem Halsausschnitt und kurzen Ärmeln, darüber ist ein Umhang geworfen, der die linke Schulter und den linken Arm bedeckt, die rechte Körperseite aber frei lässt. Die Enden des um den Körper gewickelten Umhangs überkreuzen sich auf der rechten Seite, während links das schwere gefaltete Tuch kunstvoll drapiert zu sein scheint. Wie lang die gesamte Tracht wirklich war, lässt sich nicht sagen, doch der gefältelte Saum des Umhangs ist direkt unterhalb der Hand zu sehen. Nach einem Vergleich mit anderen Statuen kann man davon ausgehen, dass die Tunika bis zu den Knöcheln reichte.

Die Inschrift des Rückenpfeilers identifiziert das Objekt als Statue des Horsahor. Das ausgesprochen ungewöhnliche Gesicht liegt sehr nahe am römischen Porträtstil. Sein Haar ist kurz und nach hinten gekämmt, während die präzise gemeißelten Konturen eine breite Stirn und kleine Ohren wiedergeben. Eindeutig asymmetrisch fallen die Augen aus: Das rechte ist größer als das linke. Die tief liegenden Augenhöhlen werden von geschwungenen, scharf konturierten Augenbrauen und hohen, markant ausgearbeiteten Backenknochen begrenzt, die Augen sind durch Tränensäcke noch betont. Eine Reihe von Furchen durchziehen die ausgehöhlten Wangen und umrahmen den Mund. Die schmale Nase ist gerade, das Kinn ausgeprägt.

Wenngleich der Rückenpfeiler mit seinen Hieroglyphen ein typisches Merkmal ägyptischer Statuen ist und die Haltung der traditioneller Männerskulpturen entspricht, hat das Bildnis von Horsahor doch wenig gemein mit dem Stil und der Ikonographie des Menschenbildes zu Zeiten der Pharaonen. Es erscheint vielmehr als die Frucht einer Kultur, die – stark beeinflusst von ägyptischen Traditionen – bereits in eine neue Entwicklungsrichtung eingeschwenkt ist. Dieser Übergang in eine neue Zeit ist in Ägypten und allen mediterranen Ländern durch die Entstehung jener Geisteshaltung gekennzeichnet, die schließlich zur Geburt des Christentums führen sollte. (R.P.)

RT 5.3.25.15 – 13.3.15.3

Standfigur des Marc Anton (?) im ägyptischen Stil

Granit; Höhe 95 cm
Herkunft unbekannt
Spätptolemäische Dynastie
(40–30 v. Chr.)

Diese Statue hat sehr viel von der ägyptischen Bildhauertradition, weist aber auch Details auf, die dem griechisch-römischen Einfluss zuzuschreiben sind. Sowohl die Haltung der Figur, die während eines Schrittes nach vorne mit seitlich angelegten Armen wie eingefroren zu sein scheint, als auch die Kleidung, bestehend aus einem einfachen, um die Hüften geschlungenen Schurz, siedelt die Statue eindeutig im pharaonischen Ägypten an. Die Darstellung des Oberkörpers mit der ausgeprägten Brustmuskulatur spricht für große Vitalität. Das Gesicht der Statue erscheint ziemlich leblos und ohne Ausdruck. Kleine, parallel verlaufende Linien bilden das regelmäßig gelockte Haar, während die geometrischen Formen des Kopftuches den Eindruck absoluter Unbeweglichkeit vermitteln. Trotz der leicht betonten Augenhöhlen, die etwas Bewegung einbringen, wirkt das Gesicht kühl und erstarrt.

Arbeiten dieser Art sind zeitlich generell schwer einzuordnen. Die stilistischen Grundzüge stimmen mit denen ägyptischer Traditionen überein, und nur ein paar weni-

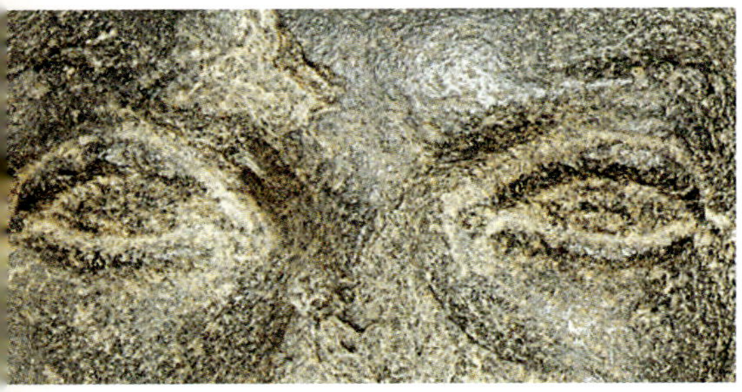

ge Details, etwa das gelockte Haar, erlauben die Zuordnung zur römischen Epoche. Nachdem charakteristische Gesichtszüge fehlen, kann auch die Identität der porträtierten Person nur schwer festgestellt werden. Mutmaßungen zufolge könnte es das Bildnis des Marc Anton sein, da schon in der Antike die Inschrift des Rückenpfeilers und die Krone über dem Kopftuch abgearbeitet wurden. Ebenso fehlt der Stirnuräus als Abzeichen der Königswürde. (A.L.)

CG 27480

Porträt von Severus Alexander

Weißer Marmor; Höhe 23 cm; Luxor
Römische Epoche, Regierungszeit des Severus Alexander (222–235 n. Chr.)

Während im Land weiterhin Statuen ägyptischer Tradition hergestellt wurden, entwickelte sich ein eigener Stil, der unmittelbar von Rom beeinflusst war und sich im ganzen Imperium ausbreitete. Eine Art »kaiserlicher Propaganda« erleichterte es, das Bild des Kaisers im ganzen Imperium, sogar bis in die Provinzen hinein, zu verbreiten. Um diese große Streuung zu erreichen, gab es prinzipiell zwei Möglichkeiten: Münzen und gemeißelte Porträts. Heute werden die Münzen zu Vergleichszwecken herangezogen, um die Identität der kaiserlicher Rundbilder herauszufinden.
Die Statuen waren oft überaus realistisch gearbeitet; die hier abgebildete Figur kann als Severus Alexander bestimmt werden.
Sein kurzes Haar wird durch unregelmäßig gemeißelte, senkrecht verlaufende Linien dargestellt. Die gleiche Technik wurde auch für den Bart verwendet. Die Augen liegen in tiefen Augenhöhlen, wodurch ein stark ausgeprägter Schatten entsteht. Die Pupillen sind durch kreisrunde Linien angedeutet. Die vollen Lippen tragen ein leichtes Lächeln.
Der sehr feine Gesamteindruck des Werkes wird durch den restaurierten und zu groß geratenen Hals aus Gips gestört, der wahrscheinlich in neuer Zeit ergänzt wurde. Nachdem die Figur als Severus Alexander identifiziert ist, kann sie exakt der Zeit zwischen 222 und 235 n. Chr. zugeordnet werden.

(A.L.)

CG 7257

Porträtbüste eines Kaisers

Roter Porphyr; Höhe 57,6 cm
Benha (Athribis)
Spätrömische Epoche
(spätes 3. – frühes 4. Jahrhundert n. Chr.)

Vermutlich porträtiert diese Büste einen Kaiser des spätrömischen Imperiums. Das verwendete Material – Porphyr – stammt aus Ägypten und wurde von zahlreichen Herrschern bevorzugt. Die Skulptur ist vergleichbar mit den berühmten Tetrarchen von Venedig und dem Porträt des Galerius, das in Antiochia gefunden wurde.
Die völlige Aufgabe einer sorgfältigen Modellierung der Formen und alter ikonographischer Details sind typisch für die Kunst des frühen 4. Jahrhunderts, die sich auf eine zunehmende Abstrahierung verlegte. Vor allem bei der Porträtierung von Würdenträgern scheint ein regloses, unbewegtes Gesicht das unpersönliche und autoritäre Selbstverständnis kaiserlicher Macht zu symbolisieren. Die Köpfe waren größer, eher klotzartig, und zeigten entpersonalisierte Gesichtszüge. Die Formenvielfalt reduzierte sich auf scharf konturierte geometrische Figuren, während Einzelheiten ohne jede Abweichung wiederholt wurden. Solche Veränderungen kommen in der Büste zum Ausdruck. Haare und Bart, mit kurzen Linien völlig regelmäßig angeordnet, umgeben ein quadratisches Gesicht mit tiefen Falten auf der Stirn. Durch die bogenförmigen Augenbrauen erhält der stiere Blick der hervorquellenden Augen mit Iris und Pupillen als konzentrischen Kreisen etwas mehr Ausdruck. Ursprünglich als Bildnis von Galerius identifiziert, gilt dies aufgrund fehlender Merkmale als nicht gesichert. (A.L.)

JE 44672

Porträtbüste einer Frau

Marmor; Höhe 61 cm
Kom Abu Billu (Terenuthis)
Römische Epoche (140–150 n. Chr.)

Die Büste ist ein ziemlich anrührendes Porträt einer gereiften Frau von hohem sozialem Rang. Auffallend ist die kunstvoll ausgearbeitete Frisur, deren komplizierter Aufbau durch die einfachen geometrischen Linien, die sie durchziehen, relativ glatt wirkt. Der obere Teil ist in drei gleichmäßige, parallel verlaufende Streifen gegliedert, die sich als Haarband um den Kopf winden und durch eine Reihe einander gegenüberliegender Dreiecke dargestellt sind.

Die deutlich verlängerten Bögen der Augenbrauen und das durch eine ausgeprägte, beinahe halbrunde Einkerbung betonte Kinn verleihen dem Gesicht im Dreiviertelprofil Tiefe und plastische Wirkung. Die Augenlider sind etwas gesenkt, Pupillen und Iris als zwei konzentrische Kreise dargestellt. Die Nase fällt etwas lang aus, die Lippen sind dünn und geschlossen.

Das Gewand, hinten am Nacken hochgezogen und vorne mit Falten unterschiedlicher Größe und Tiefe überkreuzt, bringt als einziges Element Bewegung in die Komposition.

Ursprünglich war die Figur als Mutter des Mark Aurel identifiziert worden, doch diese Auffassung haben spätere Forscher nicht bestätigt. Trotzdem lässt sich aufgrund der Ikonographie, insbesondere der Ausführung der Haartracht, das Werk zwischen den Jahren 140 und 150 ansiedeln. (A.L.)

JE 47108

Relief der Isis und des Harpokrates

Kalkstein; Höhe 75 cm, Breite 56 cm
Faijum, Batn Ihrit (Theadelphia)
Römische Epoche (1.–2. Jahrhundert n. Chr.)

Dieses Relief zeigt Isis und Harpokrates innerhalb zweier schmaler Säulen, die durch ihren architektonischen Charakter das Gesamtwerk als kleinen Tempel erscheinen lassen. Entsprechend zu den – im Vergleich zur verfügbaren Fläche – überdimensionierten Ausmaßen scheint die weibliche Figur in diesem Fall geradezu über die Bildebene hinauszuwachsen, und der ziemlich beleibte Körper wirkt mit seinen Armen irgendwie unproportioniert. Das Kleid ist aus einer Reihe einfacher paralleler Linien, die sich in der Mitte des Oberkörpers überkreuzen, gearbeitet, und zwei weitere Gravuren um den Hals lassen auf eine Halskette schließen. Das in der Mitte gescheitelte Haar ist wellenförmig in parallel verlaufenden Linien dargestellt. Sie stehen im Kontrast zu zwei Dreiecken seitlich des Kopfes, die sich aus ähnlich schrägen Linien zusammensetzen. Je drei Locken schlängeln sich an beiden Seiten des Halses vorbei.

Anhand ihrer Attribute – der Mondscheibe zwischen den beiden Kuhhörnern auf ihrem Kopf sowie der Lotosblüten und der Kornähren in ihrer rechten Hand – kann diese weibliche Figur als Göttin Isis identifiziert werden. Hinter ihrer rechten Schulter befindet sich die ziemlich schemenhaft dargestellte Figur des Harpokrates. Deutlich ist das linke Ohr zu erkennen, das im Verhältnis zum restlichen Kopf unproportioniert erscheint, während das Gesicht ausdruckslos wirkt, obwohl der Künstler der Figur ein Lächeln verliehen hat. Das kurze, rundlich angelegte Haar ist reliefartig leicht hervorgehoben, und auf seinem Kopf sitzt die Krone Unter- und Oberägyptens.

Isis war zwar eine Göttin alten ägyptischen Ursprungs, fand aber innerhalb des Pantheons römischer Gottheiten vollständige Aufnahme und Anpassung. Im ganzen Reich, selbst in Rom, wurden ihr zu Ehren Tempel gebaut. Sie galt als Göttin der Fruchtbarkeit, des Wohlstandes und der Seefahrt. Oft wird sie mit dem jungen Harpokrates dargestellt, der ebenfalls mit Reichtum und Fruchtbarkeit in Verbindung gebracht wird.

Die Ausarbeitung dieses Stücks ist ziemlich primitiv ausgefallen, und die Vermutung liegt nahe, dass das Objekt zwar auf der Grundlage anderer traditionell römisch modellierter Arbeiten entstand, der heimische Künstler aber nur durchschnittlich talentiert war. Dies zeigt sich in der absoluten Ausdruckslosigkeit der Gesichter sowie dem Mangel an Fülle und Bewegung. Wie so oft bei Arbeiten dieser Art machen die völlig unbekannten Merkmale eine Datierung besonders schwierig. Ganz allgemein kann man sagen, dass die Arbeit aus dem 1. oder 2. Jahrhundert stammt, doch eine noch genauere Angabe ist nicht möglich.

(A.L.)

CG 27568

Relief einer Familie

Weißer Marmor
Höhe 85 cm, Weite 111 cm
Herkunft unbekannt
Römische Epoche (um 150 n. Chr.)

Das Relief stellt eine Gruppe aus drei Männern und zwei Frauen dar. Der Hauptfigur in der Mitte, ein bärtiger Mann, der etwas weiter vorne zu stehen scheint als die anderen, sollte offenbar nach den Wünschen des Künstlers die meiste Aufmerksamkeit gelten. Der Kopf dieses Mannes ist leicht nach links (aus seiner Sicht) gedreht, und er trägt außer einem Chiton (einer Tunika) einen Umhang. In seiner rechten Hand hält er eine Rolle, während die linke den Umhang umfasst, der um seine Taille gewickelt ist und über seine Schulter hängt.

Zur Rechten dieser Figur steht ein junger Mann mit kurzem, lockigem Haar und einem Band um den Kopf. Er trägt nicht nur genau die gleiche Bekleidung wie der Mann in der Mitte, sondern ist auch in der gleichen Haltung dargestellt: Die rechte Hand hält ein Stück Kranz oder Tuch, die linke umschließt den Umhang. Haltung und Gewand dieser beiden Figuren unterscheiden sich von denen des dritten Mannes, was vermuten lässt, dass der Bildhauer mit diesen Details Unterschiede in Ansehen und Position zwischen den Figuren deutlicher zum Ausdruck bringen wollte.

An den beiden äußeren Seiten der Gruppe stehen zwei ähnlich gekleidete

Frauen. Über dem Kopf der Älteren, an der linken Seite des Reliefs (vom Betrachter aus gesehen rechts), hängt ein Schleier, während die andere weibliche Figur den linken Arm seitlich herabhängen lässt und mit dem rechten Arm ihr Kleid umklammert hält.
Das Werk legt eine innere hierarchische Struktur nahe, in der die Hauptfigur die wichtigste Position innehat. Bislang ist die in dem Relief dargestellte Gruppe als eine kaiserliche Familie interpretiert worden, mit Kaiser Antoninus Pius als Hauptfigur, Mark Aurel zu seiner Rechten und Lucius Verus zu seiner Linken. Die zwei Frauen wären demnach Faustina die Ältere und Faustina die Jüngere. Insbesondere die Tatsache, dass die ältere Frau ihren Kopf verschleiert trägt, führte zu der Annahme, dass sie bereits verstorben und deifiziert, zur Göttin erhoben, sei. Diese Ikonographie findet sich üblicherweise auf Münzen, auf denen die Ältere nach ihrer Deifikation als »Diva Faustina« erscheint. Stimmt die Hypothese, dann muss diese Gruppe nach dem Jahr 141, dem Jahr von Faustinas Ableben, gemeißelt worden sein. Es ist aber auch vermutet worden, dass die Arbeit aus der Zeit der Vermählung von Mark Aurel und Faustina der Jüngeren stammt, also 146 n. Chr. oder etwas später entstanden ist.
Vermutlich sollte mit diesem Relief der kaiserlichen Familie, die hier in ihrer Rangfolge dargestellt ist, gehuldigt werden. (A.L.)

CG 9259

Grabstele der Niko

Kalkstein
Höhe 69 cm, Breite 53 cm
Alexandria
Ptolemäische Dynastie
(erste Hälfte des 3. Jahrhunderts v. Chr.)

Die Grabstele besteht aus zwei Teilen: Der obere trägt ein Relief, auf dem unteren findet sich eine griechische Inschrift. Die zwei quadratischen Säulen, zwischen die die Hauptszene gesetzt ist, geben der Stele die Form eines kleinen *naiskos* oder Tempelschreins.
Rechts im Bild sieht man die Verstorbene mit gebeugtem Kopf auf einem Stuhl sitzen, von dem nur noch ein Bein sichtbar ist. Die Frau trägt einen Chiton, über den ein Peplos, das aus einem Rechtecktuch bestehende griechische Frauengewand, über Kopf und rechte Schulter gelegt ist. In der rechten Hand hält sie ein Taschentuch, während die linke ihren Umhang umfasst. Nur der linke Fuß, eine Sandale tragend und auf einer niedrigen Fußstütze ruhend, ist sichtbar. Vor der Frau steht ein Mädchen, abgebildet in einem viel kleineren Maßstab, vermutlich eine der Dienstbotinnen der Frau. Es streckt der Sitzenden eine Lyra entgegen. Das Missverhältnis zwischen den beiden Figuren hat der Künstler bewusst so angelegt, um die Verstorbene als Hauptfigur der Komposition hervorzuheben. Das erklärt auch den Unterschied zwischen dem aufwändig gefältelten Gewand der Verstorbenen und dem schlichten, mit parallel verlaufenden Linien dargestellten Chiton des Mädchens. Der kleine Schritt des Mädchens auf die Hauptfigur zu nimmt fast den ganzen verfügbaren Platz ein – gleichzeitig ist dies seine einzige Bewegung.
Der kleine Schrein steht auf einem quadratischen Sockel, auf dem in griechischen Buchstaben die folgende Inschrift zu lesen ist:

ΝΙΚΩΤΙΜΩΝΟΣΑΣΤΗ
(Νικω Τιμωνος, αστη)

Nach diesem Text lautet der Name der Frau »Niko, Tochter von Timon«, sie muss eine Frau von hohem gesellschaftlichem Rang gewesen sein.
Der griechische Text entspricht genau dem Stil der Ausarbeitung: Trotz der Tatsache, dass die Stele in Ägypten gefunden wurde, gibt es keinerlei Hinweise, die auf ein ägyptisches Umfeld schließen lassen.
In Ausführung und Darstellung der Figuren kommen typisch griechisch-hellenistische Merkmale zum Ausdruck, während die Frau in ihrem übergeworfenen Umhang an die kleinen »Tanagra«-Figuren erinnert, die seit dem 3. Jahrhundert v. Chr. in Griechenland und in Süditalien weit verbreitet waren. Der Gesamtkomposition zufolge kann diese Arbeit auf die erste Hälfte des 3. Jahrhunderts v. Chr. datiert werden.
(A.L.)

JE 6102 = CG 26752

SATYR MIT WEINSCHLAUCH

Terrakotta; Höhe 8,5 cm
Nildelta
Ptolemäische Dynastie
(304–30 v. Chr.)

Keramikfiguren finden sich in allen Abschnitten der ägyptischen Geschichte, auch in der griechisch-römischen Zeit mit ihren vor allem aus der griechischen Kunsttradition stammenden Vorlagen. In diese Zeit fällt sicherlich auch dieses Objekt.
Es zeigt eine nackte männliche Figur, die am Boden kauert und mit einem am Hals befestigten Umhang bekleidet ist. Bemerkenswert ist die Ausgestaltung der Muskulatur, vor allem der Beine. Zwischen dem Körper, der sich streckt, um den Weinschlauch halten zu können, und dem Umhang, der vom Wind gebläht in die entgegengesetzte Richtung strebt, steckt ein starker Gegensatz, der jedoch die beiden Teile der Figur ausbalanciert. Der hochgereckte Kopf und die Bewegung im vom Wind zerzausten Haar folgen der aufgebauschten Linie des Umhangs.
Über die Identität der Figur wird viel diskutiert. Bislang vermutete man Äolus dahinter – aufgrund der engen Verknüpfung mit dem Wind – oder ganz einfach einen Flaschenteufel. Eine Passage aus den »Dionysiaká« des Nonnos aus Panopolis (frühes 5. Jahrhundert n. Chr.) legt nahe, dass es sich hier um Dionysos handeln könnte. Der Dichter erzählt, wie der Gott den Fluss Idaspe in einem improvisierten Boot überquert, indem er den aufgeblähten Weinschlauch als Hilfsmittel nutzt. Doch die deutlich hervortretenden spitzen Ohren der Figur sind ein ganz charakteristisches Merkmal von Satyrn; der Sack könnte folglich als gefüllter Weinschlauch interpretiert werden. Keine dieser Möglichkeiten können wir beim gegenwärtigen Stand des Wissens ausschließen. Das besondere Augenmerk, das der Künstler auf die Darstellung des allgegenwärtigen Windes gelegt hat – vor allem betont durch den Umhang, und die Art, wie sich die Figur in den Wind stemmt –, sollte eine wichtige Rolle bei der Bestimmung des Objekts spielen.
Nachdem sich über eine lange Zeit hinweg die Herstellung solcher Statuetten in ihrer Art kaum veränderte, ist eine genaue zeitliche Einordnung des Stücks schwierig. Die typisch griechischen Merkmale erlauben jedoch eine allgemeine Datierung auf die ptolemäische Dynastie. (A.L.)

CG 26961

FIGUR DER ISIS-APHRODITE

Terrakotta; Höhe 29,5 cm
Abydos
Römische Epoche
(30 v. Chr. – 311 n. Chr.)

Die Statuette zeigt eine nackte weibliche Figur mit seitlich dicht am Körper anliegenden Armen. Auf ihrem Kopf befindet sich eine Art Korb, ein *kálathos*, der mit Blumen gefüllt ist. Ihr Körper ist nur von zwei Bändern bedeckt, die sich unterhalb ihrer Brüste kreuzen, und sie trägt langes, bis zu den Schultern abfallendes Haar.
Die Nacktheit der Figur lässt auf ein Porträt der Aphrodite schließen, das – entsprechend den vielen Ähnlichkeiten der beiden Göttinnen – an Isis angeglichen ist. Beide sind Göttinnen der Liebe, beide gelten als Schutzgöttinnen für Frauen, besonders jener im heiratsfähigen Alter. Sie sind in Heiratsverträgen genannt, die in Ägypten geborgen wurden, und sie sind unter den ägyptischen Terrakotta-Statuetten am häufigsten zu finden.
Die bis heute erhaltenen Farben auf der Oberfläche lassen die ursprünglich kräftig leuchtende Erscheinung des Originals erahnen. Die fortwährende Herstellung solcher Arbeiten über einen langen Zeitraum hinweg macht jedoch eine exakte Datierung unmöglich. (A.L.)

JE 54502

Verzierte Vase

Terrakotta
Höhe 30,5 cm
Herkunft unbekannt
Römische Epoche
(4. Jahrhundert n. Chr.)

Während der gesamten Pharaonenzeit gab es in Ägypten eine ausgedehnte Keramikproduktion – eine Tradition, die auch in der römischen Epoche in Blüte stand. Aus dieser Zeit wurde eine große Anzahl von Statuetten – meist im Zusammenhang mit religiösen Bräuchen – und Vasen gefunden. Die Herstellung von Terrakotta-Geschirr wurde zur Zeit der Römer um neue Formen erweitert. Neuartige Gegenstände und Produkte von hoher Qualität wurden in die verschiedenen Teile des Weltreiches exportiert.

Aus spätantiker Zeit (4. Jahrhundert n. Chr.) gibt es zahlreiche Beispiele für Rundgefäße mit in Pressformen hergestellten Verzierungen, und auch das hier dargestellte Stück gehört dieser Produktionslinie an.

Die eine Seite der Vase ziert eine hübsche Szenerie auf zwei übereinander liegenden Ebenen, umgeben von zwei kreisförmig herausgearbeiteten Linien, die die Form der Vase wiedergeben. Innerhalb dieser Linien befindet sich ein weiterer Kreis aus halbmondförmigen Elementen.

Die Komposition des Bildes wurde geschickt auf die verfügbare Oberfläche abgestimmt. Zwei Reihen mit Figuren sind in eine Architektur aus fortlaufenden, säulengestützten Bogen gesetzt. Die beiden äußeren Bogen in der oberen Reihe sind kleiner als der in der Mitte, während unten der Versuch unternommen wurde, dem Ganzen etwas Perspektive zu geben, indem die inneren Säulen höher als die äußeren dargestellt sind. Beide Säulenreihen wurden dem begrenzten Platzangebot angepasst. Bogen und Säulen sind mit einer Reihe dünner paralleler Linien verziert.

Innerhalb der einzelnen Gebäudeelemente sind tanzende Figuren gesetzt. Doch die beiden Darstellungen an den Seiten vor allem im oberen Teil leiden unter dem beengten Raum: Sie sind ziemlich schwach und undifferenziert ausgefallen.

Dafür können in der unteren Reihe aufgrund der größeren Fläche diese Figuren deutlicher herausgearbeitet werden. Vor allem die tanzende Frau in der Mitte ist besonders gut gelungen. Die Form des Gefäßes sowie der Dekorationsstil erlauben eine Datierung auf das 4. Jahrhundert n. Chr.

(A.L.)

JE 98535

Diadem mit Gott Serapis

Gehämmertes Gold
Diadem: Durchmesser 22 cm; Höhe vorne 3,3 cm
Plakette: Höhe 12,5 cm, Breite 8,5 cm
Dusch (Oase Charga)
Römische Epoche, Regierungszeit des Hadrian
(117–138 n. Chr.)

Das Diadem besteht aus einem Reif aus gehämmerten Gold, der auf der Vorderseite höher ist als hinten. Mit einem Schlangenkopf als Haken wird das Diadem geschlossen. Verschiedene Schmuckelemente sind darauf angebracht, so auch die Hauptplakette, die Serapis auf seinem Thron in einem *naos* oder Schrein zeigt. Der *naos* besteht aus sechs einzelnen Teilen. Der Sockel am Boden bildet ein rechteckiges Fundament, auf dem zu beiden Seiten je eine kannelierte Säule aus gerollten und genieteten Metallblättern steht.

Die korinthischen Kapitelle dieser Säulen sind gekrönt von Isis-Darstellungen. Die rechte, die stark beschädigt war und während ihrer Restaurierung umgestaltet wurde, zeigt die Göttin mit einem Umhang, der vorne mit einem typischen Isis-Knoten (Isisblut-Symbol) befestigt ist. Die linke Figur ist mit verschleiertem Kopf und einer verschleierten Scheibe mit zwei Hörnern dargestellt.

Über den Figuren erhebt sich das Giebeldreieck, in dessen Tympanon eine Sonnenscheibe von zwei Uräusschlangen umrahmt wird. Im Zentrum dieses Schreins sitzt Serapis auf einem Thron, die Füße ruhen auf einer Fußbank. Die Figur entspricht der typischen Ikonographie dieser Gottheit. Der bärtige Mann hat eine Art Korb, ein *kálathos*, auf dem Kopf und ist mit einem Chiton bekleidet; über seinen Beinen liegt ein Umhang.

Zu beiden Seiten des Schreins trägt das Diadem eine Reihe von Blättern, sieben zur rechten, neun zur linken. Die Blätter sind gerippt und fächerartig in Dreiergruppen angeordnet. Die ebenfalls angebrachten runden Perlen auf Drähten stellen Mohnkapseln dar.

Das Schmuckstück geht wohl auf alexandrinische Vorbilder zurück, auch wenn man vermutet, dass das Objekt – gemeinsam mit den anderen, die gleichzeitig gefunden wurden – importiert worden ist. Getragen hat es möglicherweise ein Priester. (A.L.)

JE 98536

Halskette

Gehämmertes Gold
38 x 27 cm
Dusch (Oase Charga)
Römische Epoche
(spätes 2. – frühes 3. Jahrhundert n. Chr.)

Die Halskette mit ihren Anhängern gehört zu dem Schatz, der 1989 bei Dusch, dem antiken Kysis, am äußersten südlichen Ende der Oase Charga gefunden wurde, gemeinsam mit dem Armreif und dem Diadem, die hier zu sehen sind. Die drei Stücke befanden sich in einem Raum hinter der Umfassungsmauer zu einem Tempel, der Isis und Serapis geweiht war.

Dieses eingefriedete Gebiet wurde im 4. Jahrhundert zur Verteidigung der darunter liegenden Siedlung befestigt. Bei ihrer Entdeckung waren die Schmuckstücke in einem Terrakotta-Gefäß mit Deckel eingeschlossen und in einer Nische verstaut. Obwohl der Schmuck außerhalb des eigentlichen Tempels gefunden wurde, gehörte er vermutlich ursprünglich zu diesem Heiligtum, wurde aber infolge der zunehmenden Christianisierung und dem Rückgang heidnischer Kulte im 4. oder 5. Jahrhundert versteckt.

Die Halskette besteht aus einem Golddraht, an dem 77 Plaketten angebracht sind. Am Ende befindet sich ein Verschluss in Schlangenform. Vermutlich wurden die Plaketten auf Holzformen mit immer gleichem Grundmuster gehämmert: eine Votivkapelle mit spiralförmigen oder kannelierten Säulen und dem Apis-Stier in der Mitte, der entweder nach rechts oder links gewendet ist.

Für solche Gegenstände ist dies ein typisches Motiv, und es könnte sein, dass die Plaketten in Massenproduktion hergestellt und außerhalb des Tempels verkauft wurden. Möglicherweise sind sie von denjenigen erstanden worden, die das Orakel befragten. So könnte die Halskette eine Sammlung solcher Votivbilder sein, die ganz beiläufig auf einen Golddraht aufgefädelt wurden.

Der Kult, der hier ausgeübt wurde, erklärt sich durch das Brustbild des Serapis, der auf einem gehämmerten Metallblatt in der traditionellen Ikonographie mit langem Haar und Kopfschmuck dargestellt ist. Auf der Rückseite der Plakette sind einige griechische Buchstaben eingraviert. Ihre Bedeutung ist unklar, doch möglicherweise dienten sie magischen Zwecken. In der Mitte der Halskette befinden sich drei etwas größere Plaketten, von denen jede den Apis-Stier im Mittelpunkt eines Schreins zeigt, der als *naos* oder kleiner Tempel von kannelierten Säulen und verzierten Kapitellen umrahmt ist.

Der Halskette ist noch ein kleines Medaillon in Form einer Goldmünze mit der Inschrift »Faustina Augusta« beigegeben, das sich ebenfalls auf den hier praktizierten Kult bezieht. Auf der Rückseite der Medaille findet man die Göttin Kybele (während der römischen Epoche mit der ägyptischen Göttin Isis in Verbindung gebracht) mit zwei Löwen zu ihren Füßen und einem Schild in ihrer rechten Hand sowie die Widmung »Matri Magnae«. (A.L.)

JE 98537

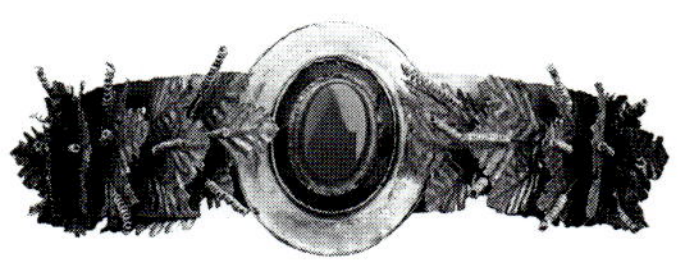

Armreif mit Achat

Gehämmertes Blattgold mit Achat
Durchmesser 9 cm
Dusch (Oase Charga)
Römische Epoche, Regierungszeit des Hadrian
(117–138 n. Chr.)

Der schöne Armreif ist in Blattgold gehämmert und mit aufgesetzten Pflanzenmotiven verziert. In der Mitte befindet sich eine ovale Fassung mit einem ellipsenförmigen, schwarz, weiß und rot gestreiften Achat (3,6 cm lang und 3,1 cm breit). Das umlaufende runde Band, das die Basis des Armreifs bildet, ist zwei Zentimeter breit und schließt sich an der Fassung in der Mitte. Auf beiden Seiten des Achats verläuft die Verzierung, die aus dreilappigen, stark geäderten Blättern, sehr wahrscheinlich Weinblättern, besteht. Sie wechseln sich ab mit Dreiergruppen aus Ranken, die aus gedrehtem Draht nachgebildet sind. Alle Blätter sind auf die Fassung in der Mitte ausgerichtet.

Dieses Schmuckstück gehörte wie das Diadem mit Serapis und ein weiterer Armreif in dieselbe hellenistische Geheimkammer und bildete einen Teil des Kunstschatzes von Dusch. Typ und Stil der Verzierung erlauben eine Zuordnung in die Zeit des Kaisers Hadrian.

(A.L.)

CG 18009

ZWEIHENKELIGE VASE

Blaue Fayence
Höhe 22 cm
Saqqara, Römische Epoche
(spätes 1. Jahrhundert n. Chr.)

Die Fayenceherstellung war in Ägypten zu allen Zeiten ein wichtiges Handwerk, das in der römischen Epoche unvermindert ausgeübt wurde. Eine Vielfalt unterschiedlicher Stücke entstand aus diesem glasartigen Material in vielen verschiedenen Farben. Dazu gehörten auch Gefäße, die zur Zeit der römischen Herrschaft in alle Teile des Imperiums ausgeführt wurden, wo sie die Häuser wohlhabender Patrizier schmückten oder als Teil reichhaltiger Totenbeigaben in Gräbern mit beigesetzt wurden.

Das hier dargestellte Stück ist eine Vase mit zwei Handgriffen, einem vorspringenden flachen Rand und Deckel. Die Griffe sind horizontal am Rand angebracht und führen zu den Schultern des sich abrupt verbreiternden Gefäßes.

Die Vase ist mit drei unterschiedlichen Dekorzonen verziert, die eine Betonung von Hals, Schulter und Bauch des Gefäßes bewirken. Das erste und das letzte Band gleichen sich: Sie bestehen aus Motiven mit jeweils vier Blättern, die als einheitliches Muster angelegt sind und sich in regelmäßigen Abständen in einer fortlaufenden Linie wiederholen. Der mittlere Streifen ist breiter und zeigt eine Folge von drei Blättern, die ebenfalls als regelmäßiges Muster angelegt sind. Der Stil des Gefäßes

macht eine genaue Datierung unmöglich, doch es kann in jedem Fall im Zusammenhang mit der Fayenceproduktion im römischen Ägypten im späten 1. Jahrhundert n. Chr. angesiedelt werden.

(A.L.)

CG 27694

Statuette des Anubis

Bronze, Höhe 14,8 cm, Breite 6,5 cm
Herkunft unbekannt; erworben mit der Huber-Sammlung
Römische Epoche (2. Jahrhundert n. Chr.)

Mit dem hundeähnlichen Kopf auf einem menschlichen Körper repräsentiert diese Statuette den Gott Anubis. Im ägyptischen Pantheon galt Anubis als Totengott, der für die Bewachung der Grabstätten zuständig war und der Mumifizierung vorstand. Normalerweise wird er als Schakal dargestellt. Die Verschmelzung unterschiedlicher künstlerischer und ikonographischer Traditionen in der römischen Epoche ließ einen »Anubis-Legionär« entstehen, wie er in diesem Beispiel zu sehen ist.

Der Gott trägt einen traditionellen ägyptischen Kopfschmuck und hat einen menschlichen Körper. Während der obere Teil der kleinen Statue der einheimischen ikonographischen Tradition zugeordnet werden kann, knüpft der untere Teil sehr stark an die Kultur der römischen Welt an. Die Figur trägt einen Brustharnisch, der rechte Arm ist ausgestreckt und hält einen Teller, der linke Arm zeigt nach oben und ist teilweise von einem Umhang bedeckt. Die Stellung der Beine – eines gestreckt, das andere abgewinkelt – lässt vermuten, dass die erhobene Hand einen Speer gehalten hat. Der untere Teil ist ziemlich schlecht proportioniert. Zu beiden Seiten der Figur sitzt ein Hund.

Die bescheidene künstlerische Ausführung macht deutlich, dass die Statue als Ergebnis römischer Einflüsse auf ägyptische Traditionen im eigenen Land angefertigt worden ist. Die Art der Verzierung und der Darstellung passen vom Datum her in das 2. Jahrhundert. (A. L.)

JE 31192 = CG 32731

Ziervase aus Glas

Glas, Bronze, Gold; Höhe 13 cm
Erworben; wahrscheinlich aus dem Faijum
Römische Epoche
(2.–3. Jahrhundert n. Chr.)

Die Glaswarenherstellung war bereits vor der griechisch-römischen Zeit Bestandteil der ägyptischen Handwerkskunst. Tatsächlich waren die Glasurtechniken schon im 3. Jahrtausend v. Chr. in Mesopotamien und Ägypten bekannt und fanden bei der Herstellung von Amuletten und Skarabäen Verwendung. Die ersten echten Glasgefäße wurden kurz nach 1500 v. Chr. hergestellt. Die frühen Glaswaren entstanden noch mit einem Sandkern, der anschließend entfernt wurde. Gegen Ende des 3. Jahrhunderts v. Chr. verschwand die Sandkerntechnik und wurde durch Gießen und Schleifen ersetzt. Doch erst im 1. Jahrhundert v. Chr. kam die Glasbläsertechnik auf, mit der auch das hier vorgestellte Stück angefertigt wurde. Das aufwändig anmutende Gefäß wurde tatsächlich auf einfache Weise hergestellt, indem man farbige Glasfäden am Gefäßkörper anbrachte.

Die Form der Vase macht eine genaue Datierung recht schwierig. Das komplizierte Aufbringen von dekorativen Einzelteilen war allerdings vor allem im 2. und 3. Jahrhundert n. Chr. weit verbreitet. Die Amphore wurde in separaten Arbeitsgängen geblasen und mit Verzierungen versehen. Zuerst kittete man das dreibeinige Untergestell an das Gefäß, während die anderen Schmuckelemente in sich anschließenden Arbeitsschritten angebracht wurden. Um den Vasenhals windet sich ein hellblauer Faden, darüber liegen schlangenartige Motive in einem dunkleren Blau, in die Bronzeringe eingehängt sind. Der Bereich, in dem sich der Hals weitet, ist noch betont durch eine Reihe roter Kreise, in die ebenfalls Bronzeringe eingearbeitet sind. Drei Reihen Zickzackfäden in dunkel- und hellblauer sowie roter Farbe schmücken den unteren Teil des Gefäßes. Die Vase steht auf einem Dreifuß in Blau und Gelb, der Rand ist mit weiteren Ringen aus rotem Glas verziert. (A.L.)

CG 33234

Porträt eines Mannes im mittleren Alter

Wachsmalerei (Enkaustik) auf Holz
Höhe 34 cm, Breite 18,5 cm; Herkunft unbekannt
Römische Epoche
(erste Hälfte des 2. Jahrhunderts n. Chr.)

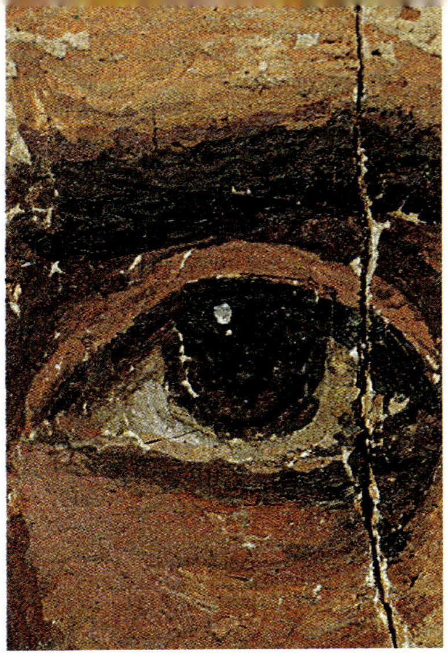

Dieses Porträt ist im Viertelprofil auf eine Holztafel gemalt. Die Drehung des Kopfes zeigt sich durch zwei dunklere Linien am unteren Ende des Halses. Die Figur trägt einen weißen Umhang, der auf der linken Schulter zusammengerafft ist, erkennbar an den drei hellgrauen Falten. Auf der rechten Seite (vom Betrachter aus gesehen links) befindet sich eine dicke karminrote Linie. Im länglichen Gesicht sitzt als auffallendstes Merkmal eine lange Nase, die durch eine helle Linie, eine Spiegelung auf glänzender Haut, noch betont ist.
Lebendig und realistisch wirken die braunen Augen; sie kommen durch dunklere Umrisse noch deutlicher zum Ausdruck. Der dunkelrote Mund hat eine unregelmäßige Form, während die Unterlippe etwas stärker ausgeprägt ist. Bart und Kopfhaar schließen das Gesicht komplett ein. Sie sind mit kleinen grauen Locken versehen und geben Anlass zur Vermutung, dass es sich bei der Figur um einen Mann in mittleren Jahren handeln muss.
Vergleicht man die Arbeit mit anderen Porträtmalereien aus dieser Epoche, kann sie in die erste Hälfte des 2. Jahrhunderts n. Chr. datiert werden.

(A.L.)

CG 33243

Porträt einer jungen Frau

Wachsmalerei (Enkaustik) auf Holz
Höhe 42 cm, Breite 23 cm
Hawara; Ausgrabungen von W. M. F. Petrie (1888)
Römische Epoche
(2. Jahrhundert n. Chr.)

Diese Tafel gehört zu einer Reihe wunderschöner Porträts, die im römischen Ägypten auf Holz gemalt und über den Gesichtern der Mumien angebracht wurden. Die häufig kostbaren Gewänder und Schmuckstücke weisen ihre Träger als Mitglieder der gehobenen Gesellschaftsschicht aus.
Die dargestellte Frau mit dem länglichen Gesicht hat einen olivfarbenen Teint. Hauptmerkmale ihres Gesichts sind die lange Nase und die eng stehenden Augen. Der Mund ist mit seinen ziemlich schmalen Lippen regelmäßig geformt, die Augen sind groß und durch die gebogenen Augenbrauen betont. Ihr dunkles Haar ist zusammengebunden und oben am Kopf befestigt.
Um ihren Hals spannt sich eine Halskette aus einer Reihe purpurfarbener und rechteckig geformter Steine. Der gleiche Stein findet sich in den Ohrringen als je ein runder und ein eckiger Anhänger. Die Falten des dunklen Gewandes sind am Hals mit Spuren kontrastierender hell- und dunkellilafarbener Schattierungen hervorgehoben.
Nicht nur wegen der dargestellten Gesichtszüge, sondern auch aufgrund der gezeigten Schmuckstücke und des Kleides ist dieses Porträt ungewöhnlich. Möglicherweise wurde in diesem Fall keine Skizze angefertigt und das Porträt als Originalbild vom lebenden Modell geschaffen. Dies stützt die Annahme, dass die Frau einer besonders wohlhabenden Familie angehörte. Hinsichtlich der allgemeinen Merkmale kann das Porträt, was seine zeitliche Einordnung betrifft, ungefähr im 2. Jahrhundert n. Chr. angesiedelt werden.

(A.L.)

CG 33260

Porträt eines kleinen Jungen

Wachsmalerei (Enkaustik) auf Holz
Höhe 35,5 cm, Breite 16,5 cm
Faijum
Römische Epoche (Ende des 1. – frühes 2. Jahrhundert n. Chr.)

Dieses Porträt ist auf weißem Grund gemalt und zeigt einen Knaben mit Lorbeerkranz. Der Grundton der Haut ist olivfarben, während die Gesichtszüge durch weiße Farbe auf Wangen, Kinn und Stirn hervorgehoben sind. Der regelmäßig geformte Mund hat eine helle Rosafärbung, die schmale Nase verbreitert sich am unteren Ende. Das mit dunklen Linien dargestellte Haar ist teilweise von dem Lorbeerkranz bedeckt, dessen recht breite und regelmäßig geformte Blätter flach auf dem Kopf anliegen. Kräftige Augenbrauen umrahmen große ausdrucksstarke Augen, die oberen Augenlider sind nur durch dicke Striche angedeutet. Dunkle Linien betonen die Bewegung, die durch den leicht gedrehten Kopf entsteht. Im Verhältnis zum oberen Teil fällt der Rumpf schmal aus. Der Junge trägt einen weißen Chiton mit einem karminroten *clavus* oder Streifen über der rechten Schulter. Auf der anderen Seite ist ein Umhang erkennbar.

In Porträts aus dem Faijum wiederholen sich häufig Ikonographie und Schmuckelemente, und zu den Grundausführungen gibt es nur wenige Variationen. Kränze und Kronen haben in der traditionellen Bilderwelt dieses Landstriches eine ganz präzise Bedeutung: Sie stehen für Sportlichkeit und Jugend. Solche Bildinhalte sind daher ein Privileg für junge Männer aus hoch gestellten Familien.

Die Gesamtkomposition dieser Arbeit und ihre Details ermöglichen es, die Entstehungszeit zwischen dem Ende des 1. und Anfang des 2. Jahrhunderts anzusiedeln. (A.L.)

CG 33267

Porträt zweier Brüder

Wachsmalerei (Enkaustik) auf Holz
Durchmesser 61 cm
Antinoopolis
Ausgrabungen von A. Gayet (1899)
Römische Epoche (2. Jahrhundert n. Chr.)

Die runde Tafel ist mit den anrührenden Porträts zweier Personen bemalt, die aufgrund ihrer Ähnlichkeit als Brüder identifiziert werden können. Sie sind etwas kleiner als lebensecht abgebildet, eine übliche Praxis in der Gegend um Antinoopolis. Die ältere, rechte Figur hat eine ziemlich dunkle Haut, wobei die Gesichtsmerkmale durch gelbe Linien betont sind. Der Mund mit sehr vollen Lippen ist regelmäßig geformt. Wie bei solchen Porträts üblich, trägt die Figur einen Schnurrbart, dargestellt mit kurzen parallelen Linien, die auch den etwas spärlichen Kinnbart wiedergeben. Die Backenknochen sind stark betont, und die Nase scheint geradlinig zu verlaufen, doch an dieser Stelle ist das Bild beschädigt. Durch die leicht gesenkten Augenlider wirken die Augen lebendiger; sie sind von kräftigen dunklen Augenbrauen gekrönt. Wellige, ungeordnete Locken bilden das Haar. Der Mann trägt einen weißen Chiton, dessen Falten in Gelb hervorgehoben sind, darüber einen weißen Umhang mit karminrotem Futter. Über seiner Schulter schwebt die Figur des Hermes, wie üblich mit Flügelsandalen und Umhang bewehrt und einem von Schlangen umwundenen Heroldsstab in seiner rechten Hand.

Das jugendlichere Erscheinungsbild der Figur auf der linken Seite wird durch die hellere Haut und die noch etwas rundlichen Gesichtszüge hervorgehoben. Die hellen Lippen sind gleichmäßig geformt und durch einen dünnen Schnurrbart betont, die Nase ist ebenfalls gerade und unten etwas erweitert. Dichte Augenbrauen, mit dunklen vertikalen Linien dargestellt, zeichnen sich über den Augen ab. Das Haar ist wie beim Bruder in lockiger Unordnung. Eine weiße Tunika, mit einer durchgehenden und einer gepunkteten roten Linie verziert, kleidet die Figur; auf der linken Schulter des Gewandes befindet sich ein Hakenkreuz. Über der Tunika trägt der junge Mann einen roten Umhang, der an der rechten Schulter mit einem grünen Stein befestigt ist. Direkt über dieser Schulter ist eine Statuette dargestellt, deren Farbe auf Gold oder vielleicht Bronze schließen lässt. Sie stellt einen jungen stehenden Gott dar, dessen rechtes Bein durchgedrückt, während das linke gebeugt ist. Der linke Arm erstreckt sich entlang des Körpers, der rechte ist abgewinkelt und hält einen Stock. Auf dem Kopf befindet sich eine ägyptische Krone. Die kleine Statue wird für einen König gehalten, vermutlich Alexander. Der auffallenden Qualität ihrer Kleidung und den zwei offenbar goldenen Statuetten über den Schultern der Männer zufolge gehören die beiden Brüder einer Patrizierfamilie an.

(A.L.)

CG 33248

Porträt einer Frau

Tempera auf Holz
Höhe 35 cm, Breite 19,5 cm
El-Rubayat (Teil der Sammlung seit 1893)
Römische Epoche
(erstes Viertel des 4. Jahrhunderts n. Chr.)

Zwar ist dieses Porträt einer jungen Frau gut gemalt, und die Wiedergabe der Gesichtszüge wirkt ausgesprochen realistisch, aber schmucklos und schlicht. Keine kostbaren Edelsteine sind an der Frau zu finden, und das Haar trägt sie auf relativ einfache Weise. Die Figur ist auf einen grauen Hintergrund gemalt, der Körper ist nach vorne gerichtet, während der Kopf leicht zur Seite schaut. Das ziemlich lange Gesicht hat eine ovale Form mit olivfarbener Haut, wobei die Gesichtszüge rosa hervorgehoben sind. Der Mund ist mit einer voll ausgeprägten Unterlippe gleichmäßig geformt. Die Augenbrauen bilden zwei feine symmetrische Linien, die bis zur Brücke der relativ langen und herausragenden Nase gehen. Form und Größe der Nase sind durch weiße und rosafarbene Linien dargestellt. Das dunkle Haar der Frau wird durch einen Mittelscheitel geteilt und ist mit feinen parallel und gleichmäßig verteilten weißen Strichen gemalt. Am rechten Ohr findet sich ein Ohrgehänge mit drei weißen Perlen an einem Stiel. Die leichte Drehung des Nackens wird durch lange, bräunliche Linien, die sich auf der olivfarbenen Haut abzeichnen, deutlich. Das dunkelbraune Gewand ist recht schlicht; die Falten in dem Stoff, dargestellt durch eine Reihe noch dunklerer Linien, verleihen dem Ganzen etwas Bewegung. An beiden Schultern sind vertikal breite dunkle Bänder (*clavii*) angebracht.
Die Datierung dieses Porträts fällt schwer. Bisher war es dem ersten Viertel des 4. Jahrhunderts zugeordnet, aber erst vor kurzem wurden Vermutungen angestellt, dass das Bild zwischen den Jahren 161 und 180 n. Chr. gemalt wurde. Die Schwierigkeit liegt vor allem in der Schlichtheit der Schmuckelemente, von denen keines besonders charakteristisch ist. Doch die Komposition des Werkes ist mehr im späten Altertum und byzantinischen Reich zu suchen, und so ist es eher später, ins 4. Jahrhundert, zu datieren.

(A.L.)

CG 33244

Porträt einer jungen Frau

Wachsmalerei (Enkaustik) auf Holz
Höhe 31 cm, Breite 22 cm
Faijum; Römische Epoche (spätes 1. Jahrhundert n. Chr.)

Gegenstand dieses Porträts ist ganz offensichtlich eine Frau von hohem gesellschaftlichem Rang. Dargestellt auf schwarzem Hintergrund, schaut sie den Betrachtern direkt in die Augen. Das Gesicht ist in einem rosafarbenen Ton gehalten, die Gesichtszüge sind weiß hervorgehoben. Der dunkelrote Mund hat eine gleichmäßige Form, während die Nase etwas in die Länge gezogen ist. Die großen und leuchtenden Augen werden durch die bogenförmigen Augenbrauen, mit kurzen schwarzen parallelen Linien gemalt, noch betont. Stark gelocktes und dabei ziemlich ungeordnetes Haar geben dem Gesicht einen Rahmen. Die beiden Ohren sind mit Ohrgehängen mit je zwei Perlen geschmückt; dazu trägt die Frau eine goldene Halskette. Von der Kleidung ist nichts zu sehen, doch Vergleiche mit anderen zeitgenössischen Porträts lassen vermuten, dass die Gemalte einen purpurnen Chiton mit einem oder zwei breiten Streifen trug.
Aufgrund der Frisur lässt sich das Werk der zweiten Hälfte des 1. Jahrhunderts n. Chr. zuordnen.

(A.L.)

JE 63609

Malerei mit einer Szene aus der Ödipus-Sage

Malerei auf Stuckgrund
Höhe 98 cm, Breite 239 cm
Tuna el-Gebel
Römische Epoche (30 v. Chr. – 311 n. Chr.)

Dieses Gemälde zeigt Szenen aus der wohl am tiefsten verwurzelten Sage in der hellenistischen Kultur. Ödipus war der Sohn des Königs von Theben; ihm war prophezeit worden, dass er seinen Vater töten und seine Mutter heiraten würde. Abweichend von der Chronologie gibt diese Darstellung entscheidende Momente wieder: die Reise des Ödipus nach Theben, die Tötung seines Vaters und die Lösung des Sphinxrätsels. Der Mythos, der seine symbolische Bedeutung während der römischen Periode behielt, erzählt davon, wie Ödipus bei seiner Geburt von seinem Vater Laios, dem König von Theben, ausgesetzt wurde, weil er seine vorhergesagte Ermordung fürchtete. Ödipus, der seinerseits unter der Prophezeiung litt, seine eigene Mutter zu heiraten, flüchtete aus der Familie, die ihn letztlich aufgezogen hatte, in dem Glauben, dass Polybus und seine Frau, die Herrscher von Korinth, seine wirklichen Eltern seien. Die dargestellte Szene zeigt, was sich unmittelbar nach der Entscheidung, sein bisheriges Zuhause zu verlassen, ereignete.

Ödipus (die erste Figur von links) flieht von Korinth in Richtung Theben, begegnet der Sphinx, löst das Rätsel (Was ist das: Es hat eine Stimme, bewegt sich am Morgen auf vier Beinen, zu Mittag auf zwei und am Abend auf drei? – Antwort: Der Mensch) und wird schließlich König von Theben. Dieser Darstellung zufolge trifft er dann auf Laios, der hier im letzten Bild ganz rechts kniend und bereits durch das Messer seines Sohnes tödlich verwundet abgebildet ist, und tötet ihn.

Die Unwissenheit, als Tänzerin personifiziert, steht als Zeugin dabei: Ödipus hat die Tat begangen, ohne zu ahnen, dass das Opfer sein leiblicher Vater ist.

Die Anordnung des Gemäldes dreht die logische Folge der Geschichte um. Nach der mythologischen Überlieferung begegnet Ödipus Laios auf seinem Weg nach Theben, und erst nachdem er ihn getötet hat, löst er das Rätsel der Sphinx.

Alle Figuren können durch die griechischen Namen, die neben ihnen aufgemalt sind, identifiziert werden.

Die Geschichte wird außerdem durch zusätzliche Figuren, die für Geisteszustände, Ereignisse oder Städte stehen, leichter verständlich gemacht. Die dritte Gestalt von links, nach Ödipus und der Sphinx platziert, verkörpert das Rätsel, die vierte steht für Theben, und die fünfte, die Tänzerin, symbolisiert die Ignoranz des Ödipus, der unwissentlich zum Vatermörder wird.

Im Ganzen betrachtet, offenbart sich hier ein eher bescheidenes künstlerisches Talent, das vor allem an dem grob skizzierten erhobenen Arm der Tänzerin ersichtlich ist, der weder dem Bewegungsablauf noch den körperlichen Proportionen entspricht.

Das Gemälde kann als römische Nachahmung eines aus der griechischen Überlieferung entlehnten Werkes betrachtet werden. (A.L.)

JE 67913

Mosaik mit dem Kopf der Medusa

Mehrfarbige Steine
Höhe 26,5 cm, Breite 33 cm
Herkunft unbekannt
Römische Epoche
(zweite Hälfte des 3. – zweite Hälfte des 4. Jahrhunderts n. Chr.)

Dieser Kopf einer weiblichen Figur ist Bruchstück eines Mosaiks. Der versierte Künstler bewerkstelligte vielerlei Farbvariationen und sauber gearbeitete Details durch den Einsatz sehr kleiner Täfelchen aus unterschiedlichen Steinen. Dunklere Außenlinien um Nase und Augen vermitteln den Eindruck von Tiefe.

Das Haar besteht entsprechend der traditionellen Ikonographie der Medusa tatsächlich aus einer ganzen Reihe von Schlangen. Dem Mythos nach wagte es Medusa, als Einzige der drei Gorgonen sterblich, in einem Wettbewerb mit der Schönheit Minervas zu konkurrieren. Diese jedoch, verärgert über die Anmaßung, verwandelte ihr Haar in Schlangen. Bezeichnend für die Kunst jener Zeit sind die großen starren Augen, war Medusa doch dem Mythos nach dazu verdammt, durch ihren Blick alles Lebendige in Stein zu verwandeln. Mit Hilfe mehrerer Götter sowie List und Tücke gelang es Perseus, ihr den Kopf abzuschlagen und damit all seine Feinde zu versteinern. Aus Medusas Blut jedoch wurden Pegasus und Chrysaor geboren.

Insbesondere die starren ausdruckslosen Augen, die selbst voller Furcht zu sein scheinen, gehören zu den charakteristischen Merkmalen der künstlerischen Tradition dieser Epoche. Das Gesicht ist breit und flach, die Wangen erscheinen groß im Verhältnis zum restlichen Gesicht. Der fast geschlossene Mund ist ziemlich klein. Stil und Form der Einlegearbeit sind mit anderen Beispielen aus der Mosaik-Tradition im späten Altertum vergleichbar. Gesichter wie dieses wurden häufig als schmückendes Element eines Rahmens um ein Hauptmotiv verwendet, das meist ein komplexes Thema darstellte – in diesem Fall hatte es vermutlich mit dem Mythos von Medusa und Perseus zu tun.

Möglicherweise gehörte dieses Fragment aber auch selbst zum umrahmten Bereich, beispielsweise als Emblem in der Mitte eines Fußbodens, umgeben von vielen anderen Schmuckelementen. (A.L.)

LISTE DER OBJEKTE

Seiten 1, 3, 4, 7 rechts: Pektoral des Tutanchamun in Form eines geflügelten Skarabäus; JE 61884; 18. Dynastie; Regierungszeit des Tutanchamun
Seite 2: Rückseite des goldenen Throns von Tutanchamun (Detail); JE 62028; 18. Dynastie; Regierungszeit des Tutanchamun
Seite 4: Kopf einer Statue ; JE 38248 = CG 42101; 18. Dynastie; Regierungszeit des Echnaton
Seite 6: Statue des Osiris aus dem Grab des Psammetich; CG 38358
Seite 7: Schale Psusennes' I., (Detail); JE 85897
Seiten 8–9: Pektoral Scheschonks II. mit geflügeltem Skarabäus; JE 72170

Vorwort

Seite 10, Hintergrund*:* Anhänger des Tutanchamun in Gestalt eines Falken (Detail); JE 61893; 18. Dynastie; Regierungszeit des Tutanchamun
Seite 10 links: Deckel von Kanopenkrügen des Tutanchamun; JE 60687; 18. Dynastie; Regierungszeit des Tutanchamun
Seite 11: Kopf der Königin Nofretete aus Tell el-Amarna; JE 59286; 18. Dynastie; Regierungszeit des Echnaton

Geschichte des Ägyptischen Museums

Seite 12: Hintergrund: Totenmaske des Amenemope; JE 86059; 21. Dynastie, Regierungszeit des Amenemope
Seite 13: Statue der Isis, links; CG 38884; Statue der Hathor mit Psammetich, rechts; CG 784; Ende der 26. Dynastie
Seite 22 links: Statue eines sitzenden Löwen; JE 41902; Spätzeit
Seite 23 unten: Sphinx Thutmosis' III.; JE 15208 = CG 576; Regierungszeit Thutmosis' III.

Chronologie

Seite 24–25: Sarkophag der Königin Aschait (Detail); JE 47267; 11. Dynastie, Regierungszeit Mentuhoteps II.

Vordynastische und Frühdynastische Periode

Seite 26 links: Detail eines Behälters in Form einer Muschel; JE 92656; 3. Dynastie, Regierungszeit des Sechemchet
Seite26–27: Die Narmer-Palette; JE 32169 = CG 14716; Vordynastische Periode
Seite 28 links: Kosmetiklöffel in Form eines Isisknotens; JE 87485; Vordynastische Periode
Seite 28 Mitte: Halskette; JE 87499; Vordynastische Periode
Seite 28 rechts: Messer; JE 69920; 1. Dynastie, Regierungszeit des Den
Seite 29 links: Klapper mit Köpfen von Ausländern; JE 64771 A, B; 1.–2. Dynastie
Seite 29 rechts: Mit geometrischen Motiven verzierte Scheibe; JE 70162; 1. Dynastie, Regierungszeit des Den
Seite 30–31: Etikett des Djer; JE 70114; 1. Dynastie, Regierungszeit des Djer
Seite 30 unten: Versiegelte Vase; JE 34942; 2. Dynastie, Regierungszeit des Chasechem
Seite 31 oben: Henkelvase mit Goldüberzug; CG 14341; 2. Dynastie
Seite 31 Mitte: Kleine versiegelte Vase; JE 34941; 2. Dynastie, Regierungszeit des Chasechem
Seite 31 unten: Halskette; JE 87494; Vordynastische Periode
Seite 32 links: Behälter in Muschelform; JE92656; 3. Dynastie, Regierungszeit des Sechemchet
Seite 32 unten: Steinvase mit den Namen vordynastischer Könige; JE 88345; 3. Dynastie
Seite 33 links: Täfelung des Hesire; CG 1428; 3. Dynastie
Seite 33 rechts: Jubiläumsvase; JE 64872; 2. Dynastie
Seite 34: Männerkopf; JE 97472; Jungsteinzeit
Seite 35: Schale mit Reliefverzierung; JE 38284 = CG 18804; Vordynastische Periode, Naqada I
Tongefässe mit schwarzem Rand; JE 41247 – 41251 – 26530 = CG 20087; Vordynastische Periode, Naqada I
Seite 36: bemalter Krug; JE 64910; Vordynastische Periode, Naqada II
Schminkpalette; JE 43103; Vordynastische Periode, Naqada II
Seite 38: Unteres Fragment der »Libyer-Palette«; JE 27434 = CG 14238; Späte Vordynastische Periode
Seite 39: Feuersteinmesser mit Goldgriff; JE 34210 = CG 64868; Vordynastische Periode, Naqada II
Seiten 40–41: Die Narmer-Palette; JE 32169 = CG 14716; Dynastie 0, Regierungszeit des Narmer
Seite 42: Etikett-Tafel des Aha; JE 31773 = CG 14142; 1. Dynastie, Regierungszeit des Aha
Seite 43: Armbänder aus dem Grab des Djer; JE 35054; 1. Dynastie, Regierungszeit des Djer
Scheibe aus dem Grab des Hemaka; JE 70164; 1. Dynastie, Regierungszeit des Den
Seite 44: Flache Schale mit Korbmuster; JE 71298; 2. Dynastie
Kamm mit Namen des Königs Djet; JE 47176; 1. Dynastie, Regierungszeit des Djet
Seite 45: Sitzbild des Chasechem; JE 32161; 2. Dynastie, Regierungszeit des Chasechem
Seite 47: Gekachelte Wand; JE 68921; 3. Dynastie, Regierungszeit des Djoser
Statue des Königs Djoser; JE 49158; 3. Dynastie, Regierungszeit des Djoser
Seite 48: Die Wandtäfelung des Hesire; JE 28504 = CG 1426 – 1427 – 1428; 3. Dynastie
Statue des Hetepdief; JE 34557 = CG 1; 3. Dynastie

Der Glanz des Alten Reiches

Seite 50 links: Triade des Mykerinos; JE 40678; 4. Dynastie; Regierungszeit des Mykerinos
Seite 50 rechts: Grabstele des Snofru; JE 89289 C; 4. Dynastie
Seite 51: Statue des Chephren; JE 10062 = CG 14; 4. Dynastie, Regierungszeit des Chephren
Seite 52 oben: Kiste für Bestandteile eines tragbaren Pavillions ; JE 72030; 4. Dynastie, Regierungszeit des Snofru
Seite 52 oben rechts: Goldgefässe; JE 52404 – 52405; 4. Dynastie, Regierungszeit des Snofru
Seite 52 links: Ersatzkopf; JE 46217; 4. Dynastie, Regierungszeit desChephren
Seite 52–53: Relief mit Fischern; JE 30191 = CG 1535; 5. Dynastie
Seite 54 oben: Statue des Mersuanch mit seinen beiden Töchtern; JE 66617; Ende der 5. Dynastie
Seite 54 unten links: Doppelstatue des Mersuanch; JE 66620; Späte 5. Dynastie
Seite 54 unten rechts und 55: Relief mit Vögeln und Papyrusstauden; JE 56001; 5. Dynastie, Regierungszeit des Userkaf
Seite 56 oben: Statue eines Schreibers; JE 30272 = CG 36; Frühe 5. Dynastie
Seite 56 unten: Statue eines Schreibers; CG 78; 5. Dynastie
Seite 57: Statue des Ptahschepses als Schreiber; CG 83; 5. Dynastie
Seite 58 oben links: Statue des Ti; JE 10065 = CG 20; 5. Dynastie, Regierungszeit des Niuserre
Seite 58 rechts unten: Statue einer stehenden Frau; CG 134; 5. Dynastie
Seite 59: Fragment einer Statue des Urchui; JE 72221; 6. Dynastie
Seite 60: Die »Meidum-Gänse«; JE 34571 = CG 1742; 4. Dynastie, Regierungszeit des Snofru
Seite 61: Zwei Wandfragmente mit eingelegten Bildern; JE 43809; 4. Dynastie, Regierungszeit des Snofru
Seiten 62–63: Rahotep und Nofret; CG 3–4; 4. Dynastie, Regierungszeit des Snofru
Seite 64: Armsessel der Hetepheres; JE 53263; 4. Dynastie, Regierungszeit des Snofru
Bett der Hetepheres; JE 53261; 4. Dynastie, Regierungszeit des Snofru
Seite 65: Kästchen mit Armreifen; JE 53265 – 53266 – 52281; 4. Dynastie, Regierungszeit des Snofru
Seiten 66–67: Statuette des Cheops; JE 36143; 4. Dynastie, Regierungszeit des Cheops
Ersatzkopf; JE 46216 = CG 6005; 4. Dynastie, Regierungszeit des Chephren
Seiten 68–69: Statue des Chephren; JE 10062 = CG 14; 4. Dynastie, Regierungszeit des Chephren
Seite 70: Triade des Mykerinos; JE 46499; 4. Dynastie, Regierungszeit des Mykerinos
Triade des Mykerinos; JE 40678; 4. Dynastie, Regierungszeit des Mykerinos
Seite 71: Triade des Mykerinos; JE 40679; 4. Dynastie, Regierungszeit des Mykerinos
Seite 73: Kopf des Userkaf; JE 90220; 5. Dynastie, Regierungszeit des Userkaf
Statuette des Raneferef; JE 98171; 5. Dynastie, Regierungszeit des Raneferef
Seite 74: Statue des Kaaper; CG 34; 5. Dynastie, Regierungszeit des Userkaf
Statuengruppe des Zwerges Seneb mit seiner Familie; JE 51280; Ende 5. – frühe 6. Dynastie
Seite 77: Schreiberfigur; JE 30272 = CG 36; Erste Hälfte der 5. Dynastie
Männliche Sitzfigur; JE 30273 = CG 35; Erste Hälfte der 5. Dynastie
Seite 78: Ranefer mit Perücke; JE 10063 = CG 19; Erste Hälfte der 5. Dynastie
Seite 79: Standbild des Ranefer; JE 10064 = CG 18; Erste Hälfte der 5. Dynastie
Seite 80: Kniefigur des Kaemked; CG 119; Zweite Hälfte der 5. Dynastie
Doppelstandbild des Nimaatsed; CG 133; Zweite Hälfte der 5. Dynastie
Seite 82: Statuette einer Frau beim Getreidemahlen; JE 87818; 5. Dynastie
Statuette eines Dieners beim Rupfen einer Gans; JE 72232; 5. Dynastie
Seite 83: Statuette einer Bierbrauerin; JE 66624; Ende der 5. Dynastie
Seite 84: Statue des Mitri als Schreiber; JE 93165; Ende 5.–frühe 6. Dynastie
Scheintür des Ika; JE 72201; 5. Dynastie
Seiten 86–87: Die Familie des Neferherenptah; JE 87807 – 87806 – 87804 – 87805; Ende 5. – frühe 6. Dynastie
Seite 88: Falkenkopf; JE 32158; 6. Dynastie
Seite 89: Zwei Statuen Pepis I.; JE 33034 – 33035; 6. Dynastie, Regierungszeit Pepis I.
Statuette Pepis II.; JE 50616; 6. Dynastie, Regierungszeit Pepis II.

Das Mittlere Reich und der Wandel des Königtums

Seite 90 links: Detail eines Pfeilers Sesostris' I.; JE 36809; 12. Dynastie; Regierungszeit Sesostris' I.
Seiten 90–91, 98–99: Pyramidion der Pyramide Amenemhets III. in Dahschur; JE 35122; 12. Dynastie; Regierungszeit Amenemhets III.
Seite 91: Sitzstatue Sesostris' I.; JE 31139 = CG 414; 12. Dynastie, Regierungszeit Sesostris' I.
Seite 92: Statue der Königin Nofret; JE 37487 = CG 381; 12. Dynastie; Regierungszeit Sesostris' II.
Seite 93 oben: Modell eines Bootes ohne Segel; JE 46716; 11. Dynastie
Seite 93 unten: Modell eines Bootes ohne Segel; JE 46720; 11. Dynastie
Seite 94 links: Stele des Nemtiemhat; CG 20088; Mittleres Reich
Seiten 94 rechts und 95: Stele des Ibi; CG 20525; Mittleres Reich
Seite 96: Grabstele des Dedusobek; CG 20596; Mittleres Reich
Seite 97 oben: Detail vom Sarg des Senbi; JE 42948; 12. Dynastie
Seite 97 unten: Stele eines Generals; JE 45969; 12. Dynastie
Seite 98 links: Doppelstatue Amenemhets III.; JE 18221 = CG 392; 12. Dynastie; Regierungszeit Amenemhets III.
Seite 98–99: Pyramidion der Pyramide Amenemhets III. in Dahschur; JE 35122; 12. Dynastie, Regierungszeit Amenemhets III.
Seite 99 rechts: Statue des Sakaherka; JE 43928; Späte 12./frühe 13. Dynastie
Seite 100: Statuette eines Korbträgers; JE 30810 = CG 241; 6. Dynastie, Regierungszeit Pepis I.
Seite 101: Modell dreier Opfergabenträgerinnen; CG 250; 6. Dynastie, Regierungszeit Pepis I.
Seite 102: Modellgruppe eines Bäckers und Bierbrauers; CG 244; 6. Dynastie, Regierungszeit Pepis I.
Seite 103: Modell eines Feldarbeiters; CG 249; 6. Dynastie, Regierungszeit Pepis I.
Modell eines Mannes, der eine Ente brät; CG 245; 6. Dynastie, Regierungszeit Pepis I.
Seiten 104–105: Sitzfigur des Mentuhotep II. Nebhepetre; JE 362195; 11. Dynastie, Regierungszeit Mentuhoteps II.
Seite 106: Grabstele des Amenemhet; JE 45626; 11. Dynastie
Seite 107: Statue des Generals Antef; JE 89858 – 91169; 11. Dynastie, Regierungszeit Mentuhoteps II.
Seite 108: Trupp ägyptischer Soldaten; JE 30986 = CG 258; 11. Dynastie
Seiten 109, 110–111: Trupp nubischer Bogenschützen; JE 30969 = CG 257; 11. Dynastie
Seite 112: Opfergabenträgerin; JE 46725; 11. Dynastie
Seite 113: Modell eines Hauses mit Garten; JE 46721; 11. Dynastie
Seiten 114–115: Inspektion der Rinderherden; JE 46724; 11. Dynastie
Seiten 116–117: Modell einer Fischfangszene; JE 46715: 11. Dynastie
Seite 118: Modell einer Webstube; JE 46723; 11. Dynastie
Seite 119: Modell einer Zimmermannswerkstatt; JE 46722; 11. Dynastie
Seite 120: Osirispfeiler Sesostris' I.; JE 48851; 12. Dynastie, Regierungszeit Sesostris' I.
Pfeiler Sesostris' I.; JE 36809; 12. Dynastie, Regierungszeit Sesostris' I.
Seite 122: Königsstatuette; JE 44951; 12. Dynastie, Regierungszeit Sesostris' I. oder Amenemhets II.
Seite 123: Kopf einer Frauenfigur; JE 39390; 12. Dynastie, Regierungszeit Amenemhets I.
Seite 124: Würfelhocker des Hotep; JE 48858; Frühe 12. Dynastie
Seite 125: Stele des Nitptah; JE 45625; Ende des Mittleren Reiches
Seite 126: Sarg des Chui; JE 36445; Frühe 12. Dynastie
Sarg des Sepi; JE 32868 = CG 28083; 12. Dynastie
Seite 129: Mumienmaske; RT 7.9.33.1; Mittleres Reich
Kanopenkrüge des Inpuhotep; JE 46774; Frühe 12. Dynastie
Seite 130: Nilpferd; JE 21365; Zweite Zwischenperiode
Seite 131: Igel; JE 30742; Mittleres Reich
»Konkubine« des Toten; JE 47710; 11. Dynastie, Regierungszeit Mentuhoteps II.
Seite 133: Mähnensphinx Amenemhets III.; JE 15210 = CG 394; 12. Dynastie, Regierungszeit Amenemhets III.
Statue Amenemhets III. im Priestergewand; JE 20001 = CG 395; 12. Dynastie, Regierungszeit Amenemhets III.
Seiten 134–135: *Ka*-Statue des Königs Hor in einem Schrein; JE 30948 = CG 259; 13. Dynastie, Regierungszeit des Königs Hor

Die Königsschätze der Zwölften Dynastie

Seite 136 links: Detail eines Pektorals Sesostris' II.; JE 30857 = CG 52001; 12. Dynastie, Regierungszeit Sesostris' III.
Seite 136–137: Rückseite des Pektorals der Mereret; JE 30875 = CG 52002; 12. Dynastie, Regierungszeit Sesostris' III.
Seite 138 oben: Schließe des Halsbands der Sat-Hathor; JE 30862; 12. Dynastie, Regierungszeit Sesostris' III.
Seite 138 unten: Armband der Königin Weret; JE 98785 A, B – 98788 A, B – 98790 D – 98792 D – 98793 D; 12. Dynastie, Periode zwischen der Regierungszeit Amenemhets II. und Sesostris' III.
Seite 139 oben: Pektoral der Mereret ; JE 30875 = CG 52002; 12. Dynastie, Regierungszeit Sesostris' III.
Seite 139 unten: Halskette der Mereret; JE 30884 A – 30923 = CG 53169 – 53170; 12. Dynastie, Regierungszeit Sesostris' III. und Amenemhets III.
Seite 140 links: Geissel der Neferuptah; JE 90200; 12. Dynastie, Ende der Regierungszeit Amenemhets III.
Seiten 140–141: Anhänger der Prinzessin Mereret; JE 53070; 12. Dynastie, Regierungszeit Sesostris' III. und Amenemhets III.
Seite 141 unten: Diadem der Sat-Hathor-Junet; JE 44919 = CG 52841; 12. Dynastie, Regierungszeit Amenemhets III.
Seite 142: Halsband der Prinzessin Chnumet; JE 31116 = CG 53018; 12. Dynastie, Regierungszeit Amenemhets II.
Seite 143: Armbänder der Prinzessin Chnumet; CG 52958 – 52956 – 52955; 12. Dynastie, Regierungszeit Amenemhets II.
Seite 144: Schließen vom Armschmuck der Prinzessin Chnumet; JE 31091 = CG 52044 – 52045; 12. Dynastie, Regierungszeit Amenemhets II.
Seite 145: Halskragen der Prinzessin Chnumet; JE 30942; 12. Dynastie, Regierungszeit Amenemhets II.
Diadem der Prinzessin Chnumet; CG 52860; 12. Dynastie, Regierungszeit Amenemhets II.
Seite 146: Armbänder der Königin Weret; JE 98786 A, B – 98781 A, B – 98790 B – 98791 B – 98792 B – 98793 B; 12. Dynastie, Periode zwischen der Regierungszeit Amenemhets II. und Sesostris' III.
Halsband der Königin Weret; JE 98783 – 98790 C –98791 C – 98792 C – 98793 C; 12. Dynastie, Periode zwischen der Regierungszeit Amenemhets II. und Sesostris' III.
Seite 147: Skarabäen Amenemhets II.; JE 98778 A, B; 12. Dynastie, Regierungszeit Amenemhets II.
Fußbänder der Königin Weret; JE 98784 A, B – 98789 – 98780 A, B – 98790 D – 98792 D – 98793 D; 12. Dynastie, Periode zwischen der Regierung Amenemhets II. und Sesostris' III.
Seite 148: Halskette mit Pektoral; JE 30857 = CG 52001; 12. Dynastie, Regierungszeit Sesostris' II.
Seite 149: Gürtel der Sat-Hathor; JE 30858 = CG 53123 – 53136; 12. Dynastie, Regierungszeit Sesostris' III.
Seite 150: Gürtel der Mereret; JE 30879 – 30923 – CG 53075; 12. Dynastie, Regierungszeit Sesostris' III. und Amenemhets III.
Halskette und Pektoral mit Namen Amenemhets III.; JE 30875 = CG 52003; 12. Dynastie, Regierungszeit Amenemhets III.
Seite 152: Halskragen der Neferuptah; JE 90199; 12. Dynastie, Regierungszeit Amenemhets III.
Seite 153: Spiegel der Sat-Hathor-Junet; JE 44920 = CG 52663; 12. Dynastie, Regierungszeit Amenemhets III.

Die Achtzehnte Dynastie

Seite 154 oben: Uschebti des Ptahmose (Ausschnitt); CG 48406; 18. Dynastie, Regierungszeit Amenophis' III.
Seiten 154 unten und 155 rechts: Uschebti des Hat; JE 39590; 18. Dynastie, Regierungszeit des Echnaton
Seiten 154–155: Reliefplatte mit Profil der Nofretete; JE 59396; 18. Dynastie, Regierungszeit des Echnaton
Seiten 156 oben: Kästchen für das *Senet*-Spiel; JE 21462; Ende 17. Dynastie
Seiten 156 unten: Stele für Tetischeri; JE 36335; 18. Dynastie; Regierungszeit des Ahmose
Seite 157 links: Uschebti des Ptahmose; CG 48406; 18. Dynastie, Regierungszeit Amenophis' III.
Seite 157 rechts: Teil einer Statuette Amenophis' III.; JE 37534 = CG 42083; 18. Dynastie, Regierungszeit Amenophis' III.
Seite 158: Kopf einer Statue; JE 38248 = CG 42101; 18. Dynastie
Seite 159: Fragment einer Wandmalerei; JE 33030 – 33031; 18. Dynastie, Regierungszeit des Echnaton
Seite 160 links: Anhänger mit Echnaton als Sphinx; JE 97864; 18. Dynastie, Regierungszeit des Echnaton
Seite 160 rechts: Stele des Ani; CG 34178; 18. Dynastie, Regierungszeit des Echnaton
Seite 161 links: Sarkophag des Echnaton; JE 54934; 18. Dynastie, Regierungszeit des Echnaton
Seite 161 rechts: Fragment eines Uschebti des Echnaton; JE 96830; 18. Dynastie, Regierungszeit des Echnaton
Seite 163: Kopf einer Statue der Königin Hatschepsut; JE 56259 A – 56262; 18. Dynastie, Regierungszeit der Königin Hatschepsut
Sphinx der Hatschepsut; JE 53113; 18. Dynastie, Regierungszeit der Königin Hatschepsut
Seiten 164–165: Relieffragmente mit Szenen der Expedition nach Punt; JE 14276 – 89661; 18. Dynastie, Regierungszeit der Königin Hatschepsut
Seite 167: Statue des Senenmut mit Neferure; JE 36923 = CG 42116; 18. Dynastie, Regierungszeit der Königin Hatschepsut
Statue der sitzenden Isis, Mutter Thutmosis' III.; JE 37417 = CG 42072; 18. Dynastie, Regierungszeit Thutmosis' III.
Seite 168: Kniefigur Thutmosis' III.; JE 43507; 18. Dynastie, Regierungszeit Thutmosis' III.
Kapelle der Hathor; JE 38574; 18. Dynastie, Regierungszeit Thutmosis' III.
Seiten 170–171: Statue Amenophis' II. mit Meretseger; JE 39394; 18. Dynastie, Regierungszeit Amenophis' II.
Seite 172: Standfigur Amenophis' II.; JE 36680 = CG 42077; 18. Dynastie, Regierungszeit Amenophis' II.
Statuengruppe Thutmosis' IV. mit seiner Mutter; CG 42080; 18. Dynastie, Regierungszeit Thutmosis' IV.
Seite 174: Statuette der Ibentina; JE 63646 A, B; 18. Dynastie
Kopf einer Statue Amenophis' III.; JE 38597; 18. Dynastie, Regierungszeit Amenophis' III.
Seite 176: Innensarg des Juja; CG 51004; 18. Dynastie, Regierungszeit Amenophis' III.
Seite 177: Sessel der Satamun; CG 51113; 18. Dynastie, Regierungszeit Amenophis' III.
Seite 178; Schmucktruhe der Tuja; JE 95248 = CG 51118; 18. Dynastie, Regierungszeit Amenophis' III.
Seite 179: Mumienmaske der Tuja; JE 95254 = CG 51009; 18. Dynastie, Regierungszeit Amenophis' III.
Seite 180: Vier Scheinvasen mit tiergestaltigen Deckeln; CG 51102; 18. Dynastie, Regierungszeit Amenophis' III.
Kopf einer Statuette der Teje; JE 38257; 18. Dynastie, Regierungszeit Amenophis' III.
Seite 182: Sitzende Statue des Amenophis, Sohn des Hapu; JE 36368 = CG 42127; 18. Dynastie, Regierungszeit Amenophis' III.
Schreiberfigur des Amenophis, Sohn des Hapu; JE 44861; 18. Dynastie, Regierungszeit Amenophis' III.
Seite 184: Chaëmwaset und Manana; JE 87911; 18. Dynastie, Regierungszeit Amenophis' III.
Seite 185: Salbengefäß der Siamun; JE 31382; 18. Dynastie, Frühe Regierungszeit Amenophis' IV./Echnatons
Statuette der Henutnachtu; JE 6056 = CG 804; Ende der 18. Dynastie
Seite 186: Statuette des Echnaton mit einer Frauenfigur; JE 44866; 18. Dynastie, Regierungszeit des Echnaton
Oberer Teil einer Kolossalstatue Amenophis' IV.; JE 49528; 18. Dynastie, frühe Regierungszeit des Echnaton
Seite 188: Statuette des Echnaton mit Opferplatte; JE 43580; 18. Dynastie, Regierungszeit des Echnaton
Relief mit Anbetung Atons; RT 10.11.26.4; 18. Dynastie, Regierungszeit des Echnaton
Seiten 190–191: Reliefentwurf mit zwei königlichen Portäts; JE 59294; 18. Dynastie, Regierungszeit des Echnaton
Seite193: Kopf der Nofretete; JE 45547; 18. Dynastie, Regierungszeit des Echnaton
Kopf einer Prinzessin; JE 44870; 18. Dynastie, Regierungszeit des Echnaton

Tutanchamun, sein Leben und seine Schätze

Seite 194, Hintergrund: Dritter Mumiensarg des Tutanchamun; JE 60671; 18. Dynastie, Regierungszeit des Tutanchamun
Seite 194 links, 203 unten rechts: Pektoral mit Isis und Nephthys (Ausschnitt); JE 61945; 18. Dynastie, Regierungszeit des Tutanchamun
Seite 194 rechts: Kasten in Kartuschenform; JE 61490; 18. Dynastie, Regierungszeit des Tutanchamun
Seite 195: Totenmaske des Tutanchamuns; JE 60672; 18. Dynastie, Regierungszeit des Tutanchamun
Seite 196: Statuette des Ptah; JE 60739; 18. Dynastie, Regierungszeit des Tutanchamun
Seite 197 links: Uschebti des Tutanchamun mit roter Krone; JE 60823; 18. Dynastie, Regierungszeit des Tutanchamun
Seite 197 rechts: Statue des Gottes Chons; CG 38488; 18. Dynastie, Regierungszeit des Tutanchamun
Seite 200 links: Spiegelbehälter; JE 62349; 18. Dynastie, Regierungszeit des Tutanchamun
Seite 200 Mitte: Der Gott Ihi; JE 60731; 18. Dynastie, Regierungszeit des Tutanchamun
Seite 200 rechts: Falke; JE 60712; 18. Dynastie, Regierungszeit des Tutanchamun
Seite 201 links: Breite Liege; JE 62014; 18. Dynastie, Regierungszeit des Tutanchamun
Seite 201 rechts: Bestattungsbett mit der Kuhgöttin Mehet-Weret (Ausschnitt); JE 62013; 18. Dynastie, Regierungszeit des Tutanchamun
Seite 202 oben: Halsband mit Skarabäen-Pektoral; JE 61896; 18. Dynastie, Regierungszeit des Tutanchamun
Seiten 202–203 unten: Mieder eines Prunkgewandes; JE 62627; 18. Dynastie, Regierungszeit des Tutanchamun
Seite 203 oben rechts: Ring mit der Sonnenbarke; JE 62450; 18. Dynastie, Regierungszeit des Tutanchamun
Pektoral mit Isis und Nephthys; JE61945; 18. Dynastie; Regierungszeit des Tutanchamun
Seiten 204–205: *Ka*-Statuen des Tutanchamun; JE 60707 – 60708; 18. Dynastie, Regierungszeit desTutanchamun
Seite 206–207: Tragbarer Anubis-Schrein; JE 61444; 18. Dynastie, Regierungszeit des Tutanchamun
Seite 208: Tutanchamun auf dem Rücken eines Leoparden; JE 60714; 18. Dynastie, Regierungszeit des Tutanchamun
Seite 209: Tutanchamun auf einem Papyrusnachen; JE 60709; 18. Dynastie, Regierungszeit des Tutanchamun
Seite 210: Vergoldete Holztruhe; JE 61476; 18. Dynastie, Regierungszeit des Tutanchamun
Salbenbehälter; JE 61496; 18. Dynastie, Regierungszeit des Tutanchamun
Seite 212: Spielkästchen; JE 61490; 18. Dynastie, Regierungszeit des Tutanchamun
Seite 213: Die »Bemalte Truhe«; JE 61467; 18. Dynastie, Regierungszeit des Tutanchamun
Seiten 214–215: Kleiner Goldschrein; JE 61481; 18. Dynastie, Regierungszeit des Tutanchamun
Seite 216: Uschebti des Tutanchamun; JE 60828; 18. Dynastie, Regierungszeit des Tutanchamun
Uschebti mit der blauen Krone; JE 60830; 18. Dynastie, Regierungszeit des Tutanchamun
Seite 218: Der goldene Thron; JE 62028; 18. Dynastie, Regierungszeit des Tutanchamun
Zeremonialstuhl; JE 62030; 18. Dynastie, Regierungszeit des Tutanchamun
Seite 220: Becken mit einer Barke; JE 62120; 18. Dynastie, Regierungszeit des Tutanchamun
Seite 221: Kelchförmige Lampe; JE 62111; 18. Dynastie, Regierungszeit des Tutanchamun
Seite 222: Ritualbett mit Gestell in Gestalt der Mehet-Weret; JE 62013; 18. Dynastie, Regierungszeit des Tutanchamun
Ritualbett mit Gestell in Gestalt der Isis-Mehet; JE 62911; 18. Dynastie, Regierungszeit des Tutanchamun
Seite 225: Kanopenschrein; JE 60686; 18. Dynastie, Regierungszeit des Tutanchamun
Seite 227: Kanopenkasten; JE 60687; 18. Dynastie, Regierungszeit des Tutanchamun
Seite 229: Miniatursärge für die Eingeweide; JE 60688 – 60689, 18. Dynastie, Regierungszeit des Tutanchamun
Seite 230: Tutanchamuns Kopf, einer Lotosblüte entspringend; JE 60723; 18. Dynastie, Regierungszeit des Tutanchamun
Kleiderpuppe des Tutanchamun; JE 60722; 18. Dynastie, Regierungszeit des Tutanchamun
Seiten 232–233: Der Goldsarg des Tutanchamun; JE 60671; 18. Dynastie, Regierungszeit des Tutanchamun
Seiten 234–235: Die goldene Totenmaske des Tutanchamun; JE 60672; 18. Dynastie, Regierungszeit des Tutanchamun
Seite 236: Pektoral mit geflügeltem Skarabäus; JE 61884; 18. Dynastie, Regierungszeit des Tutanchamun
Seite 237: Anhänger in Gestalt eines Falken; JE 61893; 18. Dynastie, Regierungszeit des Tutanchamun
Seite 238: Pektoral in Form der Sonnenbarke; JE 61885; 18. Dynastie, Regierungszeit des Tutanchamun
Pektoral in Form der Mondbarke; JE 61897; 18. Dynastie, Regierungszeit des Tutanchamun
Seite 240: Halskette mit Pektoral in Form des heiligen *Udjat*-Auges; JE 61901; 18. Dynastie, Regierungszeit des Tutanchamun
Pektoral mit Tutanchamun zwischen Ptah und Sachmet; JE 61941; 18. Dynastie, Regierungszeit des Tutanchamun
Seite 242: Armreif mit Skarabäus; JE 62374; 18. Dynastie, Regierungszeit des Tutanchamun
Pektoral in Form eines geflügelten Skarabäus; JE 61886; 18. Dynastie, Regierungszeit des Tutanchamun
Seite 243: Armreif mit Skarabäus; JE 62360; 18. Dynastie, Regierungszeit desTutanchamun

Das Ende des Neuen Reiches und die Dritte Zwischenzeit

Seiten 244 oben, 249 unten: Anhänger mit Kopf der Hathor; JE 86780; 22. Dynastie; Regierungszeit Osorkons II.
Seite 244 unten und 245: Fragment eines Reliefs; JE 69306; 19. Dynastie
Seite 246 oben: Papyrus; JE 31199; 19.–20. Dynastie
Seiten 246–247 unten: Schrein Ramses' II.; JE 37475 = CG 70003; 19. Dynastie, Regierungszeit Ramses' II.
Seite 247 rechts: Ramses II. ergreift seine Feinde, Detail eines Reliefs; JE 46189; 19. Dynastie, Regierungszeit Ramses' II.
Seite 248 links: Ohrgehänge Ramses' IX.; JE 6086 = CG 52323; 20. Dynastie, Regierungszeit Ramses' IX.
Seite 248 rechts: Miniaturkrug; JE 39871 = CG 53259; Ende der 19. Dynastie

Seite 249 oben: Pektoral; JE 31379; 19. Dynastie
Anhänger mit Kopf der Hathor; JE 86780; 22. Dynastie; Regierungszeit Osorkons II.
Seiten 250 links und Mitte: Sarg des Pachar; CG 6122 – 6121; Mitte der 21. Dynastie
Seite 250 rechts: Oberer Teil einer Statue :s; CG 647; Ende der 25. – frühe 26. Dynastie
Seite 251: Stele von Djedamuniuniankh; RT 25.12.24.20; 22. Dynastie
Seite 252: Kopf einer Statue des Nachtmin; JE 31630 = CG 779 A; Ende der 18. Dynastie
Fragment einer Statue der Gemahlin des Nachtmin; JE 31629 = CG 779 B; Ende der 18. Dynastie
Seite 254: Relieffragmente vom Grab des Ptahmay; RT 5.7.24.18 – 14.6.24.2; 18. Dynastie, Regierungszeit des Echnaton
Seite 255: Relieffragment eines Bestattungszugs; JE 4872; 19. Dynastie
Seite 256: Oberer Teil einer Statue Sethos' I. als Stabträger; CG 751; 19. Dynastie, Regierungszeit Sethos' I.
Kolossalstatue; JE 36692 = CG 42139; 19. Dynastie, Regierungszeit Sethos' I.
Seite 258: Oberer Teil einer Statue Ramses' II.; CG 616; 19. Dynastie, Regierungszeit Ramses' II.
Kolossalstatue Ramses' II. als Kind vor einem Falken; JE 64735; 19. Dynastie, Regierungszeit Ramses' II.
Seite 260: Paar Armreifen Ramses' II; JE 39873 = CG 52575 – 52576; 19. Dynastie, Regierungszeit Ramses' II.
Fragment einer Statue der Meritamun; JE 31413 = CG 600; 19. Dynastie, nach dem 21. Regierungsjahr Ramses' II.
Seite 262: Die »Israel-Stele«; JE 31408 = CG 34025; 18. Dynastie, Regierungszeit Amenophis' III. und 19. Dynastie, Regierungszeit des Merenptah
Oberteil einer Statue des Merenptah; JE 31414 = CG 607; 19. Dynastie, Regierungszeit des Merenptah
Seite 264: Krug mit Handgriff in Form einer Ziege; JE 39867 = CG 53262; 19. Dynastie
Seite 265: Krug mit Henkelgriff in Form eines Kalbes; JE 38706 – 39870 = CG 53261; 19. Dynastie
Ohrgehänge Sethos' II.; JE 39675 = CG 52397 – 52398; 19. Dynastie, Regierungszeit Sethos' II.
Seite 266: Statue Ramses' III. als Stabträger des Amun-Re; JE 38682 = CG 42150; 20. Dynastie, Regierungszeit Ramses' III.
Kachel mit Figur eines Asiaten; Kachel mit Figur eines Libyers; JE 36457 D, A; 20. Dynastie, Regierungszeit Ramses' III.
Seite 268: Ostrakon mit dem Plan vom Grab Ramses' IX.; CG 25184; Ende der 20. Dynastie
Schreiberfigur des Ramsesnacht, Hoher Priester des Amun-Re; JE 36582 = CG 42162; zweite Hälfte der 20. Dynastie
Seite 270: Ohrenstele des Bai; JE 43566; 19.–20. Dynastie
Seite 271: Ostrakon mit Tierbildern; JE 63801; 19.–20. Dynastie
Ostrakon mit Ringkämpfern; CG 25139; 20. Dynastie
Seite 272: Sargdeckel der Isis; JE 27309; 19. Dynastie, Regierungszeit Ramses' II.
Seite 273: Tür vom Grab des Sennedjem; JE 27303; 19. Dynastie, Regierungszeit Ramses' II.
Seiten 274–275: Sarg des Djedhoriufanch; RT 23.11.16.12; Frühe 22. Dynastie, Regierungszeit Scheschonks I. oder Osorkons I.
Seite 278: Statue der Gottesgemahlin Amenirdis; CG 565; Frühe 25. Dynastie
Uschebti des Taharqo; JE 46510; 24. Dynastie, Regierungszeit des Taharqo
Seite 279: Standbild des Monthemhet; JE 36933 = CG 42236; Ende 25. /frühe 26. Dynastie

Das Tal der Könige und das Mumienversteck in Deir el-Bahari

Seite 280 links: Bootsmodell; JE 4680 = CG 52642; 18. Dynastie, Regierungszeit des Ahmose
Seite 280 rechts: *Anch*-Symbol; JE 32491; 18. Dynastie, Regierungszeit Amenophis' II.
Seite 281: Begräbnismaske für ein mummifiziertes Ungeborenes; JE 39711; 18. Dynastie, Regierungszeit des Tutanchamun
Seite 282 links: Uschebti Ramses' VI.; JE 96857 = CG 48415; 20. Dynastie, Regierungszeit Ramses' VI.
Seite 282 rechts: Sarkophag Thutmosis' I.; JE 52344; 18. Dynastie, Regierungszeit Thutmosis' I.
Seite 283 links: Vase der Hatschepsut; JE 57203; 18. Dynastie, Regierungszeit der Hatschepsut
Seite 283 rechts: Uschebti Amenophis' II.; CG 24230; 18. Dynastie, Regierungszeit Amenophis' II.
Seite 284 links: Geflügelte Kobra; CG 24629; 18. Dynastie, Regierungszeit Amenophis' II.
Seite 284 rechts: Mumie Ramses' II.; CG 61078; 19. Dynastie, Regierungszeit Ramses' II.
Seite 285: Uschebti-Kasten der Königin Henuttaui; JE 26272 B; 21. Dynastie
Seite 286: Kette mit fliegenförmigen Anhängern; JE 4694 = CG 52671; 18. Dynastie, Regierungszeit des Ahmose
Sarg der Ahhotep; JE 4663 = CG 28501; 18. Dynastie, Regierungszeit des Ahmose
Seite 288: Barkenmodell auf einem hölzernen Wagen; JE 4681 = CG 52666 JE 4669 = CG 52668; 18. Dynastie, Regierungszeit des Ahmose
Seite 289: Armreif von Ahhotep; JE 4684 = CG 52069; 18. Dynastie, Regierungszeit des Ahmose
Seite 290: Uschebti Amenophis' II.; JE 32588 = CG 24183; 18. Dynastie, Regierungszeit Amenophis' II.
Sarg der Ahmes Meritamun; JE 53140; 18. Dynastie, Regierungszeit Amenophis' I.
Seite 291: Sarkophag der Königin Hatschepsut; JE 37678 – JE 52459; 18. Dynastie, Regierungszeit der Hatschepsut
Seite 293: Kanopengefäß; JE 39637; 18. Dynastie, Regierungszeit des Echnaton
Sargdeckel eines anonymen Königs; JE 39627; 18. Dynastie, Regierungszeit des Echnaton
Seite 294: Mumiensarg Amenophis' I.; CG 61005; Regierungszeit Amenophis', wieder verwendet in der 21. Dynastie, Regierungszeit des Siamun
Seite 295: Mumiensarg der Ahmes Nefertari; CG 61003; 18. Dynastie, Regierungszeit des Ahmose; restauriert in der 21. Dynastie
Seiten 296–297: Sargdeckel Ramses' II.; JE 26214 = CG 61020; 18. Dynastie, Regierungszeit Ramses' II.
Seite 298: Spiegeletui; JE 26278 – 26279 = CG 44101; 18. Dynastie und 21. Dynastie, Regierungszeit Pinudjems I.
Mumiensarg der Maatkare; JE 26200; 21. Dynastie, Regierungszeit Pinudjems I.
Seite 300: Katafalkdecke der Asetemachbyt; JE 26276; 21. Dynastie, Regierungszeit Pinudjems I.
Das *Totenbuch* Pinudjems I.; SR VI.I.I.11488; 21. Dynastie, Regierungszeit Pinudjems I.

Der Schatz von Tanis

Seite 302 oben links: Obelisk Ramses' II.; JE 37474 = CG 17021; 18. Dynastie, Regierungszeit Ramses' II.
Seite 302 unten: Hoher Becher Psusennes' I.; JE 85893; 21. Dynastie, Regierungszeit Psusennes' I.
Seite 302 oben rechts: Inschrift einer Schale des Wendjebauendjed; JE 85897; 21. Dynastie, Regierungszeit Psusennes' I.
Seite 303 unten links: Isis-Anhänger; JE 87716; 21. Dynastie, Regierungszeit Psusennes' I.
Seite 303: Sarkophag Psusennes' I.; JE 85911; 21. Dynastie, Regierungszeit Psusennes' I.
Seite 304 oben: Schale des Wendjebauendjed; JE 87743; 21. Dynastie, Regierungszeit Psusennes' I.
Seite 304 unten: Sarg Scheschonks II.; JE 72154; 22. Dynastie, Regierungszeit Scheschonks II.
Seite 305: Miniatursarg für die inneren Organe; JE 72159; 22. Dynastie, Regierungszeit Scheschonks II.
Seite 306 links und rechts: Armreife Psusennes' I.; JE 86027 – 86028; 21. Dynastie, Regierungszeit Psusennes' I.
Seite 306 Mitte: Handgriff mit Falkenkopf; JE 85854; 21. Dynastie, Regierungszeit Psusennes' I.
Seite 307 oben: Schale des Wendjebauendjed; JE 87741; 21. Dynastie, Regierungszeit Psusennes' I.
Seite 307 unten: Schale des Wendjebauendjed; JE 87740; 21. Dynastie, Regierungszeit Psusennes' I.
Seite 308: Kanopen; JE 85915 – 85914; 21. Dynastie, Regierungszeit Psusennes' I.
Seite 309 links: Fußreif Psusennes' I.; JE 85781; 21. Dynastie, Regierungszeit Psusennes' I.
Seite 309 rechts: Anhänger in Gestalt der Sachmet; JE 87718; 21. Dynastie, Regierungszeit Psusennes' I.
Seiten 310–311: Sarkophag des Merenptah, wieder verwendet von Psusennes I.; JE 87297; 18. Dynastie; Regierungszeit des Merenptah und 21. Dynastie, Regierungszeit Psusennes' I.
Seite 312: Mumienförmiger Sarg Psusennes' I.; JE 85911; 18. Dynastie und 21. Dynastie, Regierungszeit Psusennes' I.
Seite 313: Sarg Psusennes' I.; JE 85917; 21. Dynastie, Regierungszeit Psusennes' I.
Seite 315: Maske Psusennes' I.; JE 85913; 21. Dynastie, Regierungszeit Psusennes' I.
Kanopen Psusennes' I.; JE 85916 – 85915 – 85914 – 85917; 21. Dynastie, Regierungszeit Psusennes' I.
Seiten 316–317: Amulettplatte Psusennes' I.; JE 85821; 21. Dynastie, Regierungszeit Psusennes' I.
Seite 318: Handbecken Psusennes' I.; JE 85893; 21. Dynastie, Regierungszeit Psusennes' I.
Wasserkrug Psusennes' I.; JE 85892; 21. Dynastie, Regierungszeit Psusennes' I.
Seite 319: Ritueller Kohlenrost Ramses' II.; JE 85910; 18. Dynastie, Regierungszeit Ramses' II.
Seite 320: Großer Halsschmuck Psusennes' I.; JE 85751; 21. Dynastie, Regierungszeit Psusennes' I.
Seite 321: Halskette Psusennes' I.; JE 85755 – 85756; 21. Dynastie, Regierungszeit Psusennes' I.
Seite 322: Pektoral Psusennes' I. in Form eines geflügelten Skarabäus; JE 85788 – 85799; 21. Dynastie, Regierungszeit Psusennes' I.
Seite 323: Brustschmuck Psusennes' I.; JE 85796 – 85791 – 85795; 21. Dynastie, Regierungszeit Psusennes' I.
Seite 324: Drei Uschebti-Figuren des Wendjebauendjed; JE 88501 – 89810 – 89800; 21. Dynastie, Regierungszeit Psusennes' I.
Mumienmaske des Wendjebauendjed; JE 87753; 21. Dynastie, Regierungszeit Psusennes' I.
Seite 325: Trinkschale mit Wasserszene; JE 87742; 21. Dynastie, Regierungszeit Psusennes' I.
Seite 326: Mumienmaske des Amenemope; JE 86059; 21. Dynastie, Regierungszeit des Amenemope
Seite 327: Anhänger in Form eines Falken; JE 86036; 21. Dynastie, Regierungszeit des Amenemope
Seite 328: Pektoral Scheschonks II. mit geflügeltem Skarabäus; JE 72170; 22. Dynastie, Regierungszeit Scheschonks II.
Seite 329: Pektoral Scheschonks II.; JE 72172; 22. Dynastie, Regierungszeit Scheschonks I. und Scheschonks II.
Seiten 330–331: Pektoral Scheschonks II. mit Sonnenbarke; JE 72171; Frühe 22. Dynastie
Armreif Scheschonks II.; JE 72184 B; 22. Dynastie, Regierungszeit Scheschonks I.

Die »Cachette« von Karnak

Seite 335: Statue des Schreibers Nespakaschuti; JE 36665; 26. Dynastie, Regierungszeit des Apries
Seite 336: Kopf einer Sphinx Sesostris' I.; JE 45489 = CG 42007; 22. Dynastie, Regierungszeit Sesostris' I.
Seite 337: Sphinxfigur Thutmosis' III.; JE 37981 = CG 42069; 18. Dynastie, Regierungszeit Thutmosis' III.
Seite 338 oben und 339 links: Kniefigur des Hohenpriesters des Amun, Ramsesnacht, mit der Thebanischen Triade; JE 37186 = CG 42163; 20. Dynastie, Beginn der Regierungszeit Ramses' IV.
Seite 338 unten: Statue Osorkons IV.; JE 37426 = CG 42197; 23. Dynastie, Regierungszeit Osorkons IV.
Seite 339 rechts: Stelophor des Monthemhet; JE 37852 = CG 42237; 25. oder 26. Dynastie
Seite 340 und 341 links: Würfelhocker des Iretheru, Sohn des Nesiniheret; JE 37989; Spätzeit
Seite 341 rechts: Würfelhocker des Hor; JE 36575 = CG 42226; 23. Dynastie, Regierungszeit des Pedubaste
Seite 342: Sitzfigur eines Wesirs; CG 42034; Ende 12./frühe 13. Dynastie
Würfelhocker des Senenmut mit Neferure; JE 37438 bis = CG 42114; 18. Dynastie, Regierungszeit der Hatschepsut
Seite 344: Statuengruppe des Sennefer und der Senai; JE 36574 = CG 42126; 18. Dynastie, Regierungszeit Amenophis II. und Regierungszeit Thutmosis' IV.
Schreitende Figur Thutmosis' III.; JE 38234 bis = CG 42053; 18. Dynastie, Regierungszeit Thutmosis' III.
Seite 346: Usurpierte Figur eines Fahnenträgers; JE 36988 = CG 42194; Späte 18. Dynastie und 22. Dynastie, Regierungszeit Osorkons II.
Seite 347: Würfelhocker des Nachtefmut; JE 36937 = CG 42209; 22. Dynastie
Seite 349: Statue des Wesirs Hor; JE 37512; 22. Dynastie
Würfelhocker des Hor, Sohn des Anchchonsu; JE 37150; 25. Dynastie
Seite 350: Gruppenstatue des Monthemhat und seines Sohnes Nesptah; JE 37176 = CG 42241; Späte 25. /frühe 26. Dynastie
Statue des Schreibers Nespakaschuti; JE 36665; 26. Dynastie, Regierungszeit des Apries
Seite 352: Statue des Petamenophis als Schreiber; JE 37341; Frühe 26. Dynastie
Würfelhocker des Ahmes, Sohn des Pacharchonsu; JE 36579; 26. Dynastie
Seite 354: Statue des Ahmes, Sohn von Nesbanebdjed; JE 37075; Späte 30. Dynastie/frühe Ptolemäische Dynastie
Seite 355: Statue des Pachnum; JE 37456; Ptolemäische Dynastie

Die Kunst Ägyptens in der Spätzeit

Seite 356, Hintergrund: Statue einer Göttin mit Kuhkopf; CG 39134; Spätzeit
Seite 356 links: Skarabäus; RT 15.1.25.44; Griechisch-römische Zeit
Seite 356 rechts: Statue der geflügelten Isis; JE 38891; Spätzeit
Seite 357: Kopf eines Königs; JE 28512; 29. Dynastie
Seite 358: Sarg des Petosiris; JE 46592; Zeit der makedonischen Herrscher
Seite 359: Statue eines knienden Königs, der ein *Udjat*-Auge (Horusauge) hält; JE 91436; Spätzeit
Seite 360 oben links: Bronzespiegel; CG 27902; (wahrscheinlich 5. – 4. Jahrhundert v. Chr.)
Seite 360 unten rechts und 361 oben links: Horusstele: Horus auf den Krokodilen; CG 9401; Ptolemäische Dynastie
Seite 361: Aegis mit Kopf einer Göttin; JE 53671; (5. –3. Jahrhundert v. Chr.)
Seite 362 links: Statuette der Maat; CG 38707; Ptolemäische Dynastie

Seite 362 rechts: Statue der Isis, Horus stillend; JE 91327; Spätzeit
Seite 363 links: Sitzende Statue des Anubis; CG 38527; Spätzeit
Seite 363 rechts: Figur des Lotosblütengottes Nefertem; JE 39483; Spätzeit
Seite 364: Sitzfigur des Petamenophis; JE 36578; Späte 25.–frühe 26. Dynastie
Seite 365: Statue der Göttin Taweret; CG 39194; 26. Dynastie
Seite 366: Statue der Isis aus dem Grab des Psammetich; CG 38884; Späte 26. Dynastie
Seite 367: Statue der Hathor mit Psammetich; CG 784; Späte 26. Dynastie
Statue des Osiris aus dem Grab des Psammetich; CG 38358; Späte 26. Dynastie
Seite 368: Kniefigur des Psammetichsaneith, einen Schrein haltend; CG 726 = JE 31335; Spätzeit
Magische Statue des Djedhor; JE 46341; Ptolemäische Dynastie
Seite 370–371: Relief des Horhetep; JE 46591; 30. Dynastie
Seite 372: Porträt Alexanders des Großen; JE 39521; Ptolemäische Dynastie
Kopf Alexanders des Großen; CG 27476; Ptolemäische Dynastie
Seite 375: Stele Ptolemäus' V.; JE 54313; Ptolemäische Dynastie, Regierungszeit Ptolemäus' V. Epiphanes
Standfigur einer ptolemäischen Königin; JE 38582; Ptolemäische Dynastie
Seite 376: Geflügelter Skarabäus; JE 46356; Ptolemäische Dynastie
Falkensarg; JE 46351; Ptolemäische Dynastie
Seite 377: Perlennetz und Goldmaske des Hekaemsaf; JE 35923 = CG 53668; 26. Dynastie, Regierungszeit des Amasis

Das römische Ägypten – Provinz eines Imperiums

Seite 378 links und 379 rechts: Ausschnitte der Porträttafel zweier Brüder; CG 33267; 2. Jahrhundert n. Chr.
Seite 378 rechts: Mosaik (Detail); JE 67913; Zweite Hälfte des 3./zweite Hälfte des 4. Jahrhunderts n. Chr.
Seite 380: Kopf einer weiblichen Kolossalfigur; CG 27468; 332 v. Chr. – 311 n. Chr.
Seite 381: Kleine Büste des Serapis; CG 27439; 2. Jahrhundert n. Chr.
Seite 382: Männliches Porträt; JE 46775; Spätes 1./frühes 2. Jahrhundert n. Chr.
Seite 383 links: Terrakotta-Statuette einer Betenden; CG 43228; 1./2. Jahrhundert n. Chr.
Seite 383 rechts: Terrakotta-Statuette einer Betenden; JE 62958; 2. Jahrhundert n. Chr.
Seite 384: Tympanon eines Holzsarkophags; CG 33102; 30 v. Chr. – 311 n. Chr.
Seite 385: Schrein mit Falken; RT 18.11.24.46; 1.–2. Jahrhundert n. Chr.
Seite 386 oben: Mumienmaske; RT 18.8.19.1; 1. Jahrhundert n. Chr.
Seite 386 unten: Weibliche Mumienmaske; CG 33187; 1./2. Jahrhundert n. Chr.
Seite 387: Mumienbildnis einer Frau; CG 33281; 325–350 n. Chr.
Seite 388: Porträt eines alten Mannes; JE 65424 A; Späte Ptolemäische Dynastie
Kopf einer Statue des Paemerit; JE 151154 = CG 27493; Späte Ptolemäische Dynastie
Seite 389: Statue des Horsahor; JE 38310; Späte Ptolemäische Dynastie
Seite 390: Standfigur des Marc Anton (?) im ägyptischen Stil; RT 5.3.25.15 – 13.3.15.3; Späte Ptolemäische Dynastie
Seite 391: Porträt von Severus Alexander; CG 27480; Römische Epoche, Regierungszeit des Severus Alexander
Porträtbüste eines Kaisers; CG 7257; Spätrömische Epoche
Seite 393: Porträtbüste einer Frau; JE 44672; Römische Epoche;
Relief der Isis und des Harpokrates; JE 47108; 1.–2. Jahrhundert n. Chr.
Seite 394: Relief einer Familie; CG 27568; circa 150 n. Chr.
Seite 395: Grabstele der Niko; CG 9259; Ptolemäische Dynastie
Seite 396: Satyr mit Weinschlauch; JE 6102 = CG 26752; Ptolemäische Dynastie
Figur der Isis-Aphrodite; CG 26961; Römische Epoche
Seite 397: Verzierte Vase; JE 54502; Römische Epoche
Seite 398: Diadem mit Gott Serapis; JE 98535; Römische Epoche, Regierungszeit des Hadrian
Seite 399: Halskette; JE 98536; Römische Epoche
Armreif mit Achat; JE 98537; Römische Epoche, Regierungszeit des Hadrian
Seite 400: Zweihenkelige Vase; CG 18009; Römische Epoche
Seite 401: Statuette des Anubis; CG 27694; Römische Epoche
Ziervase aus Glas; JE 31192 = CG 32731; Römische Epoche
Seite 402: Porträt eines Mannes im mittleren Alter; CG 33234; Erste Hälfte des 2. Jahrhunderts n. Chr.
Porträt einer jungen Frau; CG 33243; Römische Epoche
Seite 404: Porträt eines kleinen Jungen; CG 33260; Römische Epoche
Seite 405: Porträt zweier Brüder; CG 33267; Römische Epoche
Seite 407: Porträt einer Frau; CG 33248; Römische Epoche
Porträt einer jungen Frau; CG 33244; Römische Epoche
Seite 408: Malerei mit einer Szene aus der Ödipus-Sage; JE 63609; Römische Epoche
Mosaik mit dem Kopf der Medusa; JE 67913; Römische Epoche

DIE NUMMERIERUNG DER FUNDSTÜCKE UND LITERATURVERZEICHNIS

Die Nummerierung der Ausstellungsstücke

Die heutzutage übliche Nummerierung der Ausstellungsstücke, sobald sie ins Museum kommen, setzt ein System fort, das Mariette mit seinem eigenen *Inventaire du Musée de Boulaq* eingeführt hatte, dessen handgeschriebenes Original in der Nationalbibliothek in Paris aufbewahrt wird. Das *Inventaire* wurde nach und nach vervielfältigt und als offizielles Bestandsregister (*Journal d'Entrée*) des Museums verwendet.
Momentan gibt es vierundzwanzig Bände des *Journal d'Entrée*, in denen ungefähr 99 000 Eintragungen aufgeführt sind (einer Registernummer können mehrere Ausstellungstücke zugeordnet sein). Die Ausstellungsgegenstände werden mit den Nummern des *Journal d'Entrée* in schwarz beschriftet, in gewissen Fällen mit der vorangestellten Abkürzung JE.
Die Nummern, die auf die Veröffentlichung der Gegenstände im Hauptkatalog (*Catalogue Général*) des Museums (siehe unten) verweisen, sind auf den Exponaten in rot aufgetragen, wobei in manchen Fällen der Nummer die Abkürzung CG vorausgehen kann.
Immer wenn ein Autor eines Katalogbandes eine neue Nummer vergab, wurde diese sofort dem betreffenden Gegenstand zugeordnet. Da bestimmte Bände des Katalogs nie veröffentlicht wurden, obwohl sie eigentlich publikationsreif waren, ist es möglich, dass eine CG-Nummer nicht mit der Publikation über das ihr zugewiesene Exponat übereinstimmt. Es folgt eine Liste der CG-Bände, von denen unveröffentlichte Manuskripte vorhanden sind:

CG 1809–2000, 16001–16330
L. Borchardt, *Catalogue Général des Antiquités Egyptiennes du Musée du Caire*. Nr. 1809–2000: *Foundation Deposits, Models and Tools*
CG 4741–4797
G. A. Reisner, *Catalogue Général des Antiquités Egyptiennes du Musée du Caire*. Nr. 4741–4797: *Tell el-Amarna Tablets.*
CG 6030–6294
E. Chassinat, *Catalogue Général des Antiquités Egyptiennes du Musée du Caire*. Nr. 6030–6294: *La seconde trouvaille de Deir el-Bahari II.*
CG 16001–16330 = CG 1809–2000
CG 17101–17120
Ch. Kuentz, *Catalogue Général des Antiquités Egyptiennes du Musée du Caire Nr. 17101–17120: Pyramidions.*
CG 18794–18815
F. W. von Bissing, *Catalogue Général des Antiquités Egyptiennes du Musée du Caire. Nr. 18794–18815: Tongefäße II.*
CG 20781–20830
J. J. Clère, *Catalogue Général des Antiquités Egyptiennes du Musée du Caire. Nr. 20781–20830: Stèles funéraires et votives du Moyen Empire.*
CG 26350–26665
C.C. Edgar, *Catalogue Général des Antiquités Egyptiennes du Musée du Caire. Nr. 26350–26665: Terracotta Lamps.*
CG 26666–27424, 32801–32970
C. C. Edgar, *Catalogue Général des Antiquités Egyptiennes du Musée du Caire. N.os 26666–27424, 32801 – 32970: Terracotta Statuettes.*
CG 28127–28300
P. Lacau, *Catalogue Général des Antiquités Egyptiennes du Musée du Caire. N.os. 28001–28126: Sarcophages antérieurs au Nouvel Empire III.*
CG 29324–29365
H. Gauthier, *Catalogue Général des Antiquités Egyptiennes du Musée du Caire. Nr. 29324–29365: Sarcophages anthropomorphiques des Èpoques persane et ptolémaïque.*
CG 32801–32970 = CG 26666–27424
CG 32971–33000, 43228–44000
Pedrizet, *Catalogue Général des Antiquités Égyptiennes du Musée du Caire. N.os 32971–33000, 43228–44000: Terres cuites.*
CG 34190–35000
P. Lacau, *Catalogue Général des Antiquités Égyptiennes du Musée du Caire. N.os 34190–35000: Stèles du Nouveau Empire.* IV.
CG 43228–44000 = CG 32971–33000
CG 42251–43226
G. Legrain (danach Ch. Kuentz), *Catalogue Général des Antiquités Égyptiennes du Musée du Caire. N.os 42251–43226: Statues et statuettes des rois et des particuliers V–VI.*
CG 44701–45252
G. Bénédite, *Catalogue Général des Antiquités Égyptiennes du Musée du Caire. N.os 44301–44638: Objets de toilette. Tome II.*
CG 50201–50299
Kaplony-Heckel, *Catalogue Général des Antiquités Égyptiennes du Musée du Caire. N.os 50201–50299: Demotische Ostraka und Holztafeln.*
CG 54001–54310
A. Moret (danach Ch. Kuentz), *Catalogue Général des Antiquités Égyptiennes du Musée du Caire. N.os 54001–54310: Linteaux de portes et montants.*
CG 57050–58000
Dia Abou-Ghazi, *Catalogue Général des Antiquités Égyptiennes du Musée du Caire. N.os 57050–58000: Denkmäler des Alten Reiches III.3.*
CG 58037–58091
W. Golenischeff, *Catalogue Général des Antiquités Égyptiennes du Musée du Caire. N.os 58037–58091: Papyrus hiératiques, Grab II.*
CG 68001–68197
G. Bènèdite, *Catalogue Général des Antiquités Égyptiennes du Musée du Caire. N.os 68001–68197: Jeux.*
CG 69001–69099
G. Bénédite, *Catalogue Général des Antiquités Égyptiennes du Musée du Caire. N.os 69001–69099: Matériel du scribe et du peintre.*

Die schnelle Verbringung der Objekte von Giza nach Midan el-Tahrir verlief nicht ohne Probleme; viele Ausstellungsstücke verloren ihre JE-Nummer. Dieser Umstand überzeugte die Mitarbeiter des Museums von der Notwendigkeit einer neuen Nummerierung für all jene Exponate, die aufgrund der doch recht ungenauen Beschreibungen im *Journal d'Entrée* nicht zugeordnet werden konnten. Daher entwickelte man ein provisorisches Zählsystem, abgekürzt mit RT (vom französischen »Registre Temporaire«), das Tag, Monat, Jahr (der neuen Katalogisierung) und eine fortlaufende Nummer angibt, die die am selben Tag registrierten Gegenstände voneinander unterscheidet.
Konnte man eine JE- oder CG-Nummer eines Exponats nachträglich doch identifizieren, erlosch die RT-Nummer von selbst.
Die provisorischen Nummern wurden über Kreuz auf die Gegenstände geschrieben und müssen von links nach rechts und von oben nach unten gelesen werden. Aus drucktechnischen Gründen trennen normalerweise Punkte die Datumsangaben, wenn eine RT-Nummer in eine Publikation aufgenommen wird.
Das provisorische Register besteht aus zwölf Bänden. Die erste Eintragung stammt vom 3. Mai 1914.
In den 60er-Jahren des 20. Jahrhunderts überarbeitete man die Organisation des Museums vollständig, wobei die Ausstellungsstücke in sieben Abteilungen gegliedert wurden:

- I) Der Schatz des Tutanchamun, Schmuck und Königsmumien.
- II) Das Alte Reich
- III) Das Mittlere Reich
- IV) Das Neue Reich und Schriftstücke
- V) Die Spätzeit
- VI) Münzen und Papyrusdokumente
- VII) Skarabäen, Sarkophage und Ostraka

Jede Abteilung hat ein autonomes Registratursystem, das einem Exponat entsprechend seinem Platz innerhalb der Museumsräume eine fortlaufende Nummer zuteilt. Heutzutage teilt man gelegentlich einem Exponat, das keinerlei Nummer trägt, eher eine Nummer aus dem Sonderregister (abgekürzt mit SR) der entsprechenden Abteilung zu, als dass man es ins *Registre Temporaire* aufnimmt.
Die SR-Nummern werden in weiß auf schwarze Kärtchen geschrieben, die den Ausstellungsstücken zugeordnet sind. Treten diese Nummern in einer Veröffentlichung auf, geht der fortlaufenden Gegenstandsnummer immer die römische Ziffer der jeweiligen Abteilung voran. Auch wenn die im Mumienversteck (»Cachette«) von Karnak entdeckten Statuen und einige Fundstücke von Tutanchamuns Grabbeigaben nur teilweise Aufnahme in den *Catalogue Général* gefunden haben, werden sie in manchen Werken zumindest mit ihren Nummern, die ihnen gleich nach ihrer Entdeckung gegeben wurden, erwähnt. Die weißen Zettel mit schwarzer Schrift, die Carter den Fundstücken beigefügt hatte, als er sie vor Ort fotografierte, sind noch heute in den Museumsschaukästen zu sehen. Die von Legrain vergebene Nummer weist am Anfang ein »K« auf und findet sich auf vielen Skulpturen der Cachette von Karnak wieder.

Der Catalogue Général

Noch in der Bauphase des neuen Museums beschloß man, Teile der Gesamtsammlung altägyptischer Schätze in Form eines offiziellen Kataloges der Öffentlichkeit in Kairo vorzustellen. Jede Gruppe von Fundstücken wurde einer Nummernabfolge zugeordnet und einem Experten überantwortet, der meist ein Angestellter des Museums oder der Altertümer-Verwaltung war. Die ersten Bände des *Catalogue Général* (abgekürzt mit »CG«) wurden kurz nach der Eröffnung des neuen Museums herausgegeben. Mit dem Ausbruch des Ersten Weltkrieges erschienen sie nicht mehr regelmäßig, gerieten während des Zweiten Weltkrieges noch mehr ins Stocken und schließlich kam die Herausgabe in den späten 50er-Jahren des 20. Jahrhunderts praktisch zum Stillstand. In dieser Publikationsreihe, die in Umfang und Genauigkeit der Darstellung einzigartig ist, wurden von ursprünglich etwa 100 geplanten Bänden rund 80 veröffentlicht. Einige davon liegen noch so vor, wie die Bearbeiter sie hinterlassen haben, nämlich als Manuskripte, während andere niemals fertiggestellt wurden.
Erst in den letzten Jahren versucht man wieder, die systematische Publikation der riesigen Sammlungen des Ägyptischen Museums wieder zu beleben.

CG 1–1294
L. Borchardt, *Catalogue Général des Antiquités Égyptiennes du Musée du Caire. N.os 1–1294: Statuen und Statuetten von Königen und Privatleuten im Museum von Kairo. I–V*, Berlin 1911–1936.
CG 1295–1808
L. Borchardt, *Catalogue Général des Antiquités Égyptiennes du Musée du Caire. N.os 1295–1808: Denkmäler des Alten Reiches (ausser den Statuen) im Museum von Kairo. I–II*, Berlin 1937–1964.
CG 1308–1315, 17001–17036
Ch. Kuentz, *Catalogue Général des Antiquités Égyptiennes du Musée du Caire. N.os 1308–1315 & 17001–17036: Obélisques*, Kairo 1932.
CG 2001–2152
F. W. von Bissing, *Catalogue Général des Antiquités Égyptiennes du Musée du Caire. N.os 2001–2152: Tongefäße. Bis zum Beginn des alten Reiches*, Wien 1913.
CG 3426–3587
F. W. von Bissing, *Catalogue Général des Antiquités Égyptiennes du Musée du Caire. N.os 3426–3587: Metallgefäße*, Wien 1901.
CG 3618–4000, 18001–18037, 18600, 18603
F. W. von Bissing, *Catalogue Général des Antiquités Égyptiennes du Musée du Caire. N.os 3618–4000, 18001–18037, 18600, 18603: Fayencegefäße*, Wien 1902.
CG 4798–4976, 5034–5200
G. A. Reisner, *Catalogue Général des Antiquités Égyptiennes du Musée du Caire. N.os 4798–4976, 5034–5200: Models of Ships and Boats*, Kairo 1913.
CG 5218–6000, 12001–13595
G. A. Reisner, *Catalogue Général des Antiquités Égyptiennes du Musée du Caire. N.os 5218–6000, 12001–13595: Amulets I–II*, Kairo 1907–1958.
CG 6001–6029
E. Chassinat, *Catalogue Général des Antiquités Égyptiennes du Musée du Caire. N.os 6001–6029: La seconde trouvaille de Deir el-Bahri (sarcophages)*, Leipzig 1909.
CG 7001–7394, 8742–9200
J. Strzygowski, *Catalogue Général des Antiquités Égyptiennes du Musée du Caire. N.os 7001–7394, 8742–9200: Koptische Kunst*, Wien 1904.
CG 8001–8741
W. E. Crum, *Catalogue Général des Antiquités Égyptiennes du Musée du Caire. N.os 8001–8741: Coptic Monuments*, Kairo 1902.
CG 8742–9200 = CG 7001–7394
CG 9201–9304
H. Munier, *Catalogue Général des Antiquités Égyptiennes du Musée du Caire. N.os 9201–9304: Manuscripts coptes*, Kairo 1916.
CG 9401–9449
E. Chassinat, *Catalogue Général des Antiquités Égyptiennes du Musée du Caire. N.os 9401–9449: Textes et dessins magiques*, Kairo 1903.
CG 9501–9711
U. Wilcken (published by von C. Gallazzi), *Catalogue Général des Antiquités Égyptiennes du Musée du Caire. N.os 9501–9711: Griechische Ostraka*, Kairo 1983.
CG 10001–10869
B. P. Grenfell und A. S. Hunt, *Catalogue Général des Antiquités Égyptiennes du Musée du Caire. N.os 10001–10869: Greek Papyri*, Oxford 1903.
CG 11001–12000, 14001–14754
M. Quibell, *Catalogue Général des Antiquités Égyptiennes du Musée du Caire. N.os 11001–12000, 14001–14754: Archaic Objects*, Kairo 1905.
CG 12001–13595 = CG 5218–6000
CG 17001–17036 = CG 1308–1315
CG 18001–18037, 18600, 18603 = CG 3618–4000
CG 18065–18793
F. W. von Bissing, *Catalogue Général des Antiquités Égyptiennes du Musée du Caire. N.os 18065–18793: Steingefäße*, Wien 1904–1907.
CG 18600, 18603 = CG 3618–4000
CG 20001–20780
H. O. Lange und H. Schäfer, *Catalogue Général des Antiquités Égyptiennes du Musée du Caire. N.os 20001–20780: Grab- und Denksteine des Mittleren Reichs. Teil I–IV*, Berlin 1902–1925.
CG 22001–22208
Ahmed-bey Kamal, *Catalogue Général des Antiquités Égyptiennes du Musée du Caire. N.os 22001–22208: Stèles ptolemaïques*, Kairo 1904–1905.
CG 23001–23256
Ahmed-bey Kamal, *Catalogue Général des Antiquités Égyptiennes du Musée du Caire. N.os 23001–23256: Tables d'offrandes, Tomes I–II*, Kairo 1906–1909.
CG 24001–24990
G. Daressy, *Catalogue Général des Antiquités Égyptiennes du Musée du Caire. N.os 24001–24990: Fouilles de la Vallée des Rois*, Kairo 1902.
CG 25001–25385
G. Daressy, *Catalogue Général des Antiquités Égyptiennes du Musée du Caire. N.os 25001–25385: Ostraca*, Kairo 1901.
CG 25501–25832
J. Cerny, *Catalogue Général des Antiquités Égyptiennes du Musée du Caire. N.os 25501–25832: Ostraca hiératiques, Tomes I et II*, Kairo 1935.
CG 26001–26123, 33001–33037
J. G. Milne, *Catalogue Général des Antiquités Égyptiennes du Musée du Caire. N.os 26001–26123, 33001–33037: Greek Inscriptions*, Oxford 1905.
CG 26124–26349, 32377–32394
C. C. Edgar, *Catalogue Général des Antiquités Égyptiennes du Musée du Caire. N.os 26124–26349, 32377–32394: Greek Vases*, Kairo 1911.
CG 27425–27630
C. C. Edgar, *Catalogue Général des Antiquités Égyptiennes du Musée du Caire. N.os 27425–27630: Greek Sculpture*, Kairo 1903.
CG 28001–28126
P. Lacau, *Catalogue Général des Antiquités Égyptiennes du Musée du Caire. N.os 28001–28126: Mumiensarg des Neuen Reiches*, Kairo 1904–1906.
CG 29301–29323
G. Maspero, H. Gauthier (zusammen mit d'Abbas Bayoumi), *Catalogue Général des Antiquités Égyptiennes du Musée du Caire. N.os 29307–29323: Sarcophages des époques persanes et ptolemaïque*, Kairo 1914–1939.
CG 29501–29733, 29751–29834
C. Caillard, G. Daressy, *Catalogue Général des Antiquités Égyptiennes du Musée du Caire. N.os 29501–29733, 29751–29834: La faune momifié de l'Egypte ancienne*, Kairo 1905.
CG 30601–31270, 50001–50165
W. Spiegelberg, *Catalogue Général des Antiquités Égyptiennes du Musée du Caire. N.os 30601–31270, 50001–50165 Demotische Denkmäler. I–III*, Leipzig/Berlin 1904–1932.
CG 31271–31670
A. E. P. Weigall, *Catalogue Général des Antiquités Égyptiennes du Musée du Caire. N.os 31271–31670: Weights and Balances*, Kairo 1908.
CG 32001–32367
C. C. Edgar, *Catalogue Général des Antiquités Égyptiennes du Musée du Caire. N.os 32001–32367: Greek Moulds*, Kairo 1903.
CG 32377–32394 = CG 26124–26349
CG 33001–33037 = CG 26001–26123
CG 33101–33285
C. C. Edgar, *Catalogue Général des Antiquités Égyptiennes du Musée du Caire. N.os 33101–33285: Graeco-Egyptian Coffins, Masks and Portraits*, Kairo 1905.
CG 33301–33506
C. C. Edgar, *Catalogue Général des Antiquités Égyptiennes du Musée du Caire. N.os 33301–33506: Sculptors' Studies and Unfinished Works*, Kairo 1906.
CG 34001–34068
P. Lacau, *Catalogue Général des Antiquités Égyptiennes du Musée du Caire. N.os 34001–34068: Stèles du Nouvel Empire. I–II*, Kairo 1909–1926.
CG 34087–34189
P. Lacau, *Catalogue Général des Antiquités Égyptiennes du Musée du Caire. N.os 34087–34189: Stèles de la XVIIIème Dynastie*, Kairo 1957.
CG 36001–37521
P. E. Newberry, *Catalogue Général des Antiquités Égyptiennes du Musée du Caire. N.os 36001–37521: Scarab-shaped Seals*, London 1907.
CG 38001–39849
G. Daressy, *Catalogue Général des Antiquités Égyptiennes du Musée du Caire. N.os 38001–39849: Statues de divinités, Tomes I et II*, Kairo 1905–1906.
CG 41001–41041
A. Moret, *Catalogue Général des Antiquités Égyptiennes du Musée du Caire. N.os 41001–41041: Sarcophages de l'Époque Bubastite à l'Époque Saïte. Tomes I et II*, Kairo 1913.
CG 41042–41072
H. Gauthier, *Catalogue Général des Antiquités Égyptiennes du Musée du Caire. N.os 41042–41072: Cercueils anthropoïdes de prêtres de Montu. Tomes I et II*, Kairo 1913.
CG 42001–42250
G. Bénédite, *Catalogue Général des Antiquités Égyptiennes du Musée du Caire. N.os 42001–42250: Statues et statuettes des rois et des particuliers. Tomes I–III et index*, Kairo 1906–1925.
CG 44001–44102
G. Bénédite, *Catalogue Général des Antiquités Égyptiennes du Musée du Caire. N.os 44001–44102: Miroirs*, Kairo 1907.
CG 44301–44638
G. Bénédite, *Catalogue Général des Antiquités Égyptiennes du Musée du Caire. N.os 44301–44638: Objets de toilette, Tome I*, Kairo 1911.
CG 46001–46529
H. Carter, P. E. Newberry, *Catalogue Général des Antiquités Égyptiennes du Musée du Caire. N.os 46001–46529: Tomb of Thutmosis IV*, London 1904.
CG 46530–48575
P. E. Newberry, *Catalogue Général des Antiquités Égyptiennes du Musée du Caire. N.os 46530–48575: Funerary statuettes and Model Sarcophagi I–III*, Kairo 1930–1957.
CG 50001–50165 = CG 30601–31270
CG 51001–51191
J. E. Quibell, *Catalogue Général des Antiquités Égyptiennes du Musée du Caire. N.os 51001–51191: The Tomb of Yuaa and Thuiu*, Kairo 1908.
CG 52001–53855
E. Vernier, *Catalogue Général des Antiquités Égyptiennes du Musée du Caire. N.os 52001–53855: Bijoux et orfèvreries, Tomes I–II*, Kairo 1927.
CG 57001–57023
A. Moret (edited by Dia Abou-Ghazi), *Catalogue Général des Antiquités Égyptiennes du Musée du Caire. N.os 57001–57023: Monuments de l'Ancien Empire III.1: Autels, bassins et tables d'offrandes*, Kairo 1978.
CG 57024–57049
Dia Abou-Ghazi, *Catalogue Général des Antiquités Égyptiennes du Musée du Caire. N.os 57024–57049: Denkmäler des Alten Reiches III.2: Altars and Offering Tables*, Kairo 1980.
CG 58001–58036
W. Golenischeff, *Catalogue Général des Antiquités Égyptiennes du Musée du Caire. N.os 58001–58036: Papyrus hiératiques*, Kairo 1927.
CG 59001–59800
C. C. Edgar, *Catalogue Général des Antiquités Égyptiennes du Musée du Caire. N.os 59001–59800: Zenon Papyri I–IV*, Kairo 1925–1931.
CG 61001–61044
G. Daressy, *Catalogue Général des Antiquités Égyptiennes du Musée du Caire. N.os 61001–61044: Cercueils des cachettes royales*, Kairo 1909.
CG 61051–61100
G. Elliot Smith, *Catalogue Général des Antiquités Égyptiennes du Musée du Caire. N.os 61051–61100: The Royal Mummies*, Kairo 1912.
CG 63001–64906
Ch. T. Currelly, *Catalogue Général des Antiquités Égyptiennes du Musée du Caire. N.os 63001–64906: Stone Implements*, Kairo 1913.
CG 67001–67359
G. Maspero, *Catalogue Général des Antiquités Égyptiennes du Musée du Caire. N.os 67001–67359: Papyrus grècs d'Époque byzantine, I–III*, Kairo 1911–1916.
CG 69201–69852
H. Hickmann, *Catalogue Général des Antiquités Égyptiennes du Musée du Caire. N.os 69201–69852: Musikinstrumente*, Kairo 1949.
CG 70001–70050
G. Roeder, *Catalogue Général des Antiquités Égyptiennes du Musée du Caire. N.os 70001–70050: Naos. I–II*, Leipzig 1914.
CG 70501–70754
F. Bisson de la Roque, *Catalogue Général des Antiquités Égyptiennes du Musée du Caire. N.os 70501–70754: Le trésor de Tôd*, Kairo 1950.

Museumsführer

Die ersten Beschreibungen, die das Ägyptische Museum in Kairo über seine Ausstellungsstücke momentan besitzt, verfasste Mariette in den ersten Jahren der Altertümer-Verwaltung; sie beziehen sich auf die Gegenstände im Museum von Bulaq. Allein schon der Titel des Führers lässt erkennen, dass Mariette die Räumlichkeiten in Bulaq nur für eine Übergangslösung hielt (A. Mariette-bey, *Notice des principaux monuments exposés dans les galeries provisoires du Musée d'Antiquités Égyptiennes de S. A. le Vice-roi à Boulaq*). Die erste und zweite (überarbeitete und erweiterte) Auflage wurden in Alexandria veröffentlicht (1864–1868); die dritte und vierte in Paris (1869–1872); die fünfte (vollständig überarbeitete), sechste und siebte Auflage in Kairo (1874, 1876, 1879).
Eine Auswahl der wichtigsten Exponate des Museums in Bulaq bildet die Grundlage für ein weiteres Werk von Mariette, *Album du Musée de Boulaq*, das er 1871 in Kairo veröffentlichte und in dem er verschiedenen Ansichten der Museumsräume und den darin angeordneten Exponaten viel Platz einräumte.
Nach seinem Tod veröffentlichte man mit Hilfe eines Manuskripts von Mariette *Monuments, divers recueillis en Égypte et en Nubie* (Paris, 1899), das zusammen mit der Dokumentation über die Ausgrabungen des Franzosen in Ägypten als Katalog aller Fundstücke diente, die in Bulaq je entdeckt und aufbewahrt wurden.
Das Buch von Luigi Vassalli *I monumenti istorici egizi. Il Museo e gli scavi d'Antichità eseguiti per ordine di S. A. il Viceré Ismail Pascià*, (Mailand, 1867) beschreibt die ersten Ausgrabungen der Altertümer-Verwaltung sowie die Ereignisse, die zur Gründung des Museums in Bulaq führten.
Den letzten Führer für das Museum in Bulaq schrieb Mariettes Nachfolger, Gaston Maspero (*Guide du visiteur du Musée de Boulaq*, Kairo, 1883). Gaston Maspero war auch für den Museumsführer von Giza (*Notice des principaux monuments exposés au Musée de Gizeh*) verantwortlich, der zum ersten Mal 1892 in Kairo veröffentlicht und 1895 neu aufgelegt wurde. Die Zusammenstellung des ersten Führers durch das neue Museum in Midan el-Tahrir fiel wiederrum Maspero zu: *Guide du visiteur au Musée du Caire*. Man überarbeitete diesen in Kairo veröffentlichten Band zwischen 1902 und 1915 einige Male. Es gab davon außerdem eine englische Ausgabe von J. E. und A. A. Quibell (*Guide to the Cairo Museum*), die zwischen 1903 und 1915 auch häufig nachgedruckt wurde. Die deutsche Ausgabe, die G. Roeder übersetzte und überarbeitete (*Führer durch das Ägyptische Museum zu Kairo*), geht auf das

Jahr 1912 zurück und wurde ebenfalls in Kairo veröffentlicht.
Dem Beispiel seines Vorgängers folgend veröffentlichte G. Daressy ein *Notice sommaire des principaux monuments exposés au musée Égyptien du Caire* (Kairo, 1922, mit einer englischen Ausgabe noch im selben Jahr), das die Veränderungen innerhalb des Museums seit seiner Einweihung dokumentiert.
Mit der Entdeckung des Grabs von Tutanchamun und der anschließenden Ankunft all jener Fundstücke in das Museum, die zu seinen Grabbeigaben gehörten, fühlte Daressy sich 1925 zur Veröffentlichung einer überarbeiteten und erweiterten Ausgabe seines Führers verpflichtet. 1927 wurde ein englischer (*Cairo Museum. A Brief Description of the Principal Monuments*) und französischer (*Musée du Caire. Notice sommaire des principaux monuments*) Führer ohne namentliche Erwähnung eines Verfassers, jedoch in Anlehnung an Daressys Führer herausgegeben. Er enthielt zahlreiche Veränderungen, bedingt durch die Neuzugänge aus Tutanchamuns Grabkammern, und war bis in die frühen 30er-Jahre des 20. Jahrhunderts gültig.
Ein deutscher Führer (herausgegeben von A. Hermann) durch das Museum stammt aus dem Jahre 1935. Seit dem Ende des Zweiten Weltkriegs ist der Museumsführer in seiner endgültigen Fassung erhältlich. Zwischen 1946 und 1986 veröffentlichte man zahlreiche Ausgaben (neben den englischen und französischen auch eine arabische), die versuchten, mit den Veränderungen in den Ausstellungsräumen Schritt zu halten. Die Nummerierung der Exponate im Führer ist einzigartig und korrespondiert mit den roten Linien, die an den Sockeln oder den Rahmen der Vitrinen angebracht sind.

Werke, bezogen auf eine Auswahl von Fundstücken

Viele Werke, besonders solche von westlichen Autoren, widmen sich der Besprechung einer Auswahl der bedeutendsten Ausstellungsstücke des Museums. Ein solcher Band ist das Buch von M. Saleh und H. Sourouzian, *The Egyptian Museum Cairo. Official Catalogue*, Mainz 1987 (auch auf französisch und deutsch), das für anspruchsvolle Besucher gedacht ist und in dem jedes Exponat wie in einer wissenschaflichen Abhandlung beschrieben ist. Es enthält eine Auswahl von fast 300 Gegenständen mit spezieller Nummer (gekennzeichnet durch einen braunen Aufkleber mit weißen Ziffern an der Vitrine oder dessen Sockel). Dieses Werk bietet wie kein zweites einem Museumsbesucher beim Betrachten der Ausstellungsstücke einen beinahe vollständigen Überblick über die Kultur der Pharaonen.
In die gleiche Richtung, aber mit einer allgemeineren Beschreibung der Objekte gehen der Band *Ägyptische Kunst aus den Sammlungen des Museums in Kairo* (Prag 1962, verschiedene Autoren) wie auch die Werke von W. Forman, M. Vilimkova und M. H. Abd el-Rahman (*Egyptian Art*, London, 1962, auf deutsch 1972 veröffentlicht), R. P. Riesterer (*Das Ägyptische Museum Kairo. Band I: Ausgewählte Kostbarkeiten* und *Band II: Grabschatz des Tut-ench-Amun*, Bern 1966), E. L. B. Terrace und H. G. Fisher (*Treasures of the Cairo Museum*, London, 1970) und R. P. Riesterer und K. Lambelet (*Das Ägyptische Museum Kairo*, Bern 1980). Die Bücher von S. Donadoni, *Musei del mondo: Museo Egizio*, Mailand 1969 (englisch 1969, französisch 1971, deutsch 1976) und von J.-P. Corteggiani, *L'Égypte des pharaons au Musée du Caire*, Paris, 1979, 1986 (deutsch 1979, 1987, englisch 1987) präsentieren eine rein persönliche Auswahl, die die Autoren anhand der gesamten Geschichte der ägyptischen Kultur getroffen haben. Der Leser hat deshalb hier die einmalige Gelegenheit, sich von zwei der bedeutendsten Fachleute auf diesem Gebiet durch das Museum führen zu lassen.
Das von Maspero koordinierte Gemeinschaftswerk *Le Musée Égyptien*, das in drei Bänden zwischen 1890 und 1924 in Kairo erschien, widmet sich besonderen Fundstücken und den mit ihnen verbundenen Fragen in tief schürfender Weise. G. Grimms und D. Johannes' Buch (*Kunst der Ptolemäer- und Römerzeit im Ägyptischen Museum Kairo*, Mainz 1975) fällt unter den Werken, die den Exponaten aus der Pharaonenzeit gewidmet sind, auf, da es ausschließlich von jenen Fundstücken handelt, die in die griechisch-römische Epoche von Ägypten fallen, aber trotz der Eröffnung des griechisch-römischen Museums in Alexandria immer noch im ägyptischen Museum von Kairo liegen. Dieser detaillierte erläuterte Katalog stellt einer gebildeten Leserschaft eine Reihe von Ausgrabungsgegenständen vor, die sonst ziemlich unbekannt geblieben wären, jedoch die entscheidende Zeit der Ausbreitung der griechischen Zivilisation im Mittelmeerraum zeigen.
Die jüngst erfolgte Eröffnung der Ausstellungshalle mit den königlichen Mumien im ersten Stock führte 1997 zur Veröffentlichung eines schmalen Bildbands von S. Ikram und A. Dodson, *Royal Mummies in the Egyptian Museum, Cairo*. Darin sind nicht nur alle Königsmumien des Museums beschrieben, sondern auch die aus der Cachette von Deir el-Bahari und den Ausgrabungen im Tal der Könige, die aus verschiedenen Gründen andernorts aufbewahrt werden.
Es gibt mehrere Werke mit dem Museum als Hauptthema, in denen die Abbildungen im Vordergrund stehen: *Le Musée du Caire. Photographies inédites d'André Vigneau*, Paris 1949, und *E. Drioton, Encylopédie photographique de l'art: le Musée du Caire*, Paris 1949. Von letztgenanntem Autor gibt es auch einen kleinen Führer, der allerdings nicht als offizielle Veröffentlichung gilt: E. Drioton, *Le Musée Égyptien*, Kairo 1939. M. Saleh beschränkt sich in seinem Bildband, *Cairo. The Egyptian Museum und Pharaonic Sites* (Kairo 1997) auf die wesentlichen Stücke des Museums. Auf nur wenigen Seiten stellt er auf unnachahmliche Weise alle bekannteren Meisterwerke vor, die er als Direktor des Museums seit über zwanzig Jahren wohl am besten kennt.

Ausstellungen im Ägyptischen Museum

Seit den 1970er Jahren wird das Museum mit seinen Räumlichkeiten auch für vorübergehende Ausstellungen benutzt, die hauptsächlich zur Feier ausländischer Ausgrabungen oder zu Ehren der Arbeit herausragender Ägyptologen stattfinden. Man veranstaltete 1976 und 1988 zwei Ausstellungen (von denen es keine Kataloge gibt) um der Öffentlichkeit neu erworbene oder weniger bekannte Exponate der Museumssammlung vorzustellen.

The Egyptian Museum in Cairo in Ten Years: 1965 – 1975. Eine Ausstellung des Museums, Kairo 1976.
Ausstellung zur 25-Jahrfeier der Tschechischen Ausgrabungen (1959–1984), Kairo 1985.
100-Jahrfeier des Institut Française d'Archéologie Orientale. 8. Januar – 8. Februar 1981, Kairo 1981.
Cinquante années à Saqqarah de J.-P. Lauer. Museum von Kairo, 13. April 1980 – 15. März 1981, Kairo 1982
Altes Ägypten, Kairo 1982. Ausstellung anläßlich der 100-Jahrfeier der Gesellschaft zur Entdeckung Ägyptens *(1882–1982)*, Kairo 1982.
L'egittologo Luigi Vassalli-bey 1812–1887, 9. März – 9. Juli 1994, Kairo 1994. Der italienische Beitrag zum Bau des Ägyptischen Museums in Kairo, Kairo 1995.

Austellungen von europäischen Ausgrabungen in Ägypten

Isis. Die ägyptische Göttin, die Rom eroberte, 16. November – 16. Dezember 1998, Kairo 1998.

Ausstellungen des Ägyptischen Museums im Ausland

Von Anfang 1960 bis Ende 1980 nahmen Wanderausstellungen viele der wichtigsten Exponate mit auf Weltreise. Sie dienten nicht nur dazu, die Wunder der Pharaonen auch jenen näher zu bringen, die nicht nach Ägypten reisen konnten, sondern auch dazu, die Aufmerksamkeit der Öffentlichkeit auf Exponate zu lenken, die zum ersten Mal in den Ausstellungskatalogen zu finden waren.
Die wichtigste dieser Ausstellungen, die für Ägypten auch als attraktives Touristenziel werben sollten, war zweifellos die über Tutanchamun. Nachdem 1961 die schönsten Fundstücke aus seinem Grab in die USA gebracht wurden (und dort bis 1963 blieben), zog die Ausstellung weiter nach Japan (1965–1966), Paris (1967), London (1972) und die Sowjetunion (1974). Danach ging es in die USA zurück, von wo aus die Ausstellung Kanada und zum Abschluß ihrer Weltreise noch Deutschland (1980–1981) besuchte.
Als die Mumie Ramses' II. vollständig restauriert war, feierten Frankreich und Ägypten dies mit einer Ausstellung, die dem Prunk des Pharaos angemessen war. Die Ausstellung über Ramses' II. erlebte ihre Premiere 1976 in Frankreich und kam einige Jahre später nach Montreal und von dort in die USA (1985–1988).
Eine Ausstellung über Echnaton und Nofrete in Belgien (1975) und Deutschland (1976) zeigte neben den Exponaten des Ägyptischen Museums in Kairo auch die Fundstücke, die Borchardt bei seiner Grabung in Tel el-Amarna entdeckt hatte und die sich momentan im Ägyptischen Museum von Berlin befinden.
Andere erwähnenswerte Ausstellungen mit besonderen Objekten schließen Ausstellungen in Deutschland über den göttlichen Status der ägyptischen Könige (*Götter Pharaonen*, 1978–1979) und über die Rolle der Frauen ein. Letztere ging anschließend auf Europatournee, nachdem sie anlässlich des Fünften Internationalen Ägyptologen-Kongresses in München (1985) eröffnet worden war.
In Italien widmete man in Venedig eine Ausstellung ausschließlich den Museumstücken aus Kairo (*Tesori dei faraoni*, 1985).
In den vergangenen Jahren stellte Österreich zur Feier der erfolgreichen Ausgrabungen durch die Wiener Universität in Tel al-Dabha auch Fundstücke der Museumssammlung aus (1993), während Korea 1997 eine Reihe von Exponaten vorstellte, um einem Volk, das vom Niltal geographisch und kulturell weit entfernt ist, einen Überblick über die ägyptische Zivilisation zu vermitteln.

Bildnachweis

Die Aufnahmen in diesem Buch sind mit Ausnahme der hier aufgelisteten von Araldo de Luca/Archiv White Star:

Seiten 12 unten, 15 oben, 15 Mitte unten, 15 unten: Archiv White Star

Seite 14 oben: Victoria und Albert Museum

Seiten 14 Mitte und unten, 16 unten, 17 links und rechts: Alberto Siliotti/Archivio Geodia

Seite 15 oben Mitte: B.N.F.

Seite 18 oben links: Fototeca Storica Nazionale

Seite 18 oben rechts, 19 oben links, 19 Mitte und unten: Mary Evans Picture Library

Seite 18 unten: Civica Raccolta Stampe »A. Bertarelli«, Castello Sforzesco, Milano

Seite 19 rechts: Fotomas Index/Barnaby's Picture Library

Seiten 20, 21: Archive des Ägyptischen Museums

Seiten 22–23 Mitte: Felipe Alcoceba

Seite 23 oben: Antonio Attini/Archiv White Star

Seiten 35 unten, 272, 403: Jürgen Liepe

Seiten 198, 199: Griffith Institute/Ashmolean Museum, Oxford

Seiten 330 rechts, 331: Henri Stierlin

Seite 334: Archiv P. Lacau

Seite 384 rechts: Archivio Scala

416
HALSKETTE MIT PEKTORAL SESOSTRIS' II. AUS DAHSCHUR (DETAIL) (S. 148)
JE 30857 = CG 52001